NOMOSPRAXIS

Dr. Nicolai Kaniess
Richter am Amtsgericht Tiergarten

Abschiebungshaft

Rechtshandbuch für die Praxis

2. Auflage

Nomos

Zitiervorschlag: Kaniess Abschiebungshaft-HdB Kap. ... Rn. ...

Die Deutsche Nationalbibliothek verzeichnet diese Publikation in der Deutschen Nationalbibliografie; detaillierte bibliografische Daten sind im Internet über http://dnb.d-nb.de abrufbar.

ISBN 978-3-7560-1393-7 (Print)
ISBN 978-3-7489-1935-3 (ePDF)

2. Auflage 2024

Vorwort

Das Recht der Abschiebungshaft ist seit der ersten Auflage umfangreicher geworden: Neue Haft- und Gewahrsamsarten sind ebenso hinzugekommen wie zahlreiche Entscheidungen des BGH ua zu Verfahrensrechten, Hafttatbeständen und haftgerichtlicher Prüfungskompetenz. Die Einarbeitung dieser Neuerungen einerseits und ein verbreitertes Themenspektrum andererseits (zB Fokus auf behördlicher Festnahmebefugnis, Haftvollzug und Haftentschädigung) rechtfertigen eine zweite Auflage. Sie behandelt nun auch prozessuale Fragen, die sich mir erst in der Praxis der letzten Zeit vertieft gestellt haben (zB Befangenheits- und Beweisanträge, Stuhlbeschlüsse oder Aneinanderreihung einstweiliger Anordnungen).

Das Buch ist neu in Kapitel strukturiert, um nachfolgende Änderungen zu erleichtern. Denn diese werden kommen: Im Vorwort der ersten Auflage schrieb ich, das Rechtsgebiet sei Spielball aktueller politischer Auseinandersetzung. Dieser Trend hält ungebrochen an, was der Sache nicht guttut. Schon der bisherige, nicht selten populistische Umgang mit dem Thema war bisweilen missglückt. Aktuelle Diskussionsentwürfe lassen nicht unbedingt Besseres erwarten. Die zweite Auflage lässt ggf. kommende Änderungen zT schon im Text anklingen und wird sie iÜ inhaltlich und mit aktualisierten Mustern (s. Kap. 17) auf der Buch-Webseite (www.abschiebungshaft-buch.de) begleiten.

Wie beim letzten Mal danke ich für ihre Hilfe bei der Erstellung dieses Buches in alphabetischer Reihenfolge vor allem ganz herzlich: Frau Buhlmann (LEA Berlin) für ihre aufwendige Durchsicht und die ebenso wertvollen wie klugen Anmerkungen aus ausländerbehördlicher Perspektive. Herrn Dr. Grotkopp (AG Bad Segeberg) für den unterhaltsamen und spannenden Austausch und seine Gedanken in Artikel-, Buch- und E-Mail-Form. Herrn Dr. Wolf (VG Berlin), der abermals den ausländerrechtlichen Teil mit der spitzen Feder des Verwaltungsrichters auseinandernahm und richtig wieder zusammensetzte. Darüber hinaus danke ich für spannende Diskussionen und Anregungen am AG Tiergarten Herrn Bahners (insbes. zu Sammelchartern und Beschleunigungsgebot), Herrn Bauer (insbes. zu Fehlerfolgen), Herrn Herbst (insbes. zu Befangenheit und Gegenstandswerten), Frau Rieger und Herrn Dr. Schmeding. Und ebenso den vielen Kolleg/innen in Fortbildungen mit ihren Anregungen und Fragen, die mich stets gefreut und beschäftigt haben (und es zT noch immer tun).

Der Bearbeitungstand ist Oktober 2023 mit der bis dahin veröffentlichten Rechtsprechung und Literatur. Anmerkungen, Hinweise und Kritik aus der Leserschaft sind mir unter kontakt@abschiebungshaft-buch.de stets herzlich willkommen.

Berlin, im Oktober 2023 *Nicolai Kaniess*

Inhaltsverzeichnis

Literaturverzeichnis

Bergmann/Dienelt, Ausländerrecht, 14. Aufl. 2022

Brühl, Das Ausweisungsrecht in Studium und Praxis, JuS 2016, 23

Bumiller/Harders/Schwamb, FamFG, 13. Aufl. 2022

Dörndorfer/Wendtland/Gerlach/Diehn, BeckOK Kostenrecht (BeckOK KostR), 42. Edition, Stand: 1.7.2023

Dollinger, Geordnete-Rückkehr-Gesetz, ZPR 2019, 130

Fischer, Akteure in der Abschiebungshaft, InfAuslR 2021, 413

Fritzsch, Handlungsbedarf auf dem Weg zu einer gut geregelten Migrationspolitik, ZAR 2021, 267

Grotkopp, Abschiebungshaft, 2020

Grotkopp, Die Festnahme ausreisepflichtiger Betroffener durch ein Exekutivorgan, SchlHA 2011, 151

Grotkopp, Persönliche Anhörung des Betroffenen in Betreuungs-, Unterbringungs- und Freiheitsentziehungssachen zu Zeiten der sog. Corona-Krise, FamRZ 2020, 659

Hahne/Schlögel/Schlünder, BeckOK FamFG, 47. Edition, Stand: 1.8.2023

Hailbronner, Ausländerrecht, 130. Update, Stand: 6.2023

Haußleiter, FamFG, 2. Aufl. 2017

Herler, Kirchliches Asylrecht und Kirchenasyl im demokratischen Rechtsstaat, 2004

Hörich/Tewocht, Zum Gesetz zur besseren Durchsetzung der Ausreisepflicht, NVwZ 2017, 1153

Hofmann, Ausländerrecht (NK-AuslR), 3. Aufl. 2023

Huber/Mantel, Aufenthaltsgesetz/Asylgesetz, 3. Aufl. 2021

Huber/Eichenhofer/Endres de Oliveira, Aufenthaltsrecht, 2017

Husmann, Arbeitnehmerfreizügigkeitsregeln in Assoziationsabkommen der EG, ZAR 2009, 305

Kießling, Ein „neues“ Instrument der Terrorismusabwehr: die Auferstehung der Abschiebungsanordnung nach § 58 a AufenthG, NVwZ 2017, 1019

Kluth, Anforderungen an den Vollzug der Abschiebungshaft bei Gefährdern nach der Entscheidung des EuGH vom 2. Juli 2020, ZAR 2020, 244

Kluth/Hornung/Koch, Handbuch Zuwanderungsrecht, 3. Aufl. 2020

Meyer-Ladewig/Nettesheim/von Raumer, Europäische Menschenrechtskonvention, 5. Aufl. 2023

Prütting/Helms, FamFG, 6. Aufl. 2023

Sternal, FamFG, 21. Aufl. 2023

Kemper/Schreiber, Familienverfahrensrecht (HK-FamVerfR), 3. Aufl. 2015

Kluth/Heusch, BeckOK Ausländerrecht (BeckOK AuslR), 38. Edition, Stand: 1.7.2023

Korintenberg, Gerichts- und Notarkostengesetz, 22. Aufl. 2022

Martini-Emden, Die Abschiebung von ausreisepflichtigen Ausländern, jM 2017, 151

Marx, Handbuch Aufenthalts-, Asyl- und Flüchtlingsrecht, 8. Aufl. 2023

Musielak/Voit, ZPO, 20. Aufl. 2023

Neundorf/Brings, Neubestimmung des Bleiberechts und der Aufenthaltsbeendigung, ZRP 2015, 145

Rauscher, Münchener Kommentar zum FamFG (MüKoFamFG), 3. Aufl. 2018/2019

Schmidt-Räntsch, Freiheitsentziehungssachen gem. §§ 415 ff. FamFG, NVwZ 2014, 110

Schoch/Schneider, Verwaltungsrecht, Werkstand: 3. EL August 2022

van Amsterdam/Nutt/Phillips/van den Brink, European rating of drug harms, Psychopharm 2015, 655

Vogel, Die Verfahrenskostenhilfe in Familiensachen nach dem FamFG, FPR 2009, 381

Vorwerk/Wolf, BeckOK ZPO, 50. Edition, Stand: 1.9.2023

Welte, Ergänzende Vorbereitungshaft für gefährliche Ausländer, ZAR 2021, 204

Welte, Haftbedingungen bei Abschiebungshaft sowie Beschränkung der Zurückweisungshaft, InfAuslR 2021, 94

Winkelmann, Freiheitsentziehung zur Sicherung von Zurückweisung oder Zurückschiebung, ZAR 2007, 268

Zeitler, Hypertextkommentar zum Ausländerrecht (HTK-AuslR), 2023

Zeitler, Probleme im Zusammenhang mit der Beantragung von Abschiebungshaft, NVwZ 1997, 628

Zöller, ZPO, 34. Aufl. 2022

Kapitel 1 Funktionale Einordnung und Haftarten

I. Sicherung der Verwaltungsvollstreckung

Die Abschiebungshaft ist ein Instrument zur Sicherung der Ab- bzw. Ausreise von Ausländern. Sie ist eine **freiheitsentziehende Begleitmaßnahme** während behördlicher Verwaltungsvollstreckungsverfahren zur Entfernung eines Ausländers aus dem Bundesgebiet bzw. Verweigerung der Einreise in selbiges. Dieses behördliche Verfahren ist überwiegend im AufenthG und AsylG, zum Teil jedoch auch in europarechtlichen Vorschriften (zB Dublin-III-Verordnung) geregelt. Wo entsprechende Regelungen fehlen, greifen die allgemeinen vollstreckungsrechtlichen Normen insbesondere in den Verwaltungsvollstreckungsgesetzen der Länder (VwVGe). 1

1. Ablauf des Abschiebungsverfahrens

Im Grundsatz folgt die **Ausreisepflicht** eines Ausländers **aus dem Gesetz** (§§ 50 Abs. 1, 58 Abs. 2 AufenthG), soweit ihm kein Aufenthaltsrecht zusteht; einen zu vollstreckenden *Grundverwaltungsakt* (§ 6 Abs. 1 VwVGe) gibt es dabei nicht. Aufenthaltsrechte ablehnende Bescheide verweisen zwar regelmäßig auf die Pflicht, auszureisen; insofern sind sie aber nur als *Hinweis* auf die gesetzliche Pflicht zu verstehen.[1] 2

Nach Entstehen der Ausreisepflicht setzt die Behörde grds. eine **Frist** zur Ausreise und **droht** die **Abschiebung an** (§ 59 AufenthG, § 34 AsylG); dies entspricht konzeptionell der Androhung gem. § 13 VwVGe. Die Androhung soll den Ausländer durch Inaussichtstellung des Zwangsmittels zur freiwilligen Ausreise bewegen und ihm die letzte Gelegenheit geben, Vollstreckungshindernisse in einem (einstweiligen) Rechtsschutzverfahren geltend zu machen.[2] Die freiwillige Ausreise kann zudem durch finanzielle Mittel unterstützt werden. In dieser Androhung verwaltungsvollstreckungsrechtlich den (nicht existierenden) Grundverwaltungsakt zu sehen,[3] wäre aber verfehlt.[4] 3

In manchen Fällen erfolgt eine Androhung eine fristgebundene Möglichkeit zur freiwilligen Ausreise (zB bei Inhaftierung, § 59 Abs. 5 S. 1 AufenthG) oder gar die direkte **Anordnung der Abschiebung** (zB § 34a AsylG, § 58a AufenthG) ohne Frist. Letztere entspricht in etwa der **Festsetzung** (§ 14 VwVGe) des Zwangsmittels. Im Übrigen ist eine solche aber nicht vorgesehen; Androhung *oder* Anordnung genügen.[5] 4

Zuletzt wird die Abschiebung als **unmittelbarer Zwang** (nach Fristablauf) **angewendet.** Dabei wird der Ausländer regelmäßig von Kräften der Landespolizei an seiner Anschrift abgeholt und zum Flughafen bzw. zur Landesgrenze verbracht; anschließend führt die Bundespolizei die Verbringung ins Flugzeug (mit ggf. notwendiger weiterer Begleitung) bzw. die Übergabe an der Grenze durch. 5

---

1 BVerwG Beschl. v. 20.1.1993 – 1 B 149/92 – InfAuslR 1993, 262 – juris-Rn. 6.
2 BVerwG Urt. v. 16.11.1999 – 9 C 4/99 – BVerwGE 110, 74 – juris-Rn. 15.
3 Vgl. KG Berlin Beschl. v. 20.3.2018 – 1 W 51/18 – NJW 2018, 247 – juris-Rn. 4.
4 *Zeitler* in HTK-AuslR § 58 AufenthG, zu Abs. 1 – Vollzug der Abschiebung, Rn. 3.
5 OVG Berlin-Brandenburg Urt. v. 17.12.2014 – OVG 7 B 44.13 – juris-Rn. 25; OVG Münster Beschl. v. 20.10.1997 – 18 B 834/96 – EzAR 601 Nr. 9 – juris-Rn. 12.

2. Sicherung durch Haft

6 Zur Sicherung des vorgenannten Verfahrens hält das AufenthG ein Repertoire verschiedener Mittel der **Freiheitsentziehung** bereit. Diese greifen zum Teil schon im Vorfeld, um bereits die Aufenthaltsnahme eines Ausländers im Inland durch Abwendung eines rechtswidrigen Grenzübertritts zu verhindern (*Zurückweisungshaft, Transitgewahrsam*). Sie erlauben auch eine Inhaftierung zur Rückführung kurz nach einer vollzogenen Einreise (*Zurückschiebungshaft*). Im späteren Verlauf gestatten sie die Inhaftnahme eines gefährlichen Ausländers zur Vorbereitung der Entscheidung über die Ausreisepflicht (*[Ergänzende] Vorbereitungshaft*) und im Übrigen die Haft zur Umsetzung einer bestehenden Ausreisepflicht (*Sicherungshaft, Ausreisegewahrsam* und *Überstellungshaft*).

7 Alle Haftanordnungen dienen ausschließlich dem **Zweck**, die Umsetzung der konkreten **Ab- bzw. Ausreisepflicht** zu sichern.[6] Sie sind daher immer im Kontext des verwaltungsvollstreckungsrechtlichen Zwangsverfahrens zu sehen und mithin unzulässig, wenn jenes zur Sicherung hinreicht; denn aufgrund des Übermaßverbotes geht der *unmittelbare Zwang* als weniger rechtsbeeinträchtigende Maßnahme stets vor.[7]

II. Gerichtliche Kompetenzverteilung

8 Obschon es sich funktional um ein der Verwaltungsvollstreckung zuzuordnendes Institut handelt, richtet sich das *Verfahren* der Abschiebungshaft gem. § 106 Abs. 2 S. 1 AufenthG nach Buch 7 des FamFG und obliegt damit gem. § 23a Abs. 1 Nr. 2, Abs. 2 Nr. 6 GVG den **Amtsgerichten**. Diese haben daher die **Verwaltungsrechtsakzessorietät** zu beachten, die in den tatbestandlichen Voraussetzungen der Haftnormen zum Ausdruck kommt; sie betrifft im Wesentlichen *formale Aspekte* ua des Wirksamwerdens von (zB Ausweisungs-) oder anderen aufenthaltsbeendenden Bescheiden.[8]

9 Die Beurteilung derer *inhaltlichen Richtigkeit* unterfällt der Kontrollkompetenz der **Verwaltungsgerichte**, nicht der Amtsgerichte.[9] Nur, soweit Bescheide unter *besonders schwerwiegenden* und *offensichtlichen* Rechtsfehlern leiden, welche sie gem. § 44 VwVfGe **nichtig** machen, ist dies beachtlich.[10] Soweit der BGH darüber hinaus eine haftgerichtliche Kontrolle auch für „offenkundige Rechtsverletzung“[11] bzw. „offensichtliche Unrichtigkeit“[12] erlaubt, verletzt dies die og Kompetenzverteilung. Es ist allenfalls sub specie des *Übermaßverbotes* erklärlich, soweit dem Haftgericht nicht aufgebürdet werden soll, den Vollzug einer ersichtlich falschen Entscheidung sehenden Auges durch Haft sichern zu müssen.

10 Soweit **keine behördlichen Entscheidungen** Grundlage der Ausreisepflicht sind, sondern unabhängig von Verwaltungsakten *selbständige Ausreisepflichten* bestehen (zB nach

---

6 BVerfG Beschl. v. 16.5.2007 – 2 BvR 2106/05 – NVwZ 2007, 1296 – juris-Rn. 21 ff.
7 BGH Beschl. v. 6.12.1979 – VII ZB 11/79 – NJW 1980, 891 – juris-Rn. 30 f.
8 Vgl. nur BGH Beschl. v. 24.6.2020 – XIII ZB 20/19 – juris-Rn. 8.
9 BVerfG Beschl. v. 21.5.1987 – 2 BvR 800/84 – NJW 1987, 3076 – juris-Rn. 10.
10 So zutreffend LG Krefeld Beschl. v. 23.9.2020 – 7 T 58/20 – juris-Rn. 39; allerdings aufgehoben von BGH Beschl. v. 31.8.2021 – XIII ZB 81/20 – NVwZ-RR 2022, 237 – juris-Rn. 8.
11 BGH Beschl. v. 31.8.2021 – XIII ZB 81/20 – NVwZ-RR 2022, 237 – juris-Rn. 8; Beschl. v. 6.10.2020 – XIII ZB 21/20 – NVwZ-RR 2021, 231 – juris-Rn. 12 f., 16.
12 BGH Beschl. v. 31.8.2021 – XIII ZB 81/20 – NVwZ-RR 2022, 237 – juris-Rn. 8; Beschl. v. 15.12.2020 – XIII ZB 133/19 – NVwZ 2021, 822 – juris-Rn. 8.

unerlaubter Einreise, § 58 Abs. 2 Nr. 1 AufenthG), sind diese haftgerichtlich inhaltlich zu prüfen.[13] Insofern besteht keine Bindung an (gerade fehlende) behördliche Vorentscheidungen.

Dieser Zusammenhang kann ein **zeitliches Zusammenfallen** verwaltungs- und amtsgerichtlicher Verfahren bedingen. Zum Teil sind behördlich verfügte Ab- bzw. Ausreisepflichten bei Rechtsmitteleinlegung nicht vollstreckbar (zB Ablehnung des Asylantrages als einfach unbegründet nebst Abschiebungsandrohung, § 75 Abs. 1 AsylG), vielfach aber sind sie es gleichwohl, wobei ggf. parallele **Eilrechtsschutzverfahren** (§§ 80, 123 Abs. 1 VwGO) vor den Verwaltungsgerichten geführt werden. Diese müssen ggf. abgewartet werden, denn sie können im Falle positiver Entscheidung die der Haft zugrunde liegende Maßnahme suspendieren und damit die Erforderlichkeit der Inhaftierung beseitigen. Daher kann regelmäßig ein Abwarten geboten sein, um zB zunächst über die Haft nur im Wege der einstweiligen Anordnung (§ 427 FamFG) zu entscheiden und Kontakt zum Verwaltungsgericht zwecks beiderseitiger Kenntnisnahme vom Verfahren und seinem Fortgang aufzunehmen.[14] 11

III. Grund- und europarechtliche Vorgaben

Abschiebungshaft ist **Freiheitsentzug** gem. Art. 2 Abs. 2 S. 2, 104 GG, denn sie wird für die Dauer von Tagen, Wochen oder Monaten grds. in speziellen Hafteinrichtungen vollzogen (§ 62a AufenthG). Sie ist damit ein Mehr gegenüber Maßnahmen der *Direktabschiebung*, welche die Anwendung des unmittelbaren Zwanges auf das „zur Durchführung der Ausreise erforderliche" Maß beschränken und damit bloße *Freiheitsbeschränkungen* darstellen.[15] 12

Als Entzug der Freiheit unterliegen Haftanordnungen daher einer Vielzahl **grundrechtlich determinierter Entscheidungsmaßstäbe**, die vom *Richtervorbehalt* (Art. 104 Abs. 2 S. 1 GG), über die Pflicht zur *umfassenden Prüfung* der Voraussetzungen in rechtlicher und tatsächlicher Hinsicht,[16] insbesondere durch persönliche *Anhörung* des Ausländers,[17] bis hin zum *Übermaßverbot*[18] reichen. 13

Die Rechtsmaterie ist aber auch in vielerlei Hinsicht **europarechtlich** überlagert. So sind bei der Anwendung des nationalen Rechtsstandes insbesondere die Richtlinie 2008/115/EG des Europäischen Parlamentes und des Rates vom 16.12.2008 über gemeinsame Normen und Verfahren in den Mitgliedsstaaten zur Rückführung illegal aufhältlicher Drittstaatsangehöriger (*Rückführungsrichtlinie*) sowie die Richtlinie 2013/33/EU des Europäischen Parlamentes und des Rates vom 26.6.2013 (*Aufnahmerichtlinie*) auslegungsleitend zu berücksichtigen. Unmittelbare Anwendung findet in Teilbereichen der Haftanordnungen auch die Verordnung (EU) Nr. 604/2013 des Europäischen Parlamentes und des Rates vom 26.6.2013 zur Festlegung der Kriterien und Verfahren zur Bestimmung des Mitgliedsstaates, der für die Prüfung eines von einem Drittstaatsangehöri- 14

13 BGH Beschl. v. 16.12.2009 – V ZB 148/09 – InfAuslR 2010, 118 – juris-Rn. 7.
14 BVerfG Beschl. v. 27.2.2009 – 2 BvR 538/07 – NJW 2009, 205 – juris-Rn. 26.
15 BGH Beschl. v. 25.6.1998 – V ZB 8/98 – juris-Rn. 7; zG *Winkelmann/Broscheit* in Bergmann/Dienelt AufenthG § 62 Rn. 11 mwN.
16 BVerfG Beschl. v. 9.2.2012 – 2 BvR 1064/10 – InfAuslR 2012, 186 – juris-Rn. 16.
17 BVerfG Beschl. v. 27.2.2009 – 2 BvR 538/07 – NJW 2009, 2659 – juris-Rn. 33.
18 BVerfG Beschl. v. 28.11.1995 – 2 BvR 91/95 – NVwZ 1996, Beilage 3, 17 – juris-Rn. 25.

gen oder Staatenlosen in einem Mitgliedsstaat gestellten Antrages auf internationalen Schutz zuständig ist (*Dublin-III-Verordnung*).

IV. Haftarten

15 Das AufenthG kennt eine Vielzahl von Haft- und Gewahrsamsarten, die sich in ihren Voraussetzungen unterscheiden und teilweise im **Exklusivitätsverhältnis** zueinander stehen. Gruppieren lassen sie sich danach, ob ein Aufgriff des Ausländers **in räumlich-zeitlichem Zusammenhang mit dem Grenzübertritt** erfolgt (dann *Zurückweisungshaft* bei Grenzübertritt und *Zurückschiebungshaft* kurz danach) oder (erheblich) **nach Grenzübertritt.** In letzterem Fall ist inhaltlich zu differenzieren zwischen Inhaftierung zur Erzwingung der Mitwirkung im Verfahren (dann *Mitwirkungshaft*), Haft im Zusammenhang mit im EU-Ausland laufenden oder möglichen Asylverfahren (dann *Überstellungshaft*) und im Übrigen zwischen der *(Ergänzenden) Vorbereitungs-/Sicherungshaft* oder dem *Ausreisegewahrsam*.

1. Haft im Zusammenhang mit dem Grenzübertritt

16 Wird ein Ausländer im Zusammenhang mit dem *unerlaubten* Grenzübertritt aufgegriffen und soll das Land unmittelbar wieder verlassen, kommen **Zurückweisungshaft** (**§ 15 Abs. 5 AufenthG**) bzw. **Transitgewahrsam** (**§ 15 Abs. 6 AufenthG**) und die **Zurückschiebungshaft** (**§ 57 Abs. 3 AufenthG**) in Betracht. Diese unterscheiden sich im Grundsatz darin, ob der Grenzübertritt noch *nicht vollendet* ist (dann *Zurückweisungshaft* oder *Transitgewahrsam*) oder der Ausländer seinen Aufenthalt schon *im Inland* hat (dann *Zurückschiebungshaft*). Letzteres kommt nur in engem räumlich-zeitlichem Zusammenhang mit dem Grenzübertritt in Betracht, anschließend ist nur noch die reguläre Abschiebung möglich.

17 Dabei meint **Grenzübertritt** gem. § 13 AufenthG das tatsächliche Betreten des Hoheitsgebietes der Bundesrepublik Deutschland. Dieser ist außerhalb zugelassener Grenzübergangsstellen vollzogen, sobald der Ausländer die Grenzlinie überschritten hat (sog. „grüne Grenze“).[19] Wird eine Grenzübergangsstelle benutzt, ist die Einreise erst mit Passieren derselben (also Verlassen des Transit- bzw. Grenzkontrollbereiches auf dem Bundesgebiet) vollendet.[20] Dies gilt jedoch nicht, soweit das Passieren unter Aufsicht der Grenzbehörden zwecks Prüfung weiterer Maßnahmen geschieht und der Ausländer jederzeit weiterhin dem behördlichen Zugriff unterliegt (§ 13 Abs. 2 S. 2 AufenthG).

18 Dabei ist die Frage des Grenzübertrittes **rein objektiv** zu bestimmen. Auf eine subjektive *Intention* des Ausländers zur Einreise kommt es nicht an.[21]

19 Der Grenzübertritt ist in **Zweifelsfällen** wie folgt zu beurteilen:

- Bei einer **Zugreise**, soweit sie keine zugelassene Grenzübergansstelle passiert, mit Überschreiten der Landesgrenze; ob eine grenzpolizeiliche Kontrolle im Zug stattge-

19 Vgl. *Westphal/Huber* in Huber/Mantel AufenthG § 13 Rn. 12.
20 BGH Beschl. v. 6.10.2021 – 3 StR 213/21 – NStZ 2022, 239 – juris-Rn. 11; BGH, Beschl. v. 12.2.2020 – XIII ZB 65/19 – InfAuslR 2020, 385 – juris-Rn. 12; Beschl. v. 22.6.2017 – V ZB 127/16 – InfAuslR 2017, 345 – juris-Rn. 12.
21 BGH Beschl. v. 21.10.2010 – V ZB 56/10 – juris-Rn. 10 zum „Verschlafen“ des Bahnhofes im Zug.

funden hat (Nr. 13.2.7 S. 1 der Allgemeinen Verwaltungsvorschrift zum Aufenthaltsgesetz), ist irrelevant.[22]

- Bei einer **Flugreise mit Grenzkontrollen** mit durchqueren derselben und damit Verlassen des Transitbereiches;[23] unerheblich ist, ob sich noch eine nachgelagerte Zollkontrollstelle im Gebäude befindet, solange diese nicht die freie Bewegung ins Bundesgebiet hindert.[24] Bei einer Flugreise **ohne Grenzkontrollen** (im Schengenraum) mit Verlassen des Flugzeuges am Zielort, dh Betreten des Flughafens im Bundesgebiet.[25]
- Bei Aufenthalt in einer außerhalb des Transitbereiches gelegenen **(Flughafen-)Unterkunft**, die gegenüber dem Bundesgebiet durch (auch privatrechtliche) Kontrollen abgegrenzt ist, dürfte gem. § 13 Abs. 2 S. 2 AufenthG noch keine Einreise vorliegen, da der Ausländer noch jederzeit dem behördlichen Zugriff unterliegt.[26]
- Bei einer **Schiffsreise** nicht bei bloßem Durchqueren der Hoheitsgewässer,[27] wohl aber bei Anlandung jenseits von Grenzkontrollstellen mit Einfahrt in das (oder Arbeit im)[28] Küstenmeer.[29] Wird an Freihäfen lediglich ein Transit zu anderen Schiffen und kein Überschreiten der Grenzkontrollstellen vorgenommen, liegt keine Einreise vor.[30]

2. Haft nach Grenzübertritt

a) Sicherung des Verfahrens(abschlusses)

Ist der Ausländer bereits eingereist, sind Haftvarianten zeitlich gestaffelt: Zunächst kann zur Klärung von zB *Identitäts-* und *Gesundheitsfragen* ggü. Ausländern, die im Verfahren nicht mitwirken, die **Mitwirkungshaft (§ 62 Abs. 6 AufenthG)** für bis zu 14 Tage verhängt werden. Sie dient der Umsetzung einer *zwangsweisen Vorführung* vor zB die Botschaft des Heimatstaates oder einer reiseärztlichen Untersuchung, wenn einfacher (unmittelbarer) Zwang (§ 82 Abs. 4 AufenthG) nicht ausreicht. 20

Ebenso kommt bereits vor *Entstehen einer vollziehbaren Ausreisepflicht* die **Vorbereitungshaft (§ 62 Abs. 2 AufenthG)** in Betracht, um den Abschluss von Verfahren ggü. Ausländern zu sichern, von denen erheblichen Gefahren ausgehen. Dies betrifft Fälle der *Gefährdung der öffentlichen Sicherheit und Ordnung* (Ausweisung, §§ 53 ff. AufenthG) bzw. *Gefährder* (§ 58a AufenthG). Die **Ergänzende Vorbereitungshaft (§ 62c AufenthG)** erfasst dabei die Sonderkonstellation der *Asylantragstellung* nach Einreise entgegen einem Einreise- und Aufenthaltsverbot; auch sie betrifft Ausländer, von denen *erhebliche Gefahren für Leib, Leben oder bedeutende Rechtsgüter der inneren Sicherheit* ausgehen oder bzgl. derer ein *besonders schwerwiegendes Ausweisungsinteresse* (§ 54 Abs. 1 AufenthG) besteht. 21

---

22 StRspr BGH Beschl. v. 23.3.2021 – XIII ZB 141/19 – juris-Rn. 9; Beschl. v. 15.12.2020 – XIII ZB 28/20 – juris-Rn. 10; unter Aufgabe der früheren Rspr. von BGH Beschl. v. 22.6.2017 – V ZB 127/16 – InfAuslR 2017, 345 – juris-Rn. 12.

23 BGH Beschl. v. 6.10.2021 – 3 StR 213/21 – NStZ 2022, 239 – juris-Rn. 11.

24 *Fränkel* in NK-AuslR AufenthG § 13 Rn. 14.

25 BGH Beschl. v. 6.10.2021 – 3 StR 213/21 – NStZ 2022, 239 – juris-Rn. 11; Urt. v. 26.2.2015 – 4 StR 233/14 – BGHSt 60, 205, juris-Rn. 21; Beschl. v. 28.4.2015 – 3 StR 86/15 – NJW 2015, 2276 – juris-Rn. 4; *Kolber* in Bergmann/Dienelt AufenthG § 13 Rn. 8.

26 VG Potsdam Beschl. v. 23.8.2018 – 13 L 747/18.A – juris-Rn. 6.

27 VG Schleswig-Holstein Beschl. v. 14.11.2013 – 4 B 58/13 – juris-Rn. 51.

28 BVerwG Urt. v. 27.4.2021 – 1 C 13/19 – InfAuslR 2021, 374 – juris-Rn. 26.

29 BGH Urt. v. 14.11.2019 – 3 StR 561/18 – NStZ-RR 2020, 184 – juris-Rn. 17; VG Schleswig-Holstein Urt. v. 20.2.2019 – 11 A 386/18 – juris-Rn. 88.

30 *Kolber* in Bergmann/Dienelt AufenthG § 13 Rn. 11.

b) Haft nach Verfahrensabschluss

22 Nach dem *Entstehen einer vollziehbaren Ausreisepflicht* – wenn der Ausländer grds. bereits die Möglichkeit hatte, etwaige Entscheidungen der Ausländerbehörden oder des Bundesamtes für Migration und Flüchtlinge inhaltlich durch das Verwaltungsgericht kontrollieren zu lassen – richten sich die zur Verfügung stehenden Haftarten nach dem **Grund der Abschiebung:**

23 Soll ein Ausländer im **Dublin-System** an einen zuständigen Mitgliedsstaat überstellt werden, greift das Institut der **Überstellungshaft (Art. 28 Abs. 2 Dublin-III-Verordnung)**. Diese erfasst Fälle, in denen ein Ausländer bereits in einem anderen EU-Mitgliedsstaat einen Antrag auf internationalen Schutz (insbes. **Asylantrag**) gestellt hat oder hätte stellen können, weswegen dieser für die weitere Entscheidung zuständig ist. In diesen Fällen kann das Bundesamt für Migration und Flüchtlinge ein (Wieder-)Aufnahmeersuchen an den anderen Mitgliedsstaat richten (Art. 21, 23 Dublin-III-Verordnung) und einen ggf. in der Bundesrepublik gestellten Asylantrag als unzulässig ablehnen (§ 29 Abs. 1 Nr. 1a AsylG) sowie die Überstellung des Ausländers in den anderen Mitgliedsstaat anordnen. Besteht erhebliche Fluchtgefahr, kann für die Dauer des Überstellungsverfahrens Haft angeordnet werden.

24 Soll ein Ausländer in einen **Drittstaat** oder *unabhängig vom Dublin-System* abgeschoben werden, kommen zwei Haftinstitute in Betracht: Ist eine Abschiebung zeitnah möglich und hat der Ausländer ua bestimmte Pflichten im Verfahren verletzt, kommt der (auf maximal zehn Tage beschränkte, § 62b Abs. 1 S. 1 AufenthG) **Ausreisegewahrsam (§ 62b AufenthG)** in Betracht; er entspricht in etwa der früher sog. „kleinen Sicherungshaft" (§ 62 Abs. 2 S. 3 AufenthG aF) und stellt eine kürzere, anforderungsärmere Variante der Sicherungshaft dar,[31] die rechtlich aber (relevant zB für Zuständigkeits-Vorschriften) ein Aliud darstellt.[32] Die **Sicherungshaft (§ 62 Abs. 3 AufenthG)** als iÜ einschlägige **Grundform** der Abschiebungshaft setzt demgegenüber konkrete Haftgründe wie zB Fluchtgefahr voraus, welche der Ausreisegewahrsam so nicht erfordert;[33] sie kann dafür aber grds. bis zu sechs Monate andauern (§ 62 Abs. 4 S. 1 AufenthG) und unter bestimmten Voraussetzungen sogar auf bis zu 18 Monate verlängert werden.

3. Wahl zwischen Haftarten

25 Soweit sich die Anwendungsbereiche der Haftarten überschneiden, obliegt die Wahl der Haftart der **antragstellenden Behörde.**[34] Sie wird durch die *Darlegung im Haftantrag* ausgeübt, so dass die verwendeten Begriffe entscheidend sind.[35] Wird zB stets von „Abschiebung" geschrieben und zu den Voraussetzungen der Sicherungshaft ausgeführt, auch wenn rechtlich die (anforderungsärmere) Zurückschiebungshaft möglich gewesen wäre, ist nur die Sicherungshaft Verfahrensgegenstand.[36] Liegen deren Voraussetzungen nicht vor, ist der Haftantrag abzulehnen (im Einzelnen → Kap. 12 Rn. 21 ff.).

---

31 *Winkelmann/Broscheit* in Bergmann/Dienelt AufenthG § 62b Rn. 2.
32 BGH Beschl. v. 24.8.2020 – XIII ZB 83/19 – juris-Rn. 21.
33 BT-Drs. 19/10047, S. 45.
34 BGH Beschl. v. 29.5.2019 – V ZB 72/19 – juris-Rn. 2; Beschl. v. 30.7.2012 – V ZB 245/11 – juris-Rn. 9.
35 LG Limburg Beschl. v. 27.8.2020 – 7 T 35/20 – Asylmagazin 2020, 392 – juris-Rn. 10.
36 BGH Beschl. v. 14.3.2013 – V ZB 135/12 – NVwZ 2013, 1027 – juris-Rn. 9; Beschl. v. 30.10.2013 – V ZB 29/13 – juris-Rn. 5.

Kapitel 2 Sicherungshaft (§ 62 Abs. 3 AufenthG)

Die **Sicherungshaft** ist der **Regel-** und **Grundfall** der Abschiebungshaft. Sie geht ua zurück auf die *Ausländer-Polizeiverordnung (1938)* und *§ 57 Ausländergesetz (1965)*.[1] Die Haft sichert insbesondere bei Flugabschiebungen das regelmäßig stark terminsabhängige Durchlaufen der Verfahrensschritte und vereinfacht damit den behördlichen Vollzug einer Ausreisepflicht erheblich.[2] 1

Haft nach dieser Vorschrift hat **vier Voraussetzungen**, die kumulativ erfüllt sein müssen: 2

- Es muss eine **vollzieh-** und **vollstreckbare Ausreisepflicht** bestehen (→ Rn. 5 ff.),
- ein **Haftgrund** muss gegeben sein (→ Rn. 51 ff.),
- die **Abschiebung** muss innerhalb der Haftfrist **durchführbar sein**, wobei diese so kurz wie möglich zu halten ist (→ Rn. 113 ff.) und
- es dürfen keine **Haftausschließungsgründe** (→ Rn. 138 ff.) bestehen.

I. Vollzieh- und vollstreckbare Ausreisepflicht

Der Ausländer muss für eine Haftanordnung **vollziehbar ausreisepflichtig** sein (→ Rn. 40 f.), wobei grds. auch die **Vollstreckungsvoraussetzungen** (regelmäßig: Androhung, § 59 AufenthG) vorliegen müssen (→ Rn. 42 ff.); mangelt es hieran, kommen nur eine vorläufige Entscheidung gem. § 427 FamFG[3] oder die (Ergänzende) Vorbereitungshaft (s. Kap. 4 und 5) in Betracht. 3

Die darüber hinaus gelegentlich in Haftbeschlüssen[4] oder der Literatur[5] erwähnten Voraussetzungen für eine **zwangsweise Durchsetzung** der Ausreisepflicht (**Abschiebung**, § 58 Abs. 1 und 3 AufenthG), sind kein haftrechtlicher Prüfungsmaßstab. Denn weder werden sie in den haftrechtlichen Befugnisnormen referenziert, noch hat das Amtsgericht zu kontrollieren, ob die Behörde die Abschiebung inhaltlich zu Recht betreibt. Letzteres ist ausschließliche Kompetenz der Verwaltungsgerichte (→ Kap. 1 Rn. 9 mwN). 4

1. Bestehen einer Ausreisepflicht

Nach § 50 Abs. 1 AufenthG ist ein Ausländer zur Ausreise verpflichtet, wenn er nicht (mehr) über den erforderlichen **Aufenthaltstitel** verfügt. Dabei muss grds. *jeder Ausländer*, der einreisen möchte, über einen Aufenthaltstitel aus dem Numerus Clausus des § 4 AufenthG verfügen. Dieser kann als Aufenthaltserlaubnis (§ 7 AufenthG), Blaue Karte EU oder Daueraufenthalt EU (§§ 9a, 19a AufenthG), Visum (§ 6 AufenthG) oder in sonstigen Varianten vorliegen (§ 4 Abs. 1 S. 2 AufenthG) und darf nicht abgelaufen, mangels Eintritts der Einreisevoraussetzungen noch unwirksam[6] oder wirksam aufgehoben sein. 5

---

1 Zur Historie *Marx* AufenthaltsR-HdB § 8 Rn. 9 ff.
2 *Kluth* in BeckOK AuslR AufenthG § 62 Rn. 3.
3 BGH Beschl. v. 16.5.2013 – V ZB 44/12 – NVwZ 2013, 1361 – juris-Rn. 11.
4 ZB AG Solingen Beschl. v. 14.11.2017 – 8 XIV 11/17 – juris-Rn. 28 ff.; AG Lüneburg Beschl. v. 8.2.2011 – 101 XIV 126 B – juris-Rn. 18 ff.
5 *Grotkopp* Abschiebungshaft Rn. 22.
6 BGH Beschl. v. 22.6.2021 – XIII ZB 83/20 – juris-Rn. 15.

Zum Teil bestehen auch, zB für Unions- oder EWR-Bürger (Island, Liechtenstein und Norwegen) und Assoziationsberechtigte (zB Türkei), Sondervorschriften.

a) Nicht erforderlicher Aufenthaltstitel

6 Das Erfordernis eines **Aufenthaltstitels** ist europa- bzw. völkerrechtlich überlagert. Daher ist insbesondere in folgenden Fällen ein Aufenthaltstitel **nicht erforderlich**:

- für **Unionsbürger**, die gem. § 2 Abs. 4 S. 1 FreizügG/EU einreisen dürfen; dies umfasst auch ihre Familienangehörigen, soweit diese nicht Unionsbürger sind, aber eine Aufenthaltskarte haben (§ 2 Abs. 4 S. 3 FreizügG/EU); ohne Aufenthaltskarte ist freilich ein Visum erforderlich (§ 2 Abs. 4 S. 2 FreizügG/EU).
- für **Staatsangehörige der EWR-Staaten** gem. §§ 2, 12 FreizügG/EU, soweit diese nicht ohnehin Unionsbürger sind; dies betrifft also Island, Liechtenstein und Norwegen.
- für **Staatsangehörige der Schweiz** besteht gem. § 28 S. 1 AufenthV eine Befreiung vom Erfordernis eines Aufenthaltstitels aufgrund des Freizügigkeitsabkommens EG/Schweiz.
- für **Staatsangehörige** der Länder Australien, Israel, Japan, Kanada, der Republik Korea, Neuseeland und den Vereinigten Staaten von Amerika gem. § 41 Abs. 1 AufenthV ist eine Einreise ohne Aufenthaltstitel erlaubt. Dasselbe gilt gem. § 41 Abs. 2 AufenthG für Staatsangehörige von Andorra, Brasilien, El Salvador, Honduras, Monaco und San Marino, die keine Erwerbstätigkeit mit Ausnahme der in § 17 Abs. 2 AufenthV genannten Tätigkeiten ausüben wollen.
- für **türkische Staatsangehörige** nach dem Assoziationsabkommen EWG/Türkei. Nach dem zugehörigen ARB 1/80 werden türkische Staatsangehörige mit zunehmender Beschäftigungsdauer als **Arbeitnehmer** im Inland in ihrem Rechtsstatus demjenigen von Unionsbürgern immer stärker angenähert. Dies geschieht dreischrittig (nach ein, drei und vier Jahren, Art. 6 Abs. 1 ARB 1/80), für Familienangehörige zweischrittig (nach drei und fünf Jahren, Art. 7 S. 1 ARB 1/80).[7] Entsprechende Aufenthaltsrechte greifen direkt, die gem. § 2 Abs. 5 AufenthG zu beantragende Aufenthaltserlaubnis ist deklaratorisch,[8] begründet aber nach Erteilung ein eigenes Recht, das auch bei Fortfall der Assoziationsrechte fortgilt.[9] Bei **selbstständigen Dienstleistern** besteht auch nach Maßgabe des Art. 41 Abs. 1 Zusatzprotokoll keine Visumsfreiheit,[10] bei **abhängig** Beschäftigten eines aus der Türkei nach Deutschland operierenden **Dienstleistungsunternehmens** schon (zB LKW-Fahrer im transnationalen Verkehr[11]). Türkische **Touristen** sind visumspflichtig (Art. 3 Abs. 1 Verordnung [EU] 2018/1806 [Visa-VO] iVm Anlage I; dies ist auch nicht wg. Art. 41 des Zusatzprotokolls vom 1.1.1973 anders[12]). Vorausgesetzt ist stets eine im Übrigen legale Einreise, insbesondere mit Pass (§ 3 Abs. 1 S. 1 AufenthG). Die Einzelheiten des Aufenthaltsrechtes für türkische Staatsangehörige sind in ihren Verästelungen hochkomplex, so dass sie an dieser Stelle nicht dargestellt werden können; verwiesen sei auf die

---

7 Vgl. die instruktiven Darstellungen bei *Husmann* ZAR 2009, 305 und *Marx* AufenthaltsR-HdB § 3 Rn. 188 ff.
8 BVerwG Urt. v. 22.5.2012 – 1 C 6/11 – NVwZ 2013, 75 – juris-Rn. 14.
9 *Samel* in Bergmann/Dienelt AufenthG § 4 Rn. 63.
10 BVerwG Urt. v. 19.2.2015 – 1 C 9/14 – NVwZ 2015, 827 – juris-Rn. 17 ff.
11 EuGH Urt. v. 19.2.2009 – C-228/06 – NVwZ 2009, 513 – juris-Rn. 62 – Soysal.
12 EuGH Urt. v. 24.9.2013 – C-221/11 – NVwZ 2013, 1465 – juris-Rn. 61, 63; *Marx* AufenthaltsR-HdB § 2 Rn. 19.

Darlegungen in *Huber/Eichenhofer/Endres de Oliveira* Aufenthaltsrecht Rn. 1587 ff. und *Marx* AufenthaltsR-HdB § 3 Rn. 188 ff.

- für **Drittstaatsangehörige** gem. Art. 4 Abs. 1 Visa-VO (vgl. vorigen Spiegelstrich) iVm Anlage II iVm Art. 20 Abs. 1 Schengener Durchführungsübereinkommen (SDÜ), die für Kurzaufenthalte bis zu 90 Tagen je Zeitraum von 180 Tagen. Betrifft Ausländer der Staaten, für die die Europäische Gemeinschaft die **Visumspflicht aufgehoben** hat.
- für **Drittstaatsangehörige**, die über einen **nationalen Aufenthaltstitel** eines Schengen-Staates verfügen. Diese dürfen sich nach Art. 21 Abs. 1 und 2 SDÜ unter den weiteren Voraussetzungen des Art. 6 Verordnung (EU) 2016/399 (Schengener Grenzcodex)[13] bis zu 90 Tage je Zeitraum von 180 Tagen im Hoheitsgebiet anderer Vertragsstaaten des Schengener Übereinkommens bewegen.[14]
- für **Drittstaatsangehörige**, für welche gem. § 99 AufenthG eine **Verordnung** des Bundesministeriums des Innern, für Bau und Heimat eine (temporäre) **Befreiung vom Titelerfordernis** vorsieht, wie zB für Ausländer in Folge des russischen Überfalls auf die Ukraine.[15]

Die vorgenannten Begünstigungstatbestände können zT durch **Spezialvorschriften** entfallen (zB für den Daueraufenthalt EU § 51 Abs. 9 AufenthG), wodurch die Ausreisepflicht wieder auflebt. Dies kann auch **Unions- und EWR-Bürger** und ihre Familienangehörigen betreffen, soweit *Verlust* oder *Nichtbestehen* des Rechtes auf Einreise und Aufenthalt behördlich *festgestellt* wurde (§§ 2 Abs. 4, 5 Abs. 4 und Abs. 6, 6 FreizügG/EU). Eine Verlustfeststellung bedingt, dass der Ausländer wieder dem AufenthG unterfällt (§ 11 Abs. 14 S. 2 FreizügG/EU), und löst eine ggü. § 50 AufenthG *speziell* normierte **Ausreisepflicht** aus (§ 7 Abs. 1 FreizügG/EU), im Fall der §§ 7 Abs. 2, 6 Abs. 1 FreizügG/EU (Verlustfeststellung wg. Täuschung oder aus Gründen öffentlicher Sicherheit, Ordnung und Gesundheit) zusätzlich (ggf. nach Ermessensausübung) eine **Aufenthalts- und Einreisesperre** (§ 7 Abs. 2 FreizügG/EU; diese fällt nicht unter § 14 Abs. 1 Nr. 3 AufenthG → Rn. 26). 7

Auch kann eine **Befreiungsfrist** abgelaufen sein (insbes. bei 90-Tages-Grenzen für erlaubten Aufenthalt). Im Übrigen regelt § 51 Abs. 5 AufenthG, dass die **Ausweisung**, **Zurückschiebung** oder **Abschiebung** die Befreiung von der Erforderlichkeit eines Aufenthaltstitels entfallen lässt. In diesen Fällen wird auch ein ehemals vom Titelerfordernis befreiter Ausländer einem nicht befreiten Ausländer gleichgestellt.[16] Dabei erfasst die *Ausweisung* gem. §§ 53 ff. AufenthG Fälle von Gefahren für die öffentliche Sicherheit und Ordnung, die *Zurückschiebung* gem. § 57 Abs. 1 AufenthG den Aufgriff im Zusammenhang mit unerlaubter Einreise (zB wegen Verstoßes gegen die Passpflicht, § 3 AufenthG) und die *Abschiebung* eine Entscheidung gem. § 58 AufenthG, aber auch eine solche für *Gefährder* nach § 58a AufenthG.[17] Entscheidend ist insofern haftgerichtlich die Wirksamkeit, nicht aber die inhaltliche Richtigkeit der Entscheidung. 8

---

13 BGH Beschl. v. 22.6.2021 – XIII ZB 83/20 – juris-Rn. 15; Urt. v. 26.1.2021 – 1 StR 289/20 – InfAuslR 2021, 260 – juris-Rn. 37.
14 BGH Beschl. v. 17.6.2010 – V ZB 3/10 – NVwZ 2011, 317 – juris-Rn. 15.
15 Ukraine-Aufenthalts-Übergangsverordnung v. 7.3.2022 – BAnz AT 8.3.2022 V1.
16 *Fleuß* in BeckOK AuslR AufenthG § 51 Rn. 98.
17 *Möller* in NK-AuslR AufenthG § 51 Rn. 41.

b) Aufenthaltsgestattung durch Asylantrag

9 Eine Aufenthaltsgestattung, die zwar nicht zur Rechtmäßigkeit des Aufenthaltes führt, aber die Ausreisepflicht gem. § 50 AufenthG sperrt,[18] entsteht mit **Asylantragstellung** gem. § 55 AsylG. Praktisch wird ein um Asyl nachsuchender Ausländer („Asylgesuch" im Vorfeld der förmlichen Antragstellung, vgl. §§ 13 f. AsylG)[19] nach der Einreise zur nächsten *Erstaufnahmeeinrichtung* weitergeleitet (§§ 18 Abs. 1, 19 Abs. 1 AsylG). Dort erhält er binnen weniger Stunden einen **Ankunftsnachweis** (§ 63a AsylG), mit dessen Aushändigung gem. § 55 Abs. 1 S. 1 AsylG die Aufenthaltsgestattung entsteht. Anschließend hat er den förmlichen Asylantrag bei der örtlich zuständigen *Außenstelle* des Bundesamtes für Migration und Flüchtlinge zu stellen.

10 Ausländer, die *nicht* in einer Erstaufnahmeeinrichtung leben, erhalten **keinen Ankunftsnachweis.** Für sie entsteht gem. § 55 Abs. 1 S. 3 AsylG die Aufenthaltsgestattung erst mit *Eingang des (förmlichen) Antrages* beim Bundesamt für Migration und Flüchtlinge in Nürnberg; dies betrifft gem. § 14 Abs. 2 AsylG im Wesentlichen Ausländer, die bereits einen noch länger als sechs Monate gültigen Aufenthaltstitel haben, sich in Haft oder im Krankenhaus befinden oder unbegleitete Minderjährige (diese sind in Obhut des Jugendamtes zu nehmen, § 42 Abs. 1 S. 1 Nr. 3 SGB VIII; ohne Vormund ist die Antragstellung schwebend unwirksam, § 12 AsylG).

11 **Asylbewerbern**, die aus einem **sicheren Drittstaat** einreisen (§ 26a Abs. 2 AsylG iVm Anlage I: *EU-Mitgliedsstaaten*, *Norwegen* und *Schweiz*), wird regelmäßig die Einreise verweigert, soweit Grenzkontrollen stattfinden (§ 18 Abs. 2 AsylG, ggf. *Zurückweisungshaft* s. Kap. 8). Nach Vollendung des Grenzübertritts können sie in zeitlicher und räumlicher Nähe zur Einreise noch *zurückgeschoben* werden (§ 19 Abs. 3 AsylG iVm § 57 Abs. 1 und 2 AufenthG → Kap. 7 Rn. 8 ff.). Ansonsten sind sie jedoch wie sonstige Asylbewerber zu behandeln: Ihnen ist ein Ankunftsnachweis auszustellen, der die Aufenthaltsgestattung (§ 55 Abs. 1 S. 1 AsylG) entstehen lässt. Die früher gegenteilige Rspr. (Aufenthaltsgestattung erst mit Antragseingang beim Bundesamt für Migration und Flüchtlinge[20]) ist seit der Änderung des § 55 Abs. 1 S. 3 AsylG durch das Integrationsgesetz vom 31.7.2016 überholt.

12 Die Aufenthaltsgestattung gem. § 55 AsylG besteht als ein **Recht unabhängig** von ihrer *schriftlichen Fixierung*. Der dem Ausländer ausgestellte **papierne Ausweis** („Aufenthaltsgestattung zur Durchführung des Asylverfahrens") ist insofern kein Verwaltungsakt; er kann daher inhaltlich falsch sein, soweit zB ein Asylantrag bereits bestandkräftig abgelehnt wurde, der Ausländer die Gestattung aber wg. Untertauchens bisher nicht abgegeben hatte.

aa) Praxisrelevante Zweifelsfälle

13 Die Frage des Verhältnisses der Aufenthaltsgestattung zur Haftanordnung ist insbesondere in den folgenden Fällen praktisch relevant:

---

18 BGH Beschl. v. 1.3.2012 – V ZB 183/11 – NVwZ-RR 2012, 574 – juris-Rn. 11.
19 Vgl. *Bergmann* in Bergmann/Dienelt AsylG § 13 Rn. 3 mwN.
20 BGH Beschl. v. 25.2.2016 – V ZB 171/13 – InfAuslR 2016, 294 – juris-Rn. 10.

- bei Ausstellung des **Ankunftsnachweises** erlischt gem. § 67 Abs. 1 Nr. 2 AsylG die Aufenthaltsgestattung, wenn der Ausländer **nicht innerhalb von zwei Wochen** (oder später, wenn ihm behördlicherseits ein späterer Termin vorgegeben war, § 67 Abs. 1 S. 2 AsylG) den formalen Asylantrag stellt (Erlöschen kraft Gesetzes, ohne dass ein Bescheid nötig wäre[21]). Sie lebt erst wieder auf, wenn der Antrag nunmehr dort eingegangen ist, § 67 Abs. 2 Nr. 2 AsylG.
- bei Asylantragstellung **bei den Grenzbehörden** nach Einreise aus einem **EU-Mitgliedsstaat** oder sonst **sicherem Drittstaat** kann sogleich ein Zurückweisungs- (§ 18 Abs. 3 AsylG) oder Zurückschiebungsverfahren (§ 57 AufenthG) eingeleitet werden. Wird der Ausländer dabei nicht in eine Erstaufnahmeeinrichtung weitergeleitet, wird auch kein Ankunftsnachweis mit der Folge der Aufenthaltsgestattung gem. §§ 63a, 55 Abs. 1 S. 3 AsylG ausgestellt. In dem Fall und wenn er in Zurückweisungs- oder Zurückschiebungshaft genommen wird, muss ein zuvor grenzbehördlich aufgenommenes Ersuchen (anders als eines bei der Ausländerbehörde, § 14 Abs. 2 S. 2 AsylG) zwar nicht weitergeleitet werden, kann es aber; geht es beim Bundesamt für Migration und Flüchtlinge ein, stellt es ab diesem Moment einen hinreichenden Antrag dar.[22] Ggf. befindet sich der Ausländer dann aber schon in Haft (nächstes Beispiel).
- bei Stellung eines Asylantrages aus **Untersuchungs-**, **Straf-**, **Sicherungs-** (inkl. **Überstellungshaft**[23] und **Zurückschiebungshaft**;[24] im Übrigen ist die Aufzählung abschließend und umfasst daher zB nicht den polizeilichen Gewahrsam[25]), **Mitwirkungshaft** und **Ausreisegewahrsam**, steht dies gem. § 14 Abs. 3 S. 1 AsylG der Anordnung von Abschiebungshaft nicht entgegen, solange der Antrag noch nicht beschieden ist und seit Eingang des Antrages beim Bundesamt für Migration und Flüchtlinge noch keine vier Wochen vergangen sind (§ 14 Abs. 3 S. 3 AsylG) (für Einzelheiten (→ Rn. 18).
- die Stellung eines **Asylfolgeantrages** (Antrag in Deutschland nach Rücknahme, Verfahrenseinstellung ohne Wiederaufnahmemöglichkeit[26] oder unanfechtbar [vgl. § 71 Abs. 1 S. 1 AsylG] erfolglosem Abschluss eines inländischen Asylverfahrens) steht gem. § 71 Abs. 8 AsylG der Anordnung von Abschiebungshaft nur entgegen, wenn ein weiteres Asylverfahren durchgeführt wird. Hierzu bedürfte es einer Entscheidung des Bundesamtes für Migration und Flüchtlinge, ob die Voraussetzungen des § 51 Abs. 1 bis 3 VwVfGe vorliegen. Solange eine solche Entscheidung nicht vorliegt, ist dem Ausländer der Aufenthalt nicht nach § 55 AsylG gestattet,[27] allerdings besteht bis zu einer Ablehnung ein Abschiebungshindernis, das im Rahmen der Prognose der Durchführbarkeit der Abschiebung berücksichtigt werden muss (es sei denn, die Ab-

---

21 *Bergmann* in Bergmann/Dienelt AsylG § 67 Rn. 4.
22 BGH Beschl. v. 6.5.2010 – V ZB 213/09 – NVwZ 2010, 1510 – juris-Rn. 11.
23 BGH Beschl. v. 20.5.2016 – V ZB 24/16 – NVwZ 2016, 335 – juris-Rn. 20.
24 BGH Beschl. v. 25.2.2016 – V ZB 171/13 – InfAuslR 2016, 294 – juris-Rn. 1.
25 BGH Beschl. v. 14.10.2010 – V ZB 78/10 – NVwZ 2011, 574 – juris-Rn. 29.
26 Nicht, solange wegen Nichtbetreibens eingestellt wurde und noch gem. § 33 Abs. 5 AsylG Wiederaufnahme beantragt werden kann, regelmäßig also bis zu neun Monate nach Einstellung oder nach einer ersten, erfolglosen Wiederaufnahme (§ 33 Abs. 5 S. 6 AsylG), vgl. BVerwG Urt. v. 14.12.2016 – 1 C 4/16 – BVerwGE 157, 18 – juris-Rn. 31.
27 BGH Beschl. v. 25.10.2022 – XIII ZB 64/20 – juris-Rn. 9; Beschl. v. 10.1.2019 – V ZB 159/17 – juris-Rn. 20.

schiebung soll in einen sicheren Drittstaat erfolgen, § 71 Abs. 5 S. 2 AsylG).[28] Sobald das Bundesamt (auch als „Prognosenachricht") mitteilt, dass ein neues Asylverfahren durchgeführt wird, wird Haft unzulässig.[29]

- bei Stellung eines **Zweitantrages** (Antrag in Deutschland nach Rücknahme, Verfahrenseinstellung ohne Wiederaufnahmemöglichkeit[30] oder unanfechtbar[31] erfolglosem Abschluss eines Asylverfahrens in einem sicheren Dritt- oder Dublin-Staat) gilt Vergleichbares zum vorigen Punkt, da § 71a Abs. 2 S. 3 AsylG auf § 71 Abs. 8 AsylG verweist; insofern wird der Ausländer bis zur Ablehnung durch das Bundesamt für Migration und Flüchtlinge lediglich geduldet (§ 71a Abs. 3 S. 1 AsylG; zur Duldung → Rn. 23 f.), so dass Haft angeordnet werden kann.[32] Liegt noch kein Abschluss des Asylverfahrens im Ausland vor, bestehen *parallele Erstanträge*, von denen der nationale Erstantrag ohne Anwendung von § 71a AsylG direkt nach § 55 AsylG zu beurteilen ist;[33] im Zweifel kann mit einer einstweiligen Anordnung Zeit für weitere Ermittlungen geschaffen werden.[34]
- die Stellung eines sog. **„isolierten Folgeschutzgesuches"** (Antrag auf teilweises Wiederaufgreifen des Verfahrens bzgl. zielstaatsbezogener Abschiebungshindernisse) begründet keine Aufenthaltsgestattung und löst auch nicht analog § 71 Abs. 5 S. 2 AsylG ein Abschiebungshindernis aus;[35] ohne eine gegenteilige Mitteilung des Bundesamtes für Migration und Flüchtlinge darf daher nicht abgeschoben werden.
- bei Stellung eines **unzulässigen Asylantrages**, zB wegen der Einreise über **sichere Drittstaaten** (§ 26a Abs. 2 AsylG) oder **Zuständigkeit anderer EU-Mitgliedsstaaten** (§ 29 Abs. 1 Nr. 1a AsylG) entsteht gleichwohl bis zur Antragsablehnung durch das Bundesamt für Migration und Flüchtlinge die Aufenthaltsgestattung gem. § 55 AsylG.[36]
- bei einer **Erklärung** des Ausländers, welche das Bundesamt für Migration und Flüchtlinge per Bescheid als **unzureichend für einen wirksamen Asylantrag** bewertet hat, ist die mangelnde Entstehung der Aufenthaltsgestattung (vorbehaltlich hiergegen eingelegten Eilrechtsschutzes vor dem Verwaltungsgericht oder offensichtlicher Rechtswidrigkeit der behördlichen Beurteilung → Kap. 1 Rn. 9) zugrunde zu legen.[37]

---

28 BGH Beschl. v. 10.1.2019 – V ZB 159/17 – juris-Rn. 21; Beschl. v. 10.9.2018 – V ZB 182/17 – InfAuslR 2019, 73 – juris-Rn. 6; Beschl. v. 21.7.2011 – V ZB 222/10 – juris-Rn. 11.

29 BGH Beschl. v. 20.7.2021 – XIII ZB 10/21 – juris-Rn. 7.

30 BVerwG Urt. v. 14.12.2016 – 1 C 4/16 – BVerwGE 157, 18 – juris-Rn. 32.

31 BVerwG Urt. v. 14.12.2016 – 1 C 4/16 – BVerwGE 157, 18 – juris-Rn. 32; OVG Weimar Beschl. v. 15.5.2018 – 3 KO 275/17 – juris-Rn. 35; OLG Köln Beschl. v. 20.7.2007 – 16 Wx 150/07 – OLGR Köln 2008, 328 – juris-Rn. 7; aA *Grotkopp* Abschiebungshaft Rn. 737.

32 *Dickten* in BeckOK AuslR AsylG § 71a Rn. 10 aE.

33 OLG Köln Beschl. v. 20.7.2007 – 16 Wx 150/07 – OLGR Köln 2008, 328 – juris-Rn. 7.

34 *Grotkopp* Abschiebungshaft Rn. 737.

35 OVG Lüneburg Beschl. v. 26.2.2018 – 13 ME 438/17 – AuAS 2018, 77 – juris-Rn. 19; OVG Münster Beschl. v. 11.9.2017 – 18 B 1033/17 – Rn. 18; *Dickten* in BeckOK AuslR AsylG § 71 Rn. 41; aA VGH Mannheim Beschl. v. 29.5.2017 – 11 S 2493/16 – InfAuslR 2017, 404 – juris-Rn. 4.

36 BGH Beschl. v. 1.3.2012 – V ZB 183/11 – NVwZ-RR 2012, 574 – juris-Rn. 12 f.

37 BGH Beschl. v. 6.8.2020 – XIII ZB 21/20 – juris-Rn. 12.

bb) Asylantrag aus Haftgerichtsgewahrsam

Sobald ein Ausländer mit dem Ziel der **Gerichtsvorführung** festgenommen wird,[38] befindet er sich in öffentlichem Gewahrsam (§ 14 Abs. 2 S. 1 Nr. 2 AsylG). Ein aus diesem Gewahrsam heraus gestellter Asylantrag (zB schriftlich *aus der Gewahrsamszelle* oder mündlich *zu Protokoll der Sitzungsniederschrift*, wobei auf die Annahme eines mündlichen Antrags mangels gesetzlicher Regelung kein Anspruch besteht[39]) löst (ohne haftgerichtliche Prüfungskompetenz, ob er formell ordnungsgemäß ist[40]) die Aufenthaltsgestattung des § 55 AsylG erst aus, wenn er **beim Bundesamt** für Migration und Flüchtlinge in Nürnberg **eingegangen** ist (§§ 55 Abs. 1 S. 3, 14 Abs. 2 S. 1 Nr. 2 AsylG).[41] Solange der Eingang (noch) nicht erfolgt ist,[42] besteht also keine Aufenthaltsgestattung. 14

Während **Ausländerbehörden** gem. § 14 Abs. 2 S. 2 AsylG verpflichtet sind, einen bei ihr eingereichten schriftlichen Antrag unverzüglich an das Bundesamt **weiterzuleiten**, statuiert das nationale Recht für das **Haftgericht** keine solche Pflicht.[43] Unionsrechtlich erfordert zwar Art. 6 Abs. 1 UAbs. 2 und 3 Richtlinie 2013/32/EU (Asylverfahrensrichtlinie), dass der Ausländer in solchen Fällen über die Modalitäten der Antragstellung zu informieren und der Antrag *gerichtlich weiterzuleiten* ist.[44] Dies dient jedoch nur der fristgemäßen Registrierung nebst Verfahrenszugang,[45] nicht der Haftvermeidung;[46] der Termin muss also nicht unterbrochen werden, um einen Antrag noch vor der Entscheidung zB an das Bundesamt zu faxen. Tut das Gericht dies jedoch,[47] lässt es damit (im Falle eines Erstantrages) die Aufenthaltsgestattung entstehen. 15

Wird der Antrag **nach Terminsende** durch das Gericht oder die Ausländerbehörde (§ 12 Abs. 2 S. 2 AsylG)[48] weitergeleitet, wirkt der dann erfolgende **Eingang ex nunc** und lässt die Aufenthaltsgestattung daher *nicht rückwirkend* entstehen.[49] Vielmehr findet der Eingang zu einem Zeitpunkt statt, zu dem Haft (unerheblich, ob rechtskräftig oder nicht) gerichtlich angeordnet ist. Die Wirkung des Antrages richtet sich dann nicht mehr nach § 14 Abs. 2 S. 1 Nr. 2 AsylG, sondern nach der **Spezialvorschrift** des § 14 Abs. 3 AsylG.[50] (Bei Drucklegung dieses Buches befand sich eine Erweiterung dieser 16

38 BGH Beschl. v. 1.3.2012 – V ZB 206/11 – InfAuslR 2012, 326 – juris-Rn. 11.
39 BGH Beschl. v. 6.5.2010 – V ZB 213/09 – NVwZ 2010, 1510 – juris-Rn. 11; Beschl. v. 21.11.2002 – V ZB 49/02 – BGHZ 153, 18 – juris-Rn. 10; vgl. auch *Hailbronner* AuslR AsylG § 14 Rn. 16; *Houben* in BeckOK AuslR AsylG § 14 Rn. 14a; *Winkelmann/Broscheit* in Bergmann/Dienelt AuslR AsylG § 14 Rn. 21; aA *Grotkopp* Abschiebungshaft Rn. 706.
40 BGH Beschl. v. 6.10.2020 – XIII ZB 21/20 – juris-Rn. 12.
41 BGH Beschl. v. 14.10.2010 – V ZB 78/10 – NVwZ 2011, 574 – juris-Rn. 19.
42 ZB belegt durch Fax-Sendebericht mit „OK"-Vermerk durch einen Prozessbevollmächtigten des Ausländers.
43 BGH Beschl. v. 6.5.2010 – V ZB 213/09 – NVwZ 2010, 1510 – juris-Rn. 11; *Houben* in BeckOK AuslR AsylG § 14 Rn. 14b; *Zeitler* in HTK-AuslR § 14 AsylG, zu Abs. 2, Rn. 12; *Grotkopp* Abschiebungshaft Rn. 711.
44 EuGH Urt. v. 25.6.2020 – C-36/20 PPU – InfAuslR 2020, 357 – juris-Rn. 69 ff., bes. 83.
45 EuGH Urt. v. 25.6.2020 – C-36/20 PPU – InfAuslR 2020, 357 – juris-Rn. 80 f.
46 Haft ist nach Art. 8 Abs. 3 Richtlinie 2013/33/EU (Aufnahmerichtlinie) zB wg. Fluchtgefahr möglich, so ausdrücklich EuGH Urt. v. 25.6.2020 – C-36/20 PPU – InfAuslR 2020, 357 – juris-Rn. 102 ff.
47 Wozu das Gericht befugt ist, vgl. *Grotkopp* Abschiebungshaft Rn. 706 f., 711.
48 Wg. der Rechtsbindung (Art. 20 Abs. 3 GG) darf sich das Gericht grds. darauf verlassen, dass die Weiterleitung durch die Ausländerbehörde erfolgt.
49 BGH Beschl. v. 6.5.2010 – V ZB 213/09 – NVwZ 2010, 1510 – juris-Rn. 11.
50 BGH Beschl. v. 6.10.2020 – XIII ZB 115/19 – InfAuslR 2021, 119 – juris-Rn. 12.

Norm in der **politischen Diskussion**;[51] für ggf. erfolgende *Änderungen der Rechtslage* vgl. die Buch-Webseite.[52])

17 Geht der Antrag beim Bundesamt ein, während sich der Ausländer in gerichtlich angeordneter **Vorbereitungshaft**, **Sicherungshaft** (inkl. **Überstellungshaft**[53] und **Zurückschiebungshaft**[54]), **Mitwirkungshaft** oder **Ausreisegewahrsam** befindet, steht die Antragstellung „der Anordnung oder Aufrechterhaltung von Abschiebungshaft nicht entgegen“ (§ 14 Abs. 2 S. 1 Nr. 3 bis 7 AsylG). Das Bundesamt hat vier Wochen Zeit zur Entscheidung nebst deren Zustellung, was praktisch regelmäßig mit kurzfristiger Anhörung nebst Bescheiderlass gelingt. Die Haft endet *ipso iure* (und ist aufzuheben durch die Behörde[55]) spätestens nach vier Wochen, wenn nicht ein *Dublin-Verfahren* betrieben oder der Antrag als wegen *sicheren Drittstaates unzulässig* (§ 29 Abs. 1 Nr. 4 AsylG) oder *offensichtlich unbegründet* abgelehnt wird (§ 14 Abs. 3 S. 3 AsylG); sie endet also insbes. auch bei Ablehnung in der Frist als (einfach) *unzulässig* oder (einfach) *unbegründet*.[56] Das Gericht kann daher grds. auch in Erwartung einer Weiterleitung die volle beantragte Haft anordnen, muss sich aber eine **Haftkontrollfrist** von vier Wochen setzen, um die Entscheidung des Bundesamtes zur Kenntnis zu nehmen und ggf. ein Haftaufhebungsverfahren einzuleiten.[57]

18 Vom Grundsatz einer Haftanordnung ist nur dann eine **Ausnahme** zu machen, wenn Haft *einzig* (also nicht zB *auch*[58] wegen Fluchtgefahr[59]) wegen des Haftgrundes der **unerlaubten Einreise** (§ 62 Abs. 3 S. 1 Nr. 2 AufenthG) angeordnet würde und sich der Ausländer zum Zeitpunkt der Haftentscheidung (ggf. schlüssig vorgetragen bzw. glaubhaft gemacht[60]) **weniger als einen Monat** im Bundesgebiet befand. Denn dann löst der Asylantrag mit *Eingang* beim Bundesamt die *Aufenthaltsgestattung* des § 55 AsylG aus (Umkehrschluss aus § 14 Abs. 3 S. 1 Nr. 4 letzter HS AsylG). Ist zum Zeitpunkt der Haftentscheidung absehbar, dass der künftig weitergeleitete Antrag mit Eingang zum *Entstehen der Aufenthaltsgestattung* führt, wäre eine gleichwohl erfolgende Haftanordnung *unverhältnismäßig*.

cc) Erlöschen der Aufenthaltsgestattung

19 Die Aufenthaltsgestattung nach § 55 AsylG **erlischt** gem. § 67 Abs. 1 AsylG in den dort genannten Fällen. Regelmäßig ist das mit Unanfechtbarkeit der **Ablehnungsentschei-**

---

51 Diskussionsentwurf des Bundesministeriums des Innern und für Heimat zur Verbesserung der Rückführung v. 1.8.2023, www.bmi.bund.de/diskussionsentwuerfe.html (Abruf: 5.8.2023).

52 www.abschiebungshaft-buch.de.

53 BGH Beschl. v. 20.5.2016 – V ZB 24/16 – NVwZ 2016, 335 – juris-Rn. 20.

54 BGH Beschl. v. 25.2.2016 – V ZB 171/13 – InfAuslR 2016, 294 – juris-Rn. 1.

55 BGH Beschl. v. 6.10.2020 – XIII ZB 115/19 – InfAuslR 2021, 119 – juris-Rn. 11.

56 Die Aufenthaltsgestattung (§ 55 AsylG) greift dann nämlich für die Dauer der Rechtsmittelfrist (§ 74 Abs. 1 AsylG: grds. zwei Wochen) und sperrt damit die Ausreisepflicht; dies ist ab Absendung des Bescheides der Fall, BGH Beschl. v. 6.10.2020 – XIII ZB 115/19 – InfAuslR 2021, 119 – juris-Rn. 16 ff., 26.

57 Auch wenn die Behörde die Freilassung vAw veranlassen muss; anklingend bei BGH Beschl. v. 6.10.2020 – XIII ZB 115/19 – InfAuslR 2021, 119 – juris-Rn. 7 aE.

58 *Hailbronner* AuslR AufenthG § 62 Rn. 303.

59 Was bei Verstoß gg. ein *Einreise- und Aufenthaltsverbot* regelmäßig zusammenfällt, § 62 Abs. 3 S. 1 Nr. 2 AufenthG und § 62 Abs. 3 S. 1 Nr. 1 iVm Abs. 3a Nr. 4 AufenthG; die Möglichkeit einer Haftanordnung ist dann nach Wortlaut und Telos aber konsequent, denn die Fälle sind der zB pass- oder titellosen Einreise (§ 14 Abs. 2 Nr. 1 und 2 AufenthG) im Unrechtsgehalt nicht gleichgestellt.

60 OVG Saarlouis Beschl. v. 11.1.2001 – 9 V 52/00 – InfAuslR 2001, 172 – juris-Rn. 10; *Marx* AufenthaltsR-HdB § 8 Rn. 44, 49 ff.

dung des Bundesamtes für Migration und Flüchtlinge der Fall (§ 67 Abs. 1 Nr. 6 AsylG). Der Ablehnungsbescheid ist *zuzustellen*, § 31 Abs. 1 S. 3 AsylG. Die *wirksame Zustellung* ist Haftvoraussetzung und vom Amtsgericht zu prüfen;[61] liegt allerdings eine Abschlussmitteilung des Bundesamtes für Migration und Flüchtlinge vor, müssen Detailfragen nur bei Zweifeln haftgerichtlich geklärt werden (→ Kap. 12 Rn. 34).[62]

Für die **Zustellung** (die sich grds. nach allgemeinen Zurechnungsregeln richtet, zB durch Zustellung an einen Verfahrensbevollmächtigten[63]) sieht § 10 AsylG **erhebliche Erleichterungen** vor; die Norm sanktioniert die Verletzung verfahrensrechtlicher Obliegenheiten des Ausländers zur Sicherstellung seiner Erreichbarkeit. Insbesondere gilt insofern eine Zustellung an die *letzte mitgeteilte Adresse* (unabhängig von deren Richtigkeit[64]) als bewirkt (§ 10 Abs. 2 AsylG) oder eine solche durch Übergabe an die *Aufnahmeeinrichtung* am dritten Tag danach (§ 10 Abs. 4 S. 4 HS 2 AsylG); auch, wenn der Ausländer die Einrichtung bereits verlassen hat (und es sich damit nur um die letzte bekannte Anschrift nach § 10 Abs. 2 AsylG handelt).[65] Allerdings muss er zuvor in einer ihm verständlichen Sprache[66] schriftlich und gegen Empfangsbestätigung in hinreichender Deutlichkeit auf diese Zustellungsvorschriften *hingewiesen* worden sein.[67] 20

Soweit Normen des AsylG **Rücknahmefiktionen** aufstellen (zB Meldeversäumnis, § 22 AsylG; Untertauchen oder Ausreise in den Fluchtstaat, § 33 Abs. 2 S. 1 Nr. 2, Abs. 3 AsylG), führt nicht schon das Erfüllen der Fiktionstatbestände zum Erlöschen der Aufenthaltsgestattung. Vielmehr muss zunächst das Bundesamt für Migration und Flüchtlinge das Verfahren durch Bescheid *einstellen* (§ 33 Abs. 5 AsylG) und die Einstellung (ggf. unter den in der vorigen Randnummer genannten Erleichterungen oder nach *parallel* möglicher öffentlicher Zustellung gem. § 10 VwZG[68]) *zustellen* (§ 67 Abs. 1 S. 1 Nr. 3 AsylG). Erst dadurch wird die Beendigung der Aufenthaltsgestattung herbeigeführt.[69] 21

c) Ablauf oder Aufhebung eines Aufenthaltstitels

Besteht ein (wirksamer) Aufenthaltstitel, erlischt dieser gem. § 51 Abs. 1 AufenthG zB mit **Ablauf der Geltungsdauer**, **Aufhebung** oder **Ausweisung**. Der letztgenannte Fall (§ 51 Abs. 1 Nr. 5 AufenthG) ist in der haftgerichtlichen Praxis der bedeutsamste. Aufgrund der nur formalen Prüfungskompetenz des Amtsgerichts ist bei behördlichen Entscheidungen nicht die inhaltliche Richtigkeit maßgeblich, sondern nur ihre Wirksamkeit. Soweit sie (was der Regelfall ist) mit dem Hinweis auf die Ausreisepflicht (§ 50 Abs. 1 AufenthG), einer Fristsetzung und Abschiebungsandrohung verbunden wird (§ 59 Abs. 1 S. 1 AufenthG), ist sie wegen § 13 Abs. 7 S. 2 VwVGe *zuzustellen*. In diesem Fall ist haftgerichtlich die **wirksame Zustellung** zu prüfen, ansonsten die wirksame reguläre Bekanntgabe (§ 41 VwVfGe). 22

---

61 BVerfG Beschl. v. 9.2.2012 – 2 BvR 1064/10 – InfAuslR 2012, 186 – juris-Rn. 24.

62 BGH Beschl. v. 15.12.2020 – XIII ZB 93/19 – FGPrax 2021, 92 – juris-Rn. 11; Beschl. v. 24.8.2020 – XIII ZB 83/19 – InfAuslR 2021, 122 – juris-Rn. 26.

63 Vgl. zB zur Kenntniserlangung desselben iRd Heilung gem. § 8 VwZG BGH Beschl. v. 31.8.2021 – XIII ZB 97/19 – NVwZ-RR 2022, 115 – juris-Rn. 18.

64 *Bergmann* in Bergmann/Dienelt AsylG § 10 Rn. 16.

65 *Oubensalh* in Huber/Mantel AsylG § 10 Rn. 12.

66 OVG Sachsen Beschl. v. 30.1.2019 – 3 A 862/18 A – juris-Rn. 7 f.

67 BGH Beschl. v. 21.8.2019 – V ZB 10/19 – juris-Rn. 8.

68 OVG Weimar Urt. v. 14.12.2000 – 3 KO 1242/97 – ThürVGRspr 2001, 197 – juris-Rn. 50 f.; OVG Magdeburg Beschl. v. 29.10.1996 – A 4 S 27/96 – NVwZ 1997, Beilage Nr 6, 43; *Preisner* in BeckOK AuslR AsylG § 10 Rn. 43 f.

69 BGH Beschl. v. 11.10.2017 – V ZB 41/17 – InfAuslR 2018, 93 – juris-Rn. 18.

d) Duldung

23 Eine dem Ausländer erteilte Duldung (§ 60a AufenthG) ist **kein Aufenthaltstitel** und berechtigt mithin nicht zum Aufenthalt. Sie ist ein befristeter **Verzicht auf die Vollstreckung** der (fortbestehenden, § 60a Abs. 3 AufenthG) Ausreisepflicht gem. § 50 Abs. 1 AufenthG.[70] Erteilt wird sie regelmäßig, soweit die Abschiebung eines vollziehbar ausreisepflichtigen Ausländers *tatsächlich* oder *rechtlich unmöglich* ist;[71] über ihr Vorliegen wird eine (nicht konstitutive[72]) *Bescheinigung* ausgestellt (§ 60a Abs. 4 AufenthG).

24 Die **Rechtswirkung** der Duldung liegt neben dem Vollstreckungsverzicht vornehmlich darin, dass sie die Strafbarkeit des unerlaubten Aufenthalts (§ 95 Abs. 1 Nr. 2 AufenthG) beseitigt. Haftgerichtlich ist sie nur insofern beachtlich, als die **Prognose** erforderlich ist, ob eine Abschiebung trotz bestehender Duldung während der beantragten Haftdauer durchgeführt werden kann.[73] Soweit die Duldung innerhalb dieser Zeit *abläuft*, wg. (auch kurzfristiger) Ausreise *erloschen* ist (§ 60a Abs. 5 S. 1 AufenthG), sie *aufgehoben* wird oder werden soll oder von vornherein unter einer *auflösenden Bedingung* zB der Mitteilung eines Abschiebungstermins[74] erteilt wurde, genügt dies für eine Haftanordnung (→ Rn. 128 ff.).

e) Ausreisepflicht wg. unerlaubter Einreise

25 Eine **Ausreisepflicht** gem. § 50 Abs. 1 AufenthG besteht im **Regelfall** auch bei unerlaubter Einreise (vgl. § 58 Abs. 2 S. 1 Nr. 1 AufenthG); anders ist dies nur, soweit *nach der Einreise* ein *Aufenthaltsrecht* begründet wurde (oder zB Aufenthaltsgestattung nach § 55 AsylG wg. Stellung eines Asylantrages die Ausreisepflicht sperrt → Rn. 9 ff.). Da sich bei unerlaubter Einreise die Ausreisepflicht nicht aus einem Bescheid, sondern aus dem Gesetz ergibt, muss haftgerichtlich deren Entstehungstatbestand inhaltlich *selbst festgestellt werden*.[75]

26 Wann eine Einreise **unerlaubt** ist, regelt grds. § 14 Abs. 1 AufenthG. Für **Unions-** und **EWR-Bürger** nach Verlustfeststellung (→ Rn. 41) ist indes § 7 Abs. 2 S. 1 FreizügG/EU ein Spezialgesetz, soweit eine Einreisesperre verhängt wurde (→ Rn. 7; ohne diese ist die Wiedereinreise bei Erfüllung von Freizügigkeitstatbeständen erlaubt). Die fehlende Erlaubtheit einer Einreise ist stets *objektiv* zu bestimmen, eine dahinter stehende **Intention** des Ausländers ist irrelevant.[76]

aa) Fehlender Pass oder Passersatz

27 Eine Einreise ist zunächst unerlaubt bei fehlendem Besitz eines **Passes** oder **Passersatzes** (§§ 14 Abs. 1 Nr. 1, 3 AufenthG). Dies ist unabhängig vom *Grund* des Fehlens, seien es

70 BGH Beschl. v. 22.7.2010 – V ZB 29/10 – InfAuslR 2011, 27 – juris-Rn. 13; *Haedicke* in HTK-AuslR, § 60a AufenthG, Allgemein, Rn. 1 ff.

71 Neben diesem häufigsten Regelfall kann aber zB auch nach Ermessen aus anderen Gründen geduldet werden, vgl. nur § 60a Abs. 2 S. 3 AufenthG.

72 *Kluth/Breidenbach* in BeckOK AuslR AufenthG § 60a Rn. 46.

73 StRspr BGH Beschl. v. 17.10.2013 – V ZB 172/12 – InfAuslR 2014, 52 – juris-Rn. 18; Beschl. v. 12.5.2011 – V ZB 309/10 – juris-Rn. 13; Beschl. v. 22.7.2010 – V ZB 29/10 – InfAuslR 2011, 27 – juris-Rn. 13.

74 Vgl. VGH München Beschl. v. 16.2.2015 – 10 C 14.1183 – juris-Rn. 23 ff., was wg. § 59 Abs. 1 S. 8 AufenthG nicht in allen Bundesländern praktiziert wird.

75 BGH Beschl. v. 16.12.2009 – V ZB 148/09 – InfAuslR 2010, 118 – juris-Rn. 7; BVerfG Beschl. v. 21.5.1987 – 2 BvR 800/84 – NJW 1987, 3076 – juris- Rn. 10.

76 BGH Beschl. v. 21.10.2010 – V ZB 56/10 – juris-Rn. 10 zum „Verschlafen“ des Bahnhofes im Zug.

mangelnde Ausstellung, Verlust oder Diebstahl.[77] Auch die Entfernung von Seiten oder sonstige Manipulation können zur *Ungültigkeit* und damit dem Fehlen im Rechtssinne führen.[78] **Besitz** meint ein *Beisichführen* im Moment der Einreise,[79] nicht lediglich mittelbaren Besitz mit Rückforderungsmöglichkeit,[80] zB bei voriger Abgabe bei einer ausländischen Behörde.[81]

Im Falle fehlenden Passes bei *Einreise* (nicht bei erst *anschließendem* Verlust) erübrigt sich die weitere inhaltliche Prüfung.[82] Dabei sind jedoch **Unions-** und **EWR-Bürger** mit Familienangehörigen (§§ 11 Abs. 1 S. 1, 12 FreizügG/EU) und *Schweizer Staatsangehörige* nebst Familienangehörigen (Art. 3 Freizügigkeitsabkommen EG/Schweiz) von der Passpflicht befreit. Für *türkische Staatsbürger*, die dem Assoziationsabkommen EWR/Türkei unterliegen und nur kurzzeitig aus dem Bundesgebiet ausgereist waren, kann man Ähnliches erwägen.[83] 28

Auch **Asylbewerber** benötigen jedenfalls einen Pass, wenn sie aus einem *sicheren Drittstaat* zur Asylantragstellung einreisen; im Übrigen wäre ihre Einreise zur unverzüglichen Asylantragstellung jedoch nicht unerlaubt.[84] In Haftfällen ist daher praktisch eher problematisch, ob die unerlaubte Einreise wg. zwischenzeitlichen Entstehens einer *Aufenthaltsgestattung* (→ Rn. 9 ff.) als *Haftgrund* ununterbrochen fortbesteht (→ Rn. 105 f.). 29

bb) Fehlender erforderlicher Aufenthaltstitel

Auch das Fehlen eines **erforderlichen Aufenthaltstitels** (§§ 14 Abs. 1 Nr. 2, 4 AufenthG) begründet eine unerlaubte Einreise. Zur Erforderlichkeit → Rn. 6; diese ist objektiv zu bestimmen, auf eine etwaige Intention des Ausländers, die Befugnis des Titels zeitlich oder inhaltlich zu überschreiten, kommt es (abseits der Ausnahme → Rn. 31) nicht an.[85] Mithin genügt *irgendein* zur Einreise berechtigender Aufenthaltstitel, auch wenn er ggf. im Einzelfall für die konkrete Tätigkeit im Inland nicht ausreichen mag;[86] zB bei einer Arbeitsaufnahme bei nur touristischem Visum.[87] 30

cc) Visumsrücknahme oder -annullierung

Ebenso ist die Einreise unerlaubt, wenn sie zwar mit **Visum** oder **Reisegenehmigung** (→ Rn. 35 ff.) erfolgt, diese(s) aber durch Drohung, Bestechung oder Kollusion erwirkt oder durch unrichtige oder unvollständige Angaben erschlichen wurde und deshalb 31

77 *Zeitler* in HTK-AuslR § 14 AufenthG, zu Abs. 1 Nr. 1, Rn. 16.
78 Vgl. *Westphal/Huber* in Huber/Mantel AufenthG § 3 Rn. 4.
79 BGH Beschl. v. 22.10.2014 – V ZB 64/14 – InfAuslR 2015, 60 – juris-Rn. 11; Beschl. v. 12.7.2013 – V ZB 224/12 – juris-Rn. 17.
80 AA LG Köln Beschl. v. 27.6.2014 – 39 T 119/14 – juris-Rn. 18; Voraufl. Rn. 40.
81 AA *Kolber* in Bergmann/Dienelt AufenthG § 14 Rn. 5; für Überlassung an die Behörde eines anderen Schengen-Staates auch aA *Zeitler* in HTK-AuslR § 14 AufenthG, zu Abs. 1 Nr. 1, Rn. 7; Voraufl. Rn. 40.
82 BGH Beschl. v. 16.12.2009 – V ZB 148/09 – InfAuslR 2010, 118 – juris-Rn. 8.
83 Eingehend *Westphal/Huber* in Huber/Mantel AufenthG § 14 Rn. 8.
84 *Westphal/Huber* in Huber/Mantel AufenthG § 14 Rn. 6; *Winkelmann* in Bermann/Dienelt AufenthG § 14 Rn. 7 – jew. mwN.
85 BVerwG Urt. v. 11.1.2011 – 1 C 23/09 – BVerwGE 138, 353 – juris-Rn. 20; OVG Lüneburg Beschl. v. 7.4.2011 – 11 ME 72/11 – InfAuslR 2011, 249 – juris-Rn. 6; eingehend *Westphal/Huber* in Huber/Mantel AufenthG § 14 Rn. 10 ff. mwN zum Streitstand; aA zB *Dollinger* in BeckOK AuslR AufenthG § 14 Rn. 12.
86 BGH Urt. v. 26.1.2021 – 1 StR 289/20 – BGHSt 65, 257 – juris-Rn. 42; Urt. v. 27.4.2005 – 2 StR 457/04 – BGHSt 50, 105 – Rn. 19.
87 BGH Beschl. v. 24.3.2021 – 3 StR 22/21 – NStZ-RR 2021, 190; Urt. v. 11.2.2000 – 3 StR 308/99 – NJW 2000, 1732 – juris-Rn. 10.

mit Wirkung für die Vergangenheit **zurückgenommen oder annulliert** wird (§ 14 Abs. 1 Nr. 2a AufenthG). Dabei muss die Rücknahme (§ 48 Abs. 1 VwVfGe) bzw. Annullierung (Art. 34 Abs. 1 VO [EG] 8102009 – Visacodex bzw. Art. 40 Abs. 1 VO [EU] 2018/1240 – ETIAS-Verordnung) gerade aus den genannten Gründen erfolgen[88] und ex tunc auf den *Zeitpunkt der Einreise* zurückwirken.[89]

dd) Einreise- und Aufenthaltsverbot

32 Die Einreise ist auch gem. §§ 14 Abs. 1 Nr. 3, 11 AufenthG unerlaubt, wenn ein Ausländer nach einer Ausweisung, Zurück- oder Abschiebung entgegen § 11 Abs. 1 S. 2 AufenthG (**Einreise- und Aufenthaltsverbot**) einreist, ohne im Besitz einer *Betretenserlaubnis* gem. § 11 Abs. 8 AufenthG zu sein. Insofern muss die *Wirksamkeit* der Bescheide, nicht aber ihre Berechtigung, vom Haftgericht festgestellt werden.

33 Die **Wirksamkeit** kann insbesondere bei fehlender Befristung alter Bescheide problematisch sein (→ Rn. 70). Kein Problem derselben sind indes Fragen des *subjektiven Verständnisses* des Ausländers. Anders als zB § 62 Abs. 3a Nr. 3 AufenthG setzt ein Verstoß keine vorige Belehrung voraus und ist zB auch nicht abhängig von einer Übersetzung: Bescheide sind wg. § 23 Abs. 1 VwVfGe („Die Amtssprache ist deutsch.") unabhängig von ihrer Übersetzung wirksam[90] und eine solche erfolgt gem. § 77 Abs. 1 S. 1 Nr. 9 iVm Abs. 3 AufenthG auch nur *auf Antrag*.[91] Wie die Einreise selbst (→ Kap. 1 Rn. 18) ist also ein Verstoß gegen ein Einreise- und Aufenthaltsverbot ein **objektiver Umstand**; subjektive Fragen sind nur auf der Ebene der Glaubhaftmachung fehlender Entziehungsabsicht (§ 62 Abs. 3 S. 1 Nr. 2, S. 2 AufenthG) oder der Widerlegung der Vermutung des § 62 Abs. 3 S. 1 Nr. 1, Abs. 3a Nr. 4 AufenthG relevant.

34 Ein Einreise- und Aufenthaltsverbot für **Unions-** und **EWR-**Bürger (→ Rn. 7) fällt nicht unter §§ 14 Abs. 1 Nr. 3, 11 AufenthG, da § 7 Abs. 2 FreizügG/EU insofern eine Spezialvorschrift darstellt.[92] Auch allein die **Ausschreibung zur Einreiseverweigerung** im Schengener Informationssystem (**SIS**) begründet als formaler Datenbankeintrag kein Einreiseverbot iSd § 14 Abs. 1 Nr. 3 AufenthG; sie kann viele Gründe haben (zB § 30 Abs. 2 BPolG, zT auch ausländische Entscheidungen), daher kommt es auf den *Ausschreibungsgrund* an, der das Verbot nach § 11 Abs. 1 AufenthG sein muss.

ee) Fehlende Reisegenehmigung

35 Zuletzt ist die Einreise gem. § 14 Abs. 1 Nr. 4 AufenthG unerlaubt, wenn ein Ausländer nicht die nach § 4 Abs. 3 AufenthG erforderliche **Reisegenehmigung** besitzt. Diese bei Drucklegung noch nicht in Kraft getretene Norm wird mit der für 2024 avisierten Inbetriebnahme des **Europäischen Reiseinformations- und -genehmigungssystems** (**ETIAS**) (VO [EU] 2018/1240 – ETIAS-Verordnung) wirksam.[93]

---

88 *Fränkel* in NK-AuslR AufenthG § 14 Rn. 9.
89 *Westphal/Huber* in Huber/Mantel AufenthG § 14 Rn. 16.
90 *Baer* in Schoch/Schneider VwR VwVfG § 41 Rn. 37 mwN; entsprechende Fragen sind allerdings für *Rechtsmittelfristen* von Bedeutung, vgl. *Zühlcke* in HTK-AuslR, § 77 AufenthG, zu Abs. 1, Rn. 46 f. mwN.
91 Vgl. BGH Beschl. v. 5.4.2022 – XIII ZB 18/21 – InfAuslR 2022, 329 – juris-Rn. 9 iVm 12.
92 *Dienelt* in Bergmann/Dienelt FreizügG/EU § 7 Rn. 56.
93 Art. 7 Abs. 2 Gesetz zur Durchführung der Verordnung (EU) 2017/2226 und der Verordnung (EU) 2018/1240 sowie zur Änderung des Aufenthaltsgesetzes, des Freizügigkeitsgesetzes/EU, des Gesetzes über das Ausländer-

Bei ETIAS handelt es sich um ein dem US-amerikanischen **ESTA** ähnelndes System: Es verpflichtet gem. § 4 Abs. 3 AufenthG iVm Art. 2 Abs. 2 ETIAS-Verordnung Ausländer aus Herkunftsstaaten, die (regelmäßig für bis zu 90 Tage) *visumsfrei* einreisen dürfen,[94] zur Einholung einer **Reisegenehmigung** *vor Einreise* in den **Schengen-Raum**. Diese ist grds. *drei Jahre* gültig bzw. bis zum (ggf. früheren) Ablauf der Gültigkeitsdauer des bei Antragstellung verwendeten Reisepasses; während dieser Zeit sind beliebig viele Einreisen möglich, soweit sie in den *visumsfreien Zeitraum* (zB 90 Tage Visumsfreiheit je 180 Tage) fallen. 36

Eine Einreise ohne Vorliegen der Reisegenehmigung ist ebenso **unerlaubt** wie der nachfolgende Aufenthalt. Bei einem gleichwohl erfolgenden Einreiseversuch ist der Ausländer zurückzuweisen (§ 15 Abs. 1 AufenthG). Wird eine Reisegenehmigung *nach Einreise* erteilt, wird der Aufenthalt für die Dauer der visumsfreien Zeit erlaubt und die Ausreisepflicht entfällt;[95] ebenso der Haftgrund des § 62 Abs. 3 S. 1 Nr. 2 AufenthG, da keine „auf Grund" der unerlaubten Einreise fortbestehende Ausreisepflicht mehr vorliegt. 37

2. Vollzieh- und Vollstreckbarkeit der Ausreisepflicht

Die Ausreisepflicht muss auch vollziehbar sein, also mit den **Mitteln des Verwaltungszwanges vollstreckbar**.[96] Letztlich handelt es sich bei der Abschiebung um ein normales, indes weitgehend spezialgesetzlich normiertes Verwaltungsvollstreckungsverfahren. Allerdings stammt die zu vollstreckende Pflicht aus dem Gesetz (→ Kap. 1 Rn. 2), nicht aus Verwaltungsakt. Soweit Ausländerbehörden bzw. das Bundesamt für Migration und Flüchtlinge zusammen mit einer negativen Entscheidung über den Aufenthaltstitel bzw. Asylantrag eine Ausreisepflicht positiv feststellen, ist dies *kein Verwaltungsakt*, sondern bloßer Hinweis auf die Pflicht des § 50 Abs. 1 AufenthG.[97] 38

Allerdings wird dem Ausländer (regelmäßig: gleichzeitig) grds. eine **Ausreisefrist gesetzt** und sodann für den Fall der Nichtbefolgung die **Abschiebung angedroht** (zB § 59 Abs. 1 AufenthG; § 34 AsylG; § 7 Abs. 1 S. 2 FreizügG/EU). Frist und Androhung sind Teil des Verwaltungsvollstreckungsverfahrens und ua in § 59 AufenthG spezialgesetzlich geregelt; andernfalls würden sie sich nach § 13 VwVGe richten. Beides – Vollziehbarkeit der Ausreisepflicht und Androhung – sind haftgerichtlich **zu prüfende Vollstreckungsvoraussetzungen.** Es ist daher zu untersuchen, ob *erstens* die Ausreisepflicht aus § 50 Abs. 1 AufenthG vollziehbar ist und *zweitens* die Androhung der Abschiebung hinreichend erfolgt ist. 39

---

zentralregister und der Verordnung zur Durchführung des Gesetzes über das Ausländerzentralregister vom 20.4.2023, BGBl. 2023 I Nr. 106.

94 Albanien, Antigua und Barbuda, Argentinien, Australien, Bahamas, Barbados, Bosnien und Herzegowina, Brasilien, Brunei, Chile, Costa Rica, Dominica, El Salvador, Georgia, Grenada, Guatemala, Honduras, Hong Kong, Israel, Japan, Kanada, Kiribati, Kolumbien, Kosovo, Macao, Nordmazedonien, Malaysia, Marshallinseln, Mauritius, Mexiko, Mikronesien, Moldawien, Montenegro, Neuseeland, Nicaragua, Palau, Panama, Paraguay, Peru, Saint Kitts und Nevis, Saint Lucia, Saint Vincent, Samoa, Serbien, Seychellen, Singapur, Salomonen, Südkorea, Taiwan, Timor Leste, Tonga, Trinidad und Tobago, Tuvalu, Ukraine, Vereinigte Arabische Emirate, Großbritannien, Vereinigtes Königreich, Vereinigte Staaten von Amerika, Uruguay, Vanuatu und Venezuela; für aktuellen Stand vgl. www.etiasvisa.com.

95 BT-Drs. 20/5333, S. 34.

96 *Gordzielik* in Huber/Mantel AufenthG § 58 Rn. 7; VG Freiburg (Breisgau) Beschl. v. 19.5.2014 – 2 K 1130/14 – juris-Rn. 16.

97 BVerwG Beschl. v. 20.1.1993 – 1 B 149/92 – InfAuslR 1993, 262 – juris-Rn. 6.

a) Vollziehbarkeit (1. Schritt)

40 Wann die Ausreisepflicht **vollziehbar** ist, bestimmt sich nach § 58 Abs. 2 AufenthG. In den praktisch relevantesten Fällen[98] ist dies so, wenn

- die **Erteilung** oder **Verlängerung** eines **Aufenthaltstitels abgelehnt** wird, mit **Wirksamkeit** des Bescheides (§ 58 Abs. 2 S. 2 AufenthG), da Rechtsmittel keine aufschiebende Wirkung haben (§ 84 Abs. 1 Nr. 1 AufenthG); es bedürfte also zur Beseitigung der Vollziehbarkeit, je nach Konstellation, einer einstweiligen Entscheidung des Verwaltungsgerichtes (§§ 80 Abs. 5, 123 Abs. 1 VwGO).
- ein **Aufenthaltstitel zunächst nicht erforderlich** war, aber (zB nach Ablauf von 90 Tagen visumsfreien Aufenthalts) **erforderlich geworden** ist, mit Eintritt der Erforderlichkeit (§ 58 Abs. 2 S. 1 Nr. 2 AufenthG).[99]
- ein **Aufenthaltstitel abgelaufen** ist (und auch keine Verlängerungsfiktion greift, § 81 Abs. 3 bis 5 AufenthG) bzw. der Titel wg. **Bedingungseintrittes unwirksam** geworden ist, mit Ablauf der Zeit (§ 58 Abs. 2 S. 1 Nr. 2 AufenthG).[100]
- ein **Aufenthaltstitel aufgehoben** (zB Rücknahme, Widerruf) wird, je nach Fall der § 84 Abs. 1 Nr. 4, 5 AufenthG mit **Wirksamkeit** und ggf. bei Rechtsmittelverfahren mit **Bestandskraft**.
- ein **Asylantrag abgelehnt** wird, wie folgt: Grds. wird mit der Ablehnung zugleich die Abschiebungsandrohung erlassen (§ 34 Abs. 2 S. 1 AsylG). Ihre Vollziehbarkeit führt gem. § 67 Abs. 1 S. 1 Nr. 4 AsylG zum Erlöschen der Aufenthaltsgestattung und damit zur Vollziehbarkeit der Ausreisepflicht. Die Vollziehbarkeit der Ausreisepflicht richtet sich damit grds. nach derjenigen der Abschiebungsandrohung:
  - Wird der Asylantrag als (**einfach**) **unbegründet** abgelehnt, wird mit der Abschiebungsandrohung eine Ausreisefrist von 30 Tagen gesetzt (§ 38 Abs. 1 S. 1 AsylG). Eine Klage hat daher aufschiebende Wirkung (§ 75 Abs. 1 AsylG verweist auf § 38 Abs. 1 AsylG). Die Rechtsmittelfrist beträgt zwei Wochen (§ 74 AsylG), wobei deren Beginn gem. § 58 VwGO eine (auch haftgerichtlich jedenfalls bei Anhaltspunkten für Fehler zu prüfende)[101] ordnungsgemäße Rechtsbehelfsbelehrung voraussetzt.
  - Wird der Asylantrag als **offensichtlich unbegründet** abgelehnt, wird mit der Abschiebungsandrohung eine Ausreisefrist von nur einer Woche gesetzt (§ 36 Abs. 1, 34, 59 AsylG). Eine Klage hat daher keine aufschiebende Wirkung (§ 75 Abs. 1 AsylG verweist nicht auf § 36 AsylG), die Rechtsmittelfrist ist auf eine Woche verkürzt (§§ 74 Abs. 1, 36 Abs. 3 S. 1 AsylG). Eine fristgemäße Eilantragstellung führt aber gem. § 36 Abs. 3 S. 8 AsylG zu einem Verbot der Vollstreckung bis zur (ablehnenden) Eilentscheidung des Verwaltungsgerichtes.
  - Wird der Asylantrag als **unzulässig** wg. **Schutzgewährung andernorts in der EU** (§ 29 Abs. 1 Nr. 2 AsylG) oder wg. eines **Verfolgungssicherheit bietenden Drittstaates** (§ 29 Abs. 1 Nr. 4 AsylG) abgelehnt, gilt dasselbe wie bei der Ablehnung als offensichtlich unbegründet.

---

98 Vgl. iÜ die Übersicht bei *Kluth* in BeckOK AuslR AufenthG § 58 Rn. 10 ff.
99 *Kluth* in BeckOK AuslR AufenthG § 58 Rn. 15 ff.
100 *Gordzielik* in Huber/Mantel AufenthG § 58 Rn. 10.
101 BGH Beschl. v. 24.6.2020 – XIII ZB 20/19 – juris-Rn. 8.

- Wird der Asylantrag als **unzulässig** wg. **Zuständigkeit eines anderen Staates** für die Prüfung des Asylantrages (§ 29 Abs. 1 Nr. 1 AsylG, regelmäßig Dublin-III-Fälle s. Kap. 6) abgelehnt, wird grds. eine (die Abschiebungsandrohung ersetzende) **Abschiebungsanordnung** ohne eine Ausreisefrist erlassen (§ 34a Abs. 1 S. 1 und 2 AsylG). Diese lässt mit ihrer Vollziehbarkeit nach Zustellung die Aufenthaltsgestattung erlöschen (§ 67 Abs. 1 Nr. 5 AsylG) und macht damit die Ausreisepflicht vollziehbar. Eine Klage hiergegen hat keine aufschiebende Wirkung (§ 75 Abs. 1 AsylG) und die Rechtsmittelfrist beträgt eine Woche (§§ 74 Abs. 1, 34a Abs. 2 AsylG). Eine fristgemäße Eilantragstellung führt gem. § 34a Abs. 2 S. 2 AsylG zu einem Verbot der Vollstreckung bis zur (ablehnenden) Eilentscheidung des Verwaltungsgerichtes. Darf wg. noch nicht feststehender Durchführbarkeit der Abschiebung (zB inlandsbezogene Überstellungshindernisse wie fortgeschrittene Schwangerschaft) keine Abschiebungsanordnung erlassen werden, muss eine **Abschiebungsandrohung** (§§ 34a Abs. 1 S. 4, 34 AsylG) mit Fristsetzung von 30 Tagen (§ 38 Abs. 1 S. 1 AsylG) ergehen (kein Fall einer kürzeren Frist gem. § 36 Abs. 1 AsylG). Das hat zur Folge, dass eine Klageerhebung aufschiebende Wirkung hat (§§ 75 Abs. 1 S. 1, 38 Abs. 1 AsylG)[102] und somit die Vollziehbarkeit der Ausreisepflicht bis zum Eintritt der Bestandskraft hindert.
- Wird die **Abschiebung** in einen **sicheren Drittstaat** angedroht (§ 26a AsylG), gilt dasselbe wie bei der Ablehnung als unzulässig wg. Zuständigkeit eines anderen Staates.

- eine **Ausweisung, Zurück-** oder **Abschiebung** ergangen ist, grds. mit **Wirksamkeit**, bei Rechtsmitteleinlegung erst mit **Bestandskraft**, weil hier das Rechtsmittel aufschiebende Wirkung hat (§ 84 Abs. 1 AufenthG, § 80 Abs. 1 VwGO). Bis dahin liegen trotz § 84 Abs. 2 S. 1 AufenthG die Voraussetzungen des § 58 Abs. 2 AufenthG nicht vor.[103]
- eine **Abschiebungsanordnung gem. § 58a AufenthG** (**Gefährder**) ergangen ist, ist sie sofort vollziehbar, dh mit **Wirksamkeit** (§ 58a Abs. 1 S. 2 AufenthG), wobei für einen Antrag auf einstweiligen Rechtsschutz vor dem Verwaltungsgericht eine Frist von sieben Tagen gilt (§ 58a Abs. 4 S. 2 AufenthG).
- ein **Unions- oder EWR-Bürger** seines Freizügigkeits- bzw. Daueraufenthaltsrechtes für verlustig erklärt wurde (Ausreisepflicht spezialgesetzlich aus § 7 Abs. 1 FreizügG/EU), mit **Wirksamkeit** und ggf. bei Rechtsmittelverfahren mit **Bestandskraft.**
- eine **unerlaubte Einreise** vorliegt (§ 58 Abs. 2 S. 1 Nr. 1 AufenthG; ggf. auch für **Unions- und EWR-Bürger** eine solche nach § 7 Abs. 2 FreizügG/EU).

Ist eine **vollziehbare Ausreisepflicht** unter **mehreren Gesichtspunkten** gegeben, weil 41
mehrere Varianten erfüllt sind, kann die *Behörde* (nicht aber das Gericht) *wählen*, weswegen sie die Vollstreckung betreibt.[104]

102 VG Augsburg Beschl. v. 30.7.2019 – Au 3 S 19.50597 – juris-Rn. 15.
103 OVG Berlin-Brandenburg Beschl. v. 8.5.2012 – OVG 11 S 22.12 – juris-Rn. 7.
104 *Bauer/Dollinger* in Bergman/Dienelt AufenthG § 58 Rn. 12.

b) Androhung oder Anordnung (2. Schritt)

42 Auch die **Androhung** der Abschiebung ist haftgerichtlich zu prüfende *Vollstreckungsvoraussetzung*[105] und **grds. in jedem Fall erforderlich**; auch dann, wenn sich die Ausreisepflicht wg. unerlaubter Einreise ohne vorige Entscheidung der Behörde aus dem Gesetz ergibt.[106] Fehlt es (noch) an einer hinreichenden Androhung (und ist diese nicht entbehrlich → Rn. 44), kommt grds. allenfalls eine **vorläufige Freiheitsentziehung** gemäß § 427 FamFG in Betracht;[107] vgl. aber zur Ausnahme im Asylrecht → Rn. 47 f.

aa) Regelfall (Nicht-Asylverfahren)

43 Die **Bescheidtenorierung** einer Androhung lautet regelmäßig dahingehend, dass der Adressat aufgefordert wird, „*das Bundesgebiet binnen … zu verlassen. Sollten Sie dem nicht freiwillig nachkommen, werden Sie nach … abgeschoben.*“ Eine derartige **Fristsetzung** zur freiwilligen Ausreise wird mit der Androhung im Regelfall verbunden, § 59 Abs. 1 S. 1 AufenthG. Sie ist aber, anders als die Androhung selbst, keine Vollstreckbarkeitsvoraussetzung.

44 Eine Fristsetzung **unterbleibt** zudem bei *Gefahr der Entziehung* (§ 59 Abs. 1 S. 2 Nr. 1 AufenthG) oder *gefährlichen Ausländern* (§ 59 Abs. 1 S. 2 Nr. 2 AufenthG) sowie bei Ausländern, die sich zum Zeitpunkt der Androhung *in Haft befinden* (§§ 59 Abs. 5, 58 Abs. 3 Nr. 1 AufenthG). Auch die **Androhung** selbst kann im Einzelfall **entbehrlich** sein (§ 59 Abs. 1 S. 3 AufenthG), was aber selten ist.[108] Ihrer bedarf es jedoch zB nicht bei Erlass einer *Abschiebungsanordnung* ggü. Gefährdern (§ 58a Abs. 1 S. 2 letzter Hs. AufenthG). Auch zB bei *Wiedereinreise* nach *Ausweisung* kann die Behörde auf eine neue Androhung verzichten (§§ 59 Abs. 1 S. 3 Nr. 1 iVm 51 Abs. 1 Nr. 5 AufenthG) und aus der alten (in Abweichung zur nächsten Randnummer) vollstrecken.[109]

45 Da die Androhung Verwaltungsakt ist, **erledigt** sie sich (§ 43 Abs. 2 letzter Hs. VwVfGe) mit Ausreise, soweit dadurch die Verlassenspflicht erfüllt wird (zivilrechtlich gedacht: Erlöschen durch Erfüllung). Das ist der Fall, wenn in den Zielstaat oder einen sonstigen Staat ausgereist wird; bei Ausreise in einen EU- oder Schengen-Staat jedoch nur, soweit dort Einreise und Aufenthalt gestattet sind (§ 50 Abs. 3 AufenthG).[110] Wird die Verlassenspflicht erfüllt, ist die auf das **konkrete Verfahren** bezogene Androhung verbraucht, kann also für künftige Verfahren (nach erneuter **Wiedereinreise**) grds. (vgl. aber vorige Randnummer) keine Vollstreckungsgrundlage mehr sein.[111] Sie kann auch nicht für den Fall der Wiedereinreise *vorsorglich* erteilt werden.[112] Bei einer die Verlassenspflicht nicht

---

105 StRspr BGH Beschl. v. 25.10.2022 – XIII ZB 64/20 – juris-Rn. 11; Beschl. v. 11.1.2018 – V ZB 62/17 – juris-Rn. 11; Beschl. v. 27.9.2012 – V ZB 31/12 – InfAuslR 2013, 38 – juris-Rn. 6; Beschl. v. 28.4.2011 – V ZB 252/10 – juris-Rn. 16.

106 StRspr BGH Beschl. v. 4.4.2023 – XIII ZB 3/21 – juris-Rn. 19; Beschl. v. 2.8.2022 – XIII ZB 134/19 – juris-Rn. 10; Beschl. v. 14.1.2016 – V ZB 18/14 – juris-Rn. 7.

107 BGH Beschl. v. 20.9.2018 – V ZB 102/16 – juris-Rn. 25; Beschl. v. 16.5.2013 – V ZB 44/12 – NVwZ 2013, 1361 – juris-Rn. 11.

108 BGH Beschl. v. 14.7.2016 – V ZB 32/15 – InfAuslR 2016, 432 – juris-Rn. 10.

109 BGH Beschl. v. 4.4.2023 – XIII ZB 3/21 – juris-Rn. 21.

110 Ansonsten bleibt die Androhung wirksam und vollstreckbar, VG Bayreuth Beschl. v. 3.8.2022 – B 6 E 22.709 – InfAuslR 2023, 23 – juris-Rn. 18; VG Karlsruhe Beschl. v. 7.5.2019 – 5 K 2914/19 – juris-Rn. 11 f.

111 BGH Beschl. v. 11.1.2018 – V ZB 62/17 – Asylmagazin 2018, 182 – juris-Rn. 12 für zwangsweise Ausreise und BGH Beschl. v. 17.3.2016 – V ZB 39/15 – NVwZ 2016, 1112 – juris-Rn. 8 für freiwillige Ausreise.

112 BGH Beschl. v. 4.4.2023 – XIII ZB 3/21 – juris-Rn. 19; Beschl. v. 14.1.2016 – V ZB 18/14 – juris-Rn. 9.

erfüllenden Ausreise bleibt die Androhung jedoch wirksam und kann nach Wiedereinreise weiter Vollstreckungsgrundlage sein.[113]

46 Die Abschiebungsandrohung ist (auf **deutsch**, nicht zwingend mit einem Standardformular verbunden und grds. nur *auf Antrag* übersetzt[114]) **zuzustellen** (§ 13 Abs. 7 S. 1 VwVGe).[115] Eine wirksame Zustellung genügt, denn die inhaltliche Richtigkeitskontrolle des Bescheides obliegt den **Verwaltungsgerichten.** Widerspruch und Anfechtungsklage haben idR keine aufschiebende Wirkung (§ 80 Abs. 2 S. 2 VwGO iVm VwVGe bzw. VwGO-AGe), so dass nur eine *einstweilige Entscheidung* des Verwaltungsgerichtes die Androhung suspendieren würde.

bb) Ausnahmefall (Asylverfahren)

47 In **Asylverfahren** ergeht grds. eine **Abschiebungsandrohung** gem. § 34 Abs. 1 AsylG, die grds. wie im Regelfall (→ Rn. 43 ff.) zu beurteilen ist. Allerdings kann eine einmal erteilte Androhung auch über die (selbst iWd Abschiebung zwangsweise vollzogene[116]) Ausreise und Wiedereinreise **fortwirken**, wenn ein **Asylfolgeantrag** (§ 71 AsylG, neuer Antrag nach Antragsrücknahme oder erfolglosem Abschluss eines inländischen Asylverfahrens) gestellt ist. Hier braucht bei zwischenzeitlicher Aus- und Wiedereinreise auch aus unionsrechtlicher Sicht[117] *keine neue Androhung* zu ergehen (§ 71 Abs. 5 und 6 AsylG).[118]

48 In den praktisch häufigen Fällen der Abschiebung in einen *sicheren Drittstaat* bzw. einen *Dublin-Staat* (s. Kap. 6) wird statt der Androhung grds. eine **Abschiebungsanordnung** erlassen (§ 34a Abs. 1 S. 1 und 2 AsylG). Auch sie wird durch Ausreise **nicht verbraucht**, wenn nach *Wiedereinreise* ein neuer Asylantrag gestellt wird (§§ 71a Abs. 5,[119] 71 Abs. 5 und 6 AsylG). Die Anordnung enthält **keine Fristsetzung** zur Ausreise und entspricht, verwaltungsvollstreckungsrechtlich gedacht, der *Festsetzung* des Zwangsmittels (§ 14 VwVGe). Sie ist Vollstreckungsmaßnahme und nicht -voraussetzung und muss daher **nicht vor der Haftentscheidung** ergangen sein. Stattdessen genügt auch für eine Haftanordnung in der Hauptsache, wenn ihr Erlass in der Haftfrist zu erwarten ist;[120] dies allerdings nur dann, wenn der Ausländer bereits bei Haftanordnung vollziehbar ausreisepflichtig ist (und es nicht erst bei Erlass der Abschiebungsanordnung würde).[121]

cc) Sog. „Rückkehrentscheidung"

49 Nach Art. 6 Abs. 1 Rückführungsrichtlinie ist für **Drittstaatsangehörige** (dh Nicht-Unions- und EWR-Bürger) eine **Rückkehrentscheidung** erforderlich. Damit stellt das

---

113 *Marx* AufenthaltsR-HdB § 7 Rn. 341; BGH Beschl. v. 16.9.2015 – V ZB 194/14 – NVwZ 2016, 549 – juris-Rn. 10.
114 BGH Beschl. v. 5.4.2022 – XIII ZB 18/21 – InfAuslR 2022, 329 – juris-Rn. 10.
115 BGH Beschl. v. 10.12.2019 – XIII ZB 47/19 – juris-Rn. 3.
116 BGH Beschl. v. 2.8.2022 – XIII ZB 134/19 – juris-Rn. 18; Beschl. v. 7.2.2019 – V ZB 216/17 – InfAuslR 2019, 228 – juris-Rn. 14.
117 BGH Beschl. v. 2.8.2022 – XIII ZB 134/19 – juris-Rn. 15 ff.
118 BGH Beschl. v. 2.8.2022 – XIII ZB 134/19 – juris-Rn. 18; Beschl. v. 24.3.2020 – XIII ZB 89/19 – juris-Rn. 7; Beschl. v. 7.2.2019 – V ZB 216/17 – InfAuslR 2019, 228 – juris-Rn. 14.
119 Beim Zweitantrag nur „nach Rücknahme oder unanfechtbarer Ablehnung", nicht also, wenn zB noch ein Klageverfahren gegen den ersten Bescheid läuft.
120 BGH Beschl. v. 31.8.2021 – XIII ZB 97/19 – NVwZ-RR 2022, 115 – juris-Rn. 11; Beschl. v. 21.8.2019 – V ZB 60/17 – InfAuslR 2020, 28 – juris-Rn. 9 ff., bes. 12 aE.
121 BGH Beschl. v. 31.8.2021 – XIII ZB 97/19 – juris-Rn. 11.

Unionsrecht das Erfordernis auf, dass jeder Abschiebung eine Einzelfallentscheidung zugrunde liegt (Art. 3 Nr. 4 Rückführungsrichtlinie). Dieses Erfordernis gilt gem. Art. 6 Abs. 2 Rückführungsrichtlinie (bei fehlender freiwilliger Ausreise) unabhängig davon, ob die Rückkehr in das Herkunftsland oder in einen anderen Mitgliedsstaat erfolgen soll.[122]

50 Nach nationalem Recht erfüllt jedenfalls die **Abschiebungsandrohung** diese Funktion;[123] ist sie entbehrlich, genügt auch ein ihr sonst vorgelagerter Verwaltungsakt (zB *Ausweisung*).[124] Ebenso reicht eine **Abschiebungsanordnung** als Rückkehrentscheidung hin.[125]

II. Haftgründe

51 Für die **Sicherungshaft** bestehen gem. § 62 Abs. 3 AufenthG **drei Haftgründe**, die einen abschließenden *Numerus Clausus* darstellen und regelmäßig alternativ gegeben sind, aber auch kumulativ erfüllt sein können.[126] Bei Drucklegung dieses Buches waren eine *Übernahme* des (modifizierten) Vermutungstatbestandes für Fluchtgefahr § 62 Abs. 3a Nr. 4 AufenthG (→ Rn. 65 ff.) in einen eigenen Haftgrund (§ 62 Abs. 3 S. 1 Nr. 4 AufenthG nF) und eine *Erweiterung* des Haftgrundes der unerlaubten Einreise (§ 62 Abs. 3 S. 1 Nr. 2 AufenthG) um die Fälle der sog. Overstayer (→ Rn. 100 ff.) in der **politischen Diskussion**;[127] für ggf. erfolgende *Änderungen der Rechtslage* und insofern aktualisierte Muster (s. Kap. 17) vgl. die Buch-Webseite.[128]

- **Fluchtgefahr** (§ 62 Abs. 3 S. 1 Nr. 1 AufenthG), welche im Gros der Fälle einschlägig ist,
- **unerlaubte Einreise** (§ 62 Abs. 3 S. 1 Nr. 2 AufenthG), welche rechtlich den einfachsten Haftgrund darstellt und
- **Abschiebungsanordnung gem. § 58a AufenthG** (§ 62 Abs. 3 S. 1 Nr. 3 AufenthG), welche Gefährder betrifft und nur selten praktisch relevant wird.

1. Fluchtgefahr

52 Die **Fluchtgefahr** stellt den praktisch *bedeutsamsten Haftgrund* dar. Der Begriff meint den unionsrechtlichen Vorgaben in Art. 3 Nr. 7 Rückführungsrichtlinie folgend die Gefahr, dass sich der Ausländer dem Verfahren der **konkreten Abschiebung entziehen** werde.[129] Der Haftgrund ist **strukturell untergliedert**: Die Regelung des § 62 Abs. 3a AufenthG enthält Tatbestände, bei deren Erfüllung die Fluchtgefahr (widerleglich)

---

122 Vgl. BGH Beschl. v. 21.8.2019 – V ZB 60/17 – juris-Rn. 13; Beschl. v. 20.11.2014 – V ZB 54/14 – InfAuslR 2015, 104 – juris-Rn. 8.

123 BT-Drs. 17/5470, S. 24.

124 BGH Beschl. v. 12.7.2013 – V ZB 92/12 – InfAuslR 2013, 382 – juris-Rn. 17; Beschl. v. 14.3.2013 – V ZB 135/12 – NVwZ 2013, 1027 – juris-Rn. 7.

125 BGH Beschl. v. 21.8.2019 – V ZB 60/17 – juris-Rn. 13.

126 Wenn ein Haftgrund erfüllt ist, muss sich das Gericht zu weiteren nicht mehr verhalten, BGH Beschl. v. 31.8.2021 – XIII ZB 82/20 – juris-Rn. 11.

127 Diskussionsentwurf des Bundesministeriums des Innern und für Heimat zur Verbesserung der Rückführung v. 1.8.2023, www.bmi.bund.de/diskussionsentwuerfe.html (Abruf: 5.8.2023).

128 www.abschiebungshaft-buch.de.

129 *Winkelmann/Broscheit* in Bergmann/Dienelt AuslR AufenthG § 62 Rn. 34; vgl. auch *Grotkopp* Abschiebungshaft Rn. 52; *Hailbronner* AuslR AufenthG § 62 Rn. 92; BGH Beschl. v. 26.6.2014 – V ZB 31/14 – NVwZ 2014, 1397 – juris-Rn. 24.

vermutet wird. Hingegen finden sich in § 62 Abs. 3b AufenthG Tatbestände, welche bei Erfüllung *Indizwirkung* für das Vorliegen von Fluchtgefahr haben.

a) Vermutungstatbestände (Abs. 3a)

Fluchtgefahr ist bei Erfüllung der nachfolgenden Tatbestände **zu vermuten**, wobei der Ausländer die Vermutung **widerlegen** kann; ob die Widerlegung gelingt, ist im Rahmen einer Würdigung *aller Umstände des Einzelfalles* festzustellen.[130] Dabei ist das Gewicht der Tatbestandserfüllung hoch, weil sie über reine Indizwirkung hinausgehen; mithin müssen auch gegenläufige Darlegungen von *erheblichem Gewicht* sein. Insofern kommt es, wie bei § 62 Abs. 3 S. 2 AufenthG, auf die Glaubwürdigkeit des Ausländers und die Glaubhaftigkeit seines Vorbringens an, die aufgrund persönlicher Anhörung haftgerichtlich zu beurteilen sind (→ Kap. 13 Rn. 12 ff.). 53

aa) Identitätstäuschung (Nr. 1)

Eine Fluchtgefahr wird gem. § 62 Abs. 3a Nr. 1 AufenthG vermutet, wenn der Ausländer über seine **Identität** täuscht oder getäuscht hat. Die Täuschung muss **aktuell** sein, mindestens aber noch auf eine bevorstehende Abschiebung fortwirken.[131] Dies zeigt der Wortlaut mit der *Präsensformulierung* (Var. 1) bzw. dem *zeitlichen Zusammenhang* mit der Abschiebung (Var. 2). Wann der nötige zeitliche Zusammenhang gegeben ist oder stattdessen der Tatbestand des § 62 Abs. 3b Nr. 1 AufenthG greift (→ Rn. 81 f.), ist *tatrichterliche Würdigung*; jedenfalls sind viereinhalb Jahre *nicht* mehr aktuell iSd Norm.[132] 54

Dabei sind die Anforderungen an das **Gewicht** der Täuschungshandlung umso höher, je weiter sie zurückliegt.[133] Beispielsweise genügen falsche Angaben über die Identität bei einer Erstantragstellung nicht, wenn sie vor mehreren Jahren erfolgte.[134] Ist die Täuschungshandlung für die aktuelle Abschiebung nicht mehr von Bedeutung, begründet sie keine Vermutung, kann aber einen **Anhaltspunkt** für Fluchtgefahr gem. § 62 Abs. 3b Nr. 1 AufenthG (→ Rn. 81 f.) darstellen. 55

In jedem Fall muss die Täuschung nach Abs. 3a Nr. 1 **erheblich** für die Durchführbarkeit der Abschiebung sein, also den Entscheidungsprozess beeinflussen können,[135] und darf nicht vom Ausländer selbst aufgedeckt sein. Ob die Täuschung erfolgreich war, ist unerheblich.[136] Eine erhebliche Täuschung liegt regelmäßig bei Unterdrückung oder Vernichtung von **Identitäts-** oder **Reisedokumenten** oder dem Vorgeben einer **falschen Identität** vor. Dabei kann zwar denkbar sein, dass andere Motive als die Abschiebungsvereitelung zugrunde liegen (zB um sich im Alltag mit einem falschen Ausweis jünger oder älter zu machen oder dem Druck von Dritten zu entgehen[137]). 56

---

130 BT-Drs. 19/10047, S. 41.
131 Vgl. schon für die frühere Rechtslage BT-Drs. 18/4097, S. 33.
132 BGH Beschl. v. 26.1.2021 – XIII ZB 20/20 – NVwZ-RR 2021, 595 – 4. Orientierungssatz und juris-Rn. 11; erst recht nicht 20 Jahre, AG Tiergarten Beschl. v. 3.1.2020 – 383 XIV 2/20 B – juris-Rn. 7.
133 BT-Drs. 19/10047, S. 41.
134 BGH Beschl. v. 19.7.2018 – V ZB 223/17 – InfAuslR 2018, 413 – juris-Rn. 18.
135 *Marx* AufenthaltsR-HdB § 8 Rn. 16.
136 *Grotkopp* Abschiebungshaft Rn. 57.
137 BT-Drs. 18/4097, S. 33.

Dies ist aber regelmäßig nicht der Fall, wenn die Falschangaben gerade gegenüber den Ausländerbehörden bzw. der Polizei gemacht werden.[138] **Beispiele** sind

- falsche **Personenangaben** bei einer Polizeikontrolle.[139]
- Stellung eines **Asylantrages** unter **Aliaspersonalien**, ohne offenzulegen, dass es sich um einen Folgeantrag handelt.[140]
- Verwendung (mehrerer) **Alias-Personalien** mit abweichenden **Geburtsdaten.**[141]
- **gefälschter Pass** wird benutzt, um eine **Einreise** als scheinbarer EU-Bürger zu ermöglichen.[142]
- **nicht** nur aufgrund **Transkription** aus anderen Sprachen entstehende Abweichungen bei Schreibweisen, wenn iÜ richtige Daten (zB Geburtsdatum) verwendet werden.[143]
- **nicht** lediglich ein **Vortäuschen der Passlosigkeit** bei ansonsten zutreffenden Angaben.[144]

57 Die Täuschung muss gegenüber den *mit der Ausführung des AufenthG* betrauten **Behörden** erfolgen, was weit zu verstehen ist. Insbesondere sind das die Ausländerbehörden (§ 71 Abs. 1 AufenthG), Landes- und Bundespolizei (§ 71 Abs. 4 und 5 AufenthG), Auslandsvertretungen und Grenzbehörden (§ 72 Abs. 2 und 3 AufenthG) und das Bundesamt für Migration und Flüchtlinge (§ 5 Abs. 1 AsylG).

bb) Nichterscheinen bei Anhörung bzw. Untersuchung (Nr. 2)

58 Eine Fluchtgefahr wird gem. § 62 Abs. 3a Nr. 2 AufenthG vermutet, wenn der Ausländer unentschuldigt einer **Anhörung** oder **ärztlichen Untersuchung** ferngeblieben ist. Der Wortlaut des *Nichtantreffens* bei *Durchführung* zeigt, dass auch ein zu spätes Erscheinen, das die Durchführung verhindert, objektiv ausreicht (vgl. aber zur Entschuldigung → Rn. 60). Bei Terminsmitteilung muss ein **Hinweis** auf die Haft als mögliche Folge des Nichterscheinens erfolgt sein und zwar in einer dem Ausländer *verständlichen Sprache*. Dies folgt aus dem Gebot des fairen Verfahrens; andernfalls kann der Hinweis seinen Zweck nicht erfüllen.[145]

59 Die Anhörung oder Untersuchung kann **nur** eine solche im Rahmen einer **Mitwirkungsanordnung** nach § 84 Abs. 4 S. 1 AufenthG sein; regelmäßig also ein Erscheinen bei der konsularischen Vertretung des Herkunftslandes oder eine ärztliche Untersuchung zur Feststellung der Reisefähigkeit.[146] *Unions-* und *EWR-Bürger* nebst Familienangehörigen fallen nicht unter die Norm (§§ 11 Abs. 1 S. 1, 12 FreizügG/EU). Dabei ist das Entstehen des Haftgrundes eine scharfe Sanktion; in § 33 Abs. 2 S. 1 Nr. 1 AsylG

138 Vgl. BGH Beschl. v. 20.5.2016 – V ZB 24/16 – NVwZ 2016, 1582 – juris-Rn. 13.
139 BGH Beschl. v. 19.7.2018 – V ZB 223/17 – InfAuslR 2018, 413 – juris-Rn. 18.
140 BGH Beschl. v. 20.9.2018 – V ZB 102/16 – juris-Rn. 18 f.; LG Bielefeld Beschl. v. 9.4.2021 – 23 T 423/20 – juris-Rn. 15.
141 LG Krefeld Beschl. v. 2.7.2021 – 7 T 70/21 – juris-Rn. 37.
142 LG Traunstein Beschl. v. 11.11.2015 – 4 T 3843/15 – juris-Rn. 16.
143 BGH Beschl. v. 26.1.2021 – XIII ZB 20/20 – juris-Rn. 11.
144 BGH Beschl. v. 11.7.2023 – XIII ZA 3/23 – juris-Rn. 21.
145 Vgl. BGH Beschl. v. 14.1.2016 – V ZB 178/14 – InfAuslR 2016, 234 – juris-Rn. 9.
146 BT-Drs. 19/10047, S. 41.

führt Vergleichbares nur zur Folge der *Verfahrenseinstellung*, was allein aus Gründen der *Entlastung* der Behörde normiert wurde.[147]

Insofern dürfen die Anforderungen an das **unentschuldigte** Fernbleiben nicht überspannt werden; maßgeblich ist, ob auf eine **Entziehungsabsicht** geschlossen werden kann. Bei kurzfristiger (schwerer) Erkrankung oder Unfall ist dies ebensowenig der Fall wie bei der Unzumutbarkeit des Erscheinens wg. plötzlicher familiärer Probleme.[148] Eine bloße **Arbeitsunfähigkeitsbescheinigung**, die praktisch häufig (und gelegentlich unter Inkaufnahme erheblicher Wege zum ausstellenden Arzt) vorgelegt wird, wird dies ohne Weiteres eher nicht belegen. Die Beweislast für die hinreichende Entschuldigung liegt beim Ausländer.[149] Dabei hat das Haftgericht eine ggf. konkret überfordernde Situation des Ausländers zu berücksichtigen, zB bei komplexen laufenden verwaltungsgerichtlichen Eilrechtsschutzverfahren[150] oder Verspätungen. Insofern kann als Maßstab dienen, ob ein *Terminsverlegungsantrag* für die Anhörung begründet gewesen wäre. 60

cc) Aufenthaltswechsel ohne Anzeige (Nr. 3)

Eine Fluchtgefahr wird gem. § 62 Abs. 3a Nr. 3 AufenthG vermutet, wenn eine gesetzte **Ausreisefrist abgelaufen** ist und der Ausländer seinen **Aufenthaltsort gewechselt** hat, ohne der Behörde eine (konkrete[151], seine faktische Erreichbarkeit begründende[152]) Anschrift mitzuteilen, unter der er erreichbar ist. Allerdings muss er zuvor auf die Anzeigepflicht des Ortswechsels *und* die Möglichkeit seiner sonst erfolgenden Inhaftierung[153] in einer ihm **verständlichen Sprache hingewiesen** worden sein.[154] Es genügt die Belehrung, dass „unter Umständen" Haft angeordnet werden könne.[155] Die Belehrung muss der Ausländer *tatsächlich erhalten* haben.[156] 61

Die **Anzeigepflicht** folgt aus § 50 Abs. 4 AufenthG. Dabei kommen, weil der Ausländer vorher nicht mit Vollstreckungsmaßnahmen rechnen muss, nur Aufenthaltswechsel nach Entstehen der **Ausreisepflicht** und **Ablauf der Ausreisefrist** in Betracht.[157] Beides muss kumulativ vorliegen.[158] Entfällt während laufender Frist die Vollziehbarkeit der Ausreisepflicht, zB wegen Rechtsmittels, ist der Haftgrund nicht gegeben.[159] Ebenso, wenn (noch) *keine Frist* gesetzt wurde bzw. diese von vornherein entbehrlich ist;[160] we- 62

147 BT-Drs. 18/7538, S. 16.
148 BT-Drs. 19/10047, S. 41.
149 *Marx* AufenthaltsR-HdB § 8 Rn. 19.
150 *Marx* AufenthaltsR-HdB § 8 Rn. 20.
151 LG Verden Beschl. v. 12.2.2020 – 6 T 185/19 – juris-Rn. 46.
152 *Hailbronner* AuslR AufenthG § 62 Rn. 135.
153 StRspr BGH Beschl. v. 23.5.2019 – V ZB 236/17 – juris-Rn. 12; Beschl. v. 20.7.2017 – V ZB 5/17 – InfAuslR 2017, 449 – juris-Rn. 4.
154 StRspr BGH Beschl. v. 24.8.2020 – XIII ZB 75/19 – juris-Rn. 13; Beschl. v. 14.1.2020 – XIII ZB 19/19 – juris-Rn. 6; Beschl. v. 14.1.2016 – V ZB 178/14 – InfAuslR 2016, 234 – juris-Rn. 9.
155 BGH Beschl. v. 20.10.2016 – V ZB 33/15 – InfAuslR 2017, 60 – juris-Rn. 11.
156 LG Magdeburg Beschl. v. 2.10.2019 – 11 XIV 25/19 – juris-Rn. 14: keine Substitution durch Zustell*fiktion*.
157 BGH Beschl. v. 29.9.2011 – V ZB 307/10 – InfAuslR 2012, 98 – juris-Rn. 7; Beschl. v. 19.5.2011 – V ZB 15/11 – InfAuslR 2011, 361 – juris-Rn. 12; AG Tiergarten Beschl. v. 3.1.2020 – 383 XIV 2/20 B – juris-Rn. 9; *Grotkopp* Abschiebungshaft Rn. 67; *Hailbronner* AuslR AufenthG § 62 Rn. 129; *Winkelmann/Broscheit* in Bergmann/Dienelt AufenthG § 62 Rn. 42.
158 Dies offen lassend *Bergmann/Putzar-Sattler* in Huber/Mantel AufenthG § 62 Rn. 17.
159 BT-Drs. 12/2062, S. 45.
160 AG Tiergarten Beschl. v. 1.10.2020 – 382 XIV 83/20 B – juris-Rn. 5 f.; aA LG Arnsberg Beschl. v. 16.9.2014 – 5 T 287/14 – juris-Rn. 27 ohne Begründung, obwohl zB § 58 Abs. 1 S. 1 AufenthG Fristablauf und Entbehrlichkeit referenziert, § 62 Abs. 3a Nr. 3 AufenthG aber gerade nicht.

gen des Analogieverbotes des Art. 104 Abs. 1 S. 1 GG darf die Norm insofern auch nicht entsprechend angewendet werden.[161] Die Fristsetzung ist Teil der Vollstreckung, mit der Abschiebungsandrohung zu verbinden (§ 59 Abs. 1 S. 1 AufenthG) sowie *zuzustellen* (§ 13 Abs. 7 S. 1 VwVGe). Inwiefern dies geschehen ist, muss der Haftantrag darlegen.

63 Ein **Aufenthaltswechsel** kann auch durch Ausreise in ein anderes Land geschehen,[162] allerdings erfasst die Norm **kein vorübergehendes Verbergen.**[163] Ein *einmaliges Nichtantreffen*[164] genügt daher ebensowenig wie ein Nichtaufenthalt an der bekannten Anschrift (zB wegen Besuchs bei Bekannten)[165] für höchstens *drei Tage* (vgl. § 50 Abs. 4 AufenthG).[166] Auf ein Verbergen deuten aber zB die Mitnahme persönlicher Gegenstände oder entsprechende Erklärungen ggü. Mitbewohnern oder sonstigen Dritten hin.[167] Es genügt **beispielsweise** für die Annahme eines nichtangezeigten Aufenthaltswechsels,

- wenn nach dem Wechsel nur noch eine **rein postalische Erreichbarkeit** über einen **Bevollmächtigten** besteht, da der Ausländerbehörde so der erforderliche Zugriff für Zwangsmaßnahmen fehlt.[168]
- wenn ein (verborgener) **Zimmerwechsel** in einer weitläufigen und unübersichtlichen **Flüchtlingsunterkunft** die faktische Erreichbarkeit des Ausländers verhindert.[169]
- **nicht**, wenn der Ausländer lediglich (obschon mehr als drei Tage) stationär im Krankenhaus war.[170]
- **nicht**, wenn Mitteilung einer **Kirchenasyladresse** (sog. *„offenes Kirchenasyl"*) erfolgt,[171] an welcher der Ausländer konkret aufhältig ist. Denn dort ist ein Abschiebungszugriff rechtlich wie tatsächlich möglich, die Abschiebung unterbleibt regelmäßig nur aus historischen Gründen.[172] Die praktisch häufige Mitteilung lediglich der Hauptanschrift der Kirchengemeinde genügt allerdings nicht, da sie den tatsächlichen Zugriff nicht ermöglicht. Dasselbe gilt für die gänzlich fehlende Mitteilung des Kirchenasyls (sog. *„verdecktes Kirchenasyl"*).
- **nicht**, wenn der Ausländerbehörde nach wie vor eine fortbestehende **feste Vollzeitarbeitsadresse** bekannt ist.[173]

64 Die Vermutung ist **widerlegt**, wenn ersichtlich ist, dass sich der Ausländer durch sein Verhalten *nicht* der Abschiebung *entziehen wollte*. Denkbar ist dies **beispielsweise**, wenn

161 Zu dieser Wirkung des Art. 104 Abs. 1 S. 1 GG bei Abschiebungshaft vgl. BVerfG Beschl. v. 25.2.2009 – 2 BvR 1537/08 – InfAuslR 2009, 203 – juris-Rn. 22.
162 BGH Beschl. v. 20.4.2021 – XIII ZB 47/20 – juris-Rn. 23; Beschl. v. 20.10.2016 – V ZB 33/15 – InfAuslR 2017, 60 – juris-Rn. 10.
163 BGH Beschl. v. 4.4.2019 – V ZB 33/18 – juris-Rn. 6.
164 BGH Beschl. v. 15.12.2020 – XIII ZB 55/19 – juris-Rn. 10; Beschl. v. 24.8.2020 – XIII ZB 75/19 – juris-Rn. 12; Beschl. v. 12.5.2011 – V ZB 299/10 – juris-Rn. 12.
165 BGH Beschl. v. 24.8.2020 – XIII ZB 75/19 – juris-Rn. 12.
166 OLG München Beschl. v. 22.11.2006 – 34 Wx 121/06 – OLGR 2007, 144 – juris-Rn. 12; Beschl. v. 26.8.2005 – 34 Wx 108/05 – BayVBl 2006, 54 – juris-Rn. 9.
167 *Marx* AufenthaltsR-HdB § 8 Rn. 23.
168 LG Nürnberg-Fürth Beschl. v. 9.2.2006 – 18 T 108/06 – InfAuslR 2006, 227 – juris-Orientierungssatz 1; aA wohl OLG Köln Beschl. v. 1.9.1997 – 16 Wx 237/97 – StV 1997, 652 – juris-Orientierungssatz 2.
169 BGH Beschl. v. 24.3.2020 – XIII ZB 62/19 – InfAuslR 2020, 280 – juris-Rn. 14 ff.
170 BGH Beschl. v. 20.7.2017 – V ZB 50/17 – juris-Rn. 6.
171 *Keßler* in NK-AuslR AufenthG § 62 Rn. 30.
172 AllgM, vgl. nur VGH München Beschl. v. 16.5.2018 – 20 ZB 18.50011 – Asylmagazin 2018, 320 – juris-Rn. 2 mwN; *Marx* AufenthaltsR-HdB § 9 Rn. 54 ff. mwN; zG eingehend *Herler* Kirchenasyl S. 67 ff., bes. 86, 106 f. u. 108 ff.; zur Verwaltungspraxis WissDienst BTag, Ausarbeitung WD 3 - 3000 - 284/18, S. 11 ff.
173 *Zeitler* in HTK-AuslR § 62 AufenthG, Abs. 3a, Rn. 32.

- nicht die **Ausländerbehörde**, wohl aber die **Meldebehörde** unverzüglich über die neue Adresse informiert wird, und ersichtlich ist, dass dies nur im Zuge des Zusammenzuges mit der Partnerin aus **Nachlässigkeit** geschah.[174] Haft ist in solchen Fällen regelmäßig unverhältnismäßig.[175]
- **zusätzlich zur** (ggf. taktisch motivierten) **Rückkehr** in den Zugriffsbereich der Ausländerbehörde noch **weitere Umstände** hinzukommen, die auf eine künftige Rechtstreue schließen lassen.[176]

dd) Aufenthalt trotz Einreise- und Aufenthaltsverbots (Nr. 4)

Eine Fluchtgefahr wird gem. § 62 Abs. 3a Nr. 4 AufenthG vermutet, wenn ein Ausländer sich unter Verstoß gegen ein **Aufenthaltsverbot** (§ 11 Abs. 1 S. 2 AufenthG) im Inland aufhält und er nicht durch eine *Betretenserlaubnis* (§ 11 Abs. 8 AufenthG) gerechtfertigt ist. 65

Das **systematische Verhältnis** der Norm zum Haftgrund der *unerlaubten Einreise* (§ 62 Abs. 3 S. 1 Nr. 2 AufenthG) ist wie folgt: Reist ein Ausländer entgegen eines Einreise- und Aufenthaltsverbotes ein, begründet dies eine unerlaubte Einreise (§ 14 Abs. 1 Nr. 3 AufenthG), die folglich bzgl. der *Einreise* dem Haftgrund des § 62 Abs. 3 S. 1 Nr. 2 AufenthG unterfällt. Bzgl. des nachfolgenden *Aufenthaltes* (Wortlaut des Abs. 3a Nr. 4) unterfällt sie der Fluchtgefahr iSd § 62 Abs. 3 S. 1 Nr. 1, Abs. 3a Nr. 4 AufenthG, welche **parallel anwendbar** ist; beide Haftgründe blicken von unterschiedlichen Seiten auf denselben Sachverhalt. 66

Die Regelung hat allerdings **Auffangfunktion**, soweit nach unerlaubter Einreise zB durch Aufenthaltsgestattung (§ 55 AsylG) oder einen Titel die *Kausalität* und damit der Haftgrund des § 62 Abs. 3 S. 1 Nr. 2 AufenthG entfallen ist („auf Grund" → Rn. 105 f.): Bei fortbestehendem Aufenthalt entgegen des Verbotes greift dann weiter § 62 Abs. 3a Nr. 4 AufenthG. Nicht einschlägig ist die Norm indes, wenn im Inland ein Einreise- und Aufenthaltsverbot verfügt wurde, der Ausländer aber (noch) nicht ausgereist ist; denn der systematische Zusammenhang mit der *Betretenserlaubnis*, die es in diesen Fällen rechtslogisch nicht geben kann,[177] zeigt, dass die Norm den Aufenthalt nach unerlaubter Einreise meint. 67

Wie auch bei § 62 Abs. 3 S. 1 Nr. 2 AufenthG, sind inhaltliche Fragen der **Rechtmäßigkeit des Verbotes** haftgerichtlich nicht zu prüfen (→ Rn. 32 f.). Die *Kenntnis des Ausländers* vom Verbot ist nur unter dem Gesichtspunkt der Widerlegung des Vermutungstatbestandes von Belang (→ Rn. 53). Aufgrund des eindeutigen Wortlautes schließt nur eine *Betretenserlaubnis* nach § 11 Abs. 8 AufenthG den Haftgrund aus, nicht aber zB eine *Einreisegestattung* nach § 18a Abs. 6 AsylG. 68

Einreise- und Aufenthaltsverbote sind grds. **befristet**, § 11 Abs. 2 S. 3 AufenthG, so dass die Einreise nach Fristablauf den Haftgrund nicht erfüllt. Bei einer Einreise *vor Fristablauf* wird der Fristablauf bei Fehlen einer Betretenserlaubnis **gehemmt**, § 11 Abs. 9 S. 1 AufenthG. 69

---

174 OLG Karlsruhe Beschl. v. 11.2.1993 – 4 W 20/93 – NVwZ 1993, 813 – juris-Rn. 12.
175 BVerfG Beschl. v. 13.7.1994 – 2 BvL 12/93 – NVwZ 1994, Beilage 8, 57 – juris-Rn. 19.
176 OLG München Beschl. v. 22.11.2006 – 34 Wx 121/06 – OLGR 2007, 144 – juris-Rn. 18; LG Arnsberg Beschl. v. 16.9.2014 – 5 T 287/14 – juris-Rn. 34.
177 Argument von Frau Buhlmann (LEA Berlin).

70 Nach früherem Recht waren gesetzlich entstehende **unbefristete Einreise- und Aufenthaltsverbote** vorgesehen. Wegen Art. 11 Abs. 2 Rückführungsrichtlinie entsteht ein wirksames Verbot aber nur, wenn eine Befristungsentscheidung als (konstitutiv wirkender) *Verwaltungsakt* ergangen ist.[178] Soweit dieser *vor* der Einreise nachgeholt wird, können die §§ 14 Abs. 1 Nr. 3, 62 Abs. 3 S. 1 Nr. 2, Abs. 3a Nr. 4 AufenthG erfüllt sein. Eine nach der Einreise ergehende, ggf. rückwirkende Befristungsentscheidung wird den Haftgrund aber mangels Vorwerfbarkeit in Gestalt eines Verstoßes gegen wirksames Recht im Einreisezeitpunkt nicht mehr auslösen können.[179] Soll eine alte (noch unverbrauchte → Rn. 45) Rückkehrentscheidung ohne Befristung vollzogen werden, ist bei der Prognose iRd § 62 Abs. 4 S. 1 AufenthG zu berücksichtigen, ob eine nachzuholende Befristung rechtzeitig vor der Abschiebung vorgenommen wird und nicht verwaltungsgerichtlicher Eilrechtsschutz zur Verhinderung einer Abschiebung droht;[180] da eine etwaige Rechtswidrigkeit der Befristung aber die Rechtmäßigkeit der Rückkehrentscheidung und Abschiebung nicht berührt,[181] wird dies kaum der Fall sein. Zudem ist entsprechenden Fragen haftgerichtlich ohnehin nur bei „greifbaren Anhaltspunkten" nachzugehen, wenn sich also aus den Darlegungen der Behörde die Absicht einer zeitnah praktisch kaum mehr möglichen Befristung ergibt.[182]

71 Die Vermutung ist **widerlegt**, wenn ersichtlich ist, dass sich der Ausländer durch sein Verhalten *nicht* der Abschiebung *entziehen wollte*. Denkbar ist dies **beispielsweise**, wenn

- ein Ausländer aufgrund einer **Ladung zum Strafantritt** zum Zwecke der Selbststellung eingereist ist.[183]
- ein Ausländer **ohne Kenntnis vom Einreise- und Aufenthaltsverbot** (→ Rn. 33 aE) eingereist ist, zB weil es mittels *Zustellungsfiktion* wirksam geworden ist; ob dies nach den Gesamtumständen *Indiz* gegen oder schon eine *Widerlegung* der Vermutung begründet, ist Frage tatrichterlicher Würdigung (zB entlang der Frage, ob vor Wiedereinreise freiwillige Ausreise oder zwangsweise Abschiebung erfolgte).
- ein Ausländer aufgrund eines **erkennbar kurzfristigen Anlasses**, zB für Geburt, Hochzeit oder Beerdigung eines Familienangehörigen eingereist ist.[184]

ee) Entziehung in der Vergangenheit (Nr. 5)

72 Eine Fluchtgefahr wird gem. § 62 Abs. 3a Nr. 5 AufenthG vermutet, wenn der Ausländer sich bereits in der Vergangenheit der Abschiebung entzogen hat. Bezugspunkt ist eine **konkrete**, auf seine Abschiebung gerichtete **Maßnahme** der Behörde, welche der Ausländer durch sein Verhalten **vereitelt** hat.[185] Der Wortlaut zeigt, dass *Vollendung* des

---

178 BVerwG Urt. v. 21.8.2018 – 1 C 21/17 – BVerwGE 162, 382 – juris-Rn. 21, 23, 25; Urt. v. 27.7.2017 – 1 C 28/16 – BVerwGE 159, 270 – juris-Rn. 42; Beschl. v. 13.7.2017 – 1 VR 3/17 – NVwZ 2017, 1531 – juris-Rn. 71.
179 AA BGH Beschl. v. 21.9.2021 – XIII ZB 140/19 – juris-Rn. 15; Beschl. v. 16.9.2015 – V ZB 194/14 – NVwZ 2016, 549 – juris-Rn. 8; Beschl. v. 8.1.2014 – V ZB 137/12 – NVwZ 2014, 1111 – juris-Rn. 8, 13.
180 BGH Beschl. v. 16.9.2015 – V ZB 194/14 – NVwZ 2016, 549 – juris-Rn. 9 iVm 5.
181 BVerwG Urt. v. 21.8.2018 – 1 C 21/17 – BVerwGE 162, 382 – juris-Rn. 22 f.
182 BGH Beschl. v. 24.8.2020 – XIII ZB 75/19 – juris-Rn. 8.
183 LG Görlitz Beschl. v. 21.2.2006 – 2 T 17/06 – juris-Rn. 7.
184 *Marx* AufenthaltsR-HdB § 8 Rn. 24.
185 BGH Beschl. v. 20.4.2021 – XIII ZB 47/20 – juris-Rn. 26; Beschl. v. 22.6.2017 – V ZB 21/17 – InfAuslR 2017, 345 – juris-Rn. 6.

Entziehens vorliegen muss („entzogen hat"). Ein Versuch genügt nicht. Es muss also schon eine Abschiebung erfolglos versucht worden sein.[186]

Die Maßnahme muss durch eine *deutsche Behörde*[187] erfolgt und hinreichend konkretisiert gewesen sein, regelmäßig durch das Ansetzen eines **Abschiebungstermins.**[188] Ein Untertauchen *vor* der Einleitung eines Abschiebungsverfahrens genügt nicht.[189] Auch allein der Umstand, dass der Ausländer beim Abschiebungstermin in der Unterkunft **nicht angetroffen** wird, genügt nicht für ein Entziehen, soweit er (zB wegen des Verbots der Mitteilung des Abschiebungstermins nach Fristablauf, § 59 Abs. 1 S. 8 AufenthG[190]) hiervon nichts weiß.[191] 73

Das maßgebliche Verhalten des Ausländers muss über eine lediglich **passive Nichtmitwirkung** hinausgehen.[192] Daher genügt zB kein bloßes Schweigen auf Nachfrage nach seiner Person beim Abschiebungstermin. **Beispiele**[193] sind insofern: 74

- **Aktives Leugnen** (unter Verwendung falscher Personalien) der Anwesenheit im **Abschiebetermin** genügt.[194]
- **Flucht** im Abschiebungstermin (oder vorher bei Kenntniserlangung[195]) und anschließendes **Untertauchen** genügen.[196]
- **Falsche Angabe** der Staatsangehörigkeit gegenüber den **Behörden des Zielstaates** und dadurch bedingtes Erzwingen des **Rücktransportes** nach Deutschland genügt.[197]
- **Hungerstreik**, der zum Abbruch der Abschiebungsmaßnahme führte;[198] dass dieser Ausdruck von Verfolgungsfurcht bzgl. des Zielstaates sein kann, stellt die Vereitelungsabsicht nicht in Frage.[199]
- **Weigerung**, auf einem **Umsteigeflughafen** in das für die letzte Reiseetappe gebuchte Flugzeug **einzusteigen**, wenn hierdurch die Rückreise erzwungen wird.[200]
- Die **Nichteinhaltung** der **Zusage** einer freiwilligen Ausreise genügt **nicht**, da hierdurch keine Abschiebung vereitelt, sondern lediglich nötig wird.
- Die (ergebnislose) mehrfache **Aufforderung zur Ausreise** ist noch **keine Vollstreckungsmaßnahme**, die der Ausländer durch Nichtausreise vereiteln könnte.[201]
- Die **Urkundenunterdrückung** durch Vernichtung einzelner **Seiten des Passes** genügt **nicht**, soweit sie nicht die Aufnahme im Zielstaat hindert, sondern nur dazu

---

186 LG Münster Beschl. v. 22.2.2016 – 5 T 42/16 – EzAR-NF 57 Nr. 46 – juris-Rn. 11.
187 BGH Beschl. v. 22.6.2017 – V ZB 21/17 – NVwZ 2017, 1640 – juris-Rn. 7.
188 LG Heidelberg Beschl. v. 13.4.2017 – 3 T 18/17 – juris-Rn. 7.
189 LG Köln Beschl. v. 6.7.2018 – 34 T 91/18 – InfAuslR 2019, 154 – juris-Rn. 13.
190 Vgl. sub specie § 2 Abs. Abs. 14 Nr. 6 AufenthG aF BGH Beschl. v. 20.5.2020 – XIII ZB 71/19 – juris-Rn. 14.
191 BGH Beschl. v. 21.6.2018 – V ZB 129/17 – juris-Rn. 5; aA LG Limburg Beschl. v. 17.8.2020 – 7 T 2/20 – juris-Rn. 12.
192 LG Heidelberg Beschl. v. 13.4.2017 – 3 T 18/17 – juris-Rn. 15.
193 Vgl. BGH Beschl. v. 20.4.2021 – XIII ZB 47/20 – juris-Rn. 25 zur bestehenden Übertragbarkeit der Rspr. zur früheren Normfassung.
194 LG Münster Beschl. v. 15.1.2016 – 5 T 681/15 – juris-Rn. 20.
195 LG Verden Beschl. v. 12.2.2020 – 6 T 185/19 – juris-Rn. 47.
196 LG Hamburg Beschl. v. 15.12.2019 – 329 T 68/19 – juris-Rn. 18; AG Borken (Westfalen) Beschl. v. 25.9.2015 – 29 XIV B 23/15 – juris-Rn. 6.
197 OLG Bayern Beschl. v. 13.3.1998 – 3Z BR 65/98 – InfAuslR 1998, 455 – juris-Rn. 11.
198 Vgl. OLG Bayern Beschl. v. 4.10.1996 – 3Z BR 257/96 – EzAR 048 Nr 31 – juris-Rn. 9.
199 AA *Marx* AufenthaltsR-HdB § 8 Rn. 26.
200 OLG München Beschl. v. 19.7.2006 – 34 Wx 74/06 – FGPrax 2006, 223 – juris-Rn. 16.
201 BGH Beschl. v. 20.4.2021 – XIII ZB 47/20 – juris-Rn. 26.

dient, ein Aufenthaltsrecht zu erschleichen; denn der Ausländer muss sich der Abschiebung entziehen, nicht der Ausreisepflicht.[202]

75 Derselbe Maßstab gilt auch für **Flugreisen**: Verhält sich der Ausländer **ruhig** und leistet keinen *aktiven Widerstand*, entzieht er sich nicht; auch dann nicht, wenn er Argumente gegen den Flug vorbringt (zB Fluguntauglichkeit), die keine von vornherein falschen Angaben darstellen.[203] Auch die *Weigerung*, aus dem Transportfahrzeug *auszusteigen*[204] oder *lautstarke Diskussionen*[205] genügen für sich genommen nicht, soweit sie durch einfachen Zwang gebrochen werden können.[206] Solches Verhalten überschreitet aber dann die Grenze, wenn der die Polizeigewalt (§ 12 LuftSiG) innehabende Flugkapitän daraufhin (zB wegen lautstarken Schreiens bei Linienflügen) vernünftigerweise die Mitnahme verweigert hat.[207] Gleiches gilt, wenn *aktiver Widerstand* beim Besteigen des Flugzeuges die Mitnahme verhindert hat.[208]

ff) Erklärung der Entziehung (Nr. 6)

76 Eine Fluchtgefahr wird gem. § 62 Abs. 3a Nr. 6 AufenthG vermutet, wenn der Ausländer ausdrücklich erklärt hat, sich der Abschiebung entziehen zu wollen. Er muss also klar und abseits spontaner Unmutsäußerung in einer emotional belastenden Situation[209] zum Ausdruck bringen, **nicht freiwillig** in den Zielstaat zu reisen und sich vor allem auch nicht für eine (ggf. zwangsweise) **behördliche Durchsetzung** der Ausreisepflicht zur Verfügung zu halten.[210]

77 Die Erklärung kann zwar im einfachsten Fall **verbal** dahin gehend erfolgen, der Ausländer werde das zur Abschiebung verwendete Transportmittel nicht besteigen[211] (und zB stattdessen „Randale" machen).[212] Einer (ggf. unterzeichneten schriftlichen) Erklärung des Ausländers bedarf es nicht,[213] denn sie ist auch **konkludent** möglich.[214] **Beispiele** sind:

- Der Ausländer erklärt, er werde **untertauchen**, nicht mitfliegen und für den Fall einer Entlassung aus der Haft zu Verwandten gehen, die sich an verschiedenen Orten verteilt aufhielten.[215]
- Die **Gewaltanwendung** durch Widerstand gegen die Festnahme bzw. den Transport nach Ausschreibung zur Festnahme durch die Ausländerbehörde.[216]

---

202 LG Münster Beschl. v. 22.2.2016 – 5 T 42/16 – EzAR-NF 57 Nr. 46 – juris-Rn. 12.
203 BGH Beschl. v. 12.12.2013 – V ZB 220/12 – ZAR 2014, 247 – juris-Rn. 6.
204 AA zB LG Frankfurt Beschl. v. 2.12.2019 – 2-29 T 191/19 – juris-Rn. 3, 8.
205 OLG Karlsruhe Beschl. v. 23.1.2009 – 11 Wx 121/08 – juris-Rn. 11.
206 Anders, wenn sie Grund zum Abbruch sind, vgl. LG Mainz Beschl. v. 3.3.2022 – 8 T 31/22 – juris-Rn. 44.
207 AG Frankfurt Beschl. v. 3.6.2019 – 934 XIV 898/19 – juris-Rn. 6.
208 LG Münster Beschl. v. 22.2.2016 – 05 T 62/16 – ZAR 2016, 153 – juris-Rn. 12.
209 *Bergmann/Putzar-Sattler* in Huber/Mantel AufenthG § 62 Rn. 20.
210 BGH Beschl. v. 31.8.2021 – XIII ZB 76/19 – juris-Rn. 11; Beschl. v. 23.1.2018 – V ZB 53/17 – InfAuslR 2018, 187 – juris-Rn. 10; Beschl. v. 12.5.2016 – V ZB 27/16 – juris-Rn. 5.
211 BGH Beschl. v. 15.12.2020 – XIII ZB 16/20 – juris-Rn. 13; Beschl. v. 2.6.2016 – V ZB 26/16 – juris-Rn. 2; LG Frankfurt Beschl. v. 2.12.2019 – 2-29 T 191/19 – juris-Rn. 3, 8.
212 LG Hamburg Beschl. v. 29.12.2020 – 329 T 84/19 – juris-Rn. 16.
213 AA wohl *Marx* AufenthaltsR-HdB § 8 Rn. 26.
214 BGH Beschl. v. 20.7.2017 – V ZB 5/17 – InfAuslR 2017, 449 – juris-Rn. 6; aA *Grotkopp* Abschiebungshaft Rn. 83.
215 BGH Beschl. v. 12.5.2016 – V ZB 27/16 – juris-Rn. 5.
216 BGH Beschl. v. 20.7.2017 – V ZB 5/17 – InfAuslR 2017, 449 – juris-Rn. 6; Beschl. v. 26.4.2018 – V ZB 57/17 – juris-Rn. 9.

- Der Ausländer erklärt, lieber **„lebenslang inhaftiert"** zu sein, als abgeschoben zu werden; er habe sein **Leben riskiert** und viel **Geld bezahlt**, um nach Deutschland zu kommen.[217]
- Die **Suizidankündigung**[218], auch dahingehend, „lieber hier zu sterben", als abgeschoben zu werden.[219]
- Angabe des Ausländers, er **habe niemanden** in Afghanistan, seine gesamte Familie lebe im Iran, **genügt nicht.** Dies zeigt nur eine Präferenz für den Iran als Aufenthaltsort, ist aber keine Ankündigung einer Entziehung.[220] Dies gilt auch, wenn präferenzverstärkende Umstände wie **fehlender Rückkehrwille** und **Betäubungsmittelabhängigkeit** hinzutreten.[221]
- Angabe des Ausländers, eine Abschiebung stelle eine **psychische Belastung** und **erhebliche Zumutung** dar, **genügt nicht.** Dies indiziert kein Entziehen.[222]
- Die (formularmäßige) Ankündigung von „Widerstand" gegen eine Abschiebung **genügt nicht.** Das Wort ist verschiedenen Auslegungen fähig (zB *rechtlicher*[223] Widerstand) und grundsätzlich als aktives Gegenwirken in Anwesenheit zu verstehen; damit spricht es eher gegen eine Flucht.[224]
- Die fehlende Glaubhaftigkeit der Erklärung, sich der **Abschiebung fügen** zu wollen, **genügt grds. nicht.** Der Tatbestand fordert nicht die Feststellung der Bereitschaft zur Abschiebung, sondern der **Verweigerung** derselben.[225]

Die insbesondere aus der **persönlichen Anhörung** des Ausländers gewonnenen Angaben unterliegen der Rechtskontrolle nur dahin, ob sie verfahrensfehlerfrei festgestellt sind und die Schlussfolgerung als möglich erscheinen lassen.[226] 78

b) Indiztatbestände (Abs. 3b)

Einzelne **Anhaltspunkte** für das Vorliegen von Fluchtgefahr sind in § 62 Abs. 3b AufenthG geregelt, die bei ihrer Erfüllung Indizwirkung entfalten. Insofern zeigt der Wortlaut („können"), dass die Feststellung der Fluchtgefahr jedoch erst nach **einzelfallbezogener Gesamtbetrachtung** unter Einbeziehung sämtlicher Umstände[227] festgestellt werden kann, wobei auch Entlastendes (wie zB die Wahrnehmung von Vorspracheterminen[228]) zu berücksichtigen ist.[229] 79

Insofern führt die Norm die früher in §§ 62 Abs. 3 S. 1 Nr. 5, 2 Abs. 14 AufenthG geregelte Abwägung fort. Die Frage, ob der **Katalog** auch außerhalb der Überstellungs- 80

217 LG Paderborn Beschl. v. 14.7.2017 – 5 T 199/17 – juris-Rn. 23.
218 BGH Beschl. v. 20.10.2016 – V ZB 13/16 – juris-Rn. 5.
219 LG Mainz Beschl. v. 3.3.2022 – 8 T 31/22 – juris-Rn. 45; LG Hamburg Beschl. v. 29.12.2020 – 329 T 84/19 – juris-Rn. 16.
220 BGH Beschl. v. 13.9.2018 – V ZB 151/17 – NVwZ-RR 2019, 166 – juris-Rn. 10.
221 BGH Beschl. 14.7.2020 – XIII ZB 11/19 – juris-Rn. 14.
222 AG Tiergarten Beschl. v. 19.4.2018 – 382 XIV 39/18 B – juris-Rn. 23.
223 Der gerade *nicht* ausreicht, *Hailbronner* AuslR AufenthG § 62 Rn. 152.
224 AG Tiergarten Beschl. v. 22.1.2021 – 381 XIV 10/21 B – juris-Rn. 11 ff.
225 LG Köln Beschl. v. 6.7.2018 – 34 T 91/18 – InfAuslR 2019, 154 – juris-Rn. 19.
226 BGH Beschl. v. 14.7.2020 – XIII ZB 11/19 – juris-Rn. 13; Beschl. v. 23.1.2018 – V ZB 53/17 – juris-Rn. 11; Beschl. v. 13.2.2012 – V ZB 46/11 – juris-Rn. 8 f.
227 Vgl. BT-Drs. 19/10047, S. 41.
228 BGH Beschl. v. 18.7.2023 – XIII ZB 29/20 – juris-Rn. 15; Beschl. v. 14.1.2020 – XIII ZB 19/19 – juris-Rn. 8.
229 Vgl. zum früheren Recht BGH Beschl. v. 23.1.2018 – V ZB 53/17 – InfAuslR 2018, 187 – juris-Rn. 9.

haft (insofern → Kap. 6 Rn. 19 ff.) **abschließend** ist,[230] wird man trotz des offeneren Wortlautes (kein „beruhen" gerade „auf den … festgelegten Anhaltspunkten" mehr, so noch § 62 Abs. 3 S. 1 Nr. 5 AufenthG aF) zu bejahen haben. Denn nach wie vor ist die Determinationsdichte der Art. 15 Abs. 1, 3 Nr. 7 Rückführungsrichtlinie hoch.[231] Gerade die dort genannten *objektiven, gesetzlich festgelegten Kriterien* wollte der Gesetzgeber in der früheren Norm umsetzen[232] und nun in § 62 Abs. 3a und 3b AufenthG ohne inhaltliche Änderung des grundsätzlichen Prüfungskonzeptes fortführen.[233] Ein **Anhaltspunkte-Erfindungsrecht** für neue Gründe für Fluchtgefahr besteht daher nicht;[234] die Frage wird aber praktisch wegen des umfassenden Kataloges der Abs. 3a und 3b in § 62 AufenthG kaum relevant.

aa) Identitätstäuschung (Nr. 1)

81 Für Fluchtgefahr spricht gem. § 62 Abs. 3b Nr. 1 AufenthG, wenn ein Ausländer gegenüber den mit der Ausführung dieses Gesetzes betrauten Behörden **abschiebungserheblich** über seine **Identität getäuscht** hat, insbesondere durch Unterdrückung oder Vernichtung von Identitäts- oder Reisedokumenten oder das Vorgeben einer falschen Identität. Die Norm entspricht weitgehend § 62 Abs. 3a Nr. 1 AufenthG, so dass auf die obigen Ausführungen zu verweisen ist (→ Rn. 54 ff.).

82 Sie erfasst aber Fälle, die mangels **zeitlicher Aktualität** nicht unter § 62 Abs. 3a Nr. 1 AufenthG fallen, mithin schon zu lange her sind und keinen hinreichenden Bezug mehr zur aktuellen Abschiebung haben. Diese sollen **keine Vermutung** begründen, wohl aber einen Anhaltspunkt für Fluchtgefahr darstellen.[235]

bb) Schleuserkosten (Nr. 2)

83 Für Fluchtgefahr spricht gem. § 62 Abs. 3b Nr. 2 AufenthG, wenn der Ausländer zu seiner unerlaubten Einreise **Geldbeträge** gezahlt hat, die derart **erheblich** sind, dass daraus geschlossen werden kann, dass er die Abschiebung verhindern wird, damit die Aufwendungen nicht vergeblich waren. Dabei müssen die Zahlungen nicht zwangsläufig („insbesondere") an **Schleuser** geleistet, sondern können auch für Dokumentenfälscher oder Transportmittel aufgewendet worden sein.[236] Zuzurechnen sind auch Zahlungen durch *andere Mitglieder der Familie* (zB Eltern) an den Schleuser, die mit Wissen und Wollen des Ausländers geleistet wurden.[237]

84 Die Norm geht von der Überlegung aus, dass eine abschiebungsbedingte **Frustration** der Aufwendung wesentlicher Teile des **Vermögens** ein erhebliches Bleibeinteresse begründen kann.[238] Insofern ist unerheblich, ob die Zahlungen für einzelne Reiseab-

230 Eingehend *Grotkopp* Abschiebungshaft Rn. 53.
231 So auch BGH Beschl. v. 23.1.2018 – V ZB 53/17 – InfAuslR 2018, 135 – juris-Rn. 8.
232 BT-Drs. 18/4097, S. 32.
233 BT-Drs. 19/10047, S. 41.
234 AA aufgrund anderer Würdigung der Gesetzeshistorie *Grotkopp* Abschiebungshaft Rn. 53; *Hailbronner* AuslR AufenthG § 62 Rn. 155 f.
235 BT-Drs. 19/10047, S. 42.
236 BT-Drs. 19/10047, S. 42.
237 BGH Beschl. v. 18.7.2023 – XIII ZB 29/20 – juris-Rn. 7 f.
238 BGH Beschl. v. 25.2.2016 – V ZB 157/15 – NVwZ 2016, 1111 – juris-Rn. 10.

schnitte oder insgesamt geleistet wurden, solange sie in *Summe* erheblich sind.[239] Wann sie für den konkreten Ausländer so bedeutsam sind, dass Fluchtgefahr besteht, kann nur in haftgerichtlicher Wertung der Lebensumstände des Ausländers festgestellt werden. Dabei werden auch der konkrete Herkunfts- und Zielstaat von Bedeutung sein (zB Überstellung in ein anderes EU-Land s. Kap. 6).[240] Als **Beispiele** mögen dienen:

- Zahlung von **720 Euro bis 800 Euro** durch einen **mittellosen Ausländer** an einen Schleuser für die Überfahrt von der Türkei nach Griechenland.[241]
- Zahlung von **500 Euro bis 4.000 Euro** durch einen **mittellosen Ausländer** an einen Schleuser für die Überfahrt von der Türkei nach Griechenland.[242]
- Zahlung von **2.500 Euro** unter Beschaffung durch Verkauf von Goldschmuck und Leihen des Geldes.[243]
- Zahlung von **90 Euro** an einen Schlepper für die Reise von Italien nach Deutschland **genügt nicht**, da der Betrag trotz des Umstandes, dass er das **gesamte Vermögen** des Ausländers darstellt, objektiv nicht erheblich ist.[244]
- Zahlung von **8.000 US-Dollar** durch einen Ausländer für die Reise vom **Irak** über Ungarn bis nach Deutschland.[245]

Nicht unter die Norm fallen die (seltenen) Fälle rein **altruistischer Schlepper**, die 85 ohne Zahlung Transportleistungen erbringen.[246] Auch Fälle **erlaubter Einreise** (zB mit gültigem Visum, das nicht nach § 14 Abs. 1 Nr. 2a AufenthG rückwirkend aufgehoben wurde → Rn. 31 f.) sind vom Wortlaut nicht umfasst.[247]

cc) Präventivgewahrsam (Nr. 3)

Für Fluchtgefahr spricht gem. § 62 Abs. 3b Nr. 3 AufenthG, wenn von einem Ausländer 86 eine **erhebliche Gefahr** für Leib und Leben Dritter oder bedeutende Rechtsgüter der inneren Sicherheit ausgeht. Während die Var. 1 der Norm Gefahren durch (zB angekündigte[248]) **Gewalttaten** oder ähnlich schwere Delikte erfasst,[249] betrifft Var. 2 den Bestand und die Funktionsfähigkeit des Staates und seiner Einrichtungen, welche durch Anschläge gegen Unbeteiligte zwecks Verbreitung allgemeiner Unsicherheit gestört würde[250] und daher bereits durch die Anwesenheit ausländischer **Terrorhelfer** beeinträchtig wird.[251]

Die Norm erfasst mithin **Gefährder**, von denen eine terroristische Gefahr ausgeht.[252] 87 Sie ist aber auch schon bei im Übrigen **gefährlichen Ausländern** einschlägig und

239 BGH Beschl. v. 16.2.2017 – V ZB 115/16 – NVwZ 2017, 816 – juris-Rn. 5.
240 Vgl. *Bergmann/Putzar-Sattler* in Huber/Mantel AufenthG § 62 Rn. 22.
241 LG Traunstein Beschl. v. 22.1.2016 – 4 T 4350/15 – juris-Rn. 14; Beschl. v. 22.1.2016 – 4 T 4349/15 – juris-Rn. 16.
242 LG Traunstein Beschl. v. 16.2.2016 – 4 T 186/16 – juris-Rn. 27.
243 BGH Beschl. v. 18.7.2023 – XIII ZB 29/20 – juris-Rn. 7 f.
244 BGH Beschl. v. 25.2.2016 – V ZB 157/15 – NVwZ 2016, 1111 – juris-Rn. 12.
245 BGH Beschl. v. 16.2.2017 – V ZB 115/16 – juris-Rn. 8.
246 *Winkelmann/Broscheit* in Bergmann/Dienelt AufenthG § 62 Rn. 51 aE.
247 LG Münster Beschl. v. 22.2.2016 – 5 T 42/16 – juris-Rn. 30.
248 BGH Beschl. v. 25.10.2022 – XIII ZB 44/20 – juris-Rn. 15.
249 AG Tiergarten Beschl. v. 19.4.2018 – 382 XIV 39/18 B – juris-Rn. 26; *Grotkopp* Abschiebungshaft Rn. 94.
250 BVerwG Beschl. v. 16.1.2018 – 1 VR 12/17 – InfAuslR 2018, 124 – juris-Rn. 19.
251 BVerwG Urt. v. 15.3.2005 – 1 C 26/03 – BVerwGE 123, 114 – juris-Rn. 17.
252 LG Bremen Beschl. v. 15.9.2017 – 10 T 488/17 – juris-Rn. 60 ff.; *Bergmann/Putzar-Sattler* in Huber/Mantel AufenthG § 62 Rn. 23.

normiert damit eine Art Präventivgewahrsam.[253] Dafür wird sie scharf kritisiert,[254] allerdings zeigt der systematische Vergleich mit ua §§ 62 Abs. 3 S. 4, 53, 58a AufenthG, dass gefahrenabwehrrechtliche Gesichtspunkte dem AufenthG insgesamt nicht fremd sind,[255] was ebenso auch für die Richtlinie selbst der Fall ist (vgl. Art. 7 Abs. 4 Rückführungsrichtlinie).

88 Soweit ein **Verstoß** gegen Art. 15 Abs. 1 **Rückführungsrichtlinie** mit dem dort geregelten Erfordernis der *Fluchtgefahr* gerügt wird,[256] ist dagegen zweierlei zu erinnern: Erstens gestattet die Norm durch die Formulierung „insbesondere" weitere Aspekte,[257] wobei gem. Art. 72 AEUV gerade auch der Schutz der öffentlichen Ordnung und inneren Sicherheit den Mitgliedsstaaten obliegt. Zweitens erfolgt die Inhaftierung, wie von der Norm gefordert, wegen Fluchtgefahr *zur Sicherung der Abschiebung*. Die Gefahrenabwehr ist nur Indiz für die Annahme der Fluchtgefahr, aber nicht der Zweck der Maßnahme.[258] Zuletzt ist Präventivgewahrsam nationalrechtlich zum Schutz hochwertiger Rechtsgüter unter strikter Beachtung der Verhältnismäßigkeit zulässig.[259] Insofern wird zwar nicht der Drogenhändler[260] unter die Norm fallen, erst recht nicht bei für Erwachsene kaum gesundheitsschädlichen Betäubungsmitteln wie Cannabis;[261] gefährliche Gewalttäter und Terrorunterstützer hingegen schon.

89 Die **Bewertung der Gefahr** als hinreichend und insbesondere gegenwärtig[262] muss das *Haftgericht* selbst vornehmen, wobei der *Haftantrag* die nötigen Tatsachen zur Wahrscheinlichkeit eines Schadenseintritts und der Gefahrenprognose mitzuteilen hat.[263] Ein alleiniger Verweis auf Urteile und Aktenzeichen genügt dabei nicht, sondern es müssen die Besonderheiten der Tatbegehung dargestellt werden.[264] Dabei kann den entsprechenden strafgerichtlichen Entscheidungen, insbesondere zur Aussetzung einer (Rest-)Strafe zur Bewährung, eine erhebliche Indizwirkung zukommen.[265]

dd) Strafrechtliche Verurteilungen (Nr. 4)

90 Für Fluchtgefahr spricht gem. § 62 Abs. 3b Nr. 4 AufenthG, wenn der Ausländer wiederholt wegen **vorsätzlicher Straftaten** rechtskräftig zu mindestens einer **Freiheitsstrafe** verurteilt worden ist. Erforderlich sind daher mindestens *zwei Verurteilungen* (wegen des Wortlautes *wiederholt* also keine einzelne Verurteilung wegen zweier Taten) wegen Vorsatztaten und in mindestens *einem Fall* muss eine Freiheitsstrafe verhängt worden sein. Dabei soll aus diesem Umstand zu schließen sein, dass der jeweilige Ausländer der

253 *Zeitler* in HTK-AuslR § 62 AufenthG, Abs. 3b, Rn. 18.
254 *Hörich/Tewocht* NVwZ 2017, 1153.
255 *Zeitler* in HTK-AuslR § 62 AufenthG, Abs. 3b, Rn. 18.
256 *Hörich/Tewocht* NVwZ 2017, 1153.
257 BGH Beschl. v. 18.2.2016 – V ZB 23/15 – InfAuslR 2016, 235 – juris-Rn. 11; *Dollinger* ZRP 2019, 130 (132).
258 Vgl. LG Bremen Beschl. v. 6.11.2017 – 10 T 569/17 – juris-Rn. 27.
259 BVerfG Beschl. v. 18.4.2016 – 2 BvR 1833/12 – NVwZ 2016, 1079 – juris-Rn. 25.
260 BR-Drs. 179/17, S. 13.
261 Vgl. zum aktuellen Stand der naturwissenschaftlichen Forschung bzgl. des Gefährdungspotentials von BtM *van Amsterdam/Nutt/Phillips/van den Brink*, Psychopharm 2015, 655 (659).
262 *Marx* AufenthaltsR-HdB § 8 Rn. 32.
263 AG Tiergarten Beschl. v. 3.1.2020 – 383 XIV 2/20 B – juris-Rn. 15; *Zeitler* in HTK-AuslR § 62 AufenthG, Abs. 3b, Rn. 22.
264 AG Tiergarten Beschl. v. 3.1.2020 – 383 XIV 2/20 B – juris-Rn. 15 f.
265 AG Tiergarten Beschl. v. 19.4.2018 – 382 XIV 39/18 B – juris-Rn. 25.

deutschen Rechtsordnung ablehnend oder gleichgültig gegenüberstehe, weswegen eine freiwillige Erfüllung der Ausreisepflicht nicht zu erwarten sei.[266]

Dieser Gedankengang zeigt, dass nur Verurteilungen durch **deutsche Gerichte** einschlägig sein können. Da Abschiebungshaft keinen Sanktionscharakter hat, sondern einzig der *Sicherung der Ausreise* dient,[267] kann nicht schon jede Vorsatztat genügen.[268] Auch in zB § 112 StPO wäre der einfache Schluss vom dringenden Tatverdacht einer Vorsatztat auf das automatische Bestehen von Fluchtgefahr undenkbar. Daher muss in den beiden **konkreten Verfahren** bei Gesamtwürdigung[269] die beschriebene Einstellung zu Tage treten, um ein Indiz für Fluchtgefahr zu gewinnen.[270] Dies ist zB denkbar, wenn 91

- Delikte der **§§ 113 f. StGB** im konkreten Tatablauf zeigen, dass der Ausländer gerade **behördliche Anordnungen** für ihn missachtet und sich ihnen in gewichtiger Weise **gewaltsam** widersetzt.
- die **Feststellungen** im Urteil Angaben des Ausländers offenbaren, er nehme die **Rechtsordnung** nicht ernst bzw. sie sei ihm gleichgültig.
- der konkrete **Verfahrensgang** zeigt, dass der Ausländer schon strafrechtlich in **Untersuchungshaft** genommen werden musste.
- das Strafgericht auf **unbedingte Freiheitsstrafe** wegen **negativer Legalprognose** (also der Erwartung, der Ausländer werde die Rechtsordnung missachten) entschieden hat.[271]

Das Haftgericht darf sich daher *nicht* nur auf Angaben im **Bundeszentralregister** stützen, sondern muss die **konkreten Verfahren** würdigen, inklusive ein ggf. bedeutsames (zB kooperatives) Vollzugsverhalten des Ausländers.[272] Entsprechend muss sich auch der Antrag der Behörde hierzu verhalten. 92

ee) Fehlende Mitwirkung (Nr. 5)

Für Fluchtgefahr spricht gem. § 62 Abs. 3b Nr. 5 AufenthG, wenn der Ausländer gesetzliche **Mitwirkungshandlungen** zu der **Identitätsfeststellung** verweigert oder unterlässt. Die (nicht abschließende) Aufzählung erfasst die Pflichten zur **Vorlage von Identitätsdokumenten** (§ 48 Abs. 3 S. 1 AufenthG) und die **Pass(ersatz)beschaffungspflicht** (§ 60b AufenthG), soweit diese *zumutbar* ist (nach der insofern abschließenden Regelung ist dies der Fall bei: Mitwirkung ggü. den *Heimatbehörden* nebst persönlicher *Vorsprache* und biometrischer Erfassung sowie ggf. erforderlicher *Wiederholung*, § 60b Abs. 3 S. 1 Nr. 1, 2 und 6 AufenthG; nicht hingegen haftrechtlich bei Zwang zur Erklärung *freiwilliger Ausreisebereitschaft*, Zurverfügunghaltung für *Wehrdienst* oder Zahlung von *Gebühren*, § 60b Abs. 3 S. 1 Nr. 3, 4, 5 AufenthG). 93

266 BT-Drs. 19/10047, S. 42.
267 BVerfG Beschl. v. 16.5.2007 – 2 BvR 2106/05 – NVwZ 2007, 1296 – juris-Rn. 21 ff.
268 Vgl. schon BGH Beschl. v. 14.7.2011 – V ZB 50/11 – juris-Rn. 12; aA wohl *Winkelmann/Broscheit* in Bergmann/Dienelt AufenthG § 62 Rn. 54.
269 BGH Beschl. v. 11.7.2023 – XIII ZA 3/23 – juris-Rn. 27; Beschl. v. 18.5.2021 – XIII ZB 2/20 – juris-Rn. 10; *Bergmann/Putzar-Sattler* in Huber/Mantel AufenthG § 62 Rn. 24.
270 AG Tiergarten Beschl. v. 3.1.2020 – 383 XIV 2/20 B – juris-Rn. 18.
271 AG Tiergarten Beschl. v. 16.2.2023 – 384 XIV 20/23 B – juris-Rn. 14 f.
272 Vgl. BGH Beschl. v. 18.5.2021 – XIII ZB 2/20 – juris-Rn. 12 f., bes. 13 aE.

94 Dabei genügt nach dem Wortlaut bereits die **Verweigerung** bzw. **Unterlassung**. Ein aktives Gegenwirken ist nicht (mehr[273]) erforderlich. Da die Norm auf die Mitwirkung des Ausländers abstellt, nicht diejenige der Auslandsvertretung, muss grds. keine Erfolgsaussicht der Mitwirkungshandlung geprüft werden; der Indiztatbestand kann aber fehlen, wenn zB eine geforderte Terminswiederholung (§ 60b Abs. 3 S. 1 Nr. 6 AufenthG) erkennbar sinnlos ist.[274] In jedem Fall kommen nur Handlungen in Betracht, die nach einer **Belehrung** erfolgt sind, die sowohl auf die Pflicht als auch die Möglichkeit zur Inhaftierung bezogen und in einer für den Ausländer verständlichen Sprache[275] erfolgt sein muss. Soweit die Norm auf gesetzlich bestehende Pflichten verweist (zB § 48 Abs. 3 AufenthG), bedarf es zwar keiner **Aufforderung** zur Pflichterfüllung durch die Behörde; ohne sie wird sich aber kaum ein Indiz für Fluchtgefahr ergeben können.[276]

95 Folgende **Beispielsfälle** illustrieren die Zusammenhänge:

- **Weigerung** der Teilnahme an einem **Termin im Generalkonsulat** zur Beschaffung von Passersatzpapieren.[277]
- **Falschangaben** gegenüber den **Heimatstaatbehörden**,[278] weil der Wortlaut der „Verweigerung" weit ist.
- **Nicht erfasst** sind Fälle identitätsbezogener **Falschangaben** gegenüber **deutschen Behörden**, da §§ 60 Abs. 3a Nr. 1, Abs. 3b Nr. 1 AufenthG hierfür Spezialvorschriften darstellen. Dabei können gesetzliche Mitwirkungshandlungen nur solche aus dem AufenthG sein; daher fallen falsche Angaben zB gegenüber Gerichten in Strafsachen nicht darunter.
- **Nicht erfasst** ist die **Vernichtung** von **Identitätsdokumenten** auf dem Reiseweg oder bei Ankunft, da sie nicht **nach hinreichender Belehrung** erfolgt ist.
- **Nicht erfasst** sind Verstöße in der **Vergangenheit** (zB jahrelange Mitwirkungsverweigerung), wenn der Ausländer **aktuell** an der Ausstellung von Dokumenten **hinreichend mitwirkt.**[279]

ff) Räumliche Beschränkung, Auflage (Nr. 6)

96 Für Fluchtgefahr spricht gem. § 62 Abs. 3b Nr. 6 AufenthG, wenn der Ausländer nach Ablauf der Ausreisepflicht gegen bestimmte **räumliche Beschränkungen** (§ 61 Abs. 1a bis 1c AufenthG) oder eine **Auflage** (§ 61 Abs. 1e AufenthG) verstoßen hat. Dabei gilt das Erfordernis der **wiederholten Pflichtverletzung** für beide Varianten.[280] Die in Frage kommenden Pflichten sind *abschließend* aufgezählt:

- gesetzliche **räumliche Beschränkung** auf das Gebiet eines **Bundeslandes** (§ 61 Abs. 1 S. 1 AufenthG), die ab der vollziehbaren Ausreisepflicht greift; sie erlischt, sobald sich der Ausländer seit drei Monaten ununterbrochen erlaubt, geduldet oder gestattet aufhält (§ 61 Abs. 1b AufenthG),

---

273 Vgl. BGH Beschl. v. 13.9.2018 – V ZB 151/17 – Asylmagazin 2018, 459 – juris-Rn. 6 zum früheren Recht.
274 *Marx* AufenthaltsR-HdB § 8 Rn. 36.
275 AG Paderborn Beschl. v. 19.10.2021 – 11 XIV(B) 168/21 – juris-Rn. 8; Vgl. zum Gesichtspunkt des fairen Verfahrens BGH Beschl. v. 14.1.2016 – V ZB 178/14 – InfAuslR 2016, 234 – juris-Rn. 9.
276 BGH Beschl. v. 19.1.2017 – V ZB 99/16 – NVwZ 2017, 732 – juris-Rn. 13.
277 LG Gießen Beschl. v. 17.7.2017 – 7 T 100/17 – juris-Rn. 14.
278 Vgl. zur Botschaftsvorführung LG Paderborn Beschl. v. 17.11.2017 – 5 T 344/17 – juris-Rn. 32.
279 LG Nürnberg-Fürth Beschl. v. 2.6.2017 – 18 T 3423/17 – GSZ 2018, 81 – juris-Rn. 28.
280 BT-Drs. 19/10047, S. 43.

- durch Verwaltungsakt angeordnete **räumliche Beschränkung** auf den **Zuständigkeitsbereich** (Bezirk) einer konkreten Ausländerbehörde im Falle einer **Duldung** (§ 61 Abs. 1a AufenthG); auch sie erlischt unter den Voraussetzungen des § 61 Abs. 1b AufenthG (s. voriges Beispiel),
- durch Verwaltungsakt angeordnete **räumliche Beschränkung** auf den **Zuständigkeitsbereich** (Bezirk) einer konkreten Ausländerbehörde wegen **vorsätzlicher Falschangaben** (§ 61 Abs. 1c S. 2 AufenthG),
- durch Verwaltungsakt angeordnete **räumliche Beschränkung** wegen **konkret bevorstehender Abschiebungsmaßnahmen** (§ 61 Abs. 1c S. 1 Nr. 3, S. 2 AufenthG), oder
- durch Verwaltungsakt angeordnete **Auflage** wegen **konkret bevorstehender Abschiebungsmaßnahmen** (§ 61 Abs. 1e AufenthG); dies erfasst die Auflage, in einer **Ausreiseeinrichtung** zu wohnen, aber auch **Meldeauflagen**[281] und selbst Sparauflagen für Rückreisekosten u.dgl.[282]

Entsprechende **Verwaltungsakte** sind haftgerichtlich ohne inhaltliche Prüfung zugrunde zu legen. *Räumliche Beschränkungen* nach § 61 Abs. 1 bis 1c AufenthG sind jedoch wegen aufschiebender Wirkung suspendiert, soweit ein Rechtsmittelverfahren läuft; anders indes die *Auflagen* nach § 61 Abs. 1e AufenthG, gegen die Rechtsmittel gem. § 84 Abs. 1 S. 1 Nr. 2, 2a AufenthG keine aufschiebende Wirkung haben. Soweit Auflagen (zT erheblich) *rechtswidrig* sind,[283] sind sie regelmäßig gleichwohl wirksam (§ 44 Abs. 1 VwVfGe). Indes kann dann ein Verstoß in der Gesamtwürdigung keine Fluchtgefahr begründen bzw. Haft ist wegen des Übermaßverbotes unangemessen; dies kann auch bei erkennbar kurzfristigen bloßen Besuchen jenseits des Bereiches anzunehmen sein.[284] 97

Der **wiederholte Verstoß** erfordert mindestens *zwei Fälle*, die nach dem Wortlaut beide **nach Ablauf der Ausreisefrist** stattgefunden haben müssen. Wurde (noch) keine Frist gesetzt, fehlt es daran; die Fristsetzung ist Teil der Vollstreckung, mit der Abschiebungsandrohung zu verbinden (§ 59 Abs. 1 S. 1 AufenthG) sowie *zuzustellen* (§ 13 Abs. 7 S. 1 VwVGe). Inwiefern dies geschehen ist, muss der Haftantrag genauso darlegen, wie die Wirksamkeit der Beschränkungs- bzw. Auflagenbescheide oder das Entstehen der gesetzlichen Beschränkung. 98

Eine **Belehrung** über die Inhaftierung als eine Folge der Pflichtverletzung sieht die Norm nicht vor. Folgt aber nach der Rechtsprechung des BGH schon die „Pflicht zur Erteilung des Hinweises aus dem Gebot eines fairen Verfahrens“,[285] ergibt sich das Erfordernis einer *Belehrung in verständlicher Sprache* durch die **analoge Anwendung** der Regelung des § 62 Abs. 3b Nr. 5 AufenthG, zumal die Frage im gesamten Gesetzgebungsverfahren nicht diskutiert wurde;[286] die Belehrung wird mindestens vor dem zweiten Verstoß nötig sein und ist auch im Haftantrag darzulegen. Sieht man derlei 99

281 ZG *Gordzielik* in Huber/Mantel AufenthG § 61 Rn. 28 ff.
282 *Dollinger* in Bergmann/Dienelt AufenthG § 61 Rn. 31 mwN.
283 Vgl. OVG Lüneburg Beschl. v. 7.12.2010 – 8 PA 257/10 – juris-Rn. 9: „Sanktionscharakter … rein schikanös“.
284 *Marx* AufenthaltsR-HdB § 8 Rn. 40.
285 BGH Beschl. v. 14.1.2016 – V ZB 178/14 – InfAuslR 2016, 234 – juris-Rn. 9.
286 Vgl. BR-Drs. 179/19, BT-Drs. 19/10047 und 19/10706.

anders,[287] wird ohne Belehrung jedenfalls der Verstoß kaum Indizwirkung für Fluchtgefahr entfalten können.

gg) Overstayer nach erlaubter Einreise (Nr. 7)

100 Für Fluchtgefahr spricht gem. § 62 Abs. 3b Nr. 7 AufenthG, wenn der Ausländer nach erlaubter Einreise und nachfolgendem Entstehen der vollziehbaren Ausreisepflicht dem behördlichen Zugriff entzogen ist, weil er **keinen gewöhnlichen Aufenthaltsort** hat.[288] Damit erfasst die Norm Ausländer, die *legal* (nicht, auch nicht analog: *unerlaubt*[289]) eingereist sind, aber deren Aufenthaltstitel abgelaufen ist oder die zB nach Ablauf von 90 Tagen visumspflichtig geworden sind (sog. „Overstayer").[290]

101 Der Wortlaut indiziert, dass es auf die rein **objektive Zugriffsmöglichkeit** ankommt; eine subjektive Entziehungsabsicht ist nicht erforderlich („entzogen *ist*"). Im Übrigen ist die Norm nach ihrem systematischen Zusammenhang **gestuft**: *Zunächst* genügt eine **postalische Erreichbarkeit**, soweit die Ausreisepflicht von Overstayern *vollziehbar*, aber noch nicht *vollstreckbar* ist, da es noch an einer Abschiebungsandrohung mit Fristsetzung (§ 59 AufenthG) fehlt. Eine Adresse von zB *Obdachlosenunterkünften*, in denen die Post abgeholt wird, oder von *Bevollmächtigten* genügt in diesem Verfahrensstadium (anders als bei § 62 Abs. 3a Nr. 3 AufenthG). Erst *anschließend* ist eine **faktische Erreichbarkeit** auch für Zwangsmaßnahmen erforderlich; in diesen Fällen erfasst Abs. 3b Nr. 7 das Verhalten bei gänzlich *fehlendem* Aufenthaltsort (Indizwirkung) und Abs. 3a Nr. 3 bei *Wechsel* des Aufenthaltsortes nach Belehrung (Vermutungswirkung).

102 Ein hinreichender **Aufenthaltsort** ist der, an dem sich der Ausländer **überwiegend aufhält**. Das kann ein Wohnsitz oder ein Ort sein, an dem er sich freiwillig ständig oder längere Zeit, obschon ggf. nicht ununterbrochen, aufhält (→ Kap. 12 Rn. 11 ff.). Ist ein solcher objektiv vorhanden, wenn auch der Behörde unbekannt, fehlt der Tatbestand. Die Behörde muss im Haftantrag darlegen, dass sie ihrer Amtsermittlungspflicht (§ 24 VwVfGe) genügt und mit Meldeanfrage und Hausermittlungen an der letzten bekannten Anschrift (soweit nicht von vornherein aussichtslos) vergeblich ermittelt hat.

103 Eine vorherige **Belehrung** ist nach der Norm nicht erforderlich.[291] Denkbar ist zwar, dies über eine Analogie zu § 11 Abs. 9 S. 3 AufenthG zu begründen;[292] allerdings dürfte die Interessenlage nicht vergleichbar sein, weil im Falle der *Overstayer* gerade noch *kein* Kontakt bzw. voriger Bescheid durch die Ausländerbehörde erforderlich ist, im Rahmen dessen belehrt worden sein könnte. Die entsprechende Frage sollte daher eher bei der Würdigung des Gewichtes des Tatbestandes für die Fluchtgefahr in der Gesamtwürdigung berücksichtigt werden. Dies gilt auch für den **Grund** der Nichtmeldung bei der

---

287 *Grotkopp* Abschiebungshaft Rn. 102.

288 AA *Grotkopp* Abschiebungshaft Rn. 104, der die Norm als insgesamt zu vage sieht und damit „in der vorliegenden Form nicht ausreichen" lässt, um Fluchtgefahr zu begründen.

289 BGH Beschl. v. 18.7.2023 – XIII ZB 29/20 – juris-Rn. 12 f.

290 BT-Drs. 19/10047, S. 43.

291 LG Wuppertal Beschl. v. 17.4.2020 – 9 T 41/20 – juris-Rn. 57 – aber (aus anderen Gründen) aufgehoben von BGH Beschl. v. 31.8.2021 – XIII ZB 35/20 – juris.

292 *Schmidt-Räntsch*, Vortrag „Abschiebungshaft", JAK NRW 24.9.2019.

Ausländerbehörde, zB Krankheit oder erkennbar fehlende Fluchtintention aufgrund falscher Berechnung der 90-Tage-Frist.[293]

2. Unerlaubte Einreise

Ein Haftgrund ergibt sich aus § 62 Abs. 3 S. 1 Nr. 2 AufenthG, wenn der Ausländer aufgrund einer **unerlaubten Einreise** vollziehbar ausreisepflichtig ist. Wann eine unerlaubte Einreise vorliegt, richtet sich nach **§ 14 AufenthG** (→ Rn. 26 ff.) bzw. für Unions- und EWR-Bürger aus **§ 7 Abs. 2 FreizügG/EU** (→ Rn. 26). Wann die daraus resultierende Ausreisepflicht vollziehbar ist, bemisst sich nach §§ 50, 58 AufenthG (→ Rn. 5 ff., 40 ff.). 104

Der Wortlaut der Norm zeigt eine **Kausalverknüpfung**: Danach muss die vollziehbare Ausreisepflicht *auf der unerlaubten Einreise basieren*, also seit dieser ununterbrochen fortbestehen.[294] Daran fehlt es, wenn der Ausländer zwischen Einreise und Haftentscheidung (und sei es auch kurzfristig) nicht vollziehbar ausreisepflichtig war. 105

Insbesondere ein zwischenzeitlich gestellter **Asylantrag** lässt, soweit er die **Aufenthaltsgestattung** nach § 55 AsylG ausgelöst hat (→ Rn. 9 ff.), diese Fortwirkung entfallen.[295] Ergeben sich aus dem Vorbringen des Ausländers oder der Akte Anhaltspunkte hierfür, hat das Haftgericht dem nachzugehen.[296] Eine **Duldung** hindert die Kausalität hingegen nicht, da sie die vollziehbare Ausreisepflicht nicht entfallen lässt, sondern nur einen zeitweisen Vollstreckungsverzicht begründet (§ 60a Abs. 3 AufenthG).[297] 106

Die Voraussetzungen der unerlaubten Einreise muss das **Haftgericht selbst positiv feststellen.**[298] Insofern kann in der Entscheidung zum Haftgrund auf die Darlegungen zur vollziehbaren Ausreisepflicht verwiesen werden („Stoffgleichheit"[299]). Soweit die Ausländerbehörde wegen unerlaubter Einreise einen *bestandskräftigen* Abschiebungs- bzw. Zurückschiebungsbescheid erlassen hat, darf dieser inhaltlich ungeprüft zugrunde gelegt werden.[300] 107

Ausnahmsweise kann gem. § 62 Abs. 3 S. 2 AufenthG von der Haftanordnung abgesehen werden, wenn der Ausländer **glaubhaft** macht, dass er sich der Abschiebung **nicht entziehen** will. Glaubhaftmachung meint keine solche gem. § 294 ZPO.[301] Vielmehr kommt es auf die Glaubwürdigkeit des Ausländers und die Glaubhaftigkeit seines Vorbringens an,[302] die aufgrund persönlicher Anhörung haftgerichtlich zu beurteilen 108

293 *Marx* AufenthaltsR-HdB § 8 Rn. 42.
294 BGH Beschl. v. 28.10.2010 – V ZB 210/10 – InfAuslR 2011, 71 – juris-Rn. 19.
295 StRspr BGH Beschl. v. 21.9.2021 – XIII ZB 140/19 – juris-Rn. 19; Beschl. v. 10.1.2019 – V ZB 159/17 – juris-Rn. 19; Beschl. v. 20.12.2018 – V ZB 80/17 – NVwZ-RR 2019, 662 – juris-Rn. 10; Beschl. v. 28.10.2010 – V ZB 210/10 – InfAuslR 2011, 71 – juris-Rn. 19.
296 BGH Beschl. v. 14.10.2010 – V ZB 78/10 – NVwZ 2011, 574 – juris-Rn. 18; Beschl. v. 25.2.2010 – V ZB 172/09 – NVwZ 2010, 726 – juris-Rn. 20.
297 BGH Beschl. v. 12.5.2011 – V ZB 309/10 – juris-Rn. 13.
298 BGH Beschl. v. 16.12.2009 – V ZB 148/09 – InfAuslR 2010, 118 – juris-Rn. 7; BVerfG Beschl. v. 21.5.1987 – 2 BvR 800/84 – NJW 1987, 3076 – juris- Rn. 10.
299 *Winkelmann* in Bergmann/Dienelt 2. Aufl. 2018 AufenthG § 62 Rn. 58.
300 BGH Beschl. v. 16.12.2009 – V ZB 148/09 – InfAuslR 2010, 118 – juris-Rn. 7; Beschl. v. 6.5.2010 – V ZB 193/09 – InfAuslR 2010, 361 – juris-Rn. 19.
301 *Bergmann/Putzar-Sattler* in Huber/Mantel AufenthG § 62 Rn. 19.
302 BGH Beschl. v. 8.4.2010 – V ZB 51/10 – juris-Rn. 19.

ist.[303] Entgegen dem Wortlaut muss der Bezugspunkt nicht die Abschiebung selbst, sondern kann (als weniger rechtsbeeinträchtigendes Mittel) die freiwillige Ausreise sein. Denkbar sind zB ein bereits gebuchtes (Rück-)Flugticket, eine Sicherheitsleistung bei bestehender Leistungsfähigkeit oder sonst ersichtliche (Rück-)Reisebemühungen wie Kündigungen von Wohnung und Arbeitsverhältnis oder dergleichen. Eine glaubhaft gemachte Ausreiseabsicht kann aber nicht genügen, wenn sie ggü. dem Zielstaat eine *unerlaubte Einreise* bedingen würde,[304] da ein Ausreiseerfolg wegen Grenzkontrollen dann nicht zu erwarten ist; im unkontrollierten EU-Mitglieds- bzw. Schengen-Raum kann eine unerlaubte Einreise in den Zielstaat die Ausreisepflicht ohnehin nicht erfüllen (§ 50 Abs. 3 S. 1 AufenthG).

3. Abschiebungsanordnung (§ 58a AufenthG)

109 Ein letzter Haftgrund ergibt sich aus § 62 Abs. 3 S. 1 Nr. 3 AufenthG, wenn eine **Abschiebungsanordnung** nach § 58a AufenthG (**Gefährder** → Kap. 4 Rn. 7 f.) ergangen ist, diese aber nicht unmittelbar vollzogen werden kann.

110 Da die Anordnung ohne Abschiebungsandrohung **sofort vollziehbar** ist (§ 58a Abs. 1 S. 2 AufenthG), ist lediglich die wirksame *Bekanntgabe* (§ 41 VwVfGe) entscheidend; eine Zustellung (§ 41 Abs. 5 VwVfGe iVm VwZGe) ist zulässig, aber nicht zwingend.[305] Das Bestehen einer entsprechenden Anordnung nach § 58a AufenthG hat das Haftgericht ohne Prüfung von deren inhaltlichen Voraussetzungen zugrunde zu legen; inhaltliche Fragen sind allein dem Bundesverwaltungsgericht (§ 50 Abs. 1 Nr. 3 VwGO) zur Prüfung zugewiesen.[306]

111 Die Anordnung muss **nicht unmittelbar vollzogen** werden können, was *faktisch* alle Verzögerungen meint, die der direkten Verbringung ins Ausland vorausgehen. Dies betrifft ua Fälle, in denen aktuell noch Abschiebungsverbote (§§ 58a Abs. 3, 60 AufenthG) bestehen, das Aufnahmeland noch Unterlagen (zB *Zusicherungen*) bereitstellen muss[307] oder derzeit ein *einstweiliges Rechtsschutzverfahren* (§ 58a Abs. 4 S. 3 AufenthG) läuft.[308] Soweit nach Abschluss dessen noch weitere Zeit (ua für Passersatzbeschaffung, Flugbuchung oder Organisation der Sicherheitsbegleitung) benötigt wird, ist auch das Hindernis für den unmittelbaren Vollzug iSd Norm. Eine Begrenzung auf lediglich kurzfristige Abschiebungsverbote[309] ist aufgrund des systematischen Zusammenhanges mit § 62 Abs. 4 S. 3 AufenthG nicht geboten.

112 Weitere Erfordernisse für den Haftgrund bestehen nicht, insbesondere bedarf es *keiner gesonderten* haftgerichtlichen **Feststellung von Fluchtgefahr** über das Bestehen der Tatbestandsvoraussetzungen hinaus.[310] Die Norm ist insofern ein (europarechtlich zulässiger) **typisierter Fall** von *Fluchtgefahr* iSd Art. 15 Abs. 1 UAbs. 1 lit. b) Rückführungs-

303 BGH EuGH-Vorlage vom 11.7.2013 – V ZB 144/12 – NVwZ 2014, 167 – juris-Rn. 19.
304 AA BGH Beschl. v. 17.6.2010 – V ZB 13/10 – juris-Rn. 26; OLG Schleswig Beschl. v. 10.11.2005 – 2 W 187/05 – SchlHA 2006, 403 – juris-Rn. 5.
305 *Möller* in NK-AuslR AufenthG § 58a Rn. 38.
306 BGH Beschl. v. 21.12.2017 – V ZB 249/17 – InfAuslR 2018, 99 – juris-Rn. 11.
307 BGH Beschl. v. 20.5.2020 – XIII ZB 10/19 – juris-Rn. 17 f.
308 BGH Beschl. v. 15.12.2020 – XIII ZB 7/19 – juris-Rn. 6; Beschl. v. 6.10.2020 – XIII ZB 13/20 – juris-Rn. 2, 6 ff.
309 So aber *Keßler* in NK-AuslR AufenthG § 62 Rn. 44.
310 BGH Beschl. v. 15.12.2020 – XIII ZB 7/19 – juris-Rn. 6; Beschl. v. 6.10.2020 – XIII ZB 13/20 – juris-Rn. 2, 6 ff.

richtlinie.[311] Daher ist sie auch keine unzulässige „Präventivhaft",[312] zumal Zweck der Freiheitsentziehung nicht die Abwehr künftiger Gewalttaten, sondern Sicherung des Abschiebungsverfahrens von Gefährdern ist.

III. Durchführbarkeit der Abschiebung

Haft darf nur angeordnet werden, wenn die Abschiebung, deren Vollzug sie sichern soll, überhaupt und innerhalb der Haftfrist durchgeführt werden kann. Da die Abschiebungshaft **Zeitbeschränkungen** unterliegt, ist eine haftgerichtliche Prognose über die fristgemäße Durchführbarkeit erforderlich. Auch, soweit **Beteiligungserfordernisse** der Staatsanwaltschaft zu beachten sind, kann dies einer Haftanordnung entgegenstehen. 113

1. Haftdauer und Abschiebungshindernisse

Die Sicherungshaft ist **zeitlich begrenzt.** Die Abschiebung muss, was aus § 62 Abs. 1 S. 2 AufenthG und dem Übermaßverbot folgt, innerhalb des *kürzestmöglichen Zeitraumes*[313] stattfinden. Daher ist haftgerichtlich eine **Prognose** der konkreten Durchführbarkeit der Abschiebung innerhalb der Haftzeit erforderlich. Dies ist immer und unabhängig davon der Fall, ob die Haft für wenige Wochen oder viele Monate angeordnet wird.[314] Der maßgebliche Haftzeitraum ist die *beantragte Dauer*, weil das Gericht über diesen Antrag nicht hinausgehen darf.[315] 114

a) Stufenkonzept der Haftdauer

Im ersten Prüfungsschritt ist daher zu bestimmen, wann die Abschiebung voraussichtlich erfolgen wird. Für die darauf bezogene **Dauer der Haft** gilt sodann das nachfolgende **Stufenkonzept.** 115

aa) Haftstufe 1 (bis zu 3 Monate)

Haft für eine Dauer von **bis zu drei Monaten** (§ 62 Abs. 3 S. 3 HS 1 AufenthG) stellt den **Regelzeitraum** dar. Sie ist grds. zulässig, es sei denn, die Abschiebung kann nicht innerhalb dieser Zeit durchgeführt werden und der Ausländer hat die Verzögerung nicht zu vertreten (oder das Beschleunigungsgebot ist verletzt → Rn. 144 ff.). Steht das fest, darf Haft nicht (auch nicht kurzzeitig oder über drei Monate hinaus) angeordnet werden, es sei denn, es liegt ein Ausnahmetatbestand für die Zweite Stufe (dazu sogleich) vor. 116

---

311 BGH Beschl. v. 6.10.2020 – XIII ZB 13/20 – juris-Rn. 10.
312 So aber wohl *Grotkopp* Abschiebungshaft Rn. 120.
313 StRpr BGH Beschl. v. 22.3.2022 – XIII ZB 17/20 – juris-Rn. 20; Beschl. v. 20.7.2021 – XIII ZB 98/19 – juris-Rn. 16; Beschl. v. 20.9.2018 – V ZB 102/16 – juris-Rn. 22.
314 BGH Beschl. v. 11.5.2011 – V ZB 265/10 – InfAuslR 2011, 302 – juris-Rn. 9.
315 OLG Brandenburg Beschl. v. 28.8.2002 – 8 Wx 32/02 – InfAuslR 2002, 478 – juris-Rn. 17.

bb) Haftstufe 2 (bis zu 6 Monate)

117 Haft über drei Monate hinaus **bis sechs Monate** (§ 62 Abs. 4 S. 1 AufenthG) stellt die Ausnahme und damit den grds. **Maximalzeitraum** dar.[316] Sie ist nur in folgenden Fällen zulässig, deren Voraussetzungen jeweils positiv festgestellt werden müssen:[317]

- Der Ausländer hat die zur Überschreitung des Regelzeitraums führenden **Verzögerungsgründe** zu **vertreten** (Umkehrschluss aus § 62 Abs. 3 S. 3 AufenthG).[318]
- Von dem Ausländer geht eine **erhebliche Gefahr** für Leib und Leben Dritter oder bedeutende Rechtsgüter der inneren Sicherheit aus (§ 62 Abs. 3 S. 4 AufenthG → Rn. 86; zur Indizwirkung[319] eines Bescheides nach § 58a AufenthG → Rn. 173).
- Der Ausländer wurde rechtskräftig wegen mindestens einer **Vorsatztat** zu einer **Freiheitsstrafe** (nicht: *Jugendstrafe*)[320] von mindestens **sechs Monaten** verurteilt (§§ 62 Abs. 3 S. 3 HS 2 iVm 54 Abs. 2 Nr. 1 AufenthG; der Verweis auf § 54 Abs. 1 Nr. 1 bis 1b AufenthG läuft insofern leer, da diese Fälle bereits von § 54 Abs. 2 Nr. 1 AufenthG umfasst sind); unerheblich ist, ob die Strafe zur Bewährung ausgesetzt wurde.[321]
- Der Ausländer kommt als Täter oder Teilnehmer eines „objektiv und subjektiv feststehen(den)" und „schuldhaft begangenen"[322] **Verstoßes gg. § 29 Abs. 1 Nr. 1 BtMG** (grds. **Betäubungsmittelhandel** inkl. strafschärfenden Regelbeispielen und Qualifikationstatbeständen,[323] nicht bloßer Besitz, § 29 Abs. 1 Nr. 3 BtMG) in Betracht, auch als *Versuch* (§§ 62 Abs. 3 S. 3 HS 2 iVm 54 Abs. 2 Nr. 3 AufenthG). Dies greift bereits *vor* rechtskräftiger Verurteilung, solange vrsl. *kein Jugendstrafrecht* Anwendung findet.[324] Dieser Tatbestand soll, da es sich um eine ordnungsrechtliche Maßnahme handelt, mit der Unschuldsvermutung vereinbar sein;[325] er dürfte aber wegen des Wortlautes „vorliegt" und „verwirklicht", og Zitates des Gesetzgebers und der erheblich freiheitsbeschränkenden Wirkung des § 62 Abs. 3 S. 3 HS 2 AufenthG *dringenden Tatverdacht* (dh hohe Begehungswahrscheinlichkeit, vgl. § 112 StPO) erfordern. Zwar erfasst der Tatbestand auch zB gem. §§ 153, 153a, 154, 154f, 205 StPO[326] oder § 31a BtMG[327] eingestellte Verfahren. Solange aber **keine rechtskräftige Verurteilung** (unabhängig von der verhängten Strafe) vorliegt, dürfte er praktisch leer laufen: Die Beurteilung dringenden Tatverdachtes ist ohne Vorlage der Ermittlungsakte – über welche die Ausländerbehörde zum Zeitpunkt der Haftantragstellung regelmäßig nicht verfügt – praktisch regelhaft[328] ausgeschlossen. Auch eine wg. § 54 Abs. 2 Nr. 3 AufenthG erfolgte (ggf. bestandskräftige) **Ausweisung** dürfte die haftgerichtliche Prüfung nicht

316 BGH Beschl. v. 17.5.2018 – V ZB 54/17 – InfAuslR 2018, 339 – juris-Rn. 7.
317 Vgl. BGH Beschl. v. 25.10.2022 – XIII ZB 44/20 – juris-Rn. 15.
318 BGH Beschl. v. 2.6.2016 – V ZB 26/16 – juris-Rn. 9 f.; Beschl. v. 9.2.2012 – V ZB 305/10 – juris-Rn. 27.
319 LG Bremen Beschl. v. 15.9.2017 – 10 T 488/17 – juris-Rn. 50 ff.
320 BT-Drs. 20/3717, S. 43.
321 BT-Drs. 20/3717, S. 43.
322 BT-Drs. 20/3717, S. 43.
323 *Bauer* in Bergmann/Dienelt AufenthG § 54 Rn. 72; VG Düsseldorf Urt. v. 8.11.2017 – 8 K 7562/16 – juris-Rn. 44.
324 BT-Drs. 20/3717, S. 43.
325 Zu § 54 Abs. 2 Nr. 3 AufenthG BVerfG Beschl. v. 5.3.2001 – 2 BvR 2450/99 – NVwZ 2001, Beilage I 6, 58 – juris-Rn. 2; BVerwG Urt. v. 17.6.1998 – 1 C 27.96 – NVwZ 1999, 775 – juris-Rn. 30.
326 *Bauer* in Bergmann/Dienelt AufenthG § 54 Rn. 71.
327 Zu § 54 Abs. 2 Nr. 3 AufenthG VG Karlsruhe Urt. v. 9.1.2023 – 1 K 4351/21 – juris-Rn. 57; insofern wäre die Anwendung des § 62 Abs. 3 S. 3 HS 2 AufenthG aber unverhältnismäßig (restriktive Auslegung).
328 Denkbar aber zB durch Darlegung eines im Strafverfahren erfolgten glaubhaften Geständnisses; ggf. auch einer darauf basierenden Verurteilung in erster Instanz, die noch nicht rechtskräftig ist.

determinieren, da behördliche Feststellungen in Bescheiden *keine Tatbestandswirkung* entfalten.

cc) Haftstufe 3 (bis zu 18 Monate)

Haft über sechs Monate hinaus **bis 18 Monate** (§ 62 Abs. 4 S. 2 bis 4 AufenthG) ist nur als **Verlängerung** möglich, nicht iRd Erstanordnung. Sie setzt wie im Bereich drei bis sechs Monate ein positiv festgestelltes *Vertretenmüssen* des Ausländers voraus (§ 62 Abs. 4 S. 2 AufenthG); alternativ kann verlängert werden, wenn der Haftgrund der *Abschiebungsanordnung (§ 58a AufenthG)* vorliegt und der Drittstaat das Verfahren durch schleppende Bereitstellung von Unterlagen verzögert (§ 62 Abs. 4 S. 3 AufenthG). Dabei erfasst der Wortlaut der Norm nicht nur Pass(ersatz)papiere, sondern sämtliche Schriftstücke, die zur Durchführung der Abschiebung erforderlich sind[329] (zB auch Zusicherungen des Drittstaates[330]). 118

Einzelne Verlängerungen dürfen **jeweils** nicht für mehr als **zwölf Monate** angeordnet werden und insgesamt darf die Maximaldauer von 18 Monaten (§ 62 Abs. 4 S. 4 AufenthG) nicht überschritten werden. Eine etwaige **Vorbereitungs-** oder **Mitwirkungshaft** ist dabei **anzurechnen** (§ 62 Abs. 4 S. 5, Abs. 6 S. 3 AufenthG). Auch bei zwischenzeitlicher *Freilassung* werden Haftzeiten, die auf demselben Sachverhalt beruhen, zusammengerechnet, soweit sie dieselbe Ausreisepflicht betreffen.[331] Ein (kürzeres) *Untertauchen* während der Entlassungszeit begründet noch keine rechnerische **Zäsur**,[332] dies ist erst bei *längeren Lücken* der Fall, zB bei einer Dauer von mehreren Jahren,[333] etwa aufgrund von Duldungen.[334] 119

dd) Beispielsfälle im Stufenkonzept

Folgende **Beispielsfälle** illustrieren die vorgenannten Zusammenhänge: 120

- Die **Abschiebung** soll **in zwei Monaten** erfolgen: Die beantragte Haft liegt im Regelzeitraum (0-3 Monate) und kann daher angeordnet werden, soweit die Behörde nicht das Beschleunigungsgebot verletzt hat. Die Ausnahme des § 62 Abs. 3 S. 3 AufenthG ist wg. Durchführbarkeit nicht einschlägig.
- Die **Abschiebung** soll **zunächst in zwei Monaten** erfolgen und Haft wird vom Gericht so angeordnet. Es kommt zu einer Verzögerung (ohne Verstoß gegen das Beschleunigungsgebot) und die Behörde beantragt eine **Verlängerung um einen Monat.** Die Verlängerung kann erfolgen, denn die Haft liegt weiterhin im Regelzeitraum (0-3 Monate), ohne dass die Ausnahme des § 62 Abs. 3 S. 3 AufenthG greift. Ob gleich drei Monate beschlossen werden oder der Zeitraum wg. Verzögerung durch die Verlängerung erreicht wird, ist unerheblich.
- Die **Abschiebung** soll **zunächst in zwei Monaten** erfolgen und Haft wird vom Gericht so angeordnet. Es kommt zu einer Verzögerung (ohne Verstoß gegen das Beschleunigungsgebot) und die Behörde beantragt eine **Verlängerung um zwei Mo-**

329 BT-Drs. 19/10047, S. 43.
330 BGH Beschl. v. 20.5.2020 – XIII ZB 10/19 – juris-Rn. 17 ff.
331 BGH Beschl. v. 13.2.2012 – V ZB 46/11 – juris-Rn. 13.
332 KG Berlin Beschl. v. 7.1.2000 – 25 W 10139/99 – InfAuslR 2000, 233 – juris-Rn. 7.
333 BGH Beschl. v. 20.5.2020 – XIII ZB 10/19 – juris-Rn. 14; Beschl. v. 12.11.2019 – XIII ZB 5/19 – juris-Rn. 18.
334 *Bergmann/Putzar-Sattler* in Huber/Mantel AufenthG § 62 Rn. 39.

nate. Jetzt kann die Abschiebung nicht mehr im Regelzeitraum (0-3 Monate), aber im grds. Maximalzeitraum (0-6 Monate) erfolgen, so dass ein **Vertretenmüssen** oder **Ausnahmetatbestände** (§ 62 Abs. 3 S. 3 AufenthG) oder eine **Gefährlichkeit** (§ 62 Abs. 3 S. 4 AufenthG) positiv festgestellt werden müssen; gelingt dies nicht, ist der Verlängerungsantrag abzulehnen und der Ausländer freizulassen.[335]

- Die **Abschiebung** soll **zunächst in zwei Monaten** erfolgen und Haft wird vom Gericht so angeordnet. Es kommt zu einer Verzögerung (ohne Verstoß gegen das Beschleunigungsgebot) und die Behörde beantragt eine **Verlängerung um fünf Monate.** Jetzt kann die Abschiebung weder im Regelzeitraum (0-3 Monate), noch im grds. Maximalzeitraum (0-6 Monate) erfolgen; sie unterfällt daher § 62 Abs. 4 S. 2 ff. AufenthG. Es müssen mithin ein nicht mehr durch bloße Gefährlichkeit substituierbares **Vertretenmüssen** (§ 62 Abs. 4 S. 2 AufenthG) oder eine Haft wg. **Abschiebungsanordnung** (Gefährder) bei Verzögerung durch den Drittstaat (§ 62 Abs. 4 S. 3 AufenthG) positiv festgestellt werden; gelingt dies nicht, ist der Verlängerungsantrag abzulehnen und der Ausländer freizulassen.
- Die **Abschiebungshaft** wird zunächst **rechtswidrig für vier Monate** angeordnet, obwohl die Voraussetzungen des Vertretenmüssens, der Ausnahmetatbestände oder der Gefährlichkeit (§ 62 Abs. 3 S. 3 und 4 AufenthG) nicht vorlagen. Nunmehr wird **Verlängerung um einen Monat** beantragt, weil der Ausländer durch selbstverletzendes Verhalten den für das Haftende geplanten Abschiebungstermin vereitelt hat. Die Verlängerung kann erfolgen, weil das für die Verlängerung erneut inhaltlich zu prüfende **Vertretenmüssen** (§ 62 Abs. 3 S. 3 HS 1 AufenthG) nunmehr wegen der Terminsvereitelung vorliegt.[336]
- Die **Abschiebung** kann (ohne Verstoß gegen das Beschleunigungsgebot) wg. der Beschaffung von Ersatzpapieren erst **in fünf Monaten** erfolgen; der Ausländer hatte seinen Pass zur Vereitelung dieser Maßnahme selbst vernichtet (→ Rn. 126). Die Abschiebung ist im Regelzeitraum (0-3 Monate) undurchführbar, aber der Ausländer hat dies zu **vertreten** (§ 62 Abs. 3 S. 3 HS 1 AufenthG). Die Haftdauer liegt im grds. Maximalzeitraum (0-6 Monate) und auch hierfür ist das Erfordernis des **Vertretenmüssens** erfüllt. Die Haft kann angeordnet werden.
- Der wg. erheblicher **Gewalttaten** ausgewiesene Ausländer soll, was (ohne Verstoß gegen das Beschleunigungsgebot) wg. Zusicherungsfragen des Zielstaates nicht schneller möglich ist, **in fünf Monaten** abgeschoben werden. Die Abschiebung ist damit im Regelzeitraum (0-3 Monate) undurchführbar, aber das ist unerheblich, wenn eine **Verurteilung zu mindestens 6 Monaten Freiheitsstrafe** vorliegt (§§ 62 Abs. 3 S. 3 HS 2 iVm 54 Abs. 2 Nr. 1 AufenthG) oder auch aktuell noch **weitere Gewalttaten** drohen (§ 62 Abs. 3 S. 4 AufenthG). Im grds. Maximalzeitraum (0-6 Monate) kommt es in Fällen der § 62 Abs. 3 S. 3 HS 2, S. 4 AufenthG **nicht** auf ein **Vertretenmüssen** an (an dem es hier mangeln würde).

---

335 Vgl. LG Karlsruhe Beschl. v. 28.5.2020 – 11 T 175/20 – juris-Rn. 36 ff.

336 BGH Beschl. v. 12.11.2019 – XIII ZB 5/19 – juris-Rn. 19.

ee) Fristberechnung und Bezugspunkt

Die **Fristen** beginnen mit der **ersten gerichtlichen Haftanordnung** zu laufen.[337] Auf eine (frühere vorläufige oder später erfolgende) *Festnahme* kommt es nicht an.[338] Unerheblich ist auch der (zB wg. noch zu vollstreckender Reststrafhaft als Überhaft erst spätere) *Beginn des Vollzuges* der Abschiebungshaft.[339] Auch gerichtlich kann nicht angeordnet werden, dass die Frist erst ab Ergreifung oder nach Ende zB einer Strafhaftvollstreckung läuft,[340] denn es handelt sich um ein zwingendes Fristensystem; einen Abschiebungs-„Haftbefehl" (auf Vorrat) gibt es daher nicht.[341] 121

Dabei ist zu berücksichtigen, dass sich die **Prognose** auf die konkrete **Durchführbarkeit** der **Abschiebung** im Haftzeitraum bezieht, **nicht** auf eine (ggf. erforderliche) **Verlängerung.** Ist also zum Anordnungs- oder Verlängerungszeitpunkt bereits ersichtlich, dass die Abschiebung nur unter späterer (weiterer) Verlängerung vollzogen werden kann, ist der Haftantrag *abzulehnen*; denn die Haft sichert dann nur die Entscheidung über den Verlängerungsantrag und nur *mittelbar* die Abschiebung; dies ist unzulässig.[342] Scheitert eine Abschiebung hingegen *während der Haftdauer*, kann die Haft mit Blick auf eine mögliche rechtzeitige Verlängerung beibehalten werden (§ 62 Abs. 4a AufenthG).[343] 122

b) Abschiebungshindernisse

Das Abschiebungsverfahren ist ein **Verwaltungsvollstreckungsverfahren**, so dass *vollstreckungsrechtliche Hindernisse* für die Durchführbarkeit der Abschiebung als Realakt von Bedeutung sein können. Sie können aus tatsächlicher oder rechtlicher Unmöglichkeit folgen (§ 60a Abs. 2 S. 1 AufenthG) und liegen an der **Schnittstelle** zwischen *Verwaltungs-* und *Haftrecht*. Denn zwar ist die inhaltliche Prüfung von Hindernissen Sache der Verwaltungsgerichte, das Haftgericht muss aber die *faktische Durchführbarkeit* der Abschiebung in der beantragten Haftdauer prognostizieren.[344] 123

aa) Beispiele für Hindernisse

Inwieweit Hindernisse nach dem vorgenannten Maßstab beachtlich sind, zeigen folgende **Beispielsfälle:** 124

- Ausstehende **Entscheidung über Asylfolgeantrag:** Sie hindert eine Abschiebung in einen sicheren Drittstaat nicht (§ 71 Abs. 5 S. 2 AsylG). Ist kein solcher Ziel der Abschiebung, ist die Entscheidung jedoch abzuwarten; dann muss ermittelt werden, ob innerhalb der Zeit mit einer Entscheidung des Bundesamtes für Migration und

---

337 BGH Beschl. v. 9.2.2012 – V ZB 305/10 – juris-Rn. 20; Beschl. v. 1.4.2011 – V ZB 26/11 – juris-Rn. 9.
338 BGH Beschl. v. 9.6.2011 – V ZB 26/11 – juris-Rn. 7.
339 BGH Beschl. v. 4.12.2014 – V ZB 77/14 – BGHZ 203, 323 – juris-Rn. 5; Beschl. v. 12.5.2011 – V ZB 309/10 – Rn. 15.
340 BGH Beschl. v. 9.6.2011 – V ZB 26/11 – juris-Rn. 8.
341 BGH Beschl. v. 20.10.2016 – V ZB 167/14 – juris-Rn. 13; Beschl. v. 4.12.2014 – V ZB 77/14 – BGHZ 203, 323 – juris-Rn. 6.
342 BGH Beschl. v. 21.3.2013 – V ZB 122/12 – juris-Rn. 9.
343 BGH Beschl. v. 25.10.2022 – XIII ZB 44/20 – juris-Rn. 14; Beschl. v. 19.7.2018 – V ZB 179/15 – InfAuslR 2018, 415 – juris-Rn. 21.
344 BGH Beschl. v. 11.10.2018 – V ZB 70/17 – juris-Rn. 6; Beschl. v. 10.9.2018 – V ZB 182/17 – InfAuslR 2019, 73 – juris-Rn. 6.

Flüchtlinge gerechnet werden kann.[345] Nachfrage beim Bundesamt mit entsprechender Auskunft nebst Aufnahme eines entsprechenden Vermerkes in der Akte genügen hierfür, einer Tatsachengrundlage entbehrende Vermutungen der Ausländerbehörde jedoch nicht.[346] Sobald das Bundesamt (auch als „Prognosenachricht") mitteilt, dass ein neues Asylverfahren durchgeführt wird, wird Haft unzulässig.[347]

- Ausstehende **Entscheidung durch den Petitionsausschuss:** Es ist nachzufragen, wann mit der Entscheidung zu rechnen ist; ist das innerhalb der Haftfrist der Fall, kann Hauptsachehaft angeordnet werden.[348] Andernfalls sind die Behörden vielfach durch Landesministerialerlasse verpflichtet, die Entscheidungen abzuwarten; dies ist im Haftantrag mit der dadurch entstehenden Verzögerung darzulegen. Ansonsten ist eine Petition **kein Abschiebungshindernis.**[349]
- Fehlende **Erklärung der Aufnahmebereitschaft** oder fehlende **Zusicherungen** des Zielstaates können ein zeitweiliges Abschiebungshindernis darstellen,[350] ebenso eine zögerliche Bearbeitung durch den Zielstaat.[351] Der Haftantrag hat sich hierzu zu verhalten. Fehlt die **Aufnahmebereitschaft gänzlich** (steht also fest, dass der Zielstaat den Ausländer nicht aufnehmen wird), ist Haft zur Sicherung der Abschiebung ungeeignet, nicht erforderlich und damit abzulehnen.[352]
- Fehlende **Reisedokumente**, insbes. **Pass(ersatz)**: Sie sind stets beachtlich und müssen durch Ausstellung eines Passes bzw. Passersatzpapiers beseitigt werden, wobei einige Staaten auch die Rückführung mit einer ID-Karte oder einem EU-Standardreisedokument gestatten. Inwieweit die Beschaffung innerhalb der Haftfrist möglich ist, muss der Haftantrag darlegen; insbesondere können aus (bundesweiten) Fallsammlungen der Ausländerbehörden regelmäßige Zeitrahmen für die Ausstellung von Personalersatzpapieren entnommen werden[353] oder aus zeitnahen Vergleichsfällen;[354] insofern stellt sich die Frage des Vertretenmüssens für das Nichtvorhandensein der Papiere (→ Rn. 126). Die Beschaffung darf nicht aussichtslos sein, da dann nicht mehr die Sicherung der Abschiebung im Vordergrund stünde, sondern es sich um eine unzulässige Beugehaft zur Erzwingung der Mitwirkung des Ausländers handeln würde.[355] Zum regelmäßigen Ablauf der Passbeschaffung über die Clearingstellen vgl. *Martini-Emden* jM 2017, 151 (153 ff.).
- (**Flug-**)**Reisefähigkeit** wird gem. § 60a Abs. 2c S. 1 AufenthG vermutet, regelmäßig aber auch haftärztlich festgestellt und ist damit zugrunde zu legen. Gegenteiliges wäre ein zur Duldung führendes Abschiebungshindernis, so dass es vor den Verwaltungsgerichten durch eine qualifizierte ärztliche Bescheinigung iSd Norm glaubhaft

345 BGH Beschl. v. 10.1.2019 – V ZB 159/17 – juris-Rn. 21; Beschl. v. 10.9.2018 – V ZB 182/17 – InfAuslR 2019, 73 – juris-Rn. 6; Beschl. v. 21.7.2011 – V ZB 222/10 – juris-Rn. 11.

346 BGH Beschl. v. 6.8.2020 – XIII ZB 24/19 – juris-Rn. 14.

347 BGH Beschl. v. 20.7.2021 – XIII ZB 10/21 – juris-Rn. 7.

348 BGH Beschl. v. 30.6.2011 – V ZB 40/11 – juris-Rn. 10.

349 OVG Münster Beschl. v. 24.2.2005 – 18 B 332/05 – juris-Rn. 2; Beschl. v. 21.1.2002 – 18 B 73/02 – juris-Rn. 12.

350 BGH Beschl. v. 21.12.2017 – V ZB 249/17 – InfAuslR 2018, 99 – juris-Rn. 15.

351 BGH Beschl. v. 10.6.2010 – V ZB 204/09 – NVwZ 2010, 1172 – juris-Rn. 19.

352 BGH Beschl. v. 16.6.2016 – V ZB 12/15 – InfAuslR 2016, 429 – juris-Rn. 17; Beschl. v. 17.6.2010 – V ZB 13/10 – juris-Rn. 18.

353 BGH Beschl. v. 10.6.2010 – V ZB 205/09 – juris-Rn. 10.

354 BGH Beschl. v. 6.5.2010 – V ZB 193/09 – juris-Rn. 21.

355 BGH Beschl. v. 25.2.2010 – V ZA 2/10 – juris-Rn. 15.

zu machen ist.[356] Solange ein entsprechender Rechtsschutzantrag dort nicht gestellt ist, ist nichts zu veranlassen, wenn die Behörde der Frage nachgeht und nach ihren Darlegungen eine Abschiebung gleichwohl durchgeführt werden kann;[357] ansonsten ist die Entscheidung zu prognostizieren (→ Kap. 13 Rn. 176 f., bes. 177). Bloße, durch eine **ärztliche Begleitung** lösbare Probleme hindern dabei die Durchführung nicht (zB Methadon-Substitution;[358] Sicherheitsbegleitung und ärztliche Aufsicht wg. Suizidversuchs[359]).

- **Suizidgefahr:** Sie ist nur zu berücksichtigen, wenn sie die Frage der **Haftfähigkeit** (bis zur Abschiebung → Rn. 161 ff.) betrifft; im Übrigen ist sie als potenzielles Abschiebungshindernis (Reisefähigkeit, voriges Beispiel aE) allein durch die Verwaltungsgerichte zu beurteilen.[360]
- Vorbringen, dem Ausländer **drohe Misshandlung pp.** nach der Abschiebung, betrifft die Rechtmäßigkeit der Bescheide, über die allein die Verwaltungsgerichte zu entscheiden haben.[361]
- **Familienbegründung** im Inland, insbes. durch Geburt eines Kindes mit deutscher Staatsangehörigkeit und **Schwangerschaften** können ebenfalls die Rechtmäßigkeit der behördlichen Abschiebungsentscheidung betreffen[362] und sind daher allein Sache der Verwaltungsgerichte. Anders, wenn die **Schwangerschaft** weit fortgeschritten ist und sich damit die Frage nach dem **Übermaßverbot** stellt → Rn. 157.

bb) Vertretenmüssen

Das Vertretenmüssen des Ausländers für Verzögerungsgründe muss sich auf **Umstände** beziehen, die entweder zu einem temporären *Hindernis geführt* haben oder seiner *Behebung entgegenstehen*.[363] Dafür muss eine vom **Willen des Ausländers** abhängige pflichtwidrige Handlung ursächlich für das Hindernis sein;[364] ein *aktives Verhindern* ist nicht (mehr[365]) erforderlich, auch ein *Unterlassen* genügt. Das Verhalten muss aber **kausal** sein, woran es mangelt, wenn die Abschiebung auch aus anderen Gründen in der fraglichen Zeit scheitern würde (zB wg. mangelnder Kooperation der Zielstaatsbehörden[366]). 125

Folgende **Beispiele** mögen dies illustrieren: 126

- Die **Einlegung von Rechtsmitteln** oder **Stellung von Asylanträgen** begründet kein Vertretenmüssen, da sie gem. Art. 19 Abs. 4 GG nur Wahrnehmung der durch die

356 BGH Beschl. v. 1.6.2017 – V ZB 163/15 – InfAuslR 2017, 380 – juris-Rn. 8; LG Bielefeld Beschl. v. 9.4.2021 – 23 T 423/20 – juris-Rn. 18 – aber (aus anderen Gründen) aufgehoben von BGH Beschl. v. 5.4.2022 – XIII ZB 22/21 – NVwZ-RR 2022, 883 – juris; OLG München Beschl. v. 11.5.2009 – 34 Wx 029/09 – OLGR 2009, 601 – juris-Rn. 13.
357 BGH Beschl. v. 1.6.2017 – V ZB 163/15 – InfAuslR 2017, 380 – juris-Rn. 8 und 12.
358 LG Paderborn Beschl. v. 31.1.2018 – 5 T 29/18 – juris-Rn. 33.
359 BGH Beschl. v. 14.4.2016 – V ZB 112/15 – juris-Rn. 18.
360 BGH Beschl. v. 14.4.2016 – V ZB 112/15 – juris-Rn. 16; LG Ingolstadt Beschl. v. 30.6.2020 – 31 T 320/20 – juris-Rn. 9.
361 BGH Beschl. v. 29.4.2010 – V ZB 202/09 – juris-Rn. 11.
362 OVG Berlin-Brandenburg Beschl. v. 6.6.2019 – 11 S 38.19 – juris-Rn. 5; VG Hamburg Beschl. v. 5.8.2010 – 4 E 1981/10 – juris-Rn. 33.
363 BGH Beschl. v. 19.1.2017 – V ZB 99/16 – NVwZ 2017, 737 – juris-Rn. 6; Beschl. v. 25.3.2010 – V ZA 9/10 – NVwZ 2010, 1175 – juris-Rn. 20.
364 BGH Beschl. v. 25.2.2010 – V ZA 2/10 – juris-Rn. 13.
365 BT-Drs. 19/10047, S. 43.
366 BGH Beschl. v. 19.1.2017 – V ZB 99/16 – NVwZ 2017, 737 – juris-Rn. 6.

Rechtsordnung eingeräumten subjektiven Rechte ist; dies gilt auch dann, wenn sich zB Verfahren gegen eine Abschiebungsanordnung für Gefährder (§ 58a AufenthG) länger hinziehen.[367]

- Einen **Passverlust** auf der Flucht hat der Ausländer grds. nicht zu vertreten; es sei denn, er hat ihn absichtlich vernichtet (zB über Bord geworfen[368]), unzureichend gesichert aufbewahrt[369] oder sogar weggegeben.[370]
- Die **Dauer der Passersatzbeschaffung** hat der Ausländer aber jedenfalls dann zu vertreten, wenn er ohne Pass einreist, die Beschaffung regelmäßig länger dauert und er nicht hinreichend selbst mitwirkt.[371] Dies ist nur dann anders, wenn im Zielstaat aufgrund äußerer Umstände (zB Bürgerkrieg) eine Bearbeitung auf absehbare Zeit unmöglich ist.[372]
- **Widersprüchliche Angaben** über die Identität sowie den Besitz und Verlust von Identitätsdokumenten, welche eine (zeitaufwändige) Überprüfung durch die Behörden im Zielstaat erforderlich machen.[373]
- Die **fehlende freiwillige Rückkehrbereitschaft** begründet kein Vertretenmüssen iSd Norm; denn dabei handelt es sich um den **Grund**, dass überhaupt ein Abschiebungsverfahren betrieben werden muss, nicht um ein konkretes Hindernis.[374]

cc) Duldung und verwaltungsgerichtlicher Rechtsschutz

127 Fragen von Abschiebungshindernissen ordnet das Ausländerrecht dem Institut der **Duldung** (§ 60a AufenthG) als temporärem Verzicht auf den Vollzug der Abschiebung zu. Liegen Hindernisse vor, die *nicht kurzfristig* (dh während der Haftdauer) behebbar sind, ist eine Duldung zu erteilen und die Abschiebung auszusetzen. Entsprechende Hindernisse können in Haftfällen in folgenden Varianten eine Rolle spielen.

(1) Wegfall einer Duldung

128 Erstens kann ein **Abschiebungshindernis** bestanden haben, aber **weggefallen** sein. In diesen Fällen besteht ggf. (noch) eine Duldung, welche den Vollzug der Abschiebung hindert und damit grundsätzlich der Durchführbarkeitsprognose entgegensteht. Allerdings ist sie stets **befristet**, so dass denkbar ist, dass sie während der Haftdauer **abläuft**; dann steht sie einer Haftanordnung nicht entgegen.[375] Ebenso kann sie unter **auflösender Bedingung** zB der Mitteilung eines Abschiebungstermins stehen.[376] In

367 BGH Beschl. v. 6.8.2020 – XIII ZB 8/19 – juris-Rn. 8.

368 BGH Beschl. v. 17.5.2018 – V ZB 54/17 – NVwZ-RR 2018, 710 – juris-Rn. 6, es sei denn, das Gepäck samt Pass wurde über Bord geworfen, um ein Sinken des Bootes zu verhindern.

369 BGH Beschl. v. 16.3.2017 – V ZB 61/16 – juris-Rn. 2.

370 BGH Beschl. v. 13.7.2017 – V ZB 69/17 – InfAuslR 2017, 454 – juris-Rn. 7.

371 BGH Beschl. v. 2.6.2016 – V ZB 26/16 – juris-Rn. 10; Beschl. v. 25.3.2010 – V ZA 9/10 – juris-Rn. 20.

372 BGH Beschl. v. 9.2.2012 – V ZB 305/10 – juris-Rn. 28.

373 BGH Beschl. v. 12.5.2016 – V ZB 25/16 – juris-Rn. 7.

374 BGH Beschl. v. 30.6.2011 – V ZB 261/10 – NVwZ 2011, 1535 – juris-Rn. 23; Beschl. v. 6.5.2010 – V ZB 193/09 – InfAuslR 2010, 361 – juris-Rn. 24 f.

375 OLG München Beschl. v. 14.11.2005 – 34 Wx 135/05 – OLGR München 2006, 111 – juris-Rn. 9.

376 VGH Mannheim Urt. v. 24.2.2016 – 11 S 1626/15 – InfAuslR 2016, 177 – juris-Rn. 27.

beiden Fällen erlischt sie ipso iure und ohne besondere Vorankündigungspflicht,[377] so dass sie der Durchführbarkeit prognostisch nicht entgegensteht.[378]

Im Übrigen kann die Duldung **widerrufen** werden (§ 60a Abs. 5 AufenthG), wobei der Widerruf einer Duldung mit einer Geltungsdauer von mehr als einem Jahr grds. einer **Vorankündigung** von einem Monat bedarf (§ 60a Abs. 5 S. 4 AufenthG, Ausnahme bei Täuschung oder Nichterfüllung zumutbarer Mitwirkungsanforderungen, S. 5). Eine Klage gegen den Widerruf hat, da es sich um eine *Maßnahme der Verwaltungsvollstreckung* handelt, gem. § 80 Abs. 2 S. 2 VwGO iVm VwVGe bzw. VwGO-AGe keine aufschiebende Wirkung,[379] so dass nur ein verwaltungsgerichtlicher **Eilantrag** den Widerruf suspendieren könnte. 129

(2) Angestrebte Duldung

Zweitens kann ein **Abschiebungshindernis** (nach Auffassung des Ausländers) bestehen, aber (**noch**) **keine Duldung** existieren. In diesem Fall muss der Ausländer ggf. nach negativer ausländerbehördlicher Entscheidung im Wege einstweiligen Rechtsschutzes die Duldungsvoraussetzungen geltend machen, wobei je nach Fallgestaltung die §§ 123 Abs. 1, 80 Abs. 5 VwGO in Betracht kommen;[380] die konkrete Verfahrensart ist haftgerichtlich bedeutungslos, denn für alle Varianten verwaltungsgerichtlichen Eilrechtsschutzes gilt: 130

- **Verwaltungsgerichtlicher Eilrechtsschutz (beantragt):** Ist zum Entscheidungszeitpunkt des Haftgerichts Eilrechtsschutz beim Verwaltungsgericht beantragt, so muss das Haftgericht prüfen, ob die Abschiebung gleichwohl in den nächsten drei Monaten durchgeführt werden kann (§ 62 Abs. 3 S. 3 AufenthG, allein der Rechtsschutzantrag ist kein „zu vertretendes" Hindernis). Haben die Verwaltungsgerichte eine einheitliche Spruchpraxis, dass sie stattgeben, ist die Haft wegen **zu erwartender Stattgabe** abzulehnen.[381] Dies ist zB der Fall, soweit Asylsysteme in EU-Mitgliedsstaaten wegen grundlegend defizitärer Ausstattung elementare Grundbedürfnisse (zB Nahrung, Unterkunft, medizinische Versorgung) von Asylbewerbern nicht erfüllen können und sie daher mit hoher Wahrscheinlichkeit der die Menschenwürde verletzenden Gefahr ernsthafter Armut aussetzen (sog. **„systemische Mängel"**, Art. 3 Abs. 2 UAbs. 2 und 3 Dublin-III-Verordnung).[382] Die Einheitlichkeit der Spruchpraxis ist je nach zuständigem Verwaltungsgericht zu beurteilen. Sie ist im Zuständigkeitsbereich größerer Verwaltungsgerichte praktisch selten, zumal sich die Bedingungen binnen weniger Monate ändern können und die Frage von verschiedenen Kammern für bestimmte Personengruppen (zB Kranke, Kinder, etc) oftmals unterschiedlich entschieden wird. Selbst eine vollständige Juris-Recherche ist mangels Vollständigkeit

377 OVG Lüneburg Beschl. v. 11.1.2019 – 13 ME 220/18 – InfAuslR 2019, 145 – juris-Rn. 11; aA zB VGH München Beschl. v. 16.2.2015 – 10 C 14.1183 – juris-Rn. 24.

378 BGH Beschl. v. 22.7.2010 – V ZB 29/10 – InfAuslR 2011, 27 – juris-Rn. 14.

379 VG Düsseldorf Beschl. v. 9.11.2017 – 22 L 5379/17 – juris-Rn. 4; VG Oldenburg Beschl. v. 2.2.2015 – 11 B 676/15 – juris-Rn. 2.

380 Vgl. zur Abgrenzung zB OVG Lüneburg Beschl. v. 29.3.2019 – 13 ME 519/18 – InfAuslR 2019, 252 – juris-Rn. 9.

381 BGH Beschl. v. 24.6.2020 – XIII ZB 20/19 – juris-Rn. 13; Beschl. v. 20.9.2017 – V ZB 118/17 – InfAuslR 2018, 96 – juris-Rn. 18; Beschl. v. 21.10.2010 – V ZB 96/10 – juris-Rn. 16.

382 Grundlegend nunmehr EuGH Urt. v. 19.3.2019 – C-163/17 – InfAuslR 2019, 236 – Jawo; Urt. v. 19.3.2019 – C-297/17 ua – Asylmagazin 2019, 195 – Ibrahim.

und wegen der Zeit bis zum Einstellen von Entscheidungen nur ein Anhaltspunkt. Praktisch werden regelmäßig allenfalls dienstliche Erkenntnisse aus übrigen Verfahren das notwendige Bild ergeben. Besteht keine Einheitlichkeit, ist eine **Mitteilung** an das und **Nachfrage** beim Verwaltungsgericht erforderlich.[383] Es ist dann grds. nur eine **einstweilige Entscheidung** gem. § 427 FamFG zu treffen.[384] Entscheidet das Verwaltungsgericht nicht innerhalb der einstweiligen Haftdauer sind je nach Fallkonstellation *Haftverlängerung* oder *Entscheidung in der Hauptsache* angezeigt (→ Kap. 13 Rn. 176 f., bes. 177).

- **Verwaltungsgerichtlicher Eilrechtsschutz (noch nicht beantragt):** Ist zum Entscheidungszeitpunkt des Haftgerichtes ein Eilantrag zwar möglich, aber (noch) **nicht beantragt**, so sind die behördlichen Entscheidungen ohne Weiteres zugrunde zu legen. Es kann dann in der Hauptsache entschieden werden; gegebenenfalls ist die Haft später (von Amts wegen) gem. § 426 Abs. 1 S. 1 FamFG aufzuheben, wenn ein Eilantrag gestellt und seine Stattgabe zu erwarten ist.[385] Ist eine Stattgabe nicht zu erwarten oder der Ausgang unklar, muss lediglich das Verwaltungsgericht um laufende Mitteilung zum Verfahren gebeten werden, um auf eine ggf. stattgebende Entscheidung reagieren zu können. Mehr ist nicht zu veranlassen.

131 Hat das Verwaltungsgericht eine (ausländergünstige) **Eilentscheidung getroffen** und zB die Ausländerbehörde zur Erteilung einer Duldung verpflichtet, wird die **Prognose** der Durchführbarkeit der Abschiebung (trotz der Möglichkeit der Beschwerde gem. § 146 VwGO) regelmäßig **negativ** ausfallen. Etwas anderes ist nur denkbar, soweit sich das Gericht auf einen *behebbaren Fehler* (wie zB falscher, aber ohne Weiteres korrigierbarer Zielstaatbestimmung) bezieht und die Behörde mittels Bescheiderlass und *Abänderungsantrag* (§ 80 Abs. 7 VwGO) die Aufhebung der Verwaltungsgerichtsanordnung erreichen kann.[386] Dies ist aber ein äußerst seltener Ausnahmefall.

2. Strafrechtliche Ermittlungsverfahren

132 Werden gegen den Ausländer **strafrechtliche Ermittlungsverfahren** geführt, darf eine Abschiebung grds. nur im **Einvernehmen** mit der Staatsanwaltschaft erfolgen, § 72 Abs. 4 AufenthG. Dabei greift dieses Erfordernis bereits ab der *polizeilichen Einleitung* des Ermittlungsverfahrens, also unabhängig davon, ob die Staatsanwaltschaft davon bereits Kenntnis hat.[387]

133 Die Norm sichert das öffentliche Strafverfolgungsinteresse. Auch vorläufig **eingestellte Verfahren** (zB gem. §§ 153a, 154f,[388] 205 StPO) lösen daher das Beteiligungserfordernis aus, soweit die Staatsanwaltschaft nicht (zB durch vorläufige Einstellung gem. § 154 StPO) zum Ausdruck gebracht hat, dass im Einzelfall *kein Strafverfolgungsinteresse* besteht.[389] Mit **rechtskräftigem Abschluss** des Verfahrens ist die Norm nicht mehr

383 BGH Beschl. v. 1.6.2017 – V ZB 163/15 – InfAuslR 2017, 380 – juris-Rn. 8; Beschl. v. 25.2.2010 – V ZB 172/09 – NVwZ 2000, 726 – juris-Rn. 24.
384 BVerfG Beschl. v. 27.2.2009 – 2 BvR 538/07 – NJW 2009, 2659 – juris-Rn. 26.
385 BGH Beschl. v. 20.9.2017 – V ZB 118/17 – juris-Rn. 18.
386 BGH Beschl. v. 9.6.2011 – V ZB 26/11 – juris-Rn. 7 f.
387 BGH Beschl. v. 3.2.2011 – V ZB 224/10 – NVwZ 2011, 767 – juris-Rn. 10.
388 BGH Beschl. v. 13.9.2018 – V ZB 231/17 – InfAuslR 2018, 418 – juris-Rn. 5.
389 BGH Beschl. v. 6.8.2020 – XIII ZB 31/20 – InfAuslR 2021, 72 – juris-Rn. 15.

einschlägig,[390] da sie nicht die Strafvollstreckung sichert. Freilich kommt eine Abschiebung aus *Vollstreckungshaft* nur in Betracht, soweit die Staatsanwaltschaft gem. § 456a StPO von der weiteren Vollstreckung absieht.

Bestimmte **Taten** sind vom Erfordernis eines Einvernehmens **ausgenommen**, in diesen Fällen muss also auch keines eingeholt werden (kann es jedoch, was nicht schadet). Ein Zusammenhang der Taten mit dem unerlaubten Aufenthalt ist dabei nicht (mehr[391]) erforderlich. Dies betrifft die nachfolgend genannten Delikte, es sei denn, sie sind durch verschiedene Handlungen *mehrfach verletzt* worden (Tatmehrheit, § 53 StGB) oder es wurde ein *Strafantrag*[392] gestellt (§ 72 Abs. 4 S. 5 AufenthG, der mit dieser Einschränkung bei Drucklegung Gegenstand der politischen Diskussion[393] war; für ggf. erfolgende *Änderungen der Rechtslage* vgl. die Buch-Webseite[394]): 134

- **§ 95 AufenthG** (Verstoß gegen das Aufenthaltsgesetz),
- **§ 9 FreizügG/EU** (Verstoß gegen das Freizügigkeitsgesetz/EU),
- **§§ 113 Abs. 1, 115 StGB** (Widerstand gegen Vollstreckungsbeamte oder Gleichstehende),
- **§ 123 StGB** (Hausfriedensbruch),
- **§§ 166, 167 StGB** (Beschimpfung von Bekenntnissen, Störung der Religionsausübung),
- **§ 169 StGB** (Personenstandsfälschung),
- **§ 185 StGB** (Beleidigung),
- **§ 223 StGB** (vorsätzliche Körperverletzung),
- **§ 240 Abs. 1 StGB** (Nötigung, bei sinngemäß analoger Anwendung auch der Versuch nach Abs. 3, was der Gesetzgeber in BT-Drs. 19/10047, S. 46 übersehen hat; nicht jedoch der besonders schwere Fall nach Abs. 4),
- **§§ 242, 246, 248b StGB** (Diebstahl, Unterschlagung, unbefugter Fahrzeuggebrauch),
- **§ 263 Abs. 1, 2 und 4 StGB** (Betrug, nicht aber im besonders schweren Fall),
- **§ 265a StGB** (Erschleichen von Leistungen),
- **§ 267 Abs. 1 und 2** (Urkundenfälschung),
- **§ 271 Abs. 1, 2 und 4 StGB** (Mittelbare Falschbeurkundung),
- **§§ 273, 274, 276 Absatz 1 StGB** (Verändern von amtlichen Ausweisen, Urkundenunterdrückung und Verschaffen von falschen Ausweisen),
- **§§ 279, 281 StGB** (Gebrauch unrichtiger Gesundheitszeugnisse, Missbrauch von Ausweispapieren),
- **§ 303 StGB** (Sachbeschädigung),
- **§ 21 StVG** (Fahren ohne Fahrerlaubnis) und
- **§ 6 PflVersG** (Fahrzeuggebrauch ohne Haftpflichtversicherung).

390 BGH Beschl. v. 12.3.2015 – V ZB 197/14 – InfAuslR 2015, 343 – juris-Rn. 5.
391 BT-Drs. 19/10047, S. 46.
392 Nach dem Zweck der Vorschrift zur Sicherung des staatlichen (nicht: privaten) Strafanspruches wird ein Antrag nur bei Antragsdelikten von Bedeutung sein; nicht diskutiert in BT-Drs. 19/10047, S. 46 und BT-Drs. 18/5420, S. 28.
393 Diskussionsentwurf des Bundesministeriums des Innern und für Heimat zur Verbesserung der Rückführung v. 1.8.2023, www.bmi.bund.de/diskussionsentwuerfe.html (Abruf: 5.8.2023).
394 www.abschiebungshaft-buch.de.

135 Das Einvernehmen muss, soweit es erforderlich ist, durch die **Staatsanwaltschaft** (nicht ihren *Ermittlungspersonen*[395]) erteilt werden. Dies kann **formfrei** sowohl *schriftlich* als auch *(fern-)mündlich* geschehen und sowohl im **Einzelfall** als auch **generell**: Viele Generalstaatsanwaltschaften haben in einzelnen Bundesländern per Generalien-Verfügung zT für bestimmte Delikte pauschale Zustimmungen erteilt.[396] Diese sind selten praktisch hilfreich, weil zB *Wertgrenzen* in frischen Verfahren zT noch nicht bekannt sind oder die *Reichweite* gering ist (zB nur für die Ausländerbehörde des eigenen Bundeslandes).

136 Ein notwendiges Einvernehmen muss **nicht** zum **Zeitpunkt der Haftanordnung** für alle einzelnen Verfahren **vorliegen**. Die entgegenstehende frühere Rspr.[397] hat der BGH aufgegeben.[398] Da die Vorschrift kein subjektives Recht des Ausländers begründet,[399] mithin nicht zu den freiheitsschützenden Vorschriften iSd Art. 104 Abs. 1 S. 1 GG zählt, genügt eine *faktische Betrachtung*: Ergeben sich aus dem Haftantrag oder beigefügten Unterlagen laufende und nicht offensichtlich zustimmungsfreie (→ Rn. 134) Ermittlungsverfahren, steht wg. der Bindung der Behörde an § 72 Abs. 4 AufenthG zu erwarten, dass eine Abschiebung erst erfolgt, wenn Einvernehmen eingeholt sind. Dass dies erfolgt, kann (auch für eine Hauptsache-Entscheidung[400]) **prognostiziert** werden.[401]

137 Die bzgl. *erteilter Einvernehmen* oder für die *Prognose* notwendigen Angaben muss die Behörde machen. Vgl. unten zur diesbezüglichen **Darlegungslast** (→ Kap. 12 Rn. 77 f.) ebenso wie zur Frage, wie mit von der Behörde in der Ausländerakte **übersehenen Ermittlungsverfahren** umzugehen ist (→ Kap. 12 Rn. 79).

IV. Haftausschließungsgründe

138 Können die oben (→ Rn. 123 f.) benannten Umstände den **Vollzug der Abschiebung** hindern, ist auch denkbar, dass bestimmte Gründe genuin der **Haftanordnung** als solcher entgegenstehen. Denn jede Haft muss dem *Übermaßverbot* genügen, so dass immer das öffentliche Interesse am Abschiebungsvollzug mit dem Freiheitsanspruch des Ausländers in Einklang zu bringen ist.[402] Darüber hinaus darf der *Vollzug* der Haftanordnung kein (Unions-)Recht verletzen (→ Rn. 164 ff.).

1. Freiwillige Ausreisebereitschaft

139 Eine Haft ist aus grundrechtlicher Sicht **nicht erforderlich**, wenn der Ausländer **freiwillig ausreist.**[403] Diese Frage ist rechtsdogmatisch von der Gesamtwürdigung zur Annahme der Fluchtgefahr zu trennen; denn soweit diese die Frage aufwirft, ob der Aus-

395 BGH Beschl. v. 24.2.2011 – V ZB 202/10 – InfAuslR 2011, 253 – juris-Rn. 23.
396 Vgl. zB BGH Beschl. v. 31.5.2012 – V ZB 167/11 – NJW 2012, 2448 – juris-Rn. 8.
397 Vgl. zB BGH Beschl. v. BGH Beschl. v. 10.2.2011 – V ZB 49/10 – juris-Rn. 7 f.; BGH Beschl. v. 17.6.2010 – V ZB 93/10 – juris-Rn. 9.
398 BGH Beschl. v. 12.2.2020 – XIII ZB 15/19 – BGHZ 224, 344 – juris-Rn. 13 ff.
399 BVerwG Urt. v. 14.12.2016 – 1 C 11/15 – NVwZ 2017, 1064 – juris-Rn. 24 ff.
400 Zu früheren gegenteiligen Rspr. vgl. Voraufl. Rn. 155 mwN.
401 StRspr BGH Beschl. v. 5.4.2022 – XIII ZB 18/21 – juris-Rn. 1; Beschl. v. 20.7.2021 – XIII ZB 106/19 – juris-Rn. 15; Beschl. v. 12.2.2020 – XIII ZB 15/19 – BGHZ 224, 344 – juris-Rn. 13 ff.
402 BVerfG Beschl. v. 15.11.2000 – 2 BvR 347/00 – juris-Rn. 27; BGH Beschl. v. 30.6.2011 – V ZB 261/10 – NVwZ 2011, 1535 – juris-Rn. 17.
403 BGH Beschl. v. 17.6.2010 – V ZB 13/10 – juris-Rn. 26.

länder sich *gerade der Abschiebung* zur Verfügung stellen wird, ist jene auf die Klärung gerichtet, ob er *vorher freiwillig ausreisen* wird, es also gar nicht erst zur Abschiebung kommen muss. Die Gewährung dieser Möglichkeit stellt aus grundrechtlicher Sicht ein weniger rechtsbeeinträchtigendes Mittel dar,[404] zu dem sich die Behörde freilich im Antrag nicht verhalten muss.[405]

Die freiwillige Ausreise muss grds. auf den **Zielstaat** der Abschiebung, einen sonstigen **aufnahmebereiten Staat** oder einen Staat, in dem sich der Ausländer **aufhalten darf**, bezogen sein. Zwar sichert die Abschiebung ein *konkretes Vollstreckungsverfahren*, dass durch eine Ausreise in einen Drittstaat – soweit die die Abschiebung nicht ohnehin auf „Staat X oder einen anderen aufnahmebereiten Staat" gerichtet ist – im Ergebnis vereitelt werden könnte. Aus grundrechtlicher Sicht zur Haftvermeidung und der Ergebniserreichung (Verlassen des Schengen-Raumes) erscheint auch eine solche Ausreise aber gleichwohl vorzugswürdig. Anders ist dies nur, soweit die materielle Rechtslage von vornherein (ggf. nur grds.[406]) keine freiwillige Ausreise vorsieht (zB § 58a AufenthG[407]), da es sich dann um eine Frage inhaltlicher Gestaltung des Vollstreckungsverfahrens handelt, über die das Haftgericht nicht zu entscheiden hat. 140

Zur Bereitschaft freiwilliger Ausreise muss der Ausländer **angehört** werden,[408] soweit die Ausreisebereitschaft nicht bereits aufgrund der äußeren Umstände **auf der Hand liegt**. Letzteres ist insbesondere in *Grenzregionen* der Fall, in denen zB Drittstaatsangehörige aus europäischen Nachbarländern bekanntermaßen lediglich zu *Einkaufszwecken* nach Deutschland pendeln. Werden sie hier in Grenznähe festgenommen, wäre Haft bis zur Rücknahmemöglichkeit durch die Behörden des Nachbarlandes (regelmäßig am Folgetag) offensichtlich unverhältnismäßig. 141

Die **Würdigung der Angaben** des Ausländers ist haftgerichtliche Aufgabe. Zu beachten ist, dass das Abschiebungsverfahren regelmäßig erst in Gang gesetzt wird, soweit eine *Frist zur freiwilligen Ausreise* fruchtlos verstrichen ist (§ 58 Abs. 1 S. 1 AufenthG → Kap. 1 Rn. 3 ff.). Oft sind daher Erklärungen der Ausreisebereitschaft wenig glaubhaft und schon das bisherige Verhalten spricht dagegen.[409] Ohnehin genügt eine unter Bedingungen angekündigte Ausreisebereitschaft nicht.[410] Zu erwägen ist auch, ob der Ausländer über hinreichende finanzielle Mittel für die freiwillige Ausreise verfügt[411] und **konkrete Vorbereitungen** zur Ausreise getroffen hat.[412] Werden nicht gerade Pass und zB gebuchtes Flugticket vorgelegt, wird eine Entlassung zur Ermöglichung freiwilliger Ausreise zur Sicherung der Ausreise eher kein *gleich geeignet* aus Sicht des Übermaßverbotes sein (eingehend → Rn. 108). 142

404 Vgl. LG Hamburg Beschl. v. 11.1.2018 – 329 T 99/17 – juris-Rn. 11.

405 BGH Beschl. v. 30.3.2017 – V ZB 128/16 – NVwZ 2017, 185 – juris-Rn. 11.

406 Bei § 34a AsylG ausnahmsweise, wenn die Initiative vom Ausländer ausgeht und Beschaffung der nötigen Reisekosten dokumentiert ist, BVerwG Urt. v. 17.9.2015 – 1 C 26/14 – BVerwGE 153, 24 – juris-Rn. 24).

407 StRspr BVerwG Urt. v. 27.3.2018 – 1 A 4.17 – juris-Rn. 22; Beschl. v. 16.1.2018 – 1 VR 12/17 – InfAuslR 2018, 124 – juris-Rn. 14; Beschl. v. 30.8.2017 – 1 VR 5.17 – DVBl 2017, 1435 – juris-Rn. 11.

408 Vgl. EuGH Urt. v. 11.6.2015 – C-554/13 – NVwZ 2015, 280 – juris-Rn. 69.

409 Vgl. LG Arnsberg Beschl. v. 16.9.2014 – 5 T 287/14 – juris-Rn. 35.

410 LG Detmold Beschl. v. 7.11.2013 – 3 T 177/13 – juris-Rn. 17.

411 LG Münster Beschl. v. 1.6.2018 – 5 T 316/18 – juris-Rn. 39.

412 LG Hannover Beschl. v. 17.1.2018 – 8 T 4/18 – juris-Rn. 21.

2. Angemessenheit der Haft

143 In der konkreten Abwägung des Freiheitsgrundrechts (Art. 2 Abs. 2 S. 2 GG) mit dem Interesse an einer Sicherung des Ausreisevollzugs kann ersteres überwiegen. Hierzu haben sich die folgenden **Fallgruppen** herauskristallisiert.

a) Beschleunigungsgebot

144 Da das Grundrecht des Art. 2 Abs. 2 S. 2 GG (ebenso wie § 62 Abs. 1 S. 2 AufenthG) ein **Beschleunigungsgebot** aufstellt,[413] sind Behörden wie auch Gerichte verpflichtet, die Haft so kurz wie möglich zu halten. Daher muss insbesondere die Behörde die Abschiebung des Ausländers ohne vermeidbare Verzögerung mit der größtmöglichen Beschleunigung betreiben.[414] Wird hiergegen verstoßen, darf Haft aus *Gründen der Verhältnismäßigkeit* nicht (angeordnet oder) aufrechterhalten werden.[415]

145 Dieses Erfordernis betrifft sowohl **Zeiträume vor** als auch **nach der Haftanordnung**. Ersterer Aspekt ist bei der originären Haftanordnung (sowie iRd Prognose → Rn. 114) zu berücksichtigen, letzterer insbesondere bei einer *Verlängerung* oder *Rechtsmittelverfahren*.

aa) Zeitraum vor der Haftanordnung

146 Unter dem Gesichtspunkt des Übermaßverbotes ist **Haftvermeidung** ideal: So wird man verlangen müssen, dass die Behörde nach *Kenntniserlangung* von anderweitiger Inhaftierung ein *Einverständnis* (§ 72 Abs. 4 AufenthG) bei Untersuchungs- bzw. eine *Absehensentscheidung* (§ 456a StPO) bei Vollstreckungshaft erfragt,[416] um im Falle dessen Erteilung grds. eine **Abschiebung aus der Haft** vorzunehmen (wobei dies grds. erst nach Vollziehbarkeit aufenthaltsbeendender Bescheide zu verlangen ist[417]). Kommt das nicht in Betracht, muss die Haft wenigstens genutzt werden, um die notwendigen (Passersatz-)Papiere zu beschaffen,[418] die Abschiebung vorzubereiten und möglichst zum **Haftzeitende** vorzunehmen.[419] Für einen ggf. nötigen darüber hinausgehenden Teilzeitraum[420] kann (parallel) Abschiebungshaft angeordnet werden (→ Rn. 121).

147 Würde die Nichtbeachtung dieses Maßstabes aber ohne Weiteres die Unverhältnismäßigkeit der Haft begründen, wäre ein **einmal gemachter Fehler** nicht mehr korri-

413 Vgl. nur BVerfG Beschl. v. 17.1.2013 – 2 BvR 2098/12 – StV 2013, 640 – juris-Rn. 41; Beschl. v. 19.10.1977 – 2 BvR 1309/76 – BVerfGE 46, 194 – juris-Rn. 1.

414 StRspr BGH Beschl. v. 22.3.2022 – XIII ZB 17/20 – juris-Rn. 18; Beschl. v. 20.4.2021 – XIII ZB 85/20 – juris-Rn. 6 ff.; Beschl. v. 17.10.2013 – V ZB 172/12 – InfAuslR 2014, 52 – juris-Rn. 13; Beschl. v. 10.6.2010 – V ZB 204/09 – NVwZ 2010, 1172 – juris-Rn. 21.

415 BGH Beschl. v. 25.10.2022 – XIII ZB 116/19 – juris-Rn. 11; Beschl. v. 23.2.2021 – XIII ZB 113/19 – juris-Rn. 18.

416 *Hailbronner* AuslR AufenthG § 62 Rn. 386 f.; OLG Karlsruhe Beschl. v. 11.5.1998 – 11 Wx 42/98 – InfAuslR 1998, 463 – juris-Rn. 10 und 3. LS; OLG Düsseldorf Beschl. v. 12.7.1996 – 3 Wx 295/96 – AuAS 1996, 258 – juris-Rn. 16.

417 Vgl. zur Ausweisung: BGH Beschl. v. 28.10.2010 – V ZB 210/10 – InfAuslR 2011, 71 – juris-Rn. 27.

418 BGH Beschl. v. 30.10.2013 – V ZB 186/12 – juris-Rn. 7; Beschl. v. 14.6.2012 – V ZB 284/11 – InfAuslR 2012, 369 – juris-Rn. 7; Beschl. v. 25.3.2010 – V ZA 9/10 – NVwZ 2010, 1175 – juris-Rn. 22; OLG Köln Beschl. v. 8.11.2007 – 16 Wx 255/07 – FGPrax 2008, 91 – juris-Rn. 17 ff.

419 BGH Beschl. v. 28.10.2010 – V ZB 210/10 – InfAuslR 2011, 71 – juris-Rn. 25 aE; OLG Oldenburg Beschl. v. 18.1.2006 – 13 W 85/05 – InfAuslR 2006, 281; *Grotkopp* Abschiebungshaft Rn. 744; *Hailbronner* AuslR AufenthG § 62 Rn. 387.

420 ZB BGH Beschl. v. 23.2.2021 – XIII ZB 113/19 – juris-Rn. 4, 5, 18 f. iVm Vorinstanz LG Stendal Beschl. v. 15.7.2019 – 25 T 49/19 – nv, betr. Festnahme zur Ersatzfreiheitsstrafe am 8.3.2019, Bemühen um Abschiebung durch Behörde ab 11.3.2019 (Ergebnis: frühestmöglicher Abschiebungstermin 30.4.2019), Vollstreckungsende 6.4.2019 und anschließender Vollzug von Abschiebungshaft bis zum Abschiebungstermin.

gierbar: Denn sobald Strafhaft von zB zwei Jahren trotz realer Möglichkeit beschleunigungswidrig nicht zur Abschiebung genutzt wurde, wäre Abschiebungshaft fortan *stets unverhältnismäßig*. Das kann nicht richtig sein, weil dies Straftäter privilegieren würde und § 62 Abs. 3 AufenthG in diesen Fällen dauerhaft leer liefe. Daher muss eine haftgerichtliche **Abwägung** zwischen Fehler(gewicht) und Edukationseffekt ggü. der Behörde einerseits und dem Freiheitsgrundrecht des Ausländers andererseits entscheiden, ab wann diese nicht mehr zugunsten des Letzteren ausgeht;[421] dies kann zB **grds. sechs Monate** nach Haftentlassung der Fall sein, da sich der behördliche Fehler wertungsmäßig nicht länger auswirken sollte, als die Maximaldauer der (zunächst wg. Unverhältnismäßigkeit vermiedenen) Abschiebungshaft (§ 62 Abs. 4 S. 1 AufenthG).

Ein vergleichbarer Maßstab gilt auch, wenn wg. einer Verletzung des Beschleunigungs- 148
gebotes die **Entlassung aus voriger Abschiebungshaft** erfolgen musste. Eine nachfolgende neue Inhaftierung ist dann schon wg. § 62 Abs. 4a AufenthG nicht per se unverhältnismäßig, muss aber in der Abwägung berücksichtigen, dass vorige und neue *Haftzeiten* (mangels Zäsur → Rn. 119) *zusammenzuzählen* sind;[422] abwägungsrelevant ist auch zu Lasten des Ausländers, ob Gefahrentatbestände (vgl. § 62 Abs. 3 S. 3 f. AufenthG) einschlägig sind.[423]

bb) Zeitraum nach der Haftanordnung

Nach der Haftanordnung muss die Behörde alle ihr möglichen *Anstrengungen unter-* 149
nehmen, um die notwendigen Papiere zu beschaffen und damit eine **möglichst kurze Haftdauer** sicherzustellen.[424] Dabei sind mit zunehmender Haftdauer verstärkte Anstrengungen notwendig.[425] Dies schließt einen gewissen „organisatorischen Spielraum"[426] (zB mit Blick auf **Sammelcharter**-Flugabschiebungen → Kap. 12 Rn. 55 f.) nicht aus, der jedoch bei *sachfremdem Vorgehen* überschritten ist.[427]

Welche **konkreten Maßnahmen** in welcher Zeit erforderlich sind, richtet sich nach 150
dem Einzelfall; unvorhersehbare Ereignisse wie zB Flugausfall[428] wegen Defekts[429] sind der Behörde ebensowenig **zuzurechnen** wie Bearbeitungsverzögerungen durch *ausländische Behörden*.[430] Verzögerungen durch *deutsche Behörden*, welche für die Ausländerbehörden zB in die Passbeschaffung eingebunden sind, jedoch schon;[431] dies kann zB das Auswärtige Amt zur Erteilung einer Verbalnote sein, wenn die Zielstaatbehörden nicht fristgemäß reagieren, oder das Bundesamt für Migration und Flüchtlinge nach § 2 Abs. 1 AsylZBV bei Überstellungen nach der Dublin-III-Verordnung.

421 Vgl. BGH Beschl. v. 21.3.2023 – XIII ZB 32/22 – juris-Rn. 10 f.
422 BGH Beschl. v. 21.3.2023 – XIII ZB 32/22 – juris-Rn. 11.
423 BGH Beschl. v. 21.3.2023 – XIII ZB 32/22 – juris-Rn. 10.
424 BGH Beschl. v. 25.3.2010 – V ZA 9/10 – NVwZ 2010, 1175 – juris-Rn. 22.
425 BGH Beschl. v. 9.6.2011 – V ZB 230/10 – juris-Rn. 7.
426 BGH Beschl. v. 28.2.2023 – XIII ZB 68/21 – juris-Rn. 11; Beschl. v. 24.6.2020 – XIII ZB 9/19 – juris-Rn. 14.
427 BGH Beschl. v. 19.5.2011 – V ZB 247/10 – juris-Rn. 7; Beschl. v. 21.10.2010 – V ZB 56/10 – juris-Rn. 13.
428 BGH Beschl. v. 6.10.2020 – XIII ZB 85/19 – juris-Rn. 29.
429 BGH Beschl. v. 22.3.2022 – XIII ZB 17/20 – juris-Rn. 19.
430 StRspr BGH Beschl. v. 20.9.2018 – V ZB 102/16 – juris-Rn. 22; Beschl. v. 25.2.2010 – V ZA 2/10 – juris-Rn. 16.
431 StRspr BGH Beschl. v. 21.3.2023 – XIII ZB 32/22 – juris-Rn. 9; Beschl. v. 12.2.2020 – XIII ZB 65/19 – juris-Rn. 15; Beschl. v. 8.2.2018 – V ZB 92/17 – juris-Rn. 12.

151 Das Haftgericht muss daher bei der **Erstanordnung** prüfen, ob nach dem Haftantrag ein **schlüssiges Konzept** besteht, die notwendigen Verfahrensschritte bis zum Haftende möglichst kurz zu halten; während des *Verlängerungs-* oder *Beschwerdeverfahrens* ist auch zu prüfen, ob die konkrete Handhabung zwischen Haftbeginn und Entscheidung den Anforderungen genügt hat. Ein schlüssiges Konzept darf dabei wg. des organisatorischen Spielraums (der sich auf die *durchschnittliche Dauer* der Schritte bezieht) beibehalten werden, auch wenn zB erwartungswidrig Einzelschritte wenige Tage schneller erledigt sind: Mit Folgeschritten sofort (statt: unverzüglich) fortzufahren und zB in diesen Fällen ein Bemühen um Flugumbuchungen zu fordern, ginge zu weit.[432]

152 Zur Ermittlung der Einhaltung des Beschleunigungsgebotes ist die **Ausländerakte** beizuziehen,[433] dort (und bei Verlängerung bzw. Beschwerde ggf. in den Gerichtsakten) müssen die Beschleunigungsanstrengungen ersichtlich sein.[434] Wie einzelne Fälle zu beurteilen sein können, zeigen folgende **Beispiele:**

- Erkennt die Behörde zutreffend die **Notwendigkeit einer begleiteten Abschiebung**, „versucht" aber gleichwohl eine **unbegleitete**, die fehlschlägt, verletzt sie bzgl. daraus entstehender Verzögerungen das Beschleunigungsgebot.[435]
- Ist die **Identität** des Ausländers **nicht geklärt**, muss die Behörde den Antrag auf Identifizierung und auf Ausstellung von Ersatzpapieren unverzüglich an das zuständige Generalkonsulat des (angeblichen) Zielstaates richten und bei **fehlender fristgemäßer Rückmeldung** von dort **reagieren.**[436]
- Lässt die Behörde nach Haftanordnung ohne zureichenden Grund eine knappe Woche (erst recht: drei Wochen[437]) verstreichen, ehe sie den **Antrag auf** Erteilung der **Passersatzpapiere** bei der Botschaft einreicht, und weist sie dabei nicht auf die besondere Dringlichkeit wegen Inhaftierung hin, verletzt sie das Beschleunigungsgebot.[438]
- Bei offener **Identitätsklärung** darf die Behörde nicht drei Monate bis zum nächsten **Sammel-Vorführtermin** abwarten, wenn sie der Botschaft jederzeit Fingerabdrücke des Ausländers vorlegen könnte, welche diese nach dem geltenden Verfahren „unverzüglich" hätte prüfen müssen.[439]
- Bei **Ablehnung** eines **Asylantrages als offensichtlich unbegründet** während der Haft darf die Behörde nicht erst zwei Wochen ungenutzt verstreichen lassen, bevor sie sich um die Beschaffung von Passersatzpapieren bemüht.[440] Zwar muss die Behörde die Beschaffung nach Vollziehbarkeit einleiten; setzt diese aber eine Mitwirkung des Ausländers voraus, ist derlei wg. § 15 Abs. 2 Nr. 6 AsylG, § 60b Abs. 2 S. 2

432 BGH Beschl. v. 28.2.2023 – XIII ZB 68/21 – juris-Rn. 14.
433 BGH Beschl. v. 18.8.2010 – V ZB 119/10 – juris-Rn. 17.
434 BGH Beschl. v. 7.10.2013 – V ZB 24/13 – EzAR-NF 57 Nr. 31 – juris-Rn. 17.
435 BGH Beschl. v. 11.10.2012 – V ZB 104/12 – juris-Rn. 8; LG Hannover Beschl. v. 18.1.2019 – 8 T 2/19 – Asylmagazin 2019, 80 – juris-Rn. 24.
436 BGH Beschl. v. 7.10.2013 – V ZB 24/13 – EzAR-NF 57 Nr. 31 – juris-Rn. 12.
437 BGH Beschl. v. 23.2.2021 – XIII ZB 52/19 – juris-Rn. 11.
438 BGH Beschl. v. 10.10.2013 – V ZB 25/13 – juris-Rn. 9.
439 BGH Beschl. v. 24.6.2020 – XIII ZB 9/19 – juris-Rn. 15.
440 BGH Beschl. v. 26.9.2013 – V ZB 2/13 – InfAuslR 2014, 54 – juris-Rn. 10.

AufenthG bis zur Bestandskraft unzumutbar,[441] so dass im Falle einer Klage angesichts der Dauer der Rechtsschutzverfahren Haft regelmäßig ausscheidet.

- Fragt der **Zielstaat** bei Dublin-III-Überstellungen während der Haft nach **Beweismitteln**, dürfen diese nicht mit einer Woche Verzögerung und im normalen Postlauf übermittelt werden.[442]
- Wenn während eines noch laufenden Asylverfahrens aus der Haft die Beschaffung von **Passersatzpapieren vorübergehend unmöglich** ist, darf die Behörde insofern zuwarten.[443]
- Unsubstantiierten **Angaben zur Staatsangehörigkeit** des Ausländers muss die Behörde nicht nachgehen; ergeben sich jedoch „greifbare Anhaltspunkte" dafür, „dass eine solche Behauptung zutreffen kann", müssen bei der Beschaffung von Ersatzpapieren auch (ggf. zusätzlich) die insofern zuständigen Auslandsbehörden kontaktiert werden.[444]
- Eine **mangelnde Personalausstattung** rechtfertigt grds. keine Verzögerungen, es sei denn, es handelt sich um eine ganz **kurzfristige Überlastung** aufgrund eines außerordentlichen Geschäftsanfalles.[445]
- Auch **Großlagen der Polizei** vermögen, wenn sie als **Überlastung** nicht nur ganz kurzfristig sind, Verzögerungen nicht zu rechtfertigen.[446]
- Globale Ereignisse wie zB die **SARS-CoV-2-Pandemie**, die weltweit für Belastungen und Verzögerungen führen, müssen Ausländer (in den Grenzen des § 62 Abs. 3 S. 3 AufenthG) hinnehmen.[447]

b) Ehe und Familie (Art. 6 Abs. 1 und 2 GG)

Auch das Grundrecht des Art. 6 GG kann eine Unangemessenheit der Haft begründen. 153
Dies ist stets von Amts wegen zu prüfen, soweit es Anhaltspunkte hierfür gibt.[448] Dabei kann Unangemessenheit sowohl aus einer **Ehe** (Art. 6 Abs. 1 Var. 1 GG) als auch einer **Familie** (Art. 6 Abs. 1 Var. 2 GG) bzw. **Elternteil-Kind-Beziehung** oder **Pflege gebrechlicher Angehöriger**[449] erwachsen.

Diese beiden Gesichtspunkte sind jedoch zuvörderst Abschiebungshindernisse und 154
daher im Rahmen eines behördlichen Verfahrens auf Erteilung einer Duldung bzw. zugehörigen verwaltungsgerichtlichen Eilrechtsschutzes (→ Rn. 130 ff.) geltend zu machen;[450] sie sind **haftgerichtlich** nur beachtlich, soweit diese Grundrechte spezifisch *durch den Vollzug* der Haftanordnung beeinträchtigt werden. Dies wird regelmäßig nur dann der Fall sein, wenn über die durch eine Abschiebung ohnehin erfolgende Trennung des Ausländers von Bezugspersonen hinaus weitere (aktuelle) Umstände hinzutreten.

441 Vgl. VGH Mannheim Urt. v. 6.10.1998 – A 9 S 856/98 – InfAuslR 1999, 287 – juris-Rn. 32.
442 BGH Beschl. v. 7.4.2011 – V ZB 111/10 – NVwZ 2011, 1214 – juris-Rn. 19 f.
443 BGH Beschl. v. 1.3.2012 – V ZB 206/11 – InfAuslR 2012, 271 – juris-Rn. 16.
444 BGH Beschl. v. 24.6.2020 – XIII ZB 9/19 – juris-Rn. 14.
445 BGH Beschl. v. 11.7.2019 – V ZB 28/18 – juris-Rn. 8.
446 BGH Beschl. v. 16.2.2012 – V ZB 320/10 – InfAuslR 2012, 225 – juris-Rn. 17.
447 BGH Beschl. v. 20.4.2021 – XIII ZB 85/20 – juris-Rn. 9.
448 OLG München Beschl. v. 18.9.2006 – 34 Wx 113/06 – BayVBl 2007, 30 – juris-Rn. 17.
449 LG Frankfurt Beschl. v. 15.2.2022 – 2-29 T 15/22 – juris-Rn. 26.
450 BGH Beschl. v. 28.2.2023 – XIII ZB 68/21 – juris-Rn. 8; Beschl. v. 6.12.2012 – V ZB 218/11 – InfAuslR 2013, 154 – juris-Rn. 10.

155 Insofern kann die Haft **unverhältnismäßig** sein,[451] wenn zwischen einem Ausländer und seiner Partnerin eine *Beistandsgemeinschaft* besteht und sie oder ihre Kinder aktuell auf die *Unterstützung* durch den Ausländer *angewiesen* sind; insofern kann nach ggf. vorläufiger Entscheidung gem. § 427 FamFG die Einvernahme der Partnerin als Zeugin für die Hauptsache-Entscheidung in Betracht kommen.[452]

156 Handelt es sich um eine **bloße Begegnungsgemeinschaft**, also Kontakt ohne vertiefte Verantwortungsübernahme und/oder gemeinsamen Lebensmittelpunkt, so kann Haft ohne Weiteres angeordnet werden.[453] Wird aber in einer **gelebten Verantwortungsgemeinschaft** durch den Ausländer ein *eigenständiger Erziehungsbeitrag* geleistet,[454] können das Wohl des deutschen Kindes[455] oder bei Kindern ausländischer Staatsangehörigkeit dessen Umgangsrecht mit seiner deutschen Mutter[456] gebieten, dass dem **Grundrecht Vorrang** vor ausländerrechtlichen Belangen eingeräumt wird.[457] In die Abwägung ist der Aufenthaltsstatus aller Beteiligten einzubeziehen, so dass zB bei gleichsam bestehender vollziehbarer Ausreisepflicht des Familienangehörigen kein automatischer Vorrang von Art. 6 Abs. 1 GG besteht. Dabei ist zB zu berücksichtigen, dass

- bei ausländischem **Elternteil mit gelebter Beziehung zum minderjährigen Kind** eine Abschiebungshaft nur im äußersten Fall und für die kürzestmögliche angemessene Dauer zulässig ist;[458] insbesondere, wenn das **Kind noch jung** ist (2,5 Jahre alt[459]), der Ausländer sich **um das Kind kümmert** (zB während die Mutter arbeitet[460] oder diese sonst indisponiert ist[461]) oder sonst erhebliche **negative Auswirkungen** auf das Kind zu erwarten sind, ist eine Haft unverhältnismäßig,[462]
- bei **gerade erfolgter Geburt** eines gemeinsamen Kindes Haft des Vaters nicht unverhältnismäßig sein muss, soweit dadurch für Kind und Mutter keine Gesundheits- oder Kindswohlgefährdung eintritt,[463]
- bei Familien mit minderjährigen Kindern – wenn überhaupt (voriges Beispiel) – idR nur **Abschiebungshaft für einen Elternteil** beantragt werden soll (Nr. 62.0.5 VwV-AufenthG),
- bei ausländischem **Elternteil**, das seit geraumer Zeit **getrennt** von Frau und Kind **lebt**, die Frage nur die Abschiebung (Prüfungskompetenz der Verwaltungsgerichte) betrifft, aber nicht schon eine Grundrechtsverletzung durch die Haft bedingt,[464]

---

451 BGH Beschl. v. 23.3.2021 – XIII ZB 95/19 – juris-Rn. 8; LG Nürnberg-Fürth Beschl. v. 24.4.2019 – 18 T 2175/19 – juris-Rn. 17.
452 BGH Beschl. v. 6.12.2012 – V ZB 218/11 – InfAuslR 2013, 154 – juris-Rn. 11.
453 BGH Beschl. v. 21.10.2010 – V ZB 56/10 – juris-Rn. 12.
454 BVerfG Beschl. v. 30.1.2002 – 2 BvR 231/00 – NVwZ 2002, 849 – juris-Rn. 22.
455 BVerfG Beschl. v. 1.10.1992 – 2 BvR 1365/92 – InfAuslR 1993, 10 – juris-Rn. 3.
456 BVerfG Beschl. v. 10.8.1994 – 2 BvR 1542/94 – NJW 1994, 3155 – juris-Rn. 11.
457 BVerfG Beschl. v. 1.8.1996 – 2 BvR 1119/96 – NVwZ 1997, 479 – juris-Rn. 5.
458 BGH Beschl. v. 23.3.2021 – XIII ZB 95/19 – Asylmagazin 2021, 393 – juris-Rn. 8; Beschl. v. 17.6.2010 – V ZB 127/10 – NVwZ 2010, 1318 – juris-Rn. 27.
459 LG Frankfurt Beschl. v. 11.6.2007 – 2-28 T 121/07 – InfAuslR 2007, 300 – juris-Rn. 5.
460 BGH Beschl. v. 12.12.2013 – V ZB 214/12 – juris-Rn. 12.
461 BGH Beschl. v. 23.3.2021 – XIII ZB 95/19 – Asylmagazin 2021, 393 – juris-Rn. 8.
462 BGH Beschl. v. 6.12.2012 – V ZB 218/11 – InfAuslR 2013, 154 – juris-Rn. 12.
463 LG Essen Beschl. v. 12.11.2020 – 7 T 387/20 – juris-Rn. 29.
464 BGH Beschl. v. 17.9.2014 – V ZB 159/13 – juris-Rn. 1.

- keine hafthindernde gelebte Beziehung besteht, wenn der Ausländer sein **Kind nur ab und zu besucht**,[465]
- Haft angeordnet werden kann, wenn eine **Eheschließung** ohnehin auf absehbare Zeit **unmöglich** ist und eine **gelebte Partnerschaft** nicht besteht.[466]

c) Schwangerschaft der Ausländerin

Eine bestehende Schwangerschaft der in Haft zu nehmenden Ausländerin ist unter **drei Gesichtspunkten** zu berücksichtigen: 157

- Sie kann sich auf eine **Gesamtwürdigung bzgl. der Fluchtgefahr** auswirken. Denn die mit der Schwangerschaft einhergehenden Belastungen und Einschränkungen machen es, zumal bei eingeschränkten Sprachfähigkeiten, ggf. erheblich schwerer, unterzutauchen.[467]
- Sie kann die **Prognose der Durchführbarkeit** der Abschiebung (→ Rn. 114) beeinflussen. Viele Fluggesellschaften verweigern ab der 29. (achter Monat) bis 35. Schwangerschaftswoche die Mitnahme, je nach Gesellschaft müssen ärztliche Bescheinigungen vorgelegt werden.[468]
- Ohnehin ist Haft **innerhalb der Fristen des § 3 MuSchG** (Beginn: sechs Wochen vor der Geburt; Ende: acht Wochen nach Entbindung, zwölf Wochen bei Früh-, Mehrlings- und Behindertengeburten) nach 62.0.5 VwV-AufenthG grds. nicht zu verhängen und regelmäßig **unverhältnismäßig**;[469] Ausnahmen sind aber im Falle des § 58a AufenthG denkbar, soweit mit ärztlicher Bestätigung der Reisefähigkeit eine Zulässigkeit des Fluges nach IATA-Regeln besteht.

d) Minderjährigkeit des Ausländers

Die besondere Belastung von Haft für Minderjährige macht ihre Anordnung aus grundrechtlicher Sicht zum **Ausnahmefall**,[470] der aufgrund ministerieller Weisungslage in manchen Bundesländern bereits die Haftantragstellung grds. ausschließt.[471] So regelt auch § 62 Abs. 1 S. 3 AufenthG, dass Minderjährige und Familien mit Minderjährigen nur in besonderen Ausnahmefällen und nur so lange in Abschiebungshaft genommen werden, wie es unter Berücksichtigung des Kindeswohls angemessen ist. Insofern kommt ihre Unterbringung nur in **besonders ausgestatteten Haftanstalten** in Betracht (→ Rn. 175 f.). Zu beachten ist dabei, dass 158

- bei **unbegleiteten Minderjährigen** Haft nur im äußersten Fall für kürzestmögliche Dauer anzuordnen ist,[472]
- für unbegleitete Minderjährige die **Pass(ersatz)beschaffung** oft **problematisch** ist, da die für Erwachsene von den Botschaften vorgesehenen Verfahren in der Praxis nicht unbedingt für Minderjährige greifen.

---

465 LG Hannover Beschl. v. 4.11.2013 – 8 T 20/13 – BeckRS 2015, 1459 – nrkr.
466 BGH Beschl. v. 22.7.2010 – V ZB 29/10 – InfAuslR 2011, 27 – juris-Rn. 20.
467 OLG Brandenburg Beschl. v. 11.5.2009 – 11 Wx 12/09 – juris-Rn. 18.
468 BGH Beschl. v. 11.5.2011 – V ZB 265/10 – InfAuslR 2011, 302 – juris-Rn. 12.
469 BGH Beschl. v. 26.5.2011 – V ZB 264/10 – NVwZ-RR 2011, 838 – juris-Rn. 10.
470 StRspr BGH Beschl. v. 20.7.2021 – XIII ZB 94/19 – juris-Rn. 9; Beschl. v. 22.6.2021 – XIII ZB 71/20 – juris-Rn. 9; Beschl. v. 29.9.2010 – V ZB 233/10 – NVwZ 2011, 320 – juris-Rn. 9.
471 Vgl. für Schleswig-Holstein *Grotkopp* Abschiebungshaft Rn. 142 mwN.
472 BGH Beschl. v. 12.2.2015 – V ZB 185/14 – NVwZ 2015, 840 – juris-Rn. 5.

- anstelle von Haft vorrangig die **Unterbringung** in einer **Einrichtung für Jugendliche** nebst zB **Meldepflichten** oder sonstigen **räumlichen Beschränkungen** in Betracht kommt.[473]

159 Der **Haftantrag** muss sich dazu verhalten, warum und inwiefern **weniger rechtsbeeinträchtigende Mittel** nicht in Betracht kommen. Zwar muss das Haftgericht das Übermaßverbot auch ohne behördliche Darlegungen beachten; da aber die konkreten behördlichen Gestaltungsmöglichkeiten dem Gericht und dem Ausländer zT unbekannt sind, sind hierzu Ausführungen erforderlich.[474] Auch muss erkennbar sein, dass die gem. Art. 10 Abs. 2 Rückführungsrichtlinie sowie § 58a Abs. 1 AufenthG bestehende Pflicht erfüllt wird, für **unbegleitete Minderjährige** eine Aufnahme im Zielstaat durch ein *Familienmitglied*, einen *Vormund* oder eine *geeignete Aufnahmeeinrichtung* sicherzustellen,[475] was praktisch in der Frist des § 62 Abs. 3 S. 3 AufenthG selten zu bewerkstelligen ist.

160 Bestehen **Zweifel** über das Alter des Ausländers, muss das Haftgericht ihnen nachgehen; dabei begründet aber nicht schon die *bloße Angabe* des Ausländers, er sei in einem bestimmten Jahr geboren bzw. minderjährig, Zweifel, wenn diese Angabe aus im Haftbeschluss darzulegenden Gründen offenkundig nicht zum Erscheinungsbild und übrigen Aspekten aus der Akte passt.[476] Die bloße Einschätzung des Haftgerichtes zum Alter des Ausländers ist jedoch zu wenig.[477] Verbleiben Zweifel, ist gem. § 49 Abs. 3, Abs. 6 AufenthG zu verfahren und bei Unaufklärlichkeit von Minderjährigkeit auszugehen.[478] Insofern kann zunächst **vorläufig entschieden** werden (§ 427 FamFG), um der Behörde die weitere Sachaufklärung innerhalb der Frist aufzugeben.

e) Haftunfähigkeit

161 Eine Haft darf nicht angeordnet werden, wenn es an einer Haftfähigkeit des Ausländers fehlt. Diese zu **prüfen**, ist **Aufgabe des Haftgerichtes.**[479] Ermittlungen ins Blaue hinein sind jedoch nicht erforderlich, Anlass besteht nur *bei konkreten Anhaltspunkten*[480] für erhebliche Erkrankungen, nicht einfachere wie zB Bluthochdruck, Diabetes, Hepatitis.[481] Solche Anhaltspunkte können **beispielsweise** sein:

---

473 BGH Beschl. v. 29.9.2010 – V ZB 233/10 – NVwZ 2011, 320 – juris-Rn. 9.

474 Vgl. nur *Winkelmann/Broscheit* in Bergmann/Dienelt AufenthG § 62 Rn. 71 mwN.

475 Dies muss auch iRd Rückkehrentscheidung geklärt werden, EuGH Urt. v. 14.1.2021 – C-441/19 – Celex-Nr. 62019CJ0441 – Rn. 48.

476 BGH Beschl. v. 25.8.2020 – XIII ZB 101/19 – juris-Rn. 14; Beschl. v. 10.8.2018 – V ZB 123/18 – NVwZ 2018, 1903 – juris-Rn. 10; zB frühere Angaben, wissenschaftliche Gutachten, BGH ebd. juris-Rn. 12.

477 BGH Beschl. v. 25.8.2020 – XIII ZB 101/19 – juris-Rn. 16.

478 StRspr BGH Beschl. v. 25.8.2020 – XIII ZB 101/19 – juris-Rn. 14; Beschl. v. 10.8.2018 – V ZB 123/18 – NVwZ 2018, 1903 – juris-Rn. 10 ff.; Beschl. v. 29.9.2010 – V ZB 233/10 – NVwZ 2011, 320 – juris-Rn. 11.

479 BGH Beschl. v. 1.6.2017 – V ZB 163/15 – InfAuslR 2017, 380 – juris-Rn. 8.

480 BGH Beschl. v. 30.10.2013 – V ZB 69/13 – juris-Rn. 7; Beschl. v. 12.5.2011 – V ZB 299/10 – juris-Rn. 8.

481 LG Bielefeld Beschl. v. 9.4.2021 – 23 T 423/20 – juris-Rn. 17 – aber (aus anderen Gründen) aufgehoben von BGH Beschl. v. 5.4.2022 – XIII ZB 22/21 – NVwZ-RR 2022, 883 – juris.

- **Angabe des Ehepartners**, der Ausländer sei wg. **Krebserkrankung** „sterbenskrank",[482]
- **Vorlage eines Arztberichtes**, der eine posttraumatische Belastungsstörung (**PTSD**) mit aktueller Gefahr der **Eigen- und Fremdgefährdung** diagnostiziert, auch wenn der polizeiärztliche Dienst zuvor Verwahrfähigkeit bescheinigt hat,[483]
- **Suizidversuche** in der Haft geben zur Prüfung Anlass, ob diese auf die Haft oder die bevorstehende Abschiebung zurückzuführen ist; in letzterem Fall (was die Regel sein wird[484]) betreffen sie ein potenzielles Abschiebungshindernis (→ Kap. 13 Rn. 92 „Suizidgefahr"), hindern weitere Haft jedoch nicht.[485] Im Übrigen kann ihnen regelmäßig, soweit die konkrete Vollzugsanstalt dies zu leisten vermag, mit entsprechenden Beschränkungen (zB Abnahme von Gürteln, Schnürsenkeln, etc.) und Lebendkontrollen begegnet werden.

Insofern darf die **anstalts-** oder **gewahrsamsärztliche Untersuchung** des Ausländers haftgerichtlich als gewichtiger Aspekt zugrunde gelegt werden,[486] wobei aber konkrete Angaben über den **Befund** und die **Behandlung** einzuholen sind.[487] 162

Stellt das Haftgericht nach dem Ergebnis der Ermittlungen **dauerhafte Haftunfähigkeit** fest, ist der Haftantrag abzulehnen bzw. angeordnete Haft aufzuheben; dies gilt auch, soweit die geplante (unionsrechtskonforme → Rn. 164) Vollzugsanstalt angesichts der Erkrankung die Unterbringung ablehnt und kein alternativer **unionsrechtskonformer Haftplatz** besteht. Allerdings kann behördlich in Betracht zu ziehen sein, ob die konkrete Erkrankung zB in einem Krankenhaus mit Bewachung (sog. „B-Posten") behandelt werden kann. Ist der Ausländer nur **vorübergehend** haftunfähig, kommt ggf. eine *Aussetzung gegen Auflagen* in Betracht (§ 424 FamFG), insbesondere Meldeauflagen und Mitteilungspflichten.[488] 163

3. Haftvollzug

Der **Vollzug** von Abschiebungshaft unterliegt dem **Trennungsgebot** nach Art. 16 Abs. 1 Rückführungsrichtlinie, nationalrechtlich ausgestaltet in § 62a AufenthG. Das meint, dass die Inhaftierung grundsätzlich in *speziellen Hafteinrichtungen* zu erfolgen hat. Nur soweit ein Mitgliedsstaat nicht über solche Einrichtungen verfügt, ist grds. eine *getrennte Unterbringung* von gewöhnlichen Strafgefangenen in derselben Haftanstalt möglich. 164

a) Anwendungsbereich und Haftgerichtsmaßstab

Das Trennungsgebot gilt für **alle Ausländer**, unabhängig davon, ob sie Drittstaatsangehörige oder Unionsbürger sind.[489] Die **unionsrechtskonforme Unterbringung** muss gem. des „effet utile"-Grundsatzes von den Mitgliedsstaaten sichergestellt werden. Des- 165

482 BGH Beschl. v. 30.10.2013 – V ZB 69/13 – juris-Rn. 8.
483 KG Beschl. v. 7.2.2005 – 25 W 74/04 – Beschlussabdruck S. 3 – nv.
484 Vgl. LG Bochum Beschl. v. 17.11.2010 – 7 T 501/10 – juris-Rn. 26.
485 BGH Beschl. v. 14.4.2016 – V ZB 112/15 – Rn. 17 ff.
486 LG Bochum Beschl. v. 17.11.2010 – 7 T 501/10 – juris-Rn. 24.
487 *Winkelmann* in Bergmann/Dienelt 2. Aufl. 2018 AufenthG § 62 Rn. 148 mwN.
488 Vgl. LG München II Beschl. v. 16.10.2013 – 6 T 4334/13 – InfAuslR 2013, 441 – juris-Rn. 1 ff.; AG Bremen Beschl. v. 1.10.2009 – 92 XIV 71/09 – InfAuslR 2009, 461 – juris-Rn. 1.
489 BGH Beschl. v. 25.9.2014 – V ZB 194/13 – InfAuslR 2015, 187 – juris-Rn. 1.

wegen sind **Haftanträge** grds. **abzulehnen**, wenn absehbar ist, dass der Ausländer (unions-)rechtswidrig untergebracht wird.[490]

166 Soweit die Behörde *auch* über passende Haftplätze verfügt und deren Zurverfügungstellung nicht verweigert, kann statt einer Ablehnung eine gerichtliche **Vollzugsregelung** (zB im Tenor, dass Haft „nur in ... vollzogen werden darf") getroffen werden, um dem Unionsrecht zu genügen.[491] Eine **Einwilligung** des Ausländers zur Unterbringung in einer Straf- bzw. Untersuchungshaftanstalt ist hingegen unerheblich.[492]

b) Inhalt des Trennungsgebotes

167 Die Unterbringung von Ausländern in speziellen Haftanstalten ist derzeit in Deutschland in mehr als 720 **Abschiebungshaft-** und **Ausreisegewahrsamsplätzen** möglich.[493] Dass *nicht alle Bundesländer* entsprechende Anstalten haben, ist unerheblich; die föderale Struktur der Bundesrepublik entbindet nicht von der Pflicht zur Einhaltung unionsrechtlicher Vorgaben.[494] Da die Bundesrepublik faktisch Abschiebungshaftanstalten hat, ist eine von Art. 16 Abs. 1 S. 2 Rückführungsrichtlinie und § 62a Abs. 1 S. 2 Var. 1 AufenthG für den Fall des Fehlens solcher Anstalten vorgesehene gesonderte Unterbringung von Ausländern in allgemeinen **Justizvollzugsanstalten** in Deutschland **„generell nicht zulässig"**.[495] Verfügt ein Bundesland daher nicht über eine entsprechende Haftanstalt, muss die Inhaftierung in einem **anderen Bundesland** vollzogen werden.[496]

168 Unterschiedliche Gebäude auf dem Gelände einer **Justizvollzugsanstalt** erfüllen das Trennungsgebot grds. (zur zwischen dem 21.8.2019 und 30.6.2022 geltenden Rechtslage vgl. Vorauflage[497]) nicht.[498] Denn das Art. 16 Abs. 1 Rückführungsrichtlinie zu entnehmende **Abstandsgebot zum Strafvollzug** besagt, dass die Haftbedingungen organisatorisch und funktional einer „Gefängnisumgebung" nicht zu nahe kommen dürfen,[499] wobei die konkrete Beurteilung nicht dem EuGH, sondern dem Haftgericht obliegt.[500]

169 Für diese Beurteilung, ob eine Haftanstalt das Abstandsgebot durch Beschränkung des Vollzugs auf das für die **Sicherung der Abschiebung nötige Maß** einhält, sind in einer **Gesamtschau** drei Aspekte besonders bedeutsam: die *Ausstattung der Räumlichkeiten*, die *Regelungen über die Haftbedingungen* sowie das *zuständige Personal*:[501]

490 BGH Beschl. v. 23.2.2021 – XIII ZB 50/20 – InfAuslR 2021, 339 – juris-Rn. 14; Beschl. v. 17.9.2014 – V ZB 189/13 – InfAuslR 2015, 23 – juris-Rn. 4; Urt. v. 18.4.2019 – III ZR 67/18 – NVwZ 2019, 2400 – juris-Rn. 35.

491 BGH Beschl. v. 16.12.2019 – XIII ZB 136/19 – juris-Rn. 11, Tenor aE; regelmäßig verhält sich der Haftantrag aber nicht zu Alternativen, so dass er entsprechend unzulässig ist. AA zur gerichtlichen Vollzugsregelung *Grotkopp* Abschiebungshaft Rn. 166.

492 EuGH Urt. v. 17.7.2014 – C-474/13 – NVwZ 2014, 1218 – Rn. 23.

493 Stand 2021, BT-Drs. 19/31669, S. 24 f.

494 BGH Urt. v. 18.4.2019 – III ZR 67/18 – NJW 2019, 2400 – juris-Rn. 32.

495 BGH Beschl. v. 25.7.2014 – V ZB 137/14 – InfAuslR 2014, 441 – juris-Rn. 7 ff., bes. 9; EuGH Urt. v. 17.7.2014 – C-473/13 und C-514/13 – NVwZ 2014, 1217 – Rn. 30 ff.

496 BGH Beschl. v. 17.9.2014 – V ZB 56/14 – juris-Rn. 5.

497 Rn. 67 ff.; eingehend auch *Grotkopp* Abschiebungshaft Rn. 566 ff.

498 BGH Beschl. v. 25.7.2014 – V ZB 137/14 – InfAuslR 2014, 441 – Ls. 3 und juris-Rn. 9; offener aber EuGH Urt. v. 10.3.2022 – C-519/20 – Rn. 57.

499 EuGH Urt. v. 10.3.2022 – C-519/20 – Rn. 45.

500 EuGH Urt. v. 10.3.2022 – C-519/20 – Rn. 47.

501 EuGH Urt. v. 10.3.2022 – C-519/20 – Rn. 48, 54.

- Für die **Räumlichkeiten** sind nicht deren *verwaltungstechnische Anbindung*[502] oder *baulicher Ursprung* entscheidend; auch eine ehemalige Justizvollzugsanstalt kann eine „spezielle Hafteinrichtung" sein.[503] Sie wird allerdings mehr *Lebens-* und *Entfaltungsraum* sowie eine **Ausstattung** mit *Gemeinschaftsräumen*, *Unterhaltungs-* und (zB sportlichen) *Betätigungsgelegenheiten* bieten müssen (**„Wohnen minus Freiheit"**[504]). Auch eine spezielle Hafteinrichtung ist indes eine *Hafteinrichtung*, was Mittel der Aufrechterhaltung eines das Verlassen der Anstalt hindernden Zwanges notwendig voraussetzt. *Gitter vor Fenstern*,[505] fehlende andere *Farbgestaltung*[506] oder *Schließsysteme* für unionsrechtswidrig zu erklären,[507] geht daher zu weit.
- Die **Regelungen über die Haftbedingungen** müssen ein höheres **Maß an Freiheit** als jene über den Vollzug von *Strafhaft* gewähren. Je mehr sie einander gleichen (zB durch analoge Anwendung der VollzGe), desto eher liegt eine Verletzung von Unionrecht vor.[508] Maßgebliche Unterschiede liegen zB negativ abgegrenzt in fehlender *Pflicht zum Tragen von Anstaltskleidung*, *Arbeitspflicht*, *Einschlusszeit*, *Post-*, *Telefon-* und *Einkaufskontrolle*, sowie positiv in unbegrenzter *Besuchsmöglichkeit*, grds. möglichem *Aufenthalt im Freien* sowie der *Familienunterbringung* (inkl. insofern Möglichkeit zur Wahrung eines *familiären Rückzugsraumes*, Art. 17 Abs. 2 Rückführungsrichtlinie → Rn. 175 f.).
- Das **Personal der Anstalt** sollte (indes nicht: *darf*[509]) nicht zugleich in einer JVA arbeiten, um den besonderen Anforderungen an die **„Betreuung"** der Gefangenen zu entsprechen.[510] Soweit *psychologische* und *medizinische Betreuung* sichergestellt sind und das Personal das vorgenannte *Maß an Freiheit* korrekt umsetzt, kann aber auch Justizpersonal hinreichen.[511] Denn kommt es dem Unionsrecht auf tatsächlich bessere Unterbringungsbedingungen und Behandlung an, ist nicht die formale Personalzugehörigkeit entscheidend.

Soweit darüber hinaus **Einzelaspekte** (erhebliche) Beschränkungen betreffen (zB Verbot von Mobiltelefon, Hinreichen einer konkreten medizinischen Zahnbehandlung), müssen diese nicht notwendig in der **Gesamtschau** durchschlagen. Sub specie *Transit-*[512] und *Ausreisegewahrsam*[513] ist der Prüfungsmaßstab auf **strukturelle Mängel** beschränkt; dahinter steht der Gedanke, dass sich ein Ausländer wg. Einzelaspekten „gegen die konkrete Einzelmaßnahme wenden (muss), wozu ihm der Rechtsweg zu den Gerichten der Verwaltungsgerichtsbarkeit offensteht".[514] Diese Überlegung ist auch in der Gesamtschau bedeutsam, so dass (korrekturfähige) Einzelaspekte nicht notwendig überwiegendes Gewicht entfalten müssen. 170

---

502 EuGH Urt. v. 10.3.2022 – C-519/20 – Rn. 50.
503 EuGH Urt. v. 10.3.2022 – C-519/20 – Rn. 16, 21-22, 57.
504 Vgl. BT-Drs. 18/12415, S. 15; *Keßler* in NK-AuslR AufenthG § 62a Rn. 9 mwN.
505 LG Coburg Beschl. v. 7.11.2022 – 41 T 25/21 – BeckRS 2022, 42092 – Rn. 45; *Kluth* in BeckOK AuslR AufenthG § 62a Rn. 10.
506 *Kluth* in BeckOK AuslR AufenthG § 62a Rn. 10.
507 LG Coburg Beschl. v. 7.11.2022 – 41 T 25/21 – BeckRS 2022, 42092 – Rn. 45.
508 EuGH Urt. v. 10.3.2022 – C-519/20 – Rn. 55.
509 *Kluth* in BeckOK AuslR AufenthG § 62a Rn. 11; nur „Indiz" nach EuGH Urt. v. 10.3.2022 – C-519/20 – Rn. 56.
510 EuGH Urt. v. 10.3.2022 – C-519/20 – Rn. 56.
511 *Kluth* in BeckOK AuslR AufenthG § 62a Rn. 11.
512 BGH Beschl. v. 20.7.2021 – XIII ZB 94/19 – juris-Rn. 9; Beschl. v. 25.8.2020 – XIII ZB 40/19 – juris-Rn. 11.
513 BGH Beschl. v. 10.11.2020 – XIII ZB 25/20 – juris-Rn. 17.
514 BGH Beschl. v. 25.8.2020 – XIII ZB 40/19 – juris-Rn. 11.

c) Gefährder-Ausnahme für JVA

171 Eine lediglich **getrennte Unterbringung** in einer **JVA** ist ausschließlich dann zulässig, wenn von dem Ausländer eine **erhebliche Gefahr** für *Leib und Leben Dritter* oder *bedeutende Rechtsgüter der inneren Sicherheit* ausgeht (§ 62a Abs. 1 S. 2 HS 2 AufenthG). Diese Ausnahme ist unionrechtskonform.[515]

172 Das Maß hinreichender **Konkretheit der Gefahr** hat der Gesetzgeber nicht erwogen,[516] auch der EuGH hat es nicht präzisiert.[517] Im systematischen Vergleich mit § 62 Abs. 3 S. 4, Abs. 3b Nr. 3 AufenthG wird man grds. eine *konkrete* Gefahr im **polizeirechtlichen Sinne** (dh eine Sachlage, die bei ungehinderter Fortentwicklung in absehbarer Zeit mit hinreichender Wahrscheinlichkeit zu einem Schaden am Schutzgut führt) fordern müssen. Das Bestehen dieser konkreten Gefahr ist *haftgerichtlich* (positiv) *festzustellen*.[518]

173 Bei einer **Abschiebungsanordnung gem. § 58a AufenthG** ist aber durch Ergehen des Bescheides (vorbehaltlich offenkundiger Rechtsverletzung offensichtlicher Unrichtigkeit → Kap. 1 Rn. 9) die nötige Gefährlichkeit **indiziert.** Insbesondere, wenn er nach erfolgter „umfassender Prüfung"[519] im bundesverwaltungsgerichtlichen Eilverfahren für rechtmäßig befunden wurde.[520] Denn systematisch ist zwecks Gleichlaufs von Gefahrenabwehr (§ 58a AufenthG) und Sicherung des zugehörigen Abschiebungsverfahrens für die Haft „die gleiche Gefahrenschwelle heranzuziehen (...), die auch für den Erlass des Grundverwaltungsaktes gilt."[521] Es wäre ein Systembruch, „Top-Gefährder"[522] erleichterten Haftgrundvoraussetzungen zu unterwerfen (§ 62 Abs. 3 S. 1 Nr. 3 AufenthG), sie auf Haftfolgenseite (§§ 62 Abs. 3 S. 4, 62a Abs. 1 S. 2 HS 2 AufenthG) aber übrigen Abschiebungsgefangenen gleichzustellen.

174 Dieser Zusammenhang zeigt sich auch in den Normvoraussetzungen: § 58a Abs. 1 AufenthG setzt eine Gefahr für erhebliche Rechtsgüter voraus, die sich „jederzeit aktualisieren" können und damit „hinreichend konkret" sein muss,[523] wenn auch nicht im *polizeirechtlichen* Sinne. Die Prognose muss aber auf Tatsachen gestützt sein. Ist die **Gefahrenprognose** inhaltlich nicht haftgerichtlicher, sondern allein **bundesverwaltungsgerichtlicher Kontrolle** unterworfen,[524] wäre es *widersinnig*,[525] bei einer solchen Anordnung vom Haftgericht für §§ 62 Abs. 3 S. 4, 62a Abs. 1 S. 2 HS 2 AufenthG doch eine positive Feststellung der Gefährlichkeit zu verlangen. Zuletzt hat auch der BGH in seiner Rspr. zu § 58a AufenthG die Gefährlichkeit lediglich apodiktisch festgestellt.[526]

515 EuGH Urt. v. 2.7.2020 – C-18/19 – NVwZ 2020, 1821 – juris-Rn. 40; BGH Beschl. v. 31.8.2021 – XIII ZB 97/19 – NVwZ-RR 2022, 115 – juris-Rn. 24; Beschl. v. 15.12.2020 – XIII ZB 3/19 – InfAuslR 2021, 151 – juris-Rn. 6 ff.

516 BT-Drs. 18/12415 S. 15.

517 EuGH Urt. v. 2.7.2020 – C-18/19 – Asylmagazin 2020, 390 – juris-Rn. 43 ff.

518 *Kluth* ZAR 2020, 244 (245); *Winkelmann/Broscheit* in Bergmann/Dienelt AuslR AufenthG § 62a Rn. 25.

519 BVerwG Beschl. v. 17.5.2023 – 1 VR 1.23 – Rn. 33; Beschl. v. 21.3.2017 – 1 VR 1.17 – NVwZ 2017, 1057 – juris-Rn. 13.

520 LG Bremen Beschl. v. 15.9.2017 – 10 T 488/17 – juris-Rn. 64.

521 LG Bremen Beschl. v. 15.9.2017 – 10 T 488/17 – juris-Rn. 61 ff. mit überzeugender Auslegung.

522 Begriff nach *Kluth* in Kluth/Hornung/Koch HdB-ZuwR § 5 Rn. 355; *Kießling* NVwZ 2017, 1019.

523 BVerwG Beschl. v. 17.5.2023 – 1 VR 1.23 – Rn. 37; Urt. v. 22.8.2017 – 1 A 3.17 – BVerwGE 159, 296 – juris-Rn. 27.

524 BGH Beschl. v. 21.12.2017 – V ZB 249/17 – InfAuslR 2018, 99 – juris-Rn. 11.

525 Und amtsgerichtlich in Einzelbesetzung kaum zu leisten, man denke zB an eine noch nicht rechtskräftige Terror-Verurteilung, bei der erstinstanzlich das OLG (fünf Richter/innen) nach über 150 Verhandlungstagen erst Feststellungen hat treffen können, die oberste Landesbehörde durch zahlreiches Personal in Zu- und Mitarbeit den Bescheid erlassen und erstinstanzlich das BVerwG (drei Richter/innen) das anhängige Eilverfahren anhängig hat; so am AG Tiergarten zB 383 XIV 23/23 B – n.v.

526 BGH Beschl. v. 15.12.2020 – XIII ZB 3/19 – InfAuslR 2021, 151 – juris-Rn. 4 ff., bes. 9.

d) Minderjährige und Familien

Für **Minderjährige** sieht die Rückführungsrichtlinie **besondere Anforderungen** vor. Für sie müssen Gelegenheiten zu *Freizeitbeschäftigungen* einschließlich altersgerechter *Spiel-* und *Erholungsmöglichkeiten* und, je nach Dauer ihres Aufenthaltes (zB also nicht für kurzfristigen Transitaufenthalt[527]), Zugang zu *Bildung* bestehen (Art. 17 Abs. 3 Rückführungsrichtlinie).[528] 175

Für eine **Familie** mit minderjährigen Kindern muss ein angemessenes Maß an **Privatsphäre** bestehen,[529] eine vollständige Trennung von den übrigen Untergebrachten ist aber nicht erforderlich.[530] Insbesondere für *unbegleitete Minderjährige* müssen die Anstalten personell und materiell besonders ausgestattet sein (Art. 17 Abs. 4 Rückführungsrichtlinie). Dass die konkrete Haftanstalt diesen Voraussetzungen genügt, muss *haftgerichtlich* für eine Haftanordnung *festgestellt* werden.[531] 176

e) Überführungszeiten in Polizeigewahrsam

Der polizeiliche Gewahrsam, in dem der Ausländer regelmäßig im zeitlichen Zusammenhang mit der **gerichtlichen Vorführung** untergebracht ist, ist keine *spezielle Haftanstalt* und ermöglicht grds. keine *getrennte Unterbringung*. In ihm darf daher zwar der vorläufige Gewahrsam bis zur Entscheidung des Gerichtes (s. Kap. 11), nicht aber eine gerichtlich angeordnete Haft vollzogen werden. Die Behörde ist vielmehr verpflichtet, den Ausländer nach einer Haftanordnung **unverzüglich** in eine zulässige Haftanstalt zu überführen. 177

Ist dies wegen einer Haftanordnung am (späten) Abend **organisatorisch** nicht mehr **möglich** oder wegen mehrstündiger Transportzeiten und der Aufnahmeprozedur für den Ausländer **belastender**, kann die Nacht im Polizeigewahrsam bis zur Überführung am Folgetag rechtmäßig sein.[532] Keinesfalls darf so aber die Zeit bis zum Freiwerden eines Haftplatzes überbrückt[533] oder eine mehrtägige Gewahrsamsdauer begründet[534] werden. Wenn derlei ersichtlich ist, muss Haft abgelehnt werden. 178

f) Vollzug und Rechtsschutz

Der Vollzug von Abschiebungshaft obliegt der **Behörde** (§ 422 Abs. 3 FamFG). Anders als beim Justizvollzug ist die Stellung eines **Aufnahmeersuchens** nicht erforderlich.[535] Zuführung wie auch *Vor-* und *Rückführung* aus der *Vollzugsanstalt* (ggf. für Folgetermine) organisiert die Behörde und nimmt hierfür ggf. iWd Amtshilfe Kräfte der Polizei in Anspruch. 179

527 BGH Beschl. v. 20.7.2021 – XIII ZB 94/19 – juris-Rn. 13.
528 Eingehend *Welte* InfAuslR 2021, 94 (94 f.).
529 *Hailbronner* AuslR AufenthG § 62a Rn. 14; *Marx* AufenthaltsR-HdB § 8 Rn. 85.
530 BGH Beschl. v. 25.8.2020 – XIII ZB 40/19, XIII ZB 41/19, XIII ZB 42/19 – juris-Rn. 16.
531 BGH Beschl. v. 12.2.2015 – V ZB 185/14 – NVwZ 2015, 840 – juris-Rn. 8 ff.; Beschl. v. 7.3.2012 – V ZB 41/12 – NVwZ 2012, 775 – juris-Rn. 8.
532 LG Köln Beschl. v. 18.8.2017 – 39 T 142/17 – juris-Rn. 50.
533 LG Köln Beschl. v. 18.8.2017 – 39 T 142/17 – juris-Rn. 50.
534 LG Wuppertal Beschl. v. 5.1.2015 – 9 T 2/15 – juris-Rn. 8.
535 *Grotkopp* Abschiebungshaft Rn. 561.

180 Die **Vollzugsregelungen** und ihre **gerichtliche Kontrolle** sind aufgeteilt:

- Wird Haft in **Abschiebungshafteinrichtungen** vollzogen, greifen die wegen der Eigenständigkeit der Materie nötigen[536] **Vollzugsgesetze** der Bundesländer; soweit vorhanden,[537] regeln sie die Ausgestaltung des Vollzugsrechtsverhältnisses und seine gerichtliche Kontrolle. Soweit sie fehlen, obliegt die Kontrolle den **Verwaltungsgerichten**[538] und es sind über den Freiheitsentzug selbst hinausgehende Einschränkungen von Grundrechten (mangels Bestehens von zur Rechtsbeeinträchtigung befugenden Normen) unzulässig.[539]
- Soweit *ausnahmsweise* (→ Rn. 171 ff.) ein Vollzug iWd Amtshilfe in einer **Justizvollzugsanstalt** stattfindet, gelten gem. § 422 Abs. 4 FamFG (für grds. alle Arten von Abschiebungshaft[540]) die §§ 171, 173 bis 175 und 178 Abs. 3 StVollzG entsprechend; für die Kontrolle der Art und Weise des Vollzugs sind dann gem. § 110 StVollzG die **Strafvollstreckungskammern** der Landgerichte zuständig.[541]

181 Zwingende (Art. 31 GG) für jeden Vollzugsort geltende **bundesrechtliche Vollzugsregelungen** finden sich darüber hinaus in § 62a Abs. 2, 4 und 5 AufenthG. Sie normieren, dass

- Gefangene mit ihren **Rechtsvertretern**, **Familienangehörigen**, den zuständigen **Konsularbehörden** sowie auf dem Gebiet der Ausländer- und Flüchtlingshilfe tätigen[542] **Hilfs-** und **Unterstützungsorganisationen** in **Kontakt** treten dürfen (§ 62a Abs. 2 AufenthG).
- auch Mitarbeitern der vorgenannten **Hilfs-** und **Unterstützungsorganisationen** im Regelfall zwingend („soll") ein **Besuchsrecht** einzuräumen ist (§ 62a Abs. 4 AufenthG); ein Besuch kann auch unabhängig vom Wunsch bzw. Antrag des Gefangenen von der Organisation initiiert werden.[543]
- Gefangene über ihre **Rechte** und **Pflichten** und über die in der Einrichtung geltenden **Regeln** zu informieren sind, was nach dem offenen Wortlaut der Norm mündlich wie auch (in einer dem Gefangenen verständlichen Sprache) schriftlich geschehen kann.

---

536 *Welte* InfAuslR 2021, 94 (95).

537 ZB AbschGG Berlin, AhaftVollzG Schleswig-Holstein, AhaftVollzG Nordrhein-Westfalen; eingehend dazu *Kluth* in BeckOK AuslR AufenthG § 62a Rn. 23 ff. mwN.

538 BGH Beschl. v. 9.10.2014 – V ZB 57/14 – NVwZ-RR 2015, 115 – juris-Rn. 8; *Göbel* in Sternal FamFG § 422 Rn. 10; *Heidebach* in Haußleiter FamFG § 422 Rn. 12.

539 *Grotkopp* Abschiebungshaft Rn. 571 unter zutr. Verweis auf BVerfG Beschl. v. 14.3.1972 – 2 BvR 41/71 – BVerfGE 33, 1.

540 *Grotkopp* Abschiebungshaft Rn. 562 mwN.

541 *Göbel* in Sternal FamFG § 422 Rn. 9; *Heidebach* in Haußleiter FamFG § 422 Rn. 11.

542 *Winkelmann/Broscheit* in Bergmann/Dienelt AuslR AufenthG § 62a Rn. 35.

543 *Winkelmann/Broscheit* in Bergmann/Dienelt AuslR AufenthG § 62a Rn. 35.

Kapitel 3 Ausreisegewahrsam (§ 62b AufenthG)

Der **Ausreisegewahrsam** ist ein Institut, das den Ausländer zur Sicherung seiner Abschiebung im **Transitbereich** des Flughafens oder in seiner räumlichen Nähe (Fahrzeit bis zu einer Stunde[1]) festhält. Inwiefern es sich dabei wegen der Möglichkeit zur jederzeitigen freiwilligen Ausreise um eine Freiheitsentziehung gem. Art. 104 Abs. 2 S. 1 GG handelt, ist umstritten, aber rechtlich aufgrund der in jedem Fall nötigen gerichtlichen Haftanordnung praktisch ohne Belang.[2] 1

Die **Voraussetzungen** der Gewahrsamsanordnung sind, dass 2

- der Ausländer vollzieh- und vollstreckbar ausreisepflichtig ist (→ Rn. 3),
- der **Gewahrsam erforderlich** ist (→ Rn. 4 ff.),
- das **gerichtliche Ermessen** für Gewahrsam spricht (→ Rn. 14 f.) und
- **Dauer**, (staatsanwaltschaftliches) **Einvernehmen** und **Vollzug** voraussetzungsgemäß gegeben sind (→ Rn. 16 ff.).

I. Vollzieh- und vollstreckbare Ausreisepflicht

Der Ausländer muss für eine Haftanordnung **vollziehbar ausreisepflichtig** sein (→ Kap. 2 Rn. 3 ff., 40 f.). Auch müssen die allgemeinen, für die Abschiebung erforderlichen **Vollstreckungsvoraussetzungen** (§ 59 AufenthG) vorliegen (→ Kap. 2 Rn. 42 ff.). 3

II. Erforderlichkeit des Gewahrsams

Die **Voraussetzungen** der Gewahrsamsanordnung normiert § 62b Abs. 1 S. 1 Nr. 1 bis 3 AufenthG eigenständig und unabhängig von Fragen der Fluchtgefahr der Sicherungshaft. Sie untergliedern sich in die *Grundvoraussetzungen* (§ 62b Abs. 1 S. 1 Nr. 1 und 2) und den *Gewahrsamsgrund* (§ 62b Abs. 1 S. 1 Nr. 3). 4

1. Grundvoraussetzungen

Es muss eine **Ausreisefrist abgelaufen** sein (§ 62b Abs. 1 S. 2 Nr. 1 AufenthG) und das Überschreiten dieser Frist darf weder **unerheblich** noch **unverschuldet** sein. Erheblich ist die Fristüberschreitung nach den Umständen des Einzelfalles, aber jedenfalls bei mehr als einem *Drittel* der gesetzten Frist bzw. ab *zehn Tagen.*[3] Fehlendes Verschulden ist jedenfalls anzunehmen, wenn die Nichtausreise des Ausländers einer kurzfristigen Erkrankung[4] oder einem plötzlich auftretenden familiären Ereignis[5] (zB Todesfall, Beerdigung) oder seiner Inhaftierung[6] geschuldet ist. 5

Darüber hinaus muss gem. § 62b Abs. 1 S. 1 Nr. 2 AufenthG (positiv) feststehen, dass die **Abschiebung** innerhalb einer Frist von **höchstens zehn Tagen** durchgeführt werden kann. Der Tag der Festnahme ist mitzuzählen.[7] Insofern ist eine haftgerichtliche 6

1 BT-Drs. 19/10047, S. 45.
2 BGH Beschl. v. 20.4.2018 – V ZB 226/17 – NVwZ-RR 2018, 746 – juris-Rn. 5.
3 BT-Drs. 18/4097, S. 56; dem folgend auch *Grotkopp* Abschiebungshaft Rn. 248.
4 *Winkelmann* in Bergmann/Dienelt 12. Aufl. 2018 AufenthG § 62b Rn. 5.
5 *Grotkopp* Abschiebungshaft Rn. 247 FN 370.
6 AG Hamburg Beschl. v. 30.6.2020 – 219g XIV 128/20 – StraFo 2020, 380 – juris-Rn. 4.
7 LG Berlin Beschl. v. 2.3.1999 – 84 T XIV 29/99 B – InfAuslR 1999, 239 – juris-Orientierungssatz 1.

Prognose zu erstellen, zu deren Ermöglichung die Behörde im Haftantrag in einem konkreten Ablaufplan[8] zu Transportmitteln, Organisationsschritten und Vorliegen der nötigen Dokumente vorzutragen hat (→ Kap. 12 Rn. 46 ff.). Bei Drucklegung dieses Buches war eine Erweiterung des Gewahrsams auf **28 Tage** in der **politischen Diskussion**;[9] für ggf. erfolgende *Änderungen der Rechtslage* und aktualisierte Muster (s. Kap. 17) vgl. die Buch-Webseite.[10]

2. Gewahrsamsgrund

7 Als funktionales *Äquivalent des Haftgrundes* muss der Ausländer gem. § 62b Abs. 1 S. 1 Nr. 3 AufenthG ein Verhalten gezeigt haben, das die Erwartung begründet, dass er die **Abschiebung erschweren** oder **vereiteln** wird. Dass es sich dabei um fortgesetztes, dh mehrmaliges Verhalten handelt, ist nicht (mehr[11]) erforderlich. Dafür stellt die Norm in den lit. a bis d **Vermutungstatbestände** auf, die der Ausländer gem. § 62b Abs. 1 S. 2 AufenthG widerlegen kann; letztlich ist damit eine Art *Beweislastumkehr* begründet.[12]

8 Die Vermutung wird widerlegt, wenn der Ausländer gem. § 62b Abs. 1 S. 2 AufenthG Umstände **glaubhaft** macht (oder diese **offensichtlich** sind), die zeigen, dass er sich der Abschiebung **nicht entziehen** will. Vorgelegte Unterlagen sind dabei zu berücksichtigen.[13] Ob sie hinreichen, ist Wertungsfrage (→ Kap. 2 Rn. 108, 142).

9 Gegen eine solche Konstruktion ist **verfassungsrechtlich** nichts zu erinnern.[14] Soweit wegen *unscharfer Tatbestandsmerkmale*[15] und verkürzter Gelegenheit für *Rechtsschutz*[16] Bedenken geltend gemacht werden, sind die Normen einer hinreichend konkretisierenden Auslegung fähig. Überdies ist es kein Spezifikum gerade des Abschiebungsgewahrsams, dass Rechtsschutz gegen vollstreckungsrechtliche Handlungen oftmals erst nach ihrer Erledigung erlangt werden kann.[17] Dies nicht ausreichen zu lassen, hieße, behördliche (insbesondere Vollstreckungs-)Befugnisse bis zur faktischen Wirkungslosigkeit zu beschneiden.

a) Verletzung von Mitwirkungspflichten

10 Eine Erschwerung oder Vereitelung der Abschiebung wird gem. § 62b Abs. 1 Nr. 3 lit. a AufenthG vermutet, wenn der Ausländer seine **gesetzlichen Mitwirkungspflichten** verletzt hat. Dies betrifft insbesondere die aus §§ 49, 82 AufenthG folgenden Pflichten zur Mitwirkung bei der Pass(ersatz)beschaffung.[18] Pflichten im Kontext einer (zB zunächst angekündigten) freiwilligen Ausreise genügen nicht.[19] Die Pflichtverletzung

8 *Zeitler* in HTK-AuslR § 62b AufenthG, Rn. 28.

9 Diskussionsentwurf des Bundesministeriums des Innern und für Heimat zur Verbesserung der Rückführung v. 1.8.2023, www.bmi.bund.de/diskussionsentwuerfe.html (Abruf: 5.8.2023).

10 www.abschiebungshaft-buch.de.

11 BT-Drs. 19/10047, S. 45.

12 *Zeitler* in HTK-AuslR § 62b AufenthG, Rn. 15.

13 Vgl. BGH Beschl. v. 17.6.2010 – V ZB 3/10 – NVwZ 2011, 317 – juris-Rn. 18.

14 Offengelassen von BGH Beschl. v. 20.4.2018 – V ZB 226/17 – NVwZ-RR 2018, 746 – juris-Rn. 8.

15 *Hörich/Tewocht* NVwZ 2017, 1153 (1155).

16 *Neundorf/Brings* ZRP 2015, 145 (146).

17 Vgl. BVerfG Beschl. v. 5.12.2001 – 2 BvR 527/99 – BVerfGE 104, 220 – juris-Rn. 36 zum Polizeigewahrsam.

18 Vgl. auch zum Nichterscheinen zum Abschiebungstermin vor Inkrafttreten des § 59 Abs. 1 S. 8 AufenthG BGH Beschl. v. 20.4.2018 – V ZB 226/17 – NVwZ-RR 2018, 746 – juris-Rn. 9.

19 *Grotkopp* Abschiebungshaft Rn. 251; offen gelassen von BGH Beschl. v. 20.4.2018 – V ZB 226/17 – NVwZ-RR 2018, 746 – juris-Rn. 10.

muss schuldhaft sein, insbesondere darf sich der Ausländer auf Angaben der Behörden (auch derjenigen seines Heimatstaates) in Sachen der Unterlagenbeschaffung verlassen.[20]

b) Täuschungsverhalten

Eine Erschwerung oder Vereitelung der Abschiebung wird gem. § 62b Abs. 1 Nr. 3 lit. b AufenthG vermutet, wenn der Ausländer über seine **Identität** oder **Staatsangehörigkeit getäuscht** hat. Insofern gilt das oben (→ Kap. 2 Rn. 54 ff.) Ausgeführte. Dabei zeigt der systematische Bezug zum 1. Hs. des § 62b Abs. 1 S. 1 Nr. 3 AufenthG, dass auch ohne die differenzierende Regelung wie in § 62 Abs. 3a Nr. 1, Abs. 3b Nr. 1 AufenthG nicht jede Täuschung hinreicht. Sie muss zwar nicht gegenwärtig sein, aber hinreichend aktuell, um eine Erschwerung bzw. Vereitelung auch der aktuellen Abschiebung vermuten zu lassen.[21] 11

c) Strafrechtliche Verurteilung

Eine Erschwerung oder Vereitelung der Abschiebung wird gem. § 62b Abs. 1 Nr. 3 lit. c AufenthG vermutet, wenn der Ausländer wegen einer im Bundesgebiet begangenen vorsätzlichen Straftat mindestens zu einer **Geldstrafe von mehr 50 Tagessätzen** verurteilt wurde. Die Norm ist richtlinienkonform gem. Art. 15 Abs. 1 lit. b Rückführungsrichtlinie und im systematischen Kontext dahingehend auszulegen, dass *nicht jede Verurteilung* die Vermutung begründet; vielmehr muss die konkret abgeurteilte Tat, ggf. auch durch die Mehrzahl von Taten, nahe legen, dass der Ausländer den Anforderungen der Rechtsordnung und damit auch des ausländerrechtlichen Verfahrens *mindestens gleichgültig gegenübersteht* und daher prognostisch nicht zu erwarten ist, er werde sich für die Abschiebung verfügbar halten (→ Kap. 2 Rn. 90).[22] 12

d) Fristüberschreitung um mehr als 30 Tage

Eine Erschwerung oder Vereitelung der Abschiebung wird gem. § 62b Abs. 1 Nr. 3 lit. d AufenthG vermutet, wenn der Ausländer die Frist zur Ausreise um **mehr als 30 Tage** überschritten hat. Dabei zählen **Zeiten einer Duldung** nicht mit, da die Behörde während dieser zum Ausdruck bringt, die Ausreisepflicht gerade nicht vollstrecken zu wollen.[23] Weitere Anforderungen enthält die Norm nicht, da konkrete Umstände bei der Widerlegung der Vermutung (→ Rn. 7 f.) berücksichtigt werden können.[24] 13

III. Ermessensausübung

Die Anordnung des Ausreisegewahrsams steht im (zwingend auszuübenden) **Ermessen des Gerichtes.**[25] Dabei ist insbesondere das aus Art. 2 Abs. 2 S. 2 GG folgende **Über-** 14

20 BGH Beschl. v. 20.4.2018 – V ZB 226/17 – NVwZ-RR 2018, 746 – juris-Rn. 10.
21 Vgl. *Winkelmann* in Bergmann/Dienelt 12. Aufl. 2018 AufenthG § 62 Rn. 4 aE; so auch *Grotkopp* Abschiebungshaft Rn. 253.
22 Ähnlich *Grotkopp* Abschiebungshaft Rn. 255, der zudem mind. eine Vorsatztat fordert.
23 LG Landshut Beschl. v. 31.3.2023 – 65 T 580/23 – juris-Rn. 33.
24 AA *Grotkopp* Abschiebungshaft Rn. 256, der dies bereits auf Tatbestandsebene berücksichtigt.
25 BGH Beschl. v. 22.6.2021 – XIII ZB 88/20 – juris-Rn. 10; Beschl. v. 23.2.2021 – XIII ZB 50/20 – InfAuslR 2021, 339 – juris-Rn. 23 f.

maßverbot zu beachten,[26] ggf. kann eine *Direktabschiebung* daher vorrangig sein, wenn sie gleichermaßen Erfolg verspricht. Dabei wird der Eingriff umso eher zulässig sein, je stärker die Gefahr der Erschwerung und Vereitelung ist, auch zB unter dem Gesichtspunkt erheblicher Straffälligkeit.[27] Zu berücksichtigen ist auch, inwiefern bspw. die Reisedokumente nur eine eingeschränkte Gültigkeitsdauer haben oder die Maßnahme zB eine Sammelabschiebung ermöglicht.[28] Damit im Zusammenhang stehende Erwägungen zu den *Kosten*, die bei möglichst hoher Auslastung von Sammelcharterflügen für den einzelnen Ausländer sinken, dürfen aber nicht allein maßgebliches Kriterium sein.[29]

15 Die oben ausgeführten **Fallgruppen** einer unverhältnismäßigen Haft (→ Kap. 2 Rn. 143 ff.) sind auch hier entsprechend zu berücksichtigen. Die wesentlichen Aspekte des Ermessens muss das **Haftgericht** in der **Begründung** darlegen.[30]

IV. Dauer, Einvernehmen und Vollzug

16 Neben den og Aspekten zur fristgemäßen Abschiebung binnen **zehn Tagen** (ggf. 28 Tage → Rn. 6) und dem **Übermaßverbot** muss ein ggf. erforderliches staatsanwaltschaftliches **Einvernehmen** (§ 72 Abs. 4 AufenthG) spätestens bis zum Abschiebungstermin vorliegen.[31]

17 Der **Vollzug** des Ausreisegewahrsams muss im *Transitbereich* eines Flughafens oder in einer *Unterkunft* erfolgen, von der aus die Ausreise des Ausländers ohne Zurücklegen einer größeren Entfernung zu einer Grenzübergangsstelle möglich ist (§ 62b Abs. 2 AufenthG). Auch insofern muss Haft abgelehnt werden, wenn eine unionsrechtswidrige Unterbringung zu erwarten steht;[32] allerdings ist die Prüfung wegen der geringen Dauer des Gewahrsams und der nachfolgend beschriebenen jederzeitigen Ausreisemöglichkeit auf das Bestehen **struktureller Defizite** beschränkt.[33]

18 Für die Bestimmung der „größeren Entfernung" ist der Zweck der Vorschrift heranzuziehen: Durch „jederzeit" mögliche **freiwillige Ausreise** soll der weitere Vollzug des Gewahrsams verhinderbar sein.[34] Dieses Erfordernis kann auch bei Unterbringung in einer (klassischen) **Abschiebungshafteinrichtung** gewahrt sein, wo die Ausreisemöglichkeit von einer *Unterstützung durch Gewahrsamspersonal* abhängt, das zB die Entlassung und Fahrt zu einer Grenzübergangsstelle organisieren muss.[35]

---

26 BGH Beschl. v. 23.2.2021 – XIII ZB 50/20 – InfAuslR 2021, 339 – juris-Rn. 23 f.

27 BGH Beschl. v. 28.2.2023 – XIII ZB 5/22 – juris-Rn. 20.

28 BT-Drs. 18/4097, S. 56.

29 *Winkelmann* in Bergmann/Dienelt 12. Aufl. 2018 AufenthG § 62b Rn. 5; sie dürfen allerdings *ein* Kriterium unter mehreren sein, vgl. BGH Beschl. v. 23.2.2021 – XIII ZB 50/20 – InfAuslR 2021, 339 – juris-Rn. 18; LG Landshut Beschl. v. 31.3.2023 – 65 T 580/23 – juris-Rn. 36.

30 StRspr BGH Beschl. v. 25.4.2023 – XIII ZB 7/21 – juris-Rn. 10 f.; Beschl. v. 20.4.2018 – V ZB 226/17 – NVwZ-RR 2018, 746 – juris-Rn. 13; Beschl. v. 19.1.2012 – V ZB 221/11 – InfAuslR 2012, 189 – juris-Rn. 4; LG Freiburg (Breisgau) Beschl. v. 17.1.2022 – 4 T 15/21 – juris-Rn. 15.

31 BGH Beschl. v. 10.11.2020 – XIII ZB 25/20 – juris-Rn. 13 f.

32 BGH Beschl. v. 22.3.2022 – XIII ZB 1/21 – juris-Rn. 7; Beschl. v. 23.2.2021 – XIII ZB 50/20 – InfAuslR 2021, 339 – juris-Rn. 14 mwN.

33 BGH Beschl. v. 10.11.2020 – XIII ZB 25/20 – juris-Rn. 17.

34 BGH Beschl. v. 23.2.2021 – XIII ZB 50/20 – InfAuslR 2021, 339 – juris-Rn. 17; Beschl. v. 10.11.2020 – XIII ZB 25/20 – juris-Rn. 18.

35 BGH Beschl. v. 23.2.2021 – XIII ZB 50/20 – InfAuslR 2021, 339 – juris-Rn. 16.

Entscheidend ist (neben der gem. Art. 16 Rückführungsrichtlinie *getrennten Unterbringung* → Kap. 2 Rn. 167 ff.), dass die Unterkunft im **Nahbereich von Flughäfen** bzw. **Grenzübergangsstellen** mit einer Fahrzeit von bis zu *einer Stunde* liegt.[36] Dabei kommt es auf die Entfernung zu einer Stelle an, von der aus der Ausländer (nicht notwendig ohne Umstieg direkt in den Herkunftsstaat[37]) ausreisen kann; es muss sich nicht um diejenige handeln, von der aus die spätere Abschiebung erfolgen soll.[38] 19

36 BGH Beschl. v. 10.11.2020 – XIII ZB 25/20 – juris-Rn. 19; LG Mosbach Beschl. v. 5.3.2020 – 3 T 43/19 – juris-Rn. 18; BT-Drs. 19/10047, S. 45.

37 BGH Beschl. v. 22.3.2022 – XIII ZB 1/21 – juris-Rn. 8; Beschl. v. 23.2.2021 – XIII ZB 50/20 – InfAuslR 2021, 339 – juris-Rn. 17 f.

38 BGH Beschl. v. 10.11.2020 – XIII ZB 25/20 – juris-Rn. 18.

Kapitel 4 Vorbereitungshaft (§ 62 Abs. 2 AufenthG)

1 Die Vorbereitungshaft dient der Vollzugssicherung einer beabsichtigten Abschiebung im Vorfeld des Erlasses einer **Ausweisung** (Var. 1) oder **Abschiebungsanordnung** nach § 58a AufenthG (**Gefährder**) (Var. 2). Sie betrifft also Fälle, in denen *noch keine vollziehbare Ausreisepflicht* besteht, in denen sie aber gerade durch eines dieser beiden Institute hergestellt und vollzogen werden soll. Dabei ist die Vorbereitungshaft auf diese beiden Varianten begrenzt, andere Zwecke dürfen mit ihr nicht verfolgt werden.[1]

2 Die **Voraussetzungen** der Haftanordnung sind damit, dass

- ein **Erlass** der entsprechenden **Verwaltungsakte** möglich (→ Rn. 3 ff.) und
- hinreichend sicher **zu erwarten** ist (→ Rn. 9 ff.),
- Haft zur Vermeidung **wesentlicher Erschwernis** oder **Vereitelung** des Verfahrens erforderlich ist (→ Rn. 12 f.) und
- **Haftdauer** und **Vollzug** angemessen sind (→ Rn. 14 ff.).

I. Möglichkeit des Verwaltungsaktes

3 Eine *Ausweisung* oder *Abschiebungsanordnung (§ 58a AufenthG)* muss **rechtlich möglich** sein. Bestehen bei der Sicherungshaft behördliche Bescheide, deren inhaltliche Prüfung dem Haftgericht versagt ist, ist hier eine rechtliche Prüfung der Voraussetzung der benannten Verwaltungsakte erforderlich.[2] Dabei ist allerdings Haft nach der Norm schon dann anzuordnen, wenn über die Bescheide *noch nicht* entschieden werden kann; Maßstab der haftgerichtlichen Prüfung ist damit nur, ob (**offensichtliche**) **Rechtsfehler** einem Bescheiderlass entgegenstehen würden.[3]

4 Die **Grundlage** der Prüfung stellt der **Haftantrag** dar, welcher Ausführungen auch zur Möglichkeit des Bescheiderlasses enthalten muss.[4]

1. Ausweisung

5 Eine **Ausweisung** hat das Ziel, gefährliche Ausländer aus dem Bundesgebiet zu entfernen und ihnen die Wiedereinreise nebst Erlangung eines Aufenthaltstitels zu verwehren. Es handelt sich damit um ein Institut des **Gefahrenabwehrrechts**, das automatisch etwaige Aufenthaltstitel zum Erlöschen bringt (§ 51 Abs. 1 Nr. 5 AufenthG) und damit eine Ausreisepflicht begründet (§ 50 Abs. 1 AufenthG). Dies geht auch mit einem (Wieder-)Einreise- und Aufenthaltsverbot einher (§ 11 Abs. 1 AufenthG).

6 Eine Ausweisung ist möglich, wenn die **Voraussetzungen** der Befugnisnorm des **§ 53 Abs. 1 AufenthG** vorliegen. Diese sind:[5]

- Der **Anwendungsbereich** darf nicht durch Sonderregelungen gesperrt sein. §§ 6, 11 S. 1 FreizügG/EU schließt die Norm für Unions- und EWR-Bürger und ihre Famili-

---

1 LG Saarbrücken Beschl. v. 21.3.2011 – 5 T 41/11 – juris-Rn. 36.
2 *Röhrig* in HTK-AuslR § 62 AufenthG, zu Abs. 2, Rn. 7 f.
3 IdS wohl LG Hamburg Beschl. v. 8.5.2012 – 329 T 23/12 – juris-Rn. 5.
4 BGH Beschl. v. 9.2.2012 – V ZB 305/10 – juris-Rn. 14.
5 Vgl. die kompakten Darlegungen bei *Neidhardt* in HTK-AuslR § 53 neu AufenthG, Prüfungsschema einer Ausweisung und *Brühl* JuS 2016, 23.

enangehörigen aus, eine Ausweisung ist aber möglich für sonstige Privilegierte, zB Schweizer und Türken.[6]

- Es darf **kein Ausweisungsschutz** nach § 53 Abs. 3 bis 4 AufenthG einschlägig sein. Dies betrifft Ausländer mit Aufenthaltsrecht nach **Assoziierungsabkommen EWG/Türkei** und **Daueraufenthalt EU** (Abs. 3, Ausweisung nur bei gegenwärtiger schwerwiegender Gefahr für die öffentliche Sicherheit und Ordnung darstellt, die ein Grundinteresse der Gesellschaft berührt, berührt, insbesondere bei BtM-Handel,[7] wobei Bewährungsaussetzung eine eigene Behördenprognose nicht hindert[8]), **anerkannte Asylbewerber** (Abs. 3a, Ausweisung nur bei Gefahr für die Sicherheit der Bundesrepublik Deutschland, Terrorgefahr/Gefährder[9] oder bei rechtskräftiger Verurteilung wegen einer schweren Straftat[10]), **anerkannte subsidiär Schutzberechtigte** (Abs. 3b, Ausweisung nur nach Begehen einer schweren Straftat [keine Rechtskraft erforderlich, vgl. Systematik Abs.3a] oder bei Gefahr für die Allgemeinheit oder Sicherheit der Bundesrepublik), **Asylantragsteller** (Abs. 4, Ausweisung nur bei unanfechtbarer Ablehnung, im Falle einer Variante des Abs. 3 oder bei Bestehen einer Abschiebungsandrohung nach § 34a AsylG).
- Es müssen die **Ausweisungsinteressen** gem. § 54 AufenthG ermittelt und gewichtet werden. Dabei sind die **Kataloge** des Abs. 1 und 2 gesetzliche Umschreibungen öffentlicher Ausweisungsinteressen[11]; insbesondere fallen hierunter **Verurteilungen** wegen bestimmter Straftaten. Fehlen diese, ist ein Rückgriff auf die allgemeinen Abwägungskriterien des § 53 Abs. 1 AufenthG erforderlich (also sogleich nächster Prüfungspunkt).
- Es muss eine **Gefahr für die öffentliche Sicherheit oder Ordnung**, die **freiheitlich demokratische Grundordnung** oder sonst **erhebliche Interessen** der Bundesrepublik bestehen, § 53 Abs. 1 AufenthG. Dabei ist der Blickwinkel jener nach künftigen Verstößen; diesen soll vorgebeugt werden, es geht nicht um Bestrafung für vergangene Taten.[12] Eine Gefahr setzt ordnungsrechtlich die Wahrscheinlichkeit eines künftigen Schadenseintritts voraus, wobei an die Wahrscheinlichkeit umso geringere Anforderungen zu stellen sind, je höherwertig das Schutzgut ist.[13] Ein künftiger Schaden kann sich aus **individualpräventiven (Wiederholungsgefahr)**, aber auch (ausschließlich[14]) **spezialpräventiven Gesichtspunkten** ergeben; Letzteres kommt insbesondere bei schweren Straftaten wie Unterstützung terroristischer Vereinigungen, Totschlag, (erheblicher) BtM-Handel, Raub, Sexualdelikte, Waffeneinfuhr, Zigarettenschmuggel, selbst aber das Fahren ohne Fahrerlaubnis und Verkehrsunfallflucht

6 *Neidhardt* in HTK-AuslR § 53 AufenthG, Abs. 1, Rn. 10.
7 BVerwG Urt. v. 13.12.2012 – 1 C 20/11 – NVwZ 2013, 733 – juris-Rn. 19; dies wird man aber nicht bei Abgabe von für Erwachsene wenig gefährlichen Betäubungsmitteln wie zB Cannabis an Erwachsene annehmen können, vgl. zum aktuellen Stand der naturwissenschaftlichen Forschung bzgl. des Gefährdungspotentials von BtM *van Amsterdam/Nutt/Phillips/van den Brink* Psychopharm 2015, 655 (659).
8 BVerwG Urt. v. 15.1.2013 – 1 C 10/12 – NVwZ-RR 2013, 435 – juris-Rn. 18.
9 BT-Drs. 19/10047, S. 34.
10 Kein Maßstab dargetan in BT-Drs. 19/10047, S. 34.
11 BVerwG Urt. v. 22.2.2017 – 1 C 3/16 – BVerwGE 157, 325 – juris-Rn. 26.
12 BVerwG Urt. v. 31.3.1998 – 1 C 28/97 – BVerwGE 106, 302 – juris-Rn. 13.
13 BVerwG Urt. v. 4.10.2012 – 1 C 13/11 – BVerwGE 144, 230 – juris-Rn. 18.
14 BVerwG Urt. v. 12.7.2018 – 1 C 16/17 – BVerwGE 162, 349 – juris-Rn. 16.

sollen schon darunter fallen – ausgenommen wären dann nur noch Leidenschafts- und Hangtaten, die keinen Bezug zu anderen Tätern haben.[15]

- Es müssen die **Bleibeinteressen** gem. § 55 AufenthG ermittelt und gewichtet werden. Auch dabei handelt es sich um Kataloge, die insbesondere im Bundesgebiet geborene (Abs. 1 Nr. 2), mit Deutschen verheiratete (Abs. 1 Nr. 4), minderjährige (Abs. 2 Nr. 1) und bereits fünf Jahre rechtmäßig hier lebende (Abs. 2 Nr. 2) Ausländer erfasst.
- Es muss eine **Interessenabwägung** unter Berücksichtigung aller Umstände des Einzelfalles stattfinden, § 53 Abs. 1 und 2 AufenthG. Dabei gibt **Abs. 2** bereits **Abwägungspunkte** vor, nämlich Dauer des Aufenthalts und bisheriger Rechtstreue, persönliche und wirtschaftliche Bindungen und die Folgen der Ausweisung für Familienangehörige und Partner. Darüber hinaus sind die **Kriterien des EGMR** zu berücksichtigen,[16] insbes. die Art und Schwere der Straftat, Nachtatverhalten bis heute, Aufenthaltsdauer im Zielstaat, Staatsangehörigkeit, Familiensituation, Kenntnis des Ehepartners von der Straftat und dessen Bezug zum Zielstaat, ob und in welchem Alter Kinder vorhanden sind und inwiefern ihr Wohl beeinträchtigt würde, Stabilität der Bindungen zum Gast- und Zielstaat. Die Abwägung ist gerichtlich voll kontrollierbar, es ist das Übermaßverbot zu beachten.[17] Ein **Ermessen** gibt es nicht, die nach altem Recht bestehende Dreistufigkeit der „ist"-, „Regel"- und „kann"-Ausweisung ist nicht mehr von Belang.[18]

2. Abschiebungsanordnung (§ 58a AufenthG)

7 Die Abschiebungsanordnung ist ein *Sonderfall der Ausweisung*, der inhaltlich deren Teilmenge **ideologisch-radikal** geprägter gefährlicher Ausländer erfasst.[19] Er dient insofern der Terrorismusabwehr und ist mit verkürzten Rechtsmittelfristen und sofortiger Vollziehbarkeit (§ 58a Abs. 1 S. 2 AufenthG) privilegiert. Die Entscheidung wird durch das *Landes-* oder *Bundesinnenministerium* getroffen (§ 58a Abs. 1 S. 1, Abs. 2 AufenthG). Die Norm ist **verfassungsgemäß**.[20]

8 Ihre **Voraussetzungen** normiert § 58a AufenthG in gerichtlich (und damit für die Beurteilung eines möglichen Erlasses auch *haftgerichtlich*) vollständig kontrollierbarer Weise; eine **Einschätzungsprärogative** der Behörde besteht nicht:[21]

- Der **Anwendungsbereich** darf nicht durch Sonderregelungen gesperrt sein. §§ 6, 11 S. 1 FreizügG/EU schließt die Norm für Unions- und EWR-Bürger und ihre Familienangehörigen aus.[22] Die Norm ist aber anwendbar für sonstige Privilegierte, zB Schweizer und Türken.[23]

15 Dazu und zG *Bauer* in Bergmann/Dienelt AufenthG § 53 Rn. 65 mwN aus der Judikatur.
16 EGMR Urt. v. 2.8.2001 – 54273/00 – InfAuslR 2001, 476 – Boultif; Urt. v. 5.7.2005 – 46410/99 – InfAuslR 2005, 450 – Üner.
17 BVerwG Urt. v. 22.2.2017 – 1 C 3/16 – BVerwGE 157, 325 – juris-Rn. 21.
18 BT-Drs. 18/4097, S. 49; zG *Brühl* JuS 2016, 23 (24).
19 BVerwG Beschl. v. 25.6.2019 – 1 VR 1/19 – Rn. 17.
20 BVerwG Beschl. v. 21.3.2017 – 1 VR 2/17 – BVerwGE 158, 249 – juris-Rn. 7 ff.; BVerfG Beschl. v. 24.7.2017 – 2 BvR 1487/17 – NVwZ 2017, 1526 – juris-Rn. 20.
21 BVerwG Beschl. v. 22.5.2018 – 1 VR 3/18 – Buchholz 402.242 § 58a AufenthG Nr. 13 – juris-Rn. 24.
22 *Möller* in NK-AuslR AufenthG § 58a Rn. 2.
23 BVerwG Beschl. v. 22.5.2018 – 1 VR 3/18 – Buchholz 402. 242 § 58a AufenthG Nr. 13 – juris-Rn. 12 ff.

- Es muss die **Sicherheit der Bundesrepublik Deutschland** betroffen sein. Dies umfasst die innere wie äußere Sicherheit und schützt den Bestand und die Funktionstüchtigkeit des Staates und seiner Einrichtungen. Gemeint sind Einwirkungen durch Gewalt und Drohungen mit Gewalt auf staatliche Funktionen und damit **Gewaltanschläge** gegen Unbeteiligte zum Zwecke der Verbreitung **allgemeiner Unsicherheit.**[24]
- Für das vorgenannte Schutzgut muss eine **besondere Gefahr** ausgehen, also eine Sachlage, die bei ungehinderter Fortentwicklung typischerweise zu gewichtigen Tathandlungen und erheblichen Schäden führen wird. Es ist nicht erforderlich, dass schon mit Vorbereitungen oder Ausführung in einer Weise begonnen wurde, die einen Straftatbestand erfüllt und etwa bereits zur Einleitung strafrechtlicher Ermittlungen geführt hat,[25] gesteigerte zeitliche Anforderungen bestehen nicht.[26]
- Statt oder neben der besonderen Gefahr für die Sicherheit der Bundesrepublik kann auch eine **terroristische Gefahr** vorliegen. Diese ist gemeint, wenn politische oder ideologische Ziele unter Einsatz gemeingefährlicher Waffen oder durch Angriffe auf das Leben Unbeteiligter verfolgt werden.[27] Es muss keine **unmittelbare räumliche Beziehung** zur Bundesrepublik bestehen; die Anwesenheit von Terroristen im Bundesgebiet genügt, weil dies die Sicherheitsinteressen der Staatengemeinschaft insgesamt, und damit auch der Bundesrepublik, beeinträchtigt.[28] Die Terrorgefahr kann von **Organisationen** und/oder **Einzelpersonen** ausgehen, auch solchen, die nicht Mitglieder oder Unterstützer einer Terrororganisation sind oder in einer entsprechenden Beziehung zu ihr stehen. Erfasst sind auch lose verkoppelte **Netzwerke** (virtueller oder realer) Kommunikationszusammenhänge oder auch „Szeneeinbindungen", die auf die Realitätswahrnehmung einwirken und geeignet sind, die Bereitschaft zu Terrortaten im Einzelfall zu wecken oder zu fördern.[29]
- Die Gefahrenlage muss noch **nicht** im polizeirechtlichen Sinne **konkret** sein (abstrakte Gefahr genügt), aber aus einer **auf Tatsachen gestützten Prognose** folgen. Dies setzt das Bestehen tatsächlicher Anhaltspunkte für ein beachtliches Risiko in der Person des Ausländers voraus, das jederzeit in eine konkrete Gefahr umschlagen kann, wenn nicht eingeschritten wird.[30] Wenn sich der Ausländer in hohem Maße mit einer militanten, gewaltbereiten **Auslegung des Islam** identifiziert, den Einsatz von Gewalt zur Durchsetzung dieser radikal-islamischen Auffassung für gerechtfertigt und die Teilnahme am sog. „Jihad" als verpflichtend ansieht, ist das der Fall.[31] Zur Beurteilung der Gefahr dürfen ergangene Strafurteile auch dann herangezogen werden, wenn sie noch nicht rechtskräftig sind.[32]

---

24 BVerwG Beschl. v. 25.6.2019 – 1 VR 1/19 – juris-Rn. 9; Urt. v. 22.8.2017 – 1 A 3/17 – BVerwGE 159, 296 – juris-Rn. 21.
25 BVerwG Beschl. v. 25.6.2019 – 1 VR 1/19 – juris-Rn. 10; Urt. v. 22.8.2017 – 1 A 3/17 – BVerwGE 159, 296 – juris-Rn. 23.
26 BVerwG Beschl. v. 21.3.2017 – 1 VR 2/17 – BVerwGE 158, 249 – juris-Rn. 19.
27 BVerwG Beschl. v. 25.6.2019 – 1 VR 1/19 – juris-Rn. 11; Urt. v. 25.10.2011 – 1 C 13/10 – BVerwGE 141, 100 – juris-Rn. 19 mwN.
28 BVerwG Urt. v. 6.2.2019 – 1 A 3/18 – NVwZ-RR 2019, 738 – juris-Rn. 31.
29 BVerwG Beschl. v. 25.6.2019 – 1 VR 1/19 – Rn. 11; Urt. v. 22.8.2017 – 1 A 3/17 – BVerwGE 159, 296 – juris-Rn. 22.
30 BVerwG Urt. v. 22.8.2017 – 1 A 3/17 – BVerwGE 159, 296 – juris-Rn. 25.
31 BVerwG Beschl. v. 25.6.2019 – 1 VR 1/19 – juris-Rn. 12 f.; Beschl. v. 19.9.2017 – 1 VR 8/17 – juris-Rn. 18.
32 BVerwG Beschl. v. 17.5.2023 – 1 VR 1/23 – juris-Rn. 40.

- Die Entscheidung liegt im **Ermessen** der Behörde. Aus gerichtlicher Perspektive sind lediglich Ermessensfehler relevant (§ 114 VwGO); da bei der Haft eine Entscheidung zu prognostizieren ist, ist also zu prüfen, ob diese ermessensfehlerhaft wäre.[33] Da der Schutz der Allgemeinheit vor Anschlägen zu den wichtigsten öffentlichen Aufgaben zählt, rechtfertigt er regelmäßig auch sehr weitreichende Eingriffe in die Rechte Einzelner;[34] daher wird eine Anordnung regelmäßig ermessensgerecht sein.

II. Zu erwartender Bescheiderlass

9 Die Entscheidung über eine Ausweisung oder Abschiebungsanordung (§ 58a AufenthG) darf **nicht sofort möglich**, muss aber hinreichend sicher zu erwarten sein. Sie ist aktuell nicht möglich, wenn noch **Ermittlungen** (auch zu entgegenstehenden Gründen) erforderlich sind, eine Anhörung aussteht[35] und/oder noch Zeit zum Abfassen *der Entscheidung* benötigt wird.[36] Das **Abwarten** des **Ausgangs eines Strafverfahrens** ist *kein* hinreichender Grund, denn vor dessen Abschluss besteht noch keine hinreichend sichere Beurteilungsgrundlage für die Prüfung der rechtlichen Möglichkeit einer *Ausweisung*.[37] Ob vor Erlass einer *Abschiebungsanordnung* eine **Anhörung** überhaupt erforderlich ist, kann offen bleiben;[38] denn jedenfalls hat die Behörde insofern gem. § 28 Abs. 2 VwVfGe Ermessen, weswegen sie entscheiden darf, vor einer solchen noch keine Anordnung erlassen zu können.

10 Der Bescheiderlass muss mit **hoher Wahrscheinlichkeit zu erwarten** sein. Da es um die Prognose behördlichen Verhaltens geht, können Grundlage hierfür nur **Angaben im Haftantrag** sein; hieraus muss sich ergeben, inwiefern ein Bescheid wann zu erwarten ist und warum derzeit noch keine Entscheidung ergeht.[39] Dabei muss konkret auf die beiden Varianten *Ausweisung* und *Abschiebungsanordnung (§ 58a AufenthG)* Bezug genommen werden; noch Zeit für zB den Erlass der Androhung nach § 59 AufenthG zu benötigen, um dann Sicherungshaft gem. § 62 Abs. 3 AufenthG zu beantragen, genügt nicht.[40]

11 Die **Prognose** kann aus *rechtlichen* oder *tatsächlichen* Gründen schwierig sein. Dies zeigen folgende **Beispiele:**

- Mit einer **Ausweisung** ist iSd Norm nicht zu rechnen, wenn der Ausländer bereits wg. **unerlaubter Einreise** vollziehbar ausreisepflichtig ist. Denn zwar kann in diesen Fällen eine (ggf. Zweit-)Ausweisung ergehen und auch beabsichtigt sein, jedoch kann der Ausländer schon jetzt abgeschoben werden, so dass die Sicherungshaft gem. § 62 Abs. 3 AufenthG vorrangig ist; das etwaige Interesse an einer (Zweit-)Ausweisung zwecks Entscheidung über Sperrfristen gem. § 11 Abs. 2 ff. AufenthG erlaubt nicht die Anordnung von Vorbereitungshaft.[41]

---

33 *Röhrig* in HTK-AuslR § 62 AufenthG, zu Abs. 2, Rn. 9, 11.
34 BVerwG Urt. v. 21.8.2018 – 1 A 16/17 – juris-Rn. 83.
35 *Winkelmann/Broscheit* in Bergmann/Dienelt AufenthG § 62 Rn. 27.
36 *Kluth* in BeckOK AuslR AufenthG § 62 Rn. 11.
37 OLG München Beschl. v. 16.11.2005 – 34 Wx 147/05 – OLGR 2006, 205 – juris-Rn. 12.
38 BVerwG Urt. v. 6.2.2019 – 1 A 3/18 – NVwZ-RR 2019, 738 – juris-Rn. 20 ff.
39 BGH Beschl. v. 9.2.2012 – V ZB 305/10 – juris-Rn. 14.
40 BGH Beschl. v. 12.7.2013 – V ZB 92/12 – InfAuslR 2013, 382 – juris-Rn. 14.
41 BGH Beschl. v. 12.7.2013 – V ZB 92/12 – InfAuslR 2013, 382 – juris-Rn. 10.

- Ob die **zuständige Behörde** eine Entscheidung beabsichtigt, kann schwierig zu beurteilen sein, wenn der Haftantrag von einer anderen Behörde (in **Notzuständigkeit**) gestellt wird, zB bei Haftanträgen durch Polizeivollzugsbehörden oder bei aktuell noch mangelnder Absprache mit dem Ministerium (§ 58a Abs. 1 S. 1, Abs. 2 AufenthG). Insofern muss eine **Behördenpraxis** dargelegt werden, sonst kann ein Erlass nicht positiv prognostiziert werden.[42]

III. Wesentliche Erschwernis oder Vereitelung

Die *Abschiebung* muss ohne die Haftanordnung mindestens wesentlich erschwert werden. Dabei ist anhand **konkreter Verdachtsmomente** zu begründen,[43] inwiefern der Ausländer versucht, die Abschiebung zu verhindern.[44] Während sich für die Sicherungshaft im Laufe der Zeit nach Konkretisierung durch Rechtsprechung und den Gesetzgeber ein immer konkreterer Katalog gebildet hat (vgl. nunmehr § 62 Abs. 3a und 3b AufenthG), ist dies bei der Vorbereitungshaft nicht der Fall. Sie hat weiterhin einen offenen Tatbestand. Die bei der Sicherungshaft genannten Fällen können aber für die Vorbereitungshaft **Indizwirkung** haben.[45] 12

In der **haftgerichtlichen Prüfung** wird daher insbesondere bei **Fluchtgefahr** (auch abseits der vorgenannten Katalogtatbestände[46]) und bei einer **Überwachungsbedürftigkeit** gem. § 58 Abs. 3 AufenthG eine wesentliche Erschwernis nahe liegen.[47] Erforderlich ist aber eine Einzelfallprüfung unter Abwägung aller Aspekte, ähnlich der Prüfung bei einem Haftbefehl gem. § 112 StPO. Der Haftantrag muss sich hierzu verhalten. 13

IV. Haftdauer und Vollzug

Auch für die Vorbereitungshaft muss die **Haftzeit** so *kurz wie möglich* gehalten werden (→ Kap. 2 Rn. 144), insofern stellen **sechs Wochen** (§ 62 Abs. 2 S. 2 AufenthG) grundsätzlich die *Maximaldauer* dar.[48] Bezugspunkt der Haftdauer ist nach dem Wortlaut (und der Systematik → Rn. 17) der Norm der **Verwaltungsakt**, so dass der BGH auch auf das Ergehen desselben innerhalb der Frist abstellt.[49] Die nachfolgende Abschiebung muss aber dem Telos der Norm gemäß jedenfalls beabsichtigt sein (vgl. den Bezug zur Erschwerung bzw. Vereitelung derselben), so dass Haft unzulässig ist, wenn sich die Behörde diese Entscheidung noch vorbehalten will. 14

42 *Röhrig* in HTK-AuslR § 62 AufenthG, zu Abs. 2, Rn. 11.
43 OLG Zweibrücken Beschl. v. 9.12.2003 – 3 W 247/03 – FGPrax 2004, 95 – juris-Rn. 9.
44 AG Hannover Beschl. v. 16.12.2005 – 44 XIV 301/05 – NdsRpfl 2006, 93 – juris-Rn. 9.
45 OLG Bayern Beschl. v. 1.6.2001 – 3Z BR 110/01 – InfAuslR 2001, 445 – juris-Rn. 15.
46 *Röhrig* in HTK-AuslR, § 62 AufenthG, zu Abs. 2 Rn. 12 f.
47 *Winkelmann/Broscheit* in Bergmann/Dienelt AufenthG § 62 Rn. 28.
48 BGH Beschl. v. 9.2.2012 – V ZB 305/10 – juris-Rn. 14; *Bergmann/Putzar-Sattler* in Huber/Mantel AufenthG § 62 Rn. 7.
49 BGH Beschl. v. 9.2.2012 – V ZB 305/10 – juris-Rn. 14; Beschl. v. 12.7.2013 – V ZB 92/12 – InfAuslR 2013, 279 – juris-Rn. 8, ersichtlich auch durch die vom BGH zitierten Entscheidungen, etwa OLG München Beschl. v. 16.11.2005 – 34 Wx 147/05 – OLGR 2006, 205 – juris-Rn. 10: „mit der Ausweisungsverfügung ... zu rechnen ist".

1. Prognose und Zeitraum

15 Die **haftgerichtliche Prognose** muss sich daher bei der Vorbereitungshaft nur auf den möglichen Bescheiderlass innerhalb der Frist[50] und den Umstand, dass die Abschiebung beabsichtigt ist, beziehen; inwiefern Letzterer Gründe entgegenstehen (→ Kap. 2 Rn. 123 ff.), ist damit zunächst unerheblich. Soweit aber **Haftausschließungsgründe** bestehen (→ Kap. 2 Rn. 138 ff.), ist der Haftantrag ggf. abzulehnen.

16 Der Wortlaut „soll" in der Norm impliziert, dass mit einer **Dauer** von **sechs Wochen** ein **Regelfall** gemeint ist, von dem im *atypischen Fall* Ausnahmen gemacht werden können. Dass bei während der Haft auftretender Verzögerung aus besonderen, unvorhersehbaren Gründen eine **Verlängerung** möglich ist, ist daher nicht umstritten.[51] Überwiegend wird jedoch davon ausgegangen, dass eine längere Haftdauer als sechs Wochen bei **Erstanordnung** unzulässig sei.[52] Nimmt man den Wortlaut ernst, wird jedoch in atypischen Fällen auch dies jedenfalls bei geringfügiger Überschreitung möglich sein.[53]

17 Erfolgt während der Haftdauer der Bescheiderlass, kann gem. § 62 Abs. 2 S. 3 AufenthG bei einer *Ausweisung* der Haftvollzug bis zum Ablauf der angeordneten Haftfrist fortgesetzt werden; kann die **Abschiebung** innerhalb dieser Zeit durchgeführt werden, muss keine neue Haft beantragt und angeordnet werden. Dies gilt angesichts des klaren Wortlautes der Norm aber nur für die Ausweisung, nicht für die *Abschiebungsanordnung* (§ 58a AufenthG).[54] Für Letztere muss daher nach Bescheiderlass wegen Wegfalls der Voraussetzungen der Vorbereitungshaft mit einem neuen Antrag und einer neuen Haftanordnung zur **Sicherungshaft übergegangen** werden (vgl. den Haftgrund § 62 Abs. 3 S. 1 Nr. 3 AufenthG → Kap. 2 Rn. 109 ff.), um die Ausreise zu sichern.[55]

2. Haftvollzug

18 Für den **Haftvollzug** der Vorbereitungshaft gilt § 62a AufenthG (vgl. §§ 62 Abs. 2 [insbes. Normüberschrift] iVm 62a Abs. 1 S. 1 AufenthG). Es bedarf also gleichsam einer grds. **getrennten Unterbringung** (→ Kap. 2 Rn. 167 ff.), wobei die – unionsrechtlich zulässige[56] – Ausnahme für **Gefährder** (§ 62a Abs. 1 S. 2 Var. 2 AufenthG) in ihrer (haftgerichtlich festzustellenden[57]) Voraussetzung inhaltlich erhebliche Überschneidung mit dem Tatbestand der *Ausweisung* bzw. *Abschiebungsanordnung (§ 58a AufenthG)* aufweist. Im Falle absehbar unionsrechtswidrigen Haftvollzuges ist der Haftantrag indes auch hier abzulehnen (→ Kap. 2 Rn. 165), für die Regelungen über den Vollzug → Rn. Kap. 2 Rn. 179 ff.

---

50 AA (Durchführung der Abschiebung in der Frist) zB *Bergmann/Putzar-Sattler* in Huber/Mantel AufenthG § 62 Rn. 7; *Keßler* in NK-AuslR AufenthG § 62 Rn. 21.

51 Vgl. zB *Winkelmann/Broscheit* in Bergmann/Dienelt AufenthG § 62 Rn. 29; *Keßler* in NK-AuslR AufenthG § 62 Rn. 22.

52 *Winkelmann/Broscheit* in Bergmann/Dienelt AufenthG § 62 Rn. 29; so wohl auch BGH Beschl. v. 9.2.2012 – V ZB 305/10 – juris-Rn. 14.

53 So ausdrücklich OLG Bayern Beschl. v. 25.11.1993 – 3Z BR 262/93 – NVwZ 1994, 726 – juris-Rn. 7, direkt zitiert von BGH Beschl. v. 9.2.2012 – V ZB 305/10 – juris-Rn. 14; *Röhrig* in HTK-AuslR § 62 AufenthG, zu Abs. 2, Rn. 14.

54 Offenbar ein Redaktionsversehen, denn der Gesetzgeber wollte den Fall des § 58a AufenthG der Ausweisung insgesamt gleichstellen, BT-Drs. 19/10047, S. 40 f.

55 *Welte* ZAR 2021, 204 (205).

56 EuGH Urt. v. 2.7.2020 – C-18/19 – NVwZ 2020, 1821 – juris-Rn. 40; BGH Beschl. v. 31.8.2021 – XIII ZB 97/19 – NVwZ-RR 2022, 115 – juris-Rn. 24; Beschl. v. 15.12.2020 – XIII ZB 3/19 – InfAuslR 2021, 151 – juris-Rn. 6 ff.

57 *Winkelmann/Broscheit* in Bergmann/Dienelt AufenthG § 62a Rn. 25.

Kapitel 5 Ergänzende Vorbereitungshaft (§ 62c AufenthG)

Die **Ergänzende Vorbereitungshaft** ist rechtlich weniger eine Ergänzung der Vorbereitungshaft (s. Kap. 4), als ein für eine *Sonderkonstellation* im Asylverfahren geschaffenes Haftinstitut. Sie betrifft den Fall, dass ein Ausländer sich unter Verstoß gegen ein **Einreise- und Aufenthaltsverbot** (→ Kap. 2 Rn. 65 ff.) im Inland aufhält und einen (ggf. missbräuchlichen[1]) **Asyl(erst)antrag** stellt. 1

Zur inhaltlichen **Einordnung** in das Haftmodell des AufenthG können **vier Konstellationen** unterschieden werden. Sie betreffen eine Einreise 2

- **ohne Verstoß** gegen ein **Einreise- und Aufenthaltsverbot** mit anschließender Stellung eines **Asyl*erst*antrages:** Grds. entsteht mit *Ausstellung des Ankunftsnachweises* (oder *Eingang* des Antrages beim Bundesamt für Migration und Flüchtlinge) die Aufenthaltsgestattung gem. § 55 AsylG (→ Kap. 2 Rn. 9 ff.). Sie sperrt die vollziehbare Ausreisepflicht, so dass eine **Sicherungshaft** grds. *nicht möglich* ist (zur Ausnahme bei Stellung des Antrages aus dem Haftgerichtsgewahrsam → Kap. 2 Rn. 14 ff.). Auch greift die **Ergänzende Vorbereitungshaft** *nicht*, da kein Verstoß gegen das Einreise- und Aufenthaltsverbot vorliegt.
- **ohne Verstoß** gegen ein **Einreise- und Aufenthaltsverbot** mit anschließender Stellung eines **Asyl*folge*antrages:** Die Aufenthaltsgestattung gem. § 55 AsylG entsteht hier nur bei Wiederaufnahme des Verfahrens durch das Bundesamt für Migration und Flüchtlinge (→ Kap. 2 Rn. 13). Die alte Abschiebungsandrohung wirkt fort (§ 71 Abs. 5 und 6 AsylG), so dass grds. eine vollzieh- und vollstreckbare Ausreisepflicht besteht und grds. **Sicherungshaft** *möglich* ist; der **Ergänzenden Vorbereitungshaft** bedarf es weder noch wäre sie mangels Verstoß gegen ein Einreise- und Aufenthaltsverbot inhaltlich einschlägig.
- **unter Verstoß** gegen ein **Einreise- und Aufenthaltsverbot** mit anschließender Stellung eines **Asyl*folge*antrages:** Hier gilt dasselbe wie beim vorigen Bsp., der **Ergänzenden Vorbereitungshaft** bedarf es nicht.
- **unter Verstoß** gegen ein **Einreise- und Aufenthaltsverbot** mit anschließender Stellung eines **Asyl*erst*antrages:** Grds. ist hier, wie beim ersten Bsp., eine **Sicherungshaft** *nicht möglich*. Indes **greift hier** die **Ergänzende Vorbereitungshaft:** Denn es soll nicht auf den ggf. zufälligen Zeitpunkt der Stellung des Asylantrages ankommen;[2] also darauf, ob er *vor* oder *nach Festnahme* erfolgt und entsprechend eine Haftanordnung *unmöglich* oder *möglich* ist (§ 14 Abs. 2 S. 1 Nr. 2, Abs. 3 AsylG, eingehend → Kap. 2 Rn. 13).

Die Ergänzende Vorbereitungshaft ist **gesetzgeberisch misslungen**, da ihre Intention besser durch einer Änderung des ohnehin reformbedürftigen[3] und in der politischen Diskussion[4] befangenen § 14 Abs. 3 AsylG umgesetzt worden wäre. Die „Regelungslücke" zur Beseitigung eines „Wettlauf[s] zwischen Haft und Asylantragstellung"[5] mit 3

---

1 Vgl. *Winkelmann/Broscheit* in Bergmann/Dienelt AufenthG § 62 Rn. 27 aE.
2 BT-Drs. 19/22848, S. 18.
3 Vgl. zB *Fritzsch* ZAR 2021, 267 (269 f.).
4 Diskussionsentwurf des Bundesministeriums des Innern und für Heimat zur Verbesserung der Rückführung v. 1.8.2023, www.bmi.bund.de/diskussionsentwuerfe.html (Abruf: 5.8.2023).
5 BT-Drs. 19/22848, S. 18; Klammereinschub von Verf.

einer eigenen Haftart zu schließen, ist praxisfern. Für Fälle der Asylantragstellung *vor Festnahme* greift sie zwar, ist dann aber mit komplexen Prognosen aufgeladen (→ Rn. 7 ff.). Bei Eingang eines Asylerstantrages beim Bundesamt *nach Festnahme* aber *vor Haftanordnung* muss die Behörde einen Antrag auf Sicherungshaft aufwendig auf *Ergänzende Vorbereitungshaft* umstellen, wofür regelmäßig in der Frist des § 428 Abs. 1 S. 2 FamFG nicht genug Zeit bleibt.

4 Die **Voraussetzungen** der erweiterten Vorbereitungshaft sind, dass

- der Ausländer sich **unter Verstoß** gegen ein **Einreise- und Aufenthaltsverbot** ohne Betretenserlaubnis im Inland aufhält (→ Rn. 5 ff.),
- die **Vorbereitung** einer **Abschiebungsandrohung** (§ 34 AsylG) notwendig ist (→ Rn. 7 ff.),
- ein **Gefahrentatbestand** erfüllt ist (→ Rn. 12 ff.) und
- **Haftdauer** und **-vollzug** rechtmäßig sind (→ Rn. 15 ff.).

I. Aufenthalt trotz Einreise- und Aufenthaltsverbots

5 Der Ausländer muss sich entgegen einem (*wirksam* angeordneten, nicht notwendig subj. bekannten → Kap. 2 Rn. 33) **Einreise- und Aufenthaltsverbotes** im Bundesgebiet aufhalten. Dies betrifft sachlich also gem. § 11 Abs. 1 S. 1 AufenthG Ausländer, die ausgewiesenen, zurückgeschobenen oder abgeschobenen wurden und gleichwohl wieder eingereist sind; wie auch bei § 62 Abs. 3a Nr. 4 AufenthG sind Fälle einer *noch-nicht-Ausreise* nach verfügtem Einreise- und Aufenthaltsverbot nicht erfasst (→ Kap. 2 Rn. 66 f., bes. 67). Wegen der eindeutigen Normreferenz nicht erfasst[6] ist eine **Wiedereinreisesperre** nach § 7 Abs. 2 FreizügG/EU für *Unions-* und *EWR-Bürger* und ihre *Familienangehörigen* nach Verlustfeststellung.

6 Das Verbot darf noch **nicht abgelaufen** sein, was unter zwei Gesichtspunkten relevant ist: Einerseits, soweit die *Befristung* urspr. *fehlte* (dazu → Kap. 2 Rn. 70); andererseits, soweit unerlaubter Aufenthalt während des Verbots den weiteren Ablauf der *Frist hemmt* (§ 11 Abs. 9 AufenthG, → Kap. 2 Rn. 69). Zudem darf der Ausländer **nicht** über eine **Betretenserlaubnis** (§ 11 Abs. 8 AufenthG) verfügen.

II. Vorbereitung einer Abschiebungsandrohung (§ 34 AsylG)

7 Setzt § 62c Abs. 1 S. 1 AufenthG voraus, dass die Haft der **Vorbereitung einer Abschiebungsandrohung** (**§ 34 AsylG**) dient, muss eine solche grds. prognostizierbar sein. Da sie gem. § 34 Abs. 2 S. 1 AsylG mit einer Ablehnung eines Asylantrages verbunden werden soll, setzt dies logisch voraus, dass

- der Ausländer einen **Asylantrag gestellt** hat,
- dieser **voraussichtlich** vom Bundesamt für Migration und Flüchtlinge **abgelehnt** und
- die Ablehnung mit einer **Abschiebungsandrohung** (§ 34 AsylG) **verbunden** wird.

8 Die Stellung eines **Asylantrages** ist zum Zeitpunkt der Haftanordnung feststellbar. Ob aber eine **voraussichtliche Ablehnung** erfolgen wird, kann zu diesem Zeitpunkt

6 Vgl. *Dienelt* in Bergmann/Dienelt FreizügG/EU § 7 Rn. 56.

regelmäßig noch nicht prognostiziert werden.[7] Da die Haft unabhängig vom Stand des Asylverfahrens[8] (und damit nicht notwendig zB nach der *Anhörung*, § 24 Abs. 1 S. 3 AsylG) greifen soll, müssen die Asylgründe noch nicht einmal (hinreichend) bekannt sein.

Soll die Haft daher überhaupt einen Anwendungsfall haben, wird man **keine positive Prognose** der voraussichtlichen Ablehnung sowie das Ergehen einer Abschiebungsandrohung fordern dürfen:[9] Vielmehr wird wg. der doppelten Verneinung in § 62c Abs. 1 S. 2 AufenthG die Erforderlichkeit der Haft zur Vorbereitung einer Abschiebungsanordnung **gesetzlich vermutet**,[10] solange sie nach Asylantragstellung noch nicht ergangen ist.[11] Gegen eine solche Konstruktion ist auch *unionsrechtlich* nichts zu erinnern: Nach Art. 8 Abs. 3 lit. e Richtlinie 2013/33/EU (Aufnahmerichtlinie) dürfen Asylantragsteller bei Gefährdung der *nationalen Sicherheit* oder der *öffentlichen Ordnung* inhaftiert werden, was bei Erfüllung des *Gefahrentatbestandes* (→ Rn. 12) – und dokumentiert durch die das Einreise- und Aufenthaltsverbot missachtende Einreise – einschlägig ist.[12] 9

Die **Vermutung** gem. § 62c Abs. 1 S. 2 AufenthG ist allerdings in folgenden Fällen **widerlegt**: 10

- Wenn Rücksprache mit dem Bundesamt für Migration und Flüchtlinge ergibt, dass im Verfahren des Ausländers derzeit eine **50 Prozent übersteigende Wahrscheinlichkeit** für die Gewährung von *Asyl*, *Flüchtlingseigenschaft* oder *subsidiärem Schutz* oder die Annahme von *Abschiebungsverboten* gem. § 60 Abs. 5 oder 7 AsylG besteht. Denn dann wird gem. § 34 Abs. 1 S. 1 Nr. 1 bis 3 AsylG keine Abschiebungsandrohung ergehen.
- Wenn eine **Dublin-III-Konstellation** (→ Kap. 6 Rn. 2 ff.) vorliegt, wofür in der Praxis ein entsprechender **Eurodac-Treffer** Anhaltspunkte geben wird (→ Kap. 6 Rn. 2). In diesen Fällen wird statt einer von § 62c Abs. 1 AufenthG vorausgesetzten Abschiebungsandrohung (§ 34 AsylG) vrsl. eine **Abschiebungsanordnung (§ 34a AsylG)** ergehen. Der Wortlaut erfasst diese nicht, die Historie[13] berücksichtigt sie nicht. Nach der Systematik ist die *Androhung* nachrangig zur Anordnung (§ 34a Abs. 1 S. 4 AsylG): Erstere ist Vorbereitung der Vollstreckung, letztere ein Mittel derselben,[14] also ein vom Verweis auf § 34 AsylG nicht mit umfasstes Aliud. Dies zeigt auch der Textvergleich zwischen § 62c Abs. 2 S. 1 AufenthG und seinem weiter gefassten und Dublin-III-Fälle gerade einschließenden Vorbild[15] § 14 Abs. 3 S. 2 AsylG. Eine nach dem vermuteten Zweck den Wortlaut überschreitende Auslegung der Norm verbietet sich im Bereich von Freiheitsentziehungen wegen des Analogieverbotes aus Art. 104 Abs. 1 GG.

---

7 Dies aber fordernd *Broscheit* in Bergmann/Dienelt AufenthG § 62c Rn. 17; *Welte* ZAR 2021, 204 (207 f.).
8 BT-Drs. 19/22848, S. 18.
9 *Hailbronner* AuslR AufenthG § 62c Rn. 33.
10 *Zeitler* in HTK-AuslR § 62c AufenthG, Abs. 1, Rn. 22 f.
11 *Hailbronner* AuslR AufenthG § 62c Rn. 34.
12 *Hailbronner* AuslR AufenthG § 62c Rn. 20.
13 BT-Drs. 19/22848, S. 18.
14 BGH Beschl. v. 31.8.2021 – XIII ZB 97/19 – NVwZ-RR 2022, 115 – juris-Rn. 11; Beschl. v. 21.8.2019 – V ZB 60/17 – InfAuslR 2020, 28 – juris-Rn. 9 ff., bes. 12 aE.
15 BT-Drs. 19/22848, S. 18.

- **Nicht** im Falle einer zu erwartenden **Abschiebungsandrohung nach § 35 AsylG** bei Ablehnung des Asylantrags als *unzulässig* wg. *Verfolgungssicherheit bietenden Drittstaates* (§ 29 Abs. 1 Nr. 4 AsylG); denn nach der norminternen Systematik zeigt § 62c Abs. 2 S. 1 HS 2 Var. 1 AufenthG, dass diese Fälle mitumfasst sein sollen und normextern modifiziert § 35 AsylG die Regelung des § 34 AsylG nur[16] und ist kein Aliud.

11 Die für diese **eingeschränkte Prognose** notwendige **Tatsachengrundlage** hat der *Haftantrag* darzulegen. Ohne die in der vorigen Randnummer benannte *Auskunft* des Bundesamtes für Migration und Flüchtlinge ist sie abschließend, dh für eine Hauptsache-Entscheidung nicht zu treffen. Dies wird in der Praxis erst nach der Anhörung möglich sein, so dass bis dahin nur eine **einstweilige Anordnung** (→ Kap. 13 Rn. 103 ff.) in Betracht kommen wird.

III. Gefahrentatbestand

12 Eine Inhaftnahme setzt voraus, dass von dem Ausländer von ihm eine **erhebliche Gefahr** für Leib und Leben Dritter oder bedeutende Rechtsgüter der inneren Sicherheit ausgeht oder er auf Grund eines **besonders schwerwiegenden Ausweisungsinteresses** ausgewiesen worden ist. Das Bestehen der einen oder anderen Variante muss haftgerichtlich *positiv festgestellt* werden.

13 Für die **erhebliche Gefahr** gelten die obigen Maßstäbe entsprechend → Kap. 2 Rn. 86 f. Auch das Verhalten, das zum Erlass des *Einreise- und Aufenthaltsverbots* geführt hat, kann zur Beurteilung der individuellen Gefährlichkeit herangezogen werden;[17] dies setzt jedoch wegen der Präsens-Formulierung des Wortlautes voraus, dass die Umstände *gegenwärtig* fortbestehen.[18]

14 Alternativ ist der Gefahrentatbestand erfüllt, wenn eine **Ausweisung** aufgrund eines **besonders schwerwiegenden Ausweisungsinteresses** gem. § 54 Abs. 1 AufenthG erfolgt ist. Dieser Tatbestand ist mit Bestehen einer *wirksamen*, mindestens *auch* auf § 54 Abs. 1 AufenthG gestützten, Ausweisungsverfügung erfüllt; auf ihre Rechtmäßigkeit kommt es nicht an.[19] Soweit die Ausweisung *vor* der Aus- und Wiedereinreise ergangen ist, wird sie regelmäßig bestandskräftig sein. Dem Wortlaut und systematischen Vergleich zur aktuellen Gefährlichkeit nach kommt allerdings auch eine *Ausweisung nach* unerlaubter *Wiedereinreise* iSd § 14 Abs. 1 Nr. 3 AufenthG in Betracht. Ist sie streitbefangen, beseitigt eine stattgebende Entscheidung des Verwaltungsgerichts nach § 80 Abs. 5 VwGO deren Wirksamkeit nicht, sondern nur die Vollziehbarkeit (§ 84 Abs. 2 S. 1 AufenthG);[20] weil letztere aber nicht Tatbestandsvoraussetzung ist, entfällt das Merkmal erst nach Aufhebung der Ausweisung im verwaltungsgerichtlichen Klageverfahren.[21]

---

16 *Broscheit* in Huber/Mantel AsylG § 35 Rn. 1; *Hailbronner* AuslR AsylG § 35 Rn. 2; *Pietzsch* in BeckOK AuslR AsylG § 35 Rn. 2; dies nicht klarzustellen, ist allerdings dem Gesetzgeber als mangelnde Präzision anzulasten (→ Rn. 3).

17 *Hailbronner* AuslR AufenthG § 62c Rn. 40.

18 *Zeitler* in HTK-AuslR, § 62c AufenthG, Abs. 2 Rn. 4.

19 *Broscheit* in Bermann/Dienelt AuslR AufenthG § 62c Rn. 15; *Zeitler* in HTK-AuslR, § 62c AufenthG, Abs. 1, Rn. 18.

20 *Breckwoldt* in HTK-AuslR, § 84 AufenthG, Rn. 45; *Huber* in Huber/Mantel AufenthG § 84 Rn. 6; *Samel* in Bergmann/Dienelt AuslR AufenthG § 84 Rn. 26 – jew. mwN.

21 *Zeitler* in HTK-AuslR, § 62c AufenthG, Abs. 1, Rn. 19 f.

IV. Haftdauer und Vollzug

Die Haftdauer der Ergänzenden Vorbereitungshaft wird durch § 62c Abs. 2 AufenthG geregelt. Für die Rechtmäßigkeit des Vollzuges stellt § 62c Abs. 3 AufenthG Anforderungen auf. 15

1. Vier-Wochen-Frist und Ausnahmen

Das für die **Haftdauer** greifende Fristensystem des § 62c Abs. 2 AufenthG orientiert sich an § 14 Abs. 3 S. 3 AsylG (→ Kap. 2 Rn. 17). Fristauslösendes Ereignis ist der *Eingang* des Asylantrages beim Bundesamt,[22] nicht der Erlass der Haftanordnung. Spätestens **vier Wochen** nach Antragseingang beim Bundesamt endet die Haft (§ 62c Abs. 2 S. 1 HS 1 Var. 2 AufenthG) und ist insofern gerichtlich zu befristen. Obgleich Haft *so kurz wie möglich* zu halten ist (§§ 62c Abs. 3 S. 3 iVm 62 Abs. 1 S. 2 AufenthG),[23] ist diese Frist der **Regelfall**, ohne, dass es insofern einer *konkreten Prognose* bedürfte: Denn bei früherer Entscheidung des Bundesamtes greift ohnehin die nachfolgende (von der Behörde selbständig umzusetzende[24]) Haftzeitbegrenzung. 16

Ergeht innerhalb der vier-Wochen-Frist die **Entscheidung** des Bundesamtes über den **Asylantrag**,[25] ist zu differenzieren: 17

- Wird der Asylantrag als **offensichtlich unbegründet** abgelehnt, endet die Haft grds. mit Ablauf der Frist für verwaltungsgerichtlichen Eilrechtsschutz von *einer Woche* nach Zustellung des Bescheides (§ 62c Abs. 2 S. 1 HS 2 Var. 2 AufenthG, § 36 Abs. 3 S. 1 AsylG). Wird *Eilrechtsschutz* fristgerecht beantragt, läuft die Haft bis zur (ggf. gem. § 36 Abs. 3 S. 5 bis 7 AsylG bis zu drei Wochen später erfolgenden) *Entscheidung* des Verwaltungsgerichtes. Im Falle der Stattgabe endet sie mit Bekanntgabe derselben, andernfalls darf Haft zwecks Ermöglichung des Übergangs zur Sicherungshaft (s. Kap. 2) noch bis höchstens eine weitere Woche aufrecht erhalten bleiben (§ 62c Abs. 2 S. 3 AufenthG). Höchstgrenze für alle Endzeitpunkte ist der von der gerichtlichen Haftanordnung getragene (ggf. verlängerte → Kap. 13 Rn. 169) Haftzeitraum.[26]
- Wird der Asylantrag als **unzulässig gem. § 29 Abs. 1 Nr. 4 AsylG** (wg. Verfolgungssicherheit bietenden Drittstaates) abgelehnt, gilt dasselbe wie bei der Ablehnung als *offensichtlich unbegründet* (§ 62c Abs. 2 S. 1 HS 2 Var. 1 AufenthG, obgleich dann eine Androhung nach § 35 AsylG ergeht → Rn. 10 Nr. 3).
- Wird der Asylantrag aus **anderen Gründen** (zB sonst *unzulässig* oder einfach *unbegründet*) abgelehnt, endet die Haft mit Zustellung des Bescheides (§ 62c Abs. 2 S. 1 HS 1 Var. 1 AufenthG).[27]

---

22 *Zeitler* in HTK-AuslR, § 62c AufenthG, Abs. 2 Rn. 8.

23 *Hailbronner* AuslR AufenthG § 62c Rn. 31.

24 BGH Beschl. v. 6.10.2020 – XIII ZB 115/19 – InfAuslR 2021, 119 – juris-Rn. 11.

25 *Broscheit* in Bermann/Dienelt AuslR AufenthG § 62c Rn. 18; *Zeitler*, in HTK-AuslR § 62c AufenthG, Abs. 2 Rn. 2; Der Wortlaut kann mit *Entscheidung* zwar alternativ die *Abschiebungsandrohung* meinen; die Systematik des § 62c Abs. 2 S. 2 ff. AufenthG und der Umstand, dass, wenn eine Ablehnung erfolgt ist und nur noch die Androhung aussteht, eine vollziehbare Ausreisepflicht besteht und mithin Sicherungshaft angeordnet werden kann, schließt dies jedoch aus.

26 *Welte* ZAR 2021, 204 (208).

27 Vgl. BGH Beschl. v. 6.10.2020 – XIII ZB 115/19 – InfAuslR 2021, 119 – juris-Rn. 16 ff., 26 zu der Frage, ob trotz des eindeutigen Wortlautes statt *Zustellung* die vorgelagerte *Absendung* des Bescheides relevant sein kann.

18 Im Falle einer ausstehenden Entscheidung des Bundesamtes ist wegen des eindeutigen Wortlautes des § 62c Abs. 2 S. 1 HS 1 Var. 2 AufenthG eine **Verlängerung** der vier-Wochen-Frist (selbst bei Verschulden des Ausländers) nicht möglich.[28] Im Falle des § 62c Abs. 2 S. 2 und 3 AufenthG kommt eine Verlängerung wegen des insofern offeneren Wortlautes des § 62c Abs. 2 S. 1 HS 2 Var. 1 und 2 AufenthG zwar mit Blick auf den Lauf eines (ggf. auch gem. § 36 Abs. 3 S. 5 bis 7 AsylG verzögerten) **Eilrechtsschutzverfahrens** theoretisch in Betracht; derlei wäre aber *praxisfern*.

19 Denn ist in den Fällen des § 62c Abs. 2 S. 2 und 3 AufenthG eine ablehnende Entscheidung ergangen, hat ein hiergegen gerichtetes Rechtsmittel *keine aufschiebende Wirkung* (§ 75 Abs. 1 AsylG verweist nicht auf § 36 AsylG), so dass während eines laufenden Eilverfahrens lediglich ein *Vollzugsverbot* besteht (§ 36 Abs. 3 S. 8 AsylG). Mithin ist der Ausländer *vollzieh-* und *vollstreckbar ausreisepflichtig* (→ Kap. 2 Rn. 2 ff.), so dass die im Fristensystem **verbleibende Haftzeit**[29] (→ Rn. 16) genutzt werden kann, um stattdessen **Sicherungshaft** gem. § 62 Abs. 3 S. 1 Nr. 1, Abs. 3a Nr. 4 AufenthG zu beantragen.[30] Soweit noch ein verwaltungsgerichtliches Eilverfahren läuft, darf darüber freilich nur im Wege einstweiliger Anordnung entschieden werden (→ Kap. 2 Rn. 130).

2. Haftvollzug

20 Für den Vollzug der Haft greifen grds. **dieselben Regelungen** wie bei der **Sicherungshaft**, obschon diese zwar nicht durch die *Rückführungsrichtlinie*,[31] indes inhaltlich vergleichbar durch Art. 10 f. der *Aufnahmerichtlinie* vorgegeben sind:[32] § 62c Abs. 3 S. 1 AufenthG schreibt folgerichtig eine grds. Unterbringung in *getrennten Hafteinrichtungen* vor (→ Kap. 2 Rn. 167 ff.). Im Falle einer absehbar rechtswidrigen Unterbringung ist der Antrag abzulehnen (→ Kap. 2 Rn. 165).

21 Die für **Gefährder** vorgesehene **Unterbringung in einer JVA** (§ 62c Abs. 3 S. 2 Var. 2 AufenthG), dort in einem *abgetrennten Bereich* (§ 62c Abs. 3 S. 2 letzter HS AufenthG), ist aber praktisch bei der Ergänzenden Vorbereitungshaft besonders relevant: Die dafür vom Haftgericht festzustellende[33] besondere Gefährlichkeit ist *identisch* mit einem der beiden **Gefahrentatbestände** (→ Rn. 12 f.),[34] so dass insofern keine gesonderte Prüfung nötig ist. Sie wird auch beim alternativen Tatbestand des besonders schwerwiegenden Ausweisungsinteresse praktisch (indes gesondert zu begründen[35]) regelmäßig erfüllt sein.[36] Die *Unionsrechtskonformität* einer solchen Unterbringung für Gefährder ist geklärt.[37]

---

28 *Hailbronner* AuslR AufenthG § 62c Rn. 46.
29 Soweit *kein Haftzeitrest* verbleibt (zB bei Ablehnung als *einfach unbegründet*), müsste mit Freilassung sogleich behördliche Festnahme gem. § 62 Abs. 5 AufenthG zur Richtervorführung bzgl. eines gesonderten Antrages auf Sicherungshaft erfolgen, soweit zur Sicherungshaft übergegangen werden soll.
30 Vgl. *Broscheit* in Bergmann/Dienelt AuslR AufenthG § 62c Rn. 20; BT-Drs. 19/22848, S. 18.
31 Oben → Rn. 9; aA *Welte* ZAR 2021, 204 (205 f.).
32 *Zeitler* in HTK-AuslR, § 62c AufenthG, Abs. 2 Rn. 8.
33 *Broscheit* in Bergmann/Dienelt AuslR AufenthG § 62c Rn. 24.
34 *Broscheit* in Bergmann/Dienelt AuslR AufenthG § 62c Rn. 23; *Hailbronner* AuslR AufenthG § 62c Rn. 47.
35 *Broscheit* in Bergmann/Dienelt AuslR AufenthG § 62c Rn. 23 aE.
36 *Hailbronner* AuslR AufenthG § 62c Rn. 48.
37 EuGH Urt. v. 2.7.2020 – C-18/19 – NVwZ 2020, 1821 – juris-Rn. 40; BGH Beschl. v. 31.8.2021 – XIII ZB 97/19 – NVwZ-RR 2022, 115 – juris-Rn. 24; Beschl. v. 15.12.2020 – XIII ZB 3/19 – InfAuslR 2021, 151 – juris-Rn. 6 ff.

Kapitel 6 Überstellungshaft (Dublin-III-Verordnung/ Asyl-Migrations-Verordnung-E)

Die Überstellungshaft ist ein *spezialgesetzlicher Fall* der Sicherungshaft. Sie betrifft eine praktisch häufige Konstellation im **europäischen Asylsystem** (sog. „Sekundärmigration"). Ihr liegt zugrunde, dass derjenige Staat, in welchem ein Drittstaatsangehöriger oder staatenloser Ausländer zuerst **europäischen Boden** betritt, grds. für *alle Schutzanträge* (zB Asyl, Flüchtlingsstatus, subsidiärer Schutz) zuständig ist. Verlässt der Ausländer den zuständigen Staat, soll er dorthin zurück überstellt und dies notwendigenfalls durch Überstellungshaft gesichert werden. 1

I. Anwendungsbereich

1. Dublin-III-Verordnung

Die zum Zeitpunkt der Drucklegung geltende Verordnung (EU) Nr. 604/2013 (Dublin-III-Verordnung) greift in den **EU-Mitgliedsstaaten** (nicht mehr: Großbritannien), **Island**, **Norwegen**, **Liechtenstein** und der **Schweiz.** Wird hier ein Drittstaatsangehöriger oder staatenloser Ausländer der *Stellung eines Schutzantrages* (Kategorie 1), dem *illegalen Übertritt einer Unions-Außengrenze* (Kategorie 2) oder dem *illegalen Aufenthalt in einem Mitgliedsstaat* (Kategorie 3) aufgegriffen, werden seine Fingerabdrücke aufgenommen und in der Beweiskraft besitzenden[1] **Eurodac-Datenbank** zusammen mit der zugehörigen Kategorie niedergelegt (Art. 9, 14, 17 Verordnung [EU] Nr. 603/2013 [Eurodac-Verordnung]). 2

Der **erste** im Dublin-System teilnehmende **Staat**, dessen Boden der Ausländer betreten hat, ist grds. für den **Schutzantrag zuständig** (Art. 7 ff., bes. 13 f. Dublin-III-Verordnung). Auch dann, wenn der Ausländer *vor Asylantragstellung*, *während* oder *nach* (negativem) *Abschluss* eines Asylverfahrens aus dem Erststaat weiter nach Deutschland reist. Wird er in Deutschland aufgegriffen, werden seine Fingerabdrücke genommen und es wird mittels Eurodac-Abgleiches festgestellt, in welchem Staat er bereits zuvor erfasst wurde. 3

Sodann wird dieser Staat kontaktiert und um (**Wieder-**)**Aufnahme** des Ausländers ersucht, wobei im Falle fehlender Antwort die Zustimmung hierzu fingiert wird. Einen in Deutschland gestellten Asylantrag lehnt das **Bundesamt für Migration und Flüchtlinge** als *unzulässig ab* (§ 29 Abs. 1 Nr. 1a AsylG), stellt fest, dass *keine Abschiebungsverbote* vorliegen (§ 60 AsylG), ordnet die *Abschiebung* (in Dublin-Fällen sog. „Überstellung") in den zuständigen Staat an (§ 34a Abs. 1 S. 1 AsylG) und erlässt ein *Einreise- und Aufenthaltsverbot* (§ 11 Abs. 1 AufenthG). 4

Die Sicherung dieses Verfahrens durch Haft richtet sich nach der **Befugnisnorm** für die Haftanordnung in **Art. 28 Abs. 2 Dublin-III-Verordnung** iVm § 2 Abs. 14 AufenthG. 5

1 Einträge in der Datenbank haben gem. Anhang II Verzeichnis A II Nr. 1 der Durchführungsverordnung [EU] Nr. 118/2014 Beweiskraft.

Mithin scheidet ein Rückgriff auf die *leges generales* der Sicherungshaft in § 62 Abs. 3 AufenthG oder des Ausreisegewahrsams in § 62b AufenthG aus (vgl. aber → Rn. 14).[2]

2. Verordnung über Asyl- und Migrationsmanagement

6 Die zum Zeitpunkt der Drucklegung noch im *europäischen Gesetzgebungsverfahren*[3] befangene Verordnung über Asyl- und Migrationsmanagement (hier sog. **Asyl-Migrations-Verordnung-E**[ntwurf]) soll vrsl. im Jahr 2024 das **Dublin-Verfahren ablösen**, die Eurodac-Verordnung neu fassen und das europäische Asylsystem insgesamt mit inhaltlichen Änderungen (zB Grenzverfahren) auf eine neue Rechtsgrundlage stellen. Die Änderung wird qua bilateraler Vereinbarungen auch in *Island*, *Norwegen*, *Liechtenstein* und der *Schweiz* greifen, soweit diese Länder nicht innerhalb einer bestimmten Frist mitteilen, dass sie der Weiterentwicklung des Dublin-Systems widersprechen.[4]

7 Während der Zeitpunkt eines möglichen **Inkrafttretens** wie auch zahlreiche Detailfragen bei Drucklegung noch nicht absehbar waren, sind Änderungen mit Haftbezug marginal. Soweit sich im Gesetzgebungsverfahren keine *wesentlichen Änderungen* ergeben, werden sich vrsl. lediglich die Befugnisnormen (Haft vrsl. nach Art. 34 Abs. 2 Asyl-Migrations-Verordnung-E) und Detailaspekte zB zu Fristen ändern. Dieser Stand ist hier bereits mit verzeichnet. Nach Inkrafttreten der **neuen Verordnung** vgl. für eine Zusammenfassung der *Änderungen der Rechtslage* und aktualisierte Muster (s. Kap. 17) die Buch-Webseite.[5]

3. Voraussetzungen der Haftanordnung

8 Haft nach Art. 28 Abs. 2 Dublin-III-Verordnung (Art. 34 Abs. 2 Asyl-Migrations-Verordnung-E) hat **vier Voraussetzungen**, die kumulativ erfüllt sein müssen:

- Es muss eine **vollzieh-** und **vollstreckbare Ausreisepflicht** bestehen (→ Rn. 9 ff.),
- ein **Haftgrund** muss gegeben sein (→ Rn. 16 ff.),
- die **Überstellung** muss **innerhalb der Haftfrist durchführbar** sein, wobei diese so kurz wie möglich zu halten ist (→ Rn. 29 ff.) und
- es dürfen keine **Haftausschließungsgründe** (→ Rn. 36) bestehen.

II. Vollzieh- und vollstreckbare Ausreisepflicht

1. Grundsatz

9 Im Falle der Überstellungshaft ergibt sich die vollzieh- und vollstreckbare Ausreisepflicht regelmäßig insofern aus § 50 Abs. 1 AufenthG, als wegen der **Ablehnung des Asylantrages** die *Aufenthaltsgestattung* (§ 55 AsylG) erloschen ist. Damit die Ausreisepflicht vollstreckbar ist, bedarf es gem. Art. 6 Abs. 2 Rückführungsrichtlinie bei fehlender freiwilliger Ausreise auch in europäischen Asylfällen einer *Rückkehrentscheidung* (eingehend → Kap. 2 Rn. 49 f.).[6]

---

2 BGH Beschl. v. 7.7.2016 – V ZB 21/16 – InfAuslR 2017, 59 – juris-Rn. 4; Beschl. v. 26.6.2014 – V ZB 31/14 – NVwZ 2014, 1397 – juris-Rn. 11.
3 https://eur-lex.europa.eu/legal-content/DE/HIS/?uri=COM:2020:610:FIN (Abruf: 2.7.2023).
4 EU-Kommission, Vorschlag v. 23.9.2020, COM/2020/610/FINAL, Nr. 2.3, S. 9 f. (dt. Fassung).
5 www.abschiebungshaft-buch.de.
6 BGH Beschl. v. 21.8.2019 – V ZB 60/17 – InfAuslR 2020, 28 – juris-Rn. 13.

a) Abschiebungsanordnung (Regelfall)

Wird wegen der Zuständigkeit eines anderen Mitgliedsstaates der nationale Asylantrag als *unzulässig abgelehnt* (§ 29 Abs. 1 Nr. 1a AsylG), wird bei Durchführbarkeit der Abschiebung (regelmäßig gleichzeitig) eine (als Rückkehrentscheidung hinreichende[7]) **Abschiebungsanordnung** (§ 34a AsylG) erlassen. Anders als bei der Sicherungshaft genügt aber auch für eine Entscheidung in der *Hauptsache*, dass mit dem Erlass der Abschiebungsanordnung **während der Haftzeit** zu rechnen ist; denn ohne Frist ist die Anordnung keine Vollstreckungs*vorbereitung*, sondern Vollstreckungs*maßnahme*, die auch während der Haft erfolgen darf.[8] Dies ist nur dann anders, wenn ohne die Anordnung noch *keine vollziehbare Ausreisepflicht* besteht;[9] regelmäßig ist das aber zB wegen unerlaubter Einreise (sog. „Aufgrifffall") der Fall. 10

Ergeht die Abschiebungsanordnung *zusammen* mit der Asylablehnung, erlischt die Aufenthaltsgestattung mit der Vollziehbarkeit der **Abschiebungsanordnung** (§ 67 Abs. 1 Nr. 5 AsylG). Eine Klage hiergegen hat keine aufschiebende Wirkung (§ 75 Abs. 1 AsylG), die Rechtsmittelfrist beträgt lediglich eine Woche (§§ 74 Abs. 1, 34a Abs. 2 AsylG). Nur, soweit *innerhalb* der Wochenfrist ein **Eilantrag** vor dem Verwaltungsgericht gestellt wird, darf die Ausreisepflicht *bis zur Entscheidung* des Verwaltungsgerichtes nicht vollstreckt werden (§ 34a Abs. 2 S. 2 AsylG). Solange ein dergestalt zulässiges Eilverfahren anhängig ist, darf daher nur eine *vorläufige Freiheitsentziehung* (§ 427 FamFG) angeordnet werden. 11

b) Abschiebungsandrohung (Ausnahme)

Wenn die Durchführbarkeit der Überstellung noch von inlandsbezogenen Abschiebungshindernissen abhängig (zB fortgeschrittene Schwangerschaft), ergeht keine Abschiebungsanordnung. Stattdessen wird eine (als Rückkehrentscheidung hinreichende) **Abschiebungsandrohung** (§§ 34a Abs. 1 S. 4, 34 AsylG) mit Fristsetzung erlassen. Die Frist beläuft sich auf 30 Tage (§ 38 Abs. 1 S. 1 AsylG). Das hat zur Folge, dass eine Klageerhebung aufschiebende Wirkung hat (§§ 75 Abs. 1 S. 1, 38 Abs. 1 AsylG)[10] und somit die Vollziehbarkeit der Ausreisepflicht bis zum Eintritt der Bestandskraft hindert (§ 67 Abs. 1 S. 1 Nr. 4 AsylG). Anders als bei der *Anordnung* (→ Rn. 10) genügt bei der *Androhung* nicht das erwartete Ergehen in der Haftfrist. Denn diese ist wegen der Fristsetzung Vollstreckungs*vorbereitung*, so dass wie bei der Sicherungshaft bis zu ihrer Zustellung nur eine *vorläufige Freiheitsentziehung* (§ 427 FamFG) in Betracht kommt.[11] 12

2. Aufgriff- und weitere Fälle

Wird im nach Stellung eines Schutzantrages in einem europäischen Asylstaat im Inland **kein Asylantrag** gestellt, sondern der Ausländer zB lediglich bei einer Kontrolle oder Vorsprache nebst anschließender Verteilung (§ 15a AufenthG) aufgegriffen (sog. **„Aufgrifffall"**), wird gleichwohl durch das Bundesamt für Migration und Flüchtlinge die 13

7 BGH Beschl. v. 21.8.2019 – V ZB 60/17 – InfAuslR 2020, 28 – juris-Rn. 13.
8 BGH Beschl. v. 31.8.2021 – XIII ZB 97/19 – NVwZ-RR 2022, 115 – juris-Rn. 11; Beschl. v. 21.8.2019 – V ZB 60/17 – InfAuslR 2020, 28 – juris-Rn. 9 ff., bes. 12 aE.
9 BGH Beschl. v. 31.8.2021 – XIII ZB 97/19 – NVwZ-RR 2022, 115 – juris-Rn. 11.
10 VG Augsburg Beschl. v. 30.7.2019 – Au 3 S 19.50597 – juris-Rn. 15.
11 Vgl. BGH Beschl. v. 21.8.2019 – V ZB 60/17 – InfAuslR 2020, 28 – juris-Rn. 12.

Abschiebung *angeordnet* bzw. *angedroht* (§ 34a Abs. 1 S. 2 und 4 AsylG).[12] Darin liegt auch die (ggf. auch erst während der Haftzeit ergehende → Rn. 12) Rückkehrentscheidung; die vollziehbare Ausreisepflicht folgt im Übrigen schon aus der *unerlaubten Einreise* (→ Kap. 2 Rn. 25 ff.).

14 In weiteren Fallkonstellationen stellen sich behördlicherseits **Abgrenzungsfragen** zwischen *Abschiebungs-* und *Überstellungsverfahren*. Zwar ist die Richtigkeit des gewählten Verfahrens haftgerichtlich nicht zu prüfen,[13] allerdings können insofern ggf. **Wechsel im Verfahren** erfolgen, so dass sie für die haftgerichtliche Praxis von Bedeutung sind:

- Nicht dem Anwendungsbereich von Art. 1 Dublin-III-Verordnung (Art. 1 Asyl-Migrations-Verordnung-E) unterfällt, wenn der Ausländer **nirgendwo in Europa** (also auch nicht in Deutschland) einen **Schutzantrag** gestellt hat. Diese Fälle richten sich nach den allgemeinen Vorschriften (*Sicherungshaft* s. Kap. 2).
- Nicht der Dublin-III-Verordnung unterfällt, wenn der Ausländer schon **andernorts in Europa Schutz erhalten hat** (Art. 18 Abs. 1 lit. d Dublin-III-Verordnung erfasst die *Ablehnung*, nicht *Stattgabe*). Dies gilt auch, soweit er dort nur geringeren (zB subsidiären oder Flüchtlings-)Schutz erlangt hat und in Deutschland als sog. „Aufstocker“ um vollen Asylstatus nachsucht; diese Fälle richten sich nach den allgemeinen Vorschriften (*Sicherungshaft* s. Kap. 2). Nach Art. 26 Abs. 1 lit. c Asyl-Migrations-Verordnung-E ist dies indes anders: Hier kann Überstellung in den schutzgewährenden europäischen Asylstaat erfolgen.
- Wird der Ausländer **nach bestandskräftiger Ablehnung** seines Asylantrages durch einen anderen Mitgliedsstaat in Deutschland ohne Aufenthaltstitel aufgegriffen und stellt **keinen (weiteren) Asylantrag**, kann die deutsche Behörde gem. Art. 24 Abs. 4 Dublin-III-Verordnung wählen, ob sie eine Überstellung in den zuständigen Staat (§ 18 Abs. 1 lit. d, 24 Dublin-III-Verordnung) oder eine Abschiebung nach allgemeinen Vorschriften (zB in den Herkunftsstaat) vornimmt. Die Entscheidung muss im Haftantrag zum Ausdruck kommen.[14]
- Geht zB wg. Überschreitung der Fristen des Art. 29 Abs. 1 Dublin-III-Verordnung (Art. 27 Abs. 1 Asyl-Migrations-Verordnung-E) während der Haft die **Zuständigkeit** für ein Asylverfahren **auf Deutschland über** (was haftgerichtlich unbeachtlich ist),[15] kann von der Überstellungs- in **Sicherungshaft übergegangen** werden, was einen Antrag der Behörde nebst Erklärung für die Gründe für den Wechsel und Darlegung der neuen Haftvoraussetzungen erfordert.[16]

3. Sicherungsfähiges Überstellungsverfahren

15 Da Haft nur angeordnet werden darf, um ein konkretes **Überstellungsverfahren** zu sichern, sah die *Vorauflage* insofern noch einen eigenständigen Prüfungspunkt vor.[17] Da nach der mittlerweile ergangenen Rspr. des BGH allerdings weder die Richtigkeit

12 VG Düsseldorf Beschl. v. 29.9.2017 – 12 L 3583/17.A – juris-Rn. 32 mwN.
13 BGH Beschl. v. 7.4.2020 – XIII ZB 53/19 – juris-Rn. 12.
14 Vgl. BGH Beschl. v. 20.10.2016 – V ZB 26/15 – juris-Rn. 12.
15 BGH Beschl. v. 24.6.2020 – XIII ZB 39/19 – juris-Rn. 29.
16 BGH Beschl. v. 22.10.2015 – V ZB 79/15 – NVwZ 2016, 711 – juris-Rn. 17.
17 Rn. 216 ff.

der *Verfahrenswahl*, noch die Richtigkeit der *Auswahl des europäischen-Asyl-Zielstaates*[18] oder ein (wg. Überschreitung der Überstellungsfrist erfolgender) *Übergang der Zuständigkeit* auf Deutschland[19] haftgerichtlich von Bedeutung ist, sondern der Kontrolle der Verwaltungsgerichte unterliegt, wird hieran nicht mehr festgehalten. Entscheidend ist lediglich, **ob** die Behörde eine **Überstellung** in einen europäischen Asylstaat iSd Art. 28 Abs. 2 Dublin-III-Verordnung (Art. 34 Abs. 2 Asyl-Migrations-Verordnung-E) verfolgt – genauso, wie bei der Sicherungshaft relevant ist, *ob* sie die Abschiebung in einen *Drittstaat* verfolgt.

III. Haftgrund

16 Die Überstellungshaft setzt einen **Haftgrund** voraus, der *nicht* allein darin liegen darf, dass der Ausländer überhaupt den Mitgliedsstaat gewechselt hat, also *der Überstellung unterliegt* (Art. 28 Abs. 1 Dublin-III-Verordnung; Art. 34 Abs. 1 Asyl-Migrations-Verordnung-E). Vielmehr muss nach der **Legaldefinition** in Art. 28 Abs. 2, 2 lit. n Dublin-III-Verordnung **erhebliche** (gem. Art. 34 Abs. 2, 2 lit. q Asyl-Migrations-Verordnung-E lediglich:) **Fluchtgefahr** vorliegen, also im Einzelfall bestehende Gründe, die auf *objektiven nationalstaatlich festgelegten Kriterien* beruhen und zur Annahme Anlass geben, dass sich ein Ausländer, gegen den ein Überstellungsverfahren läuft, diesem Verfahren *durch Flucht entziehen* könnte.

17 Die Festlegung der Kriterien für die Fluchtgefahr obliegt der **Gesetzgebung** der Mitgliedsstaaten.[20] Sie müssen hinreichend **präzise** und **vorhersehbar geregelt** sein, um Willkürgefahr zu vermeiden; reine *Fallgruppen* der Rechtsprechung genügen genauso wenig[21] wie *Generalklauseln*, die kein konkretes Verhalten benennen.[22] Zur nationalrechtlichen Ausfüllung des Begriffs der (erheblichen) Fluchtgefahr dient die *abschließend* regelnde Norm des § 2 Abs. 14 AufenthG,[23] die folglich auch den Rückgriff auf davon nicht umfasste Haftgründe (zB unerlaubte Einreise, § 62 Abs. 3 S. 1 Nr. 2 AufenthG) sperrt.[24]

18 Damit verweist das nationale Recht auf die **Kataloge der Fluchtgefahr** in der **Sicherungshaft.** Dass dort (lediglich) *Fluchtgefahr* definiert wird, ist praktisch nicht von Bedeutung; sie soll (ggf. unter besonderer Beachtung des Übermaßverbotes[25]) nach dem ausdrücklichen Verweis in § 2 Abs. 14 S. 1 AufenthG auf Art. 2 lit. n Dublin-III-Verordnung auch die unionsrechtlich geforderte *Erheblichkeit* begründen (welche Art. 2 lit. q Asyl-Migrations-Verordnung-E nicht mehr erfordert). Insofern greifen grds. *die meisten Vermutungstatbestände* des § 62 Abs. 3a AufenthG (→ Rn. 19 f.) und *einige Anhaltspunkte*

18 BGH Beschl. v. 20.5.2020 – XIII ZB 71/19 – juris-Rn. 7; Beschl. v. 7.4.2020 – XIII ZB 53/19 – InfAuslR 2020, 283 – juris-Rn. 9.
19 BGH Beschl. v. 25.8.2020 – XIII ZB 45/19 – juris-Rn. 16; Beschl. v. 14.7.2020 – XIII ZB 50/19 – juris-Rn. 12; Beschl. v. 24.6.2020 – XIII ZB 33/19 – juris-Rn. 10; Beschl. v. 24.6.2020 – XIII ZB 39/19 – juris-Rn. 28 f.
20 BGH Beschl. v. 14.1.2020 – XIII ZB 1/19 – juris-Rn. 11; Beschl. v. 26.6.2014 – V ZB 31/14 – NVwZ 2014, 1397 – juris-Rn. 10.
21 EuGH Urt. v. 15.3.2017 – C-528/15 – NVwZ 2017, 777 – Rn. 38, 45.
22 BGH Beschl. v. 26.6.2014 – V ZB 31/14 – NVwZ 2014, 1397 – juris-Rn. 23.
23 BGH Beschl. v. 24.6.2020 – XIII ZB 33/19 – juris-Rn. 15; Beschl. v. 7.7.2016 – V ZB 21/16 – InfAuslR 2017, 59 – juris-Rn. 4.
24 BGH Beschl. v. 31.8.2021 – XIII ZB 118/19 – juris-Rn. 11; BGH Beschl. v. 15.12.2020 – XIII ZB 55/19 – juris-Rn. 18.
25 AG Rosenheim Beschl. v. 26.10.2015 – 8 XIV 133/15 – juris-Rn. 32.

in § 62 Abs. 3b AufenthG (→ Rn. 21) sowie daneben zwei *weitere Anhaltspunkte* für Fluchtgefahr in § 2 Abs. 14 S. 2 AufenthG (→ Rn. 22 ff.). Insgesamt stellt dabei die (erhebliche) Fluchtgefahr einen **einheitlichen Haftgrund** dar, so dass nicht entscheidend ist, durch welche Einzelaspekte er begründet wird;[26] das Gericht kann daher eine Haftanordnung auch auf andere Tatbestände stützen als im behördlichen Antrag ausgeführt (→ Kap. 12 Rn. 44).

1. Verweis auf die Sicherungshaft

19 Nach dem Verweis in § 2 Abs. 14 S. 1 AufenthG sind aus dem Katalog der **Vermutungstatbestände** des § 62 Abs. 3a AufenthG alle Varianten anwendbar, aus dem Katalog der **Anhaltspunkte** des § 62 Abs. 3b AufenthG *nur* die Nummern 1 bis 5. In der Vergangenheit hat sich eine *ausdifferenzierte Rechtsprechung* des BGH dazu ergeben, welche der Tatbestände hinreichend präzise und vorhersehbar geregelt (→ Rn. 17) waren, um zur Ausfüllung des unionsrechtlichen Begriffs der *(erheblichen) Fluchtgefahr* herangezogen werden zu können.[27] Soweit die Tatbestände des früheren Rechtes in das aktuelle Recht überführt wurden, können die vorigen Wertungen beibehalten werden.

20 Danach ergibt sich bei der **Auslegung der Vermutungstatbestände** des § 62 Abs. 3a AufenthG (→ Kap. 2 Rn. 53 ff.) im Rahmen der Anwendung des Art. 28 Abs. 2 Dublin-III-Verordnung (Art. 34 Abs. 2 Asyl-Migrations-Verordnung-E) neben dem Umstand, dass auch sie einer **Gesamtwürdigung** unterzogen werden müssen,[28] Folgendes:

- **Nr. 1 (Identitätstäuschung):** Die in §§ 62 Abs. 3 Nr. 5, 2 Abs. 14 Nr. 2 AufenthG aF erheblich anforderungsärmer und weniger differenziert geregelte Identitätstäuschung war **schon nach überkommenem Recht anwendbar.**[29] Sie ist es damit erst recht aktuell.
- **Nr. 2 (Nichterscheinen bei Anhörung bzw. Untersuchung):** Eine entsprechende Regelung gab es nicht nach altem Recht; ähnlich war § 2 Abs. 14 Nr. 3 AufenthG aF, nach der ein Anhaltspunkt für Fluchtgefahr war, wenn der Ausländer gesetzliche Mitwirkungshandlungen zur Identitätsfeststellung verweigert oder unterlassen hatte und aus den Umständen des Einzelfalls geschlossen werden konnte, dass er einer Abschiebung aktiv entgegenwirken wollte; dies sollte nach der Instanzrechtsprechung **unionsrechtlich genügen.**[30] Soweit nunmehr das Erfordernis der Einzelfall-Würdigung durch dasjenige der Belehrung ersetzt und der Kreis der Mitwirkungshandlung verändert wurde, wird dies der Anwendbarkeit nicht entgegenstehen; denn dass eine Einzelfall-Würdigung erforderlich ist, ist bereits durch Art. 2 lit. n Dublin-III-Verordnung (Art. 2 lit. q Asyl-Migrations-Verordnung-E) vorgegeben und die hiesige Norm ist hinreichend klar und durch das Belehrungserfordernis willkürunanfällig. Sie ist allerdings nur bzgl. ärztlicher Untersuchung praxisrelevant, da bei Überstellungen regelmäßig keine gesonderte Identitätsprüfung erfolgt (→ Rn. 21, dort zu Nr. 5).

---

26 BGH Beschl. v. 11.1.2018 – V ZB 28/17 – InfAuslR 2018, 184 – Rn. 10.
27 ZB BGH Beschl. v. 26.6.2014 – V ZB 31/14 – NVwZ 2014, 1397 – juris-Rn. 13 ff.
28 BT-Drs. 19/10047, S. 30; so auch BGH Beschl. v. 14.1.2020 – XIII ZB 1/19 – juris-Rn. 17; Beschl. v. 25.2.2016 – V ZB 157/15 – NVwZ 2016, 1111 – juris-Rn. 18 zum früheren Recht.
29 BGH Beschl. v. 20.5.2016 – V ZB 24/16 – NVwZ 2016, 337 – juris-Rn. 8; Beschl. v. 25.2.2016 – V ZB 157/15 – NVwZ 2016, 1111 – juris-Rn. 15 ff.
30 LG Traunstein Beschl. v. 29.1.2016 – 4 T 45/16 – juris-Rn. 23.

- **Nr. 3 (Aufenthaltswechsel ohne Anzeige):** Die in § 62 Abs. 2 S. 1 Nr. 2 AufenthG aF geregelte Tatbestandsvariante war **schon nach überkommenem Recht anwendbar.**[31] Sie ist es auch nach aktuellem Recht. Die Behörde muss auch nicht beweisen, dass der Aufenthaltswechsel von einer Entziehungsabsicht getragen ist.[32] Praktisch wird die Vorschrift selten relevant, da bei der *Abschiebungsanordnung* gem. § 34a AsylG keine Ausreisefrist gesetzt wird (→ Kap. 2 Rn. 48, → Rn. 10 f.); ohne diese fehlt der Tatbestand (→ Kap. 2 Rn. 62),[33] zumal Art. 2 lit. n Dublin-III-Verordnung (Art. 2 lit. q Asyl-Migrations-Verordnung-E) mit dem Erfordernis gesetzlich festgelegter Kriterien keine Analogie erlaubt.
- **Nr. 4 (Aufenthalt trotz Einreise- und Aufenthaltsverbots):** Der systematisch verwandte (→ Kap. 2 Rn. 66 f., 104) Haftgrund der unerlaubten Einreise (§ 62 Abs. 3 S. 1 Nr. 1 AufenthG aF) wurde als zu unbestimmt abgelehnt, da er nicht, wie unionsrechtlich erforderlich, auf die näheren Umstände der Einreise abstelle.[34] Soweit die aktuelle Fassung eine konkrete Aufenthaltsmodalität mit entsprechendem Vorverhalten (Einreise entgegen *Einreise- und Aufenthaltsverbots* unter Ausschluss der übrigen Varianten des § 14 Abs. 1 AufenthG) erfasst, **reicht dies** jedoch **nunmehr.**
- **Nr. 5 (Entziehung in der Vergangenheit):** In § 62 Abs. 3 S. 1 Nr. 4 AufenthG aF war geregelt, dass ein Anhaltspunkt für Fluchtgefahr sei, wenn der Ausländer „sich in sonstiger Weise der Abschiebung entzogen hat". Diese Regelung war generalklauselartig und enthielt keine hinreichenden objektiven Kriterien; sie war **nicht anwendbar.**[35] Dass die aktuelle Fassung „in sonstiger Weise" durch „bereits in der Vergangenheit" ersetzt, bringt keinen Mehrwert an Normenklarheit; den Vergangenheitsbezug ergab bereits in aF der Wortlaut („hat"), konkrete Kriterien zur Ausfüllung des Entzugsverhaltens fehlen nach wie vor. Es bleibt damit bei der Unanwendbarkeit.[36]
- **Nr. 6 (Erklärung der Entziehung):** Die in §§ 62 Abs. 3 Nr. 5, 2 Abs. 14 Nr. 5 AufenthG aF geregelte Tatbestandsvariante war **schon nach überkommenem Recht anwendbar.**[37] Sie ist es auch nach aktuellem Recht.

Bei der **Auslegung der Indiztatbestände** im Katalog des § 62 Abs. 3b AufenthG 21
(→ Kap. 2 Rn. 79 ff.) gilt im Rahmen der Anwendung des Art. 28 Abs. 2 Dublin-III-Verordnung (Art. 34 Abs. 2 Asyl-Migrations-Verordnung-E) Folgendes:

- **Nr. 1 (Identitätstäuschung):** Dieser Tatbestand war **schon nach überkommenem Recht anwendbar** (→ Rn. 20, dort zu Nr. 1). Soweit die Identitätstäuschung nun noch klarer und differenzierter, auch nach zeitlicher Relevanz, geregelt wird, ist dies erst recht nach aktuellem Recht der Fall.

31 BGH Beschl. v. 16.2.2017 – V ZB 10/16 – juris-Rn. 7; Beschl. v. 26.6.2014 – V ZB 31/14 – NVwZ 2014, 1397 – juris-Rn. 31.

32 EuGH Urt. v. 19.3.2019 – C-163/17 – InfAuslR 2019, 236 – juris-Rn. 57 und 63 zur ausdrücklichen Billigung der deutschen Regelung.

33 AG Tiergarten Beschl. v. 1.10.2020 – 382 XIV 83/20 B – juris-Rn. 5 f.

34 BGH Beschl. v. 22.10.2014 – V ZB 124/14 – NVwZ 2015, 607 – juris-Rn. 11 f.

35 BGH Beschl. v. 7.7.2016 – V ZB 106/14 – InfAuslR 2016, 428 – juris-Rn. 8.

36 AA, indes ohne das Problem zu sehen und zu behandeln, LG Darmstadt Beschl. v. 31.3.2020 – 5 T 21/20 – juris-Rn. 13; LG Münster Beschl. v. 21.11.2019 – 5 T 697/19 – juris-Rn. 33; LG Magdeburg Beschl. v. 2.10.2019 – 10 T 273/19 – juris-Rn. 17.

37 BGH Beschl. v. 6.4.2017 – V ZB 126/16 – InfAuslR 2017, 290 – juris-Rn. 13.

- **Nr. 2 (Schleuserkosten):** Die in §§ 62 Abs. 3 Nr. 5, 2 Abs. 14 Nr. 4 AufenthG aF geregelte, nunmehr nur leicht veränderte Tatbestandsvariante war **schon nach überkommenem Recht anwendbar,**[38] soweit es dem Ausländer gerade um die Einreise in einen **bestimmten Mitgliedsstaat** ging.[39] Sie ist es auch nach aktuellem Recht.
- **Nr. 3 (Präventivgewahrsam):** Die in § 2 Abs. 14 Nr. 5a AufenthG aF geregelte Variante wurde **nach überkommenem Recht nicht** vom BGH auf seine Unionsrechtskonformität hin **abgeklärt.** Sie ähnelt nach ihrem Wortlaut den polizeirechtlichen Generalklauseln und ist durch Rechtsprechung konkretisiert (→ Kap. 2 Rn. 86 ff.).[40] Eine nur dadurch erreichte Bestimmtheit genügt aber unionsrechtlich nicht.[41] Die Regelung ist damit **unanwendbar.**
- **Nr. 4 (Strafrechtliche Verurteilungen):** Eine entsprechende Regelung gab es nicht nach überkommenem Recht. Durch die konkrete Bezugnahme auf mindestens zwei Vorsatztaten und die als hinreichende Strafform benannte Freiheitsstrafe liegen aber konkrete Kriterien iSd Unionsrechts vor. Die Vorschrift ist damit **anwendbar.**
- **Nr. 5 (Fehlende Mitwirkung):** Eine entsprechende Regelung gab es nicht nach überkommenem Recht. Durch die konkrete Bezugnahme auf spezifisch genannte Mitwirkungspflichten dürften aber hinreichend konkrete Kriterien vorliegen. Auch die unbenannten „anderen" Pflichten iSd Norm sind durch die Referenzierung der Zweckgebundenheit (Identitätsfeststellung) eingegrenzt. Die Vorschrift ist damit **anwendbar.** Praktisch wird sie indes kaum relevant, da eine klassische Identitätsklärung kaum stattfindet und die Überstellung regelmäßig mit einem EU-Standard-Reisedokument erfolgt, das durch das Bundesamt auf die im Verfahren verwendeten Personalien ausgestellt wird.

2. Originäre Indiztatbestände

22 Neben dem Verweis auf die Sicherungshaft sind in § 2 Abs. 14 S. 2 AufenthG zwei nur für die Überstellungshaft anwendbare originäre Indiztatbestände enthalten.

a) Nicht nur vorübergehender Staatenwechsel

23 Nach § 2 Abs. 14 S. 2 Nr. 1 AufenthG kann ein Anhaltspunkt für Fluchtgefahr sein, wenn ein Ausländer einen **Mitgliedsstaat** *vor Abschluss* eines dort laufenden Verfahrens zur Zuständigkeitsbestimmung (Var. 1) oder zur Prüfung eines Antrags auf internationalen Schutz (Var. 2) **verlassen** hat und die **Umstände der Feststellung** im Bundesgebiet konkret darauf hindeuten, dass er den zuständigen Mitgliedsstaat in absehbarer Zeit nicht aufsuchen will. Die Norm ist hinreichend konkret, um *für das Unionsrecht anwendbar* zu sein.[42]

24 Der Ausländer muss also einen Mitgliedsstaat vor bestandskräftiger Entscheidung verlassen haben, nachdem er dort aufgegriffen wurde und ein Verfahren zur **Bestimmung der Zuständigkeit** nach der Dublin-III-Verordnung eingeleitet wurde (Var. 1);

---

38 BGH Beschl. v. 25.2.2016 – V ZB 157/15 – NVwZ 2016, 1111 – juris-Rn. 10.
39 BGH Beschl. v. 16.2.2017 – V ZB 115/16 – NVwZ 2017, 816 – juris-Rn. 5 f., bes. 7.
40 LG Bremen Beschl. v. 15.9.2017 – 10 T 488/17 – juris-Rn. 54 ff.
41 Vgl. BGH Beschl. v. 26.6.2014 – V ZB 31/14 – NVwZ 2014, 1397 – juris-Rn. 23 f.
42 BGH Beschl. v. 20.5.2016 – V ZB 24/16 – NVwZ 2016, 1582 – juris-Rn. 8; Beschl. v.25.2.2016 – V ZB 157/15 – NVwZ 2016, 1111 – juris-Rn. 15.

dies meint dieselbe Konstellation, die der hiesigen Überstellungshaft zugrunde liegt (→ Rn. 2 ff.), nur dass sie im betreffenden Mitgliedsstaat noch nicht bis zur Haft fortgeschritten war. Oder der Ausländer hat im betreffenden Mitgliedsstaat (erstmalig oder wiederholt) einen **Schutzantrag** gestellt (Var. 2).

Ob im jeweiligen Mitgliedsstaat ein entsprechendes **Verfahren eingeleitet** wurde, 25
kann anhand des **Eurodac-Registers** festgestellt werden.[43] Den dortigen Eintragungen kommt gem. Anhang II Verzeichnis A II Nr. 1 der Durchführungsverordnung (EU) Nr. 118/2014 Beweiskraft zu, so dass sich das Haftgericht auf die Richtigkeit verlassen darf; es müssten gewichtige gegenteilige Anhaltspunkte vorliegen, um eine Amtsermittlungspflicht auszulösen.[44] Soweit die Norm zudem erfordert, dass der Staat **vor Abschluss** des Verfahrens verlassen worden sein muss, ergibt sich derlei *nicht* aus der Eurodac-Datenbank. Diesbezüglich müssen behördliche Ermittlungen den Tatbestand belegen, woran es praktisch nicht selten mangelt.

Eine **Belehrung** über die Pflicht zum Verbleib im anderen Mitgliedsstaat ist **nicht** 26
erforderlich.[45] Ob Anhaltspunkte dafür sprechen, dass der Ausländer bzgl. des anderen Mitgliedsstaates **keine** (absehbare) **Rückkehrbereitschaft** zeigt, ist anhand der **konkreten Auffindesituation** zu beurteilen, soweit sie auf die Zielrichtung des Aufenthaltes schließen lässt.[46] Da der Haftgrund im Regelfall des Überstellungsverfahrens regelmäßig gegeben sein dürfte,[47] wird dabei das Erfordernis einer Gesamtbetrachtung umso gewichtiger sein.[48] Folgende **Beispiele** illustrieren dies:

- Ein nur kurzfristiger Aufenthalt zu **Besuchszwecken** in Deutschland indiziert **keine** fehlende Rückkehrbereitschaft.[49]
- Die Einreise nach Deutschland, **um hier Arbeit zu finden**, indiziert einen längeren Aufenthalt und damit fehlenden Rückkehrwillen, zumal die Überstellung den Aufenthaltszweck vereiteln würde.[50]
- **Angabe** des Ausländers bei Aufgriff oder gerichtlicher Anhörung, er werde sich nicht für eine Überstellung zur Verfügung halten, sondern **untertauchen**[51] bzw. **keinesfalls freiwillig** zurückkehren;[52] zugleich auch ein Fall des §§ 2 Abs. 14 S. 1, 62 Abs. 3a Nr. 6 AufenthG.
- **Vorzeigen falscher** bzw. nicht auf den Ausländer ausgestellter **Papiere** bei Aufgriff, um die Identität zu verschleiern;[53] zugleich auch ein Fall der §§ 2 Abs. 14 S. 1, 62 Abs. 3a Nr. 1 bzw. 3b Nr. 1 AufenthG.
- **Keine Fluchtgefahr** wird anzunehmen sein, wenn zwar in Deutschland ein Asylantrag gestellt wird, allerdings (zB wegen hier lebender, als asylberechtigt anerkannter

---

43 Die Daten müssen allerdings praktisch iRd ED-Behandlung gesondert abgerufen werden, was nicht alle (insbes. Landes-)Polizeibehörden standardmäßig tun.
44 BGH Beschl. v. 11.1.2018 – V ZB 28/17 – InfAuslR 2018, 372 – juris-Rn. 15.
45 BGH Beschl. v. 11.1.2018 – V ZB 28/17 – InfAuslR 2018, 372 – juris-Rn. 16.
46 BGH Beschl. v. 25.2.2016 – V ZB 157/15 – NVwZ 2016, 1111 – juris-Rn. 18.
47 *Grotkopp* Abschiebungshaft Rn. 232.
48 Vgl. BGH Beschl. v. 24.3.2020 – XIII ZB 89/19 – juris-Rn. 12.
49 BGH Beschl. v. 25.2.2016 – V ZB 157/15 – NVwZ 2016, 1111 – juris-Rn. 18.
50 BGH Beschl. v. 11.1.2018 – V ZB 28/17 – InfAuslR 2018, 372 – juris-Rn. 23.
51 LG Traunstein Beschl. v. 8.2.2017 – 4 T 159/17 – juris-Rn. 23.
52 BGH Beschl. v. 31.8.2021 – XIII ZB 97/19 – juris-Rn. 22; Beschl. v. 20.5.2016 – V ZB 24/16 – NVwZ 2016, 1582 – juris-Rn. 14.
53 AG Rosenheim Beschl. v. 3.12.2015 – 1 XIV 168/15 – juris-Rn. 28; Beschl. v. 26.10.2015 – 8 XIV 133/15 – juris-Rn. 27.

Familienangehöriger) **gewichtige Anhaltspunkte** dafür sprechen, dass Deutschland insofern für den Asylantrag **zuständig** sein könnte.[54]

b) Asyl-Hopping

27 Nach § 2 Abs. 14 S. 2 Nr. 2 AufenthG kann ein Anhaltspunkt für Fluchtgefahr sein, wenn ein Ausländer zuvor **mehrfach** einen **Asylantrag** in anderen Mitgliedsstaaten gestellt und den **jeweiligen anderen Mitgliedsstaat** der Asylantragstellung wieder **verlassen** hat, ohne den Ausgang des dort laufenden Verfahrens zur Zuständigkeitsbestimmung (Var. 1) oder zur Prüfung seines Antrags (Var. 2) abzuwarten. Die *Unionsrechtskonformität* dieser Regelung ist durch den BGH noch nicht geklärt, begegnet aber angesichts der Bestimmtheit der Norm keinen Bedenken.

28 Inhaltlich setzt die Norm voraus, dass der Ausländer bereits **zwei Asylanträge** in anderen Mitgliedsstaaten gestellt und jeweils den Verfahrensausgang nicht abgewartet hat (zum Problem dieser Feststellbarkeit → Rn. 25); dabei ist es unerheblich, ob es sich um das Asylverfahren selbst (Var. 2) oder das Verfahren zur Zuständigkeitsbestimmung (Var. 1, regelmäßig im zweiten Mitgliedsstaat) gehandelt hat. Insofern soll die Tatsache, dass der Ausländer (nunmehr in Deutschland) „bereits einen **dritten Asylantrag**" stellt, „auf eine erhöhte Fluchtneigung hindeuten" können.[55] Die Überlegung ist nicht gänzlich von der Hand zu weisen, wird aber in der **haftgerichtlichen Praxis** besonderer Beachtung im Übermaßverbot bedürfen, um zu begründen, warum darob auch kein freiwilliges Zurverfügunghaltung für eine Überstellung zu erwarten ist.

IV. Durchführbarkeit der Überstellung

29 Auch die Überstellungshaft fordert die **Prognose der Durchführbarkeit** der Überstellung innerhalb der Haftfrist.[56] Insofern ist die Haft für die Überstellung gem. Art. 28 Abs. 3 UAbs. 1 Dublin-III-Verordnung (Art. 34 Abs. 3 UAbs. 1 Asyl-Migrations-Verordnung-E) *so kurz wie möglich* zu halten und der Vollzug der Überstellung selbst muss erfolgen, sobald sie **praktisch durchführbar** ist (Art. 28 Abs. 3 UAbs. 3 Dublin-III-Verordnung, Art. 34 Abs. 3 UAbs. 3 Asyl-Migrations-Verordnung-E). Das ist der Fall, sobald die Behörde alle hierfür erforderlichen Papiere besorgt, Personal organisiert und den passenden Flug bzw. ein sonstiges Transportmittel gebucht hat.[57]

30 Dabei ist zu berücksichtigen, dass sich die Prognose auf die konkrete **Durchführbarkeit** der **Überstellung** im Haftzeitraum bezieht, **nicht** auf eine (ggf. erforderliche) **Verlängerung.** Ist also zum Anordnungs- oder Verlängerungszeitpunkt bereits ersichtlich, dass die Überstellung nur unter späterer (weiterer) Verlängerung vollzogen werden kann, ist der Haftantrag *abzulehnen*; denn die Haft sichert dann nur die Entscheidung über den Verlängerungsantrag und nur *mittelbar* die Überstellung; dies ist unzulässig.[58] Scheitert eine Abschiebung hingegen *während der Haftdauer*, kann die Haft mit

---

54 BGH Beschl. v. 31.8.2021 – XIII ZB 35/19 – juris-Rn. 9.
55 BT-Drs. 19/10047, S. 30.
56 BGH Beschl. v. 10.1.2019 – V ZB 159/17 – juris-Rn. 21; Beschl. v. 22.10.2015 – V ZB 79/15 – NVwZ 2016, 711 – juris-Rn. 15.
57 BGH Beschl. v. 6.4.2017 – V ZB 126/16 – InfAuslR 2017, 290 – juris-Rn. 11.
58 BGH Beschl. v. 15.9.2016 – V ZB 43/16 – NVwZ 2016, 1824 – juris-Rn. 7.

Blick auf eine mögliche rechtzeitige Verlängerung beibehalten werden (§ 62 Abs. 4a AufenthG).[59]

1. Frist für die Haftdauer

Zur Bestimmung der **Haftdauer** iSd Verordnung sind zwei Fälle zu unterscheiden: 31
Erstens, dass die **Abstimmung** mit dem zuständigen europäischen Asylstaat über die Überstellung des Ausländers *zum Zeitpunkt der Inhaftierung* **abgeschlossen** ist, also auch die Rechtsmittelfrist des die Überstellung ggü. dem Ausländer anordnenden Bescheides abgelaufen ist.[60] Zweitens, dass diese Frage noch in der Klärung begriffen ist.

a) Zuständigkeitsbestimmungsverfahren abgeschlossen

Für den Fall, dass das Verfahren der Bestimmung der Zuständigkeit mit dem europä- 32
ischen Asylstaat abgeschlossen ist, sieht die Verordnung **keine starre Höchstfrist** vor, binnen derer die Überstellung stattfinden muss. Art. 28 Abs. 3 UAbs. 3 Dublin-III-Verordnung ordnet die *sechs-Wochen-Frist* nur für den Fall an, dass der Ausländer zum Zeitpunkt der dort benannten Ereignisse bereits inhaftiert ist: Denn andernfalls könnte er sich der Haft gänzlich entziehen, wenn er nach Bestandskraft des Bescheides (UAbs. 3 letzter HS) vor dem Aufgreifen für sechs Wochen untertauchen würde.[61]

Die Haftdauer darf aber aufgrund systematischen Vergleichs mit Art. 28 Abs. 3 UAbs. 3 33
Dublin-III-Verordnung (→ Rn. 34) nach der Rspr. des EuGH **nicht erheblich mehr als sechs Wochen** betragen,[62] was bei zwei Monaten noch nicht, bei drei Monaten jedoch schon der Fall ist.[63] Dies gilt aufgrund des in der vorigen Randnummer genannten Zweck-Argumentes trotz des leicht veränderten Wortlautes auch für Art. 34 Abs. 3 UAbs. 3 Asyl-Migrations-Verordnung-E. In jedem Fall passt, zumal Überstellungen praktisch erheblich einfacher sind als Abschiebungen in Drittstaaten, eine nationalrechtliche Analogie[64] der Fristvorschriften der Sicherungshaft (§§ 62 Abs. 3 S. 3, Abs. 4 AufenthG → Kap. 2 Rn. 114 ff.) nicht.

b) Zuständigkeitsbestimmungsverfahren noch offen

Ist das Verfahren der Bestimmung der Zuständigkeit mit dem europäischen Asylstaat 34
noch nicht abgeschlossen, ergibt sich ein konkretes **mehrstufiges Fristensystem** aus Art. 28 Abs. 3 Dublin-III-Verordnung (Art. 34 Abs. 3 Asyl-Migrations-Verordnung-E):

- **Fehlt** bei Beginn des Vollzuges der Haft noch ein (**Wieder-**)**Aufnahmegesuch**, muss dieses spätestens *binnen eines Monats* nach Beginn der Inhaftierung gestellt werden (UAbs. 2 S. 1; *zwei Wochen* gem. UAbs. 2 S. 1 [Asyl-Migrations-Verordnung-E]).
- Die **Antwort** des entsprechenden europäischen Asylstaates muss spätestens binnen *zwei Wochen* erfolgen (UAbs. 2 S. 3; *eine Woche* gem. UAbs. 2 S. 4 [Asyl-Migrations-Ver-

59 BGH Beschl. v. 25.10.2022 – XIII ZB 44/20 – juris-Rn. 14; Beschl. v. 19.7.2018 – V ZB 179/15 – InfAuslR 2018, 415 – juris-Rn. 21.
60 Vgl. BGH Beschl. v. 22.3.2022 – XIII ZB 17/20 – juris-Rn. 16; Beschl. v. 25.8.2020 – XIII ZB 45/19 – juris-Rn. 16; Beschl. v. 7.6.2018 – V ZB 237/17 – NVwZ 2019, 424 – juris-Rn. 6; aA noch vor der EuGH-Entscheidung BGH Beschl. v. 6.4.2017 – V ZB 126/16 – InfAuslR 2017, 186 – juris-Rn. 8.
61 EuGH Urt. v. 13.9.2017 – C-60/16 – NVwZ 2018, 46 – juris-Rn. 34.
62 EuGH Urt. v. 13.9.2017 – C-60/16 – NVwZ 2018, 46 – juris-Rn. 39 ff., 45.
63 EuGH Urt. v. 13.9.2017 – C-60/16 – NVwZ 2018, 46 – juris-Rn. 46 f.
64 So aber wohl BGH Beschl. v. 25.8.2020 – XIII ZB 45/19 – juris-Rn. 19; *Grotkopp* Abschiebungshaft Rn. 236, der jedoch zu Recht Bedenken äußert.

ordnung-E]). Erfolgt die **Antwort nicht (fristgemäß)**, wird sie als positiv fingiert (UAbs. 2 S. 4; UAbs. 2 S. 5 [Asyl-Migrations-Verordnung-E]).

- Nach (fingierter) **Antwort** und **Ablauf der Rechtsmittelfrist** für den ggü. dem Ausländer erteilten Bescheid darf die Haft sodann längstens **sechs Wochen** dauern (UAbs. 3; *vier Wochen* gem. UAbs. 3 [Asyl-Migrations-Verordnung-E]). Auf diese Wochen ist eine bisherige Haftzeit nicht anzurechnen.[65]

2. Verlängerung der Frist

35 In jedem Fall, also auch bei Einschlägigkeit der sechs-Wochen-Frist, ist eine **Verlängerung** der Haft möglich, soweit die fristgemäße Durchführung der Überstellung an einem **Verhalten des Ausländers** scheitert; insbesondere ist dies zum Beispiel bei *renitentem Verhalten* ggü. einer Flugbesatzung denkbar und setzt im Bereich des Fristensystems des Art. 28 Abs. 3 Dublin-III-Verordnung (Art. 34 Abs. 2 Asyl-Migrations-Verordnung-E) eine *neue sechs-Wochen-Frist* in Gang.[66] Liegt kein Fall der starren Fristbindung vor (→ Rn. 32 f., 34), wird eine neu in Gang gesetzte Frist wiederum jedenfalls *nicht erheblich mehr als sechs Wochen* betragen dürfen.

V. Sonstige entgegenstehende Gründe

36 Auch sonstige Gründe können der **Durchführbarkeit der Überstellung** oder der **Haft als solcher** entgegenstehen. Hier gilt dasselbe wie bei der Sicherungshaft (→ Kap. 2 Rn. 113 ff.); insbesondere ist zu beachten, ob

- gem. § 72 Abs. 4 AufenthG ein **Einvernehmen der Staatsanwaltschaft** erforderlich ist und ggf. erteilt wurde (→ Kap. 2 Rn. 132 ff.),[67]
- etwaige **Überstellungshindernisse** vorliegen, insbes. mit Blick auf ausstehende Entscheidungen zB über einen Asylfolgeantrag, Reisefähigkeit oder fehlende Dokumente (→ Kap. 2 Rn. 124 ff.); anders als bei der Sicherungshaft stellen sich hier allerdings keine Fragen des Vertretenmüssens,
- die Haft **erforderlich** ist, was bei **Bereitschaft freiwilliger Ausreise** fehlt (→ Kap. 2 Rn. 139 ff.); dieser Frage muss allerdings nur nachgegangen werden, wenn konkrete Anhaltspunkte dafür vorliegen, dass die Überstellung auch ohne Haft sichergestellt werden kann;[68] einen Anspruch auf Ermöglichung einer Überstellung ohne Verwaltungszwang hat der Ausländer aber nicht,[69]
- die Haft mit Blick auf das **Beschleunigungsgebot** (→ Kap. 2 Rn. 144 ff.), den Schutz von **Ehe und Familie** (→ Kap. 2 Rn. 153 ff.), **Schwangerschaft** (→ Kap. 2 Rn. 157) oder **Minderjährigkeit** (→ Kap. 2 Rn. 158 ff.) **angemessen** ist,
- eine **Haftunfähigkeit** besteht (→ Kap. 2 Rn. 161 ff.) und
- der **Haftvollzug** das **Trennungsgebot** (§ 62a AufenthG → Kap. 2 Rn. 167 ff.) verletzt.[70]

---

65 EuGH Urt. v. 13.9.2017 – C-60/16 – NVwZ 2018, 46 – juris-Rn. 59.
66 BGH Beschl. v. 6.4.2017 – V ZB 126/16 – InfAuslR 2017, 186 – juris-Rn. 13.
67 BGH Beschl. v. 19.7.2018 – V ZB 179/15 – InfAuslR 2018, 415 – juris-Rn. 7.
68 BGH Beschl. v. 11.1.2018 – V ZB 28/17 – InfAuslR 2018, 184 – juris-Rn. 24.
69 BVerwG Urt. v. 17.9.2015 – 1 C 26/14 – BVerwGE 153, 24 – juris-Rn. 15.
70 BGH Beschl. v. 21.4.2016 – V ZB 73/15 – juris-Rn. 10; Beschl. v. 20.11.2014 – V ZB 54/14 – InfAuslR 2015, 104 – juris-Rn. 8.

Kapitel 7 Zurückschiebungshaft (§ 57 Abs. 3 AufenthG)

1 Die **Zurückschiebung** ist ein Institut, welches die Beendigung des Aufenthalts von Ausländern im **unmittelbaren räumlichen und zeitlichen Zusammenhang** mit dem Grenzübertritt herbeiführt. Nach Art. 2 Nr. 2a Rückführungsrichtlinie können die Mitgliedsstaaten dies für ihre Außengrenzen weitgehend *unabhängig vom Unionsrecht* regeln.[1] Die Zurückschiebung steht damit in einem **Stufenverhältnis** vom Aufgriff des Ausländers *während* des Grenzübertritts (dann: *Zurückweisungshaft* s. Kap. 8) über den Aufgriff (kurz) *nach dem* Grenzübertritt (dann: *Zurückschiebung*) bis hin zum Aufgriff längere Zeit danach (dann: *Sicherungshaft* s. Kap. 2; *Ausreisegewahrsam* s. Kap. 3; *Überstellungshaft* s. Kap. 6).

2 *Historisch* ist die Zurückschiebung eine **Erweiterung der Zurückweisung**,[2] die allerdings in ihrem Anwendungsbereich zunehmend reduziert wurde. *Praktisch* sind daher die Fälle, die ihr nicht mehr unterfallen, nach dem allgemeinen Abschiebungshaftrecht zu behandeln.[3]

3 Die Zurückschiebungshaft hat folgende **Voraussetzungen**, die kumulativ erfüllt sein müssen:

- Es muss ihr **Anwendungsbereich eröffnet** sein (→ Rn. 4 ff.),
- eine vollzieh- und vollstreckbare Ausreisepflicht bestehen (→ Rn. 11 ff.),
- es muss ein **Haftgrund** bestehen (→ Rn. 17 ff.) und
- es dürfen keine **Haftausschließungsgründe** (→ Rn. 20, 21) entgegenstehen.

I. Anwendungsbereich der Zurückschiebung

4 Die Zurückschiebung erfasst den Aufgriff des Ausländers in räumlicher und zeitlicher Nähe zum Grenzübertritt nach *einer unerlaubten* Einreise (→ Kap. 2 Rn. 26 ff.). **Räumliche Nähe** besteht bei *30 km* an Land- und *50 km* an Seegrenzen.[4] Der **zeitliche Zusammenhang** wird jedenfalls ab einem Abstand von mehr als *72 Stunden* zum Grenzübertritt fehlen;[5] dies kann aber auch schon vorher der Fall sein, wenn der Ausländer den Reisevorgang endgültig beendet hat (zB durch feste Wohnsitznahme).[6] Danach ist nur noch eine Abschiebung möglich.

1. Grundsatz

5 Im Grundsatz betrifft die Zurückschiebung (soweit nicht *Asylbewerber* betroffen sind → Rn. 8 ff.) **zwei Fälle**: Erstens gem. § 57 Abs. 1 AufenthG den Aufgriff an einer **Schengen-Außengrenze**, was in Deutschland nur noch an der *Nord-* und *Ostseeküste* bzw. *internationalen Flughäfen* möglich ist. Dies ist regelmäßig einschlägig, wenn der Ausländer unter Umgehung von gem. Art. 2 Nr. 8, 5 Abs. 1 UAbs. 2 Schengener Grenzcodex

---

1 EuGH Urt. v. 19.3.2019 – C-444/17 – NVwZ 2019, 947 – Arib – Rn. 53 ff., bes. 55.
2 Vgl. BGH Beschl. v. 24.2.2011 – V ZB 202/10 – InfAuslR 2011, 253 – juris-Rn. 16.
3 BGH Beschl. v. 14.3.2013 – V ZB 135/12 – NVwZ 2013, 1027 – juris-Rn. 10.
4 BGH Beschl. v. 28.4.2011 – V ZB 239/10 – FGPrax 2011, 200 – juris-Rn. 7; aA *Grotkopp* Abschiebungshaft Rn. 323: 30 km seien „zu viel", der Raum vor dem grenznächsten Bahnhof reiche aus.
5 *Westphal/Huber* in Huber/Mantel AufenthG § 57 Rn. 2; VG Weimar Beschl. v. 26.1.2011 – 7 E 20005/11 – juris-BA S. 3.
6 Vgl. *Zeitler* in HTK-AuslR § 18 AsylG, zu Abs. 3, Rn. 18: Ausländer „muss praktisch noch sein Reisegepäck in der Hand halten".

(SGK) notifizierten *förmlich bestimmten Grenzübergangsstellen* eingereist ist (→ Kap. 8 Rn. 3 ff.). An Binnengrenzen ist nach dieser Norm keine Zurückschiebung möglich; es muss stattdessen bei Grenzübertritt *zurückgewiesen* (→ Kap. 8) oder nach Grenzübertritt *abgeschoben* werden.

6 Zweitens soll eine Zurückweisung aufgrund **zwischenstaatlicher Verträge** ergehen (§ 57 Abs. 2 Var. 1 AufenthG), welche am 13.1.2009 zwischen den EU-Staaten, Norwegen und der Schweiz in Kraft waren. Dies kann auch Binnengrenzen erfassen. Die Regelung referenziert zwar ihrem Wortlaut nach keine örtlich-zeitliche Nähe zum Grenzübertritt, die Verträge selbst setzen dies jedoch regelmäßig voraus.[7] Da der Haftantrag Ausführungen zur Aufnahmepflicht enthalten muss und ansonsten unzulässig ist,[8] wird hier auf die *konkreten Verträge* nicht eingegangen.

7 Für beide Fälle sind über den **Verweis** in § 57 Abs. 3 AufenthG die Vorschriften über die **Sicherungshaft** (→ Kap. 2) entsprechend anwendbar.

2. Asylbewerber

8 Werden Asylbewerber nach einem Grenzübertritt aufgegriffen und wurden bereits in einem anderen Mitgliedsstaat registriert (**Dublin-III-Konstellation**), so ist dies in erster Linie für die Auswahl der behördlichen Befugnisnorm relevant. Stellen sie *im Inland keinen* (weiteren) *Asylantrag* (sog. „Aufgrifffälle"), sollen sie gem. § 57 Abs. 2 Var. 2 AufenthG zurückgeschoben werden. Ersuchen sie hingegen auch *in Deutschland um Asyl*, erfolgt eine zwingende Zurückschiebung durch die Spezialvorschrift[9] des § 18 Abs. 2 Nr. 2, Abs. 3 AsylG.[10]

9 Das **haftgerichtliche Verfahren** richtet sich in beiden Fällen ausschließlich nach Art. 28 Abs. 2 Dublin-III-Verordnung.[11] Insbesondere genügt dabei der alleinige Umstand der unerlaubten Einreise (anders als sonst bei der Zurückschiebung → Rn. 11) nicht als Haftgrund (Art. 28 Abs. 1 Dublin-III-Verordnung[12]). Praktisch ändert sich nur der Bescheid mit seiner Rechtsgrundlage für das Haftgericht, im Übrigen läuft die Prüfung wie oben dargelegt (→ Rn. 3).

10 Ist der Ausländer **nicht in einem anderen Mitgliedsstaat** registriert (also keine Dublin-III-Konstellation), ersucht hier aber um Asyl, ist § 18 AsylG als Befugnisnorm einschlägig. Eine Zurückschiebung ist dann in zwei Fällen möglich und zugleich zwingend: Erstens, wenn er aus einem *sicheren Drittstaat* einreist (§ 18 Abs. 2 Nr. 1, Abs. 3 AsylG), zweitens, wenn er vor weniger als drei Jahren ausgereist ist und hier zu einer *Freiheitsstrafe von mindestens drei Jahren* verurteilt wurde (§ 18 Abs. 2 Nr. 3, Abs. 3 AsylG). In solchen Fällen richtet sich die Zurückweisungshaft nach der allgemeinen Vorschrift des § 57 Abs. 3 AufenthG.[13]

---

7 *Westphal* in Huber AufenthG 2. Aufl. 2016 § 57 Rn. 6.
8 Vgl. nur BGH Beschl. v. 31.5.2012 – V ZB 167/11 – NJW 2012, 2012 – juris-Rn. 10.
9 *Westphal/Huber* in Huber/Mantel AufenthG § 57 Rn. 13.
10 *Grotkopp* Abschiebungshaft Rn. 322.
11 BGH Beschl. v. 26.6.2014 – V ZB 31/14 – NVwZ 2014, 1397 – juris-Rn. 12.
12 BGH Beschl. v. 22.10.2014 – V ZB 124/14 – NVwZ 2015, 607 – juris-Rn. 4; Beschl. v. 26.6.2014 – V ZB 31/14 – NVwZ 2014, 1397 – juris-Rn. 29.
13 Vgl. BGH Beschl. v. 25.2.2010 – V ZB 172/09 – NVwZ 2010, 726 – juris-Rn. 12 ff. für vor-Dublin-III-Zeiten.

II. Vollziehbare Ausreisepflicht

Da die durch Haft zu sichernde Zurückschiebung eine Maßnahme der Durchsetzung der **Ausreisepflicht** ist, muss eine solche bestehen und vollziehbar sein.[14] Sie ergibt sich wegen unerlaubter Einreise aus §§ 50 Abs. 1, 58 Abs. 1 Nr. 1 AufenthG. 11

Die Zurückschiebung als *Realakt* bedarf nicht notwendig einer vorigen **Zurückschiebungsverfügung.**[15] *Haftrechtlich* ist dies wenig bedeutsam; denn selbst, wenn sie nicht erforderlich ist, wäre die Behörde befugt, gleichwohl eine (auch: mündliche) Verfügung zu erlassen,[16] was oft geschieht. Sie ist jedenfalls **keine Vollstreckungsvoraussetzung**, aber im Falle ihrer Bestandskraft kann die Ausreisepflicht haftgerichtlich damit ungeprüft festgestellt werden.[17] 12

Auch eine **Androhung** und vorige **Fristsetzung** ist nicht notwendig.[18] Dies ist auch nicht wegen des Erfordernisses einer *Rückkehrentscheidung* anders; denn für § 57 Abs. 1 AufenthG erlaubt Art. 2 Abs. 2a Rückführungsrichtlinie Ausnahmen[19] und für § 57 Abs. 2 AufenthG sieht Art. 6 Abs. 3 Rückführungsrichtlinie eine Ausnahme vor.[20] 13

Soweit die Behörde, was durch Auslegung des Antrages zu ermitteln ist, **statt Zurückschiebung** den Weg der **Abschiebung wählt** (Erlass zB einer *Abschiebungsandrohung* gem. § 59 AufenthG; Beantragung von „*Sicherungshaft*"), ist sie hieran gebunden. Es gelten dann die strengeren Anforderungen der Sicherungs- bzw. Überstellungshaft (s. Kap. 2, Kap. 6), auch wenn eine (einfachere) Zurückschiebung möglich gewesen wäre.[21] 14

Die Ausreisepflicht ist nicht mehr vollziehbar, wenn der Ausländer durch **Asylantrag** eine **Aufenthaltsgestattung** gem. § 55 AsylG erlangt. Diese ist bei der Zurückweisungshaft zu berücksichtigen.[22] Insofern gelten die obigen Darlegungen (→ Kap. 2 Rn. 9 ff.). 15

Wegen der **Situation im Grenzgebiet** kann die Aufenthaltsgestattung *praktisch* schwer zu erlangen sein. Denn soweit der Ausländer bei einem Asylgesuch bei den *Grenzbehörden* nach der Einreise sogleich in Zurückschiebungshaft genommen wird, muss ein zuvor grenzbehördlich aufgenommenes Ersuchen (anders als eines bei der Ausländerbehörde, § 14 Abs. 2 S. 2 AsylG) nicht zwingend weitergeleitet werden.[23] Wird es weitergeleitet und geht beim Bundesamt für Migration und Flüchtlinge ein, stellt es ab diesem Moment einen hinreichenden Asylantrag dar.[24] Ggf. befindet sich der Ausländer zu diesem Zeitpunkt aber schon in gerichtlich angeordneter *Zurückschiebungs-*[25] oder *Überstellungshaft*,[26] so dass der Antrag der Anordnung oder Aufrechterhaltung der Haft grds. nicht entgegensteht (§ 14 Abs. 3 S. 1 Nr. 2 AsylG, beachtlich ist allerdings die vier-Wochen-Frist → Kap. 2 Rn. 17). 16

---

14 BGH Beschl. v. 12.4.2018 – V ZB 164/16 – NVwZ 2018, 1583 – juris-Rn. 8.

15 BVerwG Urt. v. 10.12.2014 – 1 C 11/14 – BVerwGE 151, 102 – juris-Rn. 13; aA wohl VGH München Beschl. v. 9.1.2019 – 10 CE 19.67 – Asylmagazin 2019, 68 – juris-Rn. 11.

16 BVerwG Urt. v. 10.12.2014 – 1 C 11/14 – BVerwGE 151, 102 – juris-Rn. 13; OVG Münster Beschl. v. 26.2.2013 – 18 B 572/12 – juris-Rn. 36 ff.

17 BGH Beschl. v. 25.2.2010 – V ZB 172/09 – NVwZ 2010, 150 – juris-Rn. 15; Beschl. 16.12.2009 – V ZB 148/09 – InfAuslR 2010, 118 – juris-Rn. 7.

18 *Kolber* in Bergmann/Dienelt AufenthG § 57 Rn. 4.

19 EuGH Urt. v. 19.3.2019 – C-444/17 – NVwZ 2019, 947 – Arib – Rn. 53 ff., bes. 55.

20 ZG *Fränkel* in NK-AuslR AufenthG § 57 Rn. 25 mwN (str.); *Kolber* in Bergmann/Dienelt AufenthG § 57 Rn. 10.

21 BGH Beschl. v. 14.3.2013 – V ZB 135/12 – NVwZ 2013, 1027 – juris-Rn. 9.

22 BGH Beschl. v. 12.4.2018 – V ZB 164/16 – NVwZ 2018, 1583 – juris-Rn. 8.

23 AA *Marx* AufenthaltsR-HdB § 8 Rn. 54.

24 BGH Beschl. v. 6.5.2010 – V ZB 213/09 – NVwZ 2010, 1510 – juris-Rn. 11.

25 BGH Beschl. v. 25.2.2016 – V ZB 171/13 – InfAuslR 2016, 294 – juris-Rn. 11.

26 BGH Beschl. v. 20.5.2016 – V ZB 24/16 – NVwZ 2016, 335 – juris-Rn. 20.

III. Weitere Haftvoraussetzungen

17 Für die weiteren Voraussetzungen der Haft gilt nach dem **Verweis** in § 57 Abs. 3 AufenthG die Regelung des § 62 AufenthG entsprechend. Dies betrifft vornehmlich die **Sicherungshaft** (§ 62 Abs. 3 AufenthG). Eine *Vorbereitungshaft* (§ 62 Abs. 2 AufenthG) ist zwar rechtlich möglich, aber praktisch kaum denkbar, da nach dem Erlass einer Ausweisung oder Abschiebungsanordnung (§ 58a AufenthG: Gefährder) der Ausländer nicht zurück-, sondern abgeschoben wird.[27]

18 Über den Verweis ist regelmäßig der **Haftgrund** der unerlaubten Einreise (§ 62 Abs. 3 S. 1 Nr. 2 AufenthG) einschlägig, weswegen auf obige Darstellungen verwiesen sei (→ Kap. 2 Rn. 104 ff.). Dieser Haftgrund genügt wegen der klaren Verweisung für eine Haftanordnung.[28] Soweit es allerdings um eine Zurückschiebung im Anwendungsbereich der Dublin-III-Verordnung (→ Rn. 8 ff.) geht, sind die in Frage kommenden Haftgründe auf **erhebliche Fluchtgefahr** gem. §§ 2 Abs. 14 S. 1, 62 Abs. 3a und 3b Nr. 1 bis 5 AufenthG reduziert.[29] § 62 Abs. 3 Nr. 2 und 3 AufenthG scheiden damit ebenso aus wie § 62 Abs. 3b Nr. 6 und 7 AufenthG (mangels Qualifikation als *erheblich* in § 2 Abs. 14 S. 1 AufenthG) und § 2 Abs. 14 S. 2 Nr. 1 und 2 AufenthG (mangels Verweis in § 57 Abs. 3 AufenthG; soweit Haft hierauf gestützt werden soll, muss die Behörde statt der Zurückweisung das Regel-Dublin-Verfahren der Überstellung wählen).

19 Wegen der räumlichen und zeitlichen Grenznähe ist besonders zu beachten, ob der Ausländer das Haftgericht gem. § 62 Abs. 3 S. 2 AufenthG von seiner **freiwilligen Ausreisebereitschaft** überzeugen kann;[30] ggf. auch durch (nachvollziehbar belegte) Durchreiseabsicht, welche eine Haftanordnung nicht erforderlich macht.[31] Auch kann der aus Gründen des Übermaßverbotes vorrangige **unmittelbare Zwang** genügen, wenn zB eine grenzüberschreitende (Straßen-)Bahn verkehrt, in die der Ausländer ohne zwischendurch bestehende Aussteigemöglichkeit gesetzt werden kann.[32]

20 Wie auch bei der Sicherungshaft muss gem. § 72 Abs. 4 S. 1 AufenthG ein ggf. erforderliches **Einvernehmen der Staatsanwaltschaft** eingeholt werden. Denn die Norm ist nach teleologischer Auslegung auf die Zurückschiebungshaft anwendbar.[33]

IV. Haftvollzug

21 Für den **Haftvollzug** der Zurückschiebungshaft gilt § 62a AufenthG entsprechend, § 57 Abs. 3 letzter HS AufenthG, insbes. auch das unionsrechtliche **Trennungsgebot**. Für die Anforderungen und Vollzugsregelungen im Einzelnen vgl. oben → Kap. 2 Rn. 179 ff. Auch bei der Zurückschiebungshaft muss Haft abgelehnt werden, wenn eine rechtmäßige Unterbringung nicht feststeht.[34]

---

27 *Zeitler* in HTK-AuslR § 57 AufenthG, zu Abs. 3, Rn. 7.
28 AG Mühldorf Beschl. v. 5.1.2016 – 1 XIV 84/15 B – juris-Rn. 18; offengelassen von AG Rosenheim Beschl. v. 11.1.2016 – 8 XIV 9/16 – juris-Rn. 17.
29 Vgl. BGH Beschl. v. 20.5.2016 – V ZB 24/16 – NVwZ 2016, 1582 – juris-Rn. 7.
30 BGH Beschl. v. 17.6.2010 – V ZB 13/10 – juris-Rn. 15.
31 BGH Beschl. v. 17.6.2010 – V ZB 13/10 – juris-Rn. 17, 26.
32 AG Offenburg Beschl. v. 13.9.2018 – 1 XIV 320/18 B – juris-Rn. 7.
33 BGH Beschl. v. 11.10.2017 – V ZB 41/17 – InfAuslR 2018, 93 – juris-Rn. 9; Beschl. v. 24.2.2011 – V ZB 202/10 – InfAuslR 2011, 253 – juris-Rn. 13 ff.
34 BGH Beschl. v. 7.3.2012 – V ZB 41/12 – NVwZ 2012, 775 – juris-Rn. 7.

Kapitel 8 Zurückweisungshaft und Transitgewahrsam (§ 15 AufenthG)

Die **Zurückweisung** ist ein Institut, das an der Grenze verfügt wird und die Einreise eines Ausländers durch die *Abwendung des Grenzübertritts* verhindert.[1] Sie greift also im **Vorfeld der Aufenthaltsnahme** und steht damit in einem **Stufensystem**: Wird der Ausländer direkt *während des Grenzübertritts* aufgegriffen, ist sie einschlägig; (kurz) *nach dem Grenzübertritt* muss stattdessen zurückgeschoben werden (*Zurückschiebungshaft* s. Kap. 7), längere Zeit danach erfolgen Abschiebung bzw. Überstellung (*Sicherungshaft* s. Kap. 2; *Ausreisegewahrsam* s. Kap. 3; *Überstellungshaft* s. Kap. 6). 1

Die Maßnahme der Einreiseunterbindung zu sichern, ist Ziel der **Zurückweisungshaft** (§ 15 Abs. 5 AufenthG). Dabei ist der **Transitgewahrsams** (§ 15 Abs. 6 AufenthG) ein Spezialfall der Zurückweisung bei Einreiseversuch über einen Flughafen.[2] Beide Institute haben folgende **Voraussetzungen**, die kumulativ erfüllt sein müssen: 2

- Es muss ihr **Anwendungsbereich** eröffnet sein (→ Rn. 3 ff.),
- eine **Zurückweisung** bzw. **Einreiseverweigerung** muss ergangen und darf nicht sofort vollziehbar sein (→ Rn. 6 ff.),
- ggf. muss ein **Haft-** bzw. **Gewahrsamsgrund** bestehen (→ Rn. 9 ff.),
- einige **weitere Haftvoraussetzungen** müssen vorliegen (→ Rn. 11 ff.) sowie
- ein rechtmäßiger **Haftvollzug** muss gesichert sein (→ Rn 14 ff.).

I. Anwendungsbereich

Zurückweisungshaft bzw. Transitgewahrsam zur Abwendung einer *unerlaubten Einreise* gibt es grds. in **zwei Varianten**, deren Unterteilung *unionsrechtlich determiniert* ist. Eine *vereinfachten Voraussetzungen* unterliegende Haft ist nur im Anwendungsbereich des Art. 14 Verordnung (EU) 2016/399 (**Schengener Grenzcodex** [**SGK**]) möglich.[3] Außerhalb dessen ist das nationale Recht durch die **Rückführungsrichtlinie** überlagert,[4] so dass die in § 15 AufenthG normierten Voraussetzungen *unionrechtskonform erweitert* werden müssen. Es sind daher folgende Fälle zu unterscheiden: 3

- An einer **Schengen-Außengrenze**, die es in Deutschland nur an der *Nord-* und *Ostseeküste* bzw. *internationalen Flughäfen* gibt, greift das klassische, von § 15 AufenthG gesetzlich normierte System (**„echte Zurückweisungshaft“**[5]). Hier darf nach Art. 14 SGK zurückgewiesen werden, soweit der Ausländer über eine nach Art. 2 Nr. 8, 5 Abs. 1 UAbs. 2 SGK notifizierte **förmlich bestimmte Grenzübergangsstelle** einzureisen versucht.[6] Für diese Konstellationen erlaubt Art. 2 Abs. 2 lit. a Rückführungsrichtlinie erleichterte Voraussetzungen für Haft (zB Verzicht auf das Erfordernis von Fluchtgefahr). Außerhalb der og Grenzübergangsstellen führt ein an-Land-Gehen

1 BGH Beschl. v. 11.10.2017 – V ZB 41/17 – InfAuslR 2018, 93 – juris-Rn. 13.
2 BT-Drs. 16/5065, S. 165.
3 EuGH Urt. v. 19.3.2019 – C-444/17 – NVwZ 2019, 947 – Arib – Rn. 42, 51 f., 62.
4 EuGH Urt. v. 19.3.2019 – C-444/17 – NVwZ 2019, 947 – Arib – Rn. 56, 59.
5 *Schmidt-Räntsch*, Folien „Abschiebungshaft“, Stand: 9.6.2021.
6 Vgl. BGH Beschl. v. 23.3.2021 – XIII ZB 141/19 – juris-Rn. 9; Beschl. v. 12.2.2020 – XIII ZB 65/19 – juris-Rn. 12.

indes dazu, dass die Einreise gem. § 13 Abs. 2 S. 3 AufenthG bereits erfolgt ist,[7] es also für eine Zurückweisung bzw. Einreiseverweigerung (nationalrechtlich) zu spät ist; dann kommt nur *Zurückschiebung* (s. Kap. 7) in Betracht.[8]

- An einer **Schengen-Binnengrenze** ist, unabhängig davon, inwiefern (zB während der COVID-19-Pandemie gem. Art. 25 ff. SGK oder stichprobenartig gem. Art. 27 SGK) Grenzkontrollen stattfinden, die Rückführungsrichtlinie anwendbar; die Ausnahme des Art. 2 Abs. 2 lit. a Rückführungsrichtlinie greift nach der Rspr. des EuGH aus systematischen Gründen nicht.[9] Daher darf Haft nur unter den von in der Richtlinie normierten weiteren Voraussetzungen (insbes. Fluchtgefahr → Rn. 9) angeordnet werden (**„unechte Zurückweisungshaft“**).[10]

4 Rechtlich kann eine (**echte**) **Zurückweisung** daher nur in den og Grenzübergangsstellen an *Schengen-Außengrenzen* erfolgen. Hier darf gem. § 15 Abs. 1 AufenthG zurückgewiesen werden bzw. spezialgesetzlich gem. §§ 18 Abs. 2, 18a Abs. 3 AsylG die (gleichfalls durch Zurückweisungshaft bzw. Transitgewahrsam sicherbare)[11] (**echte**) **Einreiseverweigerung** ausgesprochen werden, soweit der Ausländer an der Grenze um **Asyl** ersucht. Darin liegt auch der Schwerpunkt des Transitgewahrsams, welcher regelmäßig den Fall abgelehnter Asylbewerber nach erfolglosen Durchlaufens eines Flughafenverfahrens (§ 18a Abs. 3 AsylG) betrifft.[12]

5 An einer **Binnengrenze** besteht für eine Zurückweisung unionsrechtlich kein Raum. Denn selbst mit dem Aufenthalt in einem Gebäude einer deutschen Grenzbehörde auf deutschem Staatsgebiet ist eine **Einreise unionsrechtlich vollendet**,[13] auch wenn sie es nationalrechtlich nicht ist (§ 13 Abs. 2 S. 1 und 2 AufenthG: „Fiktion der Nichteinreise“). Dass gleichwohl *zurückgewiesen* oder die *Einreise verweigert* wird, führt aber nicht zur Unanwendbarkeit der §§ 15 Abs. 5 und 6 AufenthG: Denn ob die verwaltungsbehördliche Entscheidung *richtig* ist, haben die Haftgerichte nicht zu prüfen, so dass insofern (dann: **unechte**) **Zurückweisungshaft** angeordnet werden kann – indes unionsrechtskonform ausgelegt unter zusätzlichen Voraussetzungen (→ Rn. 9).[14]

II. Behördliche Entscheidung

6 Erforderlich für Haft bzw. Gewahrsam ist die *Wirksamkeit* einer behördlichen Entscheidung über die **Zurückweisung** bzw. **Einreiseverweigerung.** In welchen Zielstaat sie führt, ist inhaltlich unerheblich, da diese Kontrolle allein den Verwaltungsgerichten obliegt.[15] Weil auch eine Einreisebefugnis im Falle eines **Asylantrages** eine inhaltliche

---

7 *Kolber* in Bergmann/Dienelt AufenthG § 15 Rn. 3 und 14.

8 Vgl. *Fränkel* in NK-AuslR AufenthG § 13 Rn. 15 aE.

9 EuGH Urt. v. 21.9.2023 – C-143/22 – Rn. 36 f., 40 ff.; Urt. v. 19.3.2019 – C-444/17 – NVwZ 2019, 947 – Arib – Rn. 62.

10 EuGH Urt. v. 21.9.2023 – C-143/22 – Rn. 40 ff.; BGH Beschl. v. 14.7.2020 – XIII ZB 81/19 – NVwZ 2021, 262 – juris-Rn. 9.

11 BGH Beschl. v. 10.3.2016 – V ZB 188/14 – NVwZ-RR 2016, 518 – juris-Rn. 11; Beschl. v. 30.6.2011 – V ZB 274/10 – NVwZ-RR 2011, 875 – juris-Rn. 21.

12 *Zeitler* in HTK-AuslR, § 15 AufenthG, zu Abs. 5 und 6, Rn. 36.

13 BGH Beschl. v. 14.7.2020 – XIII ZB 81/19 – NVwZ 2021, 262 – juris-Rn. 9.

14 BGH Beschl. v. 23.3.2021 – XIII ZB 141/19 – juris-Rn. 9 f.; Beschl. v. 15.12.2020 – XIII ZB 133/19 – NVwZ 2021, 822 – juris-Rn. 7 f.; 14.7.2020 – XIII ZB 81/19 – NVwZ 2021, 262 – juris-Rn. 12 f.

15 BGH Beschl. v. 15.12.2020 – XIII ZB 133/19 – NVwZ 2021, 822 – juris-Rn. 8; Beschl. v. 14.7.2020 – XIII ZB 81/19 – NVwZ 2021, 262 – juris-Rn. 12, 14.

Frage ist (§ 15 Abs. 4 S. 2 AufenthG), ist haftgerichtlich ebensowenig zu prüfen, ob dem Ausländer ein Aufenthalt gem. § 55 AufenthG gestattet ist.[16]

Ebenso ist die Prüfung einer **vollziehbaren Ausreisepflicht** (die es in Fällen „echter Zurückweisungshaft“ logisch auch nicht geben kann, da die Einreise nicht vollendet wurde) oder **Abschiebungsandrohung** (ggf. mit Fristsetzung) nicht erforderlich.[17] Die im Anwendungsbereich der Rückkehrrichtlinie notwendige **Rückkehrentscheidung** liegt in der *Zurückweisung* bzw. *Einreiseverweigerung*.[18] 7

Mithin ist das haftgerichtliche **Prüfungsprogramm** eingeschränkt. Rechtsmittel gegen die behördliche Entscheidung haben gem. § 80 Abs. 2 S. 1 Nr. 2 VwGO keine aufschiebende Wirkung.[19] Bei einer Einreiseverweigerung nach (erfolglosem) Asyl-*Flughafenverfahren* ist die Rechtsschutzfrist sogar auf drei Tage verkürzt; wird ein Eilantrag rechtzeitig gestellt, darf die Abreise aber bis zur Entscheidung nicht erzwungen werden (§ 18a Abs. 4 S. 7 AsylG). In Fällen **verwaltungsgerichtlichen Eilrechtsschutzes** muss ggf. vorläufig entscheiden (§ 427 FamFG) und den Ausgang des Eilverfahrens abgewartet werden;[20] bei bekannter stattgebender Spruchpraxis sind Haft oder Gewahrsam jedoch abzulehnen.[21] 8

III. Haft- bzw. Gewahrsamsgrund

1. „Unechte Zurückweisungshaft“

Für eine Haft- und Gewahrsamsanordnung ist nach dem **Wortlaut** der Norm *kein Haftgrund* erforderlich, was der BGH vor der aktuellen EuGH-Rspr.[22] auch ausreichen ließ.[23] Im Anschluss an den EuGH[24] ist diese Normierung jedoch im Anwendungsbereich der *Rückführungsrichtlinie* (→ Rn. 5) unzureichend, da sie in Art. 15 Abs. 1 **Fluchtgefahr** erfordert. Handelt es sich daher insofern um eine Zurückweisung bzw. Einreiseverweigerung 9

- mit dem Ziel der Rückführung in einen **Drittstaat** bzw. außerhalb des Dublin-III-Systems, muss einer der in § 62 Abs. 3 S. 1 Nr. 1 und Nr. 3 AufenthG genannten Haftgründe (**Fluchtgefahr** oder **Abschiebungsanordnung gem. § 58a AufenthG**[25]) vorliegen.[26] Die bloß versuchte *unerlaubte Einreise* genügt nicht, da richtlinienkonform nur die Nr. 1 und Nr. 3, nicht hingegen § 62 Abs. 3 S. 1 Nr. 2 AufenthG anwendbar sind.[27]

16 Für Zurückweisungshaft: BGH Beschl. v. 12.4.2018 – V ZB 164/16 – NVwZ 2018, 1583 – juris-Rn. 8 ff.; für Transitgewahrsam: BGH Beschl. v. 30.6.2011 – V ZB 274/10 – NVwZ-RR 2011, 875 – juris-Rn. 21.

17 BGH Beschl. v. 5.12.2020 – XIII ZB 133/19 – NVwZ 2021, 822 – juris-Rn. 8.

18 BGH Beschl. v. 15.12.2020 – XIII ZB 133/19 – NVwZ 2021, 822 – juris-Rn. 19; Beschl. v. 14.7.2020 – XIII ZB 81/19 – NVwZ 2021, 262 – juris-Rn. 16.

19 *Westphal/Huber* in Huber/Mantel AufenthG § 15 Rn. 24.

20 BGH Beschl. v. 11.10.2012 – V ZB 154/11 – InfAuslR 2013, 78 – juris-Rn. 6.

21 BGH Beschl. v. 20.9.2017 – V ZB 118/17 – NVwZ 2018, 349 – juris-Rn. 18.

22 EuGH Urt. v. 19.3.2019 – C-444/17 – NVwZ 2019, 947 – Arib.

23 Für Zurückweisungshaft: BGH Beschl. v. 20.9.2017 – V ZB 118/17 – NVwZ 2018, 349 – juris-Rn. 12; Beschl. v. 22.6.2017 – V ZB 127/16 – InfAuslR 2017, 345 – juris-Rn. 10; für Transitgewahrsam: BGH Beschl. v. 10.3.2016 – V ZB 188/14 – NVwZ-RR 2016, 295 – juris-Rn. 5, 9 f.

24 BGH Beschl. v. 14.7.2020 – XIII ZB 81/19 – NVwZ 2021, 262 – juris-Rn. 11.

25 Als *typisierten* Fall der Fluchtgefahr, BGH Beschl. v. 6.10.2020 – XIII ZB 13/20 – juris-Rn. 10.

26 BGH Beschl. v. 15.12.2020 – XIII ZB 133/19 – NVwZ 2021, 822 – juris-Rn. 12.

27 BGH Beschl. v. 15.12.2020 – XIII ZB 133/19 – NVwZ 2021, 822 – juris-Rn. 13.

- mit dem Ziel der **Überstellung** in den gem. **Dublin-III-Verordnung** für die Prüfung eines Schutzantrages zuständigen Staat, so muss als Haftgrund **erhebliche Fluchtgefahr** nach Art. 28 Abs. 2 Dublin-III-VO iVm § 2 Abs. 14 S. 2 und S. 1 iVm § 62 Abs. 3a und 3b Nr. 1 bis Nr. 5 AufenthG vorliegen.[28]

2. Alle Haft- bzw. Gewahrsamsfälle

10 Sowohl in Fällen **„echter Zurückweisungshaft"** bzw. Gewahrsam als auch[29] bei „unechter Zurückweisungshaft" bzw. Gewahrsam muss nach dem Wortlaut des § 15 Abs. 5 AufenthG geprüft werden, ob die **Zurückweisung** bzw. **Einreiseverweigerung nicht unmittelbar vollzogen** werden kann.[30] Diese Unmöglichkeit kann rechtlich wie auch faktisch begründet sein, etwa in den folgenden **Beispielsfällen,**

- wenn ein **Asylverfahren** des Ausländers in **einem Mitgliedsstaat** (zB Ungarn) läuft, er aber über einen **anderen Mitgliedsstaat** (zB Österreich) nach Deutschland einreist. Denn dann sei Österreich nach Auffassung des BGH nicht zur (Wieder-)Aufnahme verpflichtet (anders, wenn das Asylverfahren in Österreich liefe).[31] In diesen Fällen wird regelmäßig dem Gedanken des Art. 28 Abs. 3 Dublin-III-Verordnung nach eine Haftfrist von sechs Wochen genügen.[32]
- wenn die Rückführung **organisatorischen Zeitaufwand** bedingt, weil zB wegen **Randalierens** im Flugzeug erst verschiedene Fluglinien kontaktiert und Plätze reserviert werden müssen.[33]
- wenn der Ausländer **kein gültiges Passdokumentes** besitzt, das erst noch beschafft werden muss.[34]
- wenn noch eine notwendige **Rückmeldung** seitens der **Behörde im Aufnahmestaat** aussteht.[35]

IV. Haft- bzw. Gewahrsamszeitraum

11 Haft und Gewahrsam müssen **so kurz wie möglich** gehalten werden.[36] Über den Verweis in § 15 Abs. 5 S. 2 AufenthG ergibt sich, dass die Regelung des § 62 Abs. 4 AufenthG entsprechend anwendbar ist. Die *Zurückweisungshaft* darf daher für **höchstens sechs Monate** angeordnet und nur bei Vertretenmüssen des Ausländers auf bis zu 18 Monate verlängert werden (→ Kap. 2 Rn. 118). Dieselbe Regelung gilt auch für den *Transitgewahrsam* (§ 15 Abs. 6 S. 5 AufenthG). Die 3-Monats-Frist des § 62 Abs. 3 S. 3 AufenthG (→ Kap. 2 Rn. 116) ist damit nicht anwendbar.[37] Allerdings ist bei der

28 BGH Beschl. v. 23.3.2021 – XIII ZB 141/19 – juris-Rn. 6; Beschl. v. 15.12.2020 – XIII ZB 133/19 – NVwZ 2021, 822 – juris-Rn. 14.
29 BGH Beschl. v. 15.12.2020 – XIII ZB 28/20 – juris-Rn. 7.
30 BGH Beschl. v. 22.6.2017 – V ZB 127/16 – InfAuslR 2017, 345 – juris-Rn. 10.
31 BGH Beschl. v. 11.10.2017 – V ZB 41/17 – InfAuslR 2018, 93 – juris-Rn. 5; Beschl. v. 20.9.2017 – V ZB 118/17 – NVwZ 2018, 349 – juris-Rn. 13 f.
32 BGH Beschl. v. 20.9.2017 – V ZB 118/17 – NVwZ 2018, 349 – juris-Rn. 14.
33 LG Frankfurt Beschl. v. 9.10.2017 – 2–29 T 41/17 – juris-Rn. 4, 7, 11.
34 BT-Drs. 16/5065, S. 165; BGH Beschl. v. 22.6.2017 – V ZB 127/16 – InfAuslR 2017, 345 – juris-Rn. 13; LG Frankfurt Beschl. v. 31.7.2015 – 2–29 T 81/15 – juris-Rn. 10.
35 AG Frankfurt Beschl. v. 24.10.2008 – 934 XIV 1877/08 – juris-Rn. 4.
36 Für die Zurückweisungshaft: BGH Beschl. v. 22.6.2017 – V ZB 8/17 – Asylmagazin 2018, 58 – juris-Rn. 8; für den Transitgewahrsam: BGH Beschl. v. 11.1.2018 – V ZB 178/16 – juris-Rn. 8.
37 BGH Beschl. v. 11.1.2018 – V ZB 178/16 – InfAuslR 2018, 287 – juris-Rn. 8.

„unechten Zurückweisungshaft" mit dem Ziel der *Überstellung* das Fristensystem des Art. 28 Abs. 3 Dublin-III-Verordnung einzuhalten.[38]

Für den **Transitgewahrsam** unterliegt nur eine Anordnung *über 30 Tage hinaus* dem Richtervorbehalt (§ 15 Abs. 6 S. 2 AufenthG); darunter kann die Behörde selbst Gewahrsam anordnen. Ob dies wegen des Umstandes, dass der Ausländer aus dem Transitbereich grds. zu jeder Zeit abreisen kann, eine *Freiheitsbeschränkung*[39] oder eine den Richtervorbehalt des Art. 104 Abs. 2 S. 1 GG auslösende *Freiheitsentziehung* darstellt, ist umstritten,[40] kann aber für das *Haftgericht* dahinstehen. Denn soweit die Behörde die gerichtliche Entscheidung über den Gewahrsam beantragt, wird darüber ohnehin haftgerichtlich (und damit im Rahmen des ggf. einschlägigen Richtervorbehaltes) entschieden. 12

Für den Transitgewahrsam regelt § 15 Abs. 6 S. 4 AufenthG die Notwendigkeit einer **Prognose** des Vollzugs der Abreise im Gewahrsamszeitraum; aber auch für die Zurückweisungshaft ist anhand der konkreten Verfahrensschritte haftgerichtlich zu prognostizieren, wann dies bei Zugrundelegung **größtmöglicher Beschleunigung** geschehen kann.[41] Betreibt die Behörde das Verfahren nicht mit dieser, ist der Haftantrag abzulehnen bzw. die Haft aufzuheben.[42] Für Einzelheiten wird auf die obigen Darstellungen verwiesen (→ Kap. 2 Rn. 144 ff.). 13

V. Weitere Haftvoraussetzungen

Zurückweisungshaft *soll* gem. § 15 Abs. 5 S. 1 AufenthG beschlossen werden, was ein (intendiertes) **Ermessen** des Haftgerichtes zeigt („Verpflichtung mit Abweichungsvorbehalt"[43]). Ob auch der Transitgewahrsam gem. § 15 Abs. 6 AufenthG Ermessen eröffnet, kann dahinstehen; jedenfalls ist seine Anordnung der *Regelfall*.[44] Insofern ist in beiden Konstellationen die Bindung des Haftgerichtes an das **Übermaßverbot** zu beachten.[45] 14

Daher ist eine Haft- bzw. Gewahrsamsanordnung **ungeeignet**, wenn sie während ihrer Dauer nicht (mehr) dem Zweck des **Vollzuges der Abreise** dient (vgl. § 15 Abs. 6 S. 4 AufenthG für den Transitgewahrsam). Daran kann es mangeln, wenn absehbar ist, dass der Zielstaat keine Aufnahmebereitschaft zeigen wird[46] oder sich Abreisehindernisse nicht in der zulässigen Höchstdauer der Anordnung (§ 62 Abs. 4 AufenthG) beseitigen lassen. 15

Die Anordnung ist auch **nicht erforderlich**, wenn ihr Zweck mit weniger rechtsbeeinträchtigenden Mitteln erreichbar ist. Das kann der Fall sein, wenn konkrete Umstände vorgetragen und glaubhaft gemacht werden, die eine **eigenständige Abreise** hinrei- 16

38 BGH Beschl. v. 12.2.2020 – XIII ZB 65/19 – InfAuslR 2020, 385 – juris-Rn. 19.
39 BGH Beschl. v. 12.7.2018 – V ZB 98/16 – juris-Rn. 8.
40 Vgl. BVerfG Beschl. v. 23.10.2014 – 2 BvR 2566/10 – Asylmagazin 2015, 53 – juris-Rn. 16; *Grotkopp* Abschiebungshaft Rn. 307 mwN.
41 BGH Beschl. v. 6.12.2018 – V ZB 79/18 – InfAuslR 2019, 153 – juris-Rn. 9.
42 BGH Beschl. v. 30.10.2013 – V ZB 90/13 – Asylmagazin 2014, 57 – juris-Rn. 6.
43 BGH Beschl. v. 12.4.2018 – V ZB 162/17 – NVwZ 2018, 1583 – juris-Rn. 18.
44 BGH Beschl. v. 20.9.2017 – V ZB 118/17 – NVwZ 2018, 349 – juris-Rn. 12; Beschl. v. 10.3.2016 – V ZB 188/14 – NVwZ-RR 2016, 295 – juris-Rn. 5.
45 ZB BGH Beschl. v. 12.4.2018 – V ZB 162/17 – NVwZ 2018, 1581 – juris-Rn. 16.
46 BGH Beschl. v. 20.9.2017 – V ZB 118/17 – NVwZ 2018, 349 – juris-Rn. 20.

chend sicher erscheinen lassen; dies kann zB durch die Vorlage eines Abreise-Flugtickets und von Passdokumenten geschehen.[47] Da die Erforderlichkeit von Haft und Gewahrsam gesetzlich vermutet wird, braucht das Haftgericht derlei aber nur bei **konkretem Vorbringen** des Ausländers nachzugehen.[48]

17 An der **Angemessenheit** einer Anordnung kann es fehlen, wenn **Familien mit minderjährigen Kindern** in Haft bzw. Gewahrsam genommen werden sollen; denn dies ist analog § 62 Abs. 1 Satz 3 AufenthG nur in Ausnahmefällen und nur solange zulässig, wie es unter Berücksichtigung des Kindeswohls angemessen ist.[49] Auch hierfür gelten die Vorgaben des Art. 17 Rückführungsrichtlinie (→ Kap. 2 Rn. 175 f.).[50] Eine *altersgerechte Unterbringung* ist dabei nach Maßgabe der Frage, ob insofern „bestehende oder absehbare strukturelle Defizite" bestehen,[51] von Amts wegen zu prüfen.[52] Gerade für unbegleitete Kinder wird Haft oder Gewahrsam allenfalls höchst ausnahmsweise in Betracht kommen.[53]

18 Ein **Einvernehmen der Staatsanwaltschaft** ist im Falle laufender Ermittlungsverfahren (→ Kap. 2 Rn. 132 ff.) **nicht erforderlich.** Denn der Wortlaut des § 72 Abs. 4 S. 1 AufenthG erfasst nur die Ausweisung oder Abschiebung, aber nicht die Zurückweisung bzw. Einreiseverweigerung; die Vorschrift ist auch nicht ihrem Zweck nach erweiternd auszulegen.[54]

VI. Haftvollzug

1. Zurückweisungshaft

19 Den Haftvollzug der Zurückweisungshaft regelt § 15 Abs. 5 AufenthG nicht. Allerdings greift bei der **unechten Zurückweisungshaft** die Rückführungsrichtlinie (→ Rn. 5), mithin gelten auch die Anforderungen an den Haftvollzug aus Art. 16 Rückführungsrichtlinie. Nach dem „effet utile"-Grundsatz muss das nationale Recht dem Rechnung tragen; dies wird durch eine (unionsrechtlich gebotene) **analoge Anwendung** von **§ 62a AufenthG** erreicht.[55] Auch hier gilt daher das *Trennungsgebot* und die Verpflichtung, im Falle *absehbar unionsrechtswidrigen Haftvollzugs* Haftanträge abzulehnen (zG → Kap. 2 Rn. 165, 167 ff.).

20 Für die **echte Zurückweisungshaft** gilt iE dasselbe: Zwar unterfällt sie wg. Art. 2 Abs. 2 lit. a Rückführungsrichtlinie nicht deren Anwendungsbereich (→ Rn. 3 f.). Wendet man aber für die *unechte Zurückweisungshaft* die Regelung des § 62a AufenthG an, besteht hierzu auch bei *echter Zurückweisungshaft* eine vergleichbare Interessenlage: Die Fälle sind iW gleich, zumal sie von derselben Norm erfasst werden, so dass Art. 3 Abs. 1 GG nationalrechtlich die Analogie gebietet.

47 BGH Beschl. v. 30.6.2011 – V ZB 274/10 – NVwZ-RR 2011, 875 – juris-Rn. 16 f.
48 BGH Beschl. v. 30.6.2011 – V ZB 274/10 – NVwZ-RR 2011, 875 – juris-Rn. 18.
49 BGH Beschl. v. 30.10.2013 – V ZB 90/13 – Asylmagazin 2014, 57 – juris-Rn. 9.
50 BGH Beschl. v. 25.8.2020 – XIII ZB 40/19, XIII ZB 41/19, XIII ZB n42/19 – juris-Rn. 10 f.
51 BGH Beschl. v. 25.8.2020 – XIII ZB 40/19, XIII ZB 41/19, XIII ZB n42/19 – juris-Rn. 11; Beschl. v. 11.10.2012 – V ZB 154/11 – InfAuslR 2013, 38 – juris-Rn. 14.
52 BGH Beschl. v. 11.10.2012 – V ZB 154/11 – InfAuslR 2013, 38 – juris-Rn. 14.
53 AG Frankfurt Beschl. v. 24.10.2008 – 934 XIV 1877/08 – juris-Rn. 7 ff.
54 BGH Beschl. v. 15.12.2020 – XIII ZB 133/19 – NVwZ 2021, 822 – juris-Rn. 18; 12.4.2018 – V ZB 162/17 – NVwZ 2018, 1581 – juris-Rn. 14; Beschl. v. 11.10.2017 – V ZB 41/17 – InfAuslR 2018, 93 – juris-Rn. 6 ff.
55 *Fränkel* in NK-AuslR AufenthG § 15 Rn. 22 aE.

2. Transitgewahrsam

Für den Vollzug von **Transitgewahrsam** regelt § 15 Abs. 6 S. 1 und S. 2 AufenthG, dass er im **Transitbereich** eines Flughafens oder in eine **Unterkunft** erfolgen muss, von wo aus seine Abreise aus dem Bundesgebiet möglich ist. Dies ähnelt den Anforderungen des *Ausreisegewahrsams* (§ 62b AufenthG s. Kap. 3), indes ohne die dort mögliche Entfernung der Unterkunftsstelle zur Ausreisemöglichkeit (§ 62b Abs. 2 Var. 2 AufenthG). Dies zeigt, dass es bei § 15 Abs. 6 AufenthG örtlich um den Transitbereich oder Unterkünfte *auf dem Flughafengelände* (§ 65 AufenthG) geht.[56] 21

Wie beim Transitgewahrsam muss auch hier die **Ausreise** luftseitig **jederzeit möglich** sein.[57] Ebenso ist die *gerichtliche Kontrolle* der Einhaltung der Voraussetzungen des Art. 16 Rückführungsrichtlinie auf bereits bei Haftentscheidung absehbare **strukturelle Defizite** der Vollzugseinrichtungen begrenzt;[58] denn angesichts der kurzen Dauer und der jederzeitigen Abreisemöglichkeit ist die mit dem Vollzug verbundene Grundrechtsbeeinträchtigung erheblich geringer. 22

Insofern sind die für **Minderjährige** und **Familien** geltenden Schutzvorschriften (insbes. aus § 62a Abs. 1 S. 3 und S. 3, Abs. 3 AufenthG) sub specie des *Übermaßverbotes* beachtlich.[59] Es besteht insofern zwar Anspruch auf ein angemessenes Maß an *Privatsphäre*,[60] aber wegen der kurzen Aufenthaltsdauer nicht auf Zugang zu *Bildung*.[61] Soweit die Verhältnisse am Flughafen beengter sind als in anderen Unterkünften, folgt dies „aus dem Einreiseverbot", so dass es Ausländer „durch die versuchte Einreise über den Luftweg bewusst in Kauf genommen" haben.[62] 23

56 *Westphal/Huber* in Huber/Mantel AufenthG § 15 Rn. 19.
57 StRspr BGH Beschl. v. 20.7.2021 – XIII ZB 94/19 – juris-Rn. 14; Beschl. v. 25.8.2020 – XIII ZB 40/19 – InfAuslR 2021, 73 – juris-Rn. 14; Beschl. v. 16.12.2019 – XIII ZB 136/19 – NVwZ-RR 2020, 1092 – juris-Rn. 9.
58 StRspr BGH Beschl. v. 20.7.2021 – XIII ZB 94/19 – juris-Rn. 9; Beschl. v. 22.6.2021 – XIII ZB 71/20 – NVwZ-RR 2021, 996 – juris-Rn. 9; Beschl. v. 25.8.2020 – XIII ZB 40/19 – InfAuslR 2021, 73 – juris-Rn. 11.
59 BGH Beschl. v. 22.6.2021 – XIII ZB 71/20 – NVwZ-RR 2021, 996 – juris-Rn. 9; Beschl. v. 25.8.2020 – XIII ZB 40/19 – InfAuslR 2021, 73 – juris-Rn. 9 ff.
60 BGH Beschl. v. 25.8.2020 – XIII ZB 40/19 – InfAuslR 2021, 73 – juris-Rn. 16.
61 BGH Beschl. v. 20.7.2021 – XIII ZB 94/19 – NVwZ-RR 2022, 237 – juris-Rn. 13.
62 BGH Beschl. v. 20.7.2021 – XIII ZB 94/19 – NVwZ-RR 2022, 237 – juris-Rn. 14.

Kapitel 9 Mitwirkungshaft und -gewahrsam (§§ 62 Abs. 6, 82 Abs. 4 S. 3 AufenthG)

1 Der Mitwirkungsgewahrsam (§ 82 Abs. 4 S. 3 AufenthG) und die Mitwirkungshaft (§ 62 Abs. 6 AufenthG) sind – anders als die meisten anderen Haftarten – nur auf **mittelbare Vorbereitung der Abschiebung** gerichtet. Sie greifen im *Vorfeld* derselben und sichern einzelne Verfahrenshandlungen, welche dem Abschluss des Verwaltungsverfahrens vorgelagert sind. Haft und Gewahrsam sind aber – soweit zB Fluchtgefahr besteht – *nicht vorrangig* ggü. anderen Haftformen wie zB der Sicherungshaft.[1]

2 Beide Maßnahmen haben grds. das Ziel, die **Vorführung** eines Ausländers bei der **zuständigen Behörde**, einer **diplomatischen Vertretung** (oder einem Vertreter,[2] zB in einer Clearingstelle[3]) des Staates, dessen *Staatsangehörigkeit* er vermutlich besitzt (insbes. zur Klärung der Identität,[4] Staatsangehörigkeit und Beschaffung von Pass[ersatz]papieren[5]), oder bei einer **ärztlichen Untersuchung** zur Feststellung der *Reisefähigkeit* zu ermöglichen; andere Zwecke sind nicht Teil der Gewahrsams- bzw. Haftanordnung.[6]

3 Die Maßnahmen sind in ein **Stufenkonzept** eingebettet, das sich dogmatisch wie folgt staffelt und aus dem nach dem praktischen Bedürfnis des Falles behördlich auszuwählen ist:

- Erstens kann das **Erscheinen** des Ausländers an den benannten Orten per Verwaltungsakt **angeordnet** werden (§ 84 Abs. 4 S. 1 AufenthG), wobei auch die behördliche Begleitung – selbst unter Transport in zB polizeilichen Dienstfahrzeugen – Teil einer zulässigen Anordnung ist.[7] Dies geschieht ohne (amts-)gerichtliche Beteiligung und unterliegt im Streitfall der Kontrollkompetenz der Verwaltungsgerichte.
- Zweitens kann die vorgenannte **Anordnung** bei Gefahr der Nichtbefolgung mittels **Verwaltungszwanges** (zB *Zwangsgeld*, *unmittelbarer Zwang*) durchgesetzt werden (§ 82 Abs. 4 S. 2 AufenthG). Soweit dies mittels Freiheits*beschränkung* und nicht *-entziehung* erfolgt, unterliegt auch dies keinem Richtervorbehalt, sondern lediglich verwaltungsgerichtlicher Kontrolle.
- Drittens kann, soweit eine Durchsetzung mittels Freiheitsbeschränkung nicht ausreicht oder Erfolg verspricht, eine kurzfristige **Freiheitsentziehung** von bis zu **vier Tagen** erfolgen; dieser sog. **Mitwirkungsgewahrsam** bedarf der (amts-)gerichtlichen Anordnung (§ 82 Abs. 4 S. 3 AufenthG iVm §§ 40 Abs. 1 und 2, 41, 42 Abs. 1 S. 1 und 3 BPolG), soweit das Anordnungsverfahren nicht (zB wg. kurzen Termins) länger dauern würde, als die benötigte Freiheitsentziehung[8] (§ 40 Abs. 1 letzter HS BPolG).
- Viertens kann **Mitwirkungshaft** von bis zu **vierzehn Tagen** (amts-)gerichtlich angeordnet werden (§ 62 Abs. 6 AufenthG), soweit es die Vorführung bzgl. *diplomatischer*

1 BGH Beschl. v. 28.2.2023 – XIII ZB 68/21 – juris-Rn. 6.
2 OVG Münster Beschl. v. 28.11.2006 – 19 B 1789/06 – InfAuslR 2007, 126 – juris-Rn. 5; *Hailbronner* AuslR AufenthG § 82 Rn. 73.
3 *Marx* AufenthaltsR-HdB § 8 Rn. 76.
4 *Grotkopp* Abschiebungshaft Rn. 333.
5 *Hailbronner* AuslR AufenthG § 82 Rn. 69.
6 BT-Drs. 19/10047, S. 44.
7 BVerwG Urt. v. 8.5.2014 – 1 C 3/13 – BVerwGE 149, 320 – juris-Rn. 23; *Samel* in Bergmann/Dienelt AuslR AufenthG § 82 Rn. 16.
8 VG Schleswig-Holstein Beschl. v. 6.4.2022 – 11 B 58/22 – juris-Rn. 15; VG Berlin Beschl. v. 24.11.2020 – 11 L 408/20 – juris-Rn. 19; *Hailbronner* AuslR AufenthG § 82 Rn. 85.

Vertretung oder *ärztlicher Untersuchung* zur Reisefähigkeit betrifft. Der Wortlaut des § 62 Abs. 6 AufenthG engt also den *Kreis möglicher Vorführorte* ein (zB keine Vorführung vor die *zuständige Ausländerbehörde*), erhöht dafür aber die Anordnungsdauer (14 statt vier Tage). Die Norm ist insofern kein lex specialis zum *Mitwirkungsgewahrsam*, sondern parallel zu diesem anwendbar, zumal beide Formen der Freiheitsentziehung sich nach Voraussetzungen und Rechtsfolge signifikant unterscheiden.

Die für die amtsgerichtliche Praxis relevante **Abgrenzung** zwischen der zweiten und dritten Stufe bemisst sich danach, ob eine **Freiheitsentziehung** iSd Art. 104 Abs. 2 GG oder eine **Freiheitsbeschränkung** vorliegt. Erstere setzt Aufhebung der körperlichen Bewegungsfreiheit zielgerichtet in jede Richtung voraus.[9] Letztere liegt bei unmittelbarem Zwang vor, der nicht auf Festhalten, sondern auf zwangsweise Vorführung gerichtet ist und nur *als Begleiterscheinung* für die Dauer der Vorführung die Bewegungsfreiheit beeinträchtigt.[10] Solange daher keine *Festnahme deutlich vor dem Termin* mit *längerer Zeit in der Gewahrsamszelle* erfolgt, wird die zweite Stufe nicht überschritten.[11] 4

Mitwirkungsgewahrsam wie auch -haft haben folgende **Voraussetzungen**, die kumulativ erfüllt sein müssen: 5

- Es muss um die **Sicherung einer Terminsvorführung** gehen (→ Rn. 6 ff.),
- ein **Gewahrsams-** bzw. **Haftgrund** vorliegen (→ Rn. 12 ff.),
- die Anordnung **ermessensgerecht** sein (→ Rn. 17 ff.),
- die **Dauer** von Gewahrsam und Haft zutreffend bemessen sein (→ Rn. 20 ff.) und
- der **Haftvollzug** ggf. unionsrechtskonform sein (→ Rn. 24).

I. Sicherung der Vorführung

Zunächst muss **Ziel** der Maßnahme die **Durchführung eines Termins** zu og Zwecken (→ Rn. 2) sein. Andere als die von § 82 Abs. 4 S. 1 AufenthG erfassten Mitwirkungspflichten können mit Mitwirkungsgewahrsam und -haft nicht durchgesetzt werden; ausgeschlossen sind daher die im **Asylverfahren** normierten Mitwirkungspflichten in den §§ 15, 16, 23 und 25 AsylG.[12] Die Frage, ob bzgl. der *Botschaftsvorführung* wg. der Überschneidung des § 15 Abs. 2 Nr. 6 AsylG mit § 82 Abs. 4 S. 1 Var. 1 AufenthG Gewahrsam und Haft schon während des Asylverfahrens greifen,[13] stellt sich praktisch nicht: Während des Asylverfahrens wäre die Vorführung beim Verfolgerstaat grds. unzumutbar und mithin rechtswidrig.[14] Ein Asylantrag *nach Haftanordnung* würde zwar gem. § 14 Abs. 3 S. 1 Nr. 6 AsylG der Aufrechterhaltung der Haft nicht entgegenstehen, allerdings 6

9 BVerfG Beschl. v. 15.5.2002 – 2 BvR 2292/00 – BVerfGE 105, 239 – juris-Rn. 23; Urt. v. 14.5.1996 – 2 BvR 1516/93 – BVerfGE 94, 166 – juris-Rn. 114.

10 VGH München Beschl. v. 30.8.2021 – 19 C 21.1861 – BayVBl 2021, 700 – juris-Rn. 9; OVG Münster Beschl. v. 28.11.2006 – 19 B 1789/06 – InfAuslR 2007, 126 – juris-Rn. 25; vgl. so auch zur Abschiebung BVerwG Urt. v. 23.6.1981 – I C 78.77 – BVerwGE 62, 325 – juris-Rn. 12.

11 *Hailbronner* AuslR AufenthG § 82 Rn. 84; *Samel* in Bergmann/Dienelt AuslR AufenthG § 82 Rn. 15; aA *Hofmann* in NK-AuslR AufenthG § 82 Rn. 72, der die Differenzierung für zu „feinsinnig“ und einen Richtervorbehalt für immer gegeben hält.

12 *Hailbronner* AuslR AufenthG § 82 Rn. 20; vgl. auch *Zühlcke* in HTK-AuslR, § 82 AufenthG, Allgemein, Rn. 10.

13 Dafür *Zeitler* in HTK-AuslR, § 15 AsylG, zu Abs. 2, Rn. 53, dem zuzugestehen ist, dass der Wortlaut der „ausländerrechtlichen Bestimmungen in anderen Gesetzen“ die lex-specialis-Sperre aufheben will; aA *Marx* AufenthaltsR-HdB § 8 Rn. 76 und wohl auch *Hailbronner* AuslR AsylG § 15 Rn. 68a und AufenthG § 82 Rn. 91.

14 VGH Mannheim Urt. v. 6.10.1998 – A 9 S 856/98 – InfAuslR 1999, 287 – juris-Rn. 32.

wäre der Zweck einer Botschaftsvorführung dann nicht mehr erreichbar, so dass die Haft unverhältnismäßig würde.[15]

7 Inwiefern eine **Bescheidlage** Anordnungsvoraussetzung ist, unterscheidet sich zwischen *Gewahrsam* und *Haft* wie folgt.

1. Mitwirkungsgewahrsam

8 Der **Mitwirkungsgewahrsam** dient der Durchsetzung einer konkreten Anordnung nach § 82 Abs. 4 S. 1 AufenthG (vgl. Wortlaut: „kann *sie* zwangsweise durchgesetzt werden“[16]). Er ist daher **Vollstreckungsmaßnahme** und setzt mithin grds. eine **vollstreckbare Anordnung** nach § 82 Abs. 4 S. 1 AufenthG voraus:[17] Diese muss grds. *bestandskräftig* oder für sie muss die *sofortige Vollziehung angeordnet* sein (§ 80 Abs. 1 S. 1 Nr. 4 VwGO) und das Zwangsmittel des unmittelbaren Zwanges muss, soweit nach landesrechtlichen VwVGen erforderlich, *angedroht* und *festgesetzt* sein.[18]

9 Anders ist dies nur, soweit wegen der **besonderen Eilbedürftigkeit** (zB kurzfristigen Termins und zu erwartender Vereitelung durch Untertauchen[19]) Verwaltungszwang gem. § 6 Abs. 2 VwVGe ohne Verwaltungsakt (oder auch mit Verwaltungsakt, aber ohne Androhung pp.) angewendet werden darf.[20]

2. Mitwirkungshaft

10 Die **Mitwirkungshaft** ist indes **keine Vollstreckungsmaßnahme**: Sie dient der Durchführung einer Anordnung nach § 82 Abs. 4 S. 1 AufenthG, was nach dem Wortlaut sowohl Erlass als auch Vollstreckung umfasst. Ein entsprechender **Bescheid** muss daher nur **beabsichtigt**, nicht zwingend schon erlassen sein; ihn zu ermöglichen, ist Sinn der Haft.[21]

3. Rechtmäßigkeitskontrolle

11 Wie auch bei anderen Gewahrsams- und Haftarten ist die **inhaltliche Richtigkeit** der Anordnung haftgerichtlich nicht zu prüfen. Soweit also bereits eine **Anordnung** gem. § 82 Abs. 4 S. 1 AufenthG **ergangen** ist, ist diese zugrunde zu legen. Ist dies bei der Mitwirkungshaft *nicht der Fall*, muss haftgerichtlich festgestellt werden, dass einer Anordnung **keine offensichtlichen Rechtsfehler** entgegenstehen. Dabei obliegt es der Behörde, darzulegen, warum und mit welchen Voraussetzungen sie die Anordnung verfolgt:

---

15 Eine Umstellung auf Sicherungshaft (→ Kap. 9 Rn. 23) wäre zwar möglich, indes kann wg. der gem. § 60b Abs. 2 AufenthG während des Asylverfahrens suspendierten Mitwirkungspflicht bei der Pass(ersatz)beschaffung die Durchführbarkeit der Abschiebung bei (erwarteter) Klageerhebung schwer zu prognostizieren sein.

16 Hervorhebung von Verf.

17 OVG Berlin-Brandenburg Beschl. v. 28.11.2012 – OVG 3 M 154.11 – juris-Rn. 3; *Zeitler* in HTK-AuslR, § 82 AufenthG, zu Abs. 4 – Vorführung, Rn. 11 ff., 49 ff.

18 *Zeitler* in HTK-AuslR, § 82 AufenthG, zu Abs. 4 – Vorführung, Rn. 14 ff.; VG Gelsenkirchen Beschl. v. 4.11.2020 – 11 L 1494/20 – juris-Rn. 32; vgl. auch OVG Münster Beschl. v. 28.11.2006 – 19 B 1789/06 – InfAuslR 2007, 126 – juris-Rn. 9 ff.

19 *Samel* in Bergmann/Dienelt AuslR AufenthG § 82 Rn. 15.

20 OVG Berlin-Brandenburg Beschl. v. 28.11.2012 – OVG 3 M 154.11 – juris-Rn. 3.

21 *Zeitler* in HTK-AuslR, § 62 AufenthG, Abs. 6, Rn. 6.

- Die Anordnung des Erscheinens bei **Vertretungen** oder **ermächtigten Bediensteten** des Staates, dessen **Staatsangehörigkeit** er vermutlich besitzt (§ 82 Abs. 4 S. 1 Var. 1 AufenthG) setzt einen konkret damit verfolgten Zweck (zB Identifizierung[22] oder Passersatzbeschaffung[23]) und mindestens *Indizien* für die Staatsangehörigkeit (zB Sprache, Dialekt, soziales Umfeld, Erscheinungsbild)[24] voraus. Die Befugnis zur Anordnung umfasst auch, dass sich der Ausländer einer *Sicherheitsbefragung* unterziehen muss.[25]
- Die Anordnung der **ärztlichen Untersuchung** zur Feststellung der **Reisefähigkeit** umfasst alle medizinischen (physischen wie psychischen)[26] Untersuchungsmethoden ein, die lege artis sind (zB auch Gewebe-, Blutproben, radiologische Untersuchungen),[27] soweit sie – nicht nur mit Blick auf die Abschiebung, sondern ggf. zB auch für Abschiebungshindernisse[28] – die Reisefähigkeit betreffen; es muss aber einen Anlass geben, ins Blaue hinein wäre die Anordnung unverhältnismäßig.[29]
- Die Anordnungen unterliegen behördlichem **Ermessen**, das ausgeübt werden muss (§ 40 VwVfGe). Die Vorführung darf *nicht* von vornherein *aussichtslos* sein, wofür aber allein fehlende Kooperationsbereitschaft des Ausländers nicht genügt.[30]

II. Gewahrsams- bzw. Haftgrund

Die Freiheitsentziehung muss **erforderlich** sein. Die Anforderungen hieran unterscheiden sich zwischen *Gewahrsam* und *Haft* wie folgt. 12

1. Mitwirkungsgewahrsam

Der **Mitwirkungsgewahrsam** setzt voraus, dass der Ausländer einer (ggf. auch gem. 13 § 6 Abs. 2 VwVGe hypothetischen → Rn. 9) **Anordnung** nach § 82 Abs. 4 S. 1 AufenthG **nicht nachkommt**. Dies setzt festgestellte *tatsächliche Umstände* voraus, aufgrund derer damit zu rechnen ist, dass der Ausländer die Vorspracheanordnung missachten wird bzw. würde,[31] zB durch ausdrückliche oder konkludente Verweigerung, Nichtbefolgungs- oder Entzugsverhalten bei dieser oder anderen Anordnungen in der Vergangenheit oder erfolglosen früheren Zwangsverfahren.

Die Anwendung **unmittelbaren Zwanges** ist dabei grds. geeignet;[32] die Alternative 14 des **Zwangsgeldes** kommt jedenfalls bei längerfristig unkooperativen, mittellosen oder im (zB AsylbLG-)Leistungsbezug stehenden Ausländern mangels Erfolgsaussicht nicht vorrangig in Betracht.[33]

---

22 *Huber* in Huber/Mantel AufenthG § 82 Rn. 5.
23 *Hailbronner* AuslR AufenthG § 82 Rn. 69.
24 *Zeitler* in HTK-AuslR, § 82 AufenthG, zu Abs. 4 – Vorladung, Rn. 16.
25 *Huber* in Huber/Mantel AufenthG § 82 Rn. 5 mwN.
26 *Samel* in Bergmann/Dienelt AuslR AufenthG § 82 Rn. 7.
27 *Hailbronner* AuslR AufenthG § 82 Rn. 79.
28 Vgl. *Hailbronner* AuslR AufenthG § 82 Rn. 78.
29 *Samel* in Bergmann/Dienelt AuslR AufenthG § 82 Rn. 7.
30 OVG Lüneburg Beschl. v. 27.9.2013 – 13 LA 99/13 – juris-Rn. 5.
31 BVerwG Urt. v. 8.5.2014 – 1 C 3/13 – BVerwGE 149, 320 – juris-Rn. 23.
32 *Hailbronner* AuslR AufenthG § 82 Rn. 89.
33 OVG Berlin-Brandenburg Beschl. v. 27.5.2014 – OVG 11 S 32.14 – juris-Rn. 7; VGH München Beschl. v. 12.3.2007 – 24 CS 06.3176 – juris-Rn. 12; *Zeitler* in HTK-AuslR, § 82 AufenthG, zu Abs. 4 – Vorführung, Rn. 20.

2. Mitwirkungshaft

15 Die **Mitwirkungshaft** setzt voraus, dass der Ausländer eine **frühere** (wirksame,[34] nicht notwendig rechtmäßige) **Anordnung** nach § 82 Abs. 4 S. 1 AufenthG des Erscheinens bei der *Botschaft* oder einem *Beauftragen derselben* oder einer *medizinischen Untersuchung* zur Reisefähigkeitsfeststellung (§ 62 Abs. 6 S. 1 Nr. 1 AufenthG) oder des Erscheinens bei der *zuständigen Behörde* (§ 62 Abs. 6 S. 1 Nr. 1 AufenthG) **unentschuldigt missachtet** hat. Für beide Varianten ist unerheblich, ob ein oder (erst recht) mehrere frühere Termine versäumt wurden.[35] Zur Entschuldigung → Kap. 2 Rn. 60. Diese quasi-gesetzliche *Vermutung* der künftigen Missachtung von Anordnungen[36] ist, da die Haft insgesamt im Ermessen steht, *widerleglich*.

16 Die Mitwirkungshaft setzt voraus, dass der Ausländer zuvor auf die **Möglichkeit einer Inhaftnahme** bei fehlender Pflichterfüllung **hingewiesen** wurde. Nach dem Warnzweck des Hinweises[37] muss dieser erstens in einer dem Ausländer *verständlichen Sprache*[38] und zweitens *vor dem tatbestandlichen Nichterscheinen* (§ 62 Abs. 6 S. 1 Nr. 1 und Nr. 2 AufenthG; praktisch also mit der zugehörigen Anordnung nach § 82 Abs. 4 S. 1 AufenthG[39]) erfolgt sein; denn nur ein unentschuldigtes Versäumnis *nach Hinweis* wird die Vermutung des erneuten Verstoßes (→ Rn. 15) begründen können. Für den **Mitwirkungsgewahrsam** ist ein voriger Hinweis nicht erforderlich; mit Blick auf die kurze Gewahrsamsdauer auch nicht aus Gründen des Übermaßverbotes.

III. Ermessen

17 Sowohl die Anordnung von Mitwirkungsgewahrsam als auch -haft stehen im **Ermessen** des Gerichtes. Dies ergibt sich bzgl. der Haft aus dem Wortlaut des § 62 Abs. 6 S. 1 AufenthG („kann") und bzgl. des Gewahrsams daraus, dass auch er stets das Übermaßverbot zu beachten hat.[40]

18 Das Übermaßverbot erfordert ua die **Eignung** der freiheitsentziehenden Maßnahme. Die Zielrichtung der Maßnahmen unterscheidet sich zwischen *Gewahrsam* und *Haft* wie folgt:

- Der **Mitwirkungsgewahrsam** dient der Vorbereitung und Durchführung von **Maßnahmen** nach dem AufenthG und ausländerrechtlichen Bestimmungen anderer Gesetze. Dies kann eine Vielzahl von zB auch Antragsverfahren zur Titel- oder Duldungserlangung betreffen,[41] meint in der amtsgerichtlichen Praxis indes *regelmäßig* die Abschiebung.[42] Dass letztere gewiss verfolgt und (rechtlich wie tatsächlich)

34 *Röhrig* in HTK-AuslR, § 62 AufenthG, Abs. 6, Rn. 9.
35 *Röhrig* in HTK-AuslR, § 62 AufenthG, Abs. 6, Rn. 8.
36 *Bergmann/Putzar-Sattler* in Huber/Mantel AufenthG § 62 Rn. 51; ähnlich auch *Hailbronner* AuslR AufenthG § 62 Rn. 280.
37 *Winkelmann/Broscheit* in Bergmann/Dienelt AuslR AufenthG § 62 Rn. 94.
38 *Hailbronner* AuslR AufenthG § 62 Rn. 282; *Röhrig* in HTK-AuslR, § 62 AufenthG, Abs. 6, Rn. 12.
39 *Bergmann/Putzar-Sattler* in Huber/Mantel AufenthG § 62 Rn. 53; *Hailbronner* AuslR AufenthG § 62 Rn. 282.
40 *Grotkopp* Abschiebungshaft Rn. 337; OLG München Beschl. v. 11.4.2001 – 3Z BR 1/01 – BayObLGZ 2001, 93 – juris-Rn. 24.
41 *Zeitler* in HTK-AuslR, § 82 AufenthG, zu Abs. 4 – Vorladung, Rn. 10 ff.
42 Vgl. *Hailbronner* AuslR AufenthG § 82 Rn. 70, 78.

möglich ist, muss aber noch nicht feststehen;[43] zB können Untersuchungen zur Reisefähigkeit gerade auch zur Ermittlung von Abschiebungs*hindernissen* dienen.[44] Erforderlich ist damit nur, dass ein gesetzlich zulässiger Zweck verfolgt wird; dies muss durch die Behörde dargelegt werden.

- Die **Mitwirkungshaft** dient indes dem Wortlaut des § 62 Abs. 6 S. 1 AufenthG nach dem **Zweck der Abschiebung.** Diese muss daher *beabsichtigt* und *hinreichend aussichtsreich* sein;[45] da die Haft bereits im Vorfeld zB der Feststellung der Staatsangehörigkeit greift, reicht idS bereits hin, wenn in das betreffende Land grds. Abschiebungen möglich sind. Dies und inwiefern die Vorführung die diesbezüglichen Voraussetzungen fördern soll, muss durch die Behörde dargelegt werden.[46] Eine *vollzieh-* und *vollstreckbare Ausreisepflicht* samt *Rückkehrentscheidung* muss noch nicht vorliegen,[47] da zB mit Blick auf die durch Vorführung erfolgende Identifikation der Zielstaat noch nicht feststehen muss.

Nach dem vorgenannten Maßstab sind sowohl Gewahrsam als auch Haft **unverhältnismäßig**, wenn bereits feststeht, dass der Zweck der Maßnahme nicht erreicht werden kann; zB wg. Unmöglichkeit der damit verfolgten Abschiebung. 19

IV. Dauer und Verfahren

Hinsichtlich der **Dauer der Freiheitsentziehung** unterscheiden sich *Gewahrsam* und *Haft* wie folgt: 20

- Der **Mitwirkungsgewahrsam** kann bis zu **vier Tage** andauern (§ 82 Abs. 4 S. 3 AufenthG iVm § 42 Abs. 1 S. 3 BPolG) und ist **nicht verlängerbar.**
- Die **Mitwirkungshaft** kann bis zu **14 Tage** angeordnet werden (§ 62 Abs. 6 S. 1 AufenthG). Dies stellt nicht die Normal-, sondern anhand der konkret benötigten Zeit für die Durchführung der Maßnahme nach § 82 Abs. 4 S. 1 AufenthG zu bestimmende **Maximaldauer** dar.[48] Die Haft ist nicht verlängerbar (§ 62 Abs. 6 S. 2 AufenthG), kann aber für mehrere Termine iSd § 82 Abs. 4 S. 1 AufenthG mehrfach angeordnet werden.[49] Ihre Dauer ist auf die Gesamtdauer einer sich anschließenden Sicherungshaft anzurechnen (§ 62 Abs. 6 S. 3 AufenthG). Dies referenziert nach Wortlaut und Systematik die *18 Monate* des § 62 Abs. 4 S. 4 AufenthG; da § 62 Abs. 6 AufenthG eine Verletzung der Mitwirkungspflicht zugrunde liegt, wäre eine Privilegierung durch Verkürzung der Zeiträume der § 62 Abs. 3 S. 3, Abs. 4 AufenthG auch sinnwidrig. Wie bei der Sicherungshaft iÜ auch begründen erst längere Zeiten der Haftentlassung eine Zäsur, welche die Anrechnung hindert (→ Kap. 2 Rn. 119).

43 Vgl. zB OVG Berlin-Brandenburg Urt. v. 2.11.2017 – OVG 11 B 8.16 – juris-Rn. 17; OVG Bremen Beschl. v. 23.3.2010 – 1 B 397/09 – EzAR-NF 50 Nr 6 – juris-Rn. 10.
44 Vgl. *Samel* in Bergmann/Dienelt AuslR AufenthG § 82 Rn. 17.
45 *Bergmann/Putzar-Sattler* in Huber/Mantel AufenthG § 62 Rn. 53; *Hailbronner* AuslR AufenthG § 62 Rn. 278.
46 Zu weit daher *Winkelmann/Broscheit* in Bergmann/Dienelt AuslR AufenthG § 62 Rn. 91, die schon dieselben Darlegungen wie bei der Sicherungshaft fordern.
47 AA *Röhrig* in HTK-AuslR, § 62 AufenthG, Abs. 6, Rn. 5.
48 *Hailbronner* AuslR AufenthG § 62 Rn. 281; *Winkelmann/Broscheit* in Bergmann/Dienelt AuslR AufenthG § 62 Rn. 93.
49 *Hailbronner* AuslR AufenthG § 62 Rn. 283.

21 Das Verfahren richtet sich nach den §§ 415 ff. FamFG, die auch für andere Fälle der Abschiebungshaft gelten. Soweit die Freiheitsentziehung *geplant* ist (→ Kap. 11 Rn. 3), bedarf es grds. **voriger Ladung** und **Anhörung**, soweit nicht wg. Gefahr des Untertauchens gem. § 427 FamFG (mit nach Verhaftung unverzüglich nachzuholender Anhörung, § 427 Abs. 2 letzter HS FamFG) vorab einstweilig entschieden wird.[50]

22 Beim **Mitwirkungsgewahrsam** (nicht aber der *Mitwirkungshaft*) **unterbleibt** ein **gerichtliches Verfahren**, soweit Antragstellung, Vorführung, Anhörung (ggf. mit Dolmetscher) und Entscheidung *länger dauern* würden, als die Freiheitsentziehung sonst in Anspruch nähme (§ 82 Abs. 4 S. 3 AufenthG iVm § 40 Abs. 1 BPolG), was nach Festnahme bei **kurzer Freiheitsentziehung** von *wenigen Stunden* oder *aufwendigen Transporten* über längere Strecken hinweg nicht selten der Fall sein dürfte; ohne gerichtliche Anordnung ist aber eine Festhaltung über das *Ende des Folgetages* nach dem Ergreifen hinaus nicht zulässig (§ 82 Abs. 4 S. 3 AufenthG iVm § 42 Abs. 1 S. 1 Nr. 3 BPolG).

23 Sobald die **Vorführung erfolgreich beendet** ist, hat grds. **Freilassung behördlich** zu erfolgen. Dies gilt für den *Mitwirkungsgewahrsam* auch dann, wenn die gerichtliche Haftfrist noch *nicht abgelaufen* ist (§ 82 Abs. 4 S. 3 AufenthG iVm § 42 Abs. 1 S. 1 Nr. 1 BPolG); anders ist dies nur, soweit ein anschließender Rücktransport der *Durchsetzung einer räumlichen Beschränkung* dient.[51] Bei der *Mitwirkungshaft* kann die verbleibende Haftzeit zur Beantragung von Sicherungshaft genutzt werden; wird dies nicht getan, ist aber auch hier behördlich unverzüglich freizulassen.

V. Haftvollzug

24 Hinsichtlich des **Vollzugs der Freiheitsentziehung** unterscheiden sich *Gewahrsam* und *Haft* wie folgt:

- Die **Mitwirkungshaft** unterliegt gem. § 62 Abs. 6 S. 3 AufenthG den Regelungen des § 62a Abs. 1 AufenthG. Dabei handelt es sich um Haft iSd Art. 15 Abs. 1 lit. b Rückführungsrichtlinie,[52] nach der Ausländer, welche die Vorbereitung der Rückkehr oder das Abschiebungsverfahren umgehen oder behindern, inhaftiert werden können. Damit sind aber auch die übrigen Regelungen an den Haftvollzug von § 62a AufenthG in unionsrechtskonformer Anwendung wg. Art. 16 f. Rückführungsrichtlinie ebenfalls anwendbar.[53]
- Der **Mitwirkungsgewahrsam** kann auch ein Fall des Art. 15 Abs. 1 lit. b Rückführungsrichtlinie sein: Diese spricht zwar in der deutschen Sprachfassung von *Haft*, nicht von *Gewahrsam*; die englische und französische Fassung nennen dies aber *detention* bzw. *rétention*, was beides umfassen kann und zB auch in Art. 26 der Asylverfahrensrichtlinie mit *Gewahrsam* übersetzt wird. Sieht man dies so, greifen auch hier die Vorgaben zum *Trennungsgebot* (→ Kap. 2 Rn. 167 ff.); das würde bedeuten, dass die Unterbringung nach gerichtlicher Anordnung zB in einer Gefangenen-Sammelstelle unzulässig wäre (→ Kap. 2 Rn. 177 f.) und abseits eines Haftplatzes in einer

50 *Zeitler* in HTK-AuslR, § 82 AufenthG, zu Abs. 4 – Vorführung, Rn. 48.
51 *Zeitler* in HTK-AuslR, § 82 AufenthG, zu Abs. 4 – Vorführung, Rn. 52.
52 Bergmann/Putzar-Sattler in Huber/Mantel AufenthG § 62 Rn. 52; *Röhrig* in HTK-AuslR, § 62 AufenthG, Abs. 6, Rn. 4; aA *Kluth* in BeckOK AuslR AufenthG § 62 Rn. 40.
53 So iE auch *Hailbronner* AuslR AufenthG § 62 Rn. 281.

Abschiebungshafteinrichtung nur Transporte in zB Polizeifahrzeugen zulässig wären. Das Gewahrsamsinstitut wäre dann praktisch unbrauchbar. Da aber § 82 Abs. 4 S. 3 AufenthG bereits im *Vorfeld* der von Art. 15 Abs. 1 lit. b Rückführungsrichtlinie referenzierten Vorbereitung von Rückkehr oder Abschiebung greift, spricht mehr dafür, den Gewahrsam als rein nationales vollstreckungsrechtliches Institut zu verstehen, für das mithin die Vorgaben der Rückführungsrichtlinie nicht greifen. Dann ist Vollzug in den wenigen Tagen der Gewahrsamsdauer auch andernorts möglich.

Kapitel 10 Behördliche Freiheitsentziehung in der Abschiebung

1 Die Durchführung der Abschiebung ist grds. **Freiheitsbeschränkung**, nicht *Freiheitsentziehung*.[1] Sowohl die Abholung in der Unterkunft, als auch die Verbringung zum Flughafen wie auch ins Flugzeug selbst ist verwaltungsvollstreckungsrechtlich **unmittelbarer Zwang**, der praktisch zB durch *Vollzugskräfte* der Ausländerbehörden oder die *Polizei* (§ 71 Abs. 5 AufenthG) angewendet wird. Die Befugnisnorm hierfür ist § 58 Abs. 4 AufenthG[2] iVm den verwaltungsvollstreckungsrechtlichen Vorschriften der Länder bzw. des Bundes.[3]

2 Während der Anwendung unmittelbaren Zwanges kann gleichwohl **Freiheitsentziehung** stattfinden, zB, wenn sich ein geplanter Flug um Stunden verzögert. Der Übergang von behördlich entscheidbarer *Beschränkung* zu dem Richtervorbehalt unterliegender *Entziehung* der Freiheit ist praktisch nicht immer klar zu bestimmen: Eine (bewachte) Wartezeit am Flughafen, die „üblicherweise bei einer entsprechenden Flugreise von einem Fluggast aufgebracht wird", wird grds. Beschränkung sein;[4] ein Festhalten in einem *Haftraum*,[5] erst recht über die Dauer von *mehreren Stunden* (zB elf Stunden[6] bzw. vom Abend bis zum Flug am folgenden Morgen[7]) ist Freiheitsentziehung.

I. Befugnisnorm für Freiheitsentziehung

3 Soweit Freiheitentziehung stattfindet, bedarf sie gem. Art. 104 Abs. 1 S. 1 GG einer **gesonderten Befugnisnorm** und grds. **gerichtlicher Anordnung** (Art. 104 Abs. 2 GG). Soweit in der Literatur auf Letzteres verwiesen wird, wird nicht selten auf die Nennung einer Befugnisnorm verzichtet.[8] Insofern hat das BVerfG immerhin *offen gelassen*, ob sich derlei auf (nunmehr) § 58 AufenthG, (nunmehr) § 62 Abs. 3 AufenthG oder Polizeirecht stützen lässt.[9]

1. § 58 Abs. 4 AufenthG (iVm VwVGen)

4 Die Annahme einer Befugnis zur Freiheitentziehung aus § 58 Abs. 4 AufenthG scheidet aus. Die Norm befugt nach dem Willen des Gesetzgebers nur zur **Freiheitsbeschränkung**,[10] nicht zur Freiheitsentziehung.[11] Auch der Wortlaut („kurzzeitig") und Systematik (Nichtumsetzung des Richtervorbehaltes des Art. 104 Abs. 2 GG[12]) sprechen hierfür. Zutreffend geht daher auch das BVerwG davon aus, dass längeres Einsperren bei Voll-

1 BVerwG Urt. v. 23.6.1981 – I C 78.77 – BVerwGE 62, 325 – juris-Rn. 12.
2 *Dollinger* in Bergmann/Dienelt AuslR AufenthG § 58 Rn. 35.
3 *Hailbronner* AuslR AufenthG § 58 Rn. 68 f.; *Zeitler* in: HTK-AuslR, § 58 AufenthG, zu Abs. 1 - Vollzug der Abschiebung, Rn. 1 ff.
4 BVerwG Urt. v. 17.8.1982 – 1 C 85/80 – InfAuslR 1982, 276 – juris-Rn. 15; krit. dazu *Gordzielik* in Huber/Mantel AufenthG § 58 Rn. 28.
5 BVerfG Beschl. v. 8.3.2011 – 1 BvR 47/05 – juris-Rn. 26; *Hailbronner* AuslR AufenthG § 58 Rn. 70.
6 BVerfG Beschl. v. 8.3.2011 – 1 BvR 47/05 – juris-Rn. 26; *Gordzielik* in Huber/Mantel AuslR AufenthG § 58 Rn. 29.
7 *Zeitler* in HTK-AuslR, § 58 AufenthG, Abs. 4, Rn. 22.
8 ZB *Gordzielik* in Huber/Mantel AuslR AufenthG § 58 Rn. 29; *Hocks* in NK-AuslR AufenthG § 58 Rn. 38.
9 BVerfG Beschl. v. 15.5.2002 – 2 BvR 2292/00 – BVerfGE 105, 239 – juris-Rn. 28.
10 BT-Drs. 19/10047, S. 36 f.
11 *Dollinger* in Bergmann/Dienelt AuslR AufenthG § 58 Rn. 45; *Hailbronner* AuslR AufenthG § 58 Rn. 68; *Thym* ZAR 2019, 353 (357).
12 *Hailbronner* AuslR AufenthG § 58 Rn. 69.

zug einer Abschiebung nicht § 58 AufenthG unterfalle, sondern grds. den Normen über die **Abschiebungshaft.**[13]

Selbst wenn man § 58 Abs. 4 AufenthG iVm **verwaltungsvollstreckungsrechtlichen Vorschriften** als Befugnisnorm heranziehen wollte: Die VwVGe der Länder enthalten regelmäßig *keine Maßnahmen der Freiheitsentziehung* abseits der **Ersatzzwangshaft** (§ 16 VwVG-Bund). Diese ist indes als Eskalationsstufe jenseits des *Zwangsgeldes* bei unvertretbaren Handlungen gedacht, nicht zur Überbrückung von Wartezeiten im Anwendungsbereich des unmittelbaren Zwanges und ist mithin nicht einschlägig. 5

2. Abschiebungshaft-Normen

Ob die Normen über Abschiebungshaft (zB § 62 Abs. 3 AufenthG, Art. 28 Abs. 2 Dublin-III-Verordnung) einschlägig sind, ist **Einzelfall-Frage.** Zu beachten ist aber, dass ein Bedürfnis zur Freiheitsentziehung während der Direktabschiebung *praktisch selten* mit einem Haftgrund iSd §§ 2 Abs. 14 S. 1 bis 2, 62 Abs. 3 S. 1 AufenthG einhergeht: Besteht vor der Abschiebung ein Haftgrund, könnte der Ausländer bereits vorher in Haft genommen werden. Besteht er nicht, entsteht er nicht einfach dadurch, dass es während der Direktabschiebung zu Verzögerungen kommt. 6

Soweit das BVerwG daher zutreffend darauf verweist, dass Abschiebungshaft „nicht nur vor der Durchführung der Abschiebung in Betracht (kommt), sondern auch dann, wenn der Ausländer während der Abschiebung in Gewahrsam genommen werden (muss)",[14] entbindet das nicht davon, dass die **Voraussetzungen** der Haftnorm vorliegen müssen. Insbesondere § 62 Abs. 3 AufenthG knüpft aber nicht nahtlos an den Übergang von Freiheitsbeschränkung zum notwendig-Werden von Freiheitsentziehung an, sondern ist abseits von § 62 Abs. 3 S. 1 Nr. 2 und Nr. 3 AufenthG nur bei konkreten *Vermutungs-* (§ 62 Abs. 3a AufenthG) oder *Indiztatbeständen* (§ 62 Abs. 3b AufenthG) einschlägig, die im Moment der Freiheitsentziehung vorliegen müssen; bloße Verzögerungen im Vollzug sind hierunter regelmäßig nicht subsumtionsfähig. 7

Praktisch kommen daher allenfalls einfachere Haft- bzw. Gewahrsamsformen in Betracht wie der anforderungsärmere **Ausreisegewahrsam** (§ 62b AufenthG), der in der Variante der § 62b Abs. 1 S. 1 Nr. 1, 2 und 3 lit. c) oder d) AufenthG *oft*, indes keineswegs *automatisch* erfüllt ist; insbesondere lit. d) ist im Regelfall der Überstellungshaft bei Abschiebungsanordnung *ohne Fristsetzung* (§ 34a AsylG) nie erfüllt. 8

Ebenso entfällt **§ 62 Abs. 5 AufenthG** nebst den verwandten Normen (→ Kap. 11 Rn. 6). Denn aus den vorstehenden Gründen bestünde kein *dringender Verdacht* (→ Kap. 11 Rn. 16 ff.) für die Sicherungshaft iSd § 62 Abs. 5 S. 1 Nr. 1 AufenthG. 9

3. Polizeirechtliche Normen

Polizeiliche Normen über den **Präventivgewahrsam** kommen zwar **tatbestandlich** in Betracht: Soweit sie der Verhinderung der *Fortsetzung einer Straftat* dienen (zB § 30 Abs. 1 Nr. 2 BlnASOG) ist Gewahrsam zur Verhinderung weiteren *unerlaubten Aufenthalts* (§ 95 10

---

13 BVerwG Urt. v. 23.6.1981 – I C 93.76 – BVerwGE 62, 317 – juris-Rn. 14 noch zu § 16 Abs. 2 AuslG 1965 = § 62 Abs. 3 AufenthG heute mit Festnahmebefugnis damals nach Landesrecht, heute § 62 Abs. 5 AufenthG.

14 BVerwG Urt. v. 23.6.1981 – I C 78.77 – BVerwGE 62, 325 – juris-Rn. 13.

Abs. 1 Nr. 2 AufenthG) denkbar. Denn müsste der Ausländer bei Verzögerungen freigelassen werden und bestünde die Gefahr der Flucht, würde die Abschiebungsmaßnahme vereitelt und der unerlaubte Aufenthalt verlängert.

a) Polizeiliche Amtshilfe

11 Wird die Polizei allerdings iWd Amtshilfe als **ersuchte Behörde** auf Ersuchen der Ausländerbehörde – welche über das „Ob" der Abschiebung entscheidet – zum Vollzug (des „Wie") der Abschiebung tätig, ist ihr der Rückgriff auf landespolizeirechtliche Normen verwehrt.[15] Dann kommt es für das anwendbare Regime der Befugnisse nicht auf die *ersuchte*, sondern die *ersuchende* Behörde an, § 7 Abs. 1 HS 1 VwVfGe.

12 Bei Amtshilfe durch die Polizei können sich die aus dem **AufenthG folgenden Eingriffsbefugnisse** insbesondere **nicht** zu Lasten Dritter **erweitern**: „Eine Maßnahme, die von der ersuchenden Behörde rechtens nicht (...) durchgeführt werden darf, kann auch nicht auf dem Umweg über die Amtshilfe ganz oder teilweise realisiert werden".[16]

b) Eigene Zuständigkeit der Polizei

13 Soweit die Polizei die Abschiebung *eigenständig handhabt*, wird sie in **eigener Zuständigkeit** (§ 71 Abs. 5 AufenthG) tätig. Dies kann den vorgenannten Zusammenhang verändern: Denn dann kann sie als Ordnungsbehörde auf ihr landespolizeigesetzliches Befugnis-Repertoire zurückgreifen, *soweit* das Sonderordnungsrecht (AufenthG, AsylG) die Materie **nicht abschließend regelt.**

14 Ähnliche Probleme der **Reichweite** abschließender Spezialregelungen bestehen zB bei sog. „Minusmaßnahmen" im *Versammlungsrecht*[17] oder *doppelfunktionalen Maßnahmen* an der Schnittstelle zwischen repressivem und präventivem Vorgehen.[18] Diese Beispiele sind aber für die hiesige Frage nicht fruchtbar zu machen: Im Versammlungsrecht wird das Spezialgesetz zugunsten *weniger beeinträchtigender Maßnahmen* durchbrochen, während es hier um eine **Intensivierung**, nämlich die Steigerung von Freiheitsbeschränkung zu -entziehung geht. Bei der Doppelfunktionalität geht es um verschiedene Zielrichtungen, während hier Abschiebung und Gewahrsam **dieselbe Zielrichtung** (Vollzug von Ordnungsrecht) haben.

15 Bei der Auslegung des AufenthG ist also unabhängig von derlei Konstrukten zu entscheiden, ob es Raum für den Rückgriff auf Landespolizeigewahrsam lässt: *Systematisch* sieht das AufenthG eine Vielzahl **ausdifferenzierter Befugnisnormen** für Freiheitsentziehungen vor,[19] so dass eine Zurücknahme zugunsten allgemeiner Normen nicht feststellbar ist. Auch bei § 58 AufenthG hat der Gesetzgeber *historisch* die Frage von Freiheitsentziehung gesehen, indes beim Vollzug von Abschiebungen gerade nur ein **„kurzzeitiges Festhalten"** erlauben wollen.[20] Daher wäre ein Rückgriff auf allgemeinen

15 Vgl. bzgl. Kosten der Abschiebung bei Veranlassung durch die Ausländerbehörde, aber Durchführung durch Polizeibehörden BVerwG Urt. v. 14.6.2005 – 1 C 11/04 – BVerwGE 123, 382 – juris-Rn. 8 ff.

16 *Schmitz/Prell* in Stelkens/Bonk/Sachs VwVfG § 7 Rn. 2.

17 Grdl. BVerwG Urt. v. 8.9.1981 – I C 88.77 – BVerwGE 64, 55 – juris-Rn. 37.

18 Grdl. BVerwG Urt. v. 3.12.1974 – I C 11.73 – BVerwGE 47, 255 – juris-Rn. 24.

19 Vgl. zB nur §§ 15 Abs. 5 und Abs. 6, 57 Abs. 3, 62 Abs. 2, Abs. 3 und Abs. 6, 62b, 62c, 82 Abs. 4 S. 3 AufenthG für *gerichtliche* und §§ 2 Abs. 14 S. 3 und 4, 62 Abs. 5, 62b Abs. 4, 62c Abs. 4 AufenthG für *behördliche* Freiheitsentziehungen.

20 BT-Drs. 19/10047, S. 36 f.

Polizeigewahrsam falsch, zumal dieser sonst – iRd landesrechtlichen Maximaldauer[21] – stets *abschiebungshaftersetzende Funktion* hätte und die og Ausdifferenzierung umgehen würde.

4. Ergebnis

So unbefriedigend das Ergebnis aus vollstreckungsrechtlicher Sicht auch sein mag: Nach **aktueller Rechtslage** besteht abseits des Ausnahmefalles einer *erfüllten Haftnorm* von Abschiebungshaft bzw. -gewahrsam **keine Befugnisnorm**, um *Freiheitsentziehungen* während der Abschiebung zu ermöglichen. Dies erklärt die praktische Tendenz der Rspr., Beschränkungen möglichst als (zulässigen) *unmittelbaren Zwang* zu deklarieren, ist rechtlich aber Ausdruck der unzureichenden Regelungsdichte im AufenthG. 16

II. Pflicht unverzüglicher Antragstellung

Soweit während der Abschiebung eine **Freiheitsentziehung** (ungeachtet der Frage nach deren Befugnisnorm → Rn. 3 ff.) erfolgt, ist die durchführende Behörde zur *unverzüglichen Herbeiführung* einer **gerichtlichen Entscheidung** verpflichtet (Art. 104 Abs. 2 S. 2 GG). Hier gelten die bzgl. der Festnahme zur Gerichtsvorführung dargelegten Maßstäbe entsprechend (→ Kap. 11 Rn. 22 ff.). 17

Da auch insofern die Pflicht zur *Antragstellung*, *Transport zur Vorführung*, *Dolmetscherladung*, *Anhörung*, *Abfassung der Entscheidung* usw. besteht, wird der hierfür erforderliche **Zeitaufwand** regelmäßig die Dauer der Freiheitsentziehung bis zur Durchführung der Abschiebung übersteigen. Unter dieser Voraussetzung kann (abermals: soweit überhaupt eine Befugnisnorm besteht) auf die Einholung einer **gerichtlichen Entscheidung verzichtet** werden (→ Kap. 11 Rn. 27 ff.). 18

III. Fehlerfolge und Rechtsmittel

Zur **Fehlerfolge** und den **Rechtsmitteln** gilt das unten Ausgeführte (→ Kap. 11 Rn. 31 ff.). 19

21 Zwar nur bis zum Ende des Folgetages nach § 33 Abs. 1 Nr. 3 BlnASOG, aber zB bis zu einen Monat nach Art. 20 Abs. 2 S. 2 BayPAG.

Kapitel 11 Behördliche Festnahme zur Gerichtsvorführung

1 Das Grundrecht auf **Freiheit der Person** (Art. 2 Abs. 2 S. 2, 104 GG) erfordert dreierlei: Erstens eine der Freiheitsentziehung grds. vorgelagerte **gerichtliche Prüfung** (Art. 104 Abs. 2 S. 1 GG).[1] Zweitens, soweit gerichtliche Kontrolle ausnahmsweise nachgelagert ist, ihre *unverzügliche Nachholung* spätestens bis zum Ende des auf die Ergreifung folgenden Tages (Art. 104 Abs. 2 S. 2 und S. 3 GG). Drittens, dass jede Freiheitsentziehung aufgrund *förmlichen Gesetzes* erfolgt (Art. 104 Abs. 1 S. 1, Abs. 2 S. 4 GG). Diese Anforderungen sind bei behördlicher Festnahme Betroffener zwingend einzuhalten.

I. Gestufte Gerichtsbeteiligung

2 Der aus grundrechtlicher Sicht vorgesehene **Regelfall voriger Anhörung** ist in der Praxis des AufenthG oftmals nicht umsetzbar. Denn der Anberaumung eines Anhörungstermins mit Ladung des Betroffenen (§ 420 Abs. 1 FamFG) steht nicht selten entgegen, dass die Gefahr des *Untertauchens* bei Terminsladung besteht oder der Betroffene (regelmäßig) *unbekannten Aufenthaltes* ist, so dass von vornherein keine Ladung möglich ist.

3 Ist eine **Festnahme geplant** (dh nicht lediglich *erwartet* → Rn. 4, sondern aufgrund konkreter Tatsachen wie zB bekannten tatsächlichen Wohnsitzes oder feststehenden Entlassungstermins aus Strafhaftende *überwiegend wahrscheinlich*), bedarf sie voriger gerichtlicher Anordnung.[2] Besteht die **Gefahr des Untertauchens** bei Ladung, muss gem. § 427 Abs. 2 FamFG wg. *Gefahr in Verzuges* eine befristete einstweilige Anordnung zur Festnahme ohne vorige Anhörung[3] erwirkt werden (§ 427 Abs. 2 FamFG);[4] die gerichtliche Anhörung ist dann unverzüglich nach Vollstreckung nachzuholen (§ 427 Abs. 2 letzter HS FamFG).[5]

4 Ist eine Festnahme lediglich (zB in noch ungewisser Zukunft bei einer *Polizeikontrolle* oder, weil in einem strafrechtlichen Verfahren unklar ist, ob *Haftentlassung* am Ende der Hauptverhandlung erfolgt[6]) **erwartet**, bedarf es keiner vorigen gerichtlichen Kontrolle.[7] Hier wird praktisch regelmäßig zur Festnahme ausgeschrieben (§ 50 Abs. 6 AufenthG) und im Falle des Aufgriffs behördlich **festgenommen.** Einen dieser Festnahme zugrundeliegenden *Abschiebungshaftbefehl* gibt es grds. nicht[8] (auch wenn er rechts-

---

1 BVerfG Urt. v. 24.7.2018 – 2 BvR 309/15 – BVerfGE 149, 293 – juris-Rn. 98 mwN.

2 BVerfG Beschl. v. 25.9.2009 – 2 BvR 1195/08 – NJW 2010, 670 – juris-Rn. 17; LG Paderborn Beschl. v. 26.10.2021 – 5 T 72/21 – juris-Rn. 12; LG Mosbach Beschl. v. 5.3.2020 – 3 T 42/19 – juris-Rn. 15; *Hailbronner* AuslR AufenthG § 62 Rn. 318.

3 BVerfG Beschl. v. 8. 1.1959 – 1 BvR 396/55 – BVerfGE 9, 89 – juris-Rn. 2.

4 LG Paderborn Beschl. v. 26.10.2021 – 5 T 72/21 – juris-Rn. 12; LG Mosbach Beschl. v. 5.3.2020 – 3 T 42/19 – juris-Rn. 15; BGH Beschl. v. 1.4.2011 – V ZB 26/11 – juris-Rn. 13; *Göbel* in Sternal FamFG § 427 Rn. 14; *Heidebach* in Haußleiter FamFG § 427 Rn. 7; aA *Grotkopp* Abschiebungshaft Rn. 759 und *ders.* SchlHA 151 (155 f.), der aus systematisch-historischen Gründen eine einstweilige Anordnung ohne Anhörung gem. § 427 Abs. 2 FamFG für stets unzulässig hält.

5 BVerfG Beschl. v. 7.5.2009 – 2 BvR 475/09 – BVerfGK 15, 432 – juris-Rn. 16.

6 LG Hamburg Beschl. v. 20.7.2017 – 329 T 34/17 – juris-Rn. 21.

7 BVerfG Beschl. v. 7.5.2009 – 2 BvR 475/09 – BVerfGK 15, 432 – juris-Rn. 19; OLG Hamm Beschl. v. 15.12.2009 – I-15 Wx 333/09 – InfAuslR 2010, 163 – juris-Rn. 5 ff.; OLG Zweibrücken Beschl. v. 18.8.2009 – 3 W 129/09 – InfAuslR 2009, 399 – juris-Rn. 9.

8 *Schmidt-Räntsch* NVwZ 2014, 110 (118).

technisch wünschenswert wäre[9]), sondern es muss im Anschluss eine unverzügliche Gerichtsvorführung zur Entscheidung über eine Haftanordnung stattfinden.

II. Befugnisnormen für behördliche Festnahme

Während der gerichtlichen Haftentscheidung die gem. Art. 104 Abs. 1 S. 1 GG erforderlichen Befugnisnormen zugrunde liegen, welche in den übrigen Kapiteln eingehend behandelt werden, ist die **behördliche Befugnis** zur Festnahme zwecks Gerichtsvorführung zur Haftentscheidung gesetzlich nur **fragmentarisch geregelt**. Fehlt eine Regelung im *Bundesrecht*, kann sie sich aus *Landesrecht* ergeben.[10] Ist auch dies nicht der Fall, ist eine behördliche Freiheitsentziehung bis zur gerichtlichen Anordnung (grund-)rechtswidrig.[11] 5

1. Regelungen im AufenthG

Nachdem in der Vergangenheit die Befugnis behördlicher Festnahme *erheblich umstritten* war,[12] hat der Gesetzgeber für mehrere Haftformen **konkrete Regelungen** normiert. Sie befugen die für den Haftantrag **zuständige Behörde** (→ Kap. 12 Rn. 6 ff.) zur Festnahme, werden weiter unten besprochen (→ Rn. 15 ff.) und bestehen im AufenthG für: 6

- **Ausreisegewahrsam** (s. Kap. 3) in § 62b Abs. 4 AufenthG,
- **Ergänzende Vorbereitungshaft** (s. Kap. 5) in § 62c Abs. 4 AufenthG,
- **Sicherungshaft** (s. Kap. 2) in § 62 Abs. 5 AufenthG,
- **Überstellungshaft** (s. Kap. 6) in § 2 Abs. 14 S. 3 und S. 4 AufenthG sowie
- **Zurückschiebungshaft** (s. Kap. 7) in § 57 Abs. 3 iVm § 62 Abs. 5 AufenthG.

2. Fehlende Regelungen im AufenthG

Für eine Festnahme zwecks Gerichtsvorführung für folgende Haft- und Gewahrsamsformen bestehen **keine** vergleichbaren **Regelungen**, die zur behördlichen Festnahme befugen: 7

- Mitwirkungshaft (s. Kap. 9),
- Mitwirkungsgewahrsam (s. Kap. 9),
- **Vorbereitungshaft** (s. Kap. 4) sowie
- Zurückweisungshaft und Transitgewahrsam (s. Kap. 8).

a) Mitwirkungshaft und -gewahrsam

Praktisch relevant wird die Frage nach einer behördlichen Festnahmebefugnis im Bereich der **Mitwirkungshaft** eher nicht, denn dort geht es regelmäßig um eine *geplante*, nicht nur *erwartete* Festnahme. Eine solche erfordert ohnehin eine vorige (ggf. ohne Anhörung gem. § 427 Abs. 2 FamFG erfolgende → Rn. 3) gerichtliche Entscheidung. 8

---

9 *Röhrig* in HTK-AuslR, § 62 AufenthG, zu Abs. 5, Rn. 6 und Rn. 35.

10 BVerwG Urt. v. 23.6.1981 – I C 93.76 – BVerwGE 62, 317 – juris-Rn. 14.

11 So ausdrücklich für Überstellungshaft-Fälle vor Inkrafttreten von § 2 Abs. 14 S. 3 und 4 AufenthG: LG Hamburg Beschl. v. 23.11.2021 – 329 T 33/18 – juris-Rn. 18; LG Osnabrück Beschl. v. 12.11.2019 – 11 T 360/19 – juris-Rn. 16; LG Braunschweig Beschl. v. 2.10.2019 – 8 T 594/19 – juris-Rn. 21.

12 Vgl. nur OLG Köln Beschl. v. 1.10.2004 – 16 Wx 195/04 – NJW 2005, 3361 – juris-Rn. 12; *Grotkopp* SchlHA 2011, 151; *Zeitler* NVwZ 1997, 628 (631 f.).

9 Beim **Mitwirkungsgewahrsam** ist dies grds. ebenso der Fall. Soweit aber zB während der grds. eine Freiheitsbeschränkung darstellenden (→ Kap. 9 Rn. 3 f.) Maßnahme die Notwendigkeit des *Freiheitsentzuges* entsteht, ist dieser von § 82 Abs. 4 S. 3 AufenthG iVm § 40 Abs. 1 BPolG gedeckt. Die Norm zeigt als Rechtsgrundverweisung,[13] dass eine *behördliche Freiheitsentziehung* stattfinden kann und nicht einmal gerichtlich bestätigt werden muss, soweit die Herbeiführung der gerichtlichen Entscheidung längere Zeit in Anspruch nehmen würde, als der behördliche Vollzug bis zur Zielerreichung (§ 40 Abs. 1 BPolG). Sie setzt über den Verweis auf das BPolG die behördliche Freiheitsentziehung also *implizit voraus* und zeigt damit, dass eine Festnahmebefugnis besteht.[14]

b) Vorbereitungshaft

10 Bei der **Vorbereitungshaft** fehlt eine Norm für behördliche Festnahmen: § 62 Abs. 5 AufenthG verweist mit S. 1 Nr. 1 nur auf die *Sicherungs-*, aber nicht auf die *Vorbereitungshaft* und befugt damit nicht zur Festnahme zwecks Beantragung letzterer;[15] auch nicht in entsprechender Anwendung, denn im Bereich der Freiheitsentziehung sind Analogien unzulässig.[16] Die *(Landes-)Polizeigesetze* sehen regelmäßig auch keine entsprechende Befugnis vor; denn Vorbereitungshaft greift schon im **Vorfeld einer vollzieh- und vollstreckbaren Ausreisepflicht**, so dass regelmäßig *keine Straftat* gem. § 95 Abs. 1 Nr. 2 AufenthG vorliegt, zu deren Abwehr Polizeigewahrsam in Betracht käme.

11 Soweit keine landesrechtliche Spezialbefugnis besteht, ist eine rechtmäßige Festnahme zur Gerichtsvorführung bei der Vorbereitungshaft daher nur nach voriger Erlangung einer (ggf. ohne Anhörung gem. § 427 Abs. 2 FamFG erfolgenden → Rn. 3) **gerichtlichen Haftanordnung** möglich. Dies könnte bis zur Schließung der Gesetzeslücke mit einem Haftbeschluss „auf Vorrat“ (hier sog. **Vorbereitungshaftbefehl**) geschehen,[17] der ausnahmsweise (→ Kap. 2 Rn. 121) auf die Gesamtdauer der Haft gem. § 62 Abs. 2 S. 2 AufenthG nicht angerechnet wird.[18] Erheblich praktischer wäre allerdings, den Betroffenen durch Verwaltungsakt mit öffentlicher Zustellung (§ 10 VwZGe) vollziehbar ausreisepflichtig zu machen und anschließend zur Festnahme mit dem Ziel der Sicherungshaft auszuschreiben.

c) Zurückweisungshaft und Transitgewahrsam

12 Bei **Zurückweisungshaft** und **Transitgewahrsam** erfolgt eine Festnahme regelmäßig bei *ungeplantem* Aufgriff an der Grenze. Sie bedarf damit einer behördlichen Befugnisnorm. Zwar sieht die Aufgabenzuweisung in § 71 Abs. 3 Nr. 1e AufenthG eine Zustän-

---

13 OVG Bautzen Urt. v. 24.11.2011 – 3 A 130/11 – juris-Rn. 30; *Kluth* in BeckOK AuslR AufenthG § 82 Rn. 45.

14 Vgl. *Zeitler* in HTK-AuslR, § 82 AufenthG, zu Abs. 4 – Vorführung, Rn. 23.

15 *Bergmann/Putzar-Sattler* in Huber/Mantel AufenthG § 62 Rn. 45; *Grotkopp* SchlHA 2011, 151 (153); *Röhrig* in HTK-AuslR, § 62 AufenthG, zu Abs. 5, Rn. 11.

16 Vgl. BVerfG Beschl. v. 25.2.2009 – 2 BvR 1537/08 – InfAuslR 2009, 203 – juris-Rn. 22; LG Osnabrück Beschl. v. 12.11.2019 – 11 T 360/19 – juris-Rn. 16.

17 So zur Rechtslage vor Schaffung der heutigen, übrigen Befugnisnormen und des FamFG OLG Celle Beschl. v. 2.6.2008 – 22 W 23/08 – InfAuslR 2008, 311 – juris-Rn. 4; OLG Schleswig Beschl. v. 3.4.2008 – 2 W 54/08 – FGPrax 2008, 229 – juris-Rn. 7; anklingend aktuell zB bei *Röhrig* in HTK-AuslR, § 62 AufenthG, zu Abs. 5, Rn. 6 aE; vgl. auch *Göbel* in Sternal FamFG § 427 Rn. 13 aE.

18 Kritisch *Grotkopp* SchlHA 2011, 151 (154 ff.) aus beachtlichen systematisch-historischen Gründen, allerdings in der Konsequenz ohne behördliche Festnahmemöglichkeit bei der Vorbereitungshaft.

digkeit für Festnahmen durch die Bundespolizei vor, normiert indes keine Befugnis;[19] organisationsrechtlich ist der Schluss von der Aufgabe auf die Befugnis unzulässig.

Eine Befugnis ergibt sich indes aus **§ 39 Abs. 1 Nr. 3 BPolG**, welche die Bundespolizei zwecks Verhinderung von Straftaten zur Festnahme befugt: Die **unerlaubte Einreise**, welche mit den og Haftformen abgewendet werden soll, wäre eine Straftat (§ 95 Abs. 1 Nr. 3, Abs. 2 Nr. 1 AufenthG), so dass die Haftformen und polizeiliche Festnahmenorm *denselben Zweck* verfolgen. Soweit die Bundespolizei iSd § 71 Abs. 3 Nr. 1e AufenthG tätig wird, richten sich ihre Befugnisse zwar grds. nach dem AufenthG und AsylG.[20] Gleichwohl steht ihr die Norm zur Verfügung. 13

Denn § 15 Abs. 1 AufenthG dient der Abwehr *unerlaubter* Einreise, also der **Gefahrenabwehr**. Entscheidend ist also, inwiefern besonderes Gefahrenabwehrrecht (AufenthG, AsylG) Befugnisse *abschließend* regelt und damit den Rückgriff auf das *allgemeine Recht* (BPolG) sperrt. Soweit § 71 Abs. 3 Nr. 1e AufenthG die Festnahme vorsieht, ohne, dass es eine Befugnisnorm hierfür im AufenthG gibt, spricht dies gegen eine Sperrwirkung. Ebenso hat der Gesetzgeber bei Schaffung der §§ 15 Abs. 5 und 6 AufenthG die Frage nicht erörtert.[21] Daher fehlt eine abschließende Regelung und es kann nach allgemeinen Regelungen (§ 39 Abs. 1 Nr. 3 BPolG) die **präventivpolizeiliche Festnahme** stattfinden, aus welcher dann die Gerichtsvorführung erfolgt.[22] 14

III. Voraussetzungen des Gewahrsams

Von Sonderfragen bei dem AufenthG *fehlenden Befugnisnormen* abgesehen (→ Rn. 7 ff.) sind die Voraussetzungen für behördliche Festnahme und Gewahrsam iÜ **weitgehend identisch**. Die §§ 2 Abs. 14 S. 3 und S. 4, 62 Abs. 5, 62b Abs. 4 und 62c Abs. 4 AufenthG regeln fast wortgleich **drei Voraussetzungen**, die *kumulativ* vorliegen müssen,[23] damit die Behörde festnehmen darf: 15

- **dringender Verdacht** für das Vorliegen der (gerichtlichen) **Haftvoraussetzungen**,
- Unmöglichkeit voriger gerichtlicher Haftentscheidung und
- begründeter Verdacht der **Entziehungsabsicht**.

1. Dringender Verdacht der Haftvoraussetzungen

Zunächst muss der **dringende Verdacht**, also die auf Tatsachen fußende *hohe Wahrscheinlichkeit* (vgl. § 112 StPO)[24] bestehen, dass die Voraussetzungen der jeweiligen gerichtlichen **Haft-** bzw. **Gewahrsamsanordnung** vorliegen. Während die §§ 62b Abs. 4 S. 1 Nr. 1, 62c Abs. 4 S. 1 Nr. 1 AufenthG dies für den Ausreisegewahrsam und die Ergänzende Vorbereitungshaft so benennen, referenzieren die §§ 2 Abs. 14 S. 3 lit. a), 62 16

19 Darauf hinweisend *Kolber* in Bergmann/Dienelt AuslR AufenthG § 15 Rn. 43.
20 Vgl. VG München Beschl. v. 8.2.2017 – M 9 E 17.320 – juris-Rn. 54: Sie ist dann Quasi-Ausländerbehörde.
21 BT-Drs. 16/5065, S. 165.
22 So auch *Winkelmann* ZAR 2007, 268 (274 f.); vgl. zum Landesrecht NRW OLG Köln Beschl. v. 1.10.2004 – 16 Wx 195/04 – NJW 2005, 3361 – juris-Rn. 12 und zum Landesrecht SH OLG Schleswig Beschl. v. 28.4.2003 – 2 W 207/02 – NVwZ 2003, 1412 – juris-Rn. 10; zur Anwendbarkeit der Gewahrsamsnormen nach BPolG auch allg. *Grotkopp* Abschiebungshaft Rn. 341 ff.
23 *Hailbronner* AuslR AufenthG § 62 Rn. 262; *Winkelmann/Broscheit* in Bergmann/Dienelt AuslR AufenthG § 62 Rn. 97.
24 *Keßler* in NK-AuslR AufenthG § 62 Rn. 65; *Röhrig* in HTK-AuslR, § 62 AufenthG, zu Abs. 5, Rn. 18.

Abs. 5 S. 1 Nr. 1 AufenthG formal nur die jeweiligen *Haftgründe* der Überstellungs- und Sicherungshaft.

17 Die letztgenannten Regelungen sind gleichwohl zu den erstgenannten **identisch** zu verstehen.[25] Hierfür sprechen sowohl die norminterne *Systematik* zur dritten Voraussetzung, als auch die *Historie*: Die erste Voraussetzung sollte die „Verknüpfung (...) mit dem erstrebten Ziel der Maßnahme", nämlich der Haft, herstellen.[26] Diesen Zweck würde eine Auslegung verfehlen, wenn sie zB auch bei einem Haftgrund erfüllt wäre, obschon ersichtlich keine Ausreisepflicht bestünde oder Abschiebungen in den konkreten Zielstaat von vornherein unmöglich wären.

18 Erforderlich ist daher, dass eine (mindestens einstweilige) **gerichtliche Haftanordnung** mit hoher Wahrscheinlichkeit zu erwarten ist.[27] Da bei Festnahme regelmäßig noch kein *behördlicher Haftantrag* vorliegt, kommt es nicht auf formelle Fragen von dessen *Zulässigkeit*, sondern allein auf die **materielle Rechtslage** an.[28] Auch diese ist bei Festnahme oft (zB zur Flugbuchung, Anfragen bei Staatsanwaltschaften gem. § 72 Abs. 4 AufenthG usw) noch *nicht ausermittelt*,[29] so dass für die Festnahme ein dringender Verdacht hinreicht für

- eine **vollziehbare**[30] **Ausreisepflicht** (bei *Ausreisegewahrsam*, *Sicherungs-* und *Überstellungshaft*) bzw. **Einreise** unter **Verstoß gegen Einreise- und Aufenthaltsverbot** und Stellung eines **Asyl**(**erst**)**antrages** (bei *Ergänzender Vorbereitungshaft*),
- einen **Haft-** bzw. **Gewahrsamsgrund** (bei *Ausreisegewahrsam*, *Sicherungs-* und *Überstellungshaft*) bzw. **Gefahrentatbestand** (bei *Ergänzender Vorbereitungshaft*) und
- die **Durchführbarkeit der Abschiebung** bzw. **Überstellung** (angesichts des frühen Verfahrensstadiums: ohne, dass der Vollzug bereits *konkret vorbereitet* oder der *Zeithorizont bekannt* sein muss; fehlend daher nur, wenn zB Rückführungen in den Zielstaat derzeit zB mangels Aufnahmebereitschaft oder evidenter Hindernisse wie zB Kriegszustand von vornherein nicht möglich sind oder festgestellte Abschiebungsverbote bzgl. des Betroffenen bestehen, ohne, dass Gründe für ihre rechtzeitige Aufhebung ersichtlich wären).

2. Unmöglichkeit voriger gerichtlicher Haftentscheidung

19 Nach der zweiten Voraussetzung der Regelungen darf eine gerichtliche Entscheidung über Haft bzw. Gewahrsam **nicht vorher eingeholt** werden können. Dieses Erfordernis ist auf die *konkrete Situation* bezogen:[31] Es besteht in **Eilfällen**, wenn der mit der Freiheitsentziehung verfolgte Zweck nicht erreichbar wäre, sofern der Festnahme die gerichtliche Entscheidung vorausgehen müsste.[32]

25 *Grotkopp* Abschiebungshaft Rn. 757; idS auch LG Hamburg Beschl. v. 20.7.2017 – 329 T 34/17 – juris-Rn. 18 ff., indes oB.
26 BT-Drs. 16/5065, S. 188.
27 Ähnlich *Grotkopp* Abschiebungshaft Rn. 757.
28 Es kann daher auch der behördliche Gewahrsam rechtmäßig sein, selbst wenn die beantragte Haft wg. unzureichender Darlegungen im Haftantrag abzulehnen ist.
29 *Hailbronner* AuslR AufenthG § 62 Rn. 264; deswegen mE zu weit *Grotkopp* Abschiebungshaft Rn. 757, der dringende Gründe für das Vorliegen *aller* Haftvoraussetzungen fordert.
30 Nicht notwendig: *vollstreckbare*, da die Rückkehrentscheidung nicht selten erst später ergeht.
31 *Hailbronner* AuslR AufenthG § 62 Rn. 265.
32 BVerfG Beschl. v. 25.9.2009 – 2 BvR 1195/08 – NJW 2010, 670 – juris-Rn. 17.

Die Voraussetzung ist grds. erfüllt, wenn der Aufgriff des Betroffenen **ungeplant** erfolgt (→ Rn. 4), zB bei einem untergetauchten Betroffenen, der in eine *(Polizei-)Kontrolle* gerät[33] oder *unerwartet* bei der Behörde vorspricht,[34] aber auch, wenn der Betroffene zwar erwartet vorspricht, aber dabei *spontan* zB durch Erklärung iSd § 62 Abs. 3a Nr. 6 AufenthG ein Haftgrund und dadurch der *dringende Verdacht* der Haftvoraussetzungen entsteht (→ Rn. 16 ff.).[35] 20

3. Begründeter Verdacht der Entziehungsabsicht

Zuletzt muss der begründete, also *auf Tatsachen fußende* Verdacht bestehen, dass der Betroffene sich der gerichtlichen **Haft-** bzw. **Gewahrsamsanordnung entziehen** will. Diesem Tatbestandsmerkmal kommt regelmäßig *kaum eigenständige Bedeutung* zu:[36] Denn das Bestehen eines dringenden Verdachtes für die Notwendigkeit einer Freiheitsentziehung (→ Rn. 16 ff.) wird praktisch kaum mit einer *fehlenden Entziehungsabsicht* einhergehen. Theoretisch ist ein Fehlen aber denkbar, soweit konsequente und auch künftig erwartbare Vorsprachen des Betroffenen bei der Behörde erfolgen.[37] 21

IV. Unverzügliche Gerichtsvorführung

Nach der behördlichen Festnahme muss die Gerichtsvorführung **unverzüglich** geschehen (Art. 104 Abs. 2 S. 2 GG). Dieses Erfordernis ist in den §§ 2 Abs. 14 S. 4, 62 Abs. 5 S. 2, 62b Abs. 4 S. 2, 62c Abs. 4 S. 2 AufenthG sowie § 82 Abs. 4 S. 3 AufenthG iVm § 40 Abs. 1 BPolG geregelt. Es wird in Art. 104 Abs. 2 S. 3 und S. 4 GG iVm § 428 Abs. 1 S. 2 FamFG durch eine Maximaldauer („äußerste Grenze"[38]) konkretisiert: Ist danach die Freiheitsentziehung nicht **spätestens am Ende des Folgetages** der Festnahme gerichtlich *angeordnet*, ist der Betroffene *freizulassen*. 22

1. Maximaldauer und Maßstab

Diese verfassungs- und einfachrechtliche Vorgabe hat neben der Rechtsschutzfunktion für den Betroffenen auch *Disziplinierungsfunktion* für die Behörde.[39] Die Maximaldauer des Art. 104 Abs. 2 S. 3 GG darf nicht **ohne Sachgrund** ausgereizt werden:[40] **Verzögerungen** innerhalb dieser Frist sind nur aus sachlichen Gründen zulässig, zB solche, die durch Wegezeit und Transportaufwand, Registrierung und Protokollierung oder renitentes Verhalten bedingt sind.[41] 23

33 BGH Beschl. v. 18.3.2010 – V ZB 194/09 – FGPrax 2010, 156 – juris-Rn. 22; *Grotkopp* Abschiebungshaft Rn. 758.
34 BT-Drs. 16/5065, S. 188.
35 BT-Drs. 16/5065, S. 188.
36 *Grotkopp* Abschiebungshaft Rn. 760.
37 *Röhrig* in HTK-AuslR, § 62 AufenthG, zu Abs. 5, Rn. 38.
38 BVerfG Beschl. v. 4.9.2009 – 2 BvR 2520/07 – juris-Rn. 20; Beschl. v. 15.5.2002 – 2 BvR 2292/00 – BVerfGE 105, 239 – juris-Rn. 27.
39 BGH Beschl. v. 10.6.2020 – StB 23/18 – juris-Rn. 17.
40 BVerfG Beschl. v. 4.9.2009 – 2 BvR 2520/07 – juris-Rn. 24.
41 StRspr BVerfG Beschl. v. 8.2.2022 – 2 BvR 356/21 – juris-Rn. 7; Urt. v. 24.7.2018 – 2 BvR 309/15 – BVerfGE 149, 293 – juris-Rn. 98; Beschl. v. 15.5.2002 – 2 BvR 2292/00 – BVerfGE 105, 239 – juris-Rn. 26; BGH Beschl. v. 12.7.2013 – V ZB 224/12 – juris-Rn. 12; LG Hamburg Beschl. v. 29.3.2022 – 329 T 53/20 – juris-Rn. 13; *Grotkopp* Abschiebungshaft Rn. 762.

24 Für Unverzüglichkeit generell zwei bis drei Stunden anzusetzen,[42] ist aber schon im Ansatz verfehlt: Vielmehr nimmt bereits die Abfassung eines **zulässigen Antrages**, der den vielfältigen Anforderungen genügt (→ Kap. 12 Rn. 20 ff.), **regelmäßig mehrere Stunden** in Anspruch; insbesondere, wenn – was nicht selten ist – über 1.000 Seiten Ausländerakte ausgewertet werden müssen, verschiedene Behörden beteiligt[43] oder (nicht von vornherein aussichtslose) Ermittlungen[44] nötig sind. Auch die für die Durchführbarkeitsplanung erforderlichen Recherchen zu *Flugverbindungen*, *Buchungen*, Kommunikation mit *Botschaften* bzgl. Vorführtermin zur Passersatzbeschaffung, mit der *Bundespolizei* zur Klärung einer *Sicherheitsbegleitung* und Kontakt zur *Staatsanwaltschaft* gem. § 72 Abs. 4 AufenthG dauern selbst bei regelmäßig mit Haftsachen befassten, erfahrenen Ausländerbehörden **erhebliche Zeit**. Sie können, da die Informationen steten Änderungen unterworfen sind, zumeist auch nicht auf Vorrat während laufender Fahndungsausschreibung (§ 50 Abs. 6 AufenthG) vorgehalten werden.

25 Es wäre widersinnig, einerseits *hohe Anforderungen* an behördliche Darlegungen zur Zulässigkeit eines Antrages zu stellen, andererseits den zur Abfassung zur Verfügung stehenden *Zeitrahmen* unverhältnismäßig eng zu setzen. Die **Erfüllung** der von § 417 Abs. 2 FamFG aufgestellten **Darlegungsanforderungen** und die *hierfür nötige Recherche* stellen vielmehr aufgrund der *Einheit der Rechtsordnung* im Rahmen der Bearbeitungsgeschwindigkeit eines durchschnittlichen Amtswalters einen **Sachgrund** iSd obigen Anforderungen dar.[45] Die sonst denkbare Konsequenz, zunächst möglichst schnell einen einstweiligen Antrag zu stellen, um einige Stunden später die hinreichend begründete Hauptsache anhängig zu machen, fordert Art. 104 Abs. 2 GG nicht.

26 Kann der Haftantrag daher am **Festnahmetag** (zB wegen des Umfangs der Sache, Festnahme später am Nachmittag) nicht mehr *hinreichend vorbereitet* werden, ist dies in der Verwaltungsakte zu *dokumentieren*[46] und er ist unverzüglich am **Folgetag** zu stellen.[47] Aus einer etwaigen Verletzung der behördlichen Pflicht zur unverzüglichen Vorführung folgt kein Verbot, gerichtliche Haft bzw. Gewahrsam anzuordnen (→ Rn. 31).

2. Vorführung bei kurzer Freiheitsentziehung

27 Die Pflicht zur unverzüglichen Gerichtsvorführung entfällt, soweit bereits bei Festnahme abzusehen ist, dass die **gerichtliche Entscheidung** erst **nach dem Zeitpunkt der Abschiebung** ergehen könnte und das gerichtliche Verfahren damit die Freiheitsentziehung verlängern würde; dieser in § 40 Abs. 1 BPolG und vielen (Landes-)Polizeigesetzen niedergelegte Grundsatz gilt (innerhalb der Grenze des Art. 104 Abs. 2 S. 3 GG) auch iÜ für Art. 104 Abs. 2 GG.[48] Er wird gelegentlich an der **Schnittstelle** zwischen *Direktabschiebung* als bloßer Freiheitsbeschränkung (→ Kap. 10 Rn. 1 f.) und *längerem Gewahrsam* als Freiheitsentziehung iSd Art. 104 GG relevant.

---

42 *Winkelmann/Broscheit* in Bergmann/Dienelt AufenthG § 62 Rn. 98 FN 165.
43 Vgl. AG Köln Beschl. v. 2.5.2013 – 507b XIV 36/13 B – juris-Rn. 7.
44 BVerfG Beschl. v. 19.1.2007 – 2 BvR 1206/04 – NVwZ 2007, 1044 – juris-Rn. 23.
45 Vgl. BVerfG Urt. v. 24.7.2018 – 2 BvR 309/15 – BVerfGE 149, 293 – juris-Rn. 100, wonach die Erfüllung von dem Schutz des Betroffenen dienende Vorkehrungen – was bei der Begründungspflicht aus § 417 Abs. 2 FamFG auch der Fall ist, vgl. BGH Beschl. v. 9.2.2017 – V ZB 129/16 – juris-Rn. 5; Beschl. v. 31.5.2012 – V ZB 167/11 – NJW 2012, 330 – juris-Rn. 8 – Sachgrund iSd Anforderungen ist.
46 Vgl. LG Traunstein Beschl. v. 3.11.2017 – 4 T 1910/17 – Asylmagazin 2018, 59 – juris-Rn. 14.
47 Vgl. OLG Celle Beschl. v. 22.12.2004 – 16 W 155/04 – InfAuslR 2005, 111 – juris-Rn. 2.
48 BVerfG Urt. v. 24.7.2018 – 2 BvR 309/15 – BVerfGE 149, 293 – juris-Rn. 101.

Ob die gerichtliche Entscheidung rechtzeitig eingeholt werden kann, ist eine **Prognoseentscheidung** aus Sicht eines verständigen Amtswalters.[49] Sie muss berücksichtigen, inwiefern bei dem konkret zuständigen Gericht ein **Bereitschaftsdienst** besteht, der im maßgeblichen Zeitraum Entscheidungen treffen kann. Dabei muss amtsgerichtlich für Freiheitsentziehungen zwingend ein Zeitraum von **06.00 Uhr bis 21.00 Uhr** abgedeckt sein.[50] Innerhalb dieses Zeitfensters muss eine Entscheidung möglich sein, so dass „der Richter in vollem Umfang die Verantwortung (…) übernimmt";[51] inwiefern dies für bis 21.00 Uhr *eingegangene Sachen* mit Blick auf deren *tatsächliche Abarbeitung* der Fall ist, ist der geschäftsplanmäßigen Regelungsverantwortung des jeweiligen Gerichtes überantwortet. 28

Insbesondere **außerhalb der Bereitschaftsdienstzeit** sowie in deren **Randzeiten** kann die Prognose negativ ausfallen: Soweit zB in *Grenzgebieten* Zurückschiebungen wegen Rücknahmezeiten morgens stattfinden und Festnahme am Vorabend erfolgt ist, wird mit *Antragsabfassung*, *Einreichung*, *Transport*, *Dolmetscherladung* und *gerichtlicher Vorbereitung einer Entscheidung* ggf. nicht mehr mit rechtzeitiger Entscheidung zu rechnen sein. Auch können Belastungen mit **anderen Dienstgeschäften** (zB StPO-Haftsachen, soweit sie einen längeren Zeitraum als bis zur Abschiebung abdecken und *deswegen* vordringlich sind) zu einer negativen Prognose führen; Prognosen im Einzelfall sollten, soweit sie nicht evident sind, behördlich nach *Kontaktaufnahme mit dem Gericht* getroffen und in den Akten dokumentiert werden. 29

V. Vollzug des Gewahrsams

Behördlicher Gewahrsam zwecks Gerichtsvorführung ist **keine** (gerichtlich angeordnete) **Abschiebungshaft**. Die Vorgaben des Art. 16 Rückführungsrichtlinie und § 62a AufenthG greifen daher nicht. Mithin ist der Vollzug in jeder *Gewahrsamsstelle* zulässig. 30

VI. Fehlerfolge und Rechtsmittel

Eine etwaige **Rechtswidrigkeit behördlichen Gewahrsams** wirkt sich, da es sich um einen separater gerichtlicher Kontrolle unterliegenden Zeitraum handelt (→ Rn. 32 ff.), auf die *Rechtmäßigkeit* einer später angeordneten **gerichtlichen Haft** nicht aus.[52] 31

1. Rechtsmittel während des Gewahrsams

Der Betroffene kann behördlichen Gewahrsam **während seiner Dauer** gerichtlich kontrollieren lassen (§ 428 Abs. 2 FamFG, Wortlaut „Anfechtung").[53] Soweit die Norm auf die „Vorschriften dieses Buches" verweist, liegt prozessrechtsdogmatisch ein **Aufhebungsantrag** (§§ 428 Abs. 2, 426 FamFG) vor, der sich nicht gegen einen Beschluss (§ 426 Abs. 1 S. 1 FamFG), sondern die behördliche Anordnung von Gewahrsam richtet. 32

49 BVerfG Urt. v. 24.7.2018 – 2 BvR 309/15 – BVerfGE 149, 293 – juris-Rn. 101; Beschl. v. 15.5.2002 – 2 BvR 2292/00 – BVerfGE 105, 239 – juris-Rn. 31.

50 BVerfG Urt. v. 24.7.2018 – 2 BvR 309/15 – BVerfGE 149, 293 – juris-Rn. 100; Beschl. v. 15.5.2002 – 2 BvR 2292/00 – BVerfGE 105, 239 – juris-Rn. 24.

51 BVerfG Urt. v. 24.7.2018 – 2 BvR 309/15 – BVerfGE 149, 293 – juris-Rn. 98; Beschl. v. 7.11.1967 – 2 BvL 14/67 – BVerfGE 22, 311 – juris-Rn. 25; Beschl. v. 10.2.1960 – 1 BvR 526/53 – BVerfGE 10, 302 – juris-Rn. 28.

52 BGH Beschl. v. 30.4.2020 – StB 37/18 – juris-Rn. 32; Beschl. v. 12.7.2013 – V ZB 224/12 – juris-Rn. 13; *Grotkopp* Abschiebungshaft Rn. 782; *Göbel* in Sternal FamFG § 428 Rn. 9.

53 *Heidebach* in Haußleiter FamFG § 428 Rn. 15.

Es greifen iÜ die Verfahrensvorschriften des Haftaufhebungsverfahrens (→ Kap. 13 Rn. 185 ff.).

33 Diese Rechtsschutzmöglichkeit ist *theoretisch bedeutsam* (um zB im Falle einer Überschreitung der Frist des § 428 Abs. 1 S. 2 FamFG gerichtlichen Rechtsschutz nach Art. 19 Abs. 4 GG zu erreichen), aber **praktisch** so gut wie **bedeutungslos**. Denn die nach Art. 20 Abs. 3 GG an Recht und Gesetz gebundene Behörde formuliert innerhalb der Vorführfrist ohnehin einen Haftantrag und führt den Betroffenen gerichtlich vor oder entlässt ihn; ein entsprechender Aufhebungsantrag *erledigt* sich dann.

2. Rechtsmittel nach dem Gewahrsam

34 Regelmäßig findet eine Kontrolle (die ohnehin seltene Ausnahme ist) **nachgelagert** nach Erledigung der behördlichen Freiheitsentziehung (zB durch Freilassung oder anschließende gerichtliche Haftanordnung) statt. Hierfür steht der **gerichtliche Feststellungsantrag** gem. §§ 428 Abs. 2, 62 FamFG zur Verfügung,[54] der in diesem Fall unabhängig von einem Trägerverfahren (→ Kap. 13 Rn. 228 ff.) gerichtet auf *Feststellung der Rechtswidrigkeit der behördlichen Haft* als eigenständigem Verfahrensgegenstand einschlägig ist.[55]

35 Für dieses Verfahren gelten die unten dargelegten **Voraussetzungen** (→ Kap. 13 Rn. 222 ff.). Insbesondere bedarf es nach Abschluss der Freiheitsentziehung wg. des Wortlautes des § 420 Abs. 1 S. 1 FamFG **keiner Anhörung**,[56] der Antrag ist (da es sich um ein separates Verfahren handelt), erstinstanzlich am Amtsgericht zu entscheiden.[57] Ein **Feststellungsinteresses** ist zwar wegen der *Erledigung* nötig, jedoch durch die erfolgte Freiheitsentziehung (bei klassisch so kurzer Dauer, dass sonst effektiver Rechtsschutz iSd Art. 19 Abs. 4 GG nicht möglich wäre) indiziert.[58] Der Antrag ist nicht an eine *Frist* gebunden,[59] unterliegt aber der *Verwirkung*, für die sich das *Zeitmoment* an § 58 Abs. 2 VwGO (Jahresfrist) orientieren kann.[60]

36 Gerichtlicher **Prüfungsmaßstab** ist, ob die *materiellen Voraussetzungen* der Befugnisnorm vorgelegen haben und *Verfahrensrechte verletzt* wurden (insbesondere, ob die Pflicht zur unverzüglichen Vorführung gewahrt wurde).[61] Ggf. ist dies, bezogen auf den konkret im Feststellungstenor bestimmten Zeitraum des rechtswidrigen Gewahrsams, festzustellen.[62] Der auf ein Verfahren gem. §§ 428 Abs. 2, 62 FamFG ergehende gerichtliche Beschluss ist mit der **Beschwerde**, nicht mit der *Rechtsbeschwerde*, angreifbar.[63]

---

54 BGH Beschl. v. 30.4.2020 – StB 37/18 – juris-Rn. 32; Beschl. v. 12.7.2013 – V ZB 224/12 – juris-Rn. 13.
55 *Göbel* in Sternal FamFG § 428 Rn. 9; *Heidebach* in Haußleiter FamFG § 428 Rn. 16.
56 *Heidebach* in Haußleiter FamFG § 428 Rn. 14.
57 *Göbel* in Sternal FamFG § 428 Rn. 9 mwN.
58 Vgl. nur BVerfG Beschl. v. 16.4.2021 – 2 BvR 2470/17 – InfAuslR 2021, 289 – juris-Rn. 24; *Heidebach* in Haußleiter FamFG § 428 Rn. 17.
59 *Bumiller* in Bumiller/Harders/Schwamb FamFG § 428 Rn. 5; *Wendtland* in MüKoFamFG § 428 Rn. 8.
60 Ohne § 428 Abs. 2 FamFG fände nachträgliche Kontrolle gem. § 40 Abs. 1 VwGO als Feststellungsklage gem. § 43 VwGO statt, für welche sich bzgl. Verwirkung beim Zeitmoment an § 58 Abs. 2 VwGO orientiert würde, zB VG Köln Urt. v. 11.11.2021 – 20 K 5265/18 – juris-Rn. 37; BVerwG Urt. v. 31.3.2011 – 2 A 3/09 – NVwZ-RR 2011, 682 – juris-Rn. 21; dies ist hier entsprechend handzuhaben.
61 *Göbel* in Sternal FamFG § 428 Rn. 11 mwN.
62 *Wendtland* in MüKoFamFG § 428 Rn. 9.
63 BGH Beschl. v. 12.5.2011 – V ZB 135/10 – InfAuslR 2011, 361 – juris-Rn. 5; *Göbel* in Sternal FamFG § 428 Rn. 12 mwN.

Kapitel 12 Haftantragstellung

Das Verfahren über die gerichtliche Anordnung von Haft und Gewahrsam (im Folgenden zusammenfassend nur: Haft) im Ausländerrecht richtet sich gem. § 106 Abs. 2 S. 1 AufenthG nach dem 7. Buch des FamFG. Daher setzt jede Freiheitsentziehung einen **behördlichen Antrag** voraus (§ 417 Abs. 1 FamFG). An diesen ist das Gericht gebunden und darf auch nicht über ihn hinausgehen (*ne ultra petita*[1]). Die Einhaltung der den Antrag betreffenden Formvorschriften hat eine *grundrechtssichernde Funktion*,[2] so dass formwidrige Anträge **unzulässig** sind.[3] 1

I. Antragsform und Aktenvorlage

Ein Haftantrag muss dem Gericht **vollständig** vorliegen und Teil der Gerichtsakte sein. Fragmentarische Telefax-Übermittlungen genügen nicht, da dann auf den nicht übermittelten Seiten wesentliche Begründungselemente fehlen.[4] Der Antrag kann sich zwar ggf. ergänzend auch **aus dem Protokoll** der gerichtlichen Anhörung des Betroffenen (→ Rn. 82) ergeben;[5] praktisch würde eine Anhörung aber bei einem unzulässigen Antrag kaum mehr angesetzt, sondern der Antrag bereits im Dezernatswege abgelehnt. 2

Der Antrag soll **unterschrieben** sein (§ 23 Abs. 1 S. 4 FamFG). Dass ein Antrag nicht nur als Entwurf gemeint ist, sondern in den Rechtsverkehr gelangen sollte, kann sich allerdings auch aus anderen Umständen ergeben; beispielsweise, wenn er einen Ausgangsstempel der Behörde nebst Eingangsstempel des Gerichtes trägt,[6] als (nicht unterschriebenes) PDF per E-Mail zwecks Stellung des Antrages übermittelt wurde[7] oder sich in der Anhörung Behördenmitarbeiter den Antrag durch Verhandlung zu eigen machen.[8] 3

Für die **Übermittlung** des Antrages greift § 14b FamFG nur eingeschränkt. Zwar *müssen* danach behördliche Anträge per **EGVP (beBPo)** gestellt werden, soweit für sie *zwingende Schriftform* vorgesehen ist (§ 14b Abs. 1 FamFG) bzw. sie *sollen* iÜ per EGVP gestellt werden (§ 14b Abs. 2 FamFG). Zwingende Schriftform sieht das FamFG nur für Beschwerdesachen vor,[9] nicht für Haftanträge, da § 417 FamFG nur *Inhalts*-, aber keine *Formvorgaben* enthält.[10] Sie unterfallen daher § 14b Abs. 2 FamFG,[11] müssen also im Regelfall per EGVP gestellt werden. Nicht aber im atypischen Fall, der nicht inhaltlich, sondern *zeitlich* zu verstehen ist: So greift die Pflicht nach dem Willen des Gesetzgebers „im Bereitschaftsdienst", also dem Gros der Fälle frisch Verhafteter, nicht.[12] Nur **Vorab-** oder **Verlängerungs-Haftanträge** für bereits Inhaftierte, die keiner unverzüglichen Ent- 4

1 BGH Beschl. v. 6.5.2010 – V ZB 223/09 – InfAuslR 2010, 212 – juris-Rn. 15.
2 BVerfG Beschl. v. 27.2.2013 – 2 BvR 1872/10 – Rn. 16.
3 Dazu eingehend *Schmidt-Räntsch* NVwZ 2014, 110.
4 BGH Beschl. v. 29.4.2010 – V ZB 218/09 – NVwZ 2010, 1508 – juris-Rn. 11 f., 16.
5 BGH Beschl. v. 21.10.2010 – V ZB 96/10 – juris-Rn. 13.
6 BGH Beschl. v. 9.2.2012 – V ZB 305/10 – juris-Rn. 12.
7 BGH Beschl. v. 28.2.2023 – XIII ZB 70/21 – juris-Rn. 7.
8 St Rspr BGH Beschl. v. 20.4.2021 – XIII ZB 47/20 – juris-Rn. 12; Beschl. v. 24.8.2020 – XIII ZB 83/19 – juris-Rn. 18; Beschl. v. 28.10.2010 – V ZB 210/10 – InfAuslR 2011, 71 – juris-Rn. 11 f.
9 *Sternal* in Sternal FamFG § 14b Rn. 11; vgl. auch BGH Beschl. v. 7.12.2022 – XII ZB 200/22 – juris-Rn. 9.
10 LG Mainz Beschl. v. 3.3.2022 – 8 T 31/22 – juris-Rn. 33; aA AG Itzehoe Beschl. v. 18.1.2022 – 86 XIV 1845 B – juris-Rn. 3.
11 LG Mainz Beschl. v. 3.3.2022 – 8 T 31/22 – juris-Rn. 26.
12 BT-Drs. 19/28399, S. 40.

scheidung bedürfen, sind daher – mit der Folge ihrer Unzulässigkeit bei Formverstoß (→ Rn. 1) – EGVP-pflichtig.

5 Die **Ausländerakte** des Betroffenen *soll* gem. § 417 Abs. 2 S. 3 FamFG mit Antragstellung vorgelegt werden, muss es also im Regelfall. Dabei genügen die für die Haft relevanten Auszüge[13] und eine fehlende Vorlage führt nicht zur Unzulässigkeit des Haftantrages.[14] Allerdings benötigt das Haftgericht die Akte gem. § 26 FamFG regelmäßig zur Durchführung der Amtsermittlung,[15] so dass eine Hauptsache-Haftentscheidung **ohne** (im Einzelfall begründete[16]) **Aktenbeiziehung rechtswidrig** wäre.[17] Die praktisch regelmäßig *digitale Vorlage* (als PDF per E-Mail bzw. Cloud-Link) oder das *Mitbringen der Akte* zum Termin durch die Behörde[18] genügen der Vorlagepflicht.

II. Antragsberechtigung (Zuständigkeit)

6 Der Haftantrag ist nur **zulässig**, wenn er von der *zuständigen Behörde* gestellt ist (§ 417 Abs. 1 FamFG)[19]. Dabei regelt § 71 AufenthG die **sachliche Zuständigkeit**, während grds. das jeweilige Landesrecht die **örtliche** und **funktionale** Zuständigkeit normiert.[20]

1. Sachliche Zuständigkeit

7 Im Grundsatz sind für Haftanträge die **Ausländerbehörden** der Länder zuständig (§ 71 Abs. 1 AufenthG). Die teilweise komplexen Abgrenzungen zwischen der Zuständigkeit dieser und dem Bundesamt für Migration und Flüchtlinge für Entscheidungen[21] sind *haftgerichtlich* irrelevant, da Haftanträge nicht vom Bundesamt gestellt werden.

8 Neben den Ausländerbehörden sind (*gleichrangig*, Nr. 71.5.3 VwV-AufenthG) auch die **Landespolizeibehörden** für Haft- und Gewahrsamsanträge[22] zuständig (§ 71 Abs. 5 AufenthG).[23] Darüber hinaus besteht (inhaltlich eingeschränkt) eine Zuständigkeit der **Grenzbehörden**, also grds. der **Bundespolizei** (§ 2 Abs. 1 und 2 S. 1 Nr. 2 BPolG), soweit nicht zB in Hamburg und Bayern Landesbehörden aufgrund von Verwaltungsabkommen mit deren Aufgaben betraut sind.[24]

9 Die **Grenzbehörden** sind danach *ausschließlich* zuständig für *Zurückweisungen* und die zugehörigen Haftanträge (§ 71 Abs. 3 Nr. 1 und 1e AufenthG). Im Übrigen sind sie *gleichrangig*[25] zuständig für Haftanträge bzgl. *Zurückschiebungen* und *Abschiebungen*

---

13 BGH Beschl. v. 20.1.2011 – V ZB 226/10 – InfAuslR 2011, 205 – juris-Rn. 11.

14 BGH Beschl. v. 10.6.2010 – V ZB 204/09 – NVwZ 2010, 1172 – juris-Rn. 8.

15 BGH Beschl. v. 17.1.2023 – XIII ZB 48/21 – juris-Rn. 6; Beschl. v. 19.7.2018 – V ZB 223/17 – InfAuslR 2018, 413 – juris-Rn. 8; BVerfG Beschl. v. 10.12.2007 – 2 BvR 1033/06 – NVwZ 2008, 306 – juris-Rn. 30; zB bzgl. der Einhaltung des Beschleunigungsgebotes, *Schmidt-Räntsch* NVwZ 2014, 110 (112).

16 ZB, weil vorgelegte Anlagen hinreichen oder die Akte aus vorigen Verf. dem Gericht bereits vorliegt.

17 BVerfG Beschl. v. 14.5.2020 – 2 BvR 2345/16 – InfAuslR 2020, 343 – juris-Rn. 54 (obiter dictum); LG Kleve Beschl. v. 12.12.2022 – 4 T 100/22 – juris-Rn. 19 f.; LG Landshut Beschl. v. 21.4.2021 – 63 T 174/21 – juris-Rn. 29.

18 BGH Beschl. v. 17.1.2023 – XIII ZB 48/21 – juris-Rn. 9; Beschl. v. 31.8.2021 – XIII ZB 87/20 – juris-Rn. 11.

19 BGH Beschl. v. 23.2.2021 – XIII ZB 80/19 – juris-Rn. 6; Beschl. v. 24.8.2020 – XIII ZB 83/19 – juris-Rn. 20; BVerfG Beschl. v. 13.7.2011 – 2 BvR 742/10 – NVwZ 2011, 1254 – juris-Rn. 18.

20 BGH Beschl. v. 6.5.2010 – V ZB 193/09 – InfAuslR 2010, 361 – juris-Rn. 13.

21 ZB zu Abschiebungsverboten BVerwG Beschl. v. 3.3.2006 – 1 B 126/05 – NVwZ 2006, 830 – juris-Rn. 2 ff.

22 *Haft* als Oberbegriff für beides iSd Norm; aA *Grotkopp* Abschiebungshaft Rn. 261 mit dem Ergebnis, dass die Polizei dann Haft-, aber keine (grundrechtsschonend kürzeren) Gewahrsamsanträge stellen darf.

23 BGH Beschl. v. 18.3.2010 – V ZB 194/09 – FGPrax 2010, 156 – juris-Rn. 25.

24 *Kolber* in Bergmann/Dienelt AufenthG § 71 Rn. 15 mwN.

25 *Hofmann* in NK-AuslR AufenthG § 71 Rn. 35.

(auch *Dublin-III-Konstellationen*), § 71 Abs. 3 Nr. 1e AufenthG. Dies jedoch nur unter der Voraussetzung, dass ein Betroffener unerlaubt eingereist ist und im **grenznahen Raum** (30 km bei Land- und 50 km bei Seegrenzen) aufgegriffen wird; dabei ist ein zeitlicher Zusammenhang mit der Einreise nicht erforderlich,[26] auch muss das Einreise-Grenzgebiet nicht dasselbe sein wie das Aufgriff-Grenzgebiet (sog. „Durchreise-Fälle", § 71 Abs. 3 Nr. 1b AufenthG).

2. Örtliche Zuständigkeit

a) Ausländerbehörden

Die örtliche Zuständigkeit der **Ausländerbehörden** richtet sich nach dem Organisationsrecht der Bundesländer. Soweit dort nicht Zuständigkeiten bei einer Behörde *konzentriert* sind (§ 71 Abs. 1 S. 2 AufenthG) oder sonstige Sonderregeln bestehen, stellen viele Normen auf den Ort ab, an dem der Betroffene seinen **gewöhnlichen Aufenthalt** hat oder zuletzt hatte (§ 3 Abs. 1 Nr. 3a VwVfGe). Dies ist der Ort, an dem sich ein Betroffener unter Umständen aufhält, die erkennen lassen, dass er dort nicht nur vorübergehend verweilt (vgl. § 30 Abs. 3 S. 2 SGB I), was sich objektiv bemisst und auch davon abhängt, ob der Betroffene dort zulässigerweise *verweilen darf*.[27] Wann solche Umstände vorliegen, ist nach einer Gesamtschau zu beurteilen. 10

aa) Gewöhnlicher Aufenthaltsort

Bestehen, wie im **Asylverfahren** nach § 56 AsylG, **räumliche Beschränkungen** (auf den Zuständigkeitsbezirk, in dem die *Aufnahmeeinrichtung* liegt), so liegt der gewöhnliche Aufenthalt grds. dort[28] und verbleibt dort, auch wenn der Betroffene den Bereich verlässt, um sich der Abschiebung zu entziehen.[29] Daran ändert auch seine **Inhaftierung** nichts.[30] Eine **Umverteilung** (§ 50 AsylG) ist relevant, wenn es nach Zustellung der Entscheidung (§ 50 Abs. 5 S. 1 AsylG; ggf. erleichtert nach § 10 AsylG → Kap. 2 Rn. 20)[31] tatsächlich zum Umzug kommt,[32] oder das Landesrecht die Zuständigkeit auch unabhängig vom faktischen Vollzug der Entscheidung begründet.[33] Die Beschränkung erlischt auch nicht durch *Ablehnung* des Asylantrages (§ 59a Abs. 2 AsylG). 11

Eine **räumliche Beschränkung** ergibt sich bisweilen auch aus einer **Verteilungsentscheidung gem. § 15a AufenthG**, die bei Aufgriff nach unerlaubter Einreise ohne Asylantrag und ohne Zurückschiebung (gesetzlich sofort vollziehbar, § 15a Abs. 2 S. 4 AufenthG) verfügt werden kann; sie bestimmt den gewöhnlichen Aufenthalt unabhängig davon, ob der Verteilung tatsächlich Folge geleistet wird.[34] Darüber hinaus besteht eine räumliche Beschränkung bei **vollziehbarer Ausreisepflicht** auf das Gebiet des *Bundeslandes* (§ 61 Abs. 1 S. 1 AufenthG); sie kann bei fehlender Sicherung des Lebens- 12

26 BGH Beschl. v. 9.10.2014 – V ZB 127/13 – NVwZ 2015, 240 – juris-Rn. 13 f.
27 Vgl. BGH Beschl. v. 8.4.2010 – V ZB 51/10 – juris-Rn. 9.
28 BGH Beschl. v. 23.2.2021 – XIII ZB 80/19 – juris-Rn. 9; 18.3.2010 – V ZB 194/09 – FGPrax 2010, 156 – juris-Rn. 14.
29 BGH Beschl. v. 13.10.2011 – V ZB 13/11 – InfAuslR 2012, 75 – juris-Rn. 5.
30 KG Berlin Beschl. v. 25.8.2006 – 25 W 70/05 – InfAuslR 2007, 17 – juris-Rn. 18.
31 BGH Beschl. v. 23.2.2021 – XIII ZB 80/19 – juris-Rn. 9 ff.
32 BGH Beschl. v. 13.10.2011 – V ZB 13/11 – InfAuslR 2012, 75 – juris-Rn. 5.
33 ZB in § 7 Abs. 1 S. 2 ZustVAuslR-Bay, dazu BGH Beschl. v. 23.2.2021 – XIII ZB 80/19 – juris-Rn. 6.
34 OVG Bremen Urt. v. 7.7.2022 – 2 B 104/22 – juris-Rn. 24; OVG Berlin-Brandenburg Urt. v. 9.4.2014 – OVG 3 B 33.11 – juris-Rn. 3 iVm 35 ff., bes. 37.

unterhalts durch Verwaltungsakt weiter beschränkt werden (**Wohnsitzauflage**, § 61 Abs. 1d AufenthG; diese bleibt auch bei gesetzlichem Erlöschen sonstiger räumlicher Beschränkungen [→ Rn. 13] grds.[35] wirksam). Auch solche Beschränkungen sind für die Bestimmung des *gewöhnlichen Aufenthalts* maßgeblich.[36]

13 Räumliche Beschränkungen **erlöschen** bei *Aufhebung*, grds. drei Monate nach *Duldung*, *Aufenthaltsgestattung* oder *Erteilung eines Aufenthaltstitels* (§ 61 Abs. 1b AufenthG, § 59a Abs. 1 S. 1 AsylG), und bei *Ausreise* (§ 51 Abs. 6 AsylG). Anschließend richtet sich – ohne räumliche Beschränkung – die Frage des gewöhnlichen Aufenthaltsortes und damit der Zuständigkeit nach allgemeiner Würdigung (→ Rn. 10, 12). Bei **Wiedereinreise** nach erfolglosem Asylverfahren und Folgeantrag gelten die alten Beschränkungen und damit Zuständigkeiten fort (§ 71 Abs. 7 S. 1 AsylG); *zusätzlich* ist aber auch die Ausländerbehörde am **Aufgriffsort** zuständig (§ 71 Abs. 7 S. 3 AsylG).[37] Bei Wiedereinreise ohne Asylverfahren bzw. Folgeantrag gelten auch die allgemeinen Vorschriften; ist noch kein neuer Aufenthaltsort begründet, ist der letzte selbige entscheidend (§ 3 Abs. 1 Nr. 3a VwVfGe: „zuletzt hatte").

bb) Aufgriffsort

14 Daneben kann eine Zuständigkeit der Ausländerbehörden am **Aufgriffsort** bestehen. Eine solche kann sich aus *Bundesrecht* ergeben: Nach § 62 Abs. 5 S. 1 AufenthG soll die am Ergreifungsort eines vollziehbar ausreisepflichtigen Betroffenen, der unbefugt seinen Aufenthaltsort gewechselt hat, ohne der Behörde eine Anschrift anzugeben (§ 62 Abs. 3a Nr. 3 AufenthG), örtlich zuständige Behörde den Haftantrag sowohl einstweilig als auch in der Hauptsache stellen dürfen.[38]

15 Im Übrigen kann die am Ergreifungsort örtlich zuständige Ausländerbehörde nach dem jeweiligen Landesrecht zur Antragstellung befugt sein. Ansonsten verbleibt ihr die Befugnis, **in Notzuständigkeit** tätig zu werden (§ 3 Abs. 4 S. 1 VwVfGe). Dann muss Gefahr im Verzug vorliegen, was bei unbekanntem Aufenthalt mit Festnahme-Ausschreibung (§ 50 Abs. 6 S. 1 AufenthG) regelmäßig der Fall sein wird; zudem muss die eigentlich zuständige Behörde nicht zur Antragstellung in der Lage sein, was je nach Dienstzeiten der Fall sein kann,[39] iÜ aber wegen der Möglichkeit zur Antragstellung per Fax selten ist.[40] Im Rahmen der Notzuständigkeit dürfen nur **einstweilige Anordnungen** (§ 427 FamFG) beantragt und erlassen werden.[41] Diese sind zeitlich so zu bemessen sein, dass die originär zuständige Behörde das Verfahren übernehmen und einen eigenen Antrag für den anschließenden Zeitraum stellen kann;[42] hierfür werden regelmäßig wenige Tage nach Wiederherstellung einer Erreichbarkeit genügen.

---

35 Vorbehaltlich ihrer Aufhebung durch Verwaltungsakt, die praktisch oft wg. nicht gesicherten Lebensunterhaltes unterbleibt.

36 Vgl. Sächsisches OVG Beschl. v. 22.7.2021 – 3 B 194/21 – juris-Rn. 9; OVG Berlin-Brandenburg Beschl. v. 22.2.2018 – OVG 11 S 99.17 – juris-Rn. 10; OVG Hamburg Beschl. v. 26.4.2006 – 4 Bs 66/06 – NVwZ-RR 2006, 827 – juris-Rn. 12.

37 Vgl. VG Berlin Beschl. v. 28.8.2012 – 10 L 148.12 – juris-Rn. 8, 11 (zur aF: Abs. 7 S. 2).

38 BGH Beschl. v. 18.3.2010 – V ZB 194/09 – FGPrax 2010, 156 – juris-Rn. 21 ff., bes. 24.

39 BGH Beschl. v. 18.3.2010 – V ZB 194/09 – FGPrax 2010, 156 – juris-Rn. 20.

40 Vgl. *Bergmann/Putzar-Sattler* in Huber/Mantel Vor § 62 Rn. 9.

41 BGH Beschl. v. 18.3.2010 – V ZB 194/09 – juris-Rn. 20.

42 BGH Beschl. v. 28.4.2011 – V ZB 140/10 – juris-Rn. 12; KG Berlin Beschl. v. 16.2.1998 – 25 W 7870/97 – FGPrax 1998, 157 – juris-Rn. 30.

cc) Amtshilfe

16 Die örtlich zuständige Ausländerbehörde kann auch im Wege der Amtshilfe eine andere Behörde **ersuchen**, den Antrag zu stellen (§§ 4 ff. VwVfGe). Dies ist im Haftantrag offenzulegen[43] unter konkreter Darlegung des Ersuchens samt seines Inhaltes. Dabei bleibt die ersuchende Behörde Herrin des Verfahrens und eine Amtshilfe liegt (nur) vor, soweit die ersuchte Behörde nicht die Grenzen des Ersuchens überschreitet.[44]

17 Ändert daher die ersuchte Behörde **eigenständig** den Haftantrag (zB durch Reduktion der beantragten Haftdauer im Termin) oder wird ihr ein **breiter Spielraum** zu eigenverantwortlichem Handeln eingeräumt (zB schlechterdings die Aufforderung „zur Abschiebung"),[45] handelt es sich nicht mehr um Amtshilfe bzgl. einzelner Verfahrenshandlungen, sondern eine Übernahme des Verfahrens; dann liegt rechtlich ein Antrag der ersuchten Behörde vor, der, wenn sie nicht selbst örtlich zuständig ist, mangels Zuständigkeit abzulehnen ist.[46]

18 Ob bei **Haftverlängerungsanträgen** eine Amtshilfe zulässig ist, hat der BGH offengelassen.[47] Richtigerweise wird man dies bejahen müssen, da die inhaltliche Richtigkeit der Beschreitung des Amtshilfeweges nicht der Prüfungskompetenz des Haftgerichtes unterliegt; es hat nur zu prüfen, *ob* Amtshilfe vorliegt. Jedenfalls hat die ersuchte Behörde kein eigenes Beschwerderecht.[48]

b) Polizei- und Grenzbehörden

19 Für die **Landespolizeibehörden** ist die jeweilige Landesnorm maßgeblich. Gelegentlich werden die Antragsbefugnisse bei bestimmten Direktionen konzentriert. Bei der Bundespolizei sind die **11 Bundespolizeidirektionen** (§ 2 Abs. 1 BPolZV) örtlich zuständig. Diese sind Antragsteller und werden durch ihre (unselbständigen) Untergliederungen (*Bundespolizeiinspektionen*) nur vertreten;[49] auf den Zuständigkeitsbereich der Inspektionen kommt es daher nicht an.[50]

III. Antragsbegründung

20 Die **Begründung des Haftantrages** wird durch § 417 Abs. 2 FamFG determiniert, der die allgemeine Regel des § 23 FamFG verdrängt. Diese Norm enthält gleichwohl nur eine eher fragmentarische Aufzählung von Einzelpunkten, die als Begründung im Antrag enthalten sein müssen. Zur Konkretisierung hat sich eine **reichhaltige Judikatur** des BGH entwickelt, die in Teilen kaum noch überblickbar war und zudem der ständigen Weiterentwicklung in stetig neuen Details unterlag; klarere Leitlinien beginnen sich nun jedoch unter dem XIII. Senat herauszubilden. Diese Judikatur definiert zwingende Anforderungen, die behördlicherseits bei der Stellung von Haftanträgen einzuhalten sind.

43 BGH Beschl. v. 28.4.2011 – V ZB 140/10 – juris-Rn. 13.
44 BVerwG Urt. v. 25.10.2017 – 6 C 46/16 – BVerwGE 160, 169 – juris-Rn. 17.
45 BVerfG Beschl. v. 13.7.2011 – 2 BvR 742/10 – NVwZ 2011, 1254 – juris-Rn. 24 ff.
46 BGH Beschl. v. 7.11.2011 – V ZB 94/11 – juris-Rn. 8.
47 BGH Beschl. v. 22.9.2016 – V ZB 70/16 – juris-Rn. 7.
48 BGH Beschl. v. 22.9.2016 – V ZB 70/16 – juris-Rn. 7.
49 OVG Münster Beschl. v. 11.11.2020 – 1 B 1242/20 – ZBR 2021, 280 – juris-Rn. 45 f.
50 BGH Beschl. v. 30.3.2010 – V ZB 79/10 – NVwZ 2010, 919 – juris-Rn. 7.

21 Die Beachtung dieser Maßstäbe durch die Behörde ist durch das **Haftgericht zu kontrollieren.** Denn nach stRspr des BGH führen Mängel in der Antragsbegründung zu einem *von Amts wegen* zu prüfenden Verstoß gegen § 417 Abs. 2 FamFG und damit zu einer **Unzulässigkeit** des Antrages;[51] wird aufgrund eines unzulässigen Antrages Haft angeordnet, ist dies **rechtswidrig**[52] und zwar selbst dann, wenn die materiellen Haftvoraussetzungen objektiv vorgelegen haben.[53]

22 Unzulässige Haftanträge sind nach wie vor der **häufigste Grund** für Erfolg in der Rechtsbeschwerde vor dem BGH. Nach **61,3%** (2021) waren sie zuletzt in **45,5%** (2022) der erfolgreichen Rechtsbeschwerden (mindestens *auch*) kausal für die **Fehlerhaftigkeit der Haftanordnung.**[54] Bedenkt man, dass die Quote erfolgreicher Rechtsbeschwerden ohnehin hoch ist (2022: 59,5%, 2021: 51,7%,[55] vor rund zehn Jahren aber noch 85-90%[56]) und damit der überwiegende Teil der vom BGH kontrollierten Haftanordnungen rechtswidrig ist, ist dieser Befund aus rechtsstaatlicher Sicht nicht hinnehmbar; er bedarf dringend der Korrektur durch genauere Prüfung der Haftanträge in der Ausgangs- und Beschwerdeinstanz.

1. Grundsatz

23 Die Begründung muss sich zu allen von § 417 Abs. 2 S. 1 und 2 FamFG genannten Aspekten verhalten. Insbesondere muss daher die **Ausreisepflicht** mit allen **Vollstreckungsvoraussetzungen** genauso dargelegt werden wie die **Haftgründe** und die **Durchführbarkeit** der **Abschiebung** (bzw. Zurückschiebung, Zurückweisung pp.) mit der dafür erforderlichen **Zeitdauer.** Diese Erfordernisse gelten nicht nur, um die *gerichtliche Entscheidung* vorzubereiten,[57] sondern auch, um dem Betroffenen die *Grundlage für seine Verteidigung* darzulegen.[58]

24 Die Begründung darf knapp gehalten werden, sie muss aber auf den konkreten Fall zugeschnitten[59] und so nachvollziehbar sein, dass sie konkrete Nachfragen des Gerichtes ermöglicht.[60] Leerformeln und **Textbausteine** genügen hierfür nicht.[61] Insbesondere

51 StRspr BGH Beschl. v. 25.4.2022 – XIII ZB 23/20 – juris-Rn. 7; Beschl. v. 12.10.2021 – XIII ZB 110/19 – juris-Rn. 8; Beschl. v. 29.4.2010 – V ZB 218/09 – NVwZ 2010, 1508 – juris-Rn. 14.

52 BGH Beschl. v. 23.3.2021 – XIII ZB 95/19 – juris-Rn. 6; Beschl. v. 7.3.2019 – V ZB 130/17 – juris-Rn. 2 ff.

53 BGH Beschl. v. 22.7.2010 – V ZB 28/10 – NVwZ 2010, 1511 – juris-Rn. 14.

54 Auswertung der bei juris veröffentlichten BGH-Entscheidungen (ohne behördliche Rechtsbeschwerden und ohne reine PKH-, Berichtigungs-, Wiedereinsetzungs- und Gegenstandswert-Entscheidungen; „Erfolg" idS = [Teil-]Stattgabe ohne bloße Zurückverweisung an eine vorige Instanz); Entscheidungszeitraum **2022** (insgesamt 37 Beschlüsse): 22 Erfolge (59,5%, nämlich: 20 Stattgaben [54,1%], 2 Teilstattgaben [5,4%]), 12 Zurückweisungen (32,4%), 3 Zurückverweisungen an vorige Instanz (8,1%), insgesamt 10 unzulässige Haftanträge (10 von 22 Erfolgen = 45,5%); Entscheidungszeitraum **2021** (insgesamt 60 Beschlüsse): 31 Erfolge (51,66%, nämlich: 29 Stattgaben [48,33%], 2 Teilstattgaben [3,33%]), 27 Zurückweisungen (45%), 2 Zurückverweisungen an vorige Instanz (3,33%), insgesamt 19 unzulässige Haftanträge (19 von 31 Erfolgen = 61,3%).

55 Ebd.

56 *Schmidt-Räntsch* NVwZ 2014, 110.

57 BGH Beschl. v. 16.7.2014 – V ZB 80/13 – InfAuslR 2014, 384 – juris-Rn. 19; Beschl. v. 15.9.2011 – V ZB 123/11 – InfAuslR 2012, 25 – juris-Rn. 9.

58 BGH Beschl. v. 9.2.2017 – V ZB 129/16 – juris-Rn. 5; Beschl. v. 31.5.2012 – V ZB 167/11 – NJW 2012, 330 – juris-Rn. 8.

59 BGH Beschl. v. 12.2.2020 – XIII ZB 26/19 – juris-Rn. 6; Beschl. v. 7.3.2019 – V ZB 130/17 – juris-Rn. 4.

60 StRspr BGH Beschl. v. 20.4.2021 – XIII ZB 47/20 – juris-Rn. 13; Beschl. v. 23.3.2021 – XIII ZB 95/19 – juris-Rn. 6; Beschl. v. 19.10.2020 – XIII ZB 43/19 – juris-Rn. 17.

61 BGH Beschl. v. 20.10.2016 – V ZB 167/14 – juris-Rn. 6; Beschl. v. 27.10.2011 – V ZB 311/10 – InfAuslR 2012, 25 – juris-Rn. 13.

reicht ein bloßes Ankreuzen von Textformeln nicht aus.[62] **Fehlen noch Angaben**, welche direkt nach der Verhaftung nicht gemacht werden können, darf nur eine **vorläufige Entscheidung** (§ 427 FamFG) beantragt werden.[63]

Diese Anforderungen gelten sowohl für den **ersten Antrag** als auch gem. § 425 Abs. 3 FamFG für **Verlängerungsanträge.**[64] In Letzteren kann allerdings auf den ersten Antrag **Bezug genommen** werden, *soweit* sich nichts geändert hat;[65] anzugeben ist aber, warum die Verlängerung erforderlich ist und wann mit der Behebung des bisherigen Hindernisses gerechnet werden kann[66] sowie, ob seit dem ersten Beschluss relevante Änderungen eingetreten sind.[67] Die Möglichkeit der Bezugnahme gilt auch für einen **Hauptsache**-Antrag nach vorigem **einstweiligen Antrag.** 25

Fehlen notwendige Begründungen bzw. werden nicht in hinreichender Tiefe geleistet, ist der Haftantrag **unzulässig:** so, als würde man im Zivilrecht eine *unschlüssige* Klage als *unzulässig* ablehnen.[68] Werden die Begründungen zwar dargelegt, sind aber *inhaltlich unrichtig* bzw. tragen nach der Rechtsauffassung des Haftgerichtes den Antrag nicht, ist der Haftantrag **unbegründet.**[69] Insofern kann ein Haftantrag auch *teilweise zulässig* oder *begründet* sein.[70] 26

2. Wahl der Haftart

Die Wahl zwischen verschiedenen Haftarten obliegt der antragstellenden *Behörde* (→ Kap. 1 Rn. 25). Haftgerichtlich ist die beantragte Haft zu prüfen; **bleibt offen, welche Haft beantragt** wurde, ist der Haftantrag bereits **unzulässig**, da bereits die Grundlage der *Voraussetzungen* (§ 417 Abs. 2 S. 1 Nr. 5 FamFG) nicht klargestellt wird.[71] Ob das Verfahren ansonsten das **inhaltlich richtige** ist, hat das Haftgericht nicht zu prüfen;[72] dies obliegt den Verwaltungsgerichten.[73] 27

Wird zwischen **mehreren einschlägigen Haftarten** diejenige mit den strengeren Voraussetzungen gewählt, bindet dies die Behörde; auch dann, wenn deren Voraussetzungen fehlen, aber die der Alternative vorliegen.[74] Ein **Wechsel** von einer **Verfahrensart** in eine andere (zB von Dublin-III-Überstellung wegen Zuständigkeitsübergang auf die Bundesrepublik in reguläre Abschiebung) muss ebenfalls erklärt werden,[75] andernfalls ist der Antrag unzulässig. Den Wechsel darf das Amtsgericht auch nicht von sich aus vornehmen, da es insofern einem zulässigen Antrag fehlt.[76] 28

62 BGH Beschl. v. 29.11.2012 – V ZB 170/12 – InfAuslR 2013, 157 – juris-Rn. 12.
63 BGH Beschl. v. 26.7.2012 – V ZB 178/11 – juris-Rn. 10.
64 BGH Beschl. v. 21.12.2017 – V ZB 249/17 – InfAuslR 2018, 99 – juris-Rn. 10.
65 BGH Beschl. v. 14.7.2011 – V ZB 50/11 – juris-Rn. 9.
66 BGH Beschl. v. 15.11.2011 – V ZB 302/10 – juris-Rn. 16.
67 BGH Beschl. v. 14.7.2011 – V ZB 50/11 – juris-Rn. 9.
68 Merksatz von RiAG Kai-Uwe Herbst (AG Tiergarten, Abt. 385).
69 StRspr BGH Beschl. v. 26.1.2021 – XIII ZB 14/19 – juris-Rn. 12; Beschl. v. 20.10.2016 – V ZB 167/14 – juris-Rn. 7; BGH Beschl. v. 15.10.2015 – V ZB 82/14 – juris-Rn. 6.
70 BGH Beschl. v. 21.8.2019 – V ZB 63/17 – juris-Tenor Abs. 2; Beschl. v. 20.10.2016 – V ZB 167/14 – juris-Rn. 7.
71 BGH Beschl. v. 7.4.2020 – XIII ZB 53/19 – InfAuslR 2020, 283 – juris-Rn. 13; Beschl. v. 9.2.2012 – V ZB 305/10 – juris-Rn. 13.
72 BGH Beschl. v. 29.5.2019 – V ZB 72/19 – juris-Rn. 2.
73 BGH Beschl. v. 10.1.2019 – V ZB 159/17 – juris-Rn. 14.
74 BGH Beschl. v. 14.3.2013 – V ZB 135/12 – NVwZ 2013, 1027 – juris-Rn. 9; *Schmidt-Räntsch* NVwZ 2014, 110 (111 f.).
75 BGH Beschl. v. 22.10.2015 – V ZB 79/15 – NVwZ 2016, 711 – juris-Rn. 17 f.
76 LG Limburg Beschl. v. 27.8.2020 – 7 T 35/20 – juris-Rn. 10.

3. Darlegung von Identität und Aufenthalt

29 Für Identität, Staatsangehörigkeit und Aufenthalt des Betroffenen (§ 417 Abs. 2 S. 1 Nr. 1 und 2 FamFG) genügt die **bloße Angabe** der den Behörden bekannten Daten. Wie diese ermittelt wurden, aus welchen Beweismitteln also welche Schlüsse gezogen wurden, muss nicht angegeben werden. Denn hierzu kann sich der Betroffene aus eigenem Wissen erklären.[77]

4. Darlegung der einzelnen Haftvoraussetzungen

30 Nach § 417 Abs. 2 S. 1 Nr. 5 FamFG müssen die den Betroffenen treffende *Verlassenspflicht* nebst den *Voraussetzungen* und der *Durchführbarkeit* der Abschiebung bzw. sonstigen aufenthaltsbeendenden Maßnahme dargelegt werden. Hierfür bietet sich eine **praktische Checkliste** behördlicher Darlegungen an, welche folgende **fünf Prüfungspunkte** umfassen sollte:

- Darlegung vollziehbarer Ausreisepflicht (Bescheide pp.),
- Darlegung **Vollstreckbarkeit** (insbes. Rückkehrentscheidung),
- Darlegung **Haftgrund** (Voraussetzungen, Sachverhalt),
- Darlegung **Haftdauer** (Schritte bis zur Abschiebung) sowie
- Darlegung Haftvollzug, Einvernehmen und Sonderfragen.

31 Soweit einzelne *Haft- bzw. Gewahrsamsarten* hiervon **abweichende Voraussetzungen** aufstellen, sind von og abweichend diese darzulegen. So muss zB bei der *Zurückweisungshaft* (s. Kap. 8) dargelegt werden, dass die Einreise verweigert wurde, dass und warum eine unmittelbare Zurückweisung an der Grenze nicht möglich ist[78] und inwiefern die Zurückweisung in den beabsichtigten Zielstaat nebst der Haftdauer möglich und erforderlich ist.

a) Vollziehbare Ausreisepflicht

32 Woraus sich die vollziehbare Ausreisepflicht ergibt, muss dargelegt werden. Insofern sind nachvollziehbar die Voraussetzungen einer **gesetzlichen Ausreisepflicht** (→ Kap. 2 Rn. 5 ff.) bzw. das Bestehen der maßgeblichen **Bescheide** darzulegen. Dabei kann die Behörde entweder die Bescheidlage im Haftantrag vollständig *referieren*[79] oder dazu knapp ausführen, eine Kopie des Bescheides (oder einen Auszug aus dem Ausländerzentralregister[80]) als **Anlage** beifügen und hierauf Bezug nehmen;[81] beigefügte Anlagen ohne *ausdrückliche Inbezugnahme* sind genauso unbeachtlich[82] wie der Umstand, dass etwaige Bescheide ggf. in der beigefügten Ausländerakte zu finden sind.[83]

---

77 BGH Beschl. v. 16.6.2016 – V ZB 12/15 – InfAuslR 2016, 429 – juris-Rn. 11.
78 BGH Beschl. v. 20.9.2017 – V ZB 118/17 – InfAuslR 2018, 96 – juris-Rn. 6.
79 BGH Beschl. v. 22.6.2017 – V ZB 127/16 – InfAuslR 2017, 345 – juris-Rn. 7.
80 BGH Beschl. v. 25.4.2022 – XIII ZB 23/20 – juris-Rn. 14.
81 StRspr BGH Beschl. v. 15.12.2020 – XIII ZB 93/19 – FGPrax 2021, 92 – juris-Rn. 9; Beschl. v. 11.1.2018 – V ZB 28/17 – juris-Rn. 5; Beschl. v. 20.9.2017 – V ZB 118/17 – InfAuslR 2018, 96 – juris-Rn. 8.
82 BVerfG Beschl. v. 9.2.2012 – 2 BvR 1064/10 – InfAuslR 2012, 186 – juris-Rn. 24; BGH Beschl. v. 22.7.2010 – V ZB 28/10 – NVwZ 2010, 1511 – juris-Rn. 12.
83 BGH Beschl. v. 25.4.2022 – XIII ZB 23/20 – juris-Rn. 12; Beschl. v. 31.8.2021 – XIII ZB 35/20 – NVwZ-RR 2022, 117 – juris-Rn. 9; Beschl. v. 16.5.2013 – V ZB 11/13 – juris-Rn. 8.

Bezugnahmen auf die **Ausländerakte** sind lediglich zum **Beleg** von Darlegungen geeignet, können diese aber nicht *ersetzen*.[84] So kann zB neben der Schilderung, welcher Bescheid mit welchem Tenor ergangen ist, für Einzelheiten auf die Fundstelle in einer beigefügten Ausländerakte verwiesen werden.[85] Unzureichend ist indes, Bescheide unspezifisch (dh ohne Darlegung, was für eine Entscheidung sie enthalten) zu bezeichnen und auf die Fundstelle zu verweisen: Die Ausländerakte ist weder Bestandteil noch Anlage des Haftantrages,[86] kann also notwendigen Antragsinhalt nicht substituieren. 33

Die **Bekanntgabe** bzw., soweit erforderlich, **Zustellung** der maßgeblichen Bescheide ist ebenfalls darzulegen.[87] Die haftgerichtliche Nachprüfbarkeit erfordert es, dass dargelegt wird, „aufgrund *welcher Tatsachen* von einer wirksamen Zustellung oder Zustellungsfiktion“ auszugehen ist.[88] Allerdings können die Darlegungen knapp sein, wenn Zustellungsfragen nicht zweifelhaft sind.[89] Insofern genügt der Verweis auf (gem. § 418 ZPO beweiskräftige) *Zustellungsurkunden*[90] oder **Abschlussmitteilungen** des Bundesamtes für Migration und Flüchtlinge bei Asylbescheiden;[91] zu diesen zugrunde liegenden Umständen (zB zur hinreichenden Belehrung bei Zustellungsfiktionen gem. § 10 AsylG[92]) muss nur bei Zweifelhaftigkeit dargelegt werden.[93] Wird **verwaltungsgerichtlicher Rechtsschutz** gegen einen Bescheid referiert, ist auch damit (jedenfalls in Gestalt der Heilung gem. § 8 VwZG) die wirksame Zustellung darlegt.[94] 34

Praktische[95] **Beispiele unzulässiger Darlegungen:** 35

- „... ist rechtskräftig abgelehnter Asylbewerber.“ Hier fehlen Darlegungen zum **Bescheid** und seiner **Zustellung**.[96]
- „... und erhielt eine Ausweisungsverfügung.“ Wie vor.
- „Sein Asylantrag wurde negativ beschieden und das Verfahren ist seit dem ... rechtskräftig abgeschlossen.“ Auch hier wird der **Bescheid** nicht benannt und nur das **Ergebnis** der Rechtsprüfung (Bestandskraft aufgrund wirksamer **Zustellung** und fehlenden Rechtsmittels) mitgeteilt, ohne dem Gericht die für die Nachprüfung erforderlichen Tatsachen darzutun.
- „Mit Bescheid vom ... wurde das Asylverfahren vom Bundesamt für Migration und Flüchtlinge eingestellt.“ Hier wird immerhin der **Bescheid** benannt, indes abermals ohne Tatsachen zur **Zustellung**.

---

84 So anklingend bei BGH Beschl. v. 9.5.2019 – V ZB 188/17 – juris-Rn. 11.
85 BGH Beschl. v. 19.8.2020 – XIII ZB 43/19 – juris-Rn. 13.
86 StRspr BGH Beschl. v. 23.2.2021 – XIII ZB 113/19 – juris-Rn. 12; Beschl. v. 9.5.2019 – V ZB 188/17 – juris-Rn. 11; Beschl. v. 22.8.2019 – V ZB 179/17 – juris-Rn. 20.
87 BVerfG Beschl. v. 9.2.2012 – 2 BvR 1064/10 – InfAuslR 2012, 186 – juris-Rn. 23 f.
88 BGH Beschl. v. 23.6.2020 – XIII ZB 87/19 – juris-Rn. 10 (Hervorhebung von Verf.); LG Hagen (Westfalen) Beschl. v. 21.4.2022 – 3 T 58/22 – juris-Rn. 23.
89 BGH Beschl. v. 15.12.2020 – XIII ZB 93/19 – FGPrax 2021, 92 – juris-Rn. 8 f.
90 BGH Beschl. v. 17.5.2018 – V ZB 258/17 – juris-Rn. 11.
91 BGH Beschl. v. 15.12.2020 – XIII ZB 93/19 – FGPrax 2021, 92 – juris-Rn. 11; Beschl. v. 24.8.2020 – XIII ZB 83/19 – InfAuslR 2021, 122 – juris-Rn. 26.
92 So noch zB BGH Beschl. v. 21.8.2019 – V ZB 10/19 – InfAuslR 2019, 453 – juris-Rn. 8.
93 AA Vorauflage Rn. 316, an der aufgrund der in BGH Beschl. v. 15.12.2020 – XIII ZB 93/19 – FGPrax 2021, 92 – juris-Rn. 11 referenzierten und der Praxis entsprechenden Empirie nicht festgehalten wird.
94 BGH Beschl. v. 19.8.2020 – XIII ZB 43/19 – juris-Rn. 14.
95 Diese und die weiteren Beispiele dieses Kapitels entstammen, zT leicht modifiziert, realen Haftanträgen, über die Verf. zu entscheiden hatte.
96 BGH Beschl. v. 27.10.2011 – V ZB 284/10 – juris-Rn. 6.

- „… per Bescheid aus dem Bundegebiet ausgewiesen. Er wurde aufgefordert, das Bundesgebiet innerhalb von sieben Tagen nach Bekanntgabe zu verlassen, andernfalls wurde die Abschiebung nach … angedroht." Hinreichende Darlegung des **Bescheides** samt **Rückkehrentscheidung** (→ Kap. 2 Rn. 49 f.), indes abermals ohne Tatsachen zur **Zustellung.**

36 Praktische **Beispiele zulässiger Darlegungen:**

- „… lehnte das Bundesamt für Migration und Flüchtlinge mit Bescheid vom … den Asylantrag als unzulässig ab und forderte … unter Androhung der Abschiebung nach … auf, die Bundesrepublik innerhalb einer Woche nach Bekanntgabe des Bescheides zu verlassen." Hinreichende Darlegung des **Bescheides** (samt **Rückkehrentscheidung**, → Kap. 2 Rn. 49 f.).
  - **Var. 1:** „Der Bescheid wurde … durch persönliche Übergabe am … zugestellt." Hinreichende Darlegung der **Zustellung**, denn eine persönliche Übergabe an d. Betr. begründet dessen Erhalt und damit eine wirksame Zustellung.
  - **Var. 2:** „Das Verfahren ist ausweislich der Abschlussmitteilung des Bundesamtes für Migration und Flüchtlinge vom … seit dem … bestandskräftig abgeschlossen." Hinreichende Darlegung der **Zustellung** (nur) in **Asylsachen** (→ Kap. 2 Rn. 19, 34).[97]
  - **Var. 3:** „Den hiergegen gerichteten Antrag nach § 80 Abs. 5 VwGO lehnte das VG … mit Beschluss vom … rechtskräftig ab." Hinreichende Darlegung jedenfalls einer **Heilung** etwaiger **Zustellungs**mängel nach § 8 VwZG.[98]
- „… ist Staatsangehöriger von (Drittstaat) und reiste … spätestens am … in die Bundesrepublik ein. Über einen Reisepass oder Passersatzpapier verfügte er zu diesem Zeitpunkt nicht." Hinreichende Darlegung der tatsächlichen Voraussetzungen der **unerlaubten Einreise** (§ 14 Abs. 1 Nr. 1 AufenthG).

b) Vollstreckbarkeit (insbes. Rückkehrentscheidung)

37 Über die Verlassenspflicht hinaus muss die **Vollstreckungsvoraussetzung** angegeben werden.[99] Insofern muss dargelegt werden, dass eine **Androhung** (→ Kap. 2 Rn. 43 ff.) bzw. **Anordnung** (→ Kap. 2 Rn. 47 f.) ergangen ist. Gerade in **Asylfällen** ergehen Antragsablehnung und Androhung bzw. Anordnung oftmals *gleichzeitig*. Dann genügt es, wenn der kombinierte Bescheid und für ihn (einheitlich) die Zustellung dargelegt wird, so dass die Prüfungspunkte *Vollziehbare Ausreisepflicht* und *Vollstreckbarkeit* nicht selten zusammenfallen.

38 Sind (ggf. erneute) *Androhung* oder *Anordnung* **entbehrlich**, muss dargetan werden, warum das der Fall ist[100] und worin sonst die notwendige **Rückkehrentscheidung**

97 BGH Beschl. v. 15.12.2020 – XIII ZB 93/19 – FGPrax 2021, 92 – juris-Rn. 11; Beschl. v. 24.8.2020 – XIII ZB 83/19 – InfAuslR 2021, 122 – juris-Rn. 26.

98 BGH Beschl. v. 19.8.2020 – XIII ZB 43/19 – juris-Rn. 14.

99 BGH Beschl. v. 2.8.2022 – XIII ZB 134/19 – juris-Rn. 8; Beschl. v. 19.10.2020 – XIII ZB 43/19 – juris-Rn. 14; Beschl. v. 16.5.2019 – V ZB 1/19 – juris-Rn. 12.

100 BGH Beschl. v. 2.8.2022 – XIII ZB 134/19 – juris-Rn. 8; Beschl. v. 11.1.2018 – V ZB 62/17 – Asylmagazin 2018, 182 – juris-Rn. 11; Beschl. v. 14.7.2016 – V ZB 32/15 – InfAuslR 2016, 432 – juris-Rn. 10; ggf. auch durch Inbezugnahme auf einen Bescheid in der Anlage, der dazu sachlich ausführt, BGH Beschl. v. 2.8.2022 – XIII ZB 134/19 – juris-Rn. 8; Beschl. v. 22.10.2014 – V ZB 64/14 – InfAuslR 2015, 60 – juris-Rn. 7.

(→ Kap. 2 Rn. 49 f.) liegt.[101] Dies betrifft zB **Asylfolgeanträge**, wenn trotz Ausreise eine frühere Rückkehrentscheidung nach Wiedereinreise *fortwirkt* (§ 71 Abs. 5 und 6 AsylG, → Kap. 2 Rn. 47 f.)[102] oder Fälle, in denen trotz Verlassens der Bundesrepublik die *Ausreisepflicht nicht erfüllt* wird (§ 50 Abs. 3 AufenthG, → Kap. 2 Rn. 45). Ebenso ist darzulegen, wenn es (ausnahmsweise) genügt, dass eine solche Entscheidung in Asylsachen noch *in der Haftzeit ergeht* (→ Kap. 2 Rn. 48 f., → Kap. 6 Rn. 10). Geht die Behörde fälschlich davon aus, eine Rückkehrentscheidung sei nicht notwendig, ist der Haftantrag nicht unzulässig, aber unbegründet.[103]

Praktische **Beispiele unzulässiger Darlegungen:** 39

- „Die Abschiebung ins Heimatland wurde angedroht." Unzureichende Darlegung zur **Zustellung**.
- „... stellte am ... einen Asylantrag beim Bundesamt für Migration und Flüchtlinge (BAMF), welcher mit Bescheid vom ... abgelehnt wurde. Gegen diese Entscheidung wurde am ... durch ihn Klage eingereicht. Diese wurde durch Urteil des VG ... vom ... abgewiesen." Hinreichende Darlegung des **Bescheides** nebst **Zustellung** (durch Heilung); dass aber eine **Androhung** der Abschiebung erforderlich ist (oder warum ausnahmsweise von ihr abgesehen wurde), wird nicht dargelegt.
- „... wurde die Abschiebung nach ... binnen Wochenfrist angedroht. ... reiste sodann nach ... aus. Spätestens am ... reiste ... erneut in die Bundesrepublik ein und wurde von der Polizei aufgegriffen." Bei Aus- und Wiedereinreise kommt **Verbrauch** der urspr. Rückkehrentscheidung in Betracht (→ Kap. 2 Rn. 45); inwiefern aus ihr weiter vollstreckt werden kann (oder eine neue ergangen sein sollte), wird nicht dargelegt.

Praktische **Beispiele zulässiger Darlegungen:** 40

- Oben Bsp. 1 (→ Rn. 36).
- „Mit Bescheid vom ... drohte ... dem ... die Abschiebung nach ... an. Eine Frist wurde wegen der Inhaftierung nicht gesetzt (§ 59 Abs. 5 AufenthG). Der Bescheid wurde ... in der JVA ... mit GefZU zugestellt." Hinreichende Darlegung der **Zustellung** in der Haftanstalt.
- „... wurde aufgefordert, die Bundesrepublik binnen einer Woche nach Bekanntgabe der Entscheidung zu verlassen. Für den Fall der Nichteinhaltung der Ausreisefrist wurde ihm die Abschiebung nach ... angedroht. Bestandskraft der Asylentscheidung trat laut Mitteilung des BAMF am ... ein." Hinreichende Darlegung der **Zustellung** (nur) in **Asylsachen** (→ Kap. 2 Rn. 19, 34).

c) Haft- bzw. Gewahrsamsgründe

Zu den gem. § 417 Abs. 2 S. 1 Nr. 5 FamFG darzulegenden Voraussetzungen zählen die **Haftgründe** bzw. deren Substitute in anderen Haft- bzw. Gewahrsamsarten. So muss die Behörde angeben, auf **welche(n) konkrete(n) Haftgrund** bzw. Haftgründe die Haft 41

101 BGH Beschl. v. 16.5.2019 – V ZB 1/19 – juris-Rn. 12; Beschl. v. 14.7.2016 – V ZB 32/15 – InfAuslR 2016, 432 – juris-Rn. 10; Beschl. v. 16.10.2014 – V ZB 63/14 – juris-Rn. 7.
102 BGH Beschl. v. 2.8.2022 – XIII ZB 134/19 – juris-Rn. 8, 17 f.
103 Vgl. BGH Beschl. v. 12.12.2013 – V ZB 214/12 – juris-Rn. 9.

zu stützen sein soll. Sie muss daher die *inhaltlichen Voraussetzungen* derselben[104] ebenso wie die *Tatsachengrundlage* dartun, welche dem Gericht die Subsumtion ermöglicht.

42 Praktische **Beispiele unzulässiger Darlegungen:**

- **Zu § 62 Abs. 3a Nr. 3 AufenthG:** „Die im Bescheid genannte Ausreisefrist betrug eine Woche nach Bekanntgabe. Laut BAMF gilt der Bescheid am 22.2.2023 als zugestellt. Die Ausreisefrist ist somit abgelaufen. ... ist seit dem 11.1.2023 unbekannten Aufenthalts, hat also seinen Aufenthaltsort gewechselt, ohne der Ausländerbehörde eine Anschrift anzugeben, unter der er erreichbar ist. ... wurde über die Anzeigepflicht am 16.9.2022 informiert. An diesem Tag hat er bei der Ausländerbehörde eine Duldung beantragt und bekam eine Belehrung gem. § 50 Abs. 4 AufenthG ausgehändigt." Diese Darlegung ist in dreierlei Hinsicht fehlerhaft: Weder wird die Belehrung in einer für den Betroffenen *verständlichen Sprache* (1), noch über die *mögliche Haftfolge* (2) dargelegt; zuletzt ist der Aufenthaltswechsel auch nicht *nach*, sondern *vor Fristablauf* erfolgt (3).[105]
- **Zu § 62 Abs. 3a Satz 1 Nr. 6 AufenthG:** „Mit der Äußerung, er sei mit einer Abschiebung nach ... nicht einverstanden, da er ‚dort keine Kontakte habe', habe, klar und zielgerichtet zum Ausdruck gebracht, dass er keinesfalls freiwillig in den Zielstaat reisen und sich vor allem auch behördlichem Zwang zur Durchsetzung der Rückführung durch Untertauchen oder andere Handlungen entziehen wird." Diese Darlegung ist fehlerhaft, da die Verweigerung freiwilliger Ausreise noch keine Absicht der *Entziehung* indiziert.
- **Zu § 62 Abs. 3b Nr. 3 AufenthG:** „... eine erhebliche Gefahr für Leib und Leben Dritter oder bedeutende Rechtsgüter der inneren Sicherheit ausgeht. So liegt es hier. Sein BZR-Auszug enthält zwischenzeitlich 7 Eintragungen, darunter 2 wegen Verstößen gegen § 95 AufenthG und 5 Verurteilungen wegen Diebstählen." Diese Darlegung ist in dreierlei Hinsicht fehlerhaft: Weder sind Eigentumsdelikte unter Gefahren für *Leib und Leben* subsumierbar (1), noch berührt unerlaubter Aufenthalt (§ 95 AufenthG) die *innere Sicherheit* (2). Dass eine zukunftsgerichtete Prognose nötig ist (3), wird auch verkannt.
- **Zu § 62 Abs. 3b Nr. 4:** „Zudem ist der Ausländer auch wiederholt wegen vorsätzlicher Straftaten rechtskräftig zu mindestens einer Freiheitsstrafe verurteilt worden: Der Ausländer wurde mit Urteil des Amtsgerichts ... vom ... wegen eines Diebstahldeliktes mit Waffen (Az. ...) zu einer Freiheitsstrafe von 8 Monaten verurteilt." Diese Darlegung *einer* Verurteilung erlaubt keine Subsumtion unter das Erfordernis *wiederholter* Verurteilung.

43 Praktische **Beispiele zulässiger Darlegungen:**

- **Zu § 62 Abs. 3 S. 1 Nr. 2 AufenthG:** „...ist spätestens am ... nach vorangegangener Ausweisung mit bis zum ... geltenden Einreise- und Aufenthaltsverbot nach der am ... vollzogenen Abschiebung ohne Betretenserlaubnis und damit unerlaubt eingereist. Über ein etwaiges Aufenthaltsgestattungsrecht oder einen -titel verfügte ... zwischenzeitlich nicht." Soweit zuvor die Ausweisung nebst Bekanntgabe des Einreise-

104 BGH Beschl. v. 15.9.2011 – V ZB 123/11 – InfAuslR 2012, 25 – juris-Rn. 11.

105 Insofern ist der Haftantrag freilich *unbegründet*, weil feststeht, der Sachverhalt hinreichend dargelegt ist, allerdings dem § 62 Abs. 3a Nr. 3 AufenthG nicht unterfällt.

und Aufenthaltsverbotes hinreichend geschildert wird, ist der Haftgrund vollständig dargelegt.

- **Zu § 62 Abs. 3a Nr. 5 AufenthG:** „Die zuvor für den ... vorgesehene Abschiebung musste am selben Tag storniert werden, nachdem ... auf dem Weg zum Flughafen angab, mehrere Rasierklingen verschluckt zu haben. Er wurde daraufhin in die Rettungsstelle des Krankenhauses ... verbracht und dort geröntgt. Dabei stellte sich heraus, dass seine Angabe falsch war. Der Flug war zu diesem Zeitpunkt bereits ohne ... gestartet." Hinreichende Darlegung eines konkreten Vereitelungserfolges der früheren Abschiebungsmaßnahme.

Dabei ist das Gericht nicht an die *rechtliche Würdigung* der Behörde gebunden. Insbesondere die (**erhebliche**) **Fluchtgefahr** stellt sowohl bei der Sicherungshaft[106] als auch bei der Überstellungshaft[107] einen **einheitlichen Haftgrund** dar. Durch welche der Vermutungstatbestände und bzw. oder Anhaltspunkte des § 62 Abs. 3a und 3b AufenthG sie begründet wird, ist unerheblich. Solange der dargelegte *Sachverhalt* die Subsumtion trägt, kann das Haftgericht daher von den behördlichen Würdigungen abweichen.[108] Soweit das Haftgericht allerdings *neue Sachverhaltsaspekte* berücksichtigen möchte, müssen diese Gegenstand der Anhörung sein (→ Rn. 85 f.).[109] Kann zB der Betroffene in einer Anhörung einen auf § 62 Abs. 3b Nr. 2 AufenthG gestützten Haftantrag entkräften, erklärt jedoch, er werde sich nicht für eine Abschiebung bereithalten, kann eine Anordnung gestützt auf § 62 Abs. 3a Nr. 6 AufenthG ergehen.[110] 44

Diesem Wechsel **innerhalb** des Haftgrundes steht eine **Auswechselung der Haftgründe** gegenüber; kommt zB entgegen dem Haftantrag statt *Fluchtgefahr* (§ 62 Abs. 3 S. 1 Nr. 1 AufenthG) nur der Haftgrund der *unerlaubten Einreise* (§ 62 Abs. 3 S. 1 Nr. 2 AufenthG) in Betracht, fehlt es insofern mangels Darlegungen der Behörde regelmäßig an einem zulässigen Haftantrag; soweit das Gericht die dafür maßgeblichen Aspekte nicht im Zuge der Amtsermittlung selbst feststellt und den Betroffenen hierzu anhört, ist ein solcher Wechsel nicht möglich.[111] 45

d) Haftdauer

Die **Kernfrage**, die jeder Haftantrag beantworten muss, ist Folgende: Warum liegt der konkrete Abschiebungstermin auf dem behördlich benannten Datum und *warum* geht es *nicht schneller*? Dies schlüssig darzulegen, misslingt vielen Haftanträgen. Insofern muss ausgeführt werden, **welche Schritte** bis zur Abschiebung erforderlich sind und **welchen Zeitraum** sie jeweils in Anspruch nehmen.[112] Dies muss mit konkretem Bezug auf das **Zielland**, in das der Betroffene abgeschoben werden soll, erfolgen; dabei ist 46

106 BGH Beschl. v. 23.1.2018 – V ZB 53/17 – InfAuslR 2018, 187 – juris-Rn. 8 f.
107 BGH Beschl. v. 11.1.2018 – V ZB 28/17 – InfAuslR 2018, 184 – juris-Rn. 10.
108 BGH Beschl. v. 11.10.2018 – V ZB 70/17 – EzAR-NF 57 Nr. 67 – juris-Rn. 10.
109 Vgl. BGH Beschl. v. 11.10.2018 – V ZB 70/17 – EzAR-NF 57 Nr. 67 – juris-Rn. 10; Beschl. v. 19.7.2018 – V ZB 223/17 – InfAuslR 2018, 413 – juris-Rn. 19.
110 Vgl. BGH Beschl. v. 22.6.2017 – V ZB 21/17 – NVwZ 2017, 1640 – juris-Rn. 9.
111 BGH Beschl. v. 7.11.2011 – V ZB 94/11 – juris-Rn. 14.
112 BGH Beschl. v. 15.11.2018 – V ZB 251/17 – juris-Rn. 7; Beschl. v. 15.10.2015 – V ZB 82/14 – juris-Rn. 7.

dieses auch zu benennen.[113] Die Benennung ist, soweit die Staatsangehörigkeit des Betroffenen bzgl. dieses Staates nicht auf der Hand liegt, auch zu erklären.[114]

47 Es muss sodann dargelegt werden, in welchem Zeitraum Abschiebungen dorthin **üblicherweise möglich** sind und von **welchen Voraussetzungen** das abhängig ist und wie diese im **konkreten Fall** zu beurteilen sind.[115] Diese Darlegungen sollen dem Haftgericht ermöglichen, zu prüfen, ob die anzuordnende Haft wirklich **so kurz wie möglich** währt, was aufgrund des Übermaßverbotes aus Art. 2 Abs. 2 S. 2 GG stets erforderlich ist (→ Kap. 2 Rn. 114). Daher sind zB Begründungsanforderungen nicht (etwa bei Verlängerungsanträgen) deshalb herabgesetzt, weil der Betroffene vorige Abschiebungen *vereitelt* hat[116] oder weil er *falsche Angaben* zu seiner Identität gemacht hatte.[117]

aa) Mitteilung des konkreten Abschiebungstermins

48 Soweit der **konkrete Abschiebungstermin** bereits *feststeht* (wenn nicht → Rn. 50 ff.), ist er im Haftantrag mitzuteilen. Zwar kann die Preisgabe dieser Information die **Strafvorschrift** des § 353b StGB erfüllen, was § 97a AufenthG seit 21.8.2019 (ohne Veränderung der Rechtslage) klarstellt.[118] Allerdings ist die Offenbarung gegenüber dem Gericht nicht *unbefugt* iSd Norm und der Schutzzweck wird bei Inhaftierung nicht tangiert.[119]

49 Den Schutzzweck kann zudem, soweit nötig (zB weil der Betroffene auch iFd Haftablehnung weiter an einem bekannten Ort für die beabsichtigte Abschiebung greifbar wäre), das *Gericht* wahren, indem es das **Datum** im Haftantrag **schwärzt**, bevor es den Antrag den übrigen Beteiligten zugänglich macht. Will sich die Behörde nicht hierauf verlassen, ist es als *Kompromiss* zwischen Darlegungs- und Geheimhaltungspflicht mit Blick auf § 97a AufenthG zulässig, lediglich die **Kalenderwoche** mitzuteilen, in der die Abschiebung erfolgen wird.[120] Weniger konkrete Darlegungen als diese (zB Mitteilung lediglich des *Monats*[121]) genügen indes auch mit Blick auf Geheimhaltungsaspekte nicht.

bb) Hinreichend konkrete Darlegungen

50 Die Darlegungen müssen hinreichend konkret die **Verfahrensschritte faktenbasiert** bis zum Abschiebetermin nachvollziehbar erläutern. Insbesondere genügt daher die Angabe einer bloßen **Höchstdauer** bis zur Abschiebung von zB „bis zu sechs Wochen" **nicht**, soweit nicht klargestellt wird, ob es sich um den Regel- oder Ausnahmefall handelt und wovon das abhängt.[122] Auch **Haftzeitspannen** (zB „höchstens sechs Wochen, voraussichtlich aber binnen vier Wochen") sind selbst mit einem **Versprechen**

113 BGH Beschl. v. 20.3.2014 – V ZB 169/13 – juris-Rn. 8.
114 BGH Beschl. v. 16.6.2016 – V ZB 12/15 – InfAuslR 2016, 429 – juris-Rn. 15 f.
115 StRspr BGH Beschl. v. 12.11.2019 – XIII ZB 5/19 – juris-Rn. 10; Beschl. v. 4.7.2019 – V ZB 173/18 – juris-Rn. 7; Beschl. v. 9.10.2014 – V ZB 75/14 – juris-Rn. 5.
116 BGH Beschl. v. 30.8.2012 – V ZB 47/12 – juris-Rn. 9.
117 BGH Beschl. v. 26.7.2012 – V ZB 178/11 – juris-Rn. 9.
118 BT-Drs. 19/10047, S. 48.
119 So auch LG Paderborn Beschl. v. 13.1.2022 – 5 T 217/21 – juris-Rn. 30.
120 BGH Beschl. v. 28.2.2023 – XIII ZB 5/22 – juris-Rn. 10 iVm 19.
121 LG Paderborn Beschl. v. 13.1.2022 – 5 T 217/21 – juris-Rn. 3 iVm 30.
122 StRspr BGH Beschl. v. 23.3.2021 – XIII ZB 137/19 – juris-Rn. 13; Beschl. v. 4.7.2019 – V ZB 190/18 – juris-Rn. 7 f.; Beschl. v. 13.9.2018 – V ZB 57/18 – juris-Rn. 8.

beschleunigter Bearbeitung ohne nähere Erläuterung, wovon die Spanne abhängt und welche Einzelschritte jeweils dafür nötig sind, nicht zulässig.[123]

Kann der **Abschiebungstermin noch nicht** benannt werden, muss also dargelegt werden, wovon die Festlegung abhängt und in welchem Zeitrahmen üblicherweise *und* im konkreten Fall mit ihr zu rechnen ist;[124] der pauschale Verweis darauf, zB dem LKA alle Unterlagen übergeben zu haben, weswegen nun der „frühest mögliche Flug" gebucht werde, reicht nicht.[125] 51

Von vornherein **unzureichend** sind also **pauschale Angaben** oder Floskeln ohne konkreten Bezug auf Einzelschritte, wie in folgenden Beispielen: 52

- Wenn nur **allgemeine Ausführungen** zum Stellenwert des Freiheitsgrundrechts und die Zusicherung erfolgen, der weiteren Bearbeitung werde Vorrang vor anderen Aufgaben eingeräumt.[126]
- Wenn **nicht dargelegt** wird, **wohin der Betroffene abgeschoben** werden soll, also auch keine Angaben zu der diesbezüglich erfahrungsgemäß notwendigen Vorbereitungsdauer erfolgen können.[127]
- Wenn nur angegeben wird, die Haftdauer sei aus der Sicht der Behörde **„erforderlich und angemessen"**;[128] bzw. reiche aus, um „die weiteren innerdienstlichen **Voraussetzungen** zur Durchführung der Abschiebung **vorzubereiten**".[129]
- Wenn nur angegeben wird, es lägen **keine Anhaltspunkte** dafür vor, dass die Zurückschiebung in der **„maximalen gesetzlichen Festhaltefrist"** nicht möglich und nach aktuellem Verfahrensstand tatsächlich durchführbar sei.[130]
- Wenn **„völlig offen"** ist, wann die Abschiebung durchgeführt werden kann.[131]

cc) Begründung für bis zu drei Monate

Die Begründungserfordernisse sind auch **nicht geringer**, wenn die Haftdauer im Regelzeitraum von bis zu drei Monaten liegt. Denn § 62 Abs. 3 S. 3 AufenthG bestimmt lediglich die regelmäßige obere Grenze, nicht eine **Normaldauer** der Haft.[132] Eine Ausnahme gilt lediglich, wenn die Haftdauer so kurz ist, dass sich ihre **Notwendigkeit von selbst versteht.**[133] Dies ist aber nur höchst ausnahmsweise der Fall, wenn bspw. ein Flug in zwei bis vier Tagen gebucht ist[134] und vorher noch ein Transport zum Flughafen in einem anderen Bundesland erfolgen muss. Zeiträume von zwei[135] oder drei Wochen,[136] insbesondere bei innereuropäischen Maßnahmen, verstehen sich nicht von selbst. 53

123 BGH Beschl. v. 12.2.2020 – XIII ZB 49/19 – juris-Rn. 9.
124 BGH Beschl. v. 22.6.2017 – V ZB 8/17 – Asylmagazin 2018, 58 – juris-Rn. 8.
125 BGH Beschl. v. 12.4.2018 – V ZB 208/17 – juris-Rn. 6.
126 BGH Beschl. v. 11.10.2018 – V ZB 147/17 – juris-Rn. 7.
127 BGH Beschl. v. 20.3.2014 – V ZB 169/13 – juris-Rn. 8.
128 BGH Beschl. v. 20.9.2018 – V ZB 102/16 – juris-Rn. 9.
129 BGH Beschl. v. 29.11.2012 – V ZB 170/12 – InfAuslR 2013, 157 – juris-Rn. 12.
130 BGH Beschl. v. 14.6.2012 – V ZB 28/12 – juris-Rn. 10 zur Zurückschiebungshaft.
131 BGH Beschl. v. 11.7.2019 – V ZB 74/18 – juris-Rn. 9.
132 StRspr BGH Beschl. v. 27.9.2018 – V ZB 96/18 – juris-Rn. 5; Beschl. v. 10.5.2012 – V ZB 246/11 – juris-Rn. 10.
133 Vgl. BGH Beschl. v. 25.4.2022 – XIII ZB 55/20 – juris-Rn. 10.
134 BGH Beschl. v. 26.1.2021 – XIII ZB 14/20 – juris-Rn. 11.
135 BGH Beschl. v. 30.3.2012 – V ZB 196/11 – juris-Rn. 7.
136 BGH Beschl. v. 31.8.2021 – XIII ZB 118/19 – juris-Rn. 8; Beschl. v. 15.12.2020 – XIII ZB 55/19 – juris-Rn. 12; Beschl. v. 21.3.2019 – V ZB 171/18 – juris-Rn. 5; LG Bielefeld Beschl. v. 6.7.2021 – 23 T 603/20 – juris-Rn. 12.

54 Insofern **genügt** beispielsweise

- die Angabe, die aktuelle Vorlaufzeit für Abschiebungen in den Zielstaat betrage mind. drei Wochen; für Abschiebungshäftlinge würden Linienflüge gebucht und aus organisatorischen Gründen möglichst die Flughäfen Köln/Bonn und Frankfurt genutzt; ab Köln/Bonn gingen zweimal wöchentlich Flüge, pro Flug würden nur zwei Ausländer oder ein Ausländer mit Sicherheitsbegleitung transportiert; die Rückführung müsse im Sicherheitsbüro der Fluggesellschaft angemeldet und eine Bestätigung abgewartet werden, was zwei Tage beanspruche,[137]
- die Angabe, die Beschaffung von Passersatzpapieren nehme, wie Auskünfte und Vergleichsfälle zeigten, „zwischen drei und zwölf Wochen" in Anspruch (→ Rn. 61 ff.); binnen einer Woche werde der Antrag auf Passersatzpapiere vorbereitet, nach deren Erlangung sei für die Flugbuchung ein Zeitraum von zwei bis drei Wochen erforderlich,[138]
- **nicht** die Angabe, es sei „nach den bisher gemachten Erfahrungen (…) **möglich**, die Abschiebung **innerhalb von drei Monaten** durchzuführen",[139]
- **nicht** die Angabe, der Betroffene der Betroffene werde **„umgehend** auf die **nächste Maßnahme**" gebucht, wenn nicht erklärt wird, warum diese auf das konkrete Datum falle (und nicht früher möglich sei),[140]
- **nicht** die Angabe, eine Haftzeit von bis zu drei Monaten begründe sich dadurch, dass „die Vorbereitung der Rückführung, die Beschaffung von Heimreisedokumenten, Buchung der Flugkarte, Bereitstellung von Begleitpersonal usw erfahrungsgemäß **entsprechende Zeit beanspruchen**" könne,[141]
- **nicht** die Angabe, eine Haftzeit von sechs Wochen begründe sich daraus, dass die Bundespolizei einen Flugtermin für ein **bestimmtes Datum** fest zugesichert habe; erklärt werden muss, warum es gerade dieses Datum ist und kein früheres Datum sein kann,[142]
- **nicht** die Angabe, es sei bereits ein **Flug** (Datum in etwas mehr als fünf Wochen) **gebucht** und ein gültiger Reisepass liege vor; Abschiebungen in den Zielstaat seien erfahrungsgemäß **binnen drei Monaten** möglich; das erläutert nicht, warum kein früherer Flug möglich gewesen wäre,[143]
- **nicht** die Angabe, es sei wegen **hoher Auslastung** der Kapazitäten eine Wartezeit bei beschleunigter Bearbeitung in Kauf zu nehmen und mit an Sicherheit grenzender Wahrscheinlichkeit könne die Abschiebung **erheblich früher durchgeführt** werden; wenigstens seien aber vier Wochen erforderlich, spätestens erfolge die Abschiebung innerhalb von sechs Wochen. Diese zu allgemeinen Darlegungen sind auch nicht durch die **Zusage beschleunigter Bearbeitung** kompensiert.[144]

137 BGH Beschl. v. 22.11.2018 – V ZB 54/18 – Asylmagazin 2019, 79 – juris-Rn. 11.
138 BGH Beschl. v. 13.9.2018 – V ZB 145/17 – juris-Rn. 12.
139 BGH Beschl. v. 30.3.2012 – V ZB 59/12 – juris-Rn. 8.
140 BGH Beschl. v. 22.3.2022 – XIII ZB 84/20 – juris-Rn. 6.
141 BGH Beschl. v. 12.9.2013 – V ZB 171/12 – juris-Rn. 8.
142 LG Mainz Beschl. v. 11.1.2019 – 8 T 253/18 – juris-Rn. 30.
143 BGH Beschl. v. 4.4.2023 – XIII ZB 8/22 – juris-Rn. 10.
144 BGH Beschl. v. 12.2.2020 – XIII ZB 49/19 – juris-Rn. 9.

Oftmals werden Abschiebungen durch **Sammelcharter** realisiert, die zB einmal monatlich in konkrete Zielstaaten stattfinden. Soweit die jeweiligen Staaten Rückführungen nur auf diesem Wege akzeptieren,[145] erschließt sich die hierdurch erforderliche Haftdauer von selbst. Ob ohne solche Vorgaben eine **frühere Einzelrückführung** (zB über einen Linienflug) **vorrangig** wäre, hat der BGH bisher offen gelassen;[146] während der Dauer globaler Einschränkungen (COVID-19-Pandemie) hat er es als Ermessensfrage der die Abschiebung betreibende Behörde überantwortet.[147] 55

Dieser Ansatz des **Ermessens** überzeugt. Die Organisation der Abschiebung ist behördlicher Vollzug, der als solcher nicht der Prüfungskompetenz des Haftgerichtes obliegt. Dieses darf die Haftdauer abseits der Darlegungen zu ihrer Erforderlichkeit nur darauf kontrollieren, ob sie das **Übermaßverbot** wahrt (§ 62 Abs. 1 S. 2 AufenthG). Daher muss das Haftgericht eine Entscheidung zu Sammelchartern hinnehmen, soweit die Behörde damit ihren *Organisationsspielraum*[148] nicht überschreitet. Dies wird bei **monatlichen Chartermaßnahmen** grds. nicht der Fall sein.[149] Allerdings muss dargelegt werden, dass der Betroffene auf den *nächsterreichbaren* Charterflug gebucht ist[150] und dass (sowie bei einer Frequenz von weniger als einmal monatlich: *warum*) *keine frühere Einzelmaßnahme* angeboten wird.[151] 56

dd) Begründung für mehr als drei Monate

Wird Haft **über drei Monate** hinaus beantragt, sind bei *Erstanordnung* die Voraussetzungen darzulegen, welche dies zulässig machen (→ Kap. 2 Rn. 117 ff.). Bei einer *Verlängerung* ist mitzuteilen, wann mit der Behebung des Hindernisses zu rechnen ist, das dem bisherigen Vollzug der Abschiebung in den ersten drei Monaten entgegenstand.[152] 57

ee) Sonderregelungen (Dublin III, Rücknahmeabkommen)

Soweit **Sonderregelungen** für die Durchführung der Abschiebung bestehen, muss die Begründung hierauf Bezug nehmen. Frühere Rspr zu gesonderten Darlegungsanforderungen bei **Überstellungen** (**Dublin-III-Verordnung**) hat der BGH mittlerweile aufgegeben,[153] weil diesbezügliche Einzelfragen (zB zur *Rücknahmeverpflichtung*, dem 58

---

145 Vgl. BGH Beschl. v. 2.8.2022 – XIII ZB 79/20 – juris-Rn. 10 und auch OVG Münster Beschl. v. 18.3.2021 – 18 E 221/21 – juris-Rn. 17 f.

146 BGH Beschl. v. 5.4.2022 – XIII ZB 18/21 – juris-Rn. 15.

147 BGH Beschl. v. 5.4.2022 – XIII ZB 41/21 – juris-Rn. 9; Beschl. v. 20.4.2021 – XIII ZB 85/20 – juris-Rn. 8; Beschl. v. 31.8.2021 – XIII ZB 87/20 – juris-Rn. 12.

148 Vgl. BGH Beschl. v. 28.2.2023 – XIII ZB 5/22 – juris-Rn. 19; Beschl. v. 24.6.2020 – XIII ZB 9/19 – juris-Rn. 14; Beschl. v. 21.10.2010 – V ZB 56/10 – juris-Rn. 13; VG Göttingen Beschl. v. 19.10.2022 – 1 E 230/22 – juris-Rn. 3; OVG Münster Beschl. v. 24.2.2021 – 18 E 920/20 – juris-Rn. 51.

149 Einen grds. Vorrang früherer Einzelmaßnahmen anzunehmen, würde dazu führen, ggf. auf noch verfügbare Restplätze zB auch in der Business oder First Class zurückgreifen zu müssen, um die Haftzeit so kurz wie möglich zu halten; dieses *argumentum ad absurdum* zeigt, dass die Frage *hinreichender* Beschleunigung keiner *absoluten* Bewertung zugänglich, sondern *Abwägungsfrage* ist (RiAG Bahners, AG Tiergarten Abt. 384).

150 BGH Beschl. v. 5.4.2022 – XIII ZB 18/21 – juris-Rn. 7.

151 Vgl. LG Osnabrück Beschl. v. 7.5.2019 – 11 T 138/19 – InfAuslR 2019, 334 – juris-Rn. 15 ff.; aA LG Bonn Beschl. v. 14.5.2019 – 5 T 37/19 – juris-Rn. 15.

152 BGH Beschl. v. 15.12.2011 – V ZB 302/10 – juris-Rn. 16.

153 BGH Beschl. v. 24.6.2020 – XIII ZB 33/19 – juris-Rn. 10; Beschl. v. 7.4.2020 – XIII ZB 53/19 – juris-Rn. 9: Angabe der *Überstellungsfrist*, *warum* der Zielstaat zur Rücknahme verpflichtet ist und ob ein *Aufnahme-* oder *Wiederaufnahmeverfahren* betrieben werde; anders zuvor noch BGH Beschl. v. 20.9.2017 – V ZB 118/17 – NVwZ 2018, 349 – juris-Rn. 8; Beschl. v. 10.10.2013 – V ZB 17/13 – juris-Rn. 7; Beschl. v. 6.12.2012 – V ZB 118/12 – EzAR-NF 57 Nr. 23 – juris-Rn. 8.

[Wieder-]Aufnahmeverfahren oder der *Überstellungshöchstfrist*) die inhaltliche Richtigkeit der Überstellung betreffen, welche in die Prüfungskompetenz der Verwaltungsgerichte fällt.[154] In Dublin-Fälle greifen damit *dieselben Darlegungsanforderungen* wie in sonstigen Haftfällen.[155]

59 Bestehen **bilaterale** oder **multilaterale Rücknahmeabkommen**, müssen diese zwar nicht zwingend *konkret zitiert*[156] werden; selbst wenn sie keine Erwähnung finden, ist das für sich genommen unschädlich.[157] Allerdings müssen die im konkreten Fall nach dem Abkommen **entscheidenden Schritte** dargelegt werden;[158] soll von ihnen kein Gebrauch gemacht oder (teilweise) abgewichen werden, muss auch dies begründet werden.[159] Besteht eine Verwaltungspraxis des Zielstaates, ist diese darzulegen; insbesondere, soweit sie (zB mit Blick auf Anhörungserfordernisse oder sonstigen Zeitverzug) vom Inhalt des Abkommens abweicht.[160]

60 Insofern **genügt** beispielsweise

- wenn das **Abkommen nicht ausdrücklich benannt** wird, das Bestehen bilateraler Absprachen aber im Haftantrag erwähnt und die danach **erforderlichen Schritte dargelegt** werden,[161]
- wenn das **Abkommen Ausnahmefälle** vorsieht (zB Einzelrückführungen ggü. dem grds. üblichen Listenverfahren), dass sich der Haftantrag dazu nur verhält, wenn „**greifbare Anhaltspunkte** für einen solchen Ausnahmefall vorliegen",[162]
- **nicht**, wenn das **Abkommen nicht ausdrücklich benannt** wird und **keine Angaben zu dem darin vorgesehenen Verfahren** gemacht werden, selbst wenn die Behörde **nicht vorhatte**, danach zu verfahren; denn auch Abweichungen sind darzulegen und zu erläutern,[163]
- **nicht**, wenn zwar die Durchführung von Abschiebungen nach zB Vietnam in organisierten Charterflügen dargelegt wird, aber nicht die **Voraussetzungen** für die Handhabung des Verfahrens insgesamt gemäß dem einschlägigen Abkommen offengelegt werden.[164]
- **nicht**, wenn nicht die **konkreten Daten** dargelegt werden (zB Zugang eines Ersuchens), welche die Fristen des Abkommens auslösen.[165]

---

154 BGH Beschl. v. 7.4.2020 – XIII ZB 53/19 – juris-Rn. 12.

155 Vgl. nur BGH Beschl. v. 23.2.2021 – XIII ZB 52/20 – juris-Rn. 16; Beschl. v. 25.8.2020 – XIII ZB 45/19 – juris-Rn. 12; BGH Beschl. v. 25.8.2020 – XIII ZB 125/19 – juris-Rn. 5; Beschl. v. 20.9.2017 – V ZB 118/17 – NVwZ 2018, 349 – juris-Rn. 8.

156 BGH Beschl. v. 16.6.2016 – V ZB 12/15 – InfAuslR 2016, 429 – juris-Rn. 9.

157 BGH Beschl. v. 6.1.2020 – XIII ZB 114/19 – juris-Rn. 10.

158 StRspr BGH Beschl. v. 12.2.2020 – XIII ZB 38/19 – juris-Rn. 10; Beschl. v. 27.9.2017 – V ZB 29/17 – juris-Rn. 6.

159 BGH Beschl. v. 12.2.2020 – XIII ZB 38/19 – juris-Rn. 10; Beschl. v. 16.6.2016 – V ZB 12/15 – InfAuslR 2016, 429 – juris-Rn. 9.

160 BGH Beschl. v. 31.8.2021 – XIII ZB 35/20 – NVwZ-RR 2022, 117 – juris-Rn. 14; Beschl. v. 12.2.2020 – XIII ZB 38/19 – juris-Rn. 10 aE.

161 BGH Beschl. v. 16.6.2016 – V ZB 12/15 – InfAuslR 2016, 429 – juris-Rn. 9.

162 BGH Beschl. v. 19.6.2013 – V ZB 96/12 – juris-Rn. 12.

163 BGH Beschl. v. 15.11.2018 – V ZB 251/17 – juris-Rn. 9; Beschl. v. 27.9.2017 – V ZB 29/17 – InfAuslR 2018, 139 – juris-Rn. 8.

164 BGH Beschl. v. 17.10.2013 – V ZB 172/12 – InfAuslR 2014, 52 – juris-Rn. 9.

165 BGH Beschl. v. 12.2.2020 – XIII ZB 38/19 – juris-Rn. 11.

ff) Angaben zur Dokumentenbeschaffung

Vielfach wird ein Teil der Haftdauer benötigt, um Pass- oder sonstige Reisedokumente für den Betroffenen zu beschaffen. In diesem Fall bedarf es Darlegungen, **wann** und aufgrund welcher **Verfahrensschritte** mit einer Ausstellung durch **wen** zu rechnen ist[166] und auch, ob über die Ausstellung hinaus noch *weitere Formalitäten* erforderlich sind.[167] 61

Entsprechende Angaben können mithilfe von **Datenbanken mit Referenzfällen** dargelegt werden (zB *Zentrales Ausländerinformationsportal*[168]); dies ist jedoch nur ein Hilfsmittel, das in Bezug zum konkreten Fall gesetzt werden muss.[169] Stattdessen können aber auch *konkrete Auskünfte* der zuständigen Stelle des Zielstaates mitgeteilt werden.[170] Nicht selten wird indes vergessen, darzulegen, mit welchen Schritten die Abschiebung konkret **nach der Passersatzbeschaffung** fortgesetzt werden soll.[171] 62

Insofern **genügt** beispielsweise 63

- die Angabe, dass der Betroffene der Zielstaat-Botschaft vorgestellt worden und bei dieser Gelegenheit der zuständige **Botschaftsmitarbeiter** nach dem für die Beschaffung der Rückreisedokumente zu veranschlagenden Zeitraum (mit entsprechend sodann bei der Haftdauer zugrunde gelegter Angabe) **gefragt** worden sei,[172]
- die Angabe der einzelnen Schritte für die **Übersendung** eines **Datensatzes** mit digitalen Fingerabdrücken in den Zielstaat, wenn dies mit Zeitangaben versehen ist und auch dargelegt wird, wie lange nach Eingang des Datensatzes im Zielstaat die **Überprüfung** dauern wird,[173]
- **nicht** die Angabe, es sei „Kontakt zur Deutschen Botschaft" im Zielstaat aufgenommen worden und mit der Dokumentenausgabe „werde nun **zeitnah gerechnet**", da dies nicht dartut, in welchem konkreten Zeitraum mit einer Reaktion der Zielstaatsbehörde objektiv und in diesem Fall zu rechnen ist,[174]
- **nicht** die Angabe, es sei „derzeit unklar", ob die Dokumente „rechtzeitig beigebracht werden können" ohne Angabe, durch **wen** und **wovon** dies mit welchem Zeitrahmen **abhängt**,[175]
- **nicht** die Angabe, die konkrete Dauer hänge von der Auslandsvertretung und Heimatbehörden, Umfang und Korrektheit der Identitätsangaben sowie dem Mitwirkungsverhalten des Betroffenen ab, wobei die **Vielzahl von Unwägbarkeiten** eine genauere Aussage über die **„übliche" Dauer unmöglich** mache,[176]

166 Vgl. BGH Beschl. v. 25.1.2018 – V ZB 201/17 – juris-Rn. 6.
167 BGH Beschl. v. 19.1.2012 – V ZB 70/11 – juris-Rn. 7.
168 BGH Beschl. v. 11.1.2018 – V ZB 178/16 – InfAuslR 2018, 287 – juris-Rn. 10.
169 BGH Beschl. v. 31.8.2021 – XIII ZB 35/20 – NVwZ-RR 2022, 117 – juris-Rn. 14.
170 BGH Beschl. v. 11.1.2018 – V ZB 178/16 – InfAuslR 2018, 287 – juris-Rn. 10; Beschl. v. 30.6.2016 – V ZB 143/14 – InfAuslR 2016, 433 – juris-Rn. 7.
171 BGH Beschl. v. 23.2.2021 – XIII ZB 63/19 – juris-Rn. 11; Beschl. v. 20.5.2020 – XIII ZB 77/19 – juris-Rn. 10; Beschl. v. 19.9.2012 – V ZB 69/12 – juris-Rn. 6.
172 BGH Beschl. v. 30.6.2016 – V ZB 143/14 – InfAuslR 2016, 433 – juris-Rn. 7.
173 BGH Beschl. v. 25.1.2018 – V ZB 201/17 – juris-Rn. 6.
174 BGH Beschl. v. 19.5.2020 – XIII ZB 27/19 – juris-Rn. 11; Beschl. v. 19.5.2020 – XIII ZB 36/19 – juris-Rn. 11.
175 BGH Beschl. v. 29.6.2017 – V ZB 40/16 – InfAuslR 2017, 450 – juris-Rn. 10.
176 BGH Beschl. v. 23.2.2021 – XIII ZB 63/19 – juris-Rn. 10.

- **nicht** die pauschale Angabe, dass die Passersatzbeschaffung nach Auskunft des zuständigen Referats derzeit **„bis zu 5 Monate"** dauere,[177] bzw. **„erfahrungsgemäß"** drei Monate[178] und könnten in Einzelfällen länger dauern,[179]
- **nicht** die Angabe, dass die zweifelsfreie **Feststellung der Identität** und die **Beschaffung von Reisedokumenten** einen „nicht unerheblichen Zeitraum in Anspruch nehmen werde" und deswegen eine Haft von drei Monaten beantragt werde,[180]
- **nicht** die Angabe, dass zwei Monate erforderlich seien, da noch kein gültiges Heimreisedokument vorliege, jedoch bereits Zusicherung der zuständigen Behörde existiere; die beantragte Haftdauer sei dabei (ohne die Einzelschritte darzulegen) der **voraussichtlichen Dauer** des Verfahrens **angepasst.**[181]

gg) Auskünfte anderer Behörden

64 Die Auskünfte anderer Behörden im *Zielstaat* wie auch im *Inland* dürfen nicht ungefiltert übernommen werden.[182] Insbesondere Angaben der **Bundespolizei**, des **LKA** oder der **Zentralstelle für Flugabschiebungen** über die Dauer der Flugvorbereitungen müssen kritisch gewürdigt werden (Ausnahme für **Sicherheitsbegleitung** → Rn. 67 ff.). Denn diese betreffen grds. die **regelmäßige Dauer**, nicht aber den Einzelfall. Erforderlich sind daher über die *Wiedergabe* und eine *Begründung* für die mitgeteilte Zeitdauer[183] hinaus jedenfalls knappe Erläuterungen, welche *organisatorischen Verfahrensschritte* im konkreten Fall noch durchzuführen sind und warum *frühere Flüge* nicht in Betracht kommen.[184]

65 Insofern **genügt** beispielsweise

- die Angabe, der nächstmögliche Termin in sieben Wochen, ein früherer sei nicht verfügbar, da **keine Sammelabschiebungen** in den Zielstaat durchgeführt würden, weswegen herkömmliche **Linienflüge** gebucht werden müssten. Die Anzahl an Plätzen für Personen, die mit Sicherheitsbegleitung abzuschieben seien, sei jedoch begrenzt und **verfügbare Plätze** bis zum Termin seien bereits **anderweitig vergeben,**[185]
- **nicht** die Angabe, dass Rückführung innerhalb der „nächsten 6–8 Wochen stattfinden" können, da erfahrungsgemäß regelmäßig Charterflüge nach Italien stattfänden; ein genauer Flugtermin könne aber noch nicht benannt werden, da **Buchungen** durch die **Zentrale Ausländerbehörde** erfolgten,[186]
- **nicht** die Angabe, dass auf telefonische Rückfrage bei der **Zentralstelle für Flugabschiebungen** mitgeteilt worden sei, dass ein **Vorlauf von zwölf Wochen** für eine Rückführung in den Zielstaat notwendig sei, wenn dies nicht im Einzelnen begrün-

177 BGH Beschl. v. 22.6.2017 – V ZB 7/17 – juris-Rn. 7; Beschl. v. 1.6.2017 – V ZB 39/17 – InfAuslR 2017, 347 – juris-Rn. 14.
178 BGH Beschl. v. 13.10.2016 – V ZB 22/16 – juris-Rn. 5.
179 BGH Beschl. v. 20.9.2018 – V ZB 164/17 – juris-Rn. 5.
180 BGH Beschl. v. 21.1.2016 – V ZB 36/14 – juris-Rn. 6.
181 BGH Beschl. v. 7.12.2017 – V ZB 160/17 – juris-Rn. 5.
182 BGH Beschl. v. 17.5.2018 – V ZB 92/16 – juris-Rn. 6.
183 BGH Beschl. v. 20.5.2020 – XIII ZB 22/19 – juris-Rn. 14.
184 BGH Beschl. v. 25.10.2018 – V ZB 83/18 – juris-Rn. 7; Beschl. v. 17.5.2018 – V ZB 92/16 – juris-Rn. 6.
185 BGH Beschl. v. 14.7.2020 – XIII ZB 74/19 – juris-Rn. 13.
186 BGH Beschl. v. 24.1.2019 – V ZB 62/18 – juris-Rn. 7.

det wird;[187] auch nicht, wenn in Aussicht gestellt wird, dass bei einem ggf. früher möglichen Flug **umgehend eine Verkürzung** der Haft beantragt werde,[188]

- **nicht** die Angabe, die **Vorlaufzeit für die Flugbuchung** liege laut Auskunft der **Zentralstelle für Flugabschiebungen** bei **drei** (oder **vier**) **Wochen**; es sei denn, die Unmöglichkeit früherer Flugbuchung wird zB durch Angaben zu Terminen und der Frequenz nutzbarer Flugverbindungen und zur Buchungslage erklärt,[189]
- **nicht** die Angabe, dass der Betroffene bisher **untergetaucht** gewesen sei, Haftfälle aber von der **Bundespolizei** bevorzugt behandelt würden und daher die Flugbuchung hintangestellt worden sei; es würden nun zwölf Wochen für die **Koordination** der Rückführung des Betroffenen zwischen der Zentralen Stelle, der Bundespolizei und den marokkanischen Behörden benötigt,[190]
- **nicht** die Angabe, dass das **LKA** „für die **Organisation** der Abschiebung einen Zeitraum von ca. drei Wochen" benötige,[191]
- **nicht** die Angabe, dass das **LKA** eine Überstellung bis in dreieinhalb Wochen zugesichert habe; sobald ein konkreter Termine feststehe, teile man diesen dem Bundesamt mit, damit eine **Vorankündigungsfrist** vor der Überstellung eingehalten würde; dies legt nicht dar, wofür die übrigen Tage jenseits der Vorankündigungsfrist gebraucht wurden,[192]
- **nicht** die Angabe, dass alle **Unterlagen ans LKA** übermittelt seien, die Abschiebung eingeleitet sei und dort der **frühestmögliche Flug** gebucht werde.[193]

Soweit ein **Asylfolge-** oder **Zweitantrag** beim Bundesamt für Migration und Flüchtlinge vorliegt, muss die Behörde hierzu nachfragen und darlegen, wann mit einer Entscheidung zu rechnen ist. Denn solange diese fehlt, besteht grds. ein Abschiebungshindernis, das iRd Prognose der Durchführbarkeit zu beachten ist (→ Kap. 2 Rn. 13, 124). Soweit der Antrag erst iRd Haftanhörung gestellt wird (→ Kap. 2 Rn. 14 ff.), können hierzu noch keine Angaben vorliegen, so dass der Haftantrag sich dazu auch nicht verhalten muss.[194] 66

hh) Zeitangaben bei Sicherheitsbegleitung

Die Durchführung der Abschiebung erfordert eine **Sicherheitsbegleitung** durch eigenes oder aus dem Zielstaat stammendes Sicherheitspersonal im Flugzeug, wenn zu erwarten steht, dass sich der Betroffene der **Maßnahme widersetzt.**[195] In diesen Fällen ist ein **Haftzeitraum von sechs Wochen** zur Bewältigung des damit verbundenen Organisationsaufwandes stets angemessen; hält sich die Haftdauer in diesem Rahmen, muss sie **nicht** unter Darlegung der bis dahin durchzuführenden Einzelschritte **begründet** 67

187 BGH Beschl. v. 10.10.2020 – XIII ZB 58/19 – juris-Rn. 13; Beschl. v. 25.10.2018 – V ZB 83/18 – juris-Rn. 7.
188 BGH Beschl. v. 15.9.2016 – V ZB 30/16 – juris-Rn. 6 f.
189 BGH Beschl. v. 31.8.2021 – XIII ZB 82/20 – juris-Rn. 14; Beschl. v. 12.2.2020 – XIII ZB 16/19 – juris-Rn. 10.
190 BGH Beschl. v. 7.3.2019 – V ZB 176/18 – juris-Rn. 5.
191 BGH Beschl. v. 21.3.2019 – V ZB 171/18 – juris-Rn. 5.
192 BGH Beschl. v. BGH, 25.8.2020 – XIII ZB 125/19 – juris-Rn. 7.
193 BGH Beschl. v. 12.4.2018 – V ZB 208/17 – juris-Rn. 6; Beschl. v. 12.4.2018 – V ZB 208/17 – juris-Rn. 6.
194 BGH Beschl. v. 25.10.2022 – XIII ZB 4/20 – juris-Rn. 9.
195 BVerwG Urt. v. 14.3.2006 – 1 C 5/05 – BVerwGE 125, 101 – 5c letzter Absatz; VGH München Beschl. v. 14.2.2012 – 10 C 11.2591 – juris-Rn. 14.

werden.[196] Ein Termin – und sei es auch (zB „spätestens am") das Enddatum der sechs-Wochen-Frist – muss aber benannt werden,[197] um darzulegen, dass die Abschiebung innerhalb der Haftzeit durchgeführt wird.

68 Über das **Erfordernis** der Sicherheitsbegleitung entscheidet die **Bundespolizei** in eigener Zuständigkeit.[198] Referiert die antragstellende Behörde daher die **Auskunft der Bundespolizei**, dass eine Begleitung erforderlich sei, ist dies ausreichend. Haftgerichtlich ist *nicht* zu prüfen, ob diese Entscheidung *inhaltlich richtig* ist; denn dies betrifft die Durchführung der Maßnahme und damit allein die Prüfungskompetenz der Verwaltungsgerichte.

69 Vergleichbares gilt, wenn keine Auskunft der Bundespolizei vorliegt. Legt die **Behörde** dar, dass **Sicherheitsbegleitung beabsichtigt** ist (und nicht nur vage „Begleitpersonal", was auch zB Arztbegleitung meinen kann[199]), reicht dies grds. hin. Diese Absicht muss aber *mitgeteilt* werden, auch wenn sie wg. der Schilderung von zB Gewaltdelikten oder Buchungsunterlagen aus der Ausländerakte aus sonstigen Umständen nahe liegen mag.[200]

70 Ob Sicherheitsbegleitung zu Recht in Anspruch genommen wird, haben nicht die *Haftgerichte* zu prüfen, sondern die *Verwaltungsgerichte*.[201] Allerdings muss wenigstens ein **Grund** für Sicherheitsbegleitung im Haftantrag **anklingen**. Denn die sechs-Wochen-Frist grundlos pauschal in Anspruch zu nehmen, würde dem Beschleunigungsgebot widersprechen.[202] Auf der Hand liegen[203] wird die Notwendigkeit einer Sicherheitsbegleitung aber zB:

- wenn der Betroffene zu **Gewalttaten neigt** oder hierfür bereits **verurteilt** ist,[204] auch bei sonstigen abgeurteilten **Straftaten,**[205]
- wenn der Betroffene bereits **Widerstand gegen behördliche Maßnahmen** geleistet hat oder damit zu rechnen ist, insbes. bei entsprechender Erfahrung mit Maßnahmen in der **Vergangenheit,**
- wenn der Betroffene zu **Selbstverletzungs-** oder **Suizidhandlungen neigt,**[206] bzw. hiermit zu rechnen ist,

---

196 StRspr BGH Beschl. v. 25.10.2022 – XIII ZB 44/20 – juris-Rn. 11; Beschl. v. 12.10.2021 – XIII ZB 110/19 – juris-Rn. 9; Beschl. v. 24.6.2020 – XIII ZB 39/19 – juris-Rn. 9; Beschl. v. 19.5.2020 – XIII ZB 17/19 – juris-Rn. 10; Beschl. v. 12.2.2020 – XIII ZB 26/19 – juris-Rn. 9; Beschl. v. 20.9.2018 – V ZB 4/17 – InfAuslR 2019, 23 – juris-Rn. 11.

197 So auch die Tendenz in BGH Beschl. v. 24.6.2020 – XIII ZB 39/19 – juris-Rn. 10; aA LG Hamburg Beschl. v. 29.12.2020 – 329 T 84/19 – juris-Rn. 13.

198 VGH München Beschl. v. 14.2.2012 – 10 C 11.2591 – juris-Rn. 14.

199 BGH Beschl. v. 15.12.2020 – XIII ZB 10/20 – juris-Rn. 12.

200 BGH Beschl. v. 21.3.2019 – V ZB 91/18 – juris-Rn. 8.

201 StRspr BGH Beschl. v. 22.6.2021 – XIII ZB 59/20 – NJW 2021, 3402 – juris-Rn. 16; Beschl. v. 6.10.2020 – XIII ZB 85/19 – juris-Rn. 28; Beschl. v. 23.5.2019 – V ZB 236/17 – juris-Rn. 9.

202 BGH Beschl. v. 22.6.2021 – XIII ZB 59/20 – NJW 2021, 3402 – juris-Rn. 16; Beschl. v. 23.3.2021 – XIII ZB 3/20 – juris-Rn. 14.

203 BGH Beschl. v. 21.3.2019 – V ZB 91/18 – juris-Rn. 8.

204 BGH Beschl. v. 4.4.2023 – XIII ZB 8/22 – juris-Rn. 11.

205 BGH Beschl. v. 7.3.2019 – V ZB 176/18 – juris-Rn. 6.

206 BGH Beschl. v. 14.4.2016 – V ZB 112/15 – juris-Rn. 18.

- wenn wg. (ansteckender) **Krankheiten** eine ärztliche Begleitung oder andere gesundheitliche Vorsichtsmaßnahmen erforderlich sind, soweit diese neben einer Arzt- auch eine Sicherheitsbegleitung erforderlich machen,[207] oder
- wenn die Sicherheitsbegleitung vom **Lufttransportunternehmen vorgegeben** wird.

Erst wenn die beantragte Haftdauer bei Sicherheitsbegleitung (auch nur wenige Tage[208]) **über sechs Wochen hinausgeht**, bedarf es einer auf den konkreten Fall bezogenen **Begründung**, die dies nachvollziehbar erklärt; es muss dann etwa auf die Art des Fluges, die Buchungslage der in Betracht kommenden Fluggesellschaften, die Anzahl der Begleitpersonen und die Personalsituation Bezug genommen werden.[209] 71

Insofern **genügt** beispielsweise 72

- die Angabe, auf welchen **konkreten Flug** der Betroffene gebucht sei und dass Überstellungsflüge wegen **großer Nachfrage** bzgl. eines bestimmten Zielstaates und konkreter Gründe bis dahin ausgeschöpft seien, so dass sich die Dauer bis zur Überstellung auf sieben Wochen und sechs Tage belief.[210]
- **nicht** die Angabe, dass ein „Flug mit Sicherheitsbegleitung (…) über die Zentralstelle für Flugabschiebungen (ZFA…) am heutigen Tag angemeldet" worden sei und laut aktueller „telefonischer Auskunft der ZFA (…) die Vorlaufzeit für einen Flug mit Sicherheitsbegleitung 12 Wochen" betrage; ein „Passersatzpapier (liege) bereits vor"; es fehlt an einer Begründung für die Verdoppelung der sechs Wochen,[211]
- **nicht** die Angabe, dass von Seiten der Bundespolizei erhebliche Vorbereitungen notwendig seien, weil das **Erfordernis einer Sicherheitsbegleitung** erst noch **geprüft** werden müsse, was zusammen mit einer Umsetzung drei Monaten dauere,[212]
- **nicht** die Angabe, dass das **Erfordernis** einer Sicherheitsbegleitung erst **noch geprüft** werden müsse, wenn nicht dargetan wird, in welchem **Zeitrahmen** eine Klärung erfolgen wird und welchen Zeitaufwand die anschließende **Organisation** eines begleiteten oder unbegleiteten Fluges konkret erfordern würde,[213]
- **nicht** die zu unkonkrete Angabe, dass sich die sicherheitsbegleitete Rückführung nach telefonischer Auskunft der Bundespolizeidienststelle „in der Vorbereitung" befinde und hierfür derzeit **„neun Wochen** benötigt" würden,[214]
- **nicht** die zu unkonkrete Angabe, dass **fast acht Wochen** nach Rücksprache mit dem LKA „zur organisatorischen Vorbereitung der Abschiebung (mit Sicherheitsbegleitung) erforderlich und angemessen" seien,[215]
- **nicht** die Angabe, dass auf telefonische Rückfrage bei der Zentralstelle für Flugabschiebungen mitgeteilt worden sei, dass eine **Bearbeitungszeit „bis zu" acht Wochen** benötigt würde; mangels Bezuges zum konkreten Fall reichte auch die Begründung nicht aus, dafür müsse die Zentrale Ausländerbehörde ein Ersuchen

207 BGH Beschl. v. 23.6.2020 – XIII ZB 103/19 – juris-Rn. 11.
208 BGH Beschl. v. 23.6.2020 – XIII ZB 103/19 – juris-Rn. 12.
209 BGH Beschl. v. 14.7.2020 – XIII ZB 74/19 – juris-Rn. 7; Beschl. v. 12.11.2019 – XIII ZB 5/19 – juris-Rn. 12; Beschl. v. 20.9.2018 – V ZB 4/17 – InfAuslR 2019, 23 – juris-Rn. 11; Beschl. v. 23.5.2019 – V ZB 49/18 – juris-Rn. 5.
210 BGH Beschl. v. 25.8.2020 – XIII ZB 45/19 – juris-Rn. 22.
211 BGH Beschl. v. 16.5.2019 – V ZB 1/19 – juris-Rn. 14; Beschl. v. 21.3.2019 – V ZB 91/18 – juris-Rn. 8.
212 BGH Beschl. v. 25.10.2018 – V ZB 59/18 – juris-Rn. 5.
213 BGH Beschl. v. 20.5.2020 – XIII ZB 77/19 – juris-Rn. 10.
214 BGH Beschl. v. 4.7.2019 – V ZB 173/18 – juris-Rn. 8.
215 BGH Beschl. v. 7.3.2019 – V ZB 130/17 – juris-Rn. 6.

die Bundespolizei richten, das unter Angabe eines Referenzroutings und einer Auslandsdienstreisenummer an eine Bundespolizeiflughafendienststelle zur weiteren Bearbeitung übermittelt werde; von da aus werde das erforderliche Begleitpersonal angefordert, das sich sodann um Impfungen und um Visa kümmern müsse,[216]

- **nicht** die zu unkonkrete Angabe, dass **„längstens acht Wochen"** erforderlich seien, da zunächst das Abschiebungsersuchen an das LKA übersandt, von dort über ein Reisebüro der nächstmögliche Flug gebucht werde und immer nur ein **geringes Kontingent** an Plätzen zur Verfügung stehe.[217]
- **nicht** die zu unkonkrete Angabe, dass **zehn bis zwölf Wochen** wegen „bundespolizeilicher Auslastung" erforderlich seien; denn das begründet nur die regelmäßige Vorlaufzeit von sechs Wochen.[218]
- **nicht** die Berufung auf **sechs Wochen**, wenn dies eine **Haftverlängerung** betrifft und Organisationsaufwand bereits in der bisherigen Haftzeit geleistet wurde (weswegen der **Gesamtaufwand** sechs Wochen überschreitet).[219]

73 Im Falle einer **Verlängerung** der Haft gilt **dieselbe Erleichterungen** erneut: Ist eine Verlängerung sachlich gerechtfertigt, ist ein Verlängerungszeitraum von *bis zu sechs Wochen* ohne Weiteres zulässig, soweit *abermals* Sicherheitsbegleitung erfolgen soll.[220]

ii) Puffer für „allfällige Verzögerungen"

74 Die Dauer der erforderlichen Haft bemisst sich grds. danach, bis wann ein Betroffener abgeschoben werden kann. Allerdings ergeben sich **gelegentlich Verzögerungen** zB durch Ausfall eines Fluges oder ein Scheitern der Abschiebung. Um für solche Fälle genug Zeit zur Reaktion zB zur *Umbuchung* oder Stellung eines *Haftverlängerungsantrages* zu haben, ist der Behörde ein **zeitlicher Puffer** für „allfällige Verzögerungen" von bis zu **sechs Tagen** zuzugestehen.[221] Er schließt sich zeitlich an den Abschiebungstermin an und unterliegt, soweit sich die Behörde hierauf beruft, *keiner gesonderten Darlegungspflicht.*

e) Haftvollzug, Einvernehmen und Sonderfragen

75 Zuletzt muss sich der Haftantrag zwingend zum (union-)rechtskonformen **Haftvollzug** verhalten. Darüber hinaus sind ggf. Angaben zum **staatsanwaltschaftlichem Einvernehmen** und weiteren **Sonderfragen** (wie zB dem *Beschleunigungsgebot* oder *Art. 6 Abs. 1 GG*) erforderlich. Für die letztgenannten Aspekte gilt, dass Ausführungen hierzu nur dann geboten sind, soweit der Sachverhalt hierzu veranlasst.

---

216 BGH Beschl. v. 17.5.2018 – V ZB 92/16 – juris-Rn. 6 – entscheidend war aber auch, dass für einen vorigen, gescheiterten Abschiebungsversuch nur fünf Wochen benötigt worden waren.

217 BGH Beschl. v. 13.9.2018 – V ZB 57/18 – juris-Rn. 7 f.

218 BGH Beschl. v. 12.2.2020 – XIII ZB 26/19 – juris-Rn. 9.

219 BGH Beschl. v. 23.3.2021 – XIII ZB 95/19 – juris-Rn. 8 f.

220 BGH Beschl. v. 22.3.2022 – XIII ZB 17/20 – juris-Rn. 9; Beschl. v. 31.8.2021 – XIII ZB 12/20 – juris-Rn. 11; Beschl. v. 6.10.2020 - XIII ZB 85/19 – juris-Rn. 24.

221 StRspr BGH Beschl. v. 20.7.2021 – XIII ZB 98/19 – juris-Rn. 16; Beschl. v. 14.7.2020 – XIII ZB 74/19 – juris-Rn. 16; Beschl. v. 20.10.2016 – V ZB 167/14 – juris-Rn. 13.

aa) (Unions-)Rechtskonformer Haftvollzug

76 Die § 62a AufenthG und Art. 16 Abs. 1 Richtlinie 2008/115/EG (Rückführungsrichtlinie) entsprechende Unterbringung in einer grds. **getrennten Haftanstalt** (→ Kap. 2 Rn. 167 ff.) muss stets dargelegt werden. Denn die dem nationalen und unionrecht genügende Unterbringung ist Prüfungsmaßstab und ein Haftantrag ist **abzulehnen**, wenn keine (unions-)rechtsgemäße Unterbringung ersichtlich ist.[222] Insofern genügt zB, wenn dargelegt wird:

- „Für ... ist ein Haftplatz in der Abschiebungshafteinrichtung ... reserviert."
- „Die Haft soll in der Abschiebungshafteinrichtung ... vollzogen werden."

bb) Staatsanwaltschaftliches Einvernehmen

77 Ergibt sich aus dem **Haftantrag** oder seinen **Anlagen** ein nicht offensichtlich zustimmungsfreies (→ Kap. 2 Rn. 134) Ermittlungsverfahren, muss sich der Haftantrag hierzu verhalten. *Offensichtlich* zustimmungsfrei ist in der Rspr des BGH nicht einmal ein Verfahren wegen § 265a StGB ohne nähere Darlegung,[223] so dass die Einschränkung (bisher) leer läuft. Soweit Ermittlungsverfahren bekannt sind, muss die Behörde also stets **darlegen**, das ggf. erforderliche Einvernehmen *liege vor*, sei *entbehrlich* oder werde bis zum vorgesehenen Abschiebungstermin *voraussichtlich vorliegen* oder *entbehrlich* geworden sein.[224]

78 Zur **Konkretisierung** dieses Maßstabes kann nicht mehr auf die zT extrem differenzierte[225] *frühere Rspr* des BGH[226] zurückgegriffen werden. Denn diese hat das Gericht nicht nur hinsichtlich der Folge (kein absolutes Abschiebungshindernis → Kap. 2 Rn. 136), sondern auch bzgl. der **Darlegungsanforderungen** erheblich vereinfacht. Nunmehr genügen neben der (wünschenswerten) konkreten Darlegung des Einvernehmens zu jedem einzelnen aufgeführten Ermittlungsverfahren[227] auch *pauschalierende Angaben* im Haftantrag, also zB

- die Darlegung, **alle Ermittlungsverfahren** seien „entweder abgeschlossen, eingestellt bzw. die zuständige Staatsanwaltschaft (... habe ...) ihr Einvernehmen mit der Abschiebung gemäß § 72 Abs. 4 AufenthG erteilt bzw. die Straftat (... sei ...) vom generellen Einvernehmen durch die Generalstaatsanwaltschaft (...) gedeckt";[228]
- keine „**Differenzierung** dahingehend, auf welche konkrete Straftat sich das jeweilige staatsanwaltschaftliche Einvernehmen bezieht"; diese ist nur dann erforderlich, „wenn die **Zahl** der (...) ersichtlichen (...) **Ermittlungsverfahren** die **Zahl** der nach den Angaben im Haftantrag oder den beigefügten Unterlagen erteilten oder ange-

---

222 BGH Beschl. v. 23.2.2021 – XIII ZB 50/20 – InfAuslR 2021, 339 – juris-Rn. 14; Beschl. v. 17.9.2014 – V ZB 189/13 – InfAuslR 2015, 23 – juris-Rn. 4; Urt. v. 18.4.2019 – III ZR 67/18 – NVwZ 2019, 2400 – juris-Rn. 35.

223 BGH Beschl. v. 20.7.2021 – XIII ZB 106/19 – juris-Rn. 18.

224 StRspr BGH Beschl. v. 22.3.2022 – XIII ZB 17/20 – juris-Rn. 11; Beschl. v. 12.2.2020 – XIII ZB 15/19 – BGHZ 224, 344 – juris-Rn. 9, 19; auch iRd Dublin-III-Haft, BGH Beschl. v. 22.6.2021 – XIII ZB 38/20 – juris-Rn. 14.

225 ZB BGH Beschl. v. 11.10.2012 – V ZB 72/12 – juris-Rn. 8, wonach für ein generelles Einvernehmen die GenStA-Verfügung samt ihres Datums und Aktenzeichens anzugeben war.

226 ZG Voraufl. Rn. 326 f. mwN aus der Rspr.

227 Exemplarisch zB in BGH Beschl. v. 20.7.2021 – XIII ZB 106/19 – juris-Rn. 16.

228 BGH Beschl. v. 10.11.2020 – XIII ZB 69/19 – juris-Rn. 9; dezidiert aA früher zB BGH Beschl. v. 9.2.2017 – V ZB 129/16 – juris-Rn. 6.

fragten **Einvernehmenserklärungen** überstiege“, da sich erst dann Anhaltspunkte für ein Defizit ergäben.[229]

- eine **salvatorische Klausel**, zB, dass „keine laufenden Ermittlungsverfahren anhängig (seien), die der Überstellung entgegenstehen“[230] oder dass „außer den (...) aufgeführten Verfahren keine weiteren staatsanwaltlichen Ermittlungsverfahren bekannt seien; sollten weitere Verfahren vorliegen, könne erfahrungsgemäß das Einvernehmen der zuständigen Staatsanwaltschaft kurzfristig eingeholt werden.“[231] Sie ist rechtlich *nicht erforderlich*, da sich die Behörde nur zu konkreten, nicht offensichtlich zustimmungsfreien Verfahren verhalten muss, schadet aber auch nicht.

79 Ergeben sich laufende Ermittlungsverfahren aus der **Ausländerakte** oder den **Angaben des Betroffenen**, ist dies für die *Zulässigkeit* des Haftantrages ohne Bedeutung;[232] unter diesem Gesichtspunkt besteht also auch keine Pflicht des Haftgerichtes, die Ausländerakte auf behördlich „übersehene“ Ermittlungsverfahren durchzusehen. Gleichwohl erlangte Kenntnis verpflichtet aber zur **Amtsermittlung** (§ 26 FamFG), so dass das Gericht dann prüfen muss, ob das Verfahren *zustimmungsfrei* ist[233] oder ob – im Zweifel durch Nachfrage bei der Behörde – die Staatsanwaltschaft ihr *Einvernehmen erteilt hat* oder voraussichtlich bis zur Abschiebung *erteilen wird*.[234]

cc) Sonderfragen

80 Zum **Übermaßverbot** muss die Behörde ausführen, soweit es **Anlass** zu konkreten Erwägungen gibt:[235] Das ist zB der Fall, wenn eine *gelebte Eltern-Kind-Beziehung* besteht (→ Kap. 2 Rn. 153 ff.).[236] Dies gilt auch für das **Beschleunigungsgebot**, wenn zB *konkret ungenutzte Zeiträume* einer Untersuchungshaft geschildert werden. Dann bedarf es Darlegungen, warum diese nicht für die Abschiebungsvorbereitung genutzt wurden (→ Kap. 2 Rn. 146 ff.).[237] Fehlen derartige Darlegungen, ist der Haftantrag *unzulässig*, sind sie nicht *überzeugend*, ist er unbegründet.

IV. Heilung von Antragsmängeln

81 Zulässigkeitsmängel des Antrages können geheilt werden. Dafür kann entweder die **Behörde** ihre Darlegung ergänzen oder das **Haftgericht** kann fehlende Angaben nach Amtsermittlung selbst feststellen.[238]

---

229 BGH Beschl. v. 14.7.2020 – XIII ZB 48/19 – juris-Rn. 9 (Hervorhebung von Verf.); dezidiert aA früher zB BGH Beschl. v. 13.9.2018 – V ZB 145/17 – juris-Rn. 17 f.

230 BGH Beschl. v. 15.12.2020 – XIII ZB 70/19 – juris-Rn. 8.

231 BGH Beschl. v. 23.2.2021 – XIII ZB 113/19 – juris-Rn. 12.

232 BGH Beschl. v. 23.2.2021 – XIII ZB 113/19 – juris-Rn. 12, 14; Beschl. v. 12.2.2020 – XIII ZB 15/19 – BGHZ 224, 344 – juris-Rn. 9.

233 Anklang bei BGH Beschl. v. 23.2.2021 – XIII ZB 113/19 – juris-Rn. 14.

234 BGH Beschl. v. 23.2.2021 – XIII ZB 113/19 – juris-Rn. 16; Beschl. v. 15.12.2020 – XIII ZB 70/19 – juris-Rn. 17; Beschl. v. 12.2.2020 – XIII ZB 15/19 – BGHZ 224, 344 – juris-Rn. 20.

235 BGH Beschl. v. 22.6.2021 – XIII ZB 59/20 – NJW 2021, 3402 – juris-Rn. 18; Beschl. v. 30.3.2017 – V ZB 128/16 – InfAuslR 2017, 287 – juris-Rn. 9.

236 BGH Beschl. v. 23.3.2021 – XIII ZB 95/19 – Asylmagazin 2021, 393 – juris-Rn. 9; Beschl. v. 30.10.2013 – V ZB 186/12 – juris-Rn. 7; Beschl. v. 14.6.2012 – V ZB 284/11 – InfAuslR 2012, 369 – juris-Rn. 7.

237 BGH Beschl. v. 30.10.2013 – V ZB 186/12 – juris-Rn. 7; Beschl. v. 14.6.2012 – V ZB 284/11 – InfAuslR 2012, 369 – juris-Rn. 7.

238 StRspr BGH Beschl. v. 4.7.2019 – V ZB 190/18 – juris-Rn. 10; Beschl. v. 16.7.2014 – V ZB 80/13 – InfAuslR 2014, 384 – juris-Rn. 22 f.

1. Ergänzung durch Behörde oder Gericht

Fehlende Angaben kann die Behörde jederzeit von sich aus ergänzen. Das Haftgericht ist zudem gem. § 28 Abs. 2 und 3 FamFG gehalten, so früh wie möglich auf eine Ergänzung der unzureichenden Begründung[239] hinzuwirken (**gerichtlicher Hinweis**). Das kann auch telefonisch geschehen und muss sodann als *Vermerk* oder in der Entscheidung aktenkundig gemacht werden (§ 28 Abs. 3 FamFG). Ein Hinweis ist im *gerichtlichen Eildienst* aber oft nicht möglich, soweit Behörden den Antrag kurz vor Dienstschluss per Fax oder EGVP übersenden und danach nicht mehr erreichbar sind; er ist dann auch nicht mehr nötig (§ 420 Abs. 3 S. 2 FamFG). 82

Die ggf. erfolgenden **weiteren Angaben** können **schriftlich** vor dem Termin oder auch **mündlich** im Anhörungstermin erfolgen.[240] Letzteres ist jedoch unmöglich, soweit die Behörde zum Termin – was regelmäßig geschieht – nicht erscheint.[241] 83

Das Haftgericht kann auch in der Begründung fehlende Voraussetzungen selbst in der **Entscheidung feststellen.**[242] Erforderlich ist aber nicht, dass es sich die Sachverhaltsinformationen dafür selbst aus der Ausländerakte zusammensucht.[243] 84

2. Erfordernis persönlicher Anhörung

Auf ergänzende Angaben darf eine Haftanordnung nur gestützt werden, wenn der Betroffene zuvor **hierzu angehört** worden ist.[244] Ihm muss die Gelegenheit eingeräumt sein, sich zu allen tatsächlichen und rechtlichen Grundlagen seiner Freiheitsentziehung zu äußern.[245] 85

Dies geschieht bei schriftlicher Ergänzung vor dem Termin dadurch, dass ihm im Termin mit Aushändigung des Haftantrages (→ Kap. 13 Rn. 69 ff.) auch der ergänzende **Schriftsatz übergeben** (und ggf. übersetzt → Kap. 13 Rn. 70 f.) wird; dies muss protokolliert werden.[246] Auch bei **mündlicher Ergänzung** im Termin ist zu protokollieren,[247] dass der Betroffene insofern Gelegenheit zur Stellungnahme hatte, wofür eine allgemeine Angabe („Über die Freiheitsentziehung wurde verhandelt.") genügt. Das ist ebenso bei **gerichtlicher Feststellung** nötig, denn auch insofern muss ihm eine Äußerungsgelegenheit eingeräumt werden.[248] 86

239 *Schreiber* in HK-FamVerfR § 28 Rn. 10.
240 StRspr BGH Beschl. v. 13.9.2018 – V ZB 145/17 – juris-Rn. 10-12; Beschl. v. 16.7.2014 – V ZB 80/13 – InfAuslR 2014, 384 – juris-Rn. 22 f.
241 *Schmidt-Räntsch* NVwZ 2014, 110 (113).
242 StRspr BGH Beschl. v. 25.4.2022 – XIII ZB 23/20 – juris-Rn. 8; Beschl. v. 12.2.2020 – XIII ZB 49/19 – juris-Rn. 10; Beschl. v. 22.10.2015 – V ZB 79/15 – NVwZ 2016, 108 – juris-Rn. 19.
243 *Schmidt-Räntsch* NVwZ 2014, 110 (113).
244 StRspr BGH Beschl. v. 25.4.2022 – XIII ZB 23/20 – juris-Rn. 8; Beschl. v. 14.7.2020 – XIII ZB 74/19 – juris-Rn. 12; Beschl. v. 10.1.2020 – XIII ZB 58/19 – juris-Rn. 15.
245 BGH Beschl. v. 11.2.2016 – V ZB 24/14 – juris-Rn. 9.
246 BGH Beschl. v. 11.10.2018 – V ZB 147/17 – juris-Rn. 11.
247 BGH Beschl. v. 29.4.2010 – V ZB 218/09 – NVwZ 2010, 1508 – juris-Rn. 17.
248 BGH Beschl. v. 11.2.2016 – V ZB 24/14 – juris-Rn. 9.

3. Wirkung einer Heilung

87 Eine Heilung nach einer Ergänzung ist nur mit Wirkung für die **Zukunft** möglich.[249] Sie tritt nicht bereits mit der Ergänzung des Haftantrags oder der nachfolgenden Anhörung, sondern erst mit der anschließenden gerichtlichen Entscheidung ein.[250] Auch § 417 Abs. 3 FamFG „stellt (… nur …) klar“, dass die Ergänzung eines „lückenhaften Antrags“ bis zur Beschwerdeinstanz möglich ist, ermöglicht aber keine rückwirkende Heilung.[251]

4. Folgen fehlender Heilung

88 Können noch nicht alle Haftvoraussetzungen hinreichend dargelegt bzw. festgestellt werden, kann ggf. eine **einstweilige Anordnung** (§ 427 FamFG) getroffen werden. Sie ist möglich, soweit die *Ermittlungen* in der Hauptsache nicht abgeschlossen sind[252] bzw. zB noch *Bescheide* (zB Abschiebungsandrohung[253]) erlassen werden müssen (zum Maßstab der einstweiligen Haftanordnung insbesondere bzgl. unzulässiger Haftanträge sowie zur Abgrenzung insgesamt → Kap. 13 Rn. 107 ff.). Voraussetzung ist aber, dass eine einstweilige Entscheidung (zB hilfsweise) **beantragt** wurde.[254]

89 Fehlt es an einem Antrag auf einstweilige Entscheidung oder sind auch hierfür die Umstände nicht hinreichend dargelegt, muss insgesamt (Hauptsache- und ggf. einstweiliger Antrag) eine Ablehnung als **unzulässig** erfolgen.

V. Antragsrücknahme und Haftentlassung

90 Die Behörde kann einen gestellten Antrag bis zur (formellen[255]) **Rechtskraft der Entscheidung** zurücknehmen, § 22 Abs. 1 S. 1 FamFG. Sobald das Gericht in erster Instanz entschieden hat,[256] bedarf die Rücknahme zu ihrer Wirksamkeit allerdings grds. der (auch zB durch Stellung eines Kostenantrages konkludent möglichen[257]) **Zustimmung** der übrigen Beteiligten, § 22 Abs. 1 S. 2 FamFG. Dies gilt wg. der Vorläufigkeit der Entscheidung indes nicht in Verfahren der einstweiligen Anordnung; hier ist die Zustimmung der übrigen Beteiligten irrelevant.[258]

91 Die (formlos mögliche[259]) Rücknahme erfolgt gegenüber dem **Gericht**, bei dem die **Sache anhängig** ist. Dies ist zunächst das *Ausgangsgericht*, auch, soweit nach eingelegter

249 StRspr BGH Beschl. v. 10.10.2020 – XIII ZB 58/19 – juris-Rn. 21; Beschl. v. 22.11.2018 – V ZB 54/18 – Asylmagazin 2019, 79 – juris-Rn. 11; Beschl. v. 16.7.2014 – V ZB 80/13 – InfAuslR 2014, 384 – juris-Rn. 21.
250 StRspr BGH Beschl. v. 24.6.2020 – XIII ZB 44/19 – juris-Rn. 7; Beschl. v. 20.9.2018 – V ZB 102/16 – juris-Rn. 12; Beschl. v. 25.10.2018 – V ZB 59/18 – juris-Rn. 7.
251 BT-Drs. 19/10047, S. 49 entgegen der Befürchtung in BR-Drs. 179/1/19(B).
252 BGH Beschl. v. 18.12.2014 – V ZB 114/13 – InfAuslR 2015, 187 – juris-Rn. 13.
253 BGH Beschl. v. 16.5.2013 – V ZB 44/12 – NVwZ 2013, 1362 – juris-Rn. 11.
254 BGH Beschl. v. 18.12.2014 – V ZB 114/13 – InfAuslR 2015, 187 – juris-Rn. 16.
255 *Burschel/Perleberg-Kölbel* in BeckOK FamFG § 22 Rn. 6; *Gomille* in Haußleiter FamFG § 22 Rn. 5.
256 BGH Beschl. v. 20.11.2014 – XII ZB 44/12 – juris-Rn. 3.
257 *Sternal* in Sternal FamFG § 22 Rn. 14.
258 HansOLG Beschl. v. 29.6.2015 – 7 UF 94/14 – FamRZ 2015, 2185 – juris-Rn. 2; *Burschel/Perleberg-Kölbel* in BeckOK FamFG § 22 Rn. 7; *Bumiller* in Bumiller/Harders/Schwamb FamFG § 22 Rn. 4.
259 *Burschel/Perleberg-Kölbel* in BeckOK FamFG § 22 Rn. 4; *Gomille* in Haußleiter FamFG § 22 Rn. 4.

Beschwerde noch die *Abhilfeentscheidung* offen ist.[260] Danach muss sie gegenüber dem **Rechtsmittelgericht** erfolgen.[261]

Eine wirksame Rücknahme macht eine **ergangene Entscheidung** ipso iure **wirkungslos** (§ 22 Abs. 2 S. 1 FamFG). Dies gilt grds. nur im *jeweiligen Verfahren*; eine isolierte Rücknahme eines Hauptsache-Antrages lässt aber auch eine bereits ergangene *einstweilige Anordnung* außer Kraft treten (§ 56 Abs. 2 Nr. 1 FamFG). Die Unwirksamkeit erfasst die jeweilige Entscheidung in Gänze inklusive Nebenentscheidungen zB zu den Kosten.[262] Eine **Kostenentscheidung** nach Rücknahme ergeht nur auf Antrag.[263] Inhaltlich wird über die Kosten gem. §§ 83 Abs. 2, 81 FamFG nach **Ermessen** entschieden (→ Kap. 13 Rn. 133 ff.); eine automatische Kostentragungspflicht des Zurücknehmenden besteht nicht.[264] 92

Die **Unwirksamkeit** einer ergangenen Sachentscheidung wird auf Antrag **deklaratorisch** durch Beschluss **festgestellt.** Dieser ist bei einer Rücknahme im jeweiligen Verfahren unanfechtbar, § 22 Abs. 2 S. 2 FamFG; bei einer Hauptsache-Rücknahme, welche eine einstweilige Anordnung außer Kraft treten lässt, ist er aber mit der Beschwerde anfechtbar, § 56 Abs. 2 S. 2 FamFG. Ein entsprechender Beschluss kann zB lauten: 93

- „Der Beschluss des Amtsgerichts … vom … (Az. …) ist wegen Antragsrücknahme gem. § 22 Abs. 2 S. 1 FamFG unwirksam."

Praktisch erfolgt in Abschiebungshaftsachen **neben der Rücknahme** regelmäßig zugleich die (behördliche) **Haftentlassung.** Letztere führt zur *Erledigung des Verfahrens*,[265] so dass **zwei prozessuale Aspekte** zusammentreffen: *Rücknahme* und *Erledigung*. Diese Kombination führt gelegentlich zu Problemen, wenn zB wg. nachfolgender Unerreichbarkeit oder Nichtreaktion des Betroffenen *keine Zustimmung* zur Rücknahme vorliegt. Es empfiehlt sich, mit diesen Fällen wie folgt umzugehen: 94

- Bei Rücknahme und Entlassung **nach** (formeller) **Rechtskraft** der Haftanordnung geht die Rücknahme ins Leere (§ 22 Abs. 1 S. 1 FamFG). Es liegt lediglich eine (nach-)prozessuale **Erledigung** einer **rechtskräftigen Entscheidung** vor, was prozessrechtlich bedeutungslos ist. Da keine Haft mehr vollzogen wird, muss auch nicht vAw (oder unter entsprechender Auslegung der Rücknahme als Antrag) ein *Haftaufhebungsverfahren* (→ Kap. 13 Rn. 185 ff.) eingeleitet werden, da dessen Gegenstand (Beendigung des Haftvollzuges) gleichsam erledigt wäre. Insgesamt ist daher nichts zu veranlassen.
- Bei Rücknahme und Entlassung **innerhalb der Rechtsmittelfrist** ist die Rücknahme ohne Zustimmung unwirksam (§ 22 Abs. 1 S. 2 FamFG). Es **verbleibt bei der Entscheidung,**[266] die sich indes erledigt hat. Eine nach Sachentscheidung erfolgende Erledigung hat prozessrechtlich keine Konsequenz, so dass dasselbe wie beim vorigen Punkt gilt. Soweit nicht noch (wg. der Erledigung auf Feststellung gerichtetes → Kap. 13 Rn. 229 f.) Rechtsmittel eingelegt wird, ist nichts zu veranlassen.

---

260 *Sternal* in Sternal FamFG § 22 Rn. 14.
261 *Sternal* in Sternal FamFG § 22 Rn. 14.
262 OLG München Beschl. v.3.9. 2019 – 31 Wx 118/18 – FamRZ 2020, 199 – juris-Rn. 19.
263 *Burschel/Perleberg-Kölbel* in BeckOK FamFG § 22 Rn. 10; *Sternal* in Sternal FamFG § 22 Rn. 20.
264 *Burschel/Perleberg-Kölbel* in BeckOK FamFG § 22 Rn. 10.
265 Vgl. *Sternal* in Sternal FamFG § 22 Rn. 49.
266 *Sternal* in Sternal FamFG § 22 Rn. 15.

- Bei Rücknahme und Entlassung **während eines Rechtsmittelverfahrens** ist die Rücknahme ohne Zustimmung gleichfalls unwirksam (§ 22 Abs. 1 S. 2 FamFG). Unerheblich, ob zugestimmt wird oder nicht: Das **Rechtsmittelverfahren** ist **erledigt** (entweder nur wg. der *Haftentlassung* oder wg. *Haftentlassung* und nach Zustimmung *wirksamer* Rücknahme). Wird das Rechtsmittel nicht zulässig auf einen Feststellungsantrag gem. § 62 FamFG umgestellt (→ Kap. 13 Rn. 230), ist es als unzulässig zurückzuweisen.

Kapitel 13 Das Verfahren in 1. Instanz (AG)

1 Für Anträge auf Haft- bzw. Gewahrsamsanordnung sind nach §§ 2 Abs. 14 S. 5, 106 Abs. 2 S. 1 AufenthG die Vorschriften des **Siebten Buches des FamFG** anwendbar. Insofern obliegt die Entscheidung den Amtsgerichten. Sie müssen die Entscheidung regelmäßig in einem Anhörungstermin vorbereiten (→ Rn. 12 ff.), dabei wesentliche Erfordernisse aus der Rechtsprechung des BGH (→ Rn. 68 ff.) beachten und die Entscheidung erlassen und abfassen (→ Rn. 93 ff.).

I. Zuständigkeit des Amtsgerichtes

2 Die **sachliche Zuständigkeit** des Amtsgerichtes folgt aus § 23a Abs. 1 Nr. 2, Abs. 2 Nr. 6 GVG. Die **örtliche Zuständigkeit** richtet sich nach §§ 2 ff. FamFG, wobei gem. § 2 Abs. 1 FamFG von mehreren zuständigen Gerichten stets das Erstbefasste zuständig ist. Die §§ 2 ff. FamFG werden zudem bei Abschiebungshaft weitgehend durch die Spezialvorschrift des § 416 FamFG verdrängt. Obwohl S. 1 der Vorschrift den Regel- und S. 2 den Spezialfall vorsieht,[1] ist das *praktische* Verhältnis umgekehrt.

1. Zuständigkeit für Erstanordnung

3 Das Gros der Fälle im amtsgerichtlichen Eildienst betrifft Betroffene, die aufgrund einer Ausschreibung zur Festnahme (§ 50 Abs. 6 S. 1 AufenthG) aufgegriffen und *vorläufig festgenommen* wurden. Sie befinden sich dann in **Polizeigewahrsam**, der § 416 S. 2 FamFG unterfällt.[2] Damit ist die Zuständigkeit des Amtsgerichtes begründet, in dessen **Bezirk** die Gewahrsamsstelle (nicht: künftige Haftanstalt, in der vollzogen werden soll) bei *Antragseingang* liegt;[3] ein ggf. vorher erfolgter Gefangenentransport ist unerheblich,[4] ebenso die sonstige Veränderung von Aufenthaltsverhältnissen zwischen Antragseingang und gerichtlicher Entscheidung.[5] Soweit sich der Betroffene in (Straf- oder Untersuchungs-)**Haft** befindet, ist das Amtsgericht zuständig, in dessen Bezirk die Vollzugsanstalt liegt.

4 Bei **Vorab-Haftanträgen**, wenn also (regelmäßig gem. § 427 Abs. 2 FamFG) die Inhaftierung eines noch in Freiheit befindlichen Betroffenen angeordnet werden soll, kommt es im Grundsatz auf den **gewöhnlichen Aufenthalt** (→ Kap. 12 Rn. 11 ff.) an (§ 416 S. 1 Var. 1 FamFG); zuständig ist das Amtsgericht, in dessen Bezirk dieser besteht. Die Konstellation, dass kein solcher feststellbar ist, ist wegen des oben beschriebenen Zusammenhangs mit der jeweiligen räumlichen Beschränkung selten. Fehlt er dennoch, ist (nachrangig[6]) das Amtsgericht örtlich zuständig, in dessen Bezirk sich der **Betroffene aufhält.**[7] In diesem Bezirk kann sich auch bei Bestehen anderweitigen gewöhnlichen Aufenthalts *in besonders dringenden Fällen* eine zusätzliche Zuständigkeit nach § 50 Abs. 2 S. 1 FamFG für (ausschließlich) eine *einstweilige Anordnung* ergeben,

---

1 *Göbel* in Sternal FamFG § 416 Rn. 1.
2 OLG Hamm Beschl. v. 5.7.2007 – 15 W 135/07 – InfAuslR 2007, 455 – juris-Rn. 11 mwN.
3 OLG Hamm Beschl. v. 9.5.2006 – 15 Sbd 5/06 – NJW 2006, 2707 – juris-Rn. 7.
4 ZG *Göbel* in Sternal FamFG § 416 Rn. 8.
5 BGH Beschl. v. 24.6.2020 – XIII ZB 44/19 – InfAuslR 2020, 444 – juris-Rn. 17.
6 *Göbel* in Sternal FamFG § 416 Rn. 5.
7 Vgl. *Günter* in BeckOK FamFG § 416 Rn. 7.

wobei das Verfahren nach deren Erlass gem. § 50 Abs. 2 S. 2 FamFG an das ansonsten zuständige Gericht abzugeben wäre. Der Fall wird jedoch kaum relevant, denn besondere Dringlichkeit in diesem Sinne läge nur vor, wenn die Entscheidung des eigentlich zuständigen Gerichtes nicht abgewartet werden könnte.[8] Das wird bei Vorab-Haftanträgen kaum der Fall sein.

2. Zuständigkeit für weitere Entscheidungen

5 Für eine Entscheidung über die **Aussetzung** (§ 424 FamFG) oder **Aufhebung** (§ 426 FamFG) der Haft bleibt das Gericht, das sie angeordnet hat, gem. §§ 416, 2 Abs. 2 FamFG zuständig, weil insofern über den Vollzug der *bisherigen Haft* entschieden wird.[9] Das Verfahren kann aber gem. § 106 Abs. 2 S. 2 AufenthG durch unanfechtbaren Beschluss an das für den **Haftort** örtlich zuständige Amtsgericht abgegeben werden,[10] auch aus Anlass zB eines aktuell gestellten Aufhebungsantrages.[11] Eine vorige Anhörung der Beteiligten ist dabei zwingend,[12] ihr Fehlen aber regelmäßig folgenlos.[13] Der **Umfang** der Abgabe erfasst alle weiteren Entscheidungen, auch zB etwaige Rechtsmittelverfahren wie zB die Beschwerde.[14]

6 Für Anträge auf **Verlängerung** der Haft ist, da dabei über *weitere Haft* zu entscheiden ist, nach §§ 416 S. 2, 425 Abs. 3 FamFG originär das Amtsgericht des **Haftortes** örtlich zuständig.[15]

7 Nach diesem Maßstab bleibt das Amtsgericht, bei dem nach dem Erlass der **einstweiligen Anordnung** (§ 427 FamFG) noch die (zugleich beantragte) **Hauptsache** anhängig ist, für sie zwar gem. § 2 Abs. 2 FamFG zuständig, auch wenn der Betroffene zum *Vollzug* in den *Bezirk eines anderen Amtsgerichts* gebracht wird.[16] Eine Angabe nach § 106 Abs. 2 S. 2 FamFG ist aber wegen der am Haftort nötigen Anhörung vor der Hauptsache-Entscheidung regelhaft ermessensgerecht. Die Vorschrift erfasst auch nicht nur erstinstanzlich abschließende Hauptsache-Entscheidungen,[17] sondern auch den Fall der offenen Hauptsache nach einstweiliger Anordnung.[18] Anders als eine (gleichsam mögliche) Abgabe nach § 4 FamFG setzt eine Abgabe nach § 106 Abs. 2 S. 2 FamFG auch keine Zustimmung des Gerichtes am Haftort voraus. Die antragstellende Behörde muss sich daher nicht auf die Beantragung der einstweiligen Anordnung beschränken, soweit die Verschubung zwecks Haftvollzuges in den Zuständigkeitsbereich eines anderen Amtsgerichts stattfinden soll.

---

8 *Giers* in Sternal FamFG § 50 Rn. 12.
9 BGH Beschl. v. 2.3.2017 – V ZB 122/15 – InfAuslR 2017, 293 – juris-Rn. 13.
10 BGH Beschl. v. 2.3.2017 – V ZB 122/15 – InfAuslR 2017, 293 – juris-Rn. 13.
11 OLG Düsseldorf Beschl. v. 3.12.2015 – I-3 Sa 6/15 – FGPrax 2016, 94 – juris-Rn. 8.
12 BVerfG Beschl. v. 5.3.2009 – 2 BvR 1615/06 – BVerfGK 15, 180 – juris-Rn. 15.
13 BGH Beschl. v. 24.6.2020 – XIII ZB 39/19 – juris-Rn. 18.
14 BGH Beschl. v. 24.6.2020 – XIII ZB 39/19 – juris-Rn. 23 f.
15 BGH Beschl. v. 6.4.2017 – V ZB 59/16 – InfAuslR 2017, 292 – juris-Rn. 5; Beschl. v. 2.3.2017 – V ZB 122/15 – InfAuslR 2017, 293 – juris-Rn. 11.
16 BGH Beschl. v. 4.4.2023 – XIII ZB 3/21 – juris-Rn. 15.
17 AA OLG Düsseldorf Beschl. v. 3.12.2015 – I-3 Sa 6/15 – FGPrax 2016, 94 – juris-Rn. 8; OLG Hamm Beschl. v. 5.7.2012 – I-15 SA 4/12 – InfAuslR 2012, 422 – juris-Rn. 7.
18 BGH Beschl. v. 24.6.2020 – XIII ZB 39/19 – juris-Rn. 25; aA noch Voraufl. Rn. 371.

II. Eingangsprüfung des Antrages

Ist ein Haftantrag eingegangen und eingetragen, muss das Haftgericht zunächst seine **Zuständigkeit** (→ Rn. 3 ff.) prüfen; fehlt es an dieser, erfolgt zwingend *Verweisung* durch Beschluss (§ 3 FamFG). Praktisch tritt dieser Fall im Eildienst so gut wie nicht ein, kann aber bei Vorab-Haftanträgen bzw. Haftanträgen für bereits aus anderem Grund inhaftierte Betroffene relevant werden. Zwar sind gem. § 3 Abs. 1 S. 2 FamFG die Beteiligten vorher anzuhören, in Verfahren auf Erlass einer einstweiligen Anordnung genügt aber die Anhörung des Antragstellers,[19] zumal, wenn sonst der Erfolg der Maßnahme vereitelt würde.[20] 8

Anschließend ist die **Zulässigkeit** (→ Kap. 12) zu beurteilen. Mangelt es dem Antrag hieran, ist zu prüfen, ob der Antragsteller für das Gericht **erreichbar** ist. Ist er es, wird er mittels *gerichtlichen Hinweises* (→ Kap. 12 Rn. 82 f.) auf die Mängel hingewiesen und ihm Gelegenheit zur Nachbesserung eingeräumt. Bei Haftanträgen im Eildienst kann die dafür gewährte Zeit kurz sein (zB binnen ein bis zwei Stunden per Fax, mündlich im Termin), denn soweit sich der Betroffene im Gewahrsam befindet, muss eine Entscheidung unverzüglich erfolgen. 9

Ist der Antragsteller **unerreichbar** oder bessert nicht hinreichend nach, ist weiter zu prüfen, ob (auch) der Erlass einer *einstweiligen Anordnung* (§ 427 FamFG) beantragt wurde; in dem Fall können bestimmte Mängel zunächst unbeachtlich sein (→ Rn. 106 ff.). Auch ist zu differenzieren, ob zu erwarten steht, dass sich Mängel durch Amtsermittlung des Gerichtes im Wege der persönlichen Anhörung des Betroffenen (§ 420 FamFG) beheben lassen. Dies ist freilich bei Zulässigkeitsmängeln wegen fehlender Begründung zB der zeitgemäßen Durchführbarkeit der Abschiebung (→ Kap. 12 Rn. 46 ff.) regelmäßig nicht der Fall. 10

Ist der Antrag unzulässig und sind die Mängel nicht behebbar, erfolgt die Ablehnung im Eildienst durch **Beschluss** im **Dezernatswege**. Der Beschluss ist der **Behörde** gegen EB **zuzustellen** (§ 41 Abs. 1 S. 2 FamFG). Eine vorige Anhörung des Betroffenen ist nicht erforderlich. Außerhalb des Eildienstes kann genauso verfahren werden, soweit keine fristgemäße Nachbesserung erfolgt. Im Falle eines **zulässigen Antrages** bzw. nach erfolgter Nachbesserung oder bei Erfolgsaussicht einer Mängelbehebung durch Anhörung ist Termin zur Anhörung zu bestimmen. 11

III. Anhörungstermin

Die **Anhörung** des Betroffenen ist gem. § 420 FamFG vor einer Entscheidung über eine *Haftanordnung* (nicht: Ablehnung des Antrages als unzulässig, was daher im *Dezernatswege* geschehen kann) zwingend vorgesehen. Dies betrifft nicht nur die **Hauptsache**, sondern auch das Verfahren über eine **einstweilige Anordnung**. Denn auch in letzterem Fall kann nur bei Gefahr im Verzug von einer Anhörung abgesehen[21] werden (§ 427 12

19 OLG Brandenburg Beschl. v. 11.2.2019 – 9 AR 2/19 (SA F) – juris-Rn. 9.
20 *Sternal* in Sternal FamFG § 3 Rn. 47.
21 BVerfG Beschl. v. 8. 1.1959 – 1 BvR 396/55 – BVerfGE 9, 89 – juris-Rn. 2.

Abs. 2 FamFG). Das erfasst keine bloße Verfahrenserleichterung,[22] sondern es müsste bei Abwarten konkret der Erfolg der Anordnung vereitelt werden.[23]

13 Das ist bei einem **Vorab-Haftantrag** für eine *geplante* Festnahme denkbar, wenn zu erwarten ist, dass der Betroffene bei ordnungsgemäßer Ladung zum Anhörungstermin untertauchen würde (→ Kap. 11 Rn. 3).

14 Im Falle eines **untergetauchten** Betroffenen ist hingegen für eine (insofern nicht geplante, sondern bloß) *erwartete* Festnahme kein voriger Haftbeschluss erforderlich; hier kann die Behörde den Betroffenen zunächst selbst festnehmen und im Anschluss dem Gericht vorführen (→ Kap. 11 Rn. 4). Für die Erlangung eines Vorab-Beschlusses mangelt es am Rechtsschutzbedürfnis.

1. Art und Weise der Anhörung

15 Eine Anhörung findet grds. in einem **persönlichen Termin** statt, kann aber auch durch **audiovisuelle Übertragung** (zB **Videokonferenz**) erfolgen.[24] Überwiegend wird gegen Letzteres zweierlei eingewandt: Der *Wortlaut* des § 420 Abs. 1 S. 1 FamFG („persönlich anzuhören") zeige im Vergleich mit § 454 StPO („mündlich anzuhören"), dass Videokonferenzen ausgeschlossen seien; in ihnen sei auch mangels *persönlichen Eindrucks* vom Betroffenen dessen Glaubwürdigkeit nicht beurteilbar.[25]

16 Der erste Punkt vergleicht die falschen Gesetze, weil das FamFG die Frage selbst regelt: In *Betreuungssachen* zeigt § 278 Abs. 1 S. 2 und 3 FamFG, dass dort die Anhörung mit einem **persönlichen Eindruck** im Umfeld des Betroffenen einhergeht; das tut § 420 FamFG gerade nicht. Vielmehr eröffnet § 32 Abs. 3 FamFG iVm § 128a ZPO die mit intendiertem Ermessen versehene Befugnis,[26] vAw und unanfechtbar (§ 128a Abs. 1 und 4 ZPO) per Beschluss über den Einsatz von Videotechnik zu entscheiden.[27] In Asylanhörungen ist dies auch bei § 24 Abs. 1 S. 3 AsylG („persönlich anzuhören") üblich.[28] Zudem ist ein *persönlicher Eindruck* mit der **Videotechnik** des 21. Jahrhunderts – was spätestens seit der COVID-19-Pandemie bekannt ist – auch über beliebige Entfernungen hinweg möglich und sowieso regelmäßig durch Dolmetschereinsatz verzerrt.[29] Der Beschluss zur Anordnung einer Anhörung per Videokonferenz kann zB zu Beginn des Sitzungsprotokolls wie folgt gefasst werden:

- „Die Anhörung d. Betr. findet gem. §§ 420 Abs. 1, 32 Abs. 3 FamFG iVm § 128a ZPO wegen der räumlichen Entfernung des Betroffenen zum Gericht und des Umstandes, dass weitere dringliche Verfahren anliegen und ein rechtzeitiger Transport zur Anhörung vor Ort bis zum Ende der Dienstzeit nicht möglich ist, per Videokonferenz statt."

22 *Schmidt-Räntsch* NVwZ 2014, 110 (118).
23 *Göbel* in Sternal FamFG § 427 Rn. 14 f.
24 *Drews* in Prütting/Helms FamFG § 420 Rn. 4a; wohl auch LG Mühlhausen Beschl. v. 15.4.2020 – 1 T 50/20 – juris-Rn. 31 f.
25 LG Augsburg Beschl. v. 28.11.2011 – 52 T 3723/11 – InfAuslR 2012, 133 – juris-Rn. 4 f.; *Göbel* in Sternal FamFG § 420 Rn. 7; *Heidebach* in Haußleiter FamFG § 420 Rn. 8; so auch noch Vorauﬂ. Rn. 379.
26 *Abramenko* in Prütting/Helms FamFG § 32 Rn. 31.
27 *Greger* in Zöller ZPO § 128a Rn. 3.
28 BT-Drs. 17/6735, S. 3.
29 *Drews* in Prütting/Helms FamFG § 420 Rn. 4a.

Auf das Recht der persönlichen **Anhörung** kann ein Betroffene **nicht verzichten.**[30] Ein **Absehen** von der Anhörung – wenn keine *Videokonferenz* möglich ist[31] – kommt mit der Folge, dass dann grds. gem. § 419 Abs. 1 S. 2 FamFG ein *Verfahrenspfleger* zu bestellen ist (→ Rn. 26 ff.), nur in Betracht, wenn 17

- die **Vernehmungsfähigkeit** des Betroffenen **temporär** fehlt, denn dann liegt Gefahr im Verzug für eine (bis zur vrsl. Wiederherstellung der Vernehmungsfähigkeit befristete) einstweilige Anordnung (§ 427 FamFG) vor:[32] bei **dauerhafter** Vernehmungsunfähigkeit wäre hingegen grds. der **Verfahrenspfleger** zu bestellen (§ 419 FamFG) und bis dahin befristet wg. Gefahr im Verzug eine einstweilige Anordnung zu erlassen,
- ein **ärztliches Gutachten** für diesen Fall **erhebliche Gefahren** für die Gesundheit des Betroffenen erwarten lässt (§ 420 Abs. 2 Var. 1 FamFG),
- der Betroffene unter einer **übertragbaren Krankheit** iSd **Infektionsschutzgesetzes (IfSG)** leidet (§ 420 Abs. 2 Var. 2 FamFG); auch dies muss durch ein **ärztliches Gutachten** festgestellt sein[33] und es darf keine anderweitige Möglichkeit (zB durch mit Glas abgetrennte Anhörungszellen oder Videokonferenz) geben, das Gericht und die übrigen Beteiligten vor einer Infektion zu schützen.[34] Insbesondere diese Alternativen ermöglichen auch in Pandemie-Zeiten (zB COVID-19) regelmäßig die Durchführung eines Termins.[35]

2. Zeitvorgabe für Antrag, Anhörung und Entscheidung

Nach der erstmaligen behördlichen Festnahme müssen die Antragstellung, Anhörung und Entscheidung **unverzüglich** geschehen (Art. 104 Abs. 2 S. 2 GG). Dieses Erfordernis ist für den behördlichen *Antrag* in den §§ 2 Abs. 14 S. 4, 62 Abs. 5 S. 2, 62b Abs. 4 S. 2 AufenthG geregelt (insofern oben → Kap. 11 Rn. 22 ff.) und wird für das *Gericht* in § 428 Abs. 1 S. 2 FamFG spezifiziert: Ist danach die Freiheitsentziehung nicht **spätestens am Ende des Folgetages** der Festnahme **angeordnet**, so ist der Betroffene **freizulassen.** 18

Ist der Antrag bei **Gericht** eingegangen, müssen Prüfung, ggf. Terminsanberaumung und Ladung der Beteiligten sodann unverzüglich stattfinden; auf eine Entscheidung zu einer bestimmten Uhrzeit am jeweiligen Tag besteht jedoch kein Anspruch.[36] Zur Tageszeit muss ein richterlicher **Bereitschaftsdienst** erreichbar sein,[37] besteht dieser nachts nicht, ist eine Entscheidung nicht möglich; ist zB ein abendlicher Bereitschaftsdienst nur für Entscheidungen bis 24.00 Uhr zuständig, kann der Antrag bis dahin aber nicht entschieden werden, ist dies zu dokumentieren und die Sache im regulären Dienst am Folgetag zu entscheiden. 19

Die **zeitliche Grenze** des § 428 Abs. 1 S. 2 FamFG (→ Rn. 18) muss aber beachtet werden. Aufgrund des eindeutigen Wortlautes der Norm kommt ein *Terminbeginn* 20

---

30 BGH Beschl. v. 30.10.2013 – V ZB 216/12 – juris-Rn. 12.
31 AG Ingolstadt Beschl. v. 29.3.2021 – 14 XIV 91/21 – BeckRS 2021, 53159 Rn. 36; LG Mühlhausen Beschl. v. 15.4.2020 – 1 T 50/20 – juris-Rn. 31; vgl. auch LG Meiningen Beschl. v. 6.7.2020 – (73) 4 T 128/20 – juris-Rn. 6 aE.
32 VGH Mannheim Beschl. v. 10.1.2012 – 1 S 2963/11 – NVwZ-RR 2012, 346 – juris-Rn. 8.
33 *Günter* in BeckOK FamFG § 420 Rn. 14; zG eingehend *Grotkopp* FamRZ 2020, 659 (660 ff.).
34 BGH Beschl. v. 14.10.2020 – XII ZB 235/20 – BGHZ 227, 161 – juris-Rn. 30; Beschl. v. 22.6.2017 – V ZB 146/16 – NJW-RR 2017, 1090 – juris-Rn. 10.
35 So wohl auch *Grotkopp* Abschiebungshaft Rn. 426.
36 OLG Rostock Beschl. v. 30.8.2007 – 3 W 107/07 – OLGR 2008, 115 – juris-Rn. 47.
37 BVerfG Beschl. v. 15.5.2002 – 2 BvR 2292/00 – BVerfGE 105, 239 – juris-Rn. 24.

gegen Ende des Folgetages und *Unterbrechung* nebst Fortsetzung am nächsten Tag zur Fristwahrung nicht in Betracht; stattdessen muss notfalls eine (ggf. auch nur spärlich begründete) **einstweilige Anordnung** (§ 427 FamFG) die Haft bis zum Zeitpunkt zur regulären Entscheidung sichern. Ist eine einstweilige Entscheidung nicht beantragt, muss freigelassen werden, wenn die Voraussetzungen für die Hauptsache noch nicht feststellbar sind bzw. die Zeit hierfür nicht reicht.

3. Beteiligte an Verfahren und Anhörung

21 Am Verfahren und damit auch an der Anhörung sind zwingend der **Betroffene** sowie die **antragstellende Behörde** zu beteiligen (§ 418 Abs. 1 FamFG). *Weitere Personen* können ggf. beteiligt werden. In das *Rubrum* der Endentscheidung in der Sache sind alle Beteiligten aufzunehmen (§ 38 Abs. 2 Nr. 1 FamFG).

a) Fakultative Beteiligte

22 Weitere Beteiligte können **Familienangehörige** (§ 418 Abs. 3 Nr. 1 FamFG) und eine **Vertrauensperson** (§ 418 Abs. 3 Nr. 2 FamFG) sein. Für Letztere kommt es auf die Benennung durch den Betroffenen (oder die Einreichung eines Antrages durch die Vertrauensperson[38]) an, nicht ein (gerichtlich nachprüfbares) tatsächliches Bestehen eines Nähe- oder Vertrauensverhältnisses.[39] Die Beteiligung ist aber ausschließlich im *Interesse des Betroffenen*, nicht gegen sein Interesse oder im Interesse ausschließlich der weiteren Beteiligten vorgesehen.[40]

23 Wenn der Betroffene diese weiteren Beteiligten **benennt** oder sie **von Amts wegen** bekannt werden, kann die Beteiligung formlos geschehen. Eines Beschlusses bedarf es nicht, die Ladung unter Bekanntgabe des Ladungszwecks (zB „in pp. sollen Sie am Verfahren beteiligt und angehört werden“) genügt.[41] Ein Beschluss ist nur erforderlich, wenn die Beteiligung ausdrücklich **beantragt** wurde und *abgelehnt* werden soll (§ 7 Abs. 5 S. 1 FamFG). Diese Entscheidung ist mit sofortiger Beschwerde analog §§ 567 ff. ZPO anfechtbar (§ 7 Abs. 5 S. 2 FamFG); wird eine solche eingelegt, wird bis zu ihrer Erledigung nur eine vorläufige Entscheidung in der Sache (§ 427 FamFG) zu treffen sein. Eine fehlerhaft unterbliebene Beteiligung kann noch im Beschwerdeverfahren geheilt werden.[42]

24 Die Frage, **ob beteiligt** wird, entscheidet das Haftgericht nach seinem **Ermessen.**[43] Berücksichtigt man die schwierige Lage, in der sich der Betroffene befindet, ist eine großzügige Handhabung geboten.[44] Gerade in Fällen, in denen eine Lebensgemeinschaft besteht und ein Partner ohnehin als Zeuge gehört werden kann (→ Kap. 2 Rn. 155), kann eine Beteiligung ohnehin sinnvoll sein.

---

38 BGH Beschl. v. 23.2.2021 – XIII ZB 63/19 – juris-Rn. 6.

39 BGH Beschl. v. 20.4.2021 – XIII ZB 36/20 – juris-Rn. 4; Beschl. v. 25.8.2020 – XIII ZB 45/19 – juris-Rn. 8; Beschl. v. 19.5.2020 – XIII ZB 82/19 – InfAuslR 2020, 387 – juris-Rn. 10.

40 *Günter* in BeckOK FamFG § 274 Rn. 13.

41 *Sternal* in Sternal FamFG § 7 Rn. 39.

42 BGH Beschl. v. 21.10.2010 – V ZB 56/10 – juris-Rn. 7.

43 BGH Beschl. v. 17.6.2010 – V ZB 127/10 – NVwZ 2010, 1318 – juris-Rn. 17.

44 *Schmidt-Räntsch* NVwZ 2014, 110 (118).

25 Wer beteiligt ist, muss angehört werden (§ 420 Abs. 3 FamFG),[45] was auch schriftlich oder kurzfristig telefonisch geschehen kann.[46] Er kann auch selbstständig **Anträge** stellen (§ 25 FamFG), **Akteneinsicht** nehmen (§ 13 FamFG; indes besteht nur Anspruch auf beaufsichtigte Einsicht im Gericht[47]) bzw. **Rechtsmittel** einlegen (§ 429 Abs. 2 FamFG); solcherlei Anträge von *Vertrauenspersonen* sind aber nur zulässig, soweit sie im objektiven Interesse des Betroffenen liegen.[48] Waren sie bisher noch nicht beteiligt, erlangen sie mit Stellung verfahrenseinleitender Anträge (zB auf Haftaufhebung[49]) für diese neuen Verfahren direkt Beteiligtenstatus.

b) Verfahrenspfleger

26 Der Verfahrenspfleger ist gem. § 419 FamFG eine Person, welche die ordnungsgemäße **Berücksichtigung** der **Interessen des Betroffenen** (insbes. dessen Recht auf rechtliches Gehör[50]) im Verfahren sicherstellen soll. Seine Bestellung ist in Unterbringungs- und Betreuungssachen üblich, weil die dortigen Betroffenen aus Krankheitsgründen regelmäßig zur eigenständigen Wahrnehmung ihrer Rechte nicht hinreichend in der Lage sind. Das ist bei Freiheitsentziehungen nach Ausländerrecht anders; hier ist der Betroffene (soweit vernehmungsfähig → Rn. 17) regelmäßig selbst in der Lage, im Verfahren aufzutreten.[51]

27 Für die Bestellung eines Verfahrenspflegers müssen mithin **krankhafte Störungen** seiner Fähigkeit zur eigenverantwortlichen Interessenwahrnehmung bestehen;[52] bloße *Sprachschwierigkeiten* oder eine *Komplexität* der *Sach- und Rechtslage* genügen nicht.[53] Grds. ist die Bestellung auch bei Vorliegen ihrer Voraussetzungen nicht erforderlich, wenn der Betroffene *anwaltlich vertreten* ist; sie soll in diesem Fall aufgehoben werden (§ 418 Abs. 3 FamFG). Bestellung und Aufhebung werden durch unanfechtbaren (§ 419 Abs. 5 FamFG) **Beschluss** vorgenommen. Ist eine Bestellung erfolgt, besteht ein Anspruch auf Teilnahme am Termin, so dass bei Verhinderung ggf. nur *einstweilig* zu entscheiden ist (vgl. → Rn. 40 ff.).[54]

28 Regelmäßig sollte als **Person des Verfahrenspflegers** ein Rechtsanwalt[55] oder (Berufs-)Betreuer ausgewählt werden. Dieser wird durch eine Bestellung Beteiligter (§ 418 Abs. 2 FamFG) mit eigenen Verfahrensrechten, nicht aber *Verfahrensbevollmächtigter*. Er wird gem. § 277 FamFG gesondert vergütet.

29 Durch die Bestellung eines Verfahrenspflegers wird eine (ggf. *zusätzlich* vom Betroffenen gewünschte oder iRd VKH beantragte) **rechtsanwaltliche Beteiligung** auch

---

45 *Sternal* in Sternal FamFG § 7 Rn. 50.
46 *Grotkopp* Abschiebungshaft Rn. 451.
47 BGH Beschl. v. 2.8.2022 – XIII ZB 134/19 – juris-Rn. 19.
48 BGH Beschl. v. 26.6.2014 – V ZB 5/14 – NVwZ 2014, 1328 – juris-Rn. 8.
49 BGH Beschl. v. 23.2.2021 – XIII ZB 63/19 – juris-Rn. 6.
50 BGH Beschl. v. 22.2.2022 – XIII ZB 74/20 – InfAuslR 2022, 331 – juris-Rn. 17.
51 BGH Beschl. v. 22.2.2022 – XIII ZB 74/20 – InfAuslR 2022, 331 – juris-Rn. 17; Beschl. v. 26.9.2013 – V ZB 212/12 – juris-Rn. 9.
52 Weiter *Grotkopp* Abschiebungshaft Rn. 472 f. mit einer allgemeinen Ermessensabwägung.
53 BGH Beschl. v. 26.9.2013 – V ZB 212/12 – juris-Rn. 10; aA *Fischer* InfAuslR 2021, 413 (415) unter Verkennung der Funktion des Verfahrenspflegers, der eben *nicht* Rechtsbeistand und -berater ist, BGH Beschl. v. 22.2.2022 – XIII ZB 74/20 – InfAuslR 2022, 331 – juris-Rn. 17.
54 LG Kassel Beschl. v. 17.4.2019 – 3 T 182/19 – Asylmagazin 2019, 264 – juris-Rn. 23.
55 *Göbel* in Sternal FamFG § 419 Rn. 9.

nicht gegenstandslos.[56] Denn die Funktionsdivergenz zwischen Verfahrenspflegschaft (→ Rn. 26 ff.) und rechtsanwaltlicher Vertretung als *unabhängiger Beratung und Vertretung* (vgl. § 419 Abs. 2 S. 3 FamFG) und vollumfänglicher Interessenwahrnehmung bedingt, dass die Bestellung eines Verfahrenspflegers eine vom Betroffenen gewünschte Hinzuziehung rechtsanwaltlichen Beistandes von vornherein *nicht ersetzen* kann.[57] Auch in Anwesenheit eines Verfahrenspflegers darf daher bei fortgesetztem Wunsch nach entsprechendem Beistand bis zu dessen Erfüllung (→ Rn. 43 ff.) nur einstweilig entschieden werden.[58]

c) Verfahrensbevollmächtigte

30 Der Betroffene hat als Ausgestaltung des Erfordernisses eines fairen Verfahrens jederzeit das Recht, sich von einem **Rechtsanwalt vertreten** zu lassen (§ 10 Abs. 2 S. 1 FamFG) und ihn zur **Anhörung beizuziehen.**[59] Dabei kann sowohl ein bereits *bestellter* Rechtsanwalt als auch ein *Nachsuchen* des Betroffenen um rechtsanwaltlichen Beistand vor dem oder im Termin von Bedeutung sein.

31 Dieses Recht ist disponibel. Er kann es daher zB auch durch **telefonische Rücksprache** während des Termins ausgeübt werden. Die Erklärung des Betroffenen, danach nicht mehr auf physischer Teilnahme des Rechtsanwaltes am Termin zu bestehen, muss protokolliert werden.[60]

aa) Bestellter Rechtsanwalt

32 Ein Rechtsanwalt ist zu berücksichtigen, wenn er für das Verfahren bestellt ist. Dies setzt **Mitteilung an das Gericht** voraus, die durch den Rechtsanwalt oder den Betroffenen ebenso erfolgen kann[61] wie durch die Behörde (zB im Haftantrag[62]; zu einer darin lediglich als „voraussichtlich" bezeichneten Vertretung muss das Haftgericht aber nicht ermitteln[63]). Sie ist sowohl ausdrücklich als auch konkludent (zB durch Schriftsatzeinreichung) möglich.[64] Eine **schriftliche Vollmacht** muss durch einen Rechtsanwalt nicht vorgelegt werden (§ 11 S. 4 letzter HS FamFG), soweit nicht ein anderer Beteiligter ihr *Fehlen rügt* oder *ernsthafte Zweifel* an der Bevollmächtigung bestehen.[65]

33 Soweit eine erfolgte Bestellung nicht bereits anders mitgeteilt ist, muss sich ein **Betroffener** hierüber **erklären.** Teilt er auf *Belehrung des Gerichtes*, sich jederzeit rechtsanwaltlichen Beistandes bedienen zu dürfen, und *Gelegenheit zur Stellungnahme* insofern eine erfolgte Mandatierung nicht mit, ist sie nicht beachtlich.[66] Erklärt er aber dabei,[67]

---

56 AA *Fischer* InfAuslR 2021, 413 (416): „für zusätzliche Beiordnung auf PKH-Basis kein Raum".
57 BGH Beschl. v. 22.2.2022 – XIII ZB 74/20 – InfAuslR 2022, 331 – juris-Rn. 17.
58 BGH Beschl. v. 22.2.2022 – XIII ZB 74/20 – InfAuslR 2022, 331 – juris-Rn. 18.
59 StRspr BGH Beschl. v. 13.7.2017 – V ZB 89/16 – juris-Rn. 5; Beschl. v. 10.7.2014 – V ZB 32/14 – NVwZ-RR 2014, 864 – juris-Rn. 8.
60 Vgl. BGH Beschl. v. 20.5.2016 – V ZB 140/15 – NVwZ 2016, 1430 – juris-Rn. 7.
61 BGH Beschl. v. 5.4.2022 – XIII ZB 22/21 – NVwZ-RR 2022, 883 – juris-Rn. 7; Beschl. v. 1.12.2011 – V ZB 73/11 – NVwZ 2012, 319 – juris-Rn. 10.
62 BGH Beschl. v. 6.8.2020 – XIII ZB 24/19 – juris-Rn. 8.
63 BGH Beschl. v. 15.12.2020 – XIII ZB 139/19 – juris-Rn. 13.
64 BGH Beschl. v. 3.5.2018 – V ZB 230/17 – Asylmagazin 2018, 387 – juris-Rn. 6.
65 *Bumiller* in Bumiller/Harders/Schwamb FamFG § 11 Rn. 9 mwN; *Gomille* in Haußleiter FamFG § 11 Rn. 2 mwN.
66 BGH Beschl. v. 28.2.2023 – XIII ZB 70/21 – juris-Rn. 12; Beschl. v. 26.1.2021 – XIII ZB 14/20 – juris-Rn. 16.
67 Und nicht erst am Ende des Termins, dass zB ein Haftbeschluss auch einem bestimmten Rechtsanwalt mitgeteilt werden möge, BGH Beschl. v. 28.2.2023 – XIII ZB 70/21 – juris-Rn. 13.

die „Information“ eines bestimmten Rechtsanwalts zu wünschen, muss nachgefragt werden, ob dessen Teilnahme am Termin gewünscht wird.[68]

(1) Verfahrensbezogene Bestellung

Beachtlich ist nur eine Bestellung in dem **konkreten** (zB Haftantrags- oder Haftverlängerungs-)**Verfahren**, nicht in früheren haft- oder ausländerrechtlichen Verfahren.[69] Eine *Durchsicht der Ausländerakte* nach dort vorhandenen Verfahrensbevollmächtigten muss daher nicht erfolgen, zumal diese regelmäßig nicht das aktuelle Verfahren betreffen und die Vertretung des Betroffenen keine von Amts wegen aufzuklärende Verfahrensvoraussetzung ist.[70] 34

Allerdings gebietet das Recht auf ein faires Verfahren, dass das Gericht die anwaltliche Vertretung des Betroffenen nicht vereitelt.[71] Daher ist relevant, ob sich Anzeichen für einen Vertretungswunsch bzw. die Existenz einer nicht angezeigten anwaltlichen Vertretung soweit verdichtet haben, dass sich der Vertretungswunsch geradezu aufdrängt. Ist dem Amtsgericht mithin ein **Prozessvertreter** aus **früheren Haftverfahren** (nicht lediglich *ausländer-* oder *asylrechtlichen* Verfahren[72]) positiv bekannt, sollte der Betroffene gefragt werden müssen, ob er von diesem wieder vertreten werden möchte.[73] Auch kann es sich *praktisch* anbieten, einen aus der Ausländerakte ersichtlichen Prozessvertreter zu informieren,[74] um einer Unterbrechung des Anhörungstermins zwecks Anreise zuvorzukommen. 35

(2) Teilnahme am Termin

Erlangt das Haftgericht von einem bestellten Verfahrensbevollmächtigten **Kenntnis**, *muss* es diesem die **Teilnahme am Anhörungstermin** ermöglichen.[75] Die Kenntnis muss allerdings *positiv* sein, woran es zB mangelt, wenn ein angerufener Rechtsanwalt Mandatsniederlegung erklärt und (noch) kein konkreter neuer Verfahrensbevollmächtigter bekannt ist.[76] Im Wege der Amtsermittlung ist Anhaltspunkten, zB durch Nachfrage ggü. den Beteiligten, nachzugehen.[77] 36

Wie im allgemeinen Zivilprozess ist gem. § 32 Abs. 1 S. 2 FamFG, § 227 ZPO Anträgen auf **Terminsverlegung** bei *erheblichen Gründen* grds. im Rahmen des gerichtlichen Ermessens zu entsprechen. Wird ein Verlegungsantrag (durch kurz begründeten, unanfechtbaren Beschluss, § 227 Abs. 4 ZPO) *rechtswidrig abgelehnt*, verletzt dies den Grundsatz rechtlichen Gehörs (Art. 103 Abs. 1 GG) und führt zur Rechtswidrigkeit der Haftan- 37

68 BGH Beschl. v. 22.3.2022 – XIII ZB 1/21 – juris-Rn. 11.
69 BGH Beschl. v. 5.4.2022 – XIII ZB 22/21 – NVwZ-RR 2022, 883 – juris-Rn. 7; Beschl. v. 3.5.2018 – V ZB 230/17 – Asylmagazin 2018, 387 – juris-Rn. 7.
70 Vgl. *Sternal* in Sternal FamFG § 26 Rn. 54; zu weit daher LG Hannover Beschl. v. 15.1.2019 – 8 T 39/18 – Asylmagazin 2019, 80 – juris-Rn. 15.
71 StRpr BGH Beschl. v. 28.2.2023 – XIII ZB 70/21 –, Rn. 9; Beschl. v. 22.2.2022 – XIII ZB 74/20 – InfAuslR 2022, 416 – juris-Rn. 11 mwN; Beschl. v. 6.4.2017 – V ZB 59/16 – InfAuslR 2017, 292 – juris-Rn. 7 f.
72 BGH Beschl. v. 28.2.2023 – XIII ZB 70/21 – juris-Rn. 10; Beschl. v. 5.4.2022 – XIII ZB 22/21 – NVwZ-RR 2022, 883 – juris-Rn. 7; Beschl. v. 26.1.2021 – XIII ZB 14/20 – juris-Rn. 16 f.
73 BGH Beschl. v. 22.8.2019 – V ZB 39/19 – juris-Rn. 7; vgl. auch Beschl. v. 26.1.2021 – XIII ZB 14/20 – juris-Rn. 16 f.
74 *Schmidt-Räntsch* NVwZ 2014, 110 (118).
75 StRspr BGH Beschl. v. 25.4.2022 – XIII ZB 50/21 – NVwZ-RR 2022, 885 – juris-Rn. 6; Beschl. v. 18.5.2021 – XIII ZB 32/19 – NVwZ-RR 2021, 822 – juris-Rn. 7; Beschl. v. 7.4.2020 – XIII ZB 84/19 – NVwZ 2020, 1296 – juris-Rn. 9.
76 BGH Beschl. v. 6.4.2017 – V ZB 59/16 – InfAuslR 2017, 292 – juris-Rn. 8.
77 BGH Beschl. v. 25.10.2018 – V ZB 69/18 – InfAuslR 2019, 152 – juris-Rn. 5.

ordnung.[78] Die Ablehnung muss unverzüglich mitgeteilt werden, damit der Verfahrensbevollmächtigte ggf. noch einen Vertreter schicken kann.[79]

38 Ein **Verlegungsantrag** muss gestellt werden; auf die reine *Mitteilung* einer Verhinderung hin muss das Haftgericht nicht von Amts wegen tätig werden.[80] Erscheint ein **ordnungsgemäß geladener Verfahrensbevollmächtigter** nach einer solchen Mitteilung oder ohne Mitteilung schlicht nicht zum Termin, kann daher ohne Weiteres (auch in der Hauptsache, vgl. iÜ → Rn. 41) entschieden werden.[81] Wird bei Bestehen eines erheblichen Grundes Verlegung beantragt, muss sie erfolgen, auch wenn mit der vorigen Anberaumung eines Termins nebst Beschaffung von Dolmetscher und Ladung des Antragstellers erheblicher Organisationsaufwand fruchtlos wird.[82]

39 **Erhebliche Gründe** für eine Verlegung sind insbesondere gegeben, wenn **kurzfristige** (nicht aber längerfristige, dann ist für Ersatz zu sorgen[83]) **erhebliche** (nicht zB einfache Erkältung[84]) **Erkrankungen** bestehen. Insbesondere im *Eildienst* kommt eine kurzfristige Verlegung

- in Betracht, wenn ein bestellter Rechtsanwalt mitteilt, dass er das **Gericht mit keinem Verkehrsmittel** zur beabsichtigten **Terminsstunde** um 13.00 Uhr **erreichen** kann, sondern erst zu 15.15 Uhr[85] oder am Nachmittag überhaupt nicht mehr.[86]
- eher **nicht** in Betracht bei **bloßer Terminskollision**, wenn diese nicht durch kurze Verlegung am selben Tag behebbar ist. Denn zwar greift grds. nach dem Prioritätsprinzip der Vorrang des früher anberaumten Termins,[87] allerdings unter dem Vorbehalt höherer **Eilig- und Wichtigkeit**,[88] die in Haftsachen regelmäßig gegenüber normalen Zivil- oder Verwaltungssachen hoch ist.[89] Ggf. kann zur Auflösung der Kollision für eines der Verfahren auch ein bisher nicht mandatierter **Sozius** beauftragt werden.[90]
- eher **nicht** in Betracht bei **kurzfristiger Mandatierung**, wenn der neue Rechtsanwalt den Termin nicht wahrnehmen kann; grds. ist es einem Betroffenen zuzumuten, einen Rechtsanwalt zu beauftragen, der auch zum Termin erscheinen kann.[91] Dies gilt freilich nicht, wenn der Rechtsanwalt über den Anwaltsnotdienst kontaktiert wurde oder ein längeres Mandatsverhältnis bestand. Ggf. muss das Verfahren dann durch einstweilige Entscheidung bis zu einer Anhörung mit dem Prozessbevollmächtigten gesichert werden (→ Rn. 42).

---

78 StRspr BGH Beschl. v. 20.7.2021 – XIII ZB 98/19 – juris-Rn. 8; Beschl. v. 11.10.2017 – V ZB 167/16 – Asylmagazin 2018, 57 – juris-Rn. 7.
79 *Schmidt-Räntsch*, Vortrag „Abschiebungshaft“, JAK NRW 24.9.2019.
80 BGH Beschl. v. 15.12.2020 – XIII ZB 28/20 – juris-Rn. 17 f.; Beschl. v. 25.2.2010 – V ZA 2/10 – juris-Rn. 10.
81 *Schmidt-Räntsch* NVwZ 2014, 110 (118); vgl. BGH Beschl. v. 4.4.2019 – V ZB 153/18 – juris-Rn. 1.
82 BGH Beschl. v. 6.12.2018 – V ZB 79/18 – InfAuslR 2019, 153 – juris-Rn. 7.
83 *Stadler* in Musielak/Voit ZPO § 227 Rn. 5.
84 BGH Urt. v. 25.11.2008 – VI ZR 317/07 – NJW 2009, 687 – juris-Rn. 12.
85 BGH Beschl. v. 10.7.2014 – V ZB 32/14 – NVwZ-RR 2014, 864 – juris-Rn. 8.
86 BGH Beschl. v. 11.10.2017 – V ZB 167/16 – Asylmagazin 2018, 57 – juris-Rn. 8.
87 *Stadler* in Musielak/Voit ZPO § 227 Rn. 5.
88 *Jaspersen* in BeckOK ZPO § 227 Rn. 12.10.
89 Vgl. OVG Münster Beschl. v. 10.1.2018 – 5 A 2129/16.A – juris-Rn. 11, freilich für den Fall gesetzlichen Vorrangs gem. § 155 FamFG.
90 Vgl. OVG Greifswald Beschl. v. 6.3.2007 – 1 L 469/04 – juris-Rn. 20.
91 Vgl. OLG Frankfurt Beschl. v. 20.2.2014 – 3 Ws 172/14 – NStZ-RR 2014, 250 – juris-Rn. 4.

40 Auch im **Eildienst** muss durch das Gericht versucht werden, einen bestellten oder vom Betroffenen gewünschten Verfahrensbevollmächtigten zu erreichen.[92] Dies sollte telefonisch geschehen, da Ladungen per Fax mit ein,[93] zwei[94] oder bis zu drei Stunden Vorlauf keine hinreichend schnelle Reaktion ermöglichen,[95] insbes. auch mit Blick auf die Stellung eines Antrags auf Terminsverlegung (→ Rn. 37 ff.).[96]

41 Ist der rechtsanwaltliche Beistand **nicht erreichbar**, ist zu differenzieren: Erklärt sich der Betroffene gleichwohl damit **einverstanden**, sich zur Sache zu äußern, ist dies zu protokollieren. Das Recht zur Hinzuziehung eines Verfahrensbevollmächtigten ist verzichtbar,[97] daher kann sodann (auch) in der Hauptsache entschieden werden.[98]

42 Andernfalls ist eine Entscheidung in der Hauptsache (ungeachtet materieller Haftvoraussetzungen) rechtswidrig[99] und nur eine **einstweilige Anordnung** zulässig; auch dann, wenn ein Verfahrenspfleger vorhanden ist.[100] Die einstweilige Anordnung ist bis zum voraussichtlichen Nachholungstermin der Anhörung (zB binnen einer Woche) mit dem Verfahrensbevollmächtigten zu befristen.[101] So ist auch zu verfahren, wenn eine **kurzfristige Unterbrechung** des Termins bis zur Anreise des Rechtsanwaltes **nicht möglich** ist.[102] Soweit bei kurzfristigen Abschiebungen der Hauptsachetermin wg. fehlender rechtsanwaltlicher Verfügbarkeit in der einstweiligen Haftfrist *nicht mehr nachgeholt* werden kann,[103] erledigt die Hauptsache nach Abschiebung prozessual.

bb) Nachsuchen um Rechtsanwalt

43 Wünscht der Betroffene während des Termins Kontakt zu einem Rechtsanwalt, so ist ihm dies zu ermöglichen. Praktisch kann dies durch Mitteilung der Rufnummer des **telefonischen Anwaltsnotdienstes**[104] oder einer **Liste mit Telefonnummern** von Rechtsanwälten nebst Zurverfügungstellung eines Telefons während der Terminsunterbrechung geschehen,[105] oder auch durch Kontaktermöglichung mit einem bei der Gerichtsstelle anwesenden Rechtsanwalt.

44 **Verzichtet** der Betroffene nach dem Telefonat auf eine **Teilnahme** eines Rechtsanwaltes, ist das zu protokollieren; sodann kann der Termin fortgesetzt und (auch) in der Hauptsache entschieden werden.[106] Andernfalls ist zu unterbrechen, um dem gewünschten Rechtsanwalt die Anreise am Termin zu ermöglichen; ist dies im Rahmen des Eildienstes nicht zeitnah möglich, muss im Wege **einstweiliger Anordnung** (§ 427

92 OLG Schleswig Beschl. v. 9.3.2007 – 2 W 54/07 – juris-Rn. 4.
93 BGH Beschl. v. 18.5.2021 – XIII ZB 32/19 – NVwZ-RR 2021, 822 – juris-Rn. 8.
94 BGH Beschl. v. 22.3.2022 – XIII ZB 11/20 – juris-Rn. 7; Beschl. v. 18.5.2021 – XIII ZB 46/19 – juris-Rn. 9.
95 BGH Beschl. v. 10.11.2020 – XIII ZB 129/19 – juris-Rn. 9.
96 BGH Beschl. v. 22.3.2022 – XIII ZB 11/20 – juris-Rn. 9; Beschl. v. 18.5.2021 – XIII ZB 46/19 – juris-Rn. 11.
97 BGH Beschl. v. 25.8.2020 – XIII ZB 99/19 – juris-Rn. 11.
98 BGH Beschl. v. 31.1.2012 – V ZB 117/11 – juris-Rn. 4.
99 StRspr BGH Beschl. v. 25.4.2022 – XIII ZB 50/21 – NVwZ-RR 2022, 885 – juris-Rn. 6; Beschl. v. 18.5.2021 – XIII ZB 32/19 – NVwZ-RR 2021, 822 – juris-Rn. 7, 11; Beschl. v. 10.11.2020 – XIII ZB 129/19 – juris-Rn. 8.
100 BGH Beschl. v. 22.2.2022 – XIII ZB 74/20 – juris-Rn. 17 f.
101 StRspr BGH Beschl. v. 18.5.2021 – XIII ZB 32/19 – NVwZ-RR 2021, 822 – juris-Rn. 7; Beschl. v. 15.12.2020 – XIII ZB 16/20 – juris-Rn. 7; Beschl. v. 25.10.2018 – V ZB 69/18 – InfAuslR 2019, 152 – juris-Rn. 5.
102 Vgl. BGH Beschl. v. 22.8.2019 – V ZB 39/19 – juris-Rn. 7.
103 BGH Beschl. v. 22.3.2022 – XIII ZB 1/21 – juris-Rn. 11 aE.
104 LG Flensburg Beschl. v. 13.2.2013 – 5 T 36/13 – juris-Rn. 21 f.
105 BGH Beschl. v. 20.5.2016 – V ZB 140/15 – NVwZ 2016, 1430 – juris-Rn. 6; vgl. BVerfG Beschl. v. 2.7.2018 – 2 BvR 1250/18 – juris-Tenor Abs. 2.
106 BGH Beschl. v. 20.5.2016 – V ZB 140/15 – NVwZ 2016, 1430 – juris-Rn. 7.

FamFG) entschieden und sodann unter Ladung des Rechtsanwaltes ein späterer Termin zur Anhörung für die Entscheidung in der Hauptsache anberaumt werden (→ Rn. 42).

cc) Verfahrenskostenhilfe und Beiordnung

45 Auf Antrag des Betroffenen kann ihm **Verfahrenskostenhilfe** (**VKH**) (§ 76 FamFG, entspricht der *Prozesskostenhilfe [PKH]* gem. §§ 114 ff. ZPO) bewilligt werden, ggf. unter *Beiordnung* eines Rechtsanwaltes. Dies soll es Betroffenen ermöglichen, ihre Rechtsverteidigung ohne Berücksichtigung der wirtschaftlichen Leistungsfähigkeit zu betreiben. Diese Möglichkeit steht allerdings nur dem **Betroffenen** offen, nicht *Vertrauenspersonen* oder *Angehörigen.*[107]

(1) Antrag auf Verfahrenskostenhilfe

46 Verfahrenskostenhilfe wird gem. § 76 Abs. 1 FamFG iVm § 117 ZPO nur auf **Antrag** gewährt. Ob und mit welchem Inhalt ein Antrag vorliegt, muss durch **Auslegung** der Prozesserklärungen des Betroffenen oder seines Verfahrensbevollmächtigten ermittelt werden; die Bezeichnung als „Prozesskostenhilfe" schadet nicht,[108] auch ein Antrag auf die „Zuweisung eines Pflichtverteidigers" ist entsprechend zu verstehen.[109]

47 Der Antrag kann auch **konkludent** gestellt werden, zB durch Angabe des Betroffenen, er wünsche einen Anwalt;[110] das soll jedenfalls bei *fehlenden Anhaltspunkten* für wirtschaftliche Leistungsfähigkeit der Fall sein.[111] Daran ist so viel richtig, als es für die Frage, ob ein Prozessantrag vorliegt, auf eine Auslegung im Gesamtkontext ankommt.[112] Dass der BGH aber fehlende Anhaltspunkte für Leistungsfähigkeit als Kriterium in diese Auslegung einbezieht, geht zu weit; umgekehrt zB ein Begehren um Beiordnung bei Anhaltspunkten für *bestehende Leistungsfähigkeit* nicht als Antrag auszulegen, wäre ersichtlich falsch. Richtigerweise kommt es immer auf die Prozesssituation an, so dass ein Wunsch nach einem Anwalt regelmäßig die gerichtliche **Nachfrage**, ob dies als bloßer (zu gewährender → Rn. 43 f.) Kontaktwunsch oder als ein Antrag auf VKH (mit anschließender **Protokollierung** eines ggf. dann gestellten Antrages) gemeint sei, auslösen sollte.

(2) Antragsprüfung

48 Wird ein Antrag gestellt, muss das Gericht **dreierlei prüfen**: Erstens die *Bedürftigkeit* des Betroffenen, dh seine fehlende wirtschaftliche Leistungsfähigkeit (§ 76 Abs. 1 FamFG iVm §§ 114 Abs. 1 S. 1, 115 ZPO). Zweitens die *Erfolgsaussicht* der Rechtsverteidigung bei fehlender Mutwilligkeit (§ 76 Abs. 1 FamFG iVm § 114 Abs. 1 S. 1 ZPO) und drittens die Erforderlichkeit der *Beiordnung* eines Rechtsanwaltes; denn grds. wird VKH lediglich für die Verfahrenskosten selbst bewilligt (§ 78 Abs. 2 FamFG).

49 Die Prüfung der **Bedürftigkeit** erfolgt auf Grundlage des gem. § 76 Abs. 1 FamFG iVm § 117 Abs. 4 ZPO zwingend zu verwendenden (**PKH-**)**Formulars**, das dem Betroffenen

107 BGH Beschl. v. 22.10.2014 – XII ZB 125/14 – NJW 2015, 234 – juris-Rn. 12.
108 *Weber* in Sternal FamFG § 76 Rn. 10.
109 BGH Beschl. v. 21.1.2016 – V ZB 183/15 – juris-Tenor Abs. 1.
110 BGH Beschl. v. 16.11.2017 – V ZB 78/17 – juris-Rn. 4.
111 BGH Beschl. v. 20.5.2016 – V ZB 140/15 – NVwZ 2016, 1430 – juris-Rn. 5.
112 *Greger* in Zöller ZPO Vorbemerkungen zu §§ 128-252 Rn. 25 mwN.

auszuhändigen ist. Er muss es *ausfüllen* und *unterschreiben* sowie die dort bezeichneten *Belege* beifügen. Fehlt es daran bis zum Abschluss der Instanz, ist der Antrag grds. nicht bewilligungsreif und damit abzulehnen;[113] auch ein erst nach Abschluss der Instanz gestellter Antrag ist ohne Weiteres abzulehnen.[114]

Antragsformular und Belege sind von der Sachakte getrennt zu führen („**Sonderheft VKH**") und dürfen der Behörde nur mit Zustimmung des Betroffenen zugänglich gemacht werden (§ 76 Abs. 1 FamFG iVm § 117 Abs. 2 S. 2 ZPO). Bei der **inhaltlichen Prüfung** ist zu beachten, dass 50

- dem Antrag grds. **Belege für Einkünfte**, Kontostände und Abzugsposten beizufügen sind (§ 76 Abs. 1 FamFG iVm § 117 Abs. 2 S. 1 ZPO); ohne diese ist der Antrag **nicht bewilligungsreif**. Sie müssen dabei grds. **bis zum Abschluss der Instanz** (ggf. nach Fristsetzung, § 76 Abs. 1 FamFG iVm § 118 Abs. 2 S. 4 ZPO) vorliegen, sonst ist der Antrag abzulehnen, da eine rückwirkende Bewilligung nach Abschluss des Verfahrens grds. nicht in Betracht kommt.
- im Falle **untergetauchter Betroffenen ohne Einkommen** werden oftmals **keine Belege** existieren; es kommt statt dieser Glaubhaftmachung durch eidesstattliche Versicherung (§ 76 Abs. 1 FamFG iVm § 118 Abs. 2 S. 1 Var. 2 ZPO) in Betracht, die zu Protokoll erklärt werden kann. Dies ist, da Glaubhaftmachung im VKH-Verfahren jedenfalls Schlüssigkeit erfordert,[115] entbehrlich, wenn zB Obdachlosigkeit offensichtlich ist.
- im Falle der **überraschenden Verhaftung**, bei welcher der Betroffene im Eildienst **keinen Zugriff auf seine Belege** hat, ist zu beachten: Bei fehlendem Verschulden bzgl. der ausstehenden Belege ist dem Betroffenen eine Notfrist zur Einreichung der Belege auch über den Zeitpunkt der verfahrensabschließenden Entscheidung hinaus zu gewähren.[116] Dies kann zB zusammen mit der Sachentscheidung ergehen („Dem Betroffenen wird eine Notfrist bis zum … für die Einreichung der Belege über … für den VKH- und Beiordnungsantrag eingeräumt."). Verstreicht die Frist fruchtlos, ist der Antrag abzulehnen; werden die Belege nachgereicht, wird rückwirkend zum Zeitpunkt der (zunächst unvollständigen) Antragstellung bewilligt.[117]
- die **Berechnung der Bedürftigkeit** mithilfe von lokalen Hilfsmitteln (zB PKH-fix, herunterladbar unter www.pkh-fix.de) oder im Internet verfügbaren Rechnern (zB www.pkh-rechner.de) erfolgen kann; als **Daumenregel** werden in den meisten Fällen der Abschiebungshaft Betroffene bedürftig sein. Insbesondere sind (nicht aufstockende) **Sozialleistungsempfänger** (zB SGB II, SGB XII, AsylbLG) regelmäßig bedürftig und erfüllen die Voraussetzungen für eine Bewilligung von VKH ohne Ratenzahlung;[118] zumal dann, wenn sich Leistungsbescheide in der Ausländerakte befinden und in dem PKH-Formular keine weiteren Einkünfte benannt werden. Dabei sollte

113 BGH Beschl. v. 14.10.2010 – V ZB 214/10 – NVwZ-RR 2011, 41 – juris-Rn. 4.
114 *Weber* in Sternal FamFG § 76 Rn. 53 mwN (str.).
115 OLG Brandenburg Beschl. v. 1.10.2007 – 9 WF 215/07 – FamRZ 2008, 703 – juris-Rn. 4; *Schultzky* in Zöller ZPO § 118 Rn. 21.
116 Vgl. BGH Beschl. v. 6.12.1984 – VII ZR 223/83 – NJW 1985, 921 – juris-Rn. 6 f.
117 OLG Frankfurt Beschl. v. 23.1.2014 – 4 WF 264/13 – NJW 2014, 2367 – juris-Rn. 10 f.; zG *Weber* in Sternal FamFG § 76 Rn. 50 mwN.
118 OLG Karlsruhe Beschl. v. 22.8.2006 – 20 WF 106/06 – FamRZ 2007, 155 – juris-Rn. 6.

das Gericht allerdings ein Ausfüllen des Formulars verlangen und die Angaben einer Schlüssigkeitsprüfung unterziehen, denn die schlüssige Darlegung ist Voraussetzung einer Glaubhaftmachung im VKH-Verfahren.[119]

51 Verfahrenskostenhilfe ist nur zu bewilligen, wenn die Rechtsverteidigung **Aussicht auf Erfolg** hat und nicht mutwillig ist. Das ist der Fall, wenn *zweifelhafte Rechtsfragen* zu klären sind oder sich in *tatsächlicher Hinsicht* schwierige und komplexe Fragen stellen;[120] auch das Unionsrecht gebietet keine Bewilligung unabhängig von der Erfolgsaussicht.[121] Die Erfolgsaussicht ist **objektiv zu bestimmen**, also unabhängig davon, ob das Haftgericht im Beschluss gegen den Betroffenen zu entscheiden beabsichtigt.[122]

52 In Fällen der Abschiebungshaft kommt Erfolgsaussicht **beispielsweise** in Betracht, wenn

- unklare, **höchstrichterlich** noch **nicht geklärte Rechtsfragen** eine Rolle spielen,[123] zB bei zweifelhaften Vermutungs- oder Indiztatbeständen iRd Überstellungshaft (s. Kap. 6),
- **Verfahrens-** oder **Antragsfehler** oder Verstöße gegen das **Übermaßverbot** in Betracht kommen,[124] insbesondere also dann, wenn das Gericht dem Antrag fehlende Aspekte selbst feststellt,
- **Beweiserhebungen** erforderlich sind, da diese iRd VKH nicht vorweggenommen werden dürfen, also zB bei gelebter Familien- oder Eltern-Kind-Beziehung (→ Kap. 2 Rn. 155).

53 Ob Verfahrenskostenhilfe auch unter **Beiordnung eines Rechtsanwaltes** gewährt wird, bemisst sich gem. § 78 Abs. 2 FamFG danach, ob dies wegen der Schwierigkeit der Sach- und Rechtslage erforderlich ist. Maßstab ist, ob auch ein wirtschaftlich leistungsfähiger Betroffener vernünftigerweise rechtsanwaltliche Unterstützung in Anspruch genommen hätte.[125] Das ist auch bei **einfachem Sachverhalt** der Fall, jedenfalls wenn *Verfahrensfehler* oder Verstöße gegen das *Übermaßverbot* in Betracht kommen.[126]

54 Praktisch sollte eine Beiordnung der **Regelfall** sein.[127] Eine Haftanordnung ist ein so erheblicher Grundrechtseingriff, dass sich ein leistungsfähiger Betroffener grundsätzlich rechtsanwaltlicher Hilfe bedienen würde. Auch inhaltlich stellt sich eine Vielzahl komplexer Rechtsfragen im materiellen Haftrecht und bei der Beurteilung der Zulässigkeit von Haftanträgen. Dabei muss das Haftgericht auch bedenken, dass im Falle rechtswidrig unterbliebener Beiordnung die Haftanordnung selbst bei ihrer inhaltlichen Richtigkeit und Bewilligung von Verfahrenskostenhilfe im Übrigen grundrechtsverletzend ist.[128]

---

119 OLG Brandenburg Beschl. v. 1.10.2007 – 9 WF 215/07 – FamRZ 2008, 703 – juris-Rn. 4; *Schultzky* in Zöller ZPO § 118 Rn. 21.
120 BGH Beschl. v. 20.5.2016 – V ZB 140/15 – NVwZ 2016, 1430 – juris-Rn. 15.
121 BGH Beschl. v. 20.5.2016 – V ZB 140/15 – NVwZ 2016, 1430 – juris-Rn. 17.
122 BGH Beschl. v. 20.5.2016 – V ZB 140/15 – NVwZ 2016, 1430 – juris-Rn. 17; Beschl. v. 8.5.2013 – XII ZB 624/12 – NJW 2013, 2198 – juris-Rn. 8.
123 BVerfG Beschl. v. 16.1.2013 – 1 BvR 2004/10 – NJW 2013, 1148 – juris-Rn. 18.
124 Vgl. BGH Beschl. v. 28.2.2013 – V ZB 138/12 – InfAuslR 2013, 287 – juris-Rn. 15.
125 BGH Beschl. v. 28.2.2013 – V ZB 138/12 – InfAuslR 2013, 287 – juris-Rn. 14.
126 BGH Beschl. v. 12.9.2013 – V ZB 121/12 – InfAuslR 2014, 6 – juris-Rn. 8.
127 BGH Beschl. v. 12.9.2013 – V ZB 121/12 – InfAuslR 2014, 6 – juris-Rn. 7.
128 BGH Beschl. v. 12.9.2013 – V ZB 121/12 – InfAuslR 2014, 6 – juris-Rn. 11.

(3) Entscheidung über den Antrag

Soweit der Antrag **bewilligungsreif** ist, ist Verfahrenskostenhilfe (*praktisch* grds. unter *Beiordnung* eines Rechtsanwaltes → Rn. 54) zu gewähren. Dies bezieht sich nur auf das **Verfahren, für das** sie **beantragt** wurde. Da die Verfahren auf Erlass einer *einstweiligen Anordnung* (§ 427 FamFG) und die *Hauptsache* getrennt zu beurteilen sind (§ 51 Abs. 3 S. 1 FamFG),[129] muss grds. auch getrennt bewilligt werden.[130] Praktisch wird aber ein Antrag in der Anhörung regelmäßig als ein solcher auf Bewilligung in *beiden* Antragsverfahren (soweit sie anhängig sind) zu verstehen und zu bescheiden sein. 55

Die **Bewilligung** und **Beiordnung** kann **zusammen mit der Sachentscheidung** als weiterer Tenorpunkt ergehen. Sie kann insofern als Nebenentscheidung formelhaft begründet werden (zB „Die Entscheidung über die Verfahrenskostenhilfe und Beiordnung folgt aus §§ 76 ff. FamFG iVm §§ 114 ff. ZPO."). Ergeht die stattgebende Entscheidung als separater Beschluss, bedarf sie keiner Begründung. Da § 48 Abs. 6 RVG in Sachen der Vergütung für rechtsanwaltliche Vertretungshandlungen eine Rückwirkung anordnet, muss der **Bewilligungszeitpunkt** praktisch nicht austenoriert werden. 56

- **Bewilligung:** „Dem Betroffenen wird (im Verfahren auf Erlass einer einstweiligen Anordnung und in der Hauptsache jeweils) für die erste Instanz Verfahrenskostenhilfe unter Beiordnung von Rechtsanwalt … bewilligt."

Auch die **Ablehnung** kann **zusammen mit der Sachentscheidung** als weiterer Tenorpunkt ergehen. Gleichsam reicht regelmäßig eine knappe Begründung aus (zB: „Die beantragte Verfahrenskostenhilfe war gem. § 76 Abs. 1 FamFG iVm § 114 Abs. 1 S. 1 ZPO abzulehnen, weil nach Maßgabe der vorstehenden Ausführungen keine Erfolgsaussicht der Rechtsverteidigung bestand."). 57

- **Ablehnung:** „Zugleich wird der Antrag auf Bewilligung von Verfahrenskostenhilfe unter Beiordnung von … abgelehnt."

d) Dolmetscher

Zur Anhörung ist ein Dolmetscher hinzuzuziehen, soweit der Betroffene der **deutschen Sprache** nicht **hinreichend mächtig** ist (§ 185 Abs. 1 S. 1 GVG). Ob er das ist, muss das Haftgericht nach seinem Ermessen beurteilen. Erforderlich ist, dass der Betroffene dem Verfahren folgen und die zur zweckentsprechenden Rechtsverteidigung erforderlichen Erklärungen abgeben und Angaben machen kann; ein *bloßes Verstehen* bei unzureichender *Ausdrucksfähigkeit* genügt nicht.[131] 58

Ein Dolmetscher ist zwar nicht erforderlich, wenn das **Haftgericht** die **Sprache** des Betroffenen selbst spricht (§ 185 Abs. 3 GVG). Da aber eingangs der Anhörung der (oftmals zahlreiche Seiten umfassende) Haftantrag mündlich zu übersetzen ist (→ Rn. 70 f.), sollte aus Praktikabilitätsgründen nur äußerst selten auf einen Dolmetscher verzichtet werden. 59

Um eine etwaige Unterbrechung der Anhörung zwecks Hinzuziehung eines Dolmetschers zu vermeiden, bietet es sich an, im **Zweifelsfall** auch bei grds. des Deutschen 60

129 BGH Beschl. v. 18.12.2014 – V ZB 114/13 – InfAuslR 2015, 187 – juris-Rn. 12.
130 Vgl. *Vogel* FPR 2009, 381 (383).
131 BGH Beschl. v. 12.5.2011 – V ZB 309/10 – juris-Rn. 11.

mächtigen Betroffenen **vorsorglich** einen Dolmetscher beizuziehen.[132] Dies hat, wie auch bei sonstigem Dolmetschereinsatz, für den Betroffenen **kostenfrei** zu erfolgen.[133]

61 Der Dolmetscher muss sich entweder auf seinen allgemein geleisteten **Eid** berufen, oder vereidigt werden (§ 189 Abs. 1 GVG). Eine unterbliebene Vereidigung führt aber nicht zur Rechtswidrigkeit der Haftanordnung, wenn die **Verständigung funktioniert** hat.[134] Letzteres muss das Haftgericht *überprüfen*, zB durch eigene Nachfrage,[135] was nicht zwingend zu protokollieren ist.

4. Ladung und (zwangsweise) Vorführung

62 Die Vorgaben an die Terminsanberaumung und Ladung unterscheiden sich danach, ob es sich um eine **Vorführung nach Festnahme** oder um einen **Vorab-Haftantrag** handelt, der gegen einen zB in *Freiheit befindlichen* oder in anderer Sache *inhaftierten Betroffenen* gerichtet ist.

a) Verfahren nach Festnahme

63 Die Terminsanberaumung geschieht in der Praxis insbesondere im **Eildienst** regelmäßig auf Zuruf gegenüber der Geschäftsstelle bzw. Protokollkraft. Dabei wird der Betroffene aus der Gewahrsamsstelle vorgeführt. Darüber hinaus werden die *Behörde*, der *Dolmetscher*, ein etwaiger *Verfahrenspfleger* und der *Verfahrensbevollmächtigte* **mündlich geladen**, was aktenkundig zu machen ist. Eine angemessene **Ladungsfrist** gem. § 32 Abs. 2 FamFG ist der kürzeste Zeitraum, binnen dessen die Beteiligten anreisen können, da Art. 104 Abs. 2 S. 2 GG eine unverzügliche Entscheidung gebietet (zur Terminsverlegung bzw. Entscheidung zunächst nur im *einstweiligen Verfahren* → Rn. 37 ff.). Soweit Beteiligte hierbei nicht erreichbar sind, sollte auch dies notiert werden, da andernfalls ggf. insofern eine Verletzung des Anspruchs auf rechtliches Gehör geltend gemacht werden kann.

64 Praktisch bietet es sich an, die telefonische Ladung des **Verfahrensbevollmächtigten** durch den *Richter* selbst vorzunehmen. Gelegentlich kann dabei das erwartete Vorgehen besprochen werden, um dem Betroffenen zB etwas ausrichten zu lassen und abzuklären, inwiefern zunächst zB wegen mangelnder Zeit für eine Terminsteilnahme *einstweilig* (§ 427 FamFG) und wann an einem späteren Termin in der *Hauptsache* entschieden werden soll. Ein entsprechender Vermerk ist in die Akte aufzunehmen.

b) Vorab-Haftantrag

65 In **Vorab-Haftsachen** kann die Ladung **schriftlich** (mit EB gegenüber Behörden und Verfahrensbevollmächtigten und im Übrigen mit ZU, bzw. für inhaftierten Betroffenen mit GefZU) erfolgen. Eine angemessene **Ladungsfrist** gem. § 32 Abs. 2 FamFG ist danach zu bemessen, inwiefern einerseits die Beteiligten Vorbereitungszeit benötigen und andererseits der Erfolg des Verfahrens gefährdet ist (zB bei drohender Entlassung des Betroffenen aus anderweitiger Inhaftierung).

132 Vgl. BGH Beschl. v. 13.7.2017 – V ZB 89/16 – juris-Rn. 9.
133 StRspr BGH Beschl. v. 13.7.2017 – V ZB 89/16 – juris-Rn. 9; Beschl. v. 4.3.2010 – V ZB 222/09 – BGHZ 184, 323 – juris-Rn. 21.
134 BGH Beschl. v. 6.4.2017 – V ZB 59/16 – InfAuslR 2017, 292 – juris-Rn. 11.
135 BGH Beschl. v. 4.3.2010 – V ZB 184/09 – FGPrax 2010, 152 – juris-Rn. 15.

Zweckmäßig ist es, bei der Ladung darauf hinzuweisen, dass im Falle der Nichtbefolgung die **zwangsweise Vorführung** angeordnet werden kann.[136] Erscheint der Betroffene sodann *nicht freiwillig* (auch, indem er sich zB weigert, seine Haftzelle zu verlassen), kann das Gericht die *sofortige Vorführung* gem. § 420 Abs. 1 S. 2 FamFG anordnen. Der Wortlaut „sofortig" zeigt, dass dies auch noch vor dem und im Termin für den Termin möglich ist. Die Entscheidung ergeht gem. § 420 Abs. 1 S. 3 FamFG durch unanfechtbaren **Beschluss**, der zB wie folgt gefasst werden kann: 66

- „Die sofortige zwangsweise Vorführung des Betroffenen zum heutigen Anhörungstermin wird iWd Ermessens gem. § 420 Abs. 1 S. 2 FamFG angeordnet, da auf die persönliche Anhörung in Freiheitsentziehungssachen nicht verzichtet werden kann. Dieser Beschluss ist unanfechtbar (§ 420 Abs. 1 S. 3 FamFG)."

Befindet sich der Betroffene in **Justizhaft** (zB Untersuchungs- und Strafhaft), ist seine Vorführung je nach landesrechtlicher Regelung oder Übung durch *Justizpersonal* oder *Kräfte des Antragstellers* zu veranlassen. Ist er in einer **Abschiebungshaftanstalt** inhaftiert (zB bei einem Hauptsache-Termin nach einstweiliger Anordnung oder Termin für den Haftverlängerungsantrag), ist die Vorführung durch *Kräfte des Antragstellers* durchzuführen. Die entsprechende Veranlassung ist dem Antragsteller bei der Ladung *aufzugeben*. 67

5. Ablauf des Anhörungstermins

Der konkrete Ablauf des **nicht öffentlichen Anhörungstermins** (§ 170 Abs. 1 GVG) ist durch das FamFG nur **gering determiniert**. Er richtet sich danach, was erforderlich ist, um den Sachverhalt im Rahmen der *Amtsermittlung* (§ 26 FamFG) hinreichend aufzuklären.[137] Insbesondere muss der Fall in tatsächlicher Hinsicht hinreichend mit den anwesenden Beteiligten erörtert werden, damit das Haftgericht die **Angaben** der Behörde **überprüfen** und sodann eigene Feststellungen treffen kann.[138] 68

a) Aushändigung des Haftantrages

Dem Betroffenen ist zur Gewährung rechtlichen Gehörs (Art. 103 Abs. 1 GG)[139] eine Kopie des Haftantrages vor einer Verhandlung zur Sache[140] **auszuhändigen** und (in einer ihm verständlichen, nicht notwendig Muttersprache[141]) **mündlich zu übersetzen**, was (zB im Sitzungsprotokoll) aktenkundig zu machen ist;[142] ggf. kann dieser Umstand auch noch im Nachgang durch einen Vermerk oder eine dienstliche Stellungnahme 69

136 *Heidebacher* in Haußleiter FamFG § 420 Rn. 9.
137 BGH Beschl. v. 17.6.2010 – V ZB 3/10 – NVwZ 2011, 317 – juris-Rn. 22.
138 StRspr BGH Beschl. v. 11.10.2018 – V ZB 70/17 – juris-Rn. 6; Beschl. v. 20.1.2011 – V ZB 226/10 – InfAuslR 2011, 202 – juris-Rn. 15.
139 BVerfG Beschl. v. 14.5.2020 – 2 BvR 993/15 – InfAuslR 2020, 347 – juris-Rn. 53 f.
140 Nicht notwendig vor der Personalienfeststellung, BGH Beschl. v. 11.7.2023 – XIII ZA 3/23 – juris-Rn. 13.
141 BVerfG Beschl. v. 14.5.2020 – 2 BvR 993/15 – InfAuslR 2020, 347 – juris-Rn. 53 f.; BGH Beschl. v. 18.2.2016 – V ZB 23/15 – InfAuslR 2016, 235 – juris-Rn. 26.
142 StRspr BGH Beschl. v. 18.2.2016 – V ZB 23/15 – InfAuslR 2016, 235 – juris-Rn. 22; Beschl. v. 4.3.2010 – V ZB 222/09 – BGHZ 184, 323 – juris-Rn. 17.

belegt werden.[143] Die bloße „Bekanntgabe" des Antrages genügt jedoch nicht,[144] auch nicht, dass lediglich „der Sachverhalt vorgetragen" wird.[145]

aa) Vollständige mündliche Übersetzung

70 Zu übersetzen ist der **gesamte Haftantrag**, nicht lediglich der wesentliche Inhalt.[146] Dies betrifft auch *schriftliche Nachträge* bzw. *Ergänzungen*.[147] Die *Ausländerakte* bzw. der diese ersetzende Aktenauszug muss aber nicht übersetzt werden,[148] auch *Anlagen* nicht, soweit sie die Umstände im Haftantrag nur belegen und nicht selbständig entscheidungserhebliche Angaben enthalten.[149]

71 Eine Übersetzung genügt **mündlich**. Schriftliche Übersetzungen sind jedenfalls bei einfach gelagerten und überschaubaren Haftanträgen von lediglich geringem Umfang nicht erforderlich,[150] was praktisch regelmäßig der Fall ist. Konstellationen, in denen der BGH eine schriftliche Übersetzung für notwendig gehalten hätte, sind nicht bekannt. Dies würde auch eine Überforderung der beteiligten Behörden bedeuten und darf jedenfalls für Anträge auf Erlass einstweiliger Anordnungen nicht verlangt werden.[151]

bb) Aushändigungszeitpunkt und Adressat

72 Die Aushändigung samt Übersetzung soll grds. rechtzeitig **vor dem Termin** geschehen; bei einfach gelagerten Sachverhalten, zu denen der Betroffene ohne Weiteres auskunftsfähig ist, genügt aber die Aushändigung zu **Beginn des Termins**.[152] Rügt der Betroffene bei komplexeren Sachverhalten fehlende Vorbereitungszeit für die Verteidigung und Besprechung mit seinem Rechtsanwalt, ist die Sitzung ggf. kurzzeitig zu unterbrechen oder zunächst nur *einstweilig* (§ 427 FamFG) zu entscheiden und erst nach Vorbereitungszeit einige Tage später in der Hauptsache.[153]

73 **Adressat** der Aushändigung ist der **Betroffene** sowie sein ggf. vorhandener **Verfahrensbevollmächtigter**, *Verfahrenspfleger* und sonstige *Beteiligte* (abseits der Behörde). Eine Aushändigung an den Verfahrenspfleger unter Übergehung des Betroffenen begründet jedoch keinen Verfahrensfehler.[154] Ob dies auch für Vertrauenspersonen (→ Rn. 22 ff.) gilt, ist noch nicht entschieden.[155] Da Vertrauenspersonen aber ausschließlich *im Interesse* des Betroffenen beteiligt werden, wird man dies vergleichbar beurteilen müssen. Eine fehlende Aushändigung an den Betroffenen wird durch eine solche an seinen

143 BGH Beschl. v. 7.4.2020 – XIII ZB 37/19 – juris-Rn. 14 ff., dies kann auch nach Einlegung eines (hierauf gestützten) Rechtsmittels noch geschehen (Ebd. juris-Rn. 18).
144 BGH Beschl. v. 14.6.2012 – V ZB 284/11 – InfAuslR 2012, 369 – juris-Rn. 9.
145 BGH Beschl. v. 8.3.2012 – V ZB 276/11 – juris-Rn. 5.
146 BGH Beschl. v. 12.3.2015 – V ZB 187/14 – InfAuslR 2015, 301 – juris-Rn. 4 mwN.
147 BGH Beschl. v. 11.10.2012 – V ZB 274/11 – InfAuslR 2013, 77 – juris-Rn. 7.
148 *Schmidt-Räntsch* NVwZ 2014, 110 (118).
149 BGH Beschl. v. 10.11.2020 – XIII ZB 69/19 – juris-Rn. 12.
150 StRspr BGH Beschl. v. 24.6.2020 – XIII ZB 6/19 – juris-Rn. 20; Beschl. v. 26.9.2013 – V ZB 84/13 – juris-Rn. 7; Beschl. v. 4.3.2010 – V ZB 222/09 – BGHZ 184, 323 – juris-Rn. 17.
151 *Schmidt-Räntsch* NVwZ 2014, 110 (119).
152 StRspr BGH Beschl. v. 16.7.2014 – V ZB 80/13 – InfAuslR 2014, 384 – juris-Rn. 8; Beschl. v. 4.3.2010 – V ZB 222/09 – BGHZ 184, 323 – juris-Rn. 17.
153 BGH Beschl. v. 28.4.2011 – V ZB 118/10 – juris-Rn. 22 f.
154 BGH Beschl. v. 26.9.2013 – V ZB 212/12 – FamRZ 2014, 195 – juris-Rn. 11.
155 BGH Beschl. v. 16.1.2014 – V ZB 108/13 – juris-Rn. 8.

Verfahrensbevollmächtigten (auch iRd Akteneinsicht) geheilt, soweit die Anhörung anschließend (in Anwesenheit des Bevollmächtigten[156]) stattfindet.[157]

Praktisch bietet sich im **Eildienst** an, einen ggf. erforderlichen Dolmetscher unverzüglich zu laden und dem Betroffenen den Haftantrag bereits vor Terminsbeginn *im Gewahrsam* auszuhändigen und übersetzen zu lassen; dies ist zwingend aktenkundig zu machen.[158] Im **regulären Dienst** sollte der Haftantrag *zusammen mit der Ladung* sowohl an den Betroffenen, als auch seinen Verfahrensbevollmächtigten übersandt und dies aktenkundig gemacht werden. Ggf. sollte die Verschubung in den gerichtlichen Gewahrsam zusammen mit der Dolmetscherladung zeitlich so veranlasst werden, dass noch im Gewahrsam die Übersetzung vor Terminsbeginn erfolgt. 74

b) Belehrungen des Betroffenen

Zunächst ist der Betroffene über seine **Aussagefreiheit** zu belehren. Das FamFG sieht eine solche Belehrung zwar nicht vor, allerdings folgt der Grundsatz der *Selbstbelastungsfreiheit* (nemo tenetur se ipsum prodere) aus Art. 2 Abs. 1, 1 Abs. 1 GG und ist Teil des allgemeinen Rechtsstaatsprinzips.[159] Auch im Bereich des FamFG ist daher niemand verpflichtet, in Fragen eigener Haft oder Unterbringung aktiv zur Sachaufklärung beizutragen.[160] 75

Ebenso ist über das Recht, sich jederzeit **rechtsanwaltlichen Beistandes** zu bedienen zu dürfen (→ Rn. 30 f.), zu belehren.[161] 76

Darüber hinaus ist er nach **Art. 36** Abs. 1 lit. b S. 3 des **Wiener Konsularübereinkommens (WÜK)** über sein Recht zu belehren, die *konsularische Vertretung* seines Heimatlandes unverzüglich von der Freiheitsentziehung *unterrichten* zu lassen. Die Belehrung muss zwingend erfolgen, wenn der Betroffene Staatsangehöriger eines der derzeit 182 Vertragsstaaten (Stand: 13.4.2023) des WÜK ist. Fehler hierbei führen aber nur bei (praktisch kaum vorstellbarer) Möglichkeit der Ergebnisbeeinflussung zur Rechtswidrigkeit der Haft.[162] 77

Bestehen *zusätzlich* **bilaterale Abkommen**, ist, gem. § 73 Abs. 2 WÜK auch über das Recht nach dem WÜK zu belehren.[163] Bestehen *statt des WÜK* entsprechende Abkommen, sind diese vielfach vergleichbar ausgestaltet, so dass sich am Inhalt der Belehrung nichts ändert.[164] 78

Soweit gelegentlich formuliert wird, der Betroffene sei in Fällen des Vorbringens haftrechtlich unbeachtlicher **Abschiebungshindernisse** (→ Kap. 2 Rn. 130 ff.) über die Möglichkeiten **verwaltungsgerichtlichen Eilrechtsschutzes** (§§ 80, 123 VwGO) zu be- 79

156 BGH Beschl. v. 30.10.2013 – V ZB 43/13 – juris-Rn. 6.
157 BGH Beschl. v. 18.2.2016 – V ZB 23/15 – InfAuslR 2016, 235 – juris-Rn. 26; Beschl. v. 30.10.2013 – V ZB 6/13 – juris-Rn. 6.
158 Vgl. BGH Beschl. v. 16.1.2014 – V ZB 108/13 – juris-Rn. 5.
159 BVerfG Beschl. v. 6.9.2016 – 2 BvR 890/16 – JZ 2016, 1113 – juris-Rn. 34 mwN.
160 OLG Hamm Beschl. v. 22.12.2011 – I-23 W 3/11 – NStZ-RR 2012, 188 – juris-Rn. 63.
161 BGH Beschl. v. 5.4.2022 – XIII ZB 22/21 – juris-Rn. 9.
162 BGH Beschl. v. 22.6.2021 – XIII ZB 38/20 – juris-Rn. 9.
163 BGH Beschl. v. 20.10.2016 – V ZB 106/15 – juris-Rn. 5.
164 Vgl. zu *Sierra Leone* BGH Beschl. v. 6.5.2010 – V ZB 223/09 – InfAuslR 2010, 364 – juris-Rn. 17.

lehren[165] und es seien gar entsprechende Anträge aufzunehmen und weiterzuleiten,[166] ist dies von einem übertriebenen Fürsorgegedanken getragen. Wenn sich nach Bestandskraft von Bescheiden die Sachlage ändert[167] oder Bescheide und damit Rechtsmittelbelehrungen fehlen (zB § 62 Abs. 3 S. 1 Nr. 2 AufenthG), mag dies noch vertretbar sein; ansonsten dürften entsprechende Hinweise aber die Gefahr einer Ablehnung wegen Besorgnis der Befangenheit durch die Behörde begründen (§ 6 FamFG iVm § 42 Abs. 2 ZPO).

80 Die *Belehrung* des Betroffenen, seine *Reaktion* auf diese und, soweit verlangt, die *Unterrichtung* der konsularischen Vertretung (zB durch „gef. u. ab"-Vermerk für ein entsprechendes Schreiben) sind **zu protokollieren.**[168] Ohne dies ist die Haftanordnung rechtswidrig, wenn der Betroffene darlegen kann, bei ordnungsgemäßem Verfahren wäre eine andere Entscheidung möglich gewesen.[169]

c) Muster-Ablaufplan

81 Der Ablauf der (nicht öffentlichen, § 170 Abs. 1 GVG) Sitzung kann **beispielsweise** wie folgt gehandhabt werden:

- **Feststellung der Anwesenheiten**, ggf. unter Vereidigung (§ 189 Abs. 1 GVG) des Dolmetschers.
- Eröffnung des **Anhörungsgrundes** ggü. dem Betroffenen.
- **Aufnahme der Personalien** des Betroffenen. Vom Haftantrag abweichende Personalien sollten, soweit nicht unmittelbare Aufklärung etwaiger Fehler möglich ist, als Alias-Personalie in das Protokoll (sowie später in den Beschluss) aufgenommen werden.
- **Belehrung** des Betroffenen über sein **Schweigerecht** (→ Rn. 75), sein Recht, sich jederzeit **rechtsanwaltlichen Beistandes** zu bedienen (→ Rn. 30 ff., 76) und (soweit noch nicht nach polizeilichem Aufgriff nachvollziehbar geschehen[170]) seine Rechte nach dem **WÜK** bzw. sonstiger bilateraler Abkommen (→ Rn. 77). Soweit der Betroffene um einen Anwalt nachsucht, ist ihm in einer Unterbrechung zB die Rufnummer eines anwaltlichen Notdienstes nebst Telefon zur Verfügung zu stellen und ggf. der Termin erst fortzusetzen, sobald ein entsprechend beauftragter Rechtsanwalt anreisen kann; kann dies nicht zeitnah erfolgen, ist ggf. nur einstweilig zu entscheiden (im Einzelnen → Rn. 40 ff.). Wird dabei auch **Verfahrenskostenhilfe** beantragt (→ Rn. 40 ff.), kann darüber ggf. gleich entschieden werden, wobei regelmäßig eine Ausfertigung des VKH- und Beiordnungsbeschlusses als Anlage zum Sitzungsprotokoll genommen wird; alternativ kann die Entscheidung zusammen mit der Sachentscheidung ergehen (→ Rn. 56 f.). Wünscht der Betroffene eine Botschaftsbenachrichtigung, ist diese unverzüglich zu veranlassen; dies kann auch nach dem Termin geschehen.

---

165 *Marx* AufenthaltsR-HdB § 8 Rn. 90.
166 BGH Beschl. v. 25.9.1980 – VII ZB 5/80 – BGHZ 78, 145 – juris-Rn. 19.
167 OLG Brandenburg Beschl. v. 28.8.2002 – 8 Wx 32/02 – InfAuslR 2002, 478 – juris-Rn. 41.
168 BGH Beschl. v. 18.11.2010 – V ZB 165/10 – InfAuslR 2011, 119 – juris-Rn. 5.
169 BGH Beschl. v. 30.3.2017 – V ZB 128/16 – NVwZ 2017, 1231 – juris-Rn. 16; Beschl. v. 22.10.2015 – V ZB 79/15 – NVwZ 2016, 711 – juris-Rn. 12.
170 Vgl. BGH Beschl. v. 15.7.2010 – V ZB 10/10 – NVwZ 2011, 127 – juris-Rn. 9.

- **Übergabe (und Übersetzung)** des vollständigen Haftantrages sowie etwaiger Nachträge an den Betroffenen und ggf. seinen Verfahrensbevollmächtigten nebst Protokollierung dieser Umstände (→ Rn. 69 ff.). Dieser Schritt kann unterbleiben, soweit er bereits vor Terminsbeginn zB im Gewahrsam vollzogen wurde; all dies ist zwingend zu protokollieren (→ Rn. 74).
- **Aufnahme** etwaiger **Nachträge oder Ergänzungen** seitens der Behörde, ggf. unter Aufnahme auch eines vorigen gerichtlichen Hinweises (→ Kap. 12 Rn. 82). Aus dem Protokoll muss sich ergeben, welchen Inhalt Hinweis (§ 28 Abs. 2 FamFG) und etwaige Angaben haben und dass der Betroffene auch insofern Gelegenheit zur Stellungnahme hatte.
- Besteht **Aussagebereitschaft**, sind entsprechende Angaben entgegenzunehmen und zu protokollieren.
- **Aufnahme der Anträge** der Beteiligten, wobei seitens der Behörde regelmäßig der Antrag aus dem Antragsschriftsatz gestellt und vom Betroffenen bzw. seinem Verfahrensbevollmächtigten regelmäßig die Zurückweisung des Haftantrages beantragt wird. Soweit die Behörde eine **abweichende Dauer** des beantragten Haftzeitraumes macht, ist die Begründung hierfür zu Protokoll zu nehmen. Fehlt diese oder reicht nicht hin und wird längere als die schriftlich begehrte Haft beantragt, ist der Haftantrag teilweise (für den überschießenden Teil) mangels Begründung unzulässig.[171] Er kann auch insgesamt unzulässig sein, wenn wegen der neuen Angaben nicht mehr schlüssig dargelegt ist, dass der Betroffene in der ursprünglich beantragten Zeit abgeschoben werden kann.
- Ggf. **Unterbrechung** zur **Vorbereitung der Entscheidung**. Dies kann weitgehend vermieden werden, soweit man den Haftbeschluss bereits vor dem Termin vorbereitet; kleinere Änderungen ggü. der vorbereiteten Fassung können regelmäßig (je nach IT-Ausstattung des Sitzungszimmers) noch direkt im Termin eingepflegt werden.
- **Verkündung der Entscheidung** durch Verlesen der Beschlussformel (§ 41 Abs. 2 FamFG), bei Stattgabe unter Anordnung ihrer **sofortigen Wirksamkeit** (→ Rn. 121 f.).
- Befragung des Betroffenen, welche **Person** von der **Inhaftierung benachrichtigt** werden soll (§ 432 FamFG, Art. 104 Abs. 4 GG). Auf die Benachrichtigung kann der Betroffene wegen seines Rechtes auf informationelle Selbstbestimmung verzichten,[172] jedenfalls führt die Unterlassung im Falle des Verzichtes nicht zur Rechtswidrigkeit der Haftanordnung.[173] Ebenso ist nach dem WÜK bzw. bilateralen Abkommen zu befragen, ob eine **Botschaftsbenachrichtigung** gewünscht wird; diese ist sodann entsprechend vorzunehmen (→ Rn. 77 f.). Besteht eine **Benachrichtigungspflicht**, ist dies dem Betroffenen entsprechend mitzuteilen und pflichtgemäß zu verfahren.
- Die **stattgebende Entscheidung** samt **Rechtsmittelbelehrung** ist dem Betroffenen zu **übersetzen** und (soweit nicht ein reiner **„Stuhlbeschluss"** ergeht → Rn. 82) die Beschlussausfertigung **schriftlich auszuhändigen** (§ 41 Abs. 2 S. 4 FamFG, erst mit Aushändigung beginnt die Rechtsmittelfrist zu laufen, § 63 Abs. 3 S. 1 FamFG). Statt

171 BGH Beschl. v. 30.6.2011 – V ZB 24/11 – juris-Rn. 11.
172 *Günther* in BeckOK FamFG § 339 Rn. 4 (str.).
173 BGH Beschl. v. 21.1.2016 – V ZB 6/14 – NVwZ-RR 2016, 89 – juris-Rn. 10 ff.

Übersetzung vor Ort kann auch nachgelagerte *schriftliche Übersetzung* erfolgen, für die regelmäßig der anwesende Dolmetscher einen *Übersetzungsauftrag* zur Erledigung binnen 48 Stunden erhält.[174] Ist ein **Verfahrensbevollmächtigter** bestellt (was voraussetzt, dass dies dem Gericht durch den Rechtsanwalt oder Betroffenen mitgeteilt ist[175]), kommt es für die Rechtsmittelfrist auf die Zustellung an diesen an.[176] Ihm muss daher ebenfalls eine Ausfertigung übergeben bzw. bei Abwesenheit (zB per Fax gegen EB) zugestellt werden (§ 15 Abs. 2 S. 1 FamFG iVm § 172 Abs. 1 S. 1 ZPO). Zugestellt werden muss auch an **fakultative Beteiligte** (zB Vertrauenspersonen[177]), wenn der Beschluss nicht deren erklärtem Willen entspricht (§ 41 Abs. 1 S. 2 FamFG).

- Die **zurückweisende Entscheidung** samt **Rechtsmittelbelehrung** ist entsprechend dem vorigen Punkt der Behörde **schriftlich auszuhändigen.** Ist für sie kein Sitzungsvertreter anwesend, muss ihr der Beschluss gegen EB zugestellt werden (§ 41 Abs. 1 S. 2 FamFG); bei reinem **„Stuhlbeschluss"** ist die Entscheidung durch Übersendung der Sitzungsniederschrift bekanntzugeben und anschließend schriftlich zu begründen und zuzustellen (→ Rn. 83).
- Ein **Aufnahmeersuchen** ist im Falle der Haftanordnung regelmäßig **nicht** auszufüllen, da der Vollzug der Haft der Behörde obliegt (§ 422 Abs. 3 FamFG) und diese daher alles Weitere zu veranlassen hat.
- Ein etwaiger **Rechtsmittelverzicht** ist aufzunehmen. Bei anwaltlich nicht vertretenen Betroffenen muss eingehend über die Folgen des Verzichtes belehrt werden (→ Kap. 14 Rn. 34); dies und der Verzicht selbst müssen entweder im Protokoll oder in einem begleitenden Vermerk niedergelegt sein.[178]
- Alle vorgenannten Punkte sind in einem **Vermerk** niederzulegen (§ 28 Abs. 4 FamFG), der aus praktischen Gründen als **Sitzungsniederschrift** gestaltet sein sollte; die strengen Anforderungen der §§ 159 ff. ZPO[179] gelten hierfür aber nicht.[180] Eine protokollierte Einlassung des Betroffenen ist diesem auch nicht zwingend zur Durchsicht und Unterschrift oder Genehmigung vorzulesen[181] oder vorzulegen.

d) Entscheidung(sgründe) (nicht) in der Sitzung

82 Eine Entscheidung zum *Schluss der Sitzung* stellt den **Regelfall** dar und ist grds. auch erforderlich, um innerhalb der Frist des § 428 Abs. 1 S. 2 FamFG nach Festnahme entscheiden zu können. Dabei muss die Entscheidung nicht zwingend schon **schriftlich vollständig abgefasst** sein: Es genügt, dem Betroffenen (nicht notwendig allen Beteiligten[182]) den *Tenor* des Beschlusses durch *Verlesung* (und ggf. Übersetzung) zu verkünden,

174 Dies ist am AG Tiergarten der Regelfall.
175 BGH Beschl. v. 1.12.2011 – V ZB 73/11 – NVwZ 2012, 319 – juris-Rn. 10.
176 BGH Beschl. v. 3.5.2018 – V ZB 230/17 – Asylmagazin 2018, 387 – juris-Rn. 5.
177 BGH Beschl. v. 4.4.2023 – XIII ZB 75/20 – juris-Rn. 7.
178 BGH Beschl. v. 4.12.2014 – V ZB 87/14 – InfAuslR 2015, 146 – juris-Rn. 3; Beschl. v. 1.12.2011 – V ZB 73/11 – NVwZ 2012, 319 – juris-Rn. 6.
179 *Sternal* in Sternal FamFG § 28 Rn. 30.
180 BGH Beschl. v. 7.4.2020 – XIII ZB 37/19 – juris-Rn. 14.
181 So auch *Grotkopp* Abschiebungshaft Rn. 515, der aber ein Vorlesen *ohne* Genehmigung bzw. Unterzeichnung aufgrund von „allgemeinen rechtsstaatlichen Gesichtspunkten" für erforderlich hält.
182 *Jokisch* in Sternal FamFG § 41 Rn. 18; *Ulrici* in MüKoFamFG § 41 Rn. 5, 10.

§ 41 Abs. 2 S. 1 FamFG. Durch einen solchen **„Stuhlbeschluss"** ist die Entscheidung wirksam.[183]

83 Liegen die **schriftlichen Gründe** noch nicht vor, sind sie *unverzüglich* nach Sitzungsende zu fertigen, § 41 Abs. 2 S. 3 FamFG. Unverzüglichkeit meint im Regelfall nicht mehr als drei Wochen (vgl. § 310 Abs. 1 S. 2 ZPO).[184] Der vollständig abgefasste Beschluss ist dann *schriftlich bekanntzugeben*, § 41 Abs. 2 S. 4 FamFG. Erst damit beginnt die **Rechtsmittelfrist** zu laufen, § 63 Abs. 3 S. 1 FamFG.

84 Bei **Vorab-Haftanträgen** kann eine Entscheidung auch in der Sache ggf. aufgeschoben werden: Befindet sich der Betroffene zB in anderweitiger Haft, die noch einige Zeit andauert, kann nach Anhörung noch *Bedenkzeit* genommen oder eine *Schriftsatzfrist* gewährt und nach Fristablauf entschieden werden. Die erforderliche mündliche Anhörung (→ Rn. 12) ist mit dem Termin erfolgt: Den persönlichen Eindruck vom Betroffenen hat das Gericht dann gewonnen, so dass weitere Fragen schriftsätzlich geklärt werden können.

85 Ein solches **Verschieben** der Entscheidung ist in *zweierlei Hinsicht* denkbar: Entweder kann die Sitzung unterbrochen und zu einem späteren Zeitpunkt zur Verkündung fortgesetzt werden (sog. **Verkündungstermin**). Oder am Schluss der Sitzung kann entschieden werden, die Entscheidung im **Dezernatswege** ergehen zu lassen. Die entsprechenden Beschlüsse können zB so lauten:

- „Termin zur Verkündung der Entscheidung wird auf … bestimmt, zu dem die Beteiligten (ggf.: und der Dolmetscher) hiermit mündlich geladen sind. (ggf.: Dem Antragsteller wird aufgegeben, den Betroffenen zum Termin vorzuführen.)"
- „Die Entscheidung ergeht im Dezernatswege."

86 Beide Varianten sind angesichts der geringen **Determinationsdichte** des Verfahrensrechtes (→ Rn. 68) zulässig. Denn gem. § 41 FamFG hat das Gericht **Ermessen** in der Frage, ob mündlich *verkündet* oder (nur) schriftlich *bekanntgegeben* wird.[185] Dabei kann schriftlich zwischen *förmlicher Zustellung* und *Aufgabe zur Post* gewählt werden (§ 15 Abs. 2 FamFG);[186] Zustellung ist aber ggü. denjenigen Beteiligten erforderlich, deren *erklärtem Willen* der Beschluss *nicht entspricht* (§ 41 Abs. 1 S. 2 FamFG; also dem *Betroffenen* (zzgl. fakultativer Beteiligter wie zB *Vertrauenspersonen*[187]) bzw. seinem *Verfahrensbevollmächtigten* bei Stattgabe und der *Behörde* bei Abweisung).

e) Befangenheitsanträge

87 Für die Behandlung von Ablehnungsgesuchen verweist § 6 FamFG auf die §§ 41 ff. ZPO. Im **Grundsatz** bedingen derartige Gesuche ein **Handlungsverbot** (sog. Wartepflicht) des abgelehnten Richters im Verfahren.[188] Sind sie analog § 26a StPO *unzulässig* (zB rechtsmissbräuchlich, begründungslos oder ohne eine Sachprüfung erfordernde

183 *Jokisch* in Sternal FamFG § 41 Rn. 15 f.; *Bumiller* in Bumiller/Harders/Schwamb FamFG § 41 Rn. 6.
184 *Ulrici* in MüKoFamFG § 41 Rn. 12.
185 *Jokisch* in Sternal FamFG § 41 Rn. 16.
186 *Gomille* in Haußleiter FamFG § 41 Rn. 5.
187 BGH Beschl. v. 4.4.2023 – XIII ZB 75/20 – juris-Rn. 7.
188 *G. Vollkommer* in Zöller ZPO § 47 Rn. 2 f. mwN.

Begründung), können sie jedoch vom abgelehnten Richter selbst zurückgewiesen werden.[189]

88 Im Übrigen sind Entscheidung über die Anordnung von Abschiebungshaft im *Eildienst* nach Festnahme des Betroffenen **unaufschiebbare Diensthandlungen** gem. § 47 Abs. 1 ZPO, die vom abgelehnten Richter getroffen werden dürfen. Unaufschiebbarkeit besteht, wenn ein Unterlassen der Handlung *Gefahr im Verzug* bedingt.[190] Dies ist wegen des engen zeitlichen Rahmens des § 428 Abs. 1 S. 2 FamFG für die Haftanordnung grds. der Fall, da beim Abwarten bis zur Entscheidung über das Ablehnungsgesuch regelmäßig Freilassung erfolgen müsste und damit das Recht des Antragstellers vereitelt würde. Dies verhält sich analog zur Unaufschiebbarkeit gem. § 29 Abs. 1 StPO im Falle der Vorführung vor den Haftrichter zwecks Entscheidung über **Untersuchungshaft.**[191]

89 Allerdings darf im Falle einer Ablehnung grds. **keine Endentscheidung** ergehen.[192] Soweit daher neben der Hauptsache eine **einstweilige Anordnung** beantragt ist, ist nur diese unaufschiebbar.[193] Vor der Hauptsache muss die Entscheidung über das Ablehnungsgesuch abgewartet werden. Wird es zurückgewiesen, kann die *Hauptsache* schriftlich *ohne erneute Anhörung* ergehen; denn soweit die Ablehnung im Termin erfolgt, wurde bereits zur Hauptsache angehört (§ 6 FamFG iVm § 47 Abs. 2 S. 1 ZPO). Im Falle einer erfolgreichen Ablehnung muss vor der Hauptsache-Entscheidung durch den dann zuständigen Richter erneut angehört werden (§ 6 FamFG iVm § 47 Abs. 2 S. 2 ZPO).

90 Ist ausschließlich ein **Hauptsache-Antrag** gestellt, so ist die Entscheidung hierüber auch im Falle eines Ablehnungsgesuchs – vergleichbar der Entscheidung über den Erlass eines Haftbefehls – unaufschiebbar. Denn da nicht vAw zwischen den Verfahrensarten gewechselt werden darf (→ Rn. 95), liegt bei Abwarten aus dem in der in der vorigen Randnummer benannten Grund hinreichende **Gefahr im Verzug** vor; diese geht dem grds. Verbot der Endentscheidung vor.

91 Die vorgenannten Zusammenhänge sind bei **Vorab-Haftanträgen** ggf. Modifikationen unterworfen. Soweit noch *rechtzeitig* vor einer Freilassung des (zB noch in Strafhaft befindlichen) Betroffenen eine Entscheidung der zuständigen Befangenheits-Abteilung eingeholt werden kann, hat dies zu geschehen. Gem. § 6 FamFG iVm § 47 Abs. 2 S. 1 FamFG darf ein **Anhörungstermin** bei Ablehnung nach seinem Beginn noch abgeschlossen werden; der Erlass der Entscheidung folgt dann den oben benannten Grundsätzen.

f) Praktisch typische Einwendungen

92 Mit folgenden, **praktisch häufigen Einwendungen** des Betroffenen im Rahmen der Sitzung kann beispielsweise wie folgt umgegangen werden:

- **Asylantragstellung** ist, soweit sie nicht vor dem Hafttermin geschehen ist, grds. unbeachtlich (im Einzelnen zu allen Varianten → Kap. 2 Rn. 9 ff., bes. 13, 14 ff.).

---

189 *G. Vollkommer* in Zöller ZPO § 44 Rn. 4, 12 ff., bes. 17 f. jew. mwN; *Bumiller* in Bumiller/Harders/Schwamb FamFG § 6 Rn. 23 mwN.
190 *G. Vollkommer* in Zöller ZPO § 47 Rn. 5; *Heinrich* in Musielak/Voit § 47 Rn. 4 mwN.
191 Vgl. LG Ingolstadt Beschl. v. 19.3.2020 – 2 Qs 24/20 – juris-Rn. 23.
192 BGH Beschl. v. 21.6.2007 – V ZB 3/07 – NJW-RR 2008, 216 – juris-Rn. 6.
193 Vgl. *G. Vollkommer* in Zöller ZPO § 47 Rn. 5; *Heinrich* in Musielak/Voit § 47 Rn. 4.

- **Ausreisebereitschaft** als freiwillige Vermeidung der Abschiebung kann für die Gesamtwürdigung der Fluchtgefahr bzw. gem. § 62 Abs. 3 S. 2 AufenthG (→ Kap. 2 Rn. 108) beachtlich und insofern als weniger rechtsbeeinträchtigende Variante im grundrechtlichen Übermaßverbot zu prüfen sein (→ Kap. 2 Rn. 139 ff.). Sie wird aber praktisch nur selten gleich geeignet zur Zweckerreichung sein, solange sie nicht sehr glaubhaft belegt ist.
- **Drohende Misshandlung** oder sonstige **Nachteile im Zielstaat** sind als Abschiebungs-, nicht aber Hafthindernis unbeachtlich (→ Kap. 2 Rn. 124) und dem Verwaltungsgericht geltend zu machen; hierauf ist der Betroffene hinzuweisen. Sollte er bereits beim VG einen Eilantrag gestellt haben, ist nur einstweilig zu entscheiden.
- **Ehe, Familie** und **Eltern-Kind-Beziehung** sind grds. analog zum vorigen Punkt zu behandeln (→ Kap. 2 Rn. 153 ff.). Soweit die vorgetragenen Umstände ausnahmsweise ein Hafthindernis begründen können, kann einstweilig entschieden und für den Hauptsachetermin der Partner als Zeuge (oder Beteiligter → Rn. 24) geladen werden (→ Kap. 2 Rn. 155).
- **Krankheiten**, die ggf. **Reiseunfähigkeit** begründen, sind analog zum vorigen Punkt zu behandeln (→ Kap. 2 Rn. 124). Nur ausnahmsweise berühren sie die Haftfähigkeit (→ Kap. 2 Rn. 161 ff.).
- **Schwangerschaft** kann in allen Stadien die Gesamtwürdigung der Fluchtgefahr und die Prognose der Durchführbarkeit der Abschiebung betreffen; insbesondere kann sie auch die Haft in den Fristen des § 3 MuSchG unverhältnismäßig machen. Insofern ist sie auch von Amts wegen zu beachten (→ Kap. 2 Rn. 157).
- **Selbstverletzungs-** oder **Suizidankündigungen** sind analog zu Krankheiten zu behandeln (→ Kap. 2 Rn. 124). Nur ausnahmsweise berühren sie die Haftfähigkeit (→ Kap. 2 Rn. 161).
- **Zielstaatsauswahl** sei fehlerhaft, da **vorrangig** (zB wegen eines dort laufenden Schutzverfahrens oder eines dort bestehenden Aufenthaltsrechtes) ein **alternativer Zielstaat** auszuwählen sei. Dies betrifft ebenfalls die inhaltliche Richtigkeit der Abschiebung und ist daher vor dem Verwaltungsgericht geltend zu machen.[194]

IV. Entscheidung des Gerichtes

93 Die gerichtliche Entscheidung ergeht durch **Beschluss** (§ 38 Abs. 1 FamFG) und zwar sowohl in Fällen der **Erstanordnung** (im *einstweiligen* oder *Hauptsache*-Verfahren) als auch in **besonderen Beschlussformen** (zB *Haftverlängerung* oder *Haftaufhebung*, vgl. insgesamt → Rn. 168 ff.). Dabei ist der Inhalt der Entscheidung weitgehend durch den behördlichen Haftantrag determiniert (→ Rn. 94 ff.), ihre Form durch § 38 FamFG (→ Rn. 116 ff.).

1. Bindung an behördlichen Haftantrag

94 Das Haftgericht ist an den behördlichen Antrag gebunden (**ne ultra petita**) und darf weder in der Verfahrensart von diesem abweichen, noch in der Haftdauer darüber

194 BGH Beschl. v. 31.8.2021 – XIII ZB 81/20 – NVwZ-RR 2022, 237 – juris-Rn. 8; Beschl. v. 31.8.2021 – XIII ZB 82/20 – juris-Rn. 10.

hinausgehen. Insbesondere darf also **keine längere Haft** als beantragt angeordnet werden,[195] auch nicht für nur wenige Tage Differenz.[196] Etwaige Zeitveränderungen müssen daher durch gerichtlichen Hinweis und *Antragsumstellung* durch die Behörde nebst zugehöriger Begründung gelöst werden. **Kürzere Haft** als beantragt kann jedoch (und *muss* es auch, soweit die Voraussetzungen für längere Zeiträume nicht vorliegen[197]) unter Zurückweisung des Antrages im Übrigen und Bildung einer Kostenquote (→ Rn. 147 f.) angeordnet werden.

95 Auch darf **nicht** über eine andere **Haft- oder Gewahrsamsart** (→ Kap. 1 Rn. 25) oder in einer **anderen Verfahrensart** als der beantragten entschieden werden. Ob daher *Hauptsache-* (§ 420 FamFG) oder *einstweilige* (§ 427 FamFG) Haft beantragt ist (oder beides) muss dem Antrag durch **Auslegung** entnommen werden.[198] Insofern darf weder auf einen vorläufigen Antrag hin eine Hauptsacheentscheidung ergehen,[199] noch umgekehrt. Wegen der Vielzahl möglicher Gründe, welche den Erlass einer einstweiligen Anordnung erforderlich machen können (→ Rn. 106 ff.), ist daher die Behörde gut beraten, **grds. beides** zu beantragen; dies ist auch praktisch der Regelfall.

2. Prüfung durch Amtsermittlung

96 Das Haftgericht muss das behördliche **Vorbringen prüfen** und sich selbst von der Richtigkeit der Angaben überzeugen (Amtsermittlung gem. § 26 FamFG).

a) Grundsatz (§ 26 FamFG)

97 Der Grundsatz der Amtsermittlung (§ 26 FamFG) wie auch das Grundrecht des Art. 2 Abs. 2 S. 2 GG verpflichten das Haftgericht, die **Haftvoraussetzungen** „in rechtlicher und tatsächlicher Hinsicht **umfassend zu prüfen**".[200] Dies bedingt es vor allem, grds. die *Ausländerakte beizuziehen* (→ Kap. 12 Rn. 5),[201] den Betroffenen *anzuhören*[202] („Kernstück"[203] der Amtsermittlung), dem *Vorbringen* von Beteiligten *nachzugehen*[204] und bei *Unklarheiten nachzufragen*.[205]

98 Ermittlungen **ins Blaue hinein** sind aber ebensowenig veranlasst[206] wie die **anlasslose Überprüfung** aller Angaben aus dem Haftantrag mithilfe der *Ausländerakte*.[207] Die gelegentliche Praxis, konkrete *Auswertungs- und Befassungszeiten* mit der Ausländerakte

---

195 BGH Beschl. v. 6.5.2010 – V ZB 223/09 – InfAuslR 2010, 212 – juris-Rn. 15.
196 BGH Beschl. v. 21.8.2019 – V ZB 60/17 – juris-Rn. 5.
197 *Schmidt-Räntsch* NVwZ 2014, 110 (119).
198 Vgl. BGH Beschl. v. 17.10.2018 – V ZB 38/18 – juris-Rn. 15 f.
199 BGH Beschl. v. 17.10.2018 – V ZB 38/18 – juris-Rn. 15 f.; Beschl. v. 18.12.2014 – V ZB 114/13 – juris-Rn. 11.
200 StRspr BGH Beschl. v. 31.8.2021 – XIII ZB 60/20 – juris-Rn. 11; Beschl. v. 22.6.2021 – XIII ZB 59/20 – InfAuslR 2021, 435 – juris-Rn. 20; Beschl. v. 20.1.2011 – V ZB 226/10 – InfAuslR 2011, 202 – juris-Rn. 15; Hervorhebung von Verf.
201 BVerfG Beschl. v. 14.5.2020 – 2 BvR 2345/16 – InfAuslR 2020, 343 – juris-Rn. 51; Beschl. v. 27.2.2009 – 2 BvR 538/07 – BVerfGK 15, 139 – juris-Rn. 20.
202 BVerfG Beschl. v. 7.9.2006 – 2 BvR 129/04 – InfAuslR 2006, 462 – juris-Rn. 29.
203 So ebenso plastisch wie zutr. *Grotkopp* Abschiebungshaft Rn 425 (Überschrift).
204 BGH Beschl. v. 22.3.2022 – XIII ZB 17/20 – juris-Rn. 15; Beschl. v. 31.8.2021 – XIII ZB 97/19 – NVwZ-RR 2022, 115 – juris-Rn. 14.
205 BGH Beschl. v. 11.7.2019 – V ZB 28/18 – juris-Rn. 9; Beschl. v. 6.5.2010 – V ZB 193/09 – InfAuslR 2010, 361 – juris-Rn. 20.
206 *Sternal* in Sternal FamFG § 26 Rn. 17; *Grotkopp* Abschiebungshaft Rn 406; BGH Beschl. v. 16.5.2012 – XII ZB 584/11 – FGPrax 2012, 199 – juris-Rn. 6.
207 Vgl. BGH Beschl. v. 19.10.2020 – XIII ZB 43/19 – juris-Rn. 14 aE.

zu dokumentieren, ist daher überflüssig. Den Umfang der **„erforderlichen" Ermittlungen** (§ 26 FamFG) bestimmt das Haftgericht nach seinem Ermessen:[208] vom (zulässigen) Haftantrag der gem. Art. 20 Abs. 3 GG an das Recht gebundenen Behörde – mit Stichproben in der Ausländerakte – auszugehen und iÜ Überprüfungen mithilfe der Ausländerakte oder Nachfragen nur bei *konkretem Vorbringen* des Betroffenen vorzunehmen, wird *regelmäßig ermessensgerecht* sein.

Dass **Amtsermittlung** stattgefunden hat, sollte das Gericht in der **Formulierung des Beschlusses** zum Ausdruck bringen. Dies kann *knapp* geschehen, aber zB allein die Angaben der Behörde wörtlich wiederzugeben und den Satz hinzuzusetzen, dass man sich dem anschließe, reicht nicht aus.[209] 99

b) Beweisanträge

Beweisanträge sind im FamFG nicht geregelt; ihre *Normierung* wurde im Gesetzgebungsverfahren diskutiert und ausdrücklich *verworfen*.[210] Stattdessen regelt § 29 Abs. 1 S. 2 FamFG, dass das Gericht bei der Amtsermittlung an das **Vorbringen der Beteiligten nicht gebunden** ist. Beweisanträge sind daher, auch, soweit sie *förmlich gestellt* sind, prozessrechtsdogmatisch **Anregungen** zur Durchführung weiterer Amtsermittlung[211] und begründen auch nicht aufgrund ihrer Stellung formal die Beweisbedürftigkeit einer Tatsache.[212] 100

Allerdings sind sie unter dem Gesichtspunkt **rechtlichen Gehörs** (Art. 103 Abs. 1 GG) von Bedeutung:[213] Soweit sie zur Wahrung desselben erforderlich sind, ist ihnen nachzugehen. Außer Acht bleiben dürfen sie indes, soweit sie *unerheblich*, nach dem übrigen Ermittlungsergebnis *überflüssig* (auch insofern, als das Gegenteil aufgrund hinreichender Aufklärung[214] bereits feststeht[215]), *nicht sachdienlich* oder *(völlig) ungeeignet*, *unzulässig* oder *unerreichbar* sind.[216] 101

Soweit Beweisanträgen **nicht nachgegangen** wird, ist eine *formale Ablehnung* (zB als Beschluss in der Sitzung) *nicht erforderlich*,[217] indes auch nicht schädlich. Allerdings muss sich das Gericht spätestens in der *Begründung der Sachentscheidung* (§ 38 Abs. 3 S. 1 FamFG) dazu verhalten, warum insofern weitere Aufklärung iRd Amtsermittlung nicht erforderlich war.[218] 102

c) Hauptsache oder einstweilige Anordnung

Lassen sich durch Amtsermittlung die **erforderlichen Feststellungen** zu den Haftvoraussetzungen vollständig treffen, ggf. auch iWd Prognose oder nach gerichtlichem 103

---

208 *Sternal* in Sternal FamFG § 26 Rn. 18; *Burschel/Perleberg-Kölbel* in BeckOK FamFG § 26 Rn. 9.
209 BGH Beschl. v. 15.10.2015 – V ZB 82/14 – juris-Rn. 10.
210 Vgl. die Nachweise bei *Bumiller* in Bumiller/Harders/Schwamb FamFG § 29 Rn. 7.
211 *Gomille* in Haußleiter FamFG § 29 Rn. 7; *Sternal* in Sternal FamFG § 29 Rn. 8.
212 *Ulrici* in MüKoFamFG § 29 Rn. 9.
213 *Gomille* in Haußleiter FamFG § 29 Rn. 7; *Ulrici* in MüKoFamFG § 29 Rn. 9.
214 *Sternal* in Sternal FamFG § 26 Rn. 9.
215 *Sternal* in Sternal FamFG § 26 Rn. 9; *Ulrici* in MüKoFamFG § 29 Rn. 9 unter Bezugnahme auf § 420 Abs. 4 StPO und insofern KG Berlin Urt. v. 12.1.2015 – (2) 161 Ss 174/14 (38/14) – OLGSt StPO § 420 Nr 1 – juris-Rn. 10.
216 BVerfG Beschl. v. 14.9.2015 – 1 BvR 1321/13 – NJW 2016, 626 – juris-Rn. 26; *Gomille* in Haußleiter FamFG § 29 Rn. 7.
217 *Ulrici* in MüKoFamFG § 29 Rn. 9.
218 *Bumiller* in Bumiller/Harders/Schwamb FamFG § 29 Rn. 8; *Gomille* in Haußleiter FamFG § 29 Rn. 7.

Hinweis und Ergänzung durch die Behörde, kann Haft in der *Hauptsache* angeordnet werden. Sind, auch durch Sachaufklärung in der Anhörung, (noch) **nicht alle Voraussetzungen** feststellbar, ist zu differenzieren: Lässt sich das Fehlen künftig beheben und sprechen dringende Gründe für das voraussichtliche Vorliegen, kann – soweit beantragt – eine einstweilige Anordnung ergehen.

aa) Einstweilige Haftdauer und Verfahren

104 Eine starre **Zeitgrenze** für **einstweilige Haftdauer** besteht (abseits der Begrenzung durch den Antrag [ne ultra petita] und die sechs Wochen gem. § 427 Abs. 1 S. 2 FamFG) nicht, sie ist vielmehr nach der *voraussichtlichen Dauer* für die Nachholung der Ermittlungen zu bemessen.[219] Ist keine einstweilige Anordnung beantragt[220] oder sind die Mängel nicht behebbar (wenn zB Haftgründe nicht vorliegen oder Haft das Übermaßverbot verletzt), erfolgt *Zurückweisung* des Haftantrages bzw. der Haftanträge.

105 Ob einstweilig oder in der Hauptsache entschieden werden kann, stellt sich bisweilen erst im Anhörungstermin heraus. Da die Verfahrensanforderungen bzgl. **Anhörung** (→ Rn. 12) und auch iÜ im Wesentlichen denjenigen der Hauptsache gleichen, ergeben sich in der *praktischen Gestaltung* des Verfahrens keine Unterschiede. Auch eine einstweilige Anordnung kann, soweit für diesen Zeitraum beantragt wurde, **verlängert** (→ Rn. 173 f., 175 ff.) werden.

bb) Fälle einstweiliger Anordnungen

106 Typische **Fälle**, welche den Erlass einer **einstweiligen Anordnung** aus **Sachgründen** erforderlich machen, sind zB:

- Antragstellung in **Notzuständigkeit** (→ Kap. 12 Rn. 15),
- Fehlen der **notwendigen Bescheide**, soweit diese dem Gericht noch nicht vorliegen; soweit die eine Ausreisepflicht begründenden Bescheide noch nicht einmal ergangen sind, werden regelmäßig keine „dringenden Gründe" für die Annahme der Anordnungsvoraussetzungen (§ 427 Abs. 1 S. 1 FamFG) vorliegen,
- Fehlen (auch: noch fehlender Erlass, da das Vorliegen allein Vollstreckungsvoraussetzung ist) der **notwendigen Androhung** bzw. **Rückkehrentscheidung** (→ Kap. 2 Rn. 49 f.),[221] wobei die Behörde versuchen sollte, sie *bis zum Anhörungstermin fertigzustellen* – ggf. kann sie per E-Mail, EGVP oder Fax nachgesandt und auf Ersuchen des Antragstellers *durch das Gericht* (oder einen anwesenden Antragsteller-Vertreter) dem Betroffenen zustellungshalber *ausgehändigt* und dann gleich in der Hauptsache entschieden werden,
- Fehlen von **Erkenntnissen** über die **Durchführbarkeit der Abschiebung**,[222] weil zB noch eine Entscheidung des Bundesamtes für Migration und Flüchtlinge bzgl. des Zielstaates aussteht,[223] der Antragsteller erst noch die Verwaltungspraxis für Ab-

219 LG Saarbrücken Beschl. v. 11.6.2013 – 5 T 210/13 – AuAS 2013, 149 – juris-Rn. 36.
220 Vgl. BGH Beschl. v. 18.12.2014 – V ZB 114/13 – InfAuslR 2015, 187 – juris-Rn. 16.
221 BGH Beschl. v. 12.7.2013 – V ZB 58/13 – juris-Rn. 12; Beschl. v. 16.5.2013 – V ZB 44/12 – NVwZ 2013, 1361 – juris-Rn. 11.
222 BGH Beschl. v. 31.5.2012 – V ZB 167/11 – NJW 2012, 2448 – juris-Rn. 10 aE.
223 BGH Beschl. v. 15.1.2015 – V ZB 165/13 – juris-Rn. 6; Beschl. v. 6.12.2012 – V ZB 118/12 – EzAR-NF 57 Nr. 23 – juris-Rn. 8.

schiebungen in diesen Staat[224] oder Übernahmeverpflichtung recherchieren muss,[225] **nicht** aber, wenn keine weiteren behördlichen Ermittlungen nötig sind, sondern die Behörde (auch zB nach gerichtlichem Hinweis) schlicht unzureichend vorträgt (dazu sogleich → Rn. 107 ff.).

Inwiefern eine einstweilige Haftanordnung (zB mit der Auflage, Darlegungen zu vertiefen) zur **Reparatur** eines in der Hauptsache **unzulässigen Haftantrages** in Betracht kommt, ist noch nicht abschließend geklärt. Ausgangspunkt der Frage ist, dass zwar *dringende Gründe* für das Vorliegen der Anordnungsvoraussetzungen gem. § 427 Abs. 1 S. 1 FamFG den Erlass einer einstweiligen Haftanordnung rechtfertigen, diese aber gleichwohl gem. § 51 Abs. 1 S. 1, Abs. 2 S. 1 FamFG einen den Vorgaben des § 417 Abs. 2 FamFG genügenden *Antrag* voraussetzt. 107

Soll für die **einstweilige Anordnung** aus Sachgründen ein Anwendungsbereich verbleiben, muss § 417 Abs. 2 FamFG hierfür eine **reduzierte Darlegungslast** erfordern.[226] Das Maß der Reduktion muss dabei einerseits der grundrechtsschützenden Funktion des § 417 Abs. 2 FamFG, andererseits den „Besonderheiten des einstweiligen Rechtsschutzes" (§ 51 Abs. 2 S. 1 FamFG) Rechnung tragen. Aus grundrechtlicher Sicht darf die Reduktion also nicht darüber hinausgehen, was aufgrund der spezifischen Verfahrenssituation einen sachlichen Grund darstellt. 108

Diese Überlegung zeigt, dass **nicht jedweder Darlegungsmangel** durch einstweilige Anordnung korrigierbar ist: Die unzureichende Darlegung **vorhandener Informationen** ist nicht spezifisch mit der einstweiligen Verfahrenssituation („Besonderheit", § 52 Abs. 2 S. 1 FamFG) verknüpft; für einstweilige wie auch Hauptsache-Anträge hat die Behörde *dieselbe Zeit* für ihren Sachvortrag zur Verfügung (§ 428 Abs. 1 S. 2 FamFG). Die Regelung des § 417 Abs. 2 FamFG liefe praktisch leer, wenn zB auf einen begründungslosen Haftantrag hin einstweilig Haft angeordnet und zur Auflage gemacht würde, alle Darlegungen nachzuholen. Das Gericht ist *keine externe Behördeninstanz*, welche fehlerhafte Haftanträge zu heilen bestimmt ist. 109

Als „Besonderheit" der Situation des **spontanen Aufgriffs** bzw. dem zeitlichen Zusammenhang geschuldet kann indes sein, wenn noch *Bescheide fehlen* oder *Ermittlungen* (zB zu Flugverbindungen, auch zB aus laufenden Haftverlängerungen bei kurzfristiger Flugänderung) *noch nicht abgeschlossen* sind, also **Informationen noch nicht vorhanden** sind. Richtig ist daher, einstweilige Haftanordnungen dann für zulässig zu halten, wenn für die Hauptsache noch *notwendige Ermittlungen oder (Verwaltungs-)Verfahrenshandlungen*, die aufgrund der Kürze der Zeit bis zur Antragstellung nicht geleistet werden konnten,[227] *nachgeholt werden müssen*.[228] 110

---

224 BGH Beschl. v. 4.7.2013 – V ZB 37/12 – juris-Rn. 10 f.

225 BGH Beschl. v. 8.11.2012 – V ZB 120/12 – juris-Rn. 5; Beschl. v. 9.2.2012 – V ZB 305/10 – juris-Rn. 15.

226 Plastisch *Sternal* in Sternal FamFG § 427 Rn. 10: Einstweiliger Antrag ist zulässig, „wenn die Behörde (…) die Begründung eines (…) Haftantrags in der Hauptsache noch ergänzen will und sich dazu aktuell nicht in der Lage sieht, um so der Rüge zu begegnen, ein auf dem bisherigen Erkenntnisstand gestellter Antrag sei unzureichend begründet und damit unzulässig (§ 417 Abs. 2)." Dem folgend *Günter* in BeckOK FamFG § 427 Rn. 2.

227 BGH Beschl. v. 6.12.2012 – V ZB 118/12 – juris-Rn. 8.

228 BGH Beschl. v. 18.12.2014 – V ZB 114/13 – InfAuslR 2015, 187 – juris-Rn. 13; Beschl. v. 26.7.2012 – V ZB 178/11 – juris-Rn. 10; Beschl. v. 31.5.2012 – V ZB 167/11 – NJW 2012, 2448 – juris-Rn. 10; LG Freiburg (Breisgau) Beschl. v. 20.11.2009 – 4 T 312/09 – juris-Rn. 23.

111 In die *Praxis übersetzt*, bietet sich daher folgende Handhabung an: Meint eine Behörde *fälschlicherweise*, alle erforderlichen Darlegungen geleistet zu haben, ist kein Raum für eine einstweilige Anordnung; hier kommen *gerichtlicher Hinweis* oder Ersatz behördlicher Darlegungen durch *eigene gerichtliche Feststellungen* in Betracht (→ Kap. 12 Rn. 84). Eine einstweilige Anordnung kann aber ergehen, wenn die Behörde das fehlende Hinreichen ihrer Darlegungen erkennt, darlegt, wo noch **Handlungs- bzw. Ermittlungsbedarf** besteht, und ankündigt, diesen zu erfüllen.[229] Dann ist zu entscheiden, ob trotz der noch ausstehenden Aspekte **dringende Gründe** iSd § 427 Abs. 1 S. 1 FamFG für das Vorliegen der Haftvoraussetzungen bestehen. Dies wird regelmäßig voraussetzen, dass mindestens zulässige Darlegungen über die *Ausreisepflicht*[230] sowie einen *Haftgrund*[231] vorhanden sind, auch wenn zB zur *Vollstreckbarkeit* oder zur *Durchführbarkeit der Abschiebung*[232] noch ermittelt werden muss.

112 Typische **Fälle**, welche den Erlass einer **einstweiligen Anordnung** aus **prozessualen Gründen** erforderlich machen, sind zB:

- Antragstellung bei **Vorab-Haftantrag** ohne vorige Anhörung (→ Kap. 11 Rn. 3),
- temporär fehlende **Vernehmungsfähigkeit** (→ Rn. 17),
- fehlende Möglichkeit, den **Verfahrensbevollmächtigten** des Betroffenen rechtzeitig zur Anhörung hinzuziehen (→ Rn. 42),
- Fehlen der **Ausländerakte**, soweit diese für die Beurteilung zB der Einhaltung des Beschleunigungsgebotes erforderlich ist (→ Kap. 12 Rn. 5),
- Notwendigkeit **weiterer Beweisaufnahme**, zB durch Zeugeneinvernahme des Partners (→ Kap. 2 Rn. 155) oder bzgl. des Alters des Betroffenen (→ Kap. 2 Rn. 160),
- ausstehende verwaltungsgerichtliche Eilentscheidung (→ Kap. 2 Rn. 130),
- ausstehende **Rechtsmittelentscheidung** bei abgelehnter **Beteiligung** (→ Rn. 23).

cc) Erneute Anhörung vor Hauptsache

113 Da einstweilige Anordnung und Hauptsache **prozessual getrennte Verfahren** sind, erfüllt eine Anhörung *im einstweiligen Verfahren* (§ 427 FamFG) grds. nicht die Pflicht zur Anhörung *in der Hauptsache* (§ 420 Abs. 1 S. 1 FamFG). Daher ist nach Ergehen einer einstweiligen Anhörung grds. zur Hauptsache **erneut anzuhören.** Etwas anderes ist nur unter zwei Gesichtspunkten denkbar:

114 Erstens kann nach Anhörung im Eilverfahren gem. § 51 Abs. 3 S. 2 FamFG auf eine Anhörung in der Hauptsache **verzichtet** werden. Dieser Verzicht obliegt gerichtlichem (in der Entscheidung zu begründenden) **Ermessen** und setzt voraus, dass durch die erste Anhörung der **Sachverhalt umfassend geklärt** wurde und kein weiterer Ermittlungsbedarf besteht.[233] Der Betroffene muss sich zum Sachverhalt bereits so umfassend hat äußern können,[234] dass neue Erkenntnisse nicht zu erwarten sind.[235] Liegt umgekehrt eine *erhebliche Sachverhaltsänderung* vor, zB durch erstmalige Stellung des Hauptsache-

229 *Sternal* in Sternal FamFG § 427 Rn. 8 ff.; *Heidebach* in Haußleiter FamFG § 427 Rn. 3.

230 BVerfG Beschl. v. 9.2.2012 – 2 BvR 1064/10 – InfAuslR 2012, 186 – juris-Rn. 23.

231 LG Wuppertal Beschl. v. 25.10.2021 – 9 T 148/21 – InfAuslR 2022, 232 – juris-Rn. 47.

232 LG Wuppertal Beschl. v. 25.10.2021 – 9 T 148/21 – InfAuslR 2022, 232 – juris-Rn. 47; BGH Beschl. v. 6.12.2012 – V ZB 118/12 – juris-Rn. 8; Beschl. v. 26.7.2012 – V ZB 178/11 – juris-Rn. 8-10, bes. 10.

233 *Schlünder* in BeckOK FamFG § 51 Rn. 8a; *Soyka* in MüKoFamFG § 51 Rn. 14.

234 *Sternal* in Sternal FamFG § 51 Rn. 29; *Heidebach* in Haußleiter FamFG § 427 Rn. 2.

235 OLG Schleswig-Holstein Beschl. 7.5.2020 – 13 UF 4/20 – FamRZ 2020, 1359 – juris-Rn. 101.

Antrages oder Ergehen neuer Bescheide, muss angehört werden. In der Sache kann als Orientierung auf die Kriterien für das Unterbleiben einer Anhörung durch das Beschwerdegericht (→ Kap. 14 Rn. 46 ff.) zurückgegriffen werden.

Zweitens kann die **Anhörung**, insbesondere, wenn sich die Notwendigkeit einstweiliger Entscheidung erst im Laufe des Termins herausstellt, **für beide Verfahren** bereits **erfolgt** sein. Sind Hauptsache und einstweiliger Antrag (regelmäßig) Teil desselben Schriftsatzes, bezieht sich ein Termin (regelmäßig) auch auf *beide Anträge*. Wird zunächst nur einstweilig entschieden, ist die Hauptsache-Anhörung insofern bereits erfolgt. Allerdings ist eine erneute Anhörung aus Gründen der **Amtsermittlung** (§ 26 FamFG) geboten, soweit eine *erhebliche Sachverhaltsänderung* vorliegt; es stellt sich damit inhaltlich dieselbe Frage wie bei der vorigen Randnummer. 115

3. Rubrum und Beschlussformeln

Für das **Rubrum** ergeben sich gem. § 38 Abs. 2 Nr. 1 und 2 FamFG *keine Besonderheiten*. 116 Nicht selten treten verschiedene Schreibweisen des Namens bzw. sonstiger Personalangaben auf, zu denen später weitere Erkenntnisse auftreten; sie sollten daher von vornherein als Alias-Personalien mit aufgenommen werden.

a) Beschlussformel bei Stattgabe

Die **Beschlussformel** muss gem. §§ 38 Abs. 2 Nr. 3, 421 FamFG zwingend die *Art der Freiheitsentziehung* (§ 421 Nr. 1 FamFG, zB „zur Sicherung der Abschiebung", „zur Sicherung der Überstellung") und den Endzeitpunkt derselben (§ 421 Nr. 2 FamFG) angeben; die gelegentliche Üblichkeit, auch den Beginn zu tenorieren,[236] ist nicht zwingend. Es muss aber klargestellt sein, ob die Haft in der *Hauptsache* oder als *einstweilige Anordnung* angeordnet wird; fehlt dies, muss die Art des Beschlusses durch Auslegung ermittelt werden, was wegen der durch den Beschlussinhalt festgelegten Reichweite des Rechtsmittels erhebliche Ungewissheiten nach sich zieht.[237] 117

aa) Sachentscheidung

Die Sachentscheidung muss Haft für eine **konkrete Dauer** anordnen. Sie darf nicht abhängig von einer Entlassung in anderer Sache oder Festnahme, also einem unbestimmten Ereignis, abhängen.[238] Die Beschlussformel kann bei **Stattgabe** beispielsweise wie folgt gefasst werden: 118

- **Sicherungshaft** (s. Kap. 2): „Gegen den Betroffenen wird (ggf.: im Wege der einstweiligen Anordnung) Haft zur Sicherung der Abschiebung bis zum Ablauf des … angeordnet."
- **Ausreisegewahrsam** (s. Kap. 3): „Gegen den Betroffenen wird (ggf.: im Wege der einstweiligen Anordnung) Ausreisegewahrsam bis zum Ablauf des … angeordnet."
- **Vorbereitungshaft** (s. Kap. 4): „Gegen den Betroffenen wird (ggf.: im Wege der einstweiligen Anordnung) Haft zur Vorbereitung der Ausweisung bzw. Abschiebungsanordnung bis zum Ablauf des … angeordnet."

---

236 ZB AG Mühldorf Beschl. v. 5.1.2016 – 1 XIV 84/15 (B).
237 BGH Beschl. v. 16.9.2015 – V ZB 40/15 – InfAuslR 2016, 55 – juris-Rn. 8.
238 BGH Beschl. v. 20.10.2016 – V ZB 167/14 – juris-Rn. 13; Beschl. v. 4.12.2014 – V ZB 77/14 – BGHZ 203, 323 – juris-Rn. 6.

- **Ergänzende Vorbereitungshaft** (s. Kap. 5): „Gegen den Betroffenen wird (ggf.: im Wege der einstweiligen Anordnung) Haft zur Vorbereitung der Abschiebungsandrohung bis zum Ablauf des … angeordnet."
- **Überstellungshaft** (s. Kap. 6): „Gegen den Betroffenen wird (ggf.: im Wege der einstweiligen Anordnung) Haft zur Sicherung der Überstellung bis zum Ablauf des … angeordnet."
- **Zurückschiebungshaft** (s. Kap. 7): „Gegen den Betroffenen wird (ggf.: im Wege der einstweiligen Anordnung) Haft zur Zurückschiebung bis zum Ablauf des … angeordnet."
- **Zurückweisungshaft** (s. Kap. 8): „Gegen den Betroffenen wird (ggf.: im Wege der einstweiligen Anordnung) Haft zur Zurückweisung bis zum Ablauf des … angeordnet."
- **Transitgewahrsam** (s. Kap. 8): „Gegen den Betroffenen wird (ggf.: im Wege der einstweiligen Anordnung) Transitgewahrsam bis zum Ablauf des … angeordnet."
- **Mitwirkungshaft** (s. Kap. 9): „Gegen den Betroffenen wird (ggf.: im Wege der einstweiligen Anordnung) Mitwirkungshaft bis zum Ablauf des … angeordnet."
- **Mitwirkungsgewahrsam** (s. Kap. 9): „Gegen den Betroffenen wird (ggf.: im Wege der einstweiligen Anordnung) Mitwirkungsgewahrsam bis zum Ablauf des … angeordnet."

119 Wird im Wege der **einstweiligen Anordnung** (§ 427 FamFG) entschieden, ist hierfür die Höchstdauer von **sechs Wochen** (§ 427 Abs. 1 S. 2 FamFG) zu beachten. Insbesondere hier ist die Angabe eines konkreten Enddatums (und nicht einer Zeitdauer) äußerst zweckmäßig.[239] Die Dauer gilt pro Anordnung, so dass nach erstmaliger Anordnung von sechs Wochen bei Ablauf derselben (und Fortbestehen eines Anordnungsgrundes) erneut sechs Wochen angeordnet werden können (→ Rn. 175 ff.).

120 Die **Anträge** in der *Hauptsache* und im *einstweiligen Anordnungsverfahren* können sowohl **selbstständig** nebeneinander als auch im Verhältnis von **Haupt-** zu **Hilfsantrag** stehen.[240] Regelmäßig ist in letzterem Fall der Hauptantrag unter der Bedingung der Entscheidungsreife gestellt bzw. der Antragsschriftsatz sachgerecht so auszulegen. Wird als *einstweilige Anordnung* entschieden, bleibt die Hauptsache in beiden Konstellationen anhängig und muss grds. innerhalb der Anordnungsfrist entschieden werden; sie erledigt sich jedoch, wenn währenddessen Abschiebung erfolgt. Wird in der *Hauptsache* Haft angeordnet, erledigt sich regelmäßig der einstweilige Antrag (Fall 1) bzw. wird mangels Bedingungseintritts nicht wirksam (Fall 2), so dass keine gesonderte Ablehnung erfolgen muss.

bb) Sofortige Wirksamkeit

121 Da der (nur: *stattgebende*) Beschluss grds. erst mit Rechtskraft wirksam und vollziehbar wird (§ 422 Abs. 1 FamFG), muss vAw[241] seine **sofortige Wirksamkeit** (regelmäßig zur

---

239 *Göbel* in Sternal FamFG § 425 Rn. 3.

240 BGH Beschl. v. 16.9.2015 – V ZB 40/15 – InfAuslR 2016, 55 – juris-Rn. 8.

241 *Günter* in BeckOK FamFG § 422 Rn. 4; Anordnung steht im Ermessen des Gerichtes ist und ist kein Fall von „ne ultra petita", falsch daher AG Hannover Beschl. v. 19.11.2021 – 40 XIV 43/21 B – juris-Rn. 9.

Klarstellung in der **Beschlussformel**[242]) angeordnet werden. Sie tritt dann mit *Bekanntgabe* bei Anwesenden (§ 422 Abs. 2 S. 2 Nr. 1 FamFG), ansonsten mit Übergabe an die Geschäftsstelle (§ 422 Abs. 2 S. 2 Nr. 2 FamFG) ein.

Der Zeitpunkt ist auf dem Beschluss zu **vermerken** (§ 422 Abs. 2 S. 3 FamFG); üblich ist ein Text oben rechts neben dem Rubrum in der Art von „*Beschluss wirksam seit* …". Die Anordnung der sofortigen Wirksamkeit kann als Nebenentscheidung formelartig begründet werden (zB „Die Anordnung der sofortigen Wirksamkeit war gem. § 422 Abs. 2 S. 1 FamFG geboten, weil sonst der Zweck der Maßnahme nicht erreicht würde."[243]). Der Formelzusatz im Beschluss lautet **beispielsweise** wie folgt: 122

- **Sofortige Wirksamkeit:** „Der Beschluss ist sofort wirksam."

Eine gesonderte **Vollstreckungsklausel** nach § 68 Abs. 3 FamFG ist **nicht erforderlich.** Denn die Vollstreckung findet nicht durch Gericht oder Justiz, sondern nach der Spezialvorschrift des § 422 Abs. 3 FamFG durch die Behörde statt.[244] 123

cc) Auflagenerteilung bei einstweiliger Anordnung

Soweit im Wege einstweiliger Anordnung entschieden wurde, weil die Behörde noch **Unterlagen** oder **Informationen beibringen** muss, kann dies in der Beschlussformel verfügt werden. Das ist nicht zwingend, da auch entsprechende gerichtliche Hinweise in der Sitzungsniederschrift, Hinweisschreiben oder mündlich erfolgen können. Es bietet sich aber zur Klarstellung an. Entsprechende Beschlussformeln können **beispielsweise** wie folgt lauten: 124

- **Rückkehrentscheidung:** „Dem Antragsteller wird aufgegeben, die noch ausstehende Rückkehrentscheidung zu erlassen, zuzustellen und Erlass nebst Zustellung dem Gericht binnen zwei Wochen nachzuweisen."
- **Durchführbarkeit:** „Dem Antragsteller wird aufgegeben, die Verwaltungspraxis für den Zeitablauf der Passbeschaffung für … zu ermitteln und dem Gericht durch eine genaue Aufstellung der Einzelschritte nebst üblicher und der hier zu erwartenden Dauer binnen einer Woche darzulegen."

b) Beschlussformel bei Zurückweisung

Wird ein Antrag **zurückgewiesen**, so ist im Falle gleichzeitig vorliegender Hauptsache- und einstweiliger Anträge klarzustellen, worauf sich die Entscheidung bezieht. Die Zurückweisung bzw. Ablehnung des Antrages kann ausdrücklich „als unzulässig" tenoriert werden,[245] dies kann sich jedoch auch aus Tenor und Gründen in der Gesamtschau ergeben. Werden beide Anträge abgelehnt, ist darauf zu achten, dass der Beschluss neben der Gerichtsbezeichnung auch *beide Aktenzeichen* trägt, soweit Hauptsache und einstweilige Anordnung unter verschiedenen Aktenzeichen geführt werden. Die Beschlussformel kann **beispielweise** wie folgt lauten: 125

- **Zurückweisung:** „Der Haftantrag wird (ggf.: im einstweiligen Anordnungsverfahren und in der Hauptsache) (ggf.: als unzulässig) zurückgewiesen."

---

242 BGH Beschl. v. 13.7.2017 – V ZB 69/17 – InfAuslR 2017, 454 – juris-Rn. 5.
243 Beispiel nach BGH Beschl. v. 13.7.2017 – V ZB 69/17 – InfAuslR 2017, 454 – juris-Rn. 5.
244 BGH Beschl. v. 4.3.2010 – V ZB 222/09 – BGHZ 184, 323 – juris-Rn. 12.
245 Vgl. BGH Beschl. v. 22.7.2010 – V ZB 28/10 – NVwZ 2010, 1511 – juris-Rn. 14.

126 Soweit sich der Betroffene in behördlichem Gewahrsam befindet, ist seine **Entlassung** durch die Behörde zu veranlassen (vgl. § 422 Abs. 3 FamFG). Einer weiteren gerichtlichen Entscheidung bedarf es insofern nicht. Ist der Betroffene aber nicht anderweitig (zB in Straf- oder Untersuchungshaft) inhaftiert, bietet es sich praktisch an, die Freilassung anzuordnen;[246] dies wird gelegentlich von Gewahrsamsstellen erwartet. Ein entsprechender Zusatz in der Beschlussformel kann **beispielsweise** wie folgt lauten:

- **Entlassung:** „Der Betroffene ist (ggf.: in dieser Sache) sofort zu entlassen."

c) Verfahrenskostenhilfe und Beiordnung

127 Soweit über Verfahrenskostenhilfe und Beiordnung zusammen mit der Sache im Beschluss entschieden wird, gelten die obigen Ausführungen (→ Rn. 56 f.).

d) Kostenentscheidung

128 Zusammen mit der Sachentscheidung (§ 82 FamFG) sollte zur Klarstellung auch in einer *Kostengrundentscheidung* über die **Kosten des Verfahrens** entschieden werden. Der Begriff umfasst (anders als zB im Strafverfahren, § 464 StPO) *sowohl* die *gerichtlichen Kosten*, als auch die *notwendigen außergerichtlichen Kosten* der Beteiligten (§ 80 S. 1 FamFG). Dabei sind erstere die gerichtlichen Gebühren und Auslagen, letztere die Aufwendungen der Beteiligten für das Verfahren.

129 Für die Erhebung von Kosten greifen die Vorschriften des **GNotKG**, nicht des **FamGKG**. Letzteres gilt nur für *Familiensachen*, dh die in § 111 FamFG benannten Verfahren, nicht aber für die Bücher drei bis acht des FamFG. Für die in Buch sieben geregelten *Freiheitsentziehungssachen* verbleibt es beim Grundsatz des § 1 Abs. 1 GNotKG.

aa) Kostenarten und Grundsatz

130 Die **gerichtlichen Kosten** trägt grds. *unabhängig vom Verfahrensausgang* der **Betroffene** (§ 23 Nr. 15 GNotKG), nicht die Behörde bzw. ihr Rechtsträger. Sie können ihr aber durch die Kostengrundentscheidung auferlegt werden (vgl. §§ 33 Abs. 1 S. 1, 27 Nr. 1 GNotKG). Sofern der Rechtsträger der Behörde der *Bund* oder das *Land* selbst sind, sind diese von der Zahlung freigestellt (§ 2 Abs. 1 GNotKG) und sind es auch im Übrigen weitgehend aufgrund landesrechtlicher Regelungen (§ 2 Abs. 2 GNotKG). Haftgerichtlich kann dies als Folgefrage der Kostenfestsetzung unbeachtet bleiben; denn eine *Befreiung* geht im Rahmen der Festsetzung auch bei gerichtlicher Anordnung der Kosten(grund)tragung vor (§ 2 Abs. 3 S. 1 GNotKG). Relevant ist daher in der Praxis nur der Grundsatz: Soweit *keine anderweitige Kostengrundentscheidung* über die *Gerichtskosten* erfolgt, trägt sie der *Betroffene*.

131 Die **notwendigen außergerichtlichen Kosten** der **Beteiligten** tragen diese selbst, soweit nicht anderweitig darüber entschieden wird. Dabei ist der regelmäßig auf Seiten einer *Behörde* anfallende Zeit-, Arbeits- und Personalaufwand nebst Verdienstausfall nicht erstattungsfähig,[247] Reisekosten können es zwar sein, fallen aber praktisch regel-

---

246 Vgl. zB LG Saarbrücken Beschl. v. 11.6.2013 – 5 T 210/13 – AuAS 2013, 149 – juris-Tenor zu 1.
247 BGH Beschl. v. 7.5.2014 – XII ZB 630/12 – NJW-RR 2014, 562 – juris-Rn. 9 ff.

mäßig nicht an. Die Kosten für die Beauftragung eines Rechtsanwaltes durch den *Betroffenen* sind hingegen regelmäßig erstattungsfähig.[248]

Die **Kosten der Abschiebung** und des Vollzuges der **Abschiebungshaft** werden zwar vom Betroffenen erhoben (§§ 66 f. AufenthG). Dies geschieht jedoch durch gesonderten Verwaltungsakt, so dass darüber im Haftbeschluss nicht zu entschieden ist. Vielmehr ist nach Bescheiderlass insofern gem. § 40 Abs. 1 VwGO der Verwaltungsrechtsweg eröffnet.[249] 132

bb) Entscheidungsvarianten

Über die Kosten ist (vorbehaltlich der in der Abschiebungshaft eher seltenen Fälle des § 81 Abs. 2 FamFG) gem. § 81 Abs. 1 S. 1 FamFG grds. nach **Ermessen** zu entscheiden. Dies gilt sowohl für die *gerichtlichen* wie auch die *notwendigen außergerichtlichen Kosten*, wobei für letztere das Ermessen im Einzelfall eingeschränkt sein kann (→ Rn. 139). Bei der Entscheidung können zudem einzelne Kostenarten ganz oder teilweise als nicht zu erstatten ausgenommen werden (§ 81 Abs. 1 S. 2 FamFG). In der Sache ist dabei *regelmäßig* eine Kostentragung des **Unterliegenden** für beide Kostenarten ermessensgerecht.[250] 133

Inhaltlich sollte in der Beschlussformel eine **terminologische Trennung** zwischen den *Gerichtskosten* und den *notwendigen außergerichtlichen Kosten* der Beteiligten stattfinden. Die pauschale Anordnung über die „Kosten des Verfahrens“ ist zwar wegen § 80 S. 1 FamFG regelmäßig so auszulegen, dass damit *beide* Kostenarten gemeint sind.[251] Das kann aber im Einzelfall unbillig sein. 134

Wird in der Beschlussformel **gar nicht** über die Kosten **entschieden**, greift der Grundsatz: Dann trägt der Betroffene die *Gerichtskosten* (→ Rn. 130) und alle Beteiligten tragen ihre *außergerichtlichen Kosten* selbst (→ Rn. 131). Dies kann bei *Anordnung* von Haft ermessensgerecht sein und formelhaft begründet werden (zB „Eine Kostenentscheidung war nicht veranlasst, da für die Gerichtskosten die Kostenfolge des § 23 Nr. 15 GNotKG gilt und eine Abweichung von dem Prinzip, dass die Beteiligten ihre außergerichtlichen Kosten selbst tragen, nicht geboten war.“). 135

(1) Unterliegen des Betroffenen

Soweit also der **Betroffene unterliegt**, kann im Rahmen des Ermessens wie in der vorigen Rn. beschrieben verfahren werden. Alternativ kann (und *sollte* aus Klarstellungsgründen) eine Kostenentscheidung getroffen und wenigstens formelhaft begründet werden (zB „Die Kostenentscheidung ergibt sich aus § 81 Abs. 1 FamFG und folgt im Rahmen des gerichtlichen Ermessens der Entscheidung in der Sache.“). Sie kann wie folgt tenoriert werden: 136

- **Unterliegen des Betroffenen:** „Die Gerichtskosten und die notwendigen außergerichtlichen Kosten des Antragstellers trägt der Betroffene.“ (alternativ, zusammengefasst: „Die Kosten des Verfahrens trägt der Betroffene.“)

---

248 *Weber* in Sternal FamFG § 80 Rn. 16.
249 Vgl. nur BVerwG Urt. v. 16.10.2012 – 10 C 6/12 – BVerwGE 144, 326 – juris-Rn. 11.
250 Vgl. *Haußleiter* in Haußleiter FamFG § 81 Rn. 6.
251 *Weber* in Sternal FamFG § 81 Rn. 8 (str.).

(2) Unterliegen der Behörde

137 Soweit die **Behörde unterliegt**, muss über die **Gerichtskosten** entschieden werden, da sie andernfalls der Betroffene zu tragen hätte; das wäre für ihn als Obsiegenden regelmäßig nicht ermessensgerecht und würde daher gegen § 81 Abs. 1 S. 1 FamFG verstoßen. Soweit die *Körperschaft* (zB Landkreis, Stadt), der die antragstellende Behörde angehört (also ihr *Rechtsträger*, welcher der Kostenschuldner ist), ohnehin von der Kostentragung befreit ist (→ Rn. 130), kann ein Absehen von der Erhebung der Gerichtskosten angeordnet werden (§ 81 Abs. 1 S. 2 FamFG). Wird (unpräzise) eine Kostentragung des „Antragstellers" angeordnet, ist dies iSd Rechtsträgers auszulegen.

138 Der **erste Teil** der Kostenentscheidung kann also lauten:

- **Unterliegen der Behörde (Teil 1, Gerichtskosten):** „Gerichtskosten werden nicht erhoben." oder: „Die Gerichtskosten trägt der Landkreis bzw. die Stadt ..." (Begründung: „Von der Erhebung von Gerichtskosten war gem. § 81 Abs. 1 S. 2 FamFG abzusehen, da der Rechtsträger des Antragstellers ohnehin von der Kostentragung befreit ist, § 2 GNotKG." oder: „Die Kostentragung des Rechtsträgers des Antragstellers war gem. § 81 Abs. 1 S. 1 FamFG wegen der Haftablehnung ermessensgerecht." Im Zweifel sollte die zweite Variante verwendet werden, da eine Kostenfreiheit immer noch bei der Kostenfestsetzung berücksichtigt wird.)

139 Ob die Behörde bei Haftablehnung auch die **notwendigen außergerichtlichen Kosten** des Betroffenen zu tragen hat, ist gleichsam gem. § 81 Abs. 1 S. 1 FamFG nach Ermessen zu entscheiden. Insofern bildet allerdings § 430 FamFG eine *Ermessensgrenze*; sie reduziert das Ermessen auf eine zwingende Anordnung der Erstattung, wenn ein **begründeter Anlass** zur Antragstellung fehlte. Maßstab ist, ob die Amtsermittlung der Behörde hinreichend war, um Haft erwarten zu dürfen.[252] Praktisch wird man fehlenden Anlass regelmäßig bei Ablehnung wegen *Unzulässigkeit* des Antrages anzunehmen haben, nicht aber notwendig, wenn der Betroffene im Einzelfall trotz zwingender Haftgründe glaubhaft machen konnte, sich nicht entziehen zu wollen.

140 Mit einer Erstattung der dem Betroffenen bei Haftablehnung entstandenen außergerichtlichen Kosten sollte aber grds. **großzügig** umgegangen werden, da entsprechend **Art. 5 Abs. 5 EMRK** ohnehin ein Schadensersatzanspruch bestehen kann (s. Kap. 16); regelmäßig wird daher bei Unterliegen der Behörde die Kostentragung des staatlichen Rechtsträgers ermessensgerecht iSd § 81 Abs. 1 S. 1 FamFG sein.[253]

141 Die Kostenentscheidung bei **Haftablehnung** kann daher im Weiteren (Teil 1 → Rn. 138) wie folgt lauten:

- **Unterliegen der Behörde (Teil 2, außergerichtliche Kosten, Tragung durch Land/Stadt):** „Die notwendigen außergerichtlichen Kosten des Betroffenen trägt der Landkreis bzw. die Stadt ..." (Begründung: „Der Rechtsträger des Antragstellers hat gem. §§ 81, 430 FamFG und entsprechend Art. 5 Abs. 5 EMRK die notwendigen außergerichtlichen Kosten des Betroffenen zu tragen, da kein hinreichender Anlass zur Stellung des Haftantrages bestand.")

252 Vgl. LG Landau (Pfalz) Beschl. v. 18.3.2010 – 3 T 22/10 – juris-Rn. 9.

253 StRspr BGH Beschl. v. 21.8.2019 – V ZB 97/17 – juris-Rn. 13; Beschl. v. 29.4.2010 – V ZB 218/09 – NVwZ 2010, 1508 – juris-Rn. 27.

- **Unterliegen der Behörde (Teil 2, außergerichtliche Kosten, Tragung durch Betroffenen):** „Im Übrigen werden Kosten nicht erstattet." (Begründung: „Eine Erstattung der außergerichtlichen Kosten der Beteiligten war gem. §§ 81, 430 FamFG nicht angezeigt, da ein begründeter Anlass zur Antragstellung bestand und der Betroffene nur ausnahmsweise fehlende Entziehungsabsicht geltend machen konnte; insofern war auch nicht entsprechend Art. 5 Abs. 5 EMRK eine Kostentragungspflicht des Rechtsträgers des Antragstellers geboten.")

Im **Standard-Fall** der Haftablehnung kann auch ein Kombinationstenor (→ Rn. 134) verwendet werden, solange die Begründung (unter *Pluralformulierung*, soweit das Unterliegen Hauptsache und einstweiliges Anordnungsverfahren betrifft) der Entscheidung auf *beide Kostenarten* verweist und daher hinreichend auslegungsfähig ist: 142

- **Unterliegen der Behörde (Kombinationstenor):** „Die Kosten des Verfahrens trägt der Landkreis bzw. die Stadt ..." (Begründung: „Die Kostenentscheidung ergibt sich aus §§ 81, 430 FamFG und entsprechend Art. 5 Abs. 5 EMRK. Sie folgt im Rahmen des Ermessens für die Gerichtskosten der Entscheidung in der Sache und berücksichtigt für die außergerichtlichen Kosten, dass kein hinreichender Anlass zur Stellung des Haftantrages bestand.")

cc) Dolmetscherkosten

Soweit im Verfahren Dolmetscherkosten **angefallen** sind, fallen diese unter gerichtliche Aufwendungen also *gerichtliche Kosten* (§ 80 Abs. 1 FamFG). Insofern ist aber von deren Auferlegung *gegenüber dem Betroffenen* im Falle seines Unterliegens **abzusehen** (§ 81 Abs. 1 S. 2 FamFG) und zwar auch dann, wenn der Dolmetscher nur vorsorglich herbeigerufen, aber nicht benötigt wurde.[254] Denn es ist Ausdruck eines fairen Verfahrens (Art. 6 Abs. 3 lit. e EMRK), dass der Betroffene sich in einer ihm verständlichen Sprache verteidigen kann und insofern nicht mit Kosten belastet wird.[255] 143

Soweit der **Betroffene unterliegt** und im Verfahren **Dolmetscherkosten angefallen** sind, muss die Kostenentscheidung daher (zB formelhaft begründet: „Von der Auferlegung von Dolmetscherkosten ist gem. § 81 Abs. 1 S. 2 FamFG wegen Art. 6 Abs. 3 lit. e EMRK abgesehen worden.") wie folgt ergänzt werden: 144

- **Zusatz:** „Dolmetscherkosten werden nicht erhoben."

dd) Mehrere Beteiligte

Soweit am Verfahren ein **Verfahrenspfleger** beteiligt ist, ist er gem. § 419 Abs. 5 S. 2 FamFG in der Kostengrundentscheidung nicht zu berücksichtigen. **Weitere Beteiligte** (zB gem. § 418 Abs. 3 FamFG Vertrauenspersonen, Partner des Betroffenen) können im Rahmen des Ermessens gem. § 81 Abs. 1 S. 1 FamFG berücksichtigt werden; von § 430 FamFG sind sie jedoch nicht erfasst. 145

Im Falle (teilweiser) **Zurückweisung** des Haftantrages wird es regelmäßig ermessensgerecht sein, dem Rechtsträger des Antragstellers die notwendigen außergerichtlichen 146

254 BGH Beschl. v. 13.7.2017 – V ZB 89/16 – juris-Rn. 9.
255 StRspr BGH Beschl. v. 25.1.2018 – V ZB 191/17 – NJW 2018, 219 – juris-Rn. 15; Beschl. v. 4.3.2010 – V ZB 222/09 – BGHZ 184, 323 – juris-Rn. 21.

Kosten der weiteren Beteiligten (teilweise) aufzuerlegen.[256] Zu entsprechenden Quoten vgl. → Rn. 148. Im Falle einer **Haftanordnung** wird die Heranziehung der weiteren Beteiligten zur (teilweisen) Erstattung der notwendigen außergerichtlichen Kosten des Antragstellers oder Gerichtskosten regelmäßig nicht ermessensgerecht sein (vgl. Rechtsgedanke des § 101 ZPO); eine Ausnahme mag man erwägen, soweit sie eigene Anträge gestellt haben.

ee) Kostenquoten

147 Soweit Haft angeordnet, der Antrag aber **teilweise zurückgewiesen** wird, sollte in der Kostengrundentscheidung eine **Quote** gebildet werden. Diese kann im Rahmen des gerichtlichen Ermessens (§ 81 Abs. 1 S. 1 FamFG) nach dem Erfolg in der Sache im Verhältnis der beantragten zur angeordneten Haft gebildet werden.[257] Der Umstand, dass Haft zunächst *einstweilig angeordnet* (§ 427 FamFG) und noch nicht in der Hauptsache entschieden wird, begründet aber *keine Quotierung*, da die Hauptsache nach wie vor getrennt (§ 51 Abs. 3 S. 1 FamFG) anhängig ist.

148 Die **Kostenentscheidung** bei Quotierung illustrieren folgende **Beispiele:**

- Haft ist von der Ausländerbehörde des Landkreises X für vier Wochen beantragt. Der Betroffene weist im Termin erstmalig (was er schon vorher hätte tun können und müssen) bisher fehlende Reisedokumente nach, weswegen die Abschiebung nun schneller durchgeführt werden kann. Das Gericht ordnet also Haft nur für drei Wochen an, da der Antrag darüber hinaus unbegründet ist. Es weist ihn im Übrigen zurück. Für die Kostenentscheidung sind zwei Varianten nahe liegend. **Erstens** kann entschieden werden: „Der Betroffene trägt die Gerichtskosten und die notwendigen außergerichtlichen Kosten des Antragstellers zu jeweils drei Viertel. Der Landkreis X trägt von den Gerichtskosten ein Viertel. Im Übrigen werden Kosten nicht erstattet." Die Aufteilung der Gerichtskosten und der notwendigen außergerichtlichen Kosten des Antragstellers (die nicht unter § 430 FamFG fallen, dies ist Sondervorschrift nur für den Betroffenen) ergibt sich aus dem Erfolg in der Sache (drei Wochen zu einer Woche). Die notwendigen außergerichtlichen Kosten des Betroffenen sind gem. § 430 FamFG hingegen insgesamt nicht erstattungsfähig, da die Behörde wegen des bisherigen Zurückhaltens der Reisedokumente für den gesamten Zeitraum von vier Wochen Anlass zur Antragstellung hatte. **Zweitens** wäre denkbar: „Die Kosten des Verfahrens trägt der Betroffene." Denn trotz Teilunterliegens kann es ermessensgerecht sein, wegen des überwiegenden Sacherfolgs, der Erreichung des Sachziels (Abschiebung) und des verspäteten Nachweises des Betroffenen die Kosten ganz dem Betroffenen aufzuerlegen. Kaum überzeugend wäre hingegen die pauschale Entscheidung „Die Kosten des Verfahrens trägt der Betroffene zu drei Viertel, der Landkreis X zu einem Viertel", denn dann müsste der Landkreis dem Betroffenen auch einen Teil von dessen außergerichtlichen Kosten ersetzen, was kaum ermessensgerecht erschiene.
- Haft ist von der Ausländerbehörde des Landkreises X für zwölf Wochen beantragt, der Haftantrag jedoch nur für sechs Wochen (zB mit Blick auf Sicherheitsbegleitung)

256 Vgl. BGH Beschl. v. 15.12.2011 – V ZB 302/10 – juris-Rn. 19.
257 Vgl. zB LG Stade Beschl. v. 21.5.2014 – 9 T 52/14 – juris-Rn. 25.

zulässig und begründet. Das Gericht ordnet daher Haft für sechs Wochen an, weist den Antrag im Übrigen als unzulässig zurück und entscheidet: „Die Gerichtskosten tragen der Betroffene und der Landkreis X je zur Hälfte. Ihre notwendigen außergerichtlichen Kosten haben der Betroffene und der Landkreis X einander je zur Hälfte zu erstatten." Die Aufteilung der Gerichtskosten ergibt sich aus dem Erfolg der Sache; wegen § 23 Nr. 15 GNotKG (→ Rn. 130) dürfen die Kosten nicht „gegeneinander aufgehoben" werden, weil sie sonst ausschließlich der Betroffene trüge.[258] Bei den gegenseitigen außergerichtlichen Kosten der Beteiligten wäre eine gegenseitige Aufhebung zwar denkbar, allerdings praktisch wie rechtlich nicht geboten. Denn praktisch sind auf Seiten der Behörde grds. keine erstattungsfähigen Kosten angefallen, der Betroffene hätte hingegen seine vollen Anwaltskosten selbst zu tragen. Rechtlich ist aber eine hälftige Erstattung für den Betroffenen gem. § 430 FamFG nötig, da die Behörde für den halben Zeitraum (sechs bis zwölf Wochen) wegen des unzulässigen Antrages (→ Rn. 139) keinen Anlass zur Antragstellung hatte.

e) Festsetzung des Gegenstandswertes

Zur Kostenberechnung bedarf es der Festsetzung eines **Gegenstandswertes** (bzw. *Geschäftswert*, §§ 79 Abs. 1 S. 1, 36 GNotKG). Da es sich bei Freiheitsentziehungssachen 149
nicht um vermögensrechtliche Verfahren handelt, geschieht die Festsetzung vorrangig nach *Ermessen* (§ 36 Abs. 2 GNotKG) bzw. bei Fehlen von hinreichenden Anhaltspunkten nach dem *Auffangwert* (§ 36 Abs. 3 GNotKG) von 5.000 Euro.

Die **Praxis** unterlässt am Amtsgericht die Festsetzung oft (weswegen dann für Kosten- 150
rechnungen der nachfolgende Wert herangezogen wird) oder setzt einen Wert von **5.000 Euro** fest, auch wenn die dafür benannte Begründung variiert.[259] Oftmals werden auch beide Normen[260] oder gar keine[261] genannt. Die Heranziehung des Auffangwertes (§ 36 Abs. 3 GNotKG) ist als nachgerade allgemeine Meinung gut vertretbar, die **Begründung** dafür kann kurz und formelartig geschehen (zB „Die Festsetzung des Gegenstandswertes folgt aus § 36 Abs. 3 GNotKG.").

Allerdings ist die Heranziehung des Auffangwertes gegenüber einer Bestimmung nach 151
„Umfang und Bedeutung der Sache" iRd **Ermessens** (§ 36 Abs. 2 FamFG) nachrangig.[262] Letzteres erlaubt eine Differenzierung dahingehend, dass Haft von wenigen Tagen an bis zu sechs Monaten (§ 62 Abs. 4 AufenthG) angeordnet werden kann. Alle diese Fälle dem gleichen Gegenstandswert zuzuweisen, ist zwar unter dem Gesichtspunkt der stets bestehenden Komplexität der Sache vertretbar, wird indes **Umfang** und Bedeutung **der Sache** für den Betroffenen nur eingeschränkt gerecht.[263]

Im Rahmen des Ermessens gibt es eine gesetzliche Vorschrift, welche den Wert von 152
Haft betrifft: Im Bereich der **Haftentschädigung** bewertet § 7 Abs. 3 die Haft mit **75**

258 Vgl. zum Auslegungsproblem dieser Tenorierung *Weber* in Sternal FamFG § 81 Rn. 10.
259 ZB *Ermessen*: LG Hildesheim Beschl. v. 22.12.2017 – 5 T 281/17 – juris-Rn. 11; LG Halle (Saale) Beschl. v. 19.1.2017 – 1 T 359/16 – juris-Rn. 23 und *Auffangwert*: LG Paderborn Beschl. v. 13.1.2022 – 5 T 217/21 – juris-Rn. 37; LG Freiburg (Breisgau) Beschl. v. 17.1.2022 – 4 T 15/21 – juris-Rn. 20.
260 ZB BGH Beschl. v. 25.10.2022 – XIII ZB 64/20 – juris-Rn. 15; Beschl. v. 2.8.2022 – XIII ZB 37/20 – juris-Rn. 10.
261 BGH Beschl. v. 21.8.2019 – V ZB 138/18.
262 *Bormann* in Korintenberg GNotKG § 36 Rn. 22.
263 AG Tiergarten Beschl. v. 16.2.2023 – 384 XIV 20/23 B – juris-Rn. 26.

Euro pro Tag und nimmt damit bundesrechtlich eine pauschalierte Beurteilung für eine Vielzahl von Fällen vor. Man kann also erwägen, diesen Wert mit der Zahl der angeordneten Hafttage multipliziert als Gegenstandswert festzusetzen (zB also bei 30 Tagen: 30 x 75 Euro = 2.250 Euro).[264] Die **Begründung** dafür sollte dies dann allerdings erläutern (zB „Die Festsetzung des Gegenstandswertes folgt aus § 36 Abs. 2 GNotKG, wobei das Gericht iRd Ermessens pro Tag angeordneter Haft von einem Wert von 75 Euro (vgl. § 7 Abs. 3 StrEG) ausgegangen ist.").

153 Die **Beschlussformel** kann beispielsweise wie folgt gefasst werden:

- „Der Gegenstandswert des Verfahrens beträgt ... Euro."

4. Gründe des Beschlusses

154 Der Beschluss, mit dem das Haftgericht über die Anordnung oder Ablehnung von Haft entscheidet, ist zu **begründen** (§ 38 Abs. 3 S. 1 FamFG). Die zum Absehen befugenden **Ausnahmen** sind nur wenig praxisrelevant; kaum je entspricht die Haftanordnung dem *erklärten Willen* des Betroffenen (oder die Haftablehnung dem erklärten Willen der Behörde) (§ 38 Abs. 4 Nr. 2 Var. 2 FamFG; dies wäre zu protokollieren), allerdings muss, was gelegentlich vorkommt, nach *allseitigem Rechtsmittelverzicht* nach mündlicher Verkündung keine Begründung verfasst werden (§ 38 Abs. 4 Nr. 3 FamFG).

155 Soweit Gründe **fehlen** bzw. **nicht hinreichen**, stellt dies einen Verstoß gegen die Norm und mithin einen **Verfahrensfehler** dar. Dieser hat aber keinen Einfluss auf die Wirksamkeit der Entscheidung[265] und kann im Abhilfeverfahren geheilt werden.[266]

a) Sachgründe (Gründe zu I.)

156 Da gem. § 37 Abs. 1 FamFG Entscheidungsgrundlage der gesamte Verfahrensinhalt ist, haben die Beschlussgründe zu I. grds. **keine** dem Tatbestand im Zivilurteil oder den Gründen zu I. und II. im Strafurteil vergleichbare **Feststellungswirkung.**[267] Sie sind mithin grds. nicht erforderlich.[268]

157 Während damit erstinstanzlich in **einstweiligen Anordnungs**verfahren keine inhaltlichen Anforderungen an die konkrete Gestaltung der Beschlussgründe bestehen,[269] müssen **Hauptsache**-Beschlüsse (auch: Haftaufhebung und Feststellung) den **maßgeblichen Sachverhalt** darlegen. Denn da sie der Rechtsbeschwerde unterliegen, ist das Rechtsbeschwerdegericht an die Sachgründe gebunden (§ 74 Abs. 3 S. 4 FamFG).[270]

158 Der Sachverhalt kann sich allerdings auch in diesen Fällen **aus der rechtlichen Würdigung** selbst[271] bzw. einer **Bezugnahme** auf Schriftsätze ergeben. Letztere darf aber nicht global sein (zB „Für die Darstellung des Sach- und Streitstandes wird auf die Schriftsät-

264 AG Tiergarten Beschl. v. 16.2.2023 – 384 XIV 20/23 B – juris-Rn. 26.
265 BGH Beschl. v. 21.4.2015 – VI ZR 132/13 – FamRZ 2015, 854 – juris-Rn. 16; Beschl. v. 5.3.1997 – XII ZB 160/96 – FamRZ 1997, 999 – juris-Rn. 8.
266 *Jokisch* in Sternal FamFG § 38 Rn. 73.
267 *Ulrichi* in MüKoFamFG § 38 Rn. 17.
268 *Obermann* in BeckOK FamFG § 38 Rn. 58; aA *Gomille* in Haußleiter FamFG § 38 Rn. 20.
269 VerfGH München, Entscheidung vom 17.12.2012 – Vf. 54-VI-12 – FamRZ 2013, 1234 – juris-Rn. 40.
270 StRspr BGH Beschl. v. 30.4.2019 – VI ZB 48/18 – NJW-RR 2019, 952 – juris-Rn. 4; Beschl. v. 26.7.2012 – V ZB 26/12 – juris-Rn. 4; Beschl. v. 29.3.2012 – V ZB 3/12 – juris-Rn. 3.
271 BGH Beschl. v. 19.3.2019 – VI ZB 27/17 – juris-Rn. 6.

ze Bezug genommen."), sondern muss den maßgeblichen Schriftsatz (zB Haftantrag) *konkret bezeichnen*.[272] Soweit nach Bezugnahme Elemente zwischen den Beteiligten *streitig* sind, bedarf es einer ergänzenden Darlegung, warum welcher Angabe gefolgt wird.[273] Auch muss das Haftgericht klarstellen, dass es die Angaben der Beteiligten der gem. § 26 FamFG (Amtsermittlung) erforderlichen kritischen Würdigung unterzogen hat; sie allein wörtlich wiederzugeben und hinzuzusetzen, man schließe sich ihnen an, genügt nicht.[274]

Insbesondere im **Eildienst** ist es oftmals zeitlich erforderlich, von möglichen Verkürzungen Gebrauch zu machen. Insofern wird man bei **haftablehnenden Beschlüssen** wg. Unzulässigkeit des Haftantrages regelmäßig auf *Sachgründe verzichten* können; denn der *insofern* maßgebliche Sachverhalt mangelnder Angaben ergibt sich hinreichend aus der Subsumtion in den Rechtsgründen. 159

Bei **haftanordnenden Beschlüssen** kann die Sachdarstellung im *einstweiligen Anordnungsverfahren* notfalls unterbleiben, bzw. hier (und ohnehin in der *Hauptsache*) durch eine Bezugnahme auf den *konkret bezeichneten Haftantrag* (zB: „Für die Darstellung des Sachverhaltes wird auf den Haftantrag, Bl. ... bis ... der Akte, Bezug genommen.") ersetzt werden.[275] Denn **praktisch** gilt: Enthält der Haftantrag keine hinreichende Darstellung des Sachverhaltes, ist er regelmäßig unzulässig (→ Kap. 12 Rn. 1 ff, bes. 20 ff.) und grds. abzulehnen; enthält er eine hinreichende Darstellung, ist er geeignet, die Sachgründe im Beschluss durch Inbezugnahme zu ersetzen. Soweit in der Sitzung ergänzende Sachverhaltselemente festgestellt werden, sind sie zusätzlich aufzunehmen. Auch, soweit über tatsächliche Angaben gestritten wird, muss dies in den Gründen gesondert ausgeführt werden. Insofern können zB das Sitzungsprotokoll oder ein (konkret bezeichneter) Nachtragsschriftsatz in Bezug genommen werden, wobei dann spätestens in den Rechtsgründen darzulegen ist, warum bei streitigen Angaben welcher Darstellung gefolgt wird. 160

Soweit **keine Bezugnahme** erfolgt, muss der Sachverhalt (wenn auch in knapper Form) zu allen entscheidungserheblichen Aspekten Ausführungen enthalten. Er muss sich also insbesondere zu den in § 417 Abs. 2 S. 2 Nr. 3 bis 5 FamFG genannten Aspekten (→ Kap. 12 Rn. 23) verhalten und mithin darstellen: Die *Ausreisepflicht*, den maßgeblichen *Haftgrund* sowie die *Durchführbarkeit* der Abschiebung innerhalb der angeordneten Haftdauer sowie dass diese *kürzestmöglich* gehalten ist. Für die zuletzt genannten Punkte sind regelmäßig konkrete Angaben zu den einzelnen Verfahrensschritten (→ Kap. 12 Rn. 46 ff.) erforderlich. Nicht zwingend ausgeführt werden muss zu Beteiligungsfragen (zB Staatsanwaltschaft).[276] 161

---

272 BGH Beschl. v. 26.7.2012 – V ZB 26/12 – juris-Rn. 5.
273 OLG Köln Beschl. v. 20.2.2001 – 25 UF 180/00 – FPR 2001, 393 – juris-Rn. 2.
274 BGH Beschl. v. 15.10.2015 – V ZB 82/14 – juris-Rn. 10.
275 BGH Beschl. v. 26.7.2012 – V ZB 26/12 – juris-Rn. 5; aA LG München I Beschl. v. 5.10.2021 – 13 T 3982/21 – juris-Rn. 63, da d. Betr. sonst nicht ersehen könne, „worauf es für die Entscheidung ankommt". Das ist mE falsch, da es der Subsumtion in den Rechtsgründen sehr wohl entnehmbar ist.
276 BGH Beschl. v. 22.6.2021 – XIII ZB 38/20 – juris-Rn. 14.

b) Rechtsgründe (Gründe zu II.)

162 Die Rechtsgründe des Beschlusses müssen die **anwendbaren Vorschriften** nennen und wenigstens eine **knappe Subsumtion** des Lebenssachverhaltes unter diese enthalten. Dabei dient die Begründung sowohl der Erklärung der Entscheidung gegenüber den Beteiligten als auch Selbstkontrolle des Gerichtes und darf daher *nicht nur stichpunktartig* die Vorschriften aufzählen.[277]

163 Was für die konkrete Entscheidung irrelevant ist, ist **wegzulassen.**[278] Die Zitierung von **Literatur und Rechtsprechung** ist nicht zwingend,[279] soweit nicht von höchstrichterlicher Rechtsprechung abgewichen wird.[280] Entsprechende Zitate erhöhen aber praktisch die Akzeptanz der Entscheidung und sind daher sinnvoll. Wurden **Beweise** erhoben, sind diese zu würdigen.[281]

164 Die **Struktur der Gründe** sollte den Haftvoraussetzungen folgen, also an den Punkten *vollziehbare Ausreisepflicht*, *Vollstreckungsvoraussetzungen* (insbes. Androhung oder Entbehrlichkeit derselben), *Haftgrund*, *Prognose der Durchführbarkeit* in der Haftzeit und *entgegenstehende Gründe* (insbesondere Übermaßverbot) sowie *Nebenentscheidungen* orientiert sein. Insofern sei auf die **Musterbeschlüsse** → Kap. 17 verwiesen.

165 Eine **einstweilige Anordnung** muss neben der Darstellung der Rechtsgründe für die Haft auch darlegen, warum eine einstweilige Entscheidung („dringende Gründe", § 427 Abs. 1 S. 1 FamFG) nötig ist. Soweit Haft- oder Gewahrsamsnormen das Gericht zur **Ermessenausübung** befugen, müssen die dafür nach Ansicht des Gerichtes wesentlichen Gesichtspunkte wiedergegeben werden.[282]

5. Rechtsmittelbelehrung und Unterschrift

166 Der Beschluss hat ferner eine **Rechtsmittelbelehrung** (§ 39 FamFG) zu enthalten und ist durch den Richter zu **unterschreiben** (§ 38 Abs. 3 S. 2 FamFG).

167 Dabei ist gegen **Hauptsache**-Beschlüsse binnen eines Monats nach schriftlicher Bekanntgabe (§ 63 Abs. 1 und 3 FamFG) sowohl die *Beschwerde* (§§ 58 ff. FamFG) als auch (regelmäßig) die *Sprungrechtsbeschwerde* (§ 75 FamFG) statthaft. Über Letztere muss aber nicht belehrt werden (§ 39 S. 2 FamFG). Gegen **einstweilige Anordnungen** ist die *Sprungrechtsbeschwerde* nicht statthaft (§ 70 Abs. 4 FamFG),[283] die Beschwerdefrist ist zudem auf zwei Wochen verkürzt (§ 63 Abs. 2 Nr. 1 FamFG).

6. Besondere Beschlussarten

168 Neben der *erstmaligen Haftanordnung* in der Hauptsache oder im einstweiligen Anordnungsverfahren bzw. der *Ablehnung* des Haftantrages sind in **erstinstanzlicher Praxis** nachfolgende Beschlussarten ebenfalls relevant: **Haftverlängerung** (→ Rn. 169 ff.), **Haftaufhebung** (→ Rn. 185 ff.), **Haftaussetzung** (→ Rn. 199 ff.), **Abhilfeverfahren** nach Beschwerde (→ Rn. 208 ff.) und die **Feststellung der Rechtswidrigkeit** einer

277 OLG Frankfurt Beschl. v. 7.8.2017 – 5 WF 28/17 – FamRZ 2018, 357 – juris-Rn. 11.
278 *Ulrici* in MüKoFamFG § 38 Rn. 19.
279 BVerfG Beschl. v. 9.4.1987 – 1 BvR 1074/86 – NJW 1987, 2499.
280 BVerfG Beschl. v. 19.7.1995 – 1 BvR 1506/93 – NJW 1995, 2911 – juris-Rn. 11.
281 OLG Schleswig Beschl. v. 28.8.2017 – 8 UF 131/17 – NJW 2018, 559 – juris-Rn. 29.
282 BGH Beschl. v. 19.1.2012 – V ZB 221/11 – InfAuslR 2012, 189 – juris-Rn. 5.
283 BGH Beschl. v. 3.2.2011 – V ZB 128/10 – FGPrax 2011, 148 – juris-Rn. 4.

Haft (→ Rn. 222 ff.). Nachfolgend wird auf die Besonderheiten dieser Verfahren und Entscheidungen hingewiesen, im Übrigen gelten dabei die vorgenannten allgemeinen Anforderungen.

a) Haftverlängerung (§ 425 Abs. 3 FamFG)

Für die **Verlängerung** einer Haft gelten die Vorschriften über deren **erstmalige Anordnung** entsprechend (§ 425 Abs. 3 FamFG, für *einstweilige Anordnungen* iVm § 51 Abs. 2 S. 1 FamFG). Auch insofern muss daher ein nach Maßgabe des § 417 FamFG *zulässiger Verlängerungsantrag* vorliegen, der abermals (ggf. durch Bezugnahme auf den ursprünglichen Antrag) alle Haft- und zudem die Verlängerungsvoraussetzungen darlegen muss (vgl. zum Maßstab insofern → Kap. 12 Rn. 25). Erneut muss ein *Anhörungstermin* unter Aushändigung und ggf. Übersetzung des Verlängerungsantrages stattfinden.[284] 169

Bei Prüfung des Verlängerungsantrages ist auf **entgegenstehende Rechtshängigkeit** (§ 17 Abs. 1 S. 2 GVG) zu achten: Wird zB in der *Hauptsache* Haft für zwölf Wochen beantragt, hilfsweise einstweilige Haft für sechs Wochen und wird nach antragsgemäßer einstweiliger Haftanordnung anschließend erneuter Antrag gestellt, darf dieser ab der siebten Woche der Haftzeit **nicht erneut auf Hauptsache** gerichtet sein; sonst liegt insofern *derselbe Streitgegenstand* vor. Prozessual korrekt sind ein einstweiliger Haftverlängerungsantrag (für Woche sieben bis zwölf) sowie ggf. eine *Antragserweiterung* in der Hauptsache, soweit sich auch diese weiter verzögert. 170

Wurde ein **bestehender Antrag** (zB auf Anordnung von *sechs Wochen*) **nicht ausgeschöpft** (zB bei einstweiliger Haft zunächst nur für *eine Woche* wg. rechtsanwaltlicher Verhinderung), kann *ohne erneuten Antrag* von Amts wegen weiter verlängert werden. Denn der verbleibende Antragsteil ist dann weiter anhängig.[285] Eine erneute Anhörung ist vor dieser Verlängerung nur erforderlich, soweit eine erhebliche Sachverhaltsänderung eingetreten ist (vgl. → Rn. 114), was zB bei weiterer rechtsanwaltlicher Verhinderung nicht der Fall wäre. 171

aa) Verfahrensgegenstand und Prüfungsmaßstab

Das **zuständige Gericht** ist dasjenige des Haftortes (→ Rn. 6). Es hat inhaltlich zu **prüfen**, ob die *fristgemäße Durchführbarkeit* der Abschiebung gegeben und das *Beschleunigungsgebot* (→ Kap. 2 Rn. 149 ff.) weiterhin gewahrt ist. Ein bestellter *Verfahrenspfleger* ist weiter Beteiligter,[286] bei positiver Kenntnis von einem konkreten *Verfahrensbevollmächtigten* im Ursprungsverfahren muss das verlängernde Gericht den Betroffenen befragen, ob er wieder von ihm vertreten werden möchte (→ Rn. 35). 172

(1) (Wechsel der) Verfahrensarten

Die Entscheidung erfolgt **grds.** in **derselben Verfahrensart** wie die ursprüngliche Haftanordnung. Eine einmal angeordnete *Hauptsachehaft* als *Hauptsache* zu verlängern, ist dabei genauso möglich, wie eine *einstweilige Anordnung* als *solche* zu verlängern (§§ 51 173

284 StRspr BGH Beschl. v. 6.4.2017 – V ZB 59/16 – InfAuslR 2017, 292 – juris-Rn. 7; Beschl. v. 6.12.2012 – V ZB 224/11 – InfAuslR 2013, 155 – juris-Rn. 11.

285 Soweit nicht Abweisung iÜ erfolgt ist; sie sollte bei hinter dem Antrag zurückbleibender einstweiliger Entscheidung daher sinnvollerweise grds. unterbleiben.

286 *Bumiller* in Bumiller/Harders/Schwamb FamFG § 425 Rn. 21.

Abs. 2 S. 1 iVm 425 Abs. 2 FamFG).[287] Bei Letzterem ist allerdings zu hinterfragen, ob weiter ein Eilbedürfnis (§ 427 Abs. 1 S. 1 FamFG) besteht; hat die Behörde während der ursprünglich angeordneten Haftdauer nicht alles ihrerseits Erforderliche getan, um Entscheidungsreife der Hauptsache herbeizuführen und die Abschiebung zu fördern, wird regelmäßig das Beschleunigungsgebot verletzt und der Antrag daher abzulehnen sein.

174 Die Verlängerung kann auch (soweit, wie regelmäßig geboten, beides beantragt ist) unter **Wechsel der Verfahrensart** erfolgen.[288] Ursprünglich angeordnete *Hauptsachehaft* kann als *einstweilige Anordnung* zu verlängern sein, wenn nunmehr zB ein verwaltungsgerichtliches Eilverfahren anhängig oder der Verfahrensbevollmächtigte verhindert ist (→ Rn. 42). Genauso können zum Zeitpunkt der Verlängerungsentscheidung alle Anordnungsvoraussetzungen bestehen, so dass die ursprünglich *einstweilig* angeordnete Haft nun als *Hauptsache* verlängert wird; bei Letzterem handelt es sich der Sache nach um erstmalige Hauptsache-Anordnung, womit sich der ursprüngliche Hauptsache-Antrag im erstmaligen Anordnungsverfahren für den davor liegenden Zeitraum *erledigt.*

(2) Aneinanderreihung einstweiliger Anordnungen

175 Im Wege der Verlängerung können auch **mehrere einstweilige Haftanordnungen** aneinandergereiht werden. Zwar darf eine einzelne Anordnung wg. § 427 Abs. 1 S. 2 FamFG die *Höchstdauer* von **sechs Wochen** nicht überschreiten; die **Summe** mehrerer einstweiliger Anordnungen darf aber **darüber hinausgehen.**[289] Dies zeigen sowohl der Textvergleich von § 427 Abs. 1 S. 2 FamFG mit § 425 Abs. 1 FamFG (Haft in einer Hauptsache-Anordnung darf eine „Höchstdauer eines Jahres“ nicht überschreiten, trotzdem sind gem. § 62 Abs. 4 S. 4 AufenthG iWd *Verlängerung* bis zu *18 Monate* Abschiebungshaft möglich) als auch der Umstand, dass bei rechtlicher oder tatsächlicher Unsicherheit als Rechtsgrund für Einstweiligkeit eine regelmäßige *richterliche Kontrollfrist* von sechs Wochen geboten ist.

176 Diese Aneinanderreihung mehrfacher einstweiliger Anordnungen ist auch **geboten,** wenn zB mit der Verzögerung **verwaltungsgerichtlicher Eilverfahren** (trotz des gebotenen Hinweises des Haftgerichtes an das Verwaltungsgericht auf die angeordnete Haft und Bitte um Mitteilung des Verfahrensstandes[290]) ein weiteres Abwarten über sechs Wochen hinaus erforderlich ist (soweit zB Eilverfahren vor dem BVerwG gegen Bescheide gem. § 58a AufenthG eine durchschnittliche Dauer von 74 Tagen in Anspruch nehmen[291] und während ihrer Dauer ein Vollzugsverbot gem. § 58a Abs. 4 S. 3 AufenthG begründen). Denn bei Verständnis des § 417 Abs. 1 S. 2 FamFG als *Maximalfrist*[292] wäre Haft darüber hinaus dann in der Hauptsache und insofern iWd Prognose zu entschei-

---

287 BGH Beschl. v. 25.4.2022 – XIII ZB 38/21 – juris-Rn. 1 iVm 9; *Heidebach* in Haußleiter FamFG § 427 Rn. 14; aA *Grotkopp* Abschiebungshaft Rn. 687: Verlängerung einstweiliger Anordnung sei prinzipiell nicht möglich.
288 Vgl. zB BGH Beschl. v. 20.7.2021 – XIII ZB 94/19 – juris-Rn. 2 iVm 10.
289 *Heidebach* in Haußleiter FamFG § 427 Rn. 14; aA *Wendtland* in MüKoFamFG § 427 Rn. 11.
290 BVerfG Beschl. v. 27.2.2009 – 2 BvR 538/07 – NJW 2009, 2659 – juris-Rn. 26.
291 Durchschnittsbildung, Stand: 21.5.2023.
292 *Wendtland* in MüKoFamFG § 427 Rn. 11.

den, wie das verwaltungsgerichtliche Verfahren vrsl. ausginge.[293] Hierfür ist das Haftgericht angesichts der fachfremden Materie weder fachlich noch praktisch[294] in der Lage.

Eine Ausnahme ist nur zu machen, soweit die **Eilentscheidung** vrsl. **nicht mehr bis zur Abschiebung** ergehen wird. Hier droht durch Vollzug die Schaffung eines ggf. irreparablen Zustandes und damit Vereitelung des durch Art. 19 Abs. 4 GG gebotenen *wirksamen Rechtsschutzes*.[295] Ist daher ersichtlich, dass eine verwaltungsgerichtliche Eilentscheidung erst *nach Abschiebung* ergehen würde,[296] ist eine einstweilige Haftentscheidung zwecks Abwartens nicht mehr möglich. Da das laufende Eilverfahren grds. (anders zB bei § 58a Abs. 4 S. 3 AufenthG) die Abschiebung nicht hindert,[297] muss dann in der Hauptsache entschieden und hierfür müssen durch Nachfrage beim Verwaltungsgericht die „Tatsachen", die „zu einer Prognose über den weiteren Verfahrensverlauf"[298] des Eilverfahrens nötig sind, ermittelt werden. 177

Fehlt es an **entsprechenden Tatsachen** bzw. werden diese *nicht mitgeteilt*,[299] kann das Haftgericht wg. des allgemeinen Prüfungsmaßstabes – Haftablehnung nur bei sicherer Feststellung einer stattgebenden Spruchpraxis,[300] sonst nur Kontrolle bzgl. offenkundiger Rechtsverletzungen bzw. offensichtlicher Unrichtigkeit (→ Kap. 1 Rn. 9) – eine die Abschiebung hindernde Prognose nur stellen, soweit ein **Obsiegen** im Eilverfahren **überwiegend wahrscheinlich** ist; hierbei werden zB die verwaltungsgerichtliche *Ablehnung eines PKH-Antrages* und insbesondere das Fehlen eines die Abschiebung hindernden *Hängebeschlusses* regelmäßig gewichtige Indizien darstellen. 178

Eine Aneinanderreihung einstweiliger Anordnungen darf jedoch nicht zur *Umgehung* der nur in der Hauptsache gegebenen *Rechtsbeschwerdemöglichkeit* vor dem BGH (§ 70 Abs. 4 FamFG)[301] führen. Dies bedingt es, dass nach **Wegfall** der die Entscheidung in der Hauptsache hindernden Umstände *unverzüglich* eine **Hauptsacheentscheidung** zu treffen ist. Ob diese Entscheidung im Dezernatswege ergehen kann oder hierfür *erneut anzuhören* ist, bemisst sich danach, ob eine *erhebliche Sachverhaltsänderung* vorliegt (was bei Wegfall des vorgenannten Umstandes eher der Fall sein dürfte, vgl. eingehend → Rn. 114); ist zu diesem Zeitpunkt die Abschiebung jedoch schon vollzogen, so ist die Hauptsache *erledigt* und keiner Entscheidung mehr zugänglich. 179

bb) Beschlussgestaltung und -inhalt

Die Entscheidung über die Verlängerung erfolgt als **Beschluss**, für den alle og (→ Rn. 93 ff.) Anforderungen gelten. **Kosten** fallen *gerichtlich* für das Verlängerungsver- 180

293 IdS BVerfG Beschl. v. 27.2.2009 – 2 BvR 538/07 – NJW 2009, 2659 – juris-Rn. 26, allerdings wg. des Maßstabes der folgenden Randnummer im Buch.
294 Verwaltungsgerichte hüten sich erfahrungsgemäß oft wg. der Befürchtung von Befangenheitsanträgen davor, eine verwertbare Ausgangsprognose ggü. dem Haftgericht abzugeben.
295 BVerfG Beschl. v. 27.2.2009 – 2 BvR 538/07 – NJW 2009, 2659 – juris-Rn. 24.
296 So die Konstellation in BVerfG Beschl. v. 27.2.2009 – 2 BvR 538/07 – NJW 2009, 2659 – juris-Rn. 5-10 (Haftanordnung bis 28.10.2006, Eilentscheidung des VG erst 22.10.2007).
297 BVerfG Beschl. v. 27.2.2009 – 2 BvR 538/07 – NJW 2009, 2659 – juris-Rn. 23.
298 BVerfG Beschl. v. 27.2.2009 – 2 BvR 538/07 – NJW 2009, 2659 – juris-Rn. 26.
299 Einen *Anspruch* auf Mitteilung der Entscheidungstendenz sehen die Prozessordnungen nicht vor. Sie ist nach BVerfG Beschl. v. 27.2.2009 – 2 BvR 538/07 – NJW 2009, 2659 – juris-Rn. 26 zwar geboten, aber eine Frage kollegialer Mitwirkung, die nicht erzwingbar ist.
300 BGH Beschl. v. 24.6.2020 – XIII ZB 20/19 – juris-Rn. 13; Beschl. v. 20.9.2017 – V ZB 118/17 – InfAuslR 2018, 96 – juris-Rn. 18; Beschl. v. 21.10.2010 – V ZB 96/10 – juris-Rn. 16.
301 Hieraus erklärt sich, warum es zur Auslegung des § 427 Abs. 1 S. 2 FamFG bzgl. einstweiliger Haftanordnungen keine Rspr. des BGH gibt.

fahren als neues, separat geführtes Verfahren an (§ 425 Abs. 3 FamFG), ebenso *außergerichtliche Kosten* der Beteiligten. Es gelten die obigen Grundsätze (→ Rn. 128 ff.), so dass insbesondere im Falle der Zurückweisung eine Kostenentscheidung angezeigt ist, weil sonst der Betroffene seine und die gerichtlichen Kosten voll trüge.

181 Die **Beschlussformel** kann dabei beispielsweise wie folgt gefasst werden:

- **Stattgabe (Hauptsache):** „Die mit Beschluss vom … angeordnete Haft zur Sicherung … wird bis zum Ablauf des … verlängert. Der Beschluss ist sofort wirksam. Der Betroffene trägt die Kosten des Verfahrens."
- **Stattgabe (einstweilige Anordnung):** „Die mit Beschluss vom … angeordnete Haft zur Sicherung … wird im Wege einstweiliger Anordnung bis zum Ablauf des … verlängert. Der Beschluss ist sofort wirksam. Der Betroffene trägt die Kosten des Verfahrens."
- **Stattgabe (Hauptsache nach ursprünglicher einstweiliger Anordnung):** „Die mit Beschluss vom … einstweilig angeordnete Haft zur Sicherung … wird im Wege der Hauptsacheentscheidung bis zum Ablauf des … verlängert. Der Beschluss ist sofort wirksam. Der Betroffene trägt die Kosten des Verfahrens." (Der Zusatz „im Wege der Hauptsacheentscheidung" sollte zur Klarstellung erfolgen; dies kann sich aber auch aus den Gründen ergeben.)
- **Stattgabe (einstweilige Anordnung nach ursprünglicher Hauptsache):** „Die mit Beschluss vom … angeordnete Haft zur Sicherung … wird im Wege der einstweiligen Anordnung bis zum Ablauf des … verlängert. Der Beschluss ist sofort wirksam. Der Betroffene trägt die Kosten des Verfahrens."
- **Zurückweisung:** „Die beantragte Haftverlängerung wird abgelehnt. Die Kosten des Verfahrens trägt der Landkreis bzw. die Stadt …"

182 Ob die Anordnung **sofortiger Wirksamkeit** erforderlich ist, kann man wegen des Wortlautes des § 422 Abs. 1 FamFG („angeordnet", nicht „verlängert") in Zweifel ziehen. Da aber § 425 Abs. 3 FamFG auf die Vorschriften für die erstmalige Anordnung *insgesamt* verweist,[302] wird damit auch § 422 FamFG erfasst.[303]

183 Die **Gründe stattgebender Haftverlängerungsbeschlüsse** können regelmäßig knapp gefasst werden. Hinsichtlich der *Sachgründe* (→ Rn. 156 ff.) kann auf die Darlegungen im ursprünglichen Anordnungsbeschluss Bezug genommen und lediglich ausgeführt werden, was sich geändert hat; auch insofern sind Bezugnahmen auf zB den konkreten Antragsschriftsatz zur Haftverlängerung möglich (→ Rn. 160). Bezüglich der *Rechtsgründe* kann analog verfahren werden, wobei aber insbesondere Darlegungen zu den og Prüfungspunkten (→ Kap. 12 Rn. 25) erforderlich sind.

184 Soll die Haftverlängerung **abgelehnt** werden, so können die dafür maßgeblichen Gründe auch die **ursprünglich angeordnete Haft** betreffen. Es kann daher von Amts wegen ein von der Haftverlängerung *getrenntes* Haftaufhebungsverfahren einzuleiten sein (→ Rn. 185 ff.). Dabei sollten aus Gründen der Klarstellung in beiden Verfahren separate Beschlüsse erlassen werden, neben der *Ablehnung* im Haftverlängerungsverfahren also

302 *Wendtland* in MüKoFamFG § 425 Rn. 4.

303 *Bumiller* in Bumiller/Harders/Schwamb FamFG § 425 Rn. 21; idS auch LG Bremen Beschl. v. 15.6.2017 – 10 T 325/17 – juris-Rn. 73, 75; LG Paderborn Beschl. v. 26.2.2010 – 11 XIV 31/10 B – juris-Rn. 10.

eine *Aufhebung und Freilassung* im Ursprungsverfahren; dies kann freilich direkt hintereinander in einem für beide Verfahren anberaumten Anhörungstermin oder taggleich im Dezernatswege geschehen.

b) Haftaufhebung (§ 426 FamFG)

Ein Haftaufhebungsverfahren kann sowohl auf **Antrag eines Beteiligten** (§ 426 Abs. 2 S. 1 FamFG) als auch **von Amts wegen** (§ 426 Abs. 1 S. 1 FamFG) eingeleitet werden. Dabei ist unerheblich, ob die angeordnete Haft in der *Hauptsache* oder als *einstweilige Anordnung* (§ 427 FamFG) erlassen wurde. **Zuständig** ist das Amtsgericht, das die ursprüngliche Haft angeordnet hat (→ Rn. 5). 185

aa) Verfahrensgegenstand und Prüfungsmaßstab

Im Haftaufhebungsverfahren ist **vollständig zu prüfen**, ob die **Haft** (weiterhin) **rechtmäßig** ist. Dabei können sowohl *neue Umstände* relevant sein als auch Gründe, bei deren Beachtung Haft *von vornherein* nicht hätte angeordnet werden dürfen (zB unzulässiger Haftantrag, fehlender Haftgrund).[304] Mit anderen Worten ist in diesem Verfahren *jederzeit* die vollständige (inhaltsgleiche oder um neue Tatsachen erweiterte) Prüfung aller Haftvoraussetzungen möglich. 186

Bisher **bestehende Fehler** des Haftantrages (vgl. § 417 Abs. 3 FamFG), des Verfahrens oder des Haftbeschlusses können aber im Aufhebungsverfahren **durch** eine **Nachholung geheilt** werden.[305] Geschieht dies, muss keine Haftaufhebung erfolgen; einer erneuten Anhörung des Betroffenen bedarf es dafür nicht,[306] es sei denn, der maßgebliche Verfahrensfehler war gerade das Fehlen einer persönlichen Anhörung.[307] 187

Veränderungen der Sachlage sind auch materiell-rechtlich zu berücksichtigen und können daher zB dazu führen, dass eine zunächst zu lang angeordnete Haft durch nachträglich eintretende Umstände nunmehr gerechtfertigt ist.[308] Auch die **Prognose der Durchführbarkeit** der Abschiebung innerhalb der Haftzeit von Bedeutung. Sie kann problematisch werden, soweit die ursprünglich beabsichtigte **Abschiebung gescheitert** ist. Allerdings ist gem. § 62 Abs. 4a AufenthG für diesen Fall der weitere Haftvollzug zwecks neuen Abschiebeversuchs zulässig, so dass insofern keine Haftaufhebung erfolgen muss.[309] Dies gilt auch dann, wenn der neue Versuch erst nach einer Verlängerung der Haft stattfinden kann, soweit ein (bei im Übrigen unveränderten Haftvoraussetzungen[310]) Verlängerungsantrag bereits *gestellt*, *vorbereitet*[311] oder *angekündigt* ist.[312] 188

---

304 StRspr BGH Beschl. v. 2.8.2022 – XIII ZB 134/19 – juris-Rn. 6; Beschl. v. 6.8.2020 – XIII ZB 85/19 – juris-Rn. 15; Beschl. v. 20.9.2017 – V ZB 180/16 – InfAuslR 2018, 63 – juris-Rn. 6.

305 StRspr BGH Beschl. v. 6.8.2020 – XIII ZB 85/19 – juris-Rn. 22; Beschl. v. 1.6.2017 – V ZB 39/17 – InfAuslR 2017, 347 – juris-Rn. 15 ff.

306 BGH Beschl. v. 1.6.2017 – V ZB 39/17 – InfAuslR 2017, 347 – juris-Rn. 15 ff.

307 BGH Beschl. v. 1.6.2017 – V ZB 39/17 – InfAuslR 2017, 347 – juris-Rn. 18 aE.

308 BGH Beschl. v. 6.8.2020 – XIII ZB 85/19 – juris-Rn. 23.

309 BGH Beschl. v. 24.1.2019 – V ZB 72/18 – juris-Rn. 10.

310 BGH Beschl. v. 20.5.2020 – XIII ZB 10/19 – juris-Rn. 11.

311 BGH Beschl. v. 6.8.2020 – XIII ZB 130/19 – juris-Rn. 12.

312 BGH Beschl. v. 11.7.2019 – V ZB 74/18 – juris-Rn. 11, 22; Beschl. v. 19.7.2018 – V ZB 179/15 – InfAuslR 2018, 415 – juris-Rn. 23.

189 Wird der Betroffene **während des Aufhebungsverfahrens** aus der **Haft entlassen**, erledigt sich der Antrag.[313] In diesem Falle (sowie im Übrigen zusätzlich) kann jedoch die **Feststellung der Rechtswidrigkeit** (→ Rn. 228 ff., bes. 231) beantragt werden.

bb) Verfahrenseinleitung und Verfahrensgang

190 Für die Verfahrenseinleitung können **alle Beteiligte** (§ 418 FamFG → Rn. 21 ff.) *jederzeit*[314] einen Antrag stellen; *Vertrauenspersonen* auch dann, wenn sie am Ausgangsverfahren nicht beteiligt waren.[315] Erlangt das **Gericht** von einem Wegfall der Haftvoraussetzungen *positive Kenntnis*, muss es ein Aufhebungsverfahren einleiten; bei Kenntniserlangung von *konkreten Anhaltspunkten* muss es Ermittlungen gem. § 26 FamFG aufnehmen.[316] Eine dauerhafte *Überwachung* auf mögliche Veränderungen ist aber nicht erforderlich; das Gericht darf sich darauf verlassen, dass die Behörde maßgebliche Umstände von sich aus mitteilt.[317]

191 Entsprechende **Anhaltspunkte** für eine mögliche **Amtsermittlung** und ggf. Haftaufhebung können beispielsweise sein:

- Bekanntwerden, dass der Betroffene **verwaltungsgerichtlichen Eilrechtsschutz** beantragt hat, wenn für seinen Fall **stattgebende Spruchpraxis** besteht,[318]
- behördliche **Mitteilung**, dass eine **Konsulatsvorführung** zwecks **Passbeschaffung gescheitert** ist; ermittelt werden muss dann, inwiefern Ersatzpapiere in welchem Zeitraum nun zu beschaffen sind und wie sich das auf die Prognose der Durchführbarkeit der Abschiebung auswirkt,[319]
- behördliche **Mitteilung**, dass eine geplante **Überstellung gescheitert** ist[320] (→ Rn. 188).

192 Für die Durchführung des Verfahrens ist keine mündliche **Anhörung** erforderlich.[321] Insbesondere gelten die §§ 420 Abs. 1 S. 1, 427 Abs. 2 FamFG nur für die *Anordnung* von Haft, so dass kein Anhörungstermin erforderlich ist;[322] auch nicht nach Heilung von Verfahrensmängeln.[323] Anzuhören ist aber die **Behörde**; die damit verbundene Verzögerung ist hinzunehmen (Umkehrschluss § 330 S. 2 FamFG).[324] Die Anhörung kann per Fax mit kurzer Stellungnahmefrist (zB ein bis zwei Tage) oder telefonisch erfolgen.

cc) Beschlussgestaltung und -inhalt

193 Die Entscheidung ergeht als **Beschluss**, § 426 Abs. 2 S. 2 FamFG. **Kosten** fallen *gerichtlich* im Verfahren über die Aufhebung von *Hauptsachehaft* neu an (§ 57 Abs. 2 GNotKG), nicht aber bei Aufhebung *einstweiliger Haft* (Vorbem. Nr. 1.6 KostV GNotKG). Ohne

313 BGH Beschl. v. 17.3.2016 – V ZB 146/14 – juris-Rn. 9.
314 BGH Beschl. v. 15.12.2011 – V ZB 302/10 – juris-Rn. 12.
315 StRspr BGH Beschl. v. 14.2.2023 – XIII ZB 58/21 – juris-Rn. 11; Beschl. v. 17.1.2023 – XIII ZB 20/21 – juris-Rn. 7; Beschl. v. 19.5.2020 – XIII ZB 82/19 – juris-Rn. 11 f.
316 BGH Beschl. v. 20.9.2017 – V ZB 180/16 – InfAuslR 2018, 63 – juris-Rn. 7.
317 *Wendland* in MüKoFamFG § 426 Rn. 3.
318 BGH Beschl. v. 20.9.2017 – V ZB 118/17 – NVwZ 2018, 349 – juris-Rn. 18; BGH Beschl. v. 21.10.2010 – V ZB 96/10 – juris-Rn. 16.
319 BGH Beschl. v. 20.9.2017 – V ZB 180/16 – InfAuslR 2018, 63 – juris-Rn. 9.
320 BGH Beschl. v. 15.9.2016 – V ZB 43/16 – NVwZ 2016, 1824 – juris-Rn. 6.
321 AA *Marx* AufenthaltsR-HdB § 8 Rn. 98.
322 BGH Beschl. v. 19.6.2013 – V ZB 96/12 – juris-Rn. 21.
323 BGH Beschl. v. 1.6.2017 – V ZB 39/17 – InfAuslR 2017, 347 – juris-Rn. 18.
324 *Göbel* in Sternal FamFG § 426 Rn. 9.

Kostenentscheidung trägt also in beiden Verfahren der Betroffene seine außergerichtlichen und im Falle einer Hauptsache auch neue gerichtliche Kosten (→ Rn. 130). Das ist unbillig und erfordert eine andere Entscheidung nach og Kriterien (→ Rn. 137 ff.), soweit Haft *aufgehoben* wird. Wurde ein Verfahren von Amts wegen eingeleitet (→ Rn. 190), hat kein Beteiligter die Kosten veranlasst, so dass bei einer Hauptsachehaft aus Gründen der Billigkeit auf Nichterhebung der Gerichtskosten entschieden werden kann (§ 81 Abs. 1 S. 2 FamFG).

Der Beschluss ist allen Beteiligten **zuzustellen**, deren erklärtem Willen er nicht entspricht (regelmäßig bei *Stattgabe* der Behörde gegen EB [aus praktischen Gründen zusätzlich formlose Mitteilung an die Vollzugsanstalt], bei *Zurückweisung* dem Betroffenen gegen GefZU, § 41 Abs. 1 S. 2 FamFG). 194

Die **Beschlussformel** kann beispielsweise wie folgt gefasst werden: 195

- **Aufhebung (nach Antrag):** „Die mit Beschluss vom ... zum Geschäftszeichen ... angeordnete Haft zur Sicherung ... wird aufgehoben. Der Betroffene ist sofort zu entlassen (→ Rn. 126). Die Kosten des Verfahrens trägt der Landkreis bzw. die Stadt ..."
- **Aufhebung (nach Einleitung vAw):** „Die mit Beschluss vom ... zum Geschäftszeichen ... angeordnete Haft zur Sicherung ... wird aufgehoben. Der Betroffene ist sofort zu entlassen (→ Rn. 126). Die Kosten des Verfahrens trägt der Landkreis bzw. die Stadt .... (alternativ, wenn der Betroffene seine außergerichtlichen Kosten selbst tragen soll: Kosten werden nicht erhoben.)"
- **Nichtaufhebung (nach Antrag):** „Der Antrag auf Haftaufhebung vom ... wird abgelehnt. Die Kosten des Verfahrens trägt der Betroffene (bzw. ggf. ein anderer antragstellender Beteiligter)."
- **Nichtaufhebung (nach Einleitung vAw):** „Die mit Beschluss vom ... zum Geschäftszeichen ... angeordnete Haft zur Sicherung ... wird nicht aufgehoben. Kosten werden nicht erhoben."

Eine **Verkürzung der Haft** kann im Aufhebungsverfahren nicht beschlossen werden, nur die Aufhebung zum Beschlusszeitpunkt („ganz oder gar nicht"). Das Verfahren ist kein erweitertes Rechtsmittel gegen die ursprüngliche Anordnung.[325] Ergibt sich daher, dass zB Haft für vier Monate angeordnet wurde, aber nur drei erforderlich sind, muss ein früherer Aufhebungsantrag abgelehnt werden; der Haftbeschluss kann jedoch nach Ablauf der drei Monate in einem neuen Aufhebungsverfahren (zB eingeleitet von Amts wegen) aufgehoben werden. 196

Die **Gründe** können in *tatsächlicher Hinsicht* regelmäßig knapp und unter weitgehendem Verweis auf den ursprünglichen Anordnungsbeschluss gefasst werden. Das Antragsvorbringen sollte (ggf. durch Bezugnahme auf den konkreten Antragsschriftsatz) dargestellt werden. Für die *Rechtsgründe* kann bei *Zurückweisung* gleichsam weitgehend verwiesen werden; warum das Antragsvorbringen keine andere Beurteilung rechtfertigt, ist aber herauszustellen. Bei *Stattgabe* kann knapp einleitend (zB „Die mit Beschluss vom ... angeordnete Haft war antragsgemäß gem. § 426 FamFG aufzuheben, weil die 197

325 BGH Beschl. v. 1.6.2017 – V ZB 39/17 – InfAuslR 2017, 347 – juris-Rn. 24.

Haftvoraussetzungen nicht mehr vorliegen. Denn nunmehr ist gem. § ...") zu dem fehlenden Punkt übergeleitet werden.

198 Der Beschluss kann mit der **Beschwerde** (§§ 58 ff. FamFG) angegriffen werden.[326]

c) Haftaussetzung (§ 424 FamFG)

199 Die Haftaussetzung entspricht in etwa § **116 StPO** und ermöglicht es neben der Behörde (§ 424 Abs. 1 S. 3 FamFG) auch dem **zuständigen Amtsgericht** (→ Rn. 5), den **Vollzug** der angeordneten Haft *zeitweilig* oder *unbefristet* auszusetzen. Dies kann durch *Auflagen* (§ 424 Abs. 1 S. 4 FamFG) gesichert werden, um notwendigen Druck aufrecht zu erhalten.

aa) Verfahrenseinleitung und Prüfungsmaßstab

200 Über eine Haftaussetzung kann jederzeit (also auch zusammen mit der ursprünglichen Haftanordnung) **von Amts wegen** entschieden werden. Auf **Antrag** eines Beteiligten (§ 418 FamFG → Rn. 21 ff.) muss eine Entscheidung ergehen und zwar auch dann, wenn der von der Behörde selbst entscheidbare Zeitrahmen von einer Woche (§ 424 Abs. 1 S. 2 FamFG) nicht überschritten wird.[327]

201 Vor der Entscheidung muss eine (ggf. auch **schriftliche** oder telefonische) **Anhörung** der *Behörde* und des *Leiters der* (Vollzugs-)*Einrichtung* erfolgen (§ 424 Abs. 1 S. 2 FamFG). Letzteres dient der Klärung des bisherigen *Vollzugsverhaltens* und ist wg. teleologischer Reduktion bei einer Aussetzung zugleich mit der Anordnung entbehrlich. Soll einem behördlichen Antrag stattgegeben werden, ist deren Anhörung unnötig (Rechtsgedanke § 28 Abs. 2 Nr. 3 VwVfG). Vor Entscheidung über einen Antrag eines sonstigen Beteiligten *kann* dieser gem. § 26 FamFG (auch: persönlich) angehört werden, muss es aber nicht (Umkehrschluss aus § 424 Abs. 1 S. 2 FamFG).[328]

202 Über die Aussetzung, die Auswahl etwaiger Auflagen und den Widerruf der Aussetzung wird nach gerichtlichem **Ermessen** entschieden (Wortlaut des § 424 Abs. 1 S. 1 FamFG),[329] wobei einerseits das *Freiheitsgrundrecht* des Betroffenen (Art. 2 Abs. 2 S. 2 GG), andererseits der *Sicherungszweck* der Haft gegeneinander abzuwägen sind. Insbesondere, wenn der Betroffene sich der Abschiebung entziehen will[330] oder schon vielfach gegen Verhaltenspflichten verstoßen hat,[331] kommt eine Aussetzung nicht in Betracht.

bb) Beschlussgestaltung und -inhalt

203 Die Entscheidung ergeht durch **Beschluss**,[332] der unter (knapper) Darlegung der Ermessenserwägungen zu begründen ist und mit Bekanntgabe wirksam wird (§ 40 Abs. 1 FamFG). Der Anordnung *sofortiger Wirksamkeit* bedarf es weder bei Aussetzung noch Widerruf, da es sich nicht um eine selbstständige Anordnung gem. § 422 Abs. 1 FamFG

---

326 *Göbel* in Sternal FamFG § 426 Rn. 10.
327 *Wendtland* in MüKoFamFG § 424 Rn. 5.
328 AA *Wendtland* in MüKoFamFG § 424 Rn. 5 ohne Begründung.
329 Allg. Meinung, vgl. nur *Göbel* in Sternal FamFG § 424 Rn. 6.
330 LG Stade Beschl. v. 21.5.2014 – 9 T 52/14 – juris-Rn. 24.
331 LG Hamburg Beschl. v. 7.12.2012 – 329 T 60/12 – juris-Rn. 17.
332 *Wendtland* in MüKoFamFG § 424 Rn. 5.

(auch nicht analog[333]) handelt.[334] Im Falle eines untergetauchten Betroffenen kann der Widerruf nach Verhaftung bekannt gegeben werden.

Die Sicherung des Haftzwecks kann durch entsprechende **Auflagen** (§ 424 Abs. 1 S. 4 FamFG) gefördert werden. In Betracht kommen zB *Meldeauflagen*, Auflage zur *Wohnsitznahme* oder *Sicherheitsleistung* (sog. „Kaution"). Dabei ist der Betroffene darauf hinzuweisen, dass schon ein einmaliger Auflagenverstoß zur Wiederinvollzugsetzung führt; wird die Aussetzung ohne persönliche Anhörung beschlossen, sollte dies in der *Beschlussformel* geschehen und der Beschluss auch entsprechend *übersetzt* werden. 204

Über die **Kosten** braucht nicht entschieden zu werden, da für die Aussetzungs- und Widerrufsentscheidung keine Gerichtskosten anfallen.[335] Die notwendigen außergerichtlichen Kosten der Beteiligten tragen diese selbst, was regelmäßig ermessensgerecht ist (§ 81 Abs. 1 S. 1 FamFG). Der Beschluss ist allen Beteiligten **zuzustellen**, deren erklärtem Willen er nicht entspricht (regelmäßig bei *Stattgabe* der Behörde gegen EB [aus praktischen Gründen zusätzlich formlose Mitteilung an die Vollzugsanstalt], bei *Zurückweisung* dem Betroffenen gegen GefZU, § 41 Abs. 1 S. 2 FamFG). 205

Die **Beschlussformel** kann beispielsweise wie folgt gefasst werden: 206

- **Aussetzung:** „Der Vollzug der mit Beschluss vom … angeordneten Haft zur Sicherung … wird (ggf.: unter folgenden Auflagen) ausgesetzt."
- **Meldeauflage:** „Der Betroffene hat sich (zB ein, zwei oder) drei Mal wöchentlich auf der Wache der Polizeidienststelle … zu melden. Die Festsetzung der Meldezeit bleibt der Polizeidienststelle überlassen." (alternativ: „… bei der Ausländerbehörde … zu melden …")
- **Wohnsitznahme:** „Der Betroffene hat sich nach seiner Haftentlassung unverzüglich bei der Aufnahmeeinrichtung … zu melden und dort seinen Wohnsitz zu nehmen."
- **Mitteilung Anschriftenänderung:** „Der Betroffene hat jede Änderung seiner Anschrift unverzüglich dem Antragsteller und Gericht mitzuteilen. Er hat sich nach einer Änderung polizeilich anzumelden und die Meldebescheinigung unverzüglich dem Antragsteller und Gericht nachzuweisen."
- **Sicherheitsleistung (im Falle asservierten Geldes):** „Die asservierten … Euro werden (ggf.: in Höhe von … Euro) als Sicherheitsleistung bis zum Ablauf der angeordneten Haftzeit oder Aufhebung des Haftbeschlusses einbehalten."
- **Sicherheitsleistung (im Falle ausstehender Zahlung):** „Der Vollzug der mit Beschluss vom … angeordneten Haft zur Sicherung … wird gegen Zahlung einer Sicherheitsleistung in Höhe von … Euro ausgesetzt. Die Sicherheitsleistung ist in barem Geld durch d. Betr. oder eine andere Person gegenüber der Hinterlegungsstelle des … zu leisten und der hierüber erstellte Einzahlungsnachweis ist dem erkennenden Gericht schriftlich nachzuweisen."
- **Weisungs- und Ladungsbefolgung:** „Der Betroffene hat allen Weisungen und Ladungen des Antragstellers und Gerichtes unverzüglich Folge zu leisten."
- **Hinweis auf Wiederinvollzugsetzung:** „Bei einem Verstoß gegen eine der vorgenannten Auflagen wird der Haftbeschluss wieder in Vollzug gesetzt."

333 So aber *Göbel* in Sternal FamFG § 424 Rn. 9.
334 *Günter* in BeckOK FamFG § 424 Rn. 7.
335 *Wendtland* in MüKoFamFG § 424 Rn. 8.

- **Entlassung:** „Der Betroffene ist sofort zu entlassen." (→ Rn. 126)
- **Widerruf:** „Der Beschluss vom ... über die Aussetzung der mit dem Haftbeschluss vom ... angeordneten Haft zur Sicherung ... wird aufgehoben. Der Haftbeschluss vom ... wird wieder in Vollzug gesetzt."

207 Der aussetzende wie auch widerrufende Beschluss kann mit der **Beschwerde** (§§ 58 ff. FamFG) angegriffen werden,[336] nicht mit der *sofortigen Beschwerde*.[337]

d) Abhilfeverfahren nach Beschwerde (§ 68 FamFG)

208 Wird **Beschwerde** eingelegt, hat das Amtsgericht ein **Abhilfeverfahren** durchzuführen. Im Zuge dessen ist zu prüfen, ob die Beschwerde begründet ist; ist das der Fall, ist *abzuhelfen* (§ 68 Abs. 1 S. 1 Fall 1 FamFG). Andernfalls ist die Sache zur weiteren Prüfung dem *Beschwerdegericht vorzulegen* (§ 68 Abs. 1 S. 1 Fall 2 FamFG).

aa) Verfahrenseinleitung und Prüfungsmaßstab

209 Das Abhilfeverfahren wird eingeleitet, wenn ein Beteiligter (§ 418 FamFG) eine **Beschwerde einlegt**. Ob dem so ist, ist ggf. durch **Auslegung** zu ermitteln: Angesichts des neben dem Beschwerdeverfahren auch anwendbaren *Aufhebungsverfahrens* (→ Rn. 185 ff.) können dabei insbesondere der *Wortlaut* des Schriftsatzes und sein Eingehen *inner- oder außerhalb* der Beschwerdefrist (→ Kap. 14 Rn. 29 ff.) von Bedeutung sein. Eine spätere Bezeichnung als „Beschwerdebegründung" muss einer Einordnung als Aufhebungsantrag nicht entgegenstehen,[338] denn regelmäßig wird das für den Betroffenen wirksamste Mittel gemeint sein.[339]

210 Die **Zulässigkeit** der Beschwerde oder ihre **Statthaftigkeit** sind angesichts der Systematik, welche diese Prüfung dem Beschwerdegericht überantwortet (§ 68 Abs. 2 S. 1 FamFG), vom Amtsgericht *nicht* zu prüfen.[340] Daher ist auch auf eine *unzulässige* Beschwerde hin eine **Abhilfe möglich**, und für die Regelkonstellation einer Beschwerde des Betroffenen gegen die Haftanordnung sowohl prozessökonomisch als auch aus Sicht des Grundrechtes (Art. 2 Abs. 2 S. 2 GG) geboten; denn erachtet das Haftgericht nach der Abhilfeprüfung eine Haftaufhebung für geboten, müsste es ohnehin von Amts wegen ein Aufhebungsverfahren (→ Rn. 190) einleiten.

211 Die Beschwerde ist **begründet**, soweit das Haftgericht *aufgrund* oder *bei Gelegenheit* der Beschwerde(begründung) zu einer anderen Rechtsauffassung gelangt oder die Tatsachen anders würdigt;[341] dies kann auch aufgrund *neuen Tatsachenvorbringens* der Fall sein, das zu berücksichtigen ist (§ 65 Abs. 3 FamFG). Die Abhilfe kann nicht mehr erfolgen, wenn sich die angegriffene Entscheidung (zB im Falle der Inhaftierung durch *Abschiebung* oder *Haftentlassung*) **erledigt** hat (Entfall des Rechtsschutzbedürfnisses).[342]

---

336 *Göbel* in Sternal FamFG § 424 Rn. 10.

337 AA *Bumiller* in Bumiller/Harders/Schwamb FamFG § 424 Rn. 6, dagegen aber überzeugend *Heidebach* in Haußleiter FamFG § 424 Rn. 5.

338 BGH Beschl. v. 16.3.2017 – V ZB 147/16 – juris-Rn. 4.

339 BGH Beschl. v. 21.7.2016 – V ZB 42/16 – juris-Rn. 4.

340 *Sternal* in Sternal FamFG § 68 Rn. 15 mwN auch zur Gegenansicht, offengelassen von BGH Beschl. v. 2.12.2015 – XII ZB 283/15 – NJW 2016, 565 – juris-Rn. 29.

341 *Obermann* in BeckOK FamFG § 68 Rn. 9.

342 LG Landshut Beschl. v. 21.9.2011 – 62 T 2263/11 – juris-Rn. 14.

In diesem Falle (sowie im Übrigen zusätzlich) kann jedoch die **Feststellung der Rechtswidrigkeit** (→ Rn. 222 ff., bes. 228 f.) beantragt werden.

bb) Verfahrensgang

Ein **Anhörungstermin** muss im Abhilfeverfahren nicht stattfinden, kann allerdings im Rahmen der Amtsermittlung gem. § 26 FamFG anberaumt werden.[343] Soweit rechtswidrig eine rechtsanwaltlicher Teilnahme am Termin unterblieben ist, kann dies zur Heilung des Fehlers zwingend sein;[344] soweit neuer Tatsachenvortrag erfolgt, kann dies auch sachdienlich sein, soweit darob eine Beweisaufnahme stattfinden soll (zB Anhörung des Partners → Kap. 2 Rn. 155). 212

Soweit **Verfahrensbevollmächtigte** *Akteneinsicht* (§ 13 FamFG) beantragen und eine *Beschwerdebegründung* ankündigen, kann es sinnvoll sein, Einsicht und Frist zur Einreichung der Begründung vor der Abhilfeentscheidung zu gewähren.[345] Dabei sollte aber das *Beschleunigungsgebot* in Haftsachen beachtet werden, weswegen ein grundsätzliches Abwarten nicht geboten ist und insbesondere in Fällen fehlender Beschwerdeankündigung von vornherein nicht in Betracht kommt.[346] 213

Beabsichtigt das Gericht eine (ggf. auch *teilweise*) **Abhilfe**, so hat es den übrigen Beteiligten zuvor *rechtliches Gehör* zu gewähren. Dies kann schriftlich oder telefonisch erfolgen; in der Sonderkonstellation einer Abhilfe nach voriger Ablehnung der Haft muss eine ggf. wegen Ablehnung im Dezernatswege unterbliebene persönliche Anhörung des Betroffenen (→ Rn. 12) aber nachgeholt werden. 214

cc) Beschlussgestaltung und -inhalt

Die Entscheidung ergeht sowohl bei Nichtabhilfe[347] als auch bei (teilweiser) Abhilfe als **Beschluss**. Über die **Kosten** hat das Gericht bei *Teil-* oder *Nichtabhilfe* nicht zu entschieden; dies obliegt dem Beschwerdegericht im Rahme einer einheitlichen Kostenentscheidung.[348] Bei *vollständiger* Abhilfe ist aber, da der angegriffene Beschluss mitsamt Kostenentscheidung aufgehoben wird, über die Kosten des *Verfahrens* und der *Beschwerde* (diese ist sowohl sachlich[349] als auch kostenrechtlich ein neues Verfahren, § 55 Abs. 1 GNotKG[350]) zu entscheiden; es gelten die og Grundsätze zu §§ 81, 430 FamFG (→ Rn. 137 ff.). 215

Der Beschluss ist den Beteiligten bei *Nichtabhilfe* formlos bekannt zu geben,[351] was regelmäßig zusammen mit der Abgabenachricht geschieht. Eine (auch: teilweise) *Abhilfe* muss dem Beschwerdegegner **zugestellt** (§ 41 Abs. 1 S. 2 FamFG) oder mündlich bekannt gegeben (§ 41 Abs. 2 FamFG) werden, da dieser insofern selbst beschwerdeberechtigt ist (→ Rn. 221). Im Regelfall einer Beschwerde des Betroffenen gegen eine 216

343 *Sternal* in Sternal FamFG § 68 Rn. 18.
344 BGH Beschl. v. 22. Februar 2022 – XIII ZB 74/20 – juris-Rn. 18.
345 Offengelassen von BGH Beschl. v. 2.3.2017 – V ZB 138/16 – InfAuslR 2017, 289 – juris-Rn. 15.
346 *Sternal* in Sternal FamFG § 68 Rn. 18.
347 BGH Beschl. v. 15.7.2010 – V ZB 10/10 – NVwZ 2011, 127 – juris-Rn. 18.
348 OLG Frankfurt Beschl. v. 6.11.1984 – 6 W 132/84 – JurBüro 1985, 1718.
349 BGH Beschl. v. 15.2.2017 – XII ZB 462/16 – NJW-RR 2017, 707 – juris-Rn. 13.
350 *Thamke* in Korintenberg GNotKG § 55 Rn. 19.
351 BGH Beschl. v. 15.7.2010 – V ZB 10/10 – NVwZ 2011, 127 – juris-Rn. 18.

Haftanordnung würde bei (Teil-)Abhilfe eine Zustellung durch EB an die Behörde erfolgen.

217 In den **Tenor** kann (bei nicht vollständiger Abhilfe) dieser **Zusatz** aufgenommen werden: „Die Sache wird dem Landgericht … vorgelegt." Zwingend ist das nicht, da die Vorlagepflicht bei Nichtabhilfe schon aus § 68 Abs. 1 S. 1 Fall 2 FamFG folgt und die Übersendung ohnehin gesondert verfügt wird. Wird bei **Abhilfe** der ursprüngliche **Beschluss aufgehoben**, ist der diesem zugrunde liegende **Antrag** formal wieder unbeschieden. Die Entscheidung ist daher nachzuholen, da erst dadurch die Abhilfe vollständig ist. Dies zeigen folgende Beispiele:

- bei Abhilfe bzgl. **Ablehnung von Verfahrenskostenhilfe und Beiordnung** müssen der ablehnende Beschluss aufgehoben und die beantragte Verfahrenskostenhilfe und Beiordnung gewährt werden,
- bei Abhilfe bzgl. **Haft(verlängerungs)anordnung** müssen der Haft(verlängerungs)beschluss aufgehoben und der der Haft(verlängerungs)antrag abgewiesen werden;[352] unterbleibt dies, kann der Abhilfebeschluss aber nach Maßgabe der Gründe regelmäßig auch als Ablehnung ausgelegt werden,
- bei Abhilfe bzgl. **Haft(verlängerungs)antrags-Ablehnung** müssen der ablehnende Beschluss aufgehoben und die beantragte Haft angeordnet werden.[353]

218 Die **Beschlussformel** kann beispielsweise wie folgt gefasst werden:

- **Nichtabhilfe (separate Begründung):** „Der Beschwerde gegen den Beschluss vom … wird nicht abgeholfen."
- **Nichtabhilfe (Begründungsverweis):** „Der Beschwerde gegen den Beschluss vom … wird nicht abgeholfen, weil die Haftanordnung aus den Gründen des vorstehend bezeichneten Beschlusses durch das Beschwerdevorbringen nicht in Frage gestellt wird."
- **Abhilfe (teilweise):** „Der Beschluss vom … wird auf die Beschwerde vom … hin dahin gehend abgeändert, dass …. Im Übrigen wird der Beschwerde nicht abgeholfen."
- **Abhilfe (vollständig):** „Der Beschluss vom … wird auf die Beschwerde vom … hin aufgehoben und … (→ Rn. 217). Die Kosten des Verfahrens (alternativ: Trennung der Kostenarten → Rn. 130 f.) und der Beschwerde trägt …"

219 Die **Gründe** des **Nichtabhilfebeschlusses** müssen darlegen, warum das Beschwerdevorbringen *keine andere Beurteilung* rechtfertigt. Die Darlegung kann knapp ausfallen und, wenn kein neuer Sach- oder Rechtsvortrag erfolgt, nach obigem Muster als *Verweis* im Tenor erfolgen. Der (Teil-)**Abhilfebeschluss** muss gesondert begründen, warum eine neue Beurteilung gerechtfertigt ist und das Gericht an seiner bisherigen Auffassung nicht mehr festhält; denn die durch die Abhilfe belasteten Beteiligten sind selbst beschwerdeberechtigt und müssen prüfen können, inwiefern sie Rechtsmittel einlegen sollten.[354]

---

352 ZB LG Hannover Beschl. v. 18.1.2019 – 8 T 2/19 – juris-Tenor Abs. 1; LG Köln Beschl. v. 6.7.2018 – 34 T 91/18 – juris-Tenor Abs. 1.

353 ZB LG Bremen Beschl. v. 28.11.2017 – 10 T 614/17 – juris-Tenor Abs. 1.

354 Vgl. *Sternal* in Sternal FamFG § 68 Rn. 20.

Soweit der **Ausgangsbeschluss** unter Mängeln der **Begründung** leidet (→ Rn. 155), können diese durch Nachholung der entsprechenden Darlegungen im Nichtabhilfebeschluss geheilt werden.[355] Entsprechend umfangreiche Ausführungen sind daher geboten, soweit das Gericht die Begründung im Eildienst, wie es gelegentlich passiert, sehr kurz gehalten hat. 220

Der *Nichtabhilfebeschluss* ist nicht gesondert anfechtbar; er unterliegt ohnehin gem. § 68 Abs. 1 S. 1 Fall 2 FamFG der Überprüfung durch das Beschwerdegericht. Ein (auch: Teil-)**Abhilfebeschluss** kann durch den belasteten Beteiligten mit der **Beschwerde** (§§ 58 ff. FamFG) angegriffen werden und ist insofern mit einer Rechtsmittelbelehrung zu versehen (§ 39 FamFG).[356] 221

e) Rechtswidrigkeitsfeststellung (§ 62 FamFG)

Zusammen mit einer **Beschwerde** oder einem **Haftaufhebungsantrag** kann (ggf. analog) § 62 FamFG auf Antrag hin die *Rechtswidrigkeit* einer Maßnahme (regelmäßig: Inhaftierung) festzustellen sein. Dies setzt die Rspr. des BVerfG zu Art. 19 Abs. 4 GG um, dergemäß für erledigte Freiheitsentziehungen bei einem bestehenden *Rehabilitationsinteresse* die gerichtliche Überprüfung der Maßnahme möglich sein muss.[357] 222

aa) Verfahrensgegenstand und Prüfungsmaßstab

Die Regelung des § 62 FamFG betrifft den **Sonderfall**, dass sich eine Hauptsache in der Beschwerde vor Entscheidung (durch zB Abschiebung, Haftentlassung) erledigt. Das dergestalt unzulässig gewordene Rechtsmittel soll dann in ein zulässiges Feststellungsverfahren überführt werden können. Die Norm wird allerdings auch darüber hinaus angewendet. 223

Die **Rechtsschutzformvoraussetzungen** sind nach der Rspr. des BGH vielfach modifiziert. Ein zulässiger Feststellungsantrag setzt danach erstens voraus, dass *Feststellung der Rechtswidrigkeit einer Maßnahme* begehrt wird. Zweitens muss eine zulässiges *Trägerverfahren* bestehen, weil die Feststellung nicht isoliert beantragt werden kann. Drittens bedarf es eines hinreichenden *Feststellungsinteresses*. 224

(1) Rechtswidrigkeit einer Maßnahme

Das Begehren muss auf die Überprüfung der Rechtmäßigkeit einer gerichtlich getroffenen **Maßnahme** gerichtet sein. Maßnahme idS ist grds. eine *Inhaftierung* aufgrund gerichtlicher Entscheidung. Verfahrensgegenstand ist damit der haftanordnende **Beschluss**. Die Feststellung kann dabei aber auf einzelne, vom Beschluss erfasste **Teilzeiträume** beschränkt werden,[358] auch kann für Teilzeiträume ggf. das Feststellungsinteresse fehlen[359] oder Haft insofern wegen einer Veränderung der Sach- und Rechtslage *rechtswidrig werden*.[360] 225

---

355 *Jokisch* in Sternal FamFG § 38 Rn. 74.
356 ZG *Sternal* in Sternal FamFG § 68 Rn. 20.
357 BVerfG Beschl. v. 5.12.2001 – 2 BvR 527/99 – BVerfGE 104, 220 – juris-Rn. 38 ff.
358 BGH Beschl. v. 12.7.2018 – V ZB 184/17 – Asylmagazin 2019, 78 – juris-Rn. 4; Beschl. v. 29.11.2012 – V ZB 170/12 – InfAuslR 2013, 157 – juris-Rn. 7.
359 BGH Beschl. v. 14.7.2020 – XIII ZB 74/19 – juris-Rn. 17; Beschl. v. 7.2.2019 – V ZB 216/17 – InfAuslR 2019, 228 – juris-Rn. 6.
360 ZB wg. Eilantrages beim VG, BGH Beschl. v. 14.10.2010 – V ZB 78/10 – NVwZ 2011, 574 – juris-Rn. 14 ff.

226 Unerheblich ist, **inwiefern** die **Rechtswidrigkeit** der Maßnahme geltend gemacht wird. Sie kann sich sowohl aus *inhaltlich fehlerhafter* Entscheidung (zB Haftanordnung bei unzulässigem Haftantrag[361] oder fehlenden Vollstreckungsvoraussetzungen[362]), als auch aus *verfahrensfehlerhaft* ergangener Anordnung (zB keine hinreichende Gewährung rechtlichen Gehörs[363]) ergeben.

227 Auch ein **Ablehnungsbeschluss** ist taugliche Maßnahme im og Sinne.[364] Denkbar ist insofern regelmäßig aber nur ein Feststellungsantrag einer Behörde, für den praktisch stets das Feststellungsinteresse fehlt (→ Rn. 237).

(2) Trägerverfahren und Erledigung

228 Da ein reines Feststellungsbegehren vom Sinn des § 62 FamFG nicht erfasst ist, muss der Antrag Teil eines anderen Verfahrens sein. Er kann insofern (nur) mit der **Beschwerde**[365] oder einem **Haftaufhebungsantrag**[366] **verbunden** werden. Außerhalb eines solchen Verfahrens ist er unzulässig.[367]

229 Wird der Antrag mit der **Beschwerde** verbunden, darf diese nicht verfristet sein.[368] Unerheblich ist aber, ob sich die **Haft** *vor Einlegung* der Beschwerde,[369] *während* des Beschwerdeverfahrens[370] oder auch erst *durch die stattgebende Beschwerdeentscheidung*[371] **erledigt.** Solange der angegriffene Beschluss nicht durch Fristablauf formell rechtskräftig[372] und das Beschwerdeverfahren beendet ist, kann der Feststellungsantrag im Verfahren gestellt werden.

230 Hat sich die Haft schon *vor Einlegung* der Beschwerde erledigt, ist die Beschwerde von vornherein *auf Rechtswidrigkeitsfeststellung* gerichtet.[373] Erledigt sie sich *während* des Beschwerdeverfahrens, kann das **Begehren** entsprechend **umgestellt** werden; diese Umstellung ist ohne Fristbindung zulässig, solange die Beschwerde noch nicht entschieden, zurückgenommen (§ 67 Abs. 4 FamFG) oder durch beiderseitige Beendigungserklärung (§ 22 Abs. 3 FamFG) beendet ist.[374] Erledigt sich die Haft durch *stattgebende Beschwer-*

361 BGH Beschl. v. 29.10.2015 – V ZB 155/14 – juris-Rn. 4.
362 BGH Beschl. v. 7.2.2019 – V ZB 216/17 – InfAuslR 2019, 228 – juris-Rn. 10.
363 BGH Beschl. v. 6.12.2012 – V ZB 224/11 – juris-Rn. 10.
364 Vgl. BGH Beschl. v. 20.7.2017 – V ZB 47/16 – FGPrax 2017, 195 – juris-Rn. 6; aA wohl aber noch BGH Beschl. v. 31.1.2013 – V ZB 22/12 – BGHZ 196, 118 – juris-Rn. 9.
365 BGH Beschl. v. 10.10.2012 – XII ZB 660/11 -FGPrax 2013, 44 – juris-Rn. 15.
366 StRspr BGH Beschl. v. 2.8.2022 – XIII ZB 134/19 – juris-Rn. 6; Beschl. v. 20.5.2020 – XIII ZB 22/19 – juris-Rn. 7; Beschl. v. 22.8.2015 – V ZB 30/15 – InfAuslR 2015, 439 – juris-Rn. 10.
367 StRspr BGH Beschl. v. 26.1.2021 – XIII ZB 68/19 – juris-Rn. 7; Beschl. v. 22.8.2019 – V ZB 179/17 – juris-Rn. 13; Beschl. v. 20.1.2011 – V ZB 116/10 – InfAuslR 2011, 143 – juris-Rn. 8.
368 BGH Beschl. v. 22.10.2015 – V ZB 30/15 – InfAuslR 2015, 439 – juris-Rn. 10.
369 BGH Beschl. v. 6.10.2011 – V ZB 314/10 – InfAuslR 2012, 100 – juris-Rn. 7.
370 BGH Beschl. v. 10.7.2014 – V ZB 20/13 – InfAuslR 2014, 443 – juris-Rn. 12.
371 BGH Beschl. v. 18.2.2016 – V ZB 74/15 – InfAuslR 2016, 240 – juris-Rn. 12; Beschl. v. 14.10.2010 – V ZB 78/10 – NVwZ 2011, 574 – juris-Rn. 11.
372 BGH Beschl. v. 10.7.2014 – V ZB 20/13 – InfAuslR 2014, 443 – juris-Rn. 11 f.; Beschl. v. 28.4.2011 – V ZB 292/10 – FGPrax 2011, 200 – juris-Rn. 17.
373 BGH Beschl. v. 10.1.2019 – V ZB 56/18 – FGPrax 2019, 50 – juris-Rn. 7; Beschl. v. 10.7.2014 – V ZB 20/13 – InfAuslR 2014, 443 – juris-Rn. 11.
374 BGH Beschl. v. 26.1.2021 – XIII ZB 68/19 – juris-Rn. 7; Beschl. v. 10.7.2014 – V ZB 20/13 – InfAuslR 2014, 443 – juris-Rn. 12.

deentscheidung, ist zusätzlich über eine beantragte Feststellung zu entscheiden; diese Entscheidung wird auch nicht durch Haftaufhebung entbehrlich.[375]

Bei Verbindung der Feststellung mit einem **Haftaufhebungsantrag** (→ Rn. 185) muss dieses Trägerverfahren zunächst zulässig sein; die Haft darf sich also bei Eingang des Antrages **noch nicht erledigt** haben.[376] Anschließend ist der Antrag, wie im Falle der Beschwerde, zulässig, bis das Aufhebungsverfahren abgeschlossen ist. 231

Da Haftaufhebung *außerhalb* der Rechtsmittelfristen der Haftanordnung beantragt werden kann (→ Rn. 186), darf jedoch die formelle **Rechtskraft des Haftbeschlusses** nicht unterlaufen werden. Daher darf bei diesem Trägerverfahren die Feststellung nur für den Zeitraum **ab Eingang** des Aufhebungsantrages beim Amtsgericht erfolgen.[377] Für Zeiträume *davor* ist er unzulässig.[378] 232

Endet das Trägerverfahren durch eine **Rücknahme**, wird ein damit verbundener Feststellungsantrag **gegenstandslos**; über ihn muss dann nicht mehr entschieden werden.[379] Dasselbe gilt auch für eine Beendigung durch beiderseitige Beendigungserklärung (§ 22 Abs. 3 FamFG). 233

Ein mit dem Trägerverfahren verbundener Feststellungsantrag erfasst immer einen **bestimmten Zeitraum.** Ist dieser aber durch eine frühere Feststellungsentscheidung bereits **rechtskräftig entschieden**[380] oder ist derselbe Zeitraum zB durch Feststellungsanträge in parallel geführten Beschwerde- und Haftaufhebungsverfahren **rechtshängig**,[381] stehen dem zuletzt erhobenen Antrag die *materielle Rechtskraft* bzw. *Rechtshängigkeit* des früheren Antrages entgegen. 234

(3) Feststellungsinteresse

Für die Feststellung bedarf es eines Feststellungsinteresses; fehlt es, ist der Antrag unzulässig.[382] Ein hinreichendes Interesse gem. § 62 Abs. 2 Nr. 1 FamFG wird jedoch bereits durch **erfolgte Inhaftierung** indiziert (sog. **„Rehabilitationsinteresse“**[383]), allerdings muss die Inhaftierung *aufgrund* des Beschlusses erfolgt sein. Daran fehlt es, *soweit* sie aus anderem Grund (zB Untersuchungs- oder Strafhaft) erfolgte[384] oder wegen früher erfolgter Abschiebung[385] oder Verlegung in ein (offenes) Krankenhaus nicht (mehr) vollzogen wurde.[386] 235

375 StRspr BGH Beschl. v. 10.1.2019 – V ZB 159/17 – juris-Rn. 9; Beschl. v. 11.10.2012 – V ZB 238/11 – InfAuslR 2013, 114 – juris-Rn. 6.
376 BGH Beschl. v. 21.7.2016 – V ZB 42/16 – juris-Rn. 4; Beschl. v. 22.10.2015 – V ZB 30/15 – InfAuslR 2015, 439 – juris-Rn. 10.
377 StRspr BGH Beschl. v. 19.5.2020 – XIII ZB 82/19 – juris-Rn. 23; Beschl. v. 12.7.2018 – V ZB 184/17 – Asylmagazin 2019, 78 – juris-Rn. 4.
378 BGH Beschl. v. 15.12.2011 – V ZB 302/10 – juris-Rn. 9.
379 BGH Beschl. v. 9.5.2019 – V ZB 12/18 – juris-Rn. 9.
380 BGH Beschl. v. 17.1.2023 – XIII ZB 20/21 – juris-Rn. 7 f.; Beschl. v. 22.3.2022 – XIII ZB 5/21 – juris-Rn. 9; Beschl. v. 18.5.2021 – XIII ZB 91/19 – InfAuslR 2021, 381 – juris-Rn. 5 f.
381 BGH Beschl. v. 12.2.2023 – XIII ZB 58/21 – juris-Rn. 11.
382 BGH Beschl. v. 9.5.2019 – V ZB 12/18 – juris-Rn. 5.
383 BVerfG Beschl. v. 5.12.2001 – 2 BvR 527/99 – BVerfGE 104, 220 – juris-Rn. 39.
384 BGH Beschl. v. 7.4.2011 – V ZB 211/10 – juris-Rn. 6.
385 BGH Beschl. v. 14.7.2020 – XIII ZB 74/19 – juris-Rn. 17.
386 BGH Beschl. v. 7.2.2019 – V ZB 216/17 – InfAuslR 2019, 228 – juris-Rn. 6.

236 Auch eine Erledigung durch (gewaltsame) **Flucht** aus der Haftanstalt[387] oder ein **Untertauchen** während des Verfahrens hindert grds. nicht das Bestehen eines Feststellungsinteresses. Denn derlei dient im Ausländerrecht regelmäßig nicht der *rechtsmissbräuchlichen Benachteiligung* des Prozessgegners[388] und behindert auch den Verfahrensfortgang nicht, soweit ein *Verfahrensbevollmächtigter* bestellt ist.[389]

237 Für die **Behörde** besteht ein Feststellungsinteresse grds. **nicht**, denn sie hat kein aus Art. 2 Abs. 2 S. 2 GG folgendes Rehabilitierungsinteresse.[390] Fälle, in denen der BGH ein behördliches Interesse in Fällen der Abschiebungshaft zugelassen hätte, sind nicht bekannt. Die etwaige *inhaltliche Unrichtigkeit* einer Entscheidung zulasten der Behörde genügt nicht,[391] auch nicht die *Klärung einzelner Rechtsfragen* zwecks künftiger Handhabung oder eine etwaige *Wiederholungsgefahr* mit Blick auf die Verletzung von Verfahrensrechten.[392]

238 Die Behörde kann die Beschwerde **nach Erledigung** stattdessen auf den **Kostenpunkt** beschränken und insofern fortführen.[393] (Zur Erledigung *vor Rechtsmitteleinlegung* → Kap. 14 Rn. 23.) Dann ist gem. §§ 83 Abs. 2, 81 Abs. 1 S. 1 (ggf. iVm § 430) FamFG nach billigem Ermessen über die Kosten nach voraussichtlichem Ausgang des Verfahrens zu entscheiden.[394]

bb) Verfahrenseinleitung und Verfahrensgang

239 Die Feststellung muss **beantragt** werden (§ 62 Abs. 1 FamFG). Der Antrag muss nicht ausdrücklich gestellt sein, sondern kann sich durch *Auslegung* ergeben. Das Begehren muss aber darauf gerichtet sein, eine Sachentscheidung **in Ansehung der Erledigung** zu begehren.[395] Dass ein Antrag „für den Fall der Haftentlassung" formuliert ist, hindert die Zulässigkeit nicht; es handelt sich insofern um die (zulässige) innerprozessuale Bedingung des Eintritts der Erledigung.[396]

240 Wird der Antrag nicht ausdrücklich mit dem Trägerverfahren zusammen erhoben, muss er jedenfalls **nach** einem **Eintritt der Erledigung** entsprechend **umgestellt** werden,[397] wozu Gelegenheit zu geben ist.[398] Fehlt es an einer Umstellung, ist das unzulässig gewordene Trägerverfahren zurückzuweisen.[399] Ein *anwaltlich nicht vertretener* Betroffener ist zur Wahrung des Rechtes auf ein faires Verfahren zuvor auf die

387 BGH Beschl. v. 14.1.2016 – V ZB 174/14 – juris-Rn. 6.
388 BGH Beschl. v. 20.11.2014 – V ZB 54/14 – InfAuslR 2015, 104 – juris-Rn. 5.
389 BGH Beschl. v. 21.4.2016 – V ZB 73/15 – juris-Rn. 5.
390 StRspr BGH Beschl. v. 24.3.2020 – XIII ZB 122/19 – juris-Rn. 10; Beschl. v. 12.2.2020 – XIII ZB 49/19 – juris-Rn. 6; Beschl. v. 31.1.2013 – V ZB 22/12 – BGHZ 196, 118 – juris-Rn. 10.
391 BGH Beschl. v. 1.3.2013 – V ZB 126/12 – juris-Rn. 6.
392 BGH Beschl. v. 29.6.2017 – V ZB 84/17 – NVwZ 2017, 1808 – juris-Rn. 9.
393 StRspr BGH Beschl. v. 22.6.2021 – XIII ZB 88/20 – juris-Rn. 8; Beschl. v. 18.5.2021 – XIII ZB 2/20 – juris-Rn. 13; Beschl. v. 7.6.2018 – V ZB 237/17 – NVwZ 2019, 424 – juris-Rn. 4; Beschl. v. 31.1.2013 – V ZB 22/12 – BGHZ 196, 118 – juris-Rn. 6 ff.
394 StRspr BGH Beschl. v. 14.2.2023 – XIII ZB 58/21 – juris-Rn. 17; Beschl. v. 18.5.2021 – XIII ZB 2/20 – juris-Rn. 13; Beschl. v. 12.2.2020 – XIII ZB 49/19 – juris-Rn. 6.
395 BGH Beschl. v. 26.1.2021 – XIII ZB 68/19 – juris-Rn. 8; Beschl. v. 7.8.2019 – XII ZB 29/19 – juris-Rn. 13.
396 BGH Beschl. v. 23.3.2021 – XIII ZB 137/19 – juris-Rn. 8; Beschl. v. 20.5.2020 – XIII ZB 22/19 – juris-Rn. 9; Beschl. v. 18.2.2016 – V ZB 74/15 – InfAuslR 2016, 240 – juris-Rn. 12.
397 BGH Beschl. v. 8.1.2014 – V ZB 137/12 – NVwZ 2014, 1111 – juris-Rn. 2 und 4.
398 *Göbel* in Sternal FamFG § 62 Rn. 12.
399 LG Wuppertal Beschl. v. 16.12.2015 – 9 T 248/15 – juris-Rn. 9.

Möglichkeit der Antragsumstellung hinzuweisen.[400] Der **Hinweis** kann aber gem. § 184 S. 1 GVG auf **deutsch** erfolgen; eine Übersetzung ist auch nicht etwa wg. Art. 6 EMRK oder der Besonderheiten des Freiheitsentziehungsverfahrens erforderlich.[401]

Der **Verfahrensgang** und die **Antragsberechtigung** richten sich nach dem Trägerverfahren. Zulässig sind mithin auch Anträge von *Vertrauenspersonen*.[402] Diese können auch, ebenso wie *Angehörige*, nach dem *Tod* eines Betroffenen fristgemäß Beschwerde mit dem Ziel der Feststellung erheben.[403] Stellen mehrere Berechtigte einen Antrag, handelt es sich (vorbehaltlich anderer Erklärungen derselben) um getrennte Verfahren, die auch separat zu entscheiden sind.[404] **Sachermittlungen** kann das Amtsgericht vornehmen, **heilbare Verfahrensfehler** begründen zudem *nicht* den Erfolg des Antrages.[405] 241

cc) Beschlussgestaltung und -inhalt

Obgleich der Wortlaut des § 62 Abs. 1 FamFG das **Beschwerdegericht** benennt, ist ein Antrag im Rahmen der Trägerverfahren (→ Rn. 228 ff.) auch beim **Amtsgericht** zulässig.[406] Es muss daher im Falle einer *vollständigen Abhilfe* bzgl. einer Beschwerde und einer *Haftaufhebung* über den Feststellungsantrag, soweit erhoben, positiv entscheiden. Für die **Kosten** gelten die Ausführungen bzgl. der Trägerverfahren (→ Rn. 193, 215). Ob diese mit einem Feststellungsantrag verbunden sind oder nicht, bedingt keinen Unterschied. 242

Im **Aufhebungsverfahren** muss bei *Ablehnung* derselben auch eine solche für die Feststellung erfolgen; andernfalls kann eine nachträgliche Ergänzung des Beschlusses gem. § 43 FamFG erforderlich werden.[407] Dies geschieht nur im Tenor, soweit der Antrag nicht unter innerprozessualer Bedingung der Erledigung gestellt wurde; in Letzterem Fall sollte ein Satz in die Gründe aufgenommen werden (zB: „Mangels Haftentlassung war über die auch beantragte Feststellung wegen fehlenden Bedingungseintritts nicht zu entscheiden."). Im **Beschwerdeverfahren** muss das Amtsgericht nur bei *vollständiger Abhilfe* die Feststellung treffen, bei *Nicht-* und *Teilabhilfe* aber nicht, denn dann ist es nicht das Beschwerdegericht iSd Norm. 243

Die **Beschlussformel** kann beispielsweise wie folgt gefasst werden: 244

- **Stattgabe (vollständig):** „Auf die Beschwerde vom … hin wird festgestellt, dass der Beschluss des Amtsgerichts … vom … den Betroffenen in seinen Rechten verletzt hat."
- **Stattgabe (Teilzeitraum, zB nach Haftaufhebung):** „Auf die den Antrag (ggf.: die Beschwerde) vom … hin wird festgestellt, dass der Beschluss des Amtsgerichts … vom

---

400 BGH Beschl. v. 20.6.2018 – XII ZB 489/17 – NJW 2018, 2566 – juris-Rn. 19; Beschl. v. 2.9.2015 – XII ZB 138/15 – FamRZ 2015, 1959 – juris-Rn. 16; aber offengelassen in BGH Beschl. v. 21.3.2023 – XIII ZB 22/22 – juris-Rn. 4.
401 BGH Beschl. v. 21.3.2023 – XIII ZB 22/22 – juris-Rn. 5 ff.
402 BGH Beschl. v. 14.2.2023 – XIII ZB 47/22 – juris-Rn. 11; Beschl. v. 26.6.2014 – V ZB 5/14 – InfAuslR 2014, 443 – juris-Rn. 7, auch nach Verfahrenserledigung, BGH Beschl. v. 24.8.2020 – XIII ZB 83/19 – juris-Rn. 10.
403 BGH Beschl. v. 6.10.2011 – V ZB 314/10 – InfAuslR 2012, 100 – juris-Rn. 11 ff.
404 BGH Beschl. v. 6.8.2020 – XIII ZB 85/19 – juris-Rn. 11.
405 BGH Beschl. v. 16.6.2016 – V ZB 12/15 – InfAuslR 2016, 429 – juris-Rn. 21; Beschl. v. 8.3.2007 – V ZB 149/06 – NJW-RR 2007, 1569 – juris-Rn. 9.
406 BGH Beschl. v. 12.7.2018 – V ZB 184/17 – Asylmagazin 2019, 78 – juris-Rn. 4.
407 Vgl. BGH Beschl. v. 15.3.2018 – V ZB 190/17 – juris-Rn. 4.

… den Betroffenen in seinen Rechten verletzt hat, soweit …haft für den Zeitraum vom … bis … angeordnet wurde."

- **Stattgabe (nach Beschränkung auf den Kostenpunkt → Rn. 238):** „Auf die Beschwerde vom … hin wird der Beschluss vom … im Kostenpunkt aufgehoben. Die Kosten des Verfahrens und der Beschwerde trägt der Betroffene."
- **Ablehnung (iRd Haftaufhebungsverfahrens bei unbedingtem Antrag):** „(nach dem Sachtenor → Rn. 195) Auch die beantragte Feststellung wird abgelehnt."

245 Die **Gründe** können bei Stattgabe knapp formuliert werden; da die Begründung der Abhilfe bzw. Haftaufhebung schon die Rechtswidrigkeit der Haftanordnung darlegt, braucht dies nicht wiederholt zu werden (zB „Nach alledem war auch die gem. § 62 FamFG zulässigerweise beantragte Feststellung der sich aus den vorgenannten Gründen ergebenden Rechtswidrigkeit [ggf.: einer weiteren Haft für den o.g. Zeitraum] erforderlich."). Entsprechend kann bei Ablehnung iRd Haftaufhebung verfahren werden (zB „Der zulässigerweise gem. § 62 FamFG unbedingt gestellte Feststellungsantrag war abzulehnen, da aus den vorgenannten Gründen die weitere Haft rechtmäßig ist.").

246 Für **Rechtsmittel** gelten die obigen Ausführungen über die Trägerverfahren (→ Rn. 198, 221).

Kapitel 14 Das Verfahren in 2. Instanz (LG)

In zweiter Instanz ist das **Landgericht** im Rahmen der **Beschwerde** gegen Beschlüsse des Amtsgerichtes zuständig. Diese Zuständigkeit ergibt sich *sachlich* aus § 72 Abs. 1 S. 2 GVG und *örtlich* aus den §§ 2 ff. FamFG (→ Kap. 13 Rn. 2). 1

Entscheiden muss das Landgericht nicht notwendig in voller Besetzung als **Kammer** mit drei Berufsrichtern (§ 75 GVG); es kann das Verfahren gem. § 68 Abs. 4 FamFG iVm § 526 Abs. 1 ZPO auf einen **Einzelrichter** übertragen. Dies muss durch Beschluss geschehen[1] und bezieht sich stets auf eine *konkrete Beschwerde* ohne automatische Erfassung paralleler, von mehreren Beschwerdeführern (zB Betroffener und Vertrauensperson) separat geführter Verfahren.[2] 2

I. Verfahrensgegenstand

Verfahrensgegenstand ist beim Landgericht der Beschluss des Amtsgerichtes in der Gestalt, die er dort durch eine ggf. erfolgte Teilabhilfe erlangt hat.[3] Der Beschluss ist **vollumfänglich** zu **überprüfen**, insbesondere auch in Ansehung ggf. neuer Tatsachen und Beweismittel (§ 65 Abs. 3 FamFG); beim Beschwerdeverfahren handelt es sich daher um eine völlig **neue Tatsacheninstanz**, in der alle entscheidungserheblichen Sach- und Rechtsfragen unabhängig von erhobenen Rügen zu prüfen sind.[4] 3

Dabei hindern **Fehler des Amtsgerichtes** im *Abhilfeverfahren* die Durchführung der Beschwerde vor dem Landgericht nicht.[5] Sie sind in der zweiten Instanz (zB durch Nachholung einer unterlassenen Mitteilung der Nichtabhilfe an Beteiligte[6]) zu korrigieren, eine Zurückverweisung an das Amtsgericht kommt aus diesem Grund grds. nicht in Betracht[7] und auch im Übrigen nur ausnahmsweise (§ 69 Abs. 1 S. 1 und S. 2 bis 3 FamFG). Denn gerade bei laufender Haft gebietet es regelmäßig der **Beschleunigungsgrundsatz**, dass das Landgericht in der Sache selbst entscheidet.[8] 4

Im ersten Prüfungsschritt ist die **Zulässigkeit** einer Beschwerde zu überprüfen, da bei ihrem Fehlen zwingend eine *Zurückweisung* zu erfolgen hat (§ 68 Abs. 2 S. 2 FamFG). Darüber hinaus erfolgt Ermittlung der **Begründetheit**, im Rahmen derer freilich Fragen der *örtlichen* und *sachlichen* Zuständigkeit des Amtsgerichtes außer Betracht zu bleiben haben (§ 65 Abs. 4 FamFG; diese wären nur bei willkürlicher Annahme der Zuständigkeit[9] und damit Verkennung des gesetzlichen Richters relevant). In der Praxis sind die **Konstellationen** der Beschwerde gegen eine *bestehende Haftanordnung* oder *Verlängerung* sowie die entsprechende Fortsetzung derselben im Rahmen eines *Feststellungsantrages* (§ 62 FamFG) am häufigsten. 5

---

1 BGH Beschl. v. 13.7.2017 – V ZB 176/16 – juris-Rn. 2.
2 BGH Beschl. v. 14.2.2023 – XIII ZB 47/22 – juris-Rn. 8.
3 *Sternal* in Keidel Sternal FamFG § 68 Rn. 4051.
4 BGH Beschl. v. 5.1.2011 – XII ZB 240/10 – FGPrax 2011, 78 – juris-Rn. 8.
5 StRspr BGH Beschl. v. 22.6.2021 – XIII ZB 38/20 – juris-Rn. 8; Beschl. v. 15.2.2017 – XII ZB 462/16 – NJW-RR 2017, 707 – juris-Rn. 13; Beschl. v. 17.6.2010 – V ZB 13/10 – juris-Rn. 11.
6 BGH Beschl. v. 15.7.2010 – V ZB 10/10 – NVwZ 2011, 127 – juris-Rn. 18.
7 LG Arnsberg Beschl. v. 14.2.2017 – I-5 T 18/17 – juris-Rn. 17.
8 Vgl. LG Hagen (Westfalen) Beschl. v. 14.7.2016 – 3 T 95/16 – juris-Rn. 20.
9 BGH Beschl. v. 24.6.2020 – XIII ZB 44/19 – InfAuslR 2020, 444 – juris-Rn. 14.

II. Zulässigkeitsprüfung

6 Im Rahmen der Zulässigkeitsprüfung ist festzustellen, ob eine **Beschwerde vorliegt.** Dabei sind Wortlaut und Vorbringen insgesamt zu würdigen, insbesondere in Abgrenzung zum *Haftaufhebungsantrag* (→ Kap. 13 Rn. 185). Hat das Amtsgericht einen Aufhebungsantrag fehlerhaft als Beschwerde gewürdigt und nicht abgeholfen, ist die Sache gem. § 69 Abs. 1 S. 2 FamFG unter Aufhebung der Nichtabhilfe zurückzuverweisen.[10]

1. Statthaftigkeit der Beschwerde

7 Die Beschwerde muss statthaft sein, sich also gem. § 58 FamFG gegen eine **instanzabschließende Entscheidung** des Amtsgerichtes richten (**Beschlüsse**). Unerheblich ist, ob die Entscheidung in der richtigen Form ergangen ist; wurde zB fälschlich per *Verfügung* statt per *Beschluss* entschieden, ist die Beschwerde gleichwohl das richtige Rechtsmittel.[11] Auch das vorige Ergehen einer amtsgerichtlichen *Abhilfeentscheidung* ist keine Statthaftigkeitsvoraussetzung.[12]

8 Gegen die **Ablehnung von Verfahrenskostenhilfe** und Beiordnung findet nicht die Beschwerde, sondern gem. § 76 Abs. 2 FamFG die **sofortige Beschwerde** statt. Dies gilt auch für die **Ablehnung der Beteiligung** nach entsprechendem Antrag (§ 7 Abs. 5 S. 2 FamFG → Kap. 13 Rn. 23).

2. Beschwerdeberechtigung

9 Beschwerdeberechtigt ist gem. § 59 Abs. 1 FamFG grds., wer durch den Beschluss unmittelbar in seinen materiellen **subjektiven Rechten** beeinträchtigt ist.[13] Dies kann jedenfalls der *Betroffene* (§ 59 Abs. 1 FamFG) sein, aber auch weitere Personen.

a) Der Betroffene

10 Der Betroffene ist bei ihn **belastenden Anordnungen** beschwerdebefugt. Insbesondere ist er bei *Haftanordnungen* und Ablehnung einer Haftaufhebung in seinem Grundrecht aus Art. 2 Abs. 2 S. 2 GG beeinträchtigt und damit beschwerdebefugt. Soweit ein Haft- oder Haftverlängerungsantrag abgelehnt oder Haft aufgehoben wird, fehlt es demgegenüber an der Rechtsbeeinträchtigung, also der erforderlichen Beschwerdeberechtigung.[14]

11 Dies gilt auch dann, wenn der Betroffene Mängel in der **Begründung** oder (zB aus Art. 103 Abs. 1 GG folgende) **Verfahrensfehler** geltend macht; denn diese sind keine *materiellen* subjektiven Rechte und begründen eine Beschwerdeberechtigung daher nur, soweit es ohne den Fehler zu einer günstigeren Entscheidung hätte kommen können.[15]

12 Voraussetzung für die Beschwerdeberechtigung ist nicht die Angabe einer **ladungsfähigen Anschrift** des Betroffenen. Solange der Fortgang des Beschwerdeverfahrens nicht

10 Vgl. BGH Beschl. v. 16.3.2017 – V ZB 147/16 – juris-Rn. 6; Beschl. v. 21.7.2016 – V ZB 42/16 – juris-Rn. 5.
11 *Göbel* in Sternal FamFG § 58 Rn. 19.
12 BGH Beschl. v. 17.6.2010 – V ZB 13/10 – juris-Rn. 3, 11.
13 BGH Beschl. v. 25.5.2018 – XII ZB 414/16 – FGPrax 2018, 186 – juris-Rn. 11.
14 Vgl. OLG Bayern Beschl. v. 10.11.2004 – 3Z BR 212/04 – FamRZ 2005, 834 – juris-Rn. 9.
15 BGH Beschl. v. 17.10.2018 – XII ZB 641/17 – NJW-RR 2019, 1 – juris-Rn. 23; Beschl. v. 13.4.2005 – XII ZB 54/03 – NJW 2005, 2149 – juris-Rn. 20.

behindert wird oder sonst Anhaltspunkte für rechtsmissbräuchliches Verhalten vorliegen, fehlt ebensowenig das Rechtsschutzbedürfnis;[16] insbesondere dann nicht, wenn ein *Verfahrensbevollmächtigter* bestellt ist.[17]

b) Verfahrensbevollmächtigte

Ein **Verfahrensbevollmächtigter** (→ Kap. 13 Rn. 30 ff.) kann als *Vertreter des Betroffenen* die Beschwerde einlegen. Eine Vollmacht hierfür muss nicht bei Einlegung vorliegen; bei fehlender Bevollmächtigung kann die Einlegung des Rechtsmittels gem. § 11 S. 5 FamFG, § 89 Abs. 2 ZPO noch **rückwirkend genehmigt** werden, solange die Beschwerde wegen der fehlenden Vollmachtsvorlage noch nicht gem. § 68 Abs. 2 S. 2 FamFG als unzulässig verworfen wurde.[18] 13

Dementsprechend ist bei **fehlender Vollmacht** zunächst eine angemessene Frist zur Vorlage bzw. Genehmigung zu setzen (§ 11 S. 5 FamFG, § 89 Abs. 1 S. 2 ZPO). Sie muss *zeitlich bestimmt* sein, eine Aufforderung lediglich zu „umgehendem" Handeln genügt nicht.[19] Eine vom Betroffenen **erteilte Vollmacht** ist auch dann wirksam, wenn sie nicht in eine ihm **verständliche Sprache** übersetzt ist.[20] Sie ist nach den og Grundsätzen, soweit erforderlich, zudem als *Genehmigung* für ggf. vor dem Unterzeichnungsdatum eingelegte Rechtsmittel zu verstehen.[21] 14

c) Verfahrenspfleger

Ein Verfahrenspfleger (→ Kap. 13 Rn. 26 ff.) kann **aus eigenem Recht** gem. § 59 Abs. 1 FamFG beschwerdeberechtigt sein, soweit es zB um Fragen seiner Vergütung gem. § 419 Abs. 6 FamFG geht.[22] Im Übrigen ist er als **Verfahrenssubjekt** zur **Wahrung der Interessen** des Betroffenen gem. § 429 Abs. 3 FamFG beschwerdeberechtigt; da ihm dieser Interessenschutz selbst obliegt, besteht die Berechtigung für ihn insofern auch *aus eigenem Recht* und nicht als Vertreter des Betroffenen.[23] 15

Damit korrespondierend kann er im Interesse des Betroffenen zwar **unabhängig** von ihm Beschwerde einlegen; dies kann also auch geschehen, soweit der Betroffene verzichtet oder die Beschwerde zurückgenommen hat.[24] Die Beschwerdeberechtigung reicht jedoch nur so weit, wie der *Betroffene beschwert* ist; sie endet insbesondere also dort, wo zB Haft abgelehnt bzw. lediglich Verfahrensrechte als verletzt gerügt werden (→ Rn. 11).[25] 16

---

16 BGH Beschl. v. 5.4.2022 – XIII ZB 22/21 – NVwZ-RR 2022, 883 – juris-Rn. 4; Beschl. v. 23.2.2021 – XIII ZB 50/20 – InfAuslR 2021, 339 – juris-Rn. 8 mwN.
17 BGH Beschl. v. 21.4.2016 – V ZB 73/15 – juris-Rn. 5.
18 BGH Beschl. v. 30.10.2013 – V ZB 9/13 – NJW 2014, 1242 – juris-Rn. 6; GmS-OGB Beschl. v. 17.4.1984 – GmS-OGB 2/83 – BGHZ 91, 111 – juris-Rn. 13.
19 OVG Koblenz Urt. v. 29.3.1993 – 13 A 12409/92 – NJW 1993, 2457 – juris-Rn. 16.
20 BGH Beschl. v. 30.10.2013 – V ZB 9/13 – NJW 2014, 1242 – juris-Rn. 8.
21 BGH Beschl. v. 30.10.2013 – V ZB 9/13 – NJW 2014, 1242 iVm den Feststellungen der Vorinstanz, LG Braunschweig Beschl. v. 9.1.2013 – 8 T 46/12 (019) – juris-Rn. 5, 7, 12.
22 *Göbel* in Sternal FamFG § 429 Rn. 3.
23 BGH Beschl. v. 31.1.2023 – XIII ZB 90/22 – juris-Rn. 9; Beschl. v. 14.8.2013 – XII ZB 270/13 – juris-Rn. 4 f.
24 *Günter* in BeckOK FamFG § 429 Rn. 10.
25 *Göbel* in Sternal FamFG § 429 Rn. 3.

17 Die **Bestellung** des Verfahrenspflegers aus der **ersten Instanz** wirkt auch im Beschwerdeverfahren fort.[26] Einer Bestellung durch das Beschwerdegericht bedarf es also nur, soweit sie beim Amtsgericht (ggf. fälschlicherweise) unterblieben ist.

d) Familienangehörige und Vertrauensperson

18 Familienangehörige sind gem. § 59 Abs. 1 FamFG **nicht aus eigenem Recht** (Art. 6 Abs. 1 GG) beschwerdeberechtigt. Denn ihre mögliche Beteiligung am Verfahren dient gem. § 418 Abs. 3 Nr. 1 FamFG nur dem *Interesse des Betroffenen*. Soweit sie durch eine Haftanordnung eine faktische Beeinträchtigung ihres grundrechtlich geschützten Ehe- oder Familienlebens erfahren, begründet dies keine eigene Beschwerdeberechtigung.[27]

19 Allerdings können Familienangehörige und Vertrauenspersonen gem. § 429 Abs. 2 FamFG **im Interesse des Betroffenen** eine Beschwerde einlegen. Diese Berechtigung besteht jedoch nur, soweit der *Betroffene beschwert* ist (vgl. oben zum *Verfahrenspfleger* → Rn. 16) und es seinem *subjektiven Interesse* entspricht; erklärt er zB, keine Beschwerde einlegen zu wollen, sind hierzu auch Familienangehörige und Vertrauenspersonen nicht befugt.[28]

20 Eine Beschwerdeberechtigung besteht zudem nur, soweit die entsprechende Person gem. § 429 Abs. 2 Nr. 2 FamFG **Beteiligter** am Verfahren in erster Instanz **war**[29] (nicht: *hätte sein müssen*);[30] eine Beteiligung erst nach Beschlusserlass am Amtsgericht (zB iRd Abhilfeverfahrens, das bereits zum Beschwerde-Rechtszug gehört[31]) genügt nicht,[32] ebensowenig eine Beteiligung in einem separaten (zB von der Vertrauensperson eingeleiteten) Haftaufhebungsverfahren.[33] Dies ist jedoch anders, wenn der Betroffene **verstorben** ist; dann können auch zuvor unbeteiligte *Familienangehörige* die (auf Feststellung der Rechtswidrigkeit gerichtete → Kap. 13 Rn. 230) Beschwerde einlegen,[34] nicht hingegen Vertrauenspersonen.

e) Die Behörde

21 Die **antragstellende Behörde** ist gem. §§ 59 Abs. 3, 429 Abs. 1 FamFG beschwerdeberechtigt. Dies gilt jedoch nur, soweit sie **beschwert** ist. Daran mangelt es, wenn sie lediglich im Wege der *Amtshilfe* für eine andere Behörde tätig wird; beschwerdeberechtigt ist dann nur jene.[35]

22 Eine hinreichende Beschwer fehlt auch bei einer Beschwerde **zugunsten des Betroffenen.** Wollte man angesichts des offenen Wortlautes des § 429 Abs. 1 FamFG von diesem Erfordernis Abstand nehmen, mangelte es jedenfalls am *Rechtsschutzbedürfnis*, weil die

26 BGH Beschl. v. 11.12.2013 – XII ZB 280/11 – NJW 2014, 787 – juris-Rn. 9.
27 Vgl. analog zur Beschwerde unberücksichtigter Großeltern bei der Betreuerauswahl BVerfG Beschl. v. 24.6.2014 – 1 BvR 2926/13 – BVerfGE 136, 382 – juris-Rn. 33; BGH Beschl. v. 26.6.2013 – XII ZB 31/13 – FGPrax 2013, 211 – juris-Rn. 15 ff.
28 BGH Beschl. v. 26.6.2014 – V ZB 5/14 – NVwZ 2014, 1328 – juris-Rn. 8.
29 BGH Beschl. v. 9.5.2023 – XIII ZB 9/20 – juris-Rn. 8; Beschl. v. 9.5.2023 – XIII ZB 27/20 – juris-Rn. 8.
30 Vgl. BGH Beschl. v. 19.5.2020 – XIII ZB 82/19 – juris-Rn. 13.
31 BGH Beschl. v. 9.5.2023 – XIII ZB 27/20 –, Rn. 9 f.; Beschl. v. 9.5.2023 – XIII ZB 9/20 – juris-Rn. 10.
32 BGH Beschl. v. 8.3.2012 – V ZB 205/11 – juris-Rn. 4 f.
33 StRspr BGH Beschl. v. 14.2.2023 – XIII ZB 47/22 – juris-Rn. 10; Beschl. v. 25.10.2022 – XIII ZB 131/19 – juris-Rn. 8; Beschl. v. 23.2.2021 – XIII ZB 52/20 – juris-Rn. 7, 10.
34 BGH Beschl. v. 6.10.2011 – V ZB 314/10 – InfAuslR 2012, 100 – juris-Rn. 11 ff.
35 BGH Beschl. v. 22.9.2016 – V ZB 70/16 – juris-Rn. 7.

Behörde auch jederzeit den Haftantrag zurücknehmen und im Übrigen gem. § 422 Abs. 3 FamFG den Haftvollzug vorzeitig beenden könnte.[36]

Eine antragstellende Behörde ist daher nur beschwert, soweit ein durch sie gestellter **Haftantrag** (mindestens *teilweise*) **zurückgewiesen** wurde. Insofern ist hinsichtlich der *Zielrichtung* der Beschwerde allerdings zu differenzieren, ob 23

- der Antrag **vollständig abgelehnt** wurde und der **Betroffene entlassen** und damit dem weiteren Zugriff entzogen ist. Dann ist *Erledigung* eingetreten, so dass eine Sachentscheidung nicht mehr möglich ist (→ Kap. 13 Rn. 211). Mangels behördlicher Befugnis zur Antragstellung gem. § 62 FamFG (→ Kap. 13 Rn. 237 f.) kann eine zulässige Beschwerde von vornherein nur auf den *Kostenpunkt* beschränkt[37] eingelegt werden.[38]
- der Antrag **vollständig abgelehnt** wurde, aber noch **Zugriff auf den Betroffenen** möglich ist, zB, wenn der Betroffene weiter in Freiheit geladen werden kann,[39] in anderer Sache (zB Untersuchungs- oder Strafhaft) noch in Haft sitzt oder bei einer Verlängerung, bei welcher der Ursprungszeitraum noch nicht abgelaufen ist.[40] Hier ist die Sache *nicht erledigt*, so dass die Beschwerde regulär mit dem Ziel der Aufhebung der Haftablehnung und Anordnung von Haft durch das Beschwerdegericht einschlägig ist.
- der Antrag **teilweise abgelehnt** wurde, zB zwar Haft angeordnet wurde, indes nicht für die volle behördlich beantragte Haftzeit. Bis der Betroffene entlassen und dem Zugriff entzogen ist, ist die Sache *nicht erledigt*, so dass der vorige Punkt gilt; danach muss eine Beschwerde aber, um zulässig zu bleiben, auf den *Kostenpunkt* beschränkt werden.

3. Form der Beschwerdeeinlegung

Die Beschwerde ist gem. § 64 Abs. 2 FamFG durch **Beschwerdeschrift** oder zur **Niederschrift** der Geschäftsstelle einzulegen; Adressat ist das **Amtsgericht** (*iudex a quo*, § 64 Abs. 1 FamFG). Wird die Beschwerde bei einem anderen Gericht eingelegt, kommt es für die Fristwahrung (→ Rn. 29 ff.) auf den Eingang beim Amtsgericht (nach im üblichen Geschäftsgang erfolgter Weiterleitung) an.[41] 24

In der Beschwerde muss der **angefochtene Beschluss** bezeichnet und erklärt werden, dass gegen ihn **Beschwerde** eingelegt wird (§ 64 Abs. 2 S. 3 FamFG). Der Schriftsatz hat regelmäßig die vollständige Bezeichnung der Verfahrensbeteiligten und des Verkün- 25

36 *Göbel* in Sternal FamFG § 429 Rn. 4; *Günter* in BeckOK FamFG § 429 Rn. 4.

37 Vorausgesetzt, die Behörde ist mit Kosten belastet, zB jenen des Verfahrens bzw. der außergerichtlichen Kosten des Betroffenen; dabei genügt die formale Belastung (vgl. *Sternal* in Sternal FamFG § 22 Rn. 34 aE), auch wenn zB der Betroffene keine Kosten geltend macht oder die Behörde gerichtskostenfrei gestellt ist.

38 *Schindler* in MüKoFamFG § 83 Rn. 23; *Weber* in Sternal FamFG § 84 Rn. 25; dies zeigt auch § 70 Abs. 3 S. 3 FamFG, der sogar eine Rechtsbeschwerde für den Fall, dass die Behörde „von vornherein infolge einer Ablehnung schon durch das Amtsgericht" nicht durchdringt (BGH Beschl. v. 12.7.2018 – V ZB 48/18 – juris-Rn. 8), vorsieht; die frühere Beschränkung des Beschwerderechtes (keine isolierte Kostenbeschwerde, § 20a FGG) besteht im FamFG nicht, BGH Beschl. v. 31.1.2013 – V ZB 22/12 – BGHZ 196, 118 – juris-Rn. 6.

39 So zB die Konstellation von LG Hamburg Beschl. v. 3.12.2013 – 329 T 31/13 – juris-Rn. 12 iVm 13.

40 So zB die Konstellation von LG Bremen Beschl. v. 28.11.2017 – 10 T 614/17 – juris-Rn. 25 iVm 29.

41 Vgl. nur BGH Beschl. v. 27.7.2016 – XII ZB 203/15 – FamRZ 2016, 1762 – juris-Rn. 12; *Sternal* in Sternal FamFG § 64 Rn. 13 mwN.

dungsdatums nebst Aktenzeichens des Gerichtes, dessen Beschluss angegriffen wird, zu enthalten.[42]

26 **Unvollständige Angaben** können zwar gem. § 68 Abs. 2 S. 2 FamFG zur Unzulässigkeit der Beschwerde führen. Bzgl. der Identifikation des **Beschlusses** genügt es aber, wenn sich dieser aus den übrigen Angaben und sonstigen aktenkundigen Umständen *vor Ablauf* der Beschwerdefrist in der Gesamtschau ergibt.[43] Auch die mangelnde Angabe der **Person des Beschwerdeführers** ist unerheblich, soweit sie wg. Vollmachtvorlage oder aus den sonstigen Umständen zweifelsfrei identifizierbar ist.[44] Insbesondere bedarf es grds. hierfür auch nicht der Angabe einer *ladungsfähigen Anschrift* (→ Rn. 12). Schließlich sind auch fehlende oder fehlerhafte Rechtsmittelbezeichnungen durch Auslegung korrigierbar.[45]

27 Wird die Beschwerde durch einen **Rechtsanwalt** (auch, wenn er als [berufsmäßig auftretender] *Verfahrenspfleger* beigeordnet ist[46]), *Notar*, die **Behörde** oder eine *juristische Person des öffentlichen Rechts* mittels eines Beschwerdeschriftsatzes eingelegt, muss sie gem. § 14b Abs. 1 S. 1 FamFG – vorbehaltlich technischer Störung, die unverzüglich glaubhaft zu machen ist, § 14b Abs. 1 S. 2 und 3 FamFG – als **elektronisches Dokument** (**EGVP**, dh beA und beBPo) übermittelt werden.[47] Ansonsten ist sie wegen Formverstoßes unzulässig.

28 Allerdings muss der Beschwerdeführer keinen **förmlichen Antrag** stellen und das Rechtsmittel auch **nicht begründen** (vgl. aber → Rn. 41 f.), denn § 65 Abs. 1 FamFG ist eine reine Sollvorschrift.[48] Ein Schriftsatz ist aber zu **unterschreiben** (§ 64 Abs. 2 S. 4 FamFG),[49] regelmäßig bei EGVP-Übermittlung mittels *qualifizierter elektronischer Signatur* (§ 14 Abs. 2 S. 2 FamFG iVm § 130a Abs. 3 S. 1 ZPO).[50]

4. Einhaltung der Beschwerdefrist

29 Die **Beschwerdefrist** beträgt bei **Hauptsache**-Beschlüssen *einen Monat* nach schriftlicher Bekanntgabe (§ 63 Abs. 1 und 3 FamFG). Gegen **einstweilige Anordnungen** ist die Frist ist auf *zwei Wochen* verkürzt (§ 63 Abs. 2 Nr. 1 FamFG). Die Bekanntgabe muss an beschwerte Beteiligte (inkl. zB Vertrauenspersonen[51] etc.) als *Zustellung* erfolgen und kann grds. sowohl gegenüber dem *Betroffenen* (§ 15 Abs. 2 FamFG iVm § 173 S. 1 ZPO) als auch seinem *Verfahrensbevollmächtigten* (§ 15 Abs. 2 FamFG iVm § 172 Abs. 1 S. 1 ZPO) erfolgen.

---

42 BGH Beschl. v. 31.1.2023 – XIII ZB 90/22 – juris-Rn. 7; Beschl. v. 20.5.2015 – XII ZB 368/14 – FGPrax 2015, 238 – juris-Rn. 17.

43 BGH Beschl. v. 31.1.2023 – XIII ZB 90/22 – juris-Rn. 7 f.; Beschl. v. 20.5.2015 – XII ZB 368/14 – FGPrax 2015, 238 – juris-Rn. 18.

44 BGH Beschl. v. 18.2.2016 – V ZB 74/15 – NVwZ-RR 2016, 635 – juris-Rn. 15.

45 *Sternal* in Sternal FamFG § 64 Rn. 37.

46 BGH Beschl. v. 31.1.2023 – XIII ZB 90/22 – juris-Rn. 15 ff.; offen gelassen für Beteiligung eines Rechtsanwalts als Privatperson, juris-Rn. 22 mwN, für welchen ohne Bezugnahme auf Kanzlei-Briefkopf pp. eine Erfassung durch § 14b Abs. 1 S. 1 FamFG ausscheiden dürfte, vgl. *Ahn-Roth* in Prütting/Helms FamFG § 14b Rn. 5; *Sternal* in Sternal FamFG § 14b Rn. 8.

47 BGH Beschl. v. 31.1.2023 – XIII ZB 90/22 – juris-Rn. 14; Beschl. v. 21.9.2022 – XII ZB 264/22 – FamRZ 2022, 1957 – juris-Rn. 7.

48 BGH Beschl. v. 10.7.2014 – V ZB 20/13 – InfAuslR 2014, 443 – juris-Rn. 8.

49 Eingehend zu den vielfältigen sich hier stellenden Fragen *Sternal* in Sternal FamFG § 64 Rn. 40 ff.

50 *Obermann* in BeckOK FamFG § 64 Rn. 24.

51 BGH Beschl. v. 4.4.2023 – XIII ZB 75/20 – juris-Rn. 7.

Für den **Fristbeginn** ist bei **anwaltlich nicht vertretenen** Betroffenen die *Übergabe* und eine ggf. notwendige *mündliche Übersetzung* des Beschlusses erforderlich.[52] Wird ausschließlich schriftlich zugestellt, muss dies in übersetzter Form geschehen.[53] 30

Bei **anwaltlich vertretenen** Betroffenen kommt es darauf an, ob dem Gericht die **Bestellung** des Rechtsanwaltes durch diesen oder den Betroffenen **mitgeteilt** worden ist.[54] Erst wenn dies der Fall ist, kann wirksam *nur* noch an den Bevollmächtigten zugestellt werden (§ 15 Abs. 2 FamFG iVm § 172 S. 1 ZPO).[55] Ist er im Termin anwesend, löst dann die *Übergabe* einer Ausfertigung an ihn (§ 15 Abs. 2 FamFG iVm § 173 S. 1 ZPO) den Fristbeginn aus, sonst die Zustellung durch Post oder Fax *gegen EB* (§ 15 Abs. 2 FamFG iVm § 174 ZPO). 31

Wenn eine erforderliche **Zustellung** (zB wegen Verkennung der Zustellpflicht → Rn. 29 f.) **unterbleibt** oder **fehlschlägt**, ist die Bekanntgabe bzgl. dieses *Beteiligten* nicht wirksam, soweit nach Fehlschlag keine Heilung gem. § 189 ZPO erfolgt. War der Adressat bereits förmlich am Verfahren beteiligt,[56] greift die **fünf-Monats-Frist** des § 63 Abs. 3 S. 2 FamFG.[57] 32

5. Sonstige Hindernisse

Eine auf Aufhebung eines Beschlusses gerichtete Beschwerde ist bzw. wird **unzulässig**, soweit sich die Entscheidung **erledigt** (→ Kap. 13 Rn. 211). Dies ist bei Beschwerden des Betroffenen nach Vollzug der Abschiebung bzw. Haftentlassung der Fall,[58] so dass es dann für eine Sachentscheidung grds. an einem Rechtsschutzbedürfnis fehlt.[59] In solchen Fällen kann die Beschwerde aber von vornherein bzw. nach Erledigungseintritt zulässigerweise auf eine **Feststellung** der Rechtswidrigkeit gerichtet (→ Kap. 13 Rn. 230) bzw. durch die Behörde auf den **Kostenpunkt** beschränkt werden (→ Rn. 23, → Kap. 13 Rn. 238). 33

Im Übrigen steht der Zulässigkeit einer Beschwerde ein erklärter **Rechtsmittelverzicht** entgegen (§ 67 Abs. 1 FamFG). Ein solcher ist aber nur wirksam, wenn bei anwaltlich nicht vertretenen Betroffenen *eingehend* über die Folgen *belehrt* wurde. Dies muss sich aus dem Protokoll oder einem begleitenden Vermerk ergeben.[60] Ist der Verzicht nicht gegenüber dem *Gericht*, sondern anderen Beteiligten erklärt, hindert er die Zulässigkeit nur, soweit sich der andere Beteiligte hierauf beruft (§ 67 Abs. 3 FamFG). 34

---

52 LG Traunstein Beschl. v. 3.11.2017 – 4 T 1910/17 – Asylmagazin 2018, 59 – juris-Rn. 21; so wohl auch BGH Beschl. v. 3.5.2018 – V ZB 230/17 – Asylmagazin 2018, 387 – juris-Rn. 1 und 4; aA *Grotkopp* Abschiebungshaft Rn. 535: schriftliche Übersetzung sei stets erforderlich. Sieht man dies so, wird der Ausländer aber hierauf verzichten können, was protokolliert werden sollte.

53 LG Paderborn Beschl. v. 13.6.2017 – 5 T 119/17 – juris-Rn. 33.

54 BGH Beschl. v. 3.5.2018 – V ZB 230/17 – InfAuslR 2018, 387 – juris-Rn. 6.

55 BGH Beschl. v. 3.5.2018 – V ZB 230/17 – InfAuslR 2018, 387 – juris-Rn. 6; Beschl. v. 1.12.2011 – V ZB 73/11 – NVwZ 2012, 319 – juris-Rn. 10.

56 BGH Beschl. v. 4.4.2023 – XIII ZB 75/20 – juris-Rn. 10; *Sternal* in Sternal FamFG § 63 Rn. 60.

57 BGH Beschl. v. 4.4.2023 – XIII ZB 75/20 – juris-Rn. 10.

58 BGH Beschl. v. 14.10.2010 – V ZB 78/10 – NVwZ 2011, 574 – juris-Rn. 10 f.

59 BGH Beschl. v. 8.6.2011 – XII ZB 245/10 – FGPrax 2011, 258 – juris-Rn. 7.

60 BGH Beschl. v. 9.5.2019 – V ZB 12/18 – juris-Rn. 7 ff.; Beschl. v. 1.12.2011 – V ZB 73/11 – NVwZ 2012, 319 – juris-Rn. 6.

35 Wurde eine Beschwerde **zurückgenommen** (§ 67 Abs. 4 FamFG), so kann sie innerhalb der ursprünglichen Beschwerdefrist jederzeit **neu eingelegt** werden. Denn anders als ein Verzicht führt eine Rücknahme nicht zu einem Verbrauch des Rechtsmittels.[61]

III. Gang des Verfahrens

36 Da es sich beim Beschwerdeverfahren um eine **neue Tatsacheninstanz** handelt, sind die Prüfungsmaßstäbe des Landgerichtes im Wesentlichen dieselben wie die des Amtsgerichtes. Auch das anwendbare **Verfahrensrecht** bestimmt sich weitgehend nach den für die erste Instanz geltenden Vorschriften (§ 68 Abs. 3 S. 1 FamFG).

1. Prüfungsmaßstab und Bindungswirkung

37 Das Landgericht tritt mit **eigener Sachentscheidung** (§ 69 Abs. 1 S. 1 FamFG) vollständig an die Stelle des erstinstanzlichen Gerichtes.[62] Es hat also wie dieses die **Zulässigkeit**[63] und die **Begründetheit**[64] des Haftantrages zu prüfen.

38 Dabei ist es weder an die **tatsächlichen Feststellungen**, noch an die **rechtliche Beurteilung** des Amtsgerichtes gebunden. Insbesondere muss das Landgericht den Sachverhalt selbst gem. § 26 FamFG aufklären[65] und kann die Haft zB auf andere *Vermutungstatbestände* und *Anhaltspunkte* für Fluchtgefahr[66] oder gänzlich *andere Haftgründe* stützen.[67] Derlei kann jedoch Auswirkungen auf die Anhörung im Beschwerdeverfahren haben (→ Rn. 54 f.).

2. Vorbereitung der Entscheidung

39 Da für das Beschwerdegericht gem. § 68 Abs. 3 S. 1 FamFG im Wesentlichen **dieselben Vorschriften** gelten wie auch für das Amtsgericht, sei an dieser Stelle auf die obigen Darlegungen verwiesen (→ Kap. 13 Rn. 62 ff.). Das Landgericht muss in der Vorbereitung der Entscheidung allerdings neben der ggü. dem Amtsgericht identischen **Sachprüfung** auch beurteilen, ob die erste Instanz die **wesentlichen Verfahrensvorgaben** eingehalten hat; mangelt es daran, kann eine Wiederholung zB der Anhörung erforderlich sein (→ Rn. 52 f.).

a) Beteiligte am Verfahren

40 In Sachen der Beteiligten ergeben sich **keine Änderungen** gegenüber der ersten Instanz, so dass auf die dortigen Ausführungen (→ Kap. 13 Rn. 21 ff.) verwiesen sei. Insbesondere kann eine fehlerhaft **unterbliebene Beteiligung** in der zweiten Instanz durch die Beteiligung und Anhörung vor einer Entscheidung durch das Landgericht *geheilt* werden.[68]

---

61 BGH Beschl. v. 9.5.2019 – V ZB 12/18 – juris-Rn. 9.
62 StRspr BGH Beschl. v. 19.7.2018 – V ZB 223/17 – InfAuslR 2018, 413 – juris-Rn. 9; Beschl. v. 22.7.2010 – V ZB 29/10 – InfAuslR 2011, 27 – juris-Rn. 7.
63 Vgl. BGH Beschl. v. 21.8.2019 – V ZB 97/17 – juris-Rn. 5.
64 Vgl. BGH Beschl. v. 11.7.2019 – V ZB 74/18 – juris-Rn. 7.
65 BGH Beschl. v. 11.7.2019 – V ZB 28/18 – juris-Rn. 10.
66 BGH Beschl. v. 11.1.2018 – V ZB 28/17 – InfAuslR 2018, 184 – juris-Rn. 10.
67 StRspr BGH Beschl. v. 21.6.2018 – V ZB 129/17 – juris-Rn. 6; Beschl. v. 22.7.2010 – V ZB 29/10 – InfAuslR 2011, 27 – juris-Rn. 10.
68 BGH Beschl. v. 21.10.2010 – V ZB 56/10 – juris-Rn. 7.

Behalten sich Beteiligte die **Begründung des Rechtsmittels** vor, so ist ihnen entweder gem. § 65 Abs. 2 FamFG hierfür eine *Frist* zu setzen oder *angemessene Zeit* abzuwarten, bevor die Beschwerdeentscheidung ergeht.[69] Andernfalls wird rechtliches Gehör (Art. 103 Abs. 1 GG) verletzt.[70] 41

Die **Frist** kann **kurz** sein,[71] um dem in Haftsachen geltenden *Beschleunigungsgebot* zu genügen.[72] Daher werden entsprechend § 118 Abs. 5 StPO regelmäßig eine, höchstens zwei Wochen hinreichen.[73] Dass das Amtsgericht ggf. bereits eine Frist gesetzt hat, reicht nicht, da ihr Bezug die Abhilfe-, nicht die Beschwerdeentscheidung ist (vgl. zudem „Beschwerdegericht", § 65 Abs. 2 FamFG). 42

b) Akteneinsicht

Hat ein Beteiligter[74] **Akteneinsicht** (§ 13 FamFG) beantragt, so ist diese kurzfristig zu gewähren und zwar sowohl in die *Gerichts-* als auch die *Ausländerakte*. Dies kann wg. der nötigen Beschleunigung auch allein auf der Geschäftsstelle geschehen;[75] erlauben die zeitlichen Umstände aber eine Überlassung an einen Verfahrensbevollmächtigten (zB für drei Tage) und sprechen keine wichtigen Gründe dagegen, ist allein die Überlassung ermessensgerecht.[76] Die Ausländerakte hat das Gericht zum Verfahren **beizuziehen** und darf nicht auf eine Einsichtnahme bei der Behörde verweisen.[77] 43

Im Anschluss an die Akteneinsicht ist, soweit begehrt, **Gelegenheit zur Stellungnahme** zu gewähren:[78] Eine zurückweisende Entscheidung darf erst ergehen, wenn das Gericht eine für die Begründung des Rechtsmittels *angemessene Zeitspanne* (die sich grds. an der hierfür beantragten Zeit orientieren wird) zugewartet hat.[79] 44

c) Verfahrenskostenhilfe und Beiordnung

Auch für die **zweite Instanz** ist, soweit dies beantragt wird, über Verfahrenskostenhilfe und Beiordnung zu entscheiden. Insofern gelten die Darlegungen für das Verfahren vor dem Amtsgericht (→ Kap. 13 Rn. 45 ff.) entsprechend. Die Entscheidung muss den **Rechtszug** nennen (zB: „Dem Betroffenen wird *für das Beschwerdeverfahren* Verfahrenskostenhilfe unter Beiordnung von Rechtsanwalt … bewilligt.") und kann, wie auch am Amtsgericht, im Rahmen der Endentscheidung ergehen und dort formelartig begründet werden (→ Kap. 13 Rn. 56 f.). 45

---

69 StRspr BGH Beschl. v. 22.2.2022 – XIII ZB 74/20 – juris-Rn. 8; Beschl. v. 19.7.2018 – V ZB 223/17 – InfAuslR 2018, 413 – juris-Rn. 6; Beschl. v. 2.3.2017 – V ZB 138/16 – InfAuslR 2017, 289 – juris-Rn. 10.

70 BGH Beschl. v. 19.7.2018 – V ZB 223/17 – InfAuslR 2018, 413 – juris-Rn. 6; Beschl. v. 2.3.2017 – V ZB 138/16 – InfAuslR 2017, 289 – juris-Rn. 10.

71 BGH Beschl. v. 2.3.2017 – V ZB 138/16 – InfAuslR 2017, 289 – juris-Rn. 12.

72 BGH Beschl. v. 19.7.2018 – V ZB 223/17 – InfAuslR 2018, 413 – juris-Rn. 8.

73 AA *Sternal* in Sternal FamFG § 65 Rn. 7: zwei bis drei Wochen.

74 Weit zu verstehen, also auch zB *Vertrauensperson* BGH Beschl. v. 22.3.2022 – XIII ZB 5/21 – juris-Rn. 12.

75 BGH Beschl. v. 22.6.2021 – XIII ZB 59/20 – NJW 2021, 3402 – juris-Rn. 8; 2.3.2017 – V ZB 138/16 – InfAuslR 2017, 289 – juris-Rn. 12.

76 BGH Beschl. v. 22.6.2021 – XIII ZB 59/20 – NJW 2021, 233 – juris-Rn. 11.

77 BGH Beschl. v. 19.7.2018 – V ZB 223/17 – InfAuslR 2018, 413 – juris-Rn. 7.

78 BGH Beschl. v. 20.7.2021 – XIII ZB 106/19 – juris-Rn. 7; Beschl. v. 2.3.2017 – V ZB 138/16 – InfAuslR 2017, 289 – juris-Rn. 11.

79 BGH Beschl. v. 25.10.2022 – XIII ZB 44/20 – juris-Rn. 7; Beschl. v. vom 22.2.2022 – XIII ZB 74/20 – InfAuslR 2022, 331 – juris-Rn. 8; Beschl. v. 20.7.2021 – XIII ZB 106/19 – juris-Rn. 7; 2.3.2017 – V ZB 138/16 – InfAuslR 2017, 289 – juris-Rn. 11.

d) Anhörungstermin

46 Nach §§ 420 Abs. 1 S. 1, 427 Abs. 2, 68 Abs. 3 S. 1 FamFG ist **grundsätzlich** ein Anhörungstermin durchzuführen. In Ausnahmefällen kann hiervon jedoch abgesehen werden, § 68 Abs. 3 S. 2 FamFG, wovon in der Praxis häufig Gebrauch gemacht wird.[80]

aa) Erforderlichkeit des Anhörungstermins

47 Ein Anhörungstermin ist gem. § 68 Abs. 3 S. 2 FamFG **nicht erforderlich**, soweit im Verfahren vor dem Amtsgericht eine **ordnungsgemäße** persönliche Anhörung des Betroffenen stattgefunden hat und neue Erkenntnisse durch eine Wiederholung nicht zu erwarten sind.[81]

48 Unter diesen Voraussetzungen von einer erneuten Anhörung abzusehen, ist eine **Ermessensentscheidung**, die im Beschluss der nachvollziehbaren **Begründung** bedarf.[82] Sie kann etwa darauf gestützt werden, dass die Beteiligten keine weiteren Angaben machen wollen,[83] die erstinstanzliche Anhörung kurz zuvor erfolgte und von ihrem Inhalt nicht abgewichen werden soll, der Akteninhalt keine neuen Tatsachen oder rechtlichen Gesichtspunkte ergibt und es auf den persönlichen Eindruck vom Betroffenen nicht ankommt.[84]

49 Die **Verzichtbarkeit** einer erneuten Anhörung mangels erwartbarer neuer Erkenntnisse liegt **beispielsweise** in folgenden Konstellationen vor:

- Der Betroffene ist **im Beschwerdeverfahren erstmals anwaltlich vertreten**. Allein dies genügt nicht, es müssen in der Beschwerde konkrete Umstände für entscheidungserhebliche Änderungen aufgezeigt werden.[85]
- Der Betroffene macht geltend, sich der Abschiebung **nicht entziehen zu wollen**, stützt dies aber nicht auf neue Angaben, sondern nur eine **andere rechtliche Würdigung** seines (in der Anhörung vor dem Amtsgericht bereits erörterten) **bisherigen Verhaltens.**[86]
- Der Betroffene hatte vor dem **Amtsgericht** Gelegenheit zur Stellungnahme zu einem Sachverhaltselement, hat jedoch von seinem **Schweigerecht Gebrauch gemacht**;[87] anderes wird aber gelten, wenn er in der Beschwerde konkret Aussagebereitschaft bekundet und die Frage entscheidungserheblich ist.
- Der Betroffene reicht **neue ärztliche Atteste** ein, welche ggf. auch seine **Reisefähigkeit** in Frage stellen. Damit macht er jedoch nur **Abschiebungshindernisse** geltend (→ Kap. 2 Rn. 124), die das Haftgericht nicht zu prüfen hat; entscheidungserhebliche neue Tatsachen sind daher nicht zu erwarten,[88] zumal, wenn die Behörde darlegen

---

80 *Schmidt-Räntsch* NVwZ 2014, 110 (120).
81 StRspr BGH Beschl. v. 20.7.2021 – XIII ZB 98/19 – juris-Rn. 15; Beschl. v. 18.2.2016 – V ZB 23/15 – InfAuslR 2016, 235 – juris-Rn. 20; Beschl. v. 4.3.2010 – V ZB 222/09 – BGHZ 184, 323 – juris-Rn. 13.
82 BGH Beschl. v. 29.10.2015 – V ZB 67/15 – InfAuslR 2016, 54 – juris-Rn. 4 f.
83 BGH Beschl. v. 29.10.2015 – V ZB 67/15 – InfAuslR 2016, 54 – juris-Rn. 7.
84 BGH Beschl. v. 10.10.2013 – V ZB 127/12 – FGPrax 2014, 39 – juris-Rn. 8.
85 BGH Beschl. v. 15.7.2010 – V ZB 10/10 – NVwZ 2011, 127 – juris-Rn. 20.
86 BGH Beschl. v. 11.7.2013 – V ZB 144/12 – NVwZ 2014, 167 – juris-Rn. 19.
87 BGH Beschl. v. 6.4.2011 – V ZB 77/11 – juris-Rn. 13.
88 BGH Beschl. v. 11.10.2018 – V ZB 70/17 – EzAR-NF 57 Nr. 67 – juris-Rn. 11.

kann, dass sie das gesundheitliche Problem durch ärztliche Begleitung in den Griff bekommen wird.[89]

- Der Betroffene verübt einen **Suizidversuch** in der Haft; auch ein solcher berührt grds. nicht die Haftfähigkeit (→ Kap. 2 Rn. 124, 161 f.) und ist als Abschiebehindernis relevant; es gilt das zum vorigen Punkt Ausgeführte.[90]

Demgegenüber ist die **Erwartbarkeit neuer Tatsachen** (auch in Gestalt der Notwendigkeit eines eigenen Eindrucks von der **Glaubwürdigkeit** des Betroffenen[91]) **beispielsweise** in folgenden Konstellationen gegeben: 50

- Der Betroffene gibt an, nunmehr einen **festen Wohnsitz** ergriffen und sich um **melderechtliche Anmeldung** bemüht zu haben. Dies betrifft bei Glaubhaftigkeit die Wertung der Fluchtgefahr.[92]
- Nach der ersten Haftanordnung **scheitert** eine **Abschiebung** in ein **Zielland** und es soll daraufhin wegen neuer Erkenntnisse eine Abschiebung in ein **neues Zielland** betrieben werden.[93]
- Im Beschwerdeverfahren wird **erstmalig** die (als Vollstreckungsvoraussetzung nötige → Kap. 2 Rn. 49 f.) bisher fehlende **Abschiebungsandrohung** erlassen und nachgereicht.[94]
- Im Beschwerdeverfahren übt das **Landgericht erstmalig** das zB gem. § 62b AufenthG erforderliche **Ermessen** aus, zu dessen Gesichtspunkten sich der Betroffene beim Amtsgericht (das dies *fälschlicherweise unterlassen* hatte) noch nicht äußern konnte.[95]
- Im Beschwerdeverfahren wird **erstmalig** ein **Zeugnis** über Vollzugsverhalten eines Betroffenen vorgelegt, mit dem **Fluchtgefahr** gem. § 62 Abs. 3b Nr. 4 AufenthG (→ Kap. 2 Rn. 92) **widerlegt** werden soll.[96]
- Aus der Haft wird ein **Asylantrag gestellt** und das Verfahren auch bei Ablehnung mit **verwaltungsgerichtlichen Maßnahmen** weiterverfolgt. Das ernsthafte Betreiben des Verfahrens kann einem Untertauchen entgegenstehen, womit die Glaubwürdigkeit zu beurteilen ist.[97] Ebenso, wenn ein **Asylverfahren wiederaufgenommen** wird, weil sich dem Betroffenen ohne Untertauchen dann neue (ggf. legale) Bleibeperspektiven eröffnen.[98] Die alleinige **Stellung eines Asylfolgeantrages** genügt jedoch **nicht,**[99] ebensowenig die (voraussichtliche) **Nicht-Wiederaufnahme.**[100]

Soweit *keine neuen Tatsachen* zu erwarten sind, aber **rechtliches Gehör** (zB zur Vermeidung von Überraschungsentscheidungen bei abweichender Wertung zur ersten In- 51

89 BGH Beschl. v. 1.6.2017 – V ZB 163/15 – InfAuslR 2017, 380 – juris-Rn. 9; Beschl. v. 14.04,2016 – V ZB 112/15 – juris-Rn. 18 f.
90 BGH Beschl. v. 14.04,2016 – V ZB 112/15 – juris-Rn. 18 f.
91 BGH Beschl. v. 18.5.2021 – XIII ZB 2/20 – juris-Rn. 13; Beschl. v. 4.3.2010 – V ZB 184/09 – FGPrax 2010, 152 – juris-Rn. 7 und 10.
92 BGH Beschl. v. 9.6.2011 – V ZB 16/11 – juris-Rn. 7.
93 BGH Beschl. v. 16.6.2016 – V ZB 12/15 – InfAuslR 2016, 429 – juris-Rn. 27.
94 BGH Beschl. v. 25.10.2022 – XIII ZB 64/20 – juris-Rn. 13; Beschl. v. 14.3.2013 – V ZB 135/12 – NVwZ 2013, 1027 – juris-Rn. 11.
95 BGH Beschl. v. 25.4.2023 – XIII ZB 7/21 – juris-Rn. 12.
96 BGH Beschl. v. 18.5.2021 – XIII ZB 2/20 – juris-Rn. 13.
97 BGH Beschl. v. 2.5.2012 – V ZB 79/12 – juris-Rn. 7 f.
98 BGH Beschl. v. 21.9.2021 – XIII ZB 140/19 – juris-Rn. 24; Beschl. v. 11.10.2012 – V ZB 274/11 – InfAuslR 2013, 77 – juris-Rn. 11.
99 BGH Beschl. v. 11.10.2018 – V ZB 70/17 – EzAR-NF 57 Nr. 67 – juris-Rn. 11.
100 BGH Beschl. v. 25.10.2022 – XIII ZB 4/20 – juris-12.

stanz)[101] zu gewähren ist, kann dies **schriftlich** ggü. dem Verfahrensbevollmächtigten geschehen. Dies betrifft zB den Zeitpunkt des Eingangs eines Asylantrages, der zwar entscheidungserheblich ist, jedoch nicht notwendig in einem Termin geklärt werden muss.[102]

52 Ein Anhörungstermin ist aber **unverzichtbar**, wenn die Anhörung vor dem Amtsgericht **nicht ordnungsgemäß** stattgefunden hat. Das ist allerdings nicht bei jedem Fehler anzunehmen, sondern nur, wenn nicht lediglich der formal ordnungsmäßige Ablauf der Anhörung betroffen ist, sondern deren **Grundlagen.**[103] Insbesondere ist dies bei Anhörung auf Basis eines **unzulässigen**[104] oder **unvollständigen**[105] **Haftantrages** der Fall (zur Möglichkeit einer *Heilung* → Kap. 12 Rn. 81 ff.).

53 Weitere **Grundlagenfehler** der ersten Anhörung, die unabhängig von konkret erwartbaren neuen Tatsachen eine Wiederholung erforderlich machen, liegen **beispielsweise** vor,

- wenn der **Haftantrag** dem Betroffenen nicht in den **wesentlichen Grundzügen,**[106] insbesondere zum Haftgrund,[107] in einer ihm verständlichen Sprache **übersetzt** wurde,[108]
- wenn die **Verständigung** über den **Dolmetscher** als **fehlerhaft** gerügt wird und aus der Akte nicht klar hervorgeht, dass sie durch Überprüfung durch den Amtsrichter überprüft und als fehlerfrei festgestellt wurde;[109] **nicht** aber, wenn lediglich die **Vereidigung fehlte**, die Verständigung aber funktionierte,[110]
- wenn das Amtsgericht durch seine Verfahrensgestaltung dem **Rechtsanwalt** des Betroffenen **keine Gelegenheit zur Terminsteilnahme** eröffnet (→ Kap. 13 Rn. 36 ff.) hatte,[111]
- **nicht**, wenn der **Haftantrag** dem Betroffenen **nicht in Kopie ausgehändigt** wurde;[112] zudem können sich die Antragsinhalte auch vollständig durch einen ausgehändigten Vorab-Haftbeschluss ergeben.[113]

54 Eine Anhörung ist auch grds. **erforderlich**, wenn das Beschwerdegericht die Haft auf einen **anderen Haftgrund** stützen möchte, als ihn das Amtsgericht für einschlägig gehalten hat.[114] Wegen der *Einheitlichkeit der Haftgründe* (→ Kap. 12 Rn. 44 f.) ist dies

101 BGH Beschl. v. 22.6.2021 – XIII ZB 88/20 – juris-Rn. 14; Beschl. v. 18.5.2021 – XIII ZB 2/20 – juris-Rn. 15 f.
102 BGH Beschl. v. 20.5.2016 – V ZB 24/16 – NVwZ 2016, 1582 – juris- Rn. 29.
103 StRspr BGH Beschl. v. 18.2.2016 – V ZB 23/15 – InfAuslR 2016, 235 – juris-Rn. 26; Beschl. v. 17.6.2010 – V ZB 3/10 – NVwZ 2011, 317 – juris-Rn. 22.
104 BGH Beschl. v. 14.6.2012 – V ZB 63/12 – juris-Rn. 11; Beschl. v. 14.6.2012 – V ZB 284/11 – InfAuslR 2012, 227 – juris-Rn. 12.
105 BGH Beschl. v. 29.4.2010 – V ZB 218/09 – FGPrax 2010, 210 – juris-Rn. 16 f.
106 BVerG Beschl. v. 14.5.2020 – 2 BvR 993/15 – InfAuslR 2020, 347 – juris-Rn. 53 f.; BGH Beschl. v. 12.5.2015 – V ZB 187/14 – InfAuslR 2015, 301 – juris-Rn. 5.
107 BGH Beschl. v. 12.3.2015 – V ZB 187/14 – InfAuslR 2015, 301 – juris-Rn. 5.
108 BVerG Beschl. v. 14.5.2020 – 2 BvR 993/15 – InfAuslR 2020, 347 – juris-Rn. 53 f.; BGH Beschl. v. 12.5.2011 – V ZB 296/10 – juris-Rn. 16.
109 BGH Beschl. v. 4.3.2010 – V ZB 184/09 – FGPrax 2010, 152 – juris-Rn. 8.
110 BGH Beschl. v. 6.4.2017 – V ZB 59/16 – InfAuslR 2017, 292 – juris-Rn. 11.
111 BGH Beschl. v. 14.7.2020 – XIII ZB 74/19 – juris-Rn. 18.
112 BGH Beschl. v. 18.2.2016 – V ZB 23/15 – InfAuslR 2016, 235 – juris-Rn. 26; aA wohl noch BGH Beschl. v. 8.2.2012 – V ZB 260/11 – juris-Rn. 6.
113 BGH Beschl. v. 14.7.2016 – V ZB 94/14 – juris-Rn. 8.
114 StRspr BGH Beschl. v. 21.8.2019 – V ZB 138/18 – juris-Rn. 6; Beschl. v. 7.7.2016 – V ZB 21/16 – InfAuslR 2017, 59 – juris-Rn. 6.

jedoch nur selten erforderlich; denn die einzelnen Vermutungs- und Indiztatbestände können grds. ausgetauscht werden.[115]

55 Dabei sind die Änderung innerhalb des Haftgrundes der Fluchtgefahr wie auch der Übergang zu anderen Haftgründen ohne erneute Anhörung möglich, soweit nur eine **rechtlich andere Wertung** erfolgt.[116] Wenn bei einem Austausch also die **Tatsachen**, aus denen sich der veränderte Haftgrund ergibt, vom Amtsgericht (in anderem rechtlichem Zusammenhang) geprüft und **festgestellt** wurden,[117] kann die Anhörung unterbleiben. Ein *neuer Sachverhalt* darf jedoch nicht ohne Anhörung eingeführt werden;[118] ist sie (zB wegen erfolgter Abschiebung) unmöglich, kann eine Änderung nicht mehr erfolgen.[119]

bb) Durchführung des Anhörungstermins

56 Der Termin darf entsprechend §§ 451, 375 Abs. 1a ZPO durch einen **beauftragten Richter der Kammer** durchgeführt werden.[120] Dies ist nur dann anders, wenn bereits *im Zeitpunkt der Übertragungsentscheidung* feststeht, dass es auf die *Glaubwürdigkeit* des Betroffenen und nicht nur auf die *Glaubhaftigkeit* seiner Aussage ankommt.[121]

57 Der beauftragte Richter muss (bei überbesetzten Spruchkörpern) zwar zum Zeitpunkt seiner Beauftragung, nicht aber notwendig zum Zeitpunkt der **Sachentscheidung** zur Entscheidung in dem **konkreten Verfahren** berufen sein.[122] Letzteres deutet darauf hin, dass auch ein *Rechtshilferichter* mit der Durchführung beauftragt werden kann; wg. des in der vorigen Rn. genannten Erfordernisses ist hiergegen nichts zu erinnern.

(1) Heilung von Antragsmängeln

58 Sowohl im Beschwerdeverfahren *bis zum Termin*, als auch *im Termin* können **Mängel des Haftantrages** noch **geheilt** werden (eingehend → Kap. 12 Rn. 81 ff.), wobei die Wirkung der Heilung mit der *Entscheidung* des Landgerichtes eintritt, nicht schon mit Anhörung.[123] Eine Heilung setzt aber voraus, dass der Betroffene *im Termin* Gelegenheit hat, zu Nachträgen und Ergänzungen bzw. dem Ergebnis gerichtlicher Amtsermittlung (→ Kap. 12 Rn. 85 f.) Stellung zu nehmen.[124]

59 Entsprechend sollten **gerichtliche Hinweise** an die Behörde (→ Kap. 12 Rn. 82) frühzeitig in der Terminsvorbereitung erteilt werden. Etwaige Nachträge und Ergänzungen sind dem *Prozessbevollmächtigten* des Betroffenen und dem *Betroffenen* zu übermitteln[125] und Letzterem erforderlichenfalls zu *übersetzen* (→ Kap. 13 Rn. 70 f.). Eine **Übersetzung**

---

115 Vgl. BGH Beschl. v. 11.1.2018 – V ZB 28/17 – InfAuslR 2018, 184 – juris-Rn. 10.
116 StRspr BGH Beschl. v. 12.10.2021 – XIII ZB 110/19 – juris-Rn. 16; Beschl. v. 23.3.2021 – XIII ZB 141/19 – juris-Rn. 17; Beschl. v. 11.1.2018 – V ZB 28/17 – InfAuslR 2018, 184 – juris-Rn. 10.
117 BGH Beschl. v. 21.8.2019 – V ZB 138/18 – juris-Rn. 7; Beschl. v. 9.11.2017 – V ZB 15/17 – juris-Rn. 7.
118 BGH Beschl. v. 21.8.2019 – V ZB 138/18 – juris-Rn. 7; Beschl. v. 9.11.2017 – V ZB 15/17 – juris-Rn. 7.
119 BGH Beschl. v. 14.1.2020 – XIII ZB 19/19 – juris-Rn. 9; Beschl. v. 26.4.2018 – V ZB 57/17 – juris-Rn. 8.
120 BGH Beschl. v. 10.11.2020 – XIII ZB 58/19 – juris-Rn. 17; Beschl. v. 17.6.2010 – V ZB 127/10 – NVwZ 2010, 1318 – juris-Rn. 14.
121 BGH Beschl. v. 25.1.2018 – V ZB 191/17 – NJW 2018, 1261 – juris-Rn. 6; Beschl. v. 13.7.2017 – V ZB 69/17 – InfAuslR 2017, 454 – juris-Rn. 10.
122 BGH Beschl. v. 25.1.2018 – V ZB 191/17 – NJW 2018, 1261 – juris-Rn. 8 ff.
123 StRspr BGH Beschl. v. 12.11.2019 – XIII ZB 5/19 – juris-Rn. 13; Beschl. v. 7.3.2019 – V ZB 16/18 – juris-Rn. 4; Beschl. v. 25.1.2018 – V ZB 71/17 – InfAuslR 2018, 218 – juris-Rn. 6.
124 StRspr BGH Beschl. v. 4.7.2019 – V ZB 190/18 – juris-Rn. 10; Beschl. v. 11.2.2016 – V ZB 24/14 – juris-Rn. 9.
125 BGH Beschl. v. 11.10.2012 – V ZB 274/11 – InfAuslR 2013, 77 – juris-Rn. 7.

nur in wesentlichen Grundzügen ist fehlerhaft; sie führt aber nur zur Aufhebung der Beschwerdeentscheidung, wenn bei vollständiger Übersetzung ein anderes Verfahrensergebnis möglich gewesen wäre.[126] Praktisch kann die Übersetzung im Gewahrsam vor Terminsbeginn geschehen. Dies spart Verhandlungszeit ein (→ Kap. 13 Rn. 74), muss aber aktenkundig gemacht werden.

60 Eine Heilung kommt von vornherein nicht mehr in Betracht, wenn die **Anhörung nicht (mehr) möglich** ist; beispielsweise, weil der der Betroffene *nach vollzogener Abschiebung* nicht mehr im Bundesgebiet aufhältlich[127] oder die *Haftzeit abgelaufen* ist.[128] Denn eine Heilung ist nur mit Wirkung für die Zukunft (→ Kap. 12 Rn. 87) möglich.[129] Soweit die Beschwerde in diesen Fällen auf die Feststellung der Rechtswidrigkeit gerichtet ist (→ Kap. 12 Rn. 229 f.), ist sie daher ohne Weiteres begründet.

(2) Terminsvorbereitung

61 Für die Terminsvorbereitung ist regelmäßig die (vollständige) **Ausländerakte beizuziehen.**[130] Zwar ist eine angegriffene Entscheidung nicht schon deswegen aufzuheben, weil die Akte nicht vorlag;[131] allerdings wird es in diesen Fällen regelmäßig an hinreichender Amtsermittlung (§ 26 FamFG) mangeln, da Fragen ua des *Beschleunigungsgebotes* nur mit der Akte geprüft werden können (zG → Kap. 12 Rn. 5).[132] Darauf kann daher nur verzichtet werden, soweit sich der festzustellende Sachverhalt vollständig aus dem **Aktenauszug** ergibt und aus dem nicht vorgelegten Teil keine weiteren Erkenntnisse zu erwarten sind.[133] Entsprechendes sollte in der Entscheidung kurz begründet werden.

62 Für die **Ladung** zum Termin und seinen **Ablauf** gelten die obigen Ausführungen (→ Kap. 13 Rn. 62 ff., 68 ff.) entsprechend. Was an *Übersetzungen* bereits in der ersten Instanz ordnungsgemäß durchgeführt wurde, braucht dabei nicht wiederholt zu werden.

(3) Erledigung während des Verfahrens

63 Wird der Betroffene während des Beschwerdeverfahrens **abgeschoben** oder **aus der Haft entlassen**, so erledigt sich die Haftanordnung. Die Beschwerde wird damit grds. unzulässig, da nun keine sinnvolle Sachentscheidung mehr ergehen kann.[134] Sie kann aber, soweit vom *Betroffenen* erhoben, auf einen Feststellungsantrag umgestellt werden (→ Kap. 13 Rn. 230) oder auf den Kostenpunkt beschränkt werden. Für die *Behörde* besteht nur letztere Möglichkeit (→ Rn. 23).

64 Die **Umstellung** der Beschwerde muss durch den jeweiligen Beteiligten vorgenommen werden. Sie kann sich aber auch *konkludent* aus dem weiteren Vorbringen ergeben (→ Kap. 13 Rn. 239 f.). Zur entsprechenden Anpassung des Verfahrens muss **Gelegen-**

---

126 BGH Beschl. v. 7.3.2019 – V ZB 16/18 – juris-Rn. 6.
127 BGH Beschl. v. 7.7.2016 – V ZB 21/16 – InfAuslR 2017, 59 – juris-Rn. 6.
128 BGH Beschl. v. 20.9.2018 – V ZB 4/17 – InfAuslR 2019, 23 – juris-Rn. 16; Beschl. v. 21.6.2018 – V ZB 129/17 – juris-Rn. 6.
129 StRspr BGH Beschl. v. 22.8.2019 – V ZB 39/19 – InfAuslR 2019, 454 – juris-Rn. 9; Beschl. v. 18.2.2016 – V ZB 23/15 – InfAuslR 2016, 235 – juris-Rn. 25.
130 BGH Beschl. v. 19.7.2018 – V ZB 223/17 – InfAuslR 2018, 413 – juris-Rn. 9.
131 BGH Beschl. v. 10.6.2010 – V ZB 204/09 – NVwZ 2010, 1172 – juris-Rn. 7.
132 BGH Beschl. v. 30.6.2011 – V ZB 274/10 – NVwZ-RR 2011, 875 – juris-Rn. 27.
133 BGH Beschl. v. 12.10.2016 – V ZB 8/15 – juris-Rn. 14.
134 Vgl. nur BGH Beschl. v. 14.2.2023 – XIII ZB 58/21 – juris-Rn. 16; Beschl. v. 12.2.2020 – XIII ZB 49/19 –, Rn. 6.

heit gegeben werden,[135] was regelmäßig durch ein Schreiben mit *gerichtlichem Hinweis* auf die Erledigung geschehen kann; dabei ist ein anwaltlich nicht vertretener Betroffener auch ausdrücklich auf die Möglichkeit der Umstellung hinzuweisen.[136] Fehlt es an einer Umstellung, ist die unzulässig gewordene Beschwerde zurückzuweisen.[137]

IV. Entscheidung des Gerichtes

Die gerichtliche Entscheidung ergeht durch **Beschluss** (arg. § 69 Abs. 2 FamFG). Sein 65
Inhalt wird durch den *Verfahrensgegenstand* (→ Rn. 66 ff.) determiniert. Für die möglichen Konstellationen amtsgerichtlicher Sachentscheidung, die mit der Beschwerde angegriffen werden können, sei auf die obigen Darlegungen verwiesen.

1. Bindung an Verfahrensgegenstand

Der Gegenstand des Verfahrens (→ Rn. 3) ist durch die **Entscheidung des Amtsgerichtes** festgelegt. Hat dieses über einen Antrag **einstweilig** (§ 427 FamFG) entschieden, ist auch über die Beschwerde im einstweiligen Verfahren zu entscheiden; wurde im umgekehrten Fall in der ersten Instanz in der **Hauptsache** entschieden, darf das Beschwerdegericht grds. nicht einstweilig entscheiden.[138] Sonst würden die jeweils besonderen Verfahrensvoraussetzungen unterlaufen.[139] 66

Ist allerdings eine Entscheidung in der **Hauptsache** Beschwerdegegenstand und die hat die Behörde daneben (→ Kap. 13 Rn. 120) einen einstweiligen Antrag gestellt, besteht eine *originäre Zuständigkeit* des Landgerichtes (§ 50 Abs. 1 S. 2 FamFG). Soweit beide Anträge *deckungsgleich* sind,[140] also einen identischen Sachverhalt und gleiche Haftart umfassen,[141] kann das Gericht (bei Gelegenheit der Beschwerdeentscheidung) **auch einstweilig entscheiden**, was insbesondere dann geboten ist, wenn die Beschwerde gegen eine Haftanordnung in der Hauptsache Erfolg hat, aber Haft einstweilig angeordnet werden müsste. 67

Auch im Übrigen kann das Beschwerdegericht gem. § 64 Abs. 3 FamFG eine **einstweilige Anordnung** zur Sicherung der Rechte der Beteiligten während des Beschwerdeverfahrens treffen. Diese kann von Amts wegen ergehen und ermöglicht ua die **Aussetzung** des Vollzugs von Haftentscheidungen bei *voraussichtlich erfolgreichen* Rechtsmitteln (im Einzelnen → Rn. 113 ff.). 68

Notwendigenfalls ist eine amtsgerichtliche Entscheidung, soweit die **Verfahrensart unklar** ist (→ Kap. 13 Rn. 117), zur Bestimmung des Verfahrensgegenstandes **auszulegen.**[142] Dabei kann für eine Entscheidung in der Hauptsache sprechen, wenn sich die Beschlussformel nicht zu einer *einstweiligen Anordnung* verhält, die Gründe keine Anga- 69

135 *Göbel* in Sternal FamFG § 62 Rn. 12.
136 BGH Beschl. v. 20.6.2018 – XII ZB 489/17 – NJW 2018, 2566 – juris-Rn. 19.
137 LG Wuppertal Beschl. v. 16.12.2015 – 9 T 248/15 – juris-Rn. 9.
138 StRspr BGH Beschl. v. 7.6.2018 – V ZB 135/17 – juris-Rn. 6; Beschl. v. 16.9.2015 – V ZB 40/15 – InfAuslR 2016, 55 – juris-Rn. 9.
139 BGH Beschl. v. 11.10.2017 – V ZB 127/17 – juris-Rn. 5; Beschl. v. 16.9.2015 – V ZB 40/15 – InfAuslR 2016, 55 – juris-Rn. 9.
140 *Giers* in Sternal FamFG § 50 Rn. 4 ff.
141 LG Bremen Beschl. v. 28.7.2017 – 10 T 394/17 – juris-Rn. 57.
142 BGH Beschl. v. 20.4.2021 – XIII ZB 47/20 – juris-Rn. 7; Beschl. v. 16.9.2015 – V ZB 40/15 – InfAuslR 2016, 55 – juris-Rn. 9.

ben zur *Notwendigkeit* der einstweiligen Anordnung enthalten, *Haftgründe abschließend* festgestellt sind, die Höchstfrist von *sechs Wochen* (→ Kap. 13 Rn. 104) überschritten wird und die *Rechtsmittelbelehrung* die längeren Fristen für die Beschwerde (→ Kap. 13 Rn. 167) nennt.[143] Allein eine auf zwei Wochen verweisende Rechtsmittelbelehrung reicht für sich genommen aber nicht aus, um eine einstweilige Anordnung anzunehmen.[144] Das Auslegungsergebnis ist in der Beschwerdeentscheidung zu begründen.[145]

2. Veränderung der Haftdauer und Sachlage

70 Auch das Landgericht darf im Beschwerdeverfahren über einen **Haftantrag** der Behörde **nicht hinausgehen** (*ne ultra petita*). Darüber hinaus ist das **Verschlechterungsverbot** (*reformatio in peius*) jedenfalls für den Betroffenen beachten:[146] Hat allein er Beschwerde eingelegt, darf nicht zu seinem Nachteil von der Entscheidung des Amtsgerichts abgewichen werden. Insbesondere darf also, wenn Haft für einen Teilzeitraum unter Zurückweisung im Übrigen angeordnet wurde, nicht über den angeordneten Zeitraum hinaus entschieden werden.[147] Dies ist freilich anders, wenn beide Beteiligte Beschwerde eingelegt bzw. sich die Behörde der Beschwerde des Betroffenen *angeschlossen* (§ 66 FamFG) hat.[148]

71 Da das Beschwerdegericht eine vollumfängliche *Zulässigkeits-* und *Begründetheitsprüfung* des Haftantrages durchführt (→ Rn. 3), kann die rechtmäßige **Haftdauer** nach landgerichtlicher Beurteilung **kürzer** ausfallen, als vom Amtsgericht angeordnet. Dann ist die Beschwerde **teilweise begründet.** Nach dem „Rechtsgedanken von § 426 FamFG“ (bzw. richtig: wegen der Erforderlichkeit, der Beschwerde nur insoweit stattzugeben, wie der angegriffene Beschluss subjektive Rechte des Beschwerdeführers verletzt) muss die Haft verkürzt, der Haftbeschluss also, *soweit* er darüber hinaus Haft anordnet, aufgehoben werden.[149]

72 Soweit sich während des Beschwerdeverfahrens die **Sachlage ändert**, kann die **Prognose der Durchführbarkeit** der Abschiebung innerhalb der Haftzeit abweichend vom Amtsgericht ausfallen. Dies kann zB nunmehr bekannt werdende Ermittlungsverfahren (§ 72 Abs. 4 AufenthG → Kap. 2 Rn. 132 ff.) betreffen[150] oder ist insbesondere dann der Fall, wenn die vorgesehene **Abschiebung scheitert**; kann ein neuer Versuch in der Haftzeit erfolgen, darf gem. § 62 Abs. 4a AufenthG Haft mit Blick hierauf aufrecht erhalten werden und die Beschwerde wird nicht begründet.[151] Dies gilt auch, wenn ein neuer Versuch zwar erst nach einer Haftverlängerung erfolgen kann, aber ein entspre-

143 BGH Beschl. v. 21.8.2019 – V ZB 13/17 – juris-Rn. 8; Beschl. v. 18.12.2014 – V ZB 114/13 – InfAuslR 2015, 187 – juris-Rn. 7.
144 BGH Beschl. v. 7.6.2018 – V ZB 135/17 – juris-Rn. 7.
145 BGH Beschl. v. 30.3.2017 – V ZB 108/16 – juris-Rn. 7.
146 OLG Hamm Beschl. v. 22.11.1994 – 15 W 387/94 – NVwZ 1995, 825 – juris-Rn. 19.
147 Vgl. BGH Beschl. v. 11.12.2013 – XII ZB 280/11 – NJW 2014, 787 – juris-Rn. 10.
148 ZG *Sternal* in Sternal FamFG § 69 Rn. 36, 41 – jew. mwN.
149 StRspr BGH Beschl. v. 20.9.2018 – V ZB 102/16 – juris-Rn. 27; Beschl. v. 1.6.2017 – V ZB 39/17 – InfAuslR 2017, 347 – juris-Rn. 8.
150 BGH Beschl. v. 22.3.2022 – XIII ZB 17/20 – juris-Rn. 15; Beschl. v. 23.2.2021 – XIII ZB 113/19 – juris-Rn. 16.
151 BGH Beschl. v. 24.1.2019 – V ZB 72/18 – juris-Rn. 10.

chender Verlängerungsantrag (bei im Übrigen unveränderten Haftvoraussetzungen[152]) bereits beim Amtsgericht *gestellt* oder *angekündigt* ist.[153]

3. Rubrum und Sachentscheidung

Für das **Rubrum** und die **Beschlussformeln** gelten die oben dargestellten allgemeinen Aspekte (→ Kap. 13 Rn. 116 ff., 215 ff.) entsprechend. *Soweit* der Beschwerde stattgegeben und der **Beschluss** des Amtsgerichtes **aufgehoben** wird, ist der diesem zugrunde liegende Antrag formal wieder unbeschieden. Die Entscheidung ist daher *nachzuholen* (im Einzelnen → Kap. 13 Rn. 217). Insbesondere kommt bei *Stattgabe* gegen eine Haftanordnung in der *Hauptsache* zusätzlich eine Entscheidung des Beschwerdegerichtes über einen zugleich anhängigen Antrag auf Erlass einer *einstweiligen Anordnung* (§ 50 Abs. 1 S. 2 FamFG) in Betracht. Damit kann vermieden werden, einen Inhaftierten entlassen zu müssen, soweit Haft in der Hauptsache abzulehnen, einstweilig aber anzuordnen ist. 73

Die **Beschlussformel** kann bei **nicht erledigter** Haft beispielsweise wie folgt gefasst werden: 74

- **Stattgabe (Betroffener gegen Haftbeschluss, vollständig):** „Auf die Beschwerde des Betroffenen vom … hin wird der Beschluss des Amtsgerichts … vom … (Az. …) aufgehoben und der Antrag des Antragstellers vom … zurückgewiesen. (ggf.: Der Betroffene ist sofort freizulassen. [→ Kap. 13 Rn. 126])“
- **Stattgabe (Betroffener gegen Haftbeschluss, teilweise):** „Auf die Beschwerde des Betroffenen vom … hin wird der Beschluss des Amtsgerichts … vom … (Az. …) dahin gehend abgeändert, dass (ggf.: im Wege der einstweiligen Anordnung) die Haft zur … nur bis zum Ablauf des … andauert und im Übrigen der Antrag des Antragstellers vom … zurückgewiesen wird. Darüber hinaus wird die Beschwerde zurückgewiesen.“
- **Stattgabe (Betroffener gegen Haftbeschluss in der Hauptsache, vollständig, aber anhängiger einstweiliger Antrag):** „Auf die Beschwerde des Betroffenen vom … hin wird der Beschluss des Amtsgerichts … vom … (Az. …) aufgehoben und der Antrag des Antragstellers vom … auf Haftanordnung in der Hauptsache zurückgewiesen. Zugleich wird gegen den Betroffenen im Wege der einstweiligen Anordnung Haft zur … bis zum Ablauf des … angeordnet. Der Beschluss ist sofort wirksam.“ (Es erfolgt keine Zurückweisung der Beschwerde im Übrigen, da die Beschwerde in ihrem Umfang [Hauptsache] Erfolg hatte und nur aufgrund § 50 Abs. 1 S. 2 FamFG bei Gelegenheit der Beschwerdeentscheidung die einstweilige Anordnung ergeht.[154])
- **Stattgabe (Behörde gegen Verlängerungsablehnung, vollständig):** „Auf die Beschwerde des Antragstellers vom … hin wird der Beschluss des Amtsgerichts … vom … (Az. …) aufgehoben. Gegen den Betroffenen wird (ggf.: im Wege der einstweiligen Anordnung) die Verlängerung der Haft zur … bis zum Ablauf des … angeordnet. Der Beschluss ist sofort wirksam.“
- **Stattgabe (Behörde gegen Verlängerungsablehnung, teilweise):** „Auf die Beschwerde des Antragstellers vom … hin wird der Beschluss des Amtsgerichts …

152 BGH Beschl. v. 20.5.2020 – XIII ZB 10/19 – juris-Rn. 11.
153 StRpr BGH Beschl. v. 25.10.2022 – XIII ZB 44/20 – juris-Rn. 14; Beschl. v. 6.10.2020 – XIII ZB 130/19 – juris-Rn. 10; Beschl. v. 19.7.2018 – V ZB 179/15 – InfAuslR 2018, 415 – juris-Rn. 23.
154 Vgl. LG Bremen Beschl. v. 28.7.2017 – 10 T 394/17 – juris-Tenor.

vom … (Az. …) teilweise aufgehoben und die Verlängerung der Haft zur … (ggf.: im Wege der einstweiligen Anordnung) bis zum Ablauf des … angeordnet. Im Übrigen wird die Beschwerde zurückgewiesen. Der Beschluss ist sofort wirksam." (Eine Zurückweisung des Haftantrages iÜ ist nicht erforderlich, da der Beschluss des Amtsgerichts insofern nicht aufgehoben wird.)

- **Ablehnung (vollständig):** „Die Beschwerde des … vom … wird (ggf.: als unzulässig) zurückgewiesen."

75 Wird durch den Betroffenen neben der **Haftanordnung** des Amtsgerichts auch **Feststellung** der Rechtswidrigkeit beantragt, ist derlei zulässig (→ Kap. 13 Rn. 228 ff.). Das Beschwerdegericht muss über **beide Anträge** entscheiden. Unterbleibt die Entscheidung *versehentlich*, muss der Beschluss gem. § 43 FamFG ergänzt werden.[155] Dies ist aber nicht möglich, wenn das Beschwerdegericht ursprünglich (fälschlich) annahm, eine Entscheidung sei nicht nötig.[156]

76 Die **Beschlussformel** kann bei **erledigter** Haft (bzw. zusätzlichem Feststellungsantrag) beispielsweise wie folgt gefasst werden:

- **Stattgabe (vollständig):** „Auf die Beschwerde des Betroffenen vom … hin wird festgestellt, dass ihn der Beschluss des Amtsgerichts … vom … (Az. …) in seinen Rechten verletzt hat."
- **Stattgabe (teilweise):** „Auf die Beschwerde des Betroffenen vom … hin wird festgestellt, dass ihn der Beschluss des Amtsgerichts … vom … (Az. …) in seinen Rechten verletzt hat, soweit …haft für den Zeitraum vom … bis … angeordnet wurde. Im Übrigen wird die Beschwerde zurückgewiesen."
- **Stattgabe (nach Beschränkung auf den Kostenpunkt):** „Auf die Beschwerde des … vom … hin wird der Beschluss des Amtsgerichts … vom … (Az. …) im Kostenpunkt aufgehoben. Die Kosten des Verfahrens und der Beschwerde trägt …"
- **Ablehnung (vollständig):** „Die Beschwerde des … vom … wird (ggf.: als unzulässig) zurückgewiesen."
- **Ablehnung (unbedingter Feststellungsantrag neben Sachantrag):** „(nach dem übrigen Sachtenor) Auch die beantragte Feststellung wird abgelehnt."

77 Soweit das Beschwerdegericht im jeweiligen Verfahren **erstmalig** Haft anordnet (zB bei aufhebender Stattgabe in der *Hauptsache*, aber *einstweiliger* Haftanordnung oder bei Stattgabe gegen die Ablehnung der *Haftverlängerung*) sollte gem. § 422 Abs. 2 S. 1 FamFG die **sofortige Wirksamkeit** der Entscheidung angeordnet werden (→ Kap. 13 Rn. 121 f.). Wird hingegen nur durch Zurückweisung die amtsgerichtliche Haftanordnung bestätigt, gilt die dort getroffene Anordnung fort; soweit das Amtsgericht die Anordnung unterlassen (zB vergessen) hat, kann sie vom Landgericht nachgeholt werden.

78 Im Falle einer **Zurückverweisung** (§ 69 Abs. 1 S. 2 FamFG) wegen fälschlicher Beurteilung eines Haftaufhebungsantrages als Beschwerde (→ Kap. 13 Rn. 209) kann die **Beschlussformel** beispielsweise wie folgt gefasst werden:

155 BGH Beschl. v. 6.3.2014 – V ZB 205/13 – InfAuslR 2014, 226 – juris-Rn. 3.
156 BGH Beschl. v. 6.3.2014 – V ZB 17/14 – InfAuslR 2014, 281 – juris-Rn. 4.

- **Zurückverweisung:** „Die Sache wird unter Aufhebung des Nichtabhilfebeschlusses des Amtsgerichts … vom … (Az. …) an das Amtsgericht … zurückverwiesen."

4. Kostenentscheidung

Bei der Kostenentscheidung ist danach zu differenzieren, ob die Beschwerde (wegen Zurückweisung als *unzulässig* oder *unbegründet*) **erfolglos** geblieben ist (→ Rn. 80 ff.) oder (zumindest **teilweise**) **erfolgreich** war (→ Rn. 83 ff.). Danach bestimmen sich die anzuwendenden Vorschriften wie auch typische Beschlussformeln. Im Falle einer **Zurückverweisung** an das Amtsgericht unterbleibt eine Kostenentscheidung; diese ist dort zu treffen.[157] 79

a) Erfolglose Beschwerde

Ist die Beschwerde **vollumfänglich erfolglos**, werden die *Gerichtskosten* und *notwendigen außergerichtlichen Kosten* (→ Kap. 13 Rn. 130 f.) des Beschwerdeverfahrens regelmäßig dem **Beschwerdeführer auferlegt**. Dies folgt aus § 84 FamFG. Die Norm lässt nach ihrem Wortlaut („sollen") nur in *atypischen Fällen*[158] eine andere Entscheidung zu. 80

Da bei völliger Zurückweisung der Beschwerde der amtsgerichtliche Beschluss mitsamt der *dort enthaltenen Kostenentscheidung* (über die Kosten der ersten Instanz) bestehen bleibt, braucht und *kann* das Beschwerdegericht nur noch über **Kosten des Beschwerdeverfahrens** entscheiden (*Kostentrennung* zwischen beiden Instanzen[159]). Die gelegentliche Praxis der Korrektur von Kostenfehlern des Amtsgerichtes trotz voller Zurückweisung (zB für Dolmetscherkosten[160]) ist daher zwar gut gemeint, rechtsdogmatisch aber unzulässig; richtigerweise muss stattdessen teilweise Stattgabe erfolgen.[161] 81

Die **Beschlussformel** kann beispielsweise wie folgt gefasst werden: 82

- **Erfolglose Beschwerde:** „Die Kosten des Beschwerdeverfahrens trägt … (ggf.: Dolmetscherkosten werden nicht erhoben. [→ Kap. 13 Rn. 143 f.])"
- **Erfolglose Beschwerde (Kombinationstenor):** „Die Beschwerde vom … wird auf Kosten des … zurückgewiesen. (ggf.: Dolmetscherkosten werden nicht erhoben. [→ Kap. 13 Rn. 143 f.])"

b) (Teilweise) erfolgreiche Beschwerde

Ist die Beschwerde **nicht vollumfänglich erfolglos** geblieben, ergibt sich die Kostenentscheidung aus §§ 81, 430 FamFG.[162] Schon eine *Teilstattgabe* genügt.[163] Das Beschwerdegericht trifft dann eine **einheitliche Kostenentscheidung** für **beide Instanzen.**[164] Auch im Falle der *Erledigung*, einschlägig ua bei Feststellungskonstellationen und Rücknahmen, verweist § 83 Abs. 2 FamFG auf die og Normen. 83

157 *Weber* in Sternal FamFG § 84 Rn. 9.
158 *Weber* in BeckOK FamFG § 84 Rn. 1.
159 *Weber* in Sternal FamFG § 84 Rn. 12.
160 LG Paderborn Beschl. v. 8.7.2016 – 5 T 206/16 – juris-Tenor Abs. 2.
161 Vgl. LG Dortmund Beschl. v. 4.5.2018 – 9 T 31/18 – juris-Tenor Abs. 1, juris-Rn. 3 aE, 17.
162 *Weber* in Sternal FamFG § 84 Rn. 8 f.
163 BGH Beschl. v. 7.3.2018 – XII ZB 535/17 – NJW-RR 2018, 709 – juris-Rn. 5.
164 *Schindler* in MüKoFamFG § 84 Rn. 19.

84 Inhaltlich kann daher auf die og Kriterien (→ Kap. 13 Rn. 133 ff.) verwiesen werden. Insbesondere sind auch **Kostenquoten** möglich, die praktisch nach dem Verhältnis der *angegriffenen Haftdauer* zum *Rechtsmittelerfolg* bestimmt werden können.[165] Soweit *Aufhebungs-* und *Feststellungsantrag* zusammen verfolgt werden, sind sie kostenmäßig gleich zu gewichten.[166]

85 Ermessensgerecht (§ 81 Abs. 1 S. 1 FamFG) kann auch bei **teilweiser** Begründetheit eine **volle Kostentragung** eines Beteiligten sein; zB dann, wenn die *Haftzeit verkürzt* wird, dies aber wegen objektiver Umstände (zB früher verfügbaren Flugtermins) geschieht[167] oder wenn lediglich die Auferlegung von Dolmetscherkosten durch die erste Instanz korrigiert wird.[168] Bei **Heilung** kann hingegen auch bei anschließend unbegründeter Beschwerde eine teilweise Kostenerstattung durch den staatlichen Rechtsträger zugunsten des Betroffenen ermessensgerecht sein.[169]

5. Zulassung der Rechtsbeschwerde

86 Gelegentlich kann über die **Zulassung** der Rechtsbeschwerde zu entscheiden sein. Denn nach dem Grundsatz (§ 70 Abs. 1 FamFG) hängt die Statthaftigkeit dieses Rechtsmittels von einer Zulassungsentscheidung durch das Beschwerdegericht ab, an die der BGH als Rechtsbeschwerdeinstanz (→ Kap. 15 Rn. 9) gebunden ist (§ 70 Abs. 2 S. 2 FamFG). Für den hier relevanten Bereich der Freiheitsentziehungssachen bestehen jedoch **Sondervorschriften**, aufgrund derer die Statthaftigkeit der Rechtsbeschwerde oft auch ohne Zulassung geregelt ist.

a) Unstatthaftigkeit bei einstweiliger Anordnung

87 In jedem Falle **unstatthaft** ist die Rechtsbeschwerde, soweit sie sich gegen Beschlüsse in Verfahren über eine **einstweilige Anordnung** (§ 427 FamFG) richtet (§ 70 Abs. 4 FamFG). Dies umfasst nicht nur die eigentlichen *Haft-* und *Haftverlängerungsbeschlüsse*, sondern auch zugehörige *Kostenbeschwerden*,[170] *Aufhebungsverfahren*[171] und Beschlüsse in *Feststellungsverfahren* (§ 62 FamFG) in den einstweiligen Sachen.[172]

88 Maßgeblich für die Entscheidung, ob das Verfahren eine einstweilige Anordnung betrifft, ist die **Beurteilung durch das Beschwerdegericht**. Der Ausschluss des § 70 Abs. 4 FamFG greift daher nicht, wenn das Landgericht in der *Hauptsache entscheidet*, obwohl das Amtsgericht einstweilig entschieden hat[173] oder dies hätte tun müssen.[174] Im umgekehrten Fall greift der Ausschluss jedenfalls dann, wenn die erstinstanzliche

---

165 BGH Beschl. v. 19.9.2012 – V ZB 60/12 – juris-Rn. 10; plakativ zB die tageweise Berechnung bei LG Stade Beschl. v. 8.2.2019 – 9 T 61/18 – juris-Rn. 30.
166 BGH Beschl. v. 6.11.2014 – V ZB 105/14 – InfAuslR 2015, 103 – juris-Rn. 4.
167 LG Stade Beschl. v. 22.4.2015 – 9 T 35/14 – juris-Rn. 34.
168 LG Dortmund Beschl. v. 4.5.2018 – 9 T 31/18 – juris-Tenor Abs. 1 und 2, juris-Rn. 17 f.
169 LG Hagen (Westfalen) Beschl. v. 14.7.2016 – 3 T 95/16 – juris-Rn. 63; LG Hamburg Beschl. v. 19.7.2012 – 329 T 33/12 – juris-Rn. 20.
170 *Göbel* in Sternal FamFG § 70 Rn. 57.
171 BGH Beschl. v. 1.6.2017 – V ZB 56/17 – juris-Rn. 3.
172 StRspr BGH Beschl. v. 17.10.2018 – V ZB 38/18 – juris-Rn. 8; Beschl. v. 20.1.2011 – V ZB 116/10 – InfAuslR 2011, 205 – juris-Rn. 7.
173 BGH Beschl. v. 16.9.2015 – V ZB 40/15 – InfAuslR 2016, 55 – juris-Rn. 5.
174 BGH Beschl. v. 21.8.2019 – V ZB 13/17 – juris-Rn. 6.

Entscheidung vom Beschwerdegericht *vertretbar* als einstweilige ausgelegt wurde.[175] Zu den Kriterien der Auslegung von Beschlüssen zur Bestimmung der Verfahrensart vgl. → Rn. 69.

Soweit § 70 Abs. 4 FamFG greift, ist eine **Zulassung ausgeschlossen**. Nimmt das Landgericht sie gleichwohl vor, ist sie unwirksam und führt nicht zur Statthaftigkeit der Rechtsbeschwerde.[176] Mithin hat in all diesen Verfahren eine entsprechende Entscheidung zu unterbleiben. 89

b) Statthaftigkeit im Übrigen

In **Hauptsache**-Entscheidungen in Freiheitsentziehungssachen ist die Rechtsbeschwerde weithin **ohne Zulassung** statthaft (§ 70 Abs. 3 S. 1 Nr. 3, S. 2 und 3 FamFG). Insofern ist aber zwischen dem Betroffenen und der Behörde zu differenzieren. 90

aa) Betroffener und Vertrauensperson

Soweit gegen den Betroffenen **Haft angeordnet** wird, bedarf eine Rechtsbeschwerde keiner Zulassung (§ 70 Abs. 3 S. 1 Nr. 3, S. 2 FamFG). Die Anordnung (§ 70 Abs. 3 S. 2 FamFG) umfasst begrifflich auch die Aufrechterhaltung der erstinstanzlichen Haftanordnung durch das Beschwerdegericht.[177] Die Zulassungsfreiheit betrifft ebenso den zugehörigen **Feststellungsantrag** (§ 62 FamFG),[178] auch im Falle einer *Verwerfung als unzulässig*.[179] Für **Vertrauenspersonen** gilt dies jedoch nur, soweit sie in der *ersten Instanz* (dh nicht erst ab einem *Abhilfeverfahren*, das bereits zum *Beschwerde-Rechtszug* gehört) beteiligt waren (vgl. → Rn. 20).[180] 91

Ebenso ist die **Haftverlängerung** eine Anordnung iSd § 70 Abs. 3 S. 2 FamFG (vgl. nur § 425 Abs. 3 FamFG) und samt zugehöriger **Feststellung** (§ 62 FamFG) zulassungsfrei mit der Rechtsbeschwerde angreifbar.[181] Gleiches gilt auch für die **Ablehnung** einer **Haftaufhebung** (§ 426 FamFG) samt entsprechender **Feststellung** (§ 62 FamFG).[182] 92

Die **Ablehnung** einer **Aussetzung** (§ 424 FamFG) ist hingegen nur bei Zulassung rechtsbeschwerdefähig. Denn die Entscheidung ordnet nicht gem. § 70 Abs. 3 S. 2 FamFG Haft an; dies tut der zugrundeliegende Haftbeschluss. Es wird auch nicht, wie bei § 426 FamFG, über den *Bestand* der Haftanordnung entschieden, sondern nur über den *Vollzug*. Wegen § 64 Abs. 3 FamFG (→ Rn. 113 ff.; der analog auch im Rechtbeschwerdeverfahren gilt → Kap. 15 Rn. 4) besteht auch kein praktisches Bedürfnis für eine Ausweitung des Rechtsschutzes. 93

Nicht einschlägig (und damit das Zulassungserfordernis auslösend) sind Entscheidungen, die *nicht* in *Freiheitsentziehungssachen* (§ 70 Abs. 3 S. 1 Nr. 3 FamFG) ergehen. Das tut 94

---

175 BGH Beschl. v. 30.3.2017 – V ZB 108/16 – juris-Rn. 6.
176 BGH Beschl. v. 11.9.2013 – XII ZA 54/13 – NJW-RR 2013, 1470 – juris-Rn. 9.
177 *Obermann* in BeckOK FamFG § 70 Rn. 40.
178 StRspr BGH Beschl. v. 23.2.2021 – XIII ZB 52/20 – juris-Rn. 6; Beschl. v. 11.10.2018 – V ZB 70/17 – EzAR-NF 57 Nr. 67 – juris-Rn. 4; Beschl. v. 4.3.2010 – V ZB 222/09 – BGHZ 184, 323 – juris-Rn. 6.
179 BGH Beschl. v. 21.8.2019 – V ZB 142/18 – juris-Rn. 5; Beschl. v. 11.1.2018 – V ZB 62/17 – Asylmagazin 2018, 182 – juris-Rn. 4.
180 BGH Beschl. v. 9.5.2023 – XIII ZB 27/20 –, Rn. 9 f.; Beschl. v. 9.5.2023 – XIII ZB 9/20 – juris-Rn. 10.
181 BGH Beschl. v. 22.8.2019 – V ZB 39/19 – juris-Rn. 3; Beschl. v. 28.4.2011 – V ZB 252/10 – juris-Rn. 7 f.
182 BGH Beschl. v. 20.5.2020 – XIII ZB 22/19 – juris-Rn. 6; Beschl. v. 20.9.2017 – V ZB 180/16 – InfAuslR 2018, 63 – juris-Rn. 4; Beschl. v. 28.4.2011 – V ZB 292/10 – FGPrax 2011, 200 – juris-Rn. 7.

zwar der **gerichtlich** angeordnete **Transitgewahrsam**, nicht aber der **nicht gerichtlich** angeordnete (→ Kap. 8 Rn. 12). Er soll vor Ablauf der Frist von 30 Tagen nur unter die Norm fallen, wenn der Asylantrag des Betroffenen abgelehnt wurde oder ihm die Einreise verweigert wurde, das Verwaltungsgericht einen ablehnenden Eilbeschluss bekannt gegeben hat und eine Überlegungsfrist von drei Kalendertagen verstrichen ist.[183] Dies gilt entsprechend für den **Ausreisegewahrsam.**[184]

95 Auch eine **Ablehnung** von **Verfahrenskostenhilfe** bzw. Beiordnung, die ohnehin der *sofortigen Beschwerde* unterliegt (→ Rn. 8), ist ohne Zulassung nicht rechtsbeschwerdefähig;[185] ebenso nicht die **Zurückverweisung** an das Amtsgericht.[186]

bb) Behörde

96 Für die Rechtsbeschwerde der Behörde ist die Statthaftigkeit in Freiheitsentziehungssachen auf jene Fälle **beschränkt**, in denen eine *zurückweisende* bzw. *ablehnende Entscheidung* ergangen ist (§ 70 Abs. 3 S. 3 FamFG). Damit ist das Rechtsmittel grds. in den Fällen zulassungsfrei, in denen sich die Behörde gegen eine **Haftablehnung**, **Ablehnung der Verlängerung** oder **Haftaufhebung** richtet.

97 Auch ein Beschluss, mit dem auf **Antrag** des Betroffenen hin festgestellt wird (§ 62 FamFG), dass **Haft rechtswidrig** gewesen sei, ist keine Entscheidung iSd § 70 Abs. 3 S. 3 FamFG. Ein behördliches Vorgehen hiergegen setzt also die Zulassung der Rechtsbeschwerde voraus.[187]

98 Allerdings muss die Beschwerde, soweit sich die **Haft erledigt** hat (zB *von Anfang an* durch Ablehnung und Entlassung des Betroffenen oder *während des Verfahrens* durch Haftaufhebung und Entlassung oder erfolgte Abschiebung), auf den **Kostenpunkt** beschränkt sein (→ Rn. 23). Denn *in der Sache* ist Erledigung eingetreten und mangels behördlicher Befugnis zur Antragstellung gem. § 62 FamFG (→ Kap. 13 Rn. 237 f.), ist ein *Feststellungsantrag* unzulässig.

c) Zulassungsentscheidung

99 Besteht nach Maßgabe der vorigen Ausführungen (→ Kap. 13 Rn. 90 ff.) keine **Zulassungsfreiheit**, muss das Beschwerdegericht über die Zulassung entscheiden. Die dafür maßgeblichen Kriterien sind in § 70 Abs. 2 S. 1 FamFG enthalten, ein Ermessen gibt es dabei nicht. Das Rechtsmittel ist danach zuzulassen, wenn

- **grundsätzliche Bedeutung** besteht (§ 70 Abs. 2 S. 1 Nr. 1 FamFG), also eine Rechtsfrage **entscheidungserheblich** und über den Einzelfall hinaus in einer Vielzahl von Fällen auftreten und das Interesse an einer **einheitlichen Handhabung** des Rechts berührt oder die Auswirkungen des Falles die Interessen der **Allgemeinheit** in **besonderem Maße berühren,**[188]

---

183 BGH Beschl. v. 12.7.2018 – V ZB 52/17 – juris-Rn. 7; Beschl. v. 12.7.2018 – V ZB 98/16 – juris-Rn. 4.
184 StRspr BGH Beschl. v. 25.4.2023 – XIII ZB 7/21 – juris-Rn. 7; Beschl. v. 22.6.2021 – XIII ZB 88/20 – juris-Rn. 7; Beschl. v. 10.11.2020 – XIII ZB 25/20 – juris-Rn. 8.
185 BGH Beschl. v. 4.3.2010 – V ZB 222/09 – BGHZ 184, 323 – juris-Rn. 5.
186 BGH Beschl. v. 15.7.2015 – XII ZB 144/15 – FGPrax 2015, 287 – juris-Rn. 10.
187 StRspr BGH Beschl. v. 24.3.2020 – XIII ZB 122/19 – juris-Rn. 10; Beschl. v. 11.7.2019 – V ZB 28/18 – juris-Rn. 4; Beschl. v. 29.6.2017 – V ZB 64/17 – Rn. 2, 4.
188 *Göbel* in Sternal FamFG § 70 Rn. 23 ff. mwN.

- dies zur **Fortbildung des Rechtes** (§ 70 Abs. 2 S. 1 Nr. 2 Var. 1 FamFG) erforderlich ist, also **Leitentscheidungen** zu verallgemeinerungsfähigen Fragen geboten sind;[189] dies wird man zB in Fragen noch nicht vom BGH beurteilter Haftgründe im Rahmen der Überstellungshaft (s. Kap. 6) annehmen können,
- dies zur **Sicherung einer einheitlichen Rechtsprechung** (§ 70 Abs. 2 S. 1 Nr. 2 FamFG) erforderlich ist, also bei **Divergenz** in der Beurteilung eines konkreten, entscheidungstragenden Rechtssatzes ggü. anderen Landgerichten oder Entscheidungen des BGH.[190]

Ohne **positive Zulassung** ist die Rechtsbeschwerde unstatthaft. Die Zulassung muss nicht notwendig in der *Entscheidungsformel* enthalten sein; auch in den Gründen ist sie möglich.[191] Dies sollte aber aus Klarstellungsgründen vermieden werden. Verweisen die Gründe fälschlich darauf, dass Zulassungsfreiheit bestehe, ist eine nachträgliche Zulassung nicht mehr möglich.[192] Auch mit einer *Anhörungsrüge* (§ 44 FamFG) kann eine falsche Entscheidung nur korrigiert werden, wenn das Verfahren aufgrund Gehörsverletzung fortgesetzt wird und sich ein Zulassungsgrund *aus dem dann gewährten Gehör* ergibt.[193] 100

Da es rechtlich keine formale **Nichtzulassung**, sondern nur die (eine Statthaftigkeit ggf. ausschließende) nicht erfolgte Zulassung gibt und diese auch grds. nicht angreifbar ist[194] (eine *Nichtzulassungsbeschwerde* hat der Gesetzgeber bewusst nicht vorgesehen[195]), bedarf es auch bei einer Negativentscheidung **nicht** notwendig einer entsprechenden **Beschlussformel**; derlei ist aber nicht unüblich, soweit Beteiligte die Zulassung ausdrücklich beantragt haben. 101

Die **Beschlussformel** kann **beispielsweise** wie folgt gefasst werden: 102

- **Zulassung:** „Die Rechtsbeschwerde wird zugelassen."
- **Nichtzulassung:** „Die Rechtsbeschwerde wird nicht zugelassen."

Die **Begründung** der Zulassung oder Nichtzulassung kann knapp und ggf. formelhaft erfolgen (zB: „Gründe für die Zulassung der Rechtbeschwerde gem. § 70 Abs. 2 FamFG waren nicht ersichtlich."). Wenn die Zulassung nahe liegt, sollte aber etwas ausführlicher ausgeführt werden; sonst kann in einer Verfassungsbeschwerde ggf. erfolgreich eine willkürliche Verletzung des Rechtes auf den gesetzlichen Richter (Art. 101 Abs. 1 S. 2 GG) gerügt werden.[196] 103

6. Festsetzung des Gegenstandswertes

Zur Kostenberechnung bedarf es der Festsetzung eines **Geschäftswertes** (§§ 79 Abs. 1 S. 1, 36 GNotKG). Für Einzelheiten wird auf die Ausführungen zum amtsgerichtlichen Verfahren Bezug genommen (→ Kap. 13 Rn. 149). Die **Beschlussformel** kann beispielsweise wie folgt gefasst werden: 104

189 *Göbel* in Sternal FamFG § 70 Rn. 28 ff. mwN.
190 *Göbel* in Sternal FamFG § 70 Rn. 31 ff. mwN.
191 BGH Beschl. v. 12.7.2018 – V ZB 48/18 – juris-Rn. 5.
192 BGH Beschl. v. 9.7.2014 – XII ZB 7/14 – NJW 2014, 2879 – juris-Rn. 7.
193 BGH Beschl. v. 9.11.2017 – V ZB 25/17 – juris-Rn. 7; Beschl. v. 16.10.2014 – V ZB 223/12 – FGPrax 2015, 41 – juris-Rn. 7 f.
194 BGH Beschl. v. 25.6.2019 – XI ZB 3/19 – juris-Rn. 3; Beschl. v. 15.11.2012 – I ZB 69/12 – juris-Rn. 1.
195 BT-Drs. 16/6308, S. 225.
196 BVerfG Beschl. v. 7.9.2015 – 1 BvR 1863/12 – FamRZ 2015, 2123 – juris-Rn. 14.

- „Der Gegenstandswert des Beschwerdeverfahrens beträgt ... Euro."

7. Gründe des Beschlusses

105 Der Beschluss des Beschwerdegerichtes ist zu **begründen** (§ 69 Abs. 2 FamFG). Soweit § 38 Abs. 4 FamFG **Ausnahmen** hiervon vorsieht (→ Kap. 13 Rn. 154), ist die ggf. gem. § 69 Abs. 3 FamFG erfolgende Anwendbarkeit auf das Beschwerdeverfahren zweifelhaft; denn es spricht Einiges dafür, § 69 Abs. 2 FamFG als lex specialis zu begreifen.[197]

a) Sachgründe (Gründe zu I.)

106 Unterliegt die Beschwerdeentscheidung (ggf. aufgrund Zulassung) der **Rechtsbeschwerde**, muss zwingend eine **vollständige Darstellung** des Sachverhaltes enthalten sein. Denn das Rechtsbeschwerdegericht hat die vom Landgericht festgestellten Tatsachen zugrunde zu legen und kann daher ohne den Sachverhalt keine Prüfung vornehmen.[198] Mithin erfolgt in diesen Fällen ohne Sachprüfung die Aufhebung der Beschwerdeentscheidung nebst Zurückverweisung ans Landgericht.[199]

107 Der festgestellte Sachverhalt kann sich allerdings auch durch eine **konkrete Bezugnahme** auf den **Beschluss des Amtsgerichts** (zB „zur Vermeidung von Wiederholungen wird auf die Darlegungen ... verwiesen.") ergeben, wenn die dortigen Feststellungen für die Entscheidung hinreichen und das Beschwerdegericht sie sich umfassend zu eigen macht.[200] Neben der Verweisung auf den Beschluss ist auch ein solcher auf **andere Aktenbestandteile** möglich.[201] Es gelten aber die obigen Ausführungen (→ Kap. 13 Rn. 160) über die Notwendigkeit einer *hinreichend konkreten* Bezugnahme.

108 Der Verweis auf die erstinstanzliche Entscheidung reicht dann nicht mehr hin, wenn sich zwischenzeitlich der **Sachverhalt verändert** hat, insbesondere **Erledigung** eingetreten ist; dann muss konkret dargelegt werden, inwiefern Änderungen erfolgt sind und wie die Beteiligten darauf reagiert haben.[202]

109 Theoretisch sind durch die Verweismöglichkeit **Ketten-Bezugnahmen** denkbar, bei denen das Landgericht auf das Amtsgericht verweist und jenes auf den Haftantrag der Behörde. Derlei ist zu vermeiden. Während ein solches Vorgehen im amtsgerichtlichen Eildienst aufgrund des oftmals erheblichen Zeitdrucks der unverzüglichen Entscheidung notwendig sein kann (→ Kap. 13 Rn. 159 f.), hat das Landgericht Zeit, die Entscheidung vorzubereiten; praktisch sind Behörden oftmals bereit, Haftanträge per E-Mail nachzureichen, so dass ggf. Passagen von dort per Copy&Paste unter anschließender Raffung zugrunde gelegt werden können.

110 Soweit die Entscheidung **nicht der Rechtsbeschwerde** unterliegt, kann die Sachdarstellung **unterbleiben**. Sie ist dann nur erforderlich, soweit sie zur *Verständlichkeit* der

197 *Sternal* in Sternal FamFG § 69 Rn. 60; aA *Obermann* in BeckOK FamFG § 69 Rn. 20.
198 BGH Beschl. v. 26.7.2012 – V ZB 26/12 – juris-Rn. 4.
199 StRspr BGH Beschl. v. 6.7.2016 – V ZB 136/15 – juris-Rn. 3; Beschl. v. 26.7.2012 – V ZB 26/12 – juris-Rn. 4.
200 BGH Beschl. v. 18.8.2010 – V ZB 119/10 – juris-Rn. 7.
201 BGH Beschl. v. 18.10.2018 – V ZB 178/17 – juris-Rn. 6 f.; Beschl. v. 29.3.2012 – V ZB 3/12 – juris-Rn. 4.
202 BGH Beschl. v. 8.11.2012 – V ZB 112/12 – juris-Rn. 5.

Entscheidung nötig ist,[203] und kann insofern im Rahmen der Rechtsgründe bei den einzelnen Tatbestandsmerkmalen ausgeführt werden.

b) Rechtsgründe (Gründe zu II.)

Für die Rechtsgründe gelten **dieselben Anforderungen** für das Beschwerdegericht, die auch für das Amtsgericht bestehen. Daher sei auf die dortigen Darlegungen Bezug genommen (→ Kap. 13 Rn. 162 ff.). 111

8. Rechtsmittelbelehrung und Unterschrift

Der Beschluss hat, soweit ein Rechtsmittel gegeben ist (→ Rn. 86 ff.) eine **Rechtsmittelbelehrung** (§§ 69 Abs. 3, 39 FamFG) zu enthalten und ist durch alle entscheidenden Richter (bzw. nach Einzelrichterübertragung nur durch diesen) zu **unterschreiben** (§§ 69 Abs. 3, 38 Abs. 3 S. 2 FamFG). Ist ein Richter zB durch Tod, Krankheit oder Urlaub[204] verhindert, wird dies analog § 315 Abs. 1 S. 2 ZPO[205] unter Angabe des Verhinderungsgrundes vom Vorsitzenden und bei dessen Verhinderung vom ältesten Beisitzer unter dem Beschluss vermerkt. 112

9. Einstweilige Anordnung (§ 64 Abs. 3 FamFG)

Eine **besondere Beschlussform** während des Beschwerdeverfahrens ist die einstweilige Anordnung nach § 64 Abs. 3 FamFG. Sie ermöglicht es dem Beschwerdegericht, **ab Eingang** der Beschwerde[206] die Rechtsbeziehungen der Beteiligten im Rahmen des Beschwerdegegenstandes **bis zum Erlass der Beschwerdeentscheidung** vorläufig zu regeln.[207] Diese Befugnis besteht wegen des klaren Wortlautes nur für das *Beschwerdegericht*, nicht für das Amtsgericht iRd Abhilfeverfahrens. 113

a) Verfahrenseinleitung und Verfahrensgegenstand

Die einstweilige Anordnung kann **von Amts wegen** jederzeit getroffen werden, eines **Antrages** bedarf es nicht. Dieser ist rechtlich nur eine *Anregung* und nicht zwingend zu bescheiden.[208] Insbesondere fehlt solchen Anregungen, soweit sie ohne entscheidungserhebliche Veränderung der Sach- und Rechtslage mehr als einmal erfolgen, das Rechtsschutzbedürfnis.[209] 114

Die Möglichkeit zum Erlass der Anordnung ist vom **Beschwerdeverfahren abhängig,**[210] insbesondere handelt es sich um *kein selbstständiges Verfahren* gem. § 51 Abs. 3 S. 1 FamFG.[211] Die Befugnis ist daher von vornherein auf den **Gegenstand** der Beschwerde (→ Rn. 3) beschränkt und geht nicht darüber hinaus. Insbesondere kommt damit eine **Haftaussetzung** bis zur Beschwerdeentscheidung in Betracht (§ 64 Abs. 3 letzter Hs. FamFG). 115

---

203 *Sternal* in Sternal FamFG § 69 Rn. 62.
204 *Musielak* in Musielak/Voit ZPO § 315 Rn. 5.
205 *Sternal* in Sternal FamFG § 69 Rn. 50.
206 *A. Fischer* in MüKoFamFG § 64 Rn. 49.
207 BGH Beschl. v. 5.4.2001 – III ZB 48/00 – NJW 2001, 2181 – juris-Rn. 16.
208 *Sternal* in Sternal FamFG § 64 Rn. 76; zB keine Bescheidung bei LG Köln Beschl. v. 2.12.2015 – 34 T 236/15 – juris-Rn. 11.
209 BGH Beschl. v. 25.7.2014 – V ZB 137/14 – InfAuslR 2014, 441 – juris-Rn. 4.
210 BGH Beschl. v. 1.3.2010 – II ZB 1/10 – FGPrax 2010, 102 – juris-Rn. 13.
211 *Sternal* in Sternal FamFG § 64 Rn. 75.

b) Prüfungsmaßstab und Verfahrensgang

116 Ob und inwiefern eine einstweilige Anordnung erlassen wird, steht im **Ermessen** des Beschwerdegerichtes. Geboten ist dabei eine **summarische Prüfung** der Erfolgsaussicht des Rechtsmittels, wobei die **drohenden Nachteile** für den Beschwerdeführer für den Zeitraum bis zum Erlass der Beschwerdeentscheidung mit zu berücksichtigen sind.[212]

117 Zu beachten ist auch, inwiefern **Mängel** im Beschwerdeverfahren **geheilt** werden können.[213] Soweit der BGH auf eine *tatsächliche Heilung* in der Vergangenheit abstellt, ist dies der dortigen prozessualen Situation im *Rechts*beschwerdeverfahren geschuldet, in dem neue Tatsachen nicht mehr berücksichtigungsfähig sind und deswegen eine *künftige Heilbarkeit* ausscheidet;[214] für das Beschwerdegericht ist das anders.

118 Bei Beschwerden durch **Gefährder** sind darüber hinaus in die Abwägung auch die *erheblichen Gefahren* für Leib und Leben Dritter oder bedeutende Rechtsgüter der inneren Sicherheit (§ 62 Abs. 3 S. 4 AufenthG → Kap. 2 Rn. 86, 173) einzubeziehen. Dies bedingt, dass in solchen Fällen die **Anforderungen an die Wahrscheinlichkeit** eines Obsiegens erheblich gesteigert sind.[215]

119 Soll nach diesem Maßstab bei **Erfolgsaussicht** einer Beschwerde des **Betroffenen** gegen einen Haft(verlängerungs)beschluss eine Anordnung getroffen werden, ist der mögliche Inhalt nicht auf die reine *Außervollzugsetzung* des erstinstanzlichen Haftbeschlusses beschränkt (vgl. „insbesondere", § 64 Abs. 3 letzter Hs. FamFG). Daher sind auch *Auflagen* wie bei § 424 FamFG möglich (→ Kap. 13 Rn. 206).

120 Auf die Beschwerde einer **Behörde** hin kommt durch § 64 Abs. 3 FamFG insbesondere die Nachholung einer ggf. vom Amtsgericht vergessenen *Anordnung sofortiger Wirksamkeit* (§ 422 Abs. 2 FamFG → Kap. 13 Rn. 121 f.) in Betracht.[216] Denkbar ist auch, bei erfolgter Haftverlängerungsablehnung einstweilig die *Haftfortdauer* bis zum Erlass der Beschwerdeentscheidung anzuordnen.[217]

121 Die Gewährung **rechtlichen Gehörs** vor einer Entscheidung ist geboten[218] und kann durch kurzes gerichtliches Schreiben per Fax oder fernmündlich geschehen; da es sich nicht um ein selbstständiges Anordnungsverfahren gem. § 51 Abs. 3 S. 1 FamFG handelt, sind die Maßstäbe des § 427 FamFG nicht anwendbar. **Zuständig** ist für die Entscheidung der Spruchkörper insgesamt bzw. der Einzelrichter nach einer Übertragung. Ist in der Beschwerde entschieden, *erledigt* sich die Anregung bzgl. einstweiliger Anordnung.[219]

212 StRspr BGH Beschl. v. 29.5.2019 – V ZB 72/19 – juris-Rn. 1; Beschl. v. 29.9.2010 – V ZB 233/10 – NVwZ 2011, 320 – juris-Rn. 5.
213 BGH Beschl. v. 8.11.2018 – V ZB 176/18 – juris-Rn. 1; Beschl. v. 31.3.2017 – V ZB 74/17 – InfAuslR 2017, 295 – juris-Rn. 1.
214 BGH Beschl. v. 13.9.2018 – V ZB 145/17 – juris-Rn. 20; Beschl. v. 11.7.2017 – V ZB 143/17 – juris-Rn. 3.
215 BGH Beschl. v. 21.12.2017 – V ZB 249/17 – InfAuslR 2018, 99 – juris-Rn. 8.
216 *Sternal* in Sternal FamFG § 64 Rn. 86.
217 So wohl die Anregung in BGH Beschl. v. 10.2.2010 – V ZB 35/10 – InfAuslR 2010, 202 – juris-Rn. 3.
218 *Sternal* in Sternal FamFG § 64 Rn. 77.
219 BGH Beschl. v. 10.2.2010 – V ZB 35/10 – InfAuslR 2010, 202 – juris-Rn. 3.

c) Beschlussgestaltung und -inhalt

Die Entscheidung über eine einstweilige Anordnung ergeht (jedenfalls im positiven Falle) durch **Beschluss.**[220] Dieser muss **keine Kostenentscheidung** enthalten,[221] da für diesen unselbständigen Verfahrensteil (→ Rn. 115) keine gesonderten Kosten anfallen.[222] 122

Die **Beschlussformel** kann beispielsweise wie folgt gefasst werden: 123

- **Aussetzung:** „Die Vollziehung der mit Beschluss des Amtsgerichts ... vom ... (Az. ...) gegen den Betroffenen angeordneten ...haft wird einstweilen ausgesetzt. (ggf.: Der Betroffene ist sofort zu entlassen. [→ Kap. 13 Rn. 126])"
- **Nichtaussetzung:** „Der Antrag, die Vollziehung der mit Beschluss des Amtsgerichts ... vom ... (Az. ...) gegen den Betroffenen angeordneten ...haft einstweilen auszusetzen, wird zurückgewiesen."

Die **Gründe** können knapp gefasst werden, sollten aber kurz den rechtlich entscheidenden Punkt für die (Miss-)Erfolgsaussicht und das Ermessen herausstellen. 124

Die einstweilige Entscheidung **erledigt** sich mit Erlass der Beschwerdeentscheidung und bedarf daher keiner gesonderten Aufhebung.[223] Eine **Rechtsmittelbelehrung** ist nicht erforderlich, denn ein Beschluss nach § 64 Abs. 3 FamFG ist **nicht anfechtbar.**[224] 125

220 *Sternal* in Sternal FamFG § 64 Rn. 77.
221 BGH Beschl. v. 1.3.2010 – II ZB 1/10 – FGPrax 2010, 102 – juris-Rn. 16.
222 *Sternal* in Sternal FamFG § 64 Rn. 77.
223 *Sternal* in Sternal FamFG § 64 Rn. 88 mwN.
224 *Sternal* in Sternal FamFG § 64 Rn. 89; BGH Beschl. v. 9.12.1996 – AnwZ (B) 48/96 – NJW-RR 1997, 1149 – juris-Rn. 4.

Kapitel 15 Das Verfahren in 3. Instanz (BGH)

1 In dritter Instanz ist der **Bundesgerichtshof** für die **Rechtsbeschwerde** gegen Beschlüsse des Landgerichtes (→ Kap. 14 Rn. 86 ff.) bzw. **Sprungrechtsbeschwerde** gegen Beschlüsse des Amtsgerichtes (→ Kap. 13 Rn. 167) zuständig. Die Zuständigkeit ergibt sich aus § 133 GVG. Zu entscheiden ist im **Senat**, eine Einzelrichterübertragung ist nicht möglich.[1]

I. Verfahrensgegenstand

2 Verfahrensgegenstand ist der **erstinstanzliche** Beschluss in der Gestalt, die er ggf. durch die **zweitinstanzliche Entscheidung** gefunden hat, soweit in der Sache die Rechtsbeschwerde statthaft ist (→ Kap. 14 Rn. 86 ff.) und begrenzt durch die **Anträge** der Beteiligten (§ 74 Abs. 3 S. 1 FamFG).[2] Das Verfahren vor dem BGH ist *keine weitere Tatsacheninstanz*, sondern eine **reine Rechtsprüfung**; die von der Vorinstanz festgestellten Tatsachen (die sich neben dem Beschluss auch aus dem Sitzungsvermerk und weiteren Aktenbestandteilen ergeben können[3]) sind gem. § 74 Abs. 3 S. 4 FamFG iVm § 559 ZPO zugrunde zu legen.[4]

3 Der oben beschriebene Zusammenhang mit dem bisherigen **Hauptsache**- oder **einstweiligen Verfahren** (→ Kap. 14 Rn. 66 f.) greift auch hier; die Verfahrensart darf der BGH in der Rechtsbeschwerde nicht wechseln. Die für das Landgericht offenstehende Möglichkeit der *einstweiligen Entscheidung* über einen Haftantrag *neben* der Hauptsache (→ Kap. 14 Rn. 67) ist gem. § 50 Abs. 1 S. 2 FamFG in der Rechtsbeschwerde nicht gegeben,[5] so dass die Zuständigkeit hierfür nach Abschluss der Beschwerde an das Amtsgericht zurückfällt.[6]

4 Im Rahmen des Gegenstandes der Rechtsbeschwerde kann der BGH aber analog § 64 Abs. 3 FamFG[7] eine **einstweilige Anordnung** zur Regelung der Rechtsbeziehung zwischen den Beteiligten treffen. Hierbei gelten im Wesentlichen dieselben Maßstäbe wie für das Beschwerdegericht (→ Kap. 14 Rn. 113 ff.).

5 In der Sache hat der BGH daher zu prüfen, inwiefern die *Rechtsbeschwerde statthaft* und auch im Übrigen *zulässig* ist; fehlt es daran, erfolgt **Verwerfung als unzulässig** (§ 74 Abs. 1 S. 2 FamFG). Ist das Rechtsmittel zulässig, wird die *Begründetheit* geprüft. Fehlt sie, wird die Rechtsbeschwerde **zurückgewiesen**; ist sie gegeben, wird der angegriffene **Beschluss aufgehoben** (§ 74 Abs. 5 FamFG) und in der Sache **selbst entschieden** (§ 74 Abs. 6 S. 1 FamFG) bzw., bei fehlender Entscheidungsreife, die Sache an das Beschwerde- oder erstinstanzliche Gericht **zurückverwiesen**, das dann an die Vorgaben des BGH gebunden ist (§ 74 Abs. 6 S. 2 bis 4 FamFG).

---

1 *Obermann* in BeckOK FamFG § 74 Rn. 16.
2 ZG *Göbel* in Sternal FamFG § 74 Rn. 15 ff.
3 Vgl. BGH Beschl. v. 19.12.2013 – V ZB 107/13 – juris-Rn. 3.
4 Eingehend *Göbel* in Sternal FamFG § 74 Rn. 28 ff.
5 BGH Beschl. v. 28.7.2010 – XII ZB 253/10 – juris-Tenor Abs. 2.
6 *Giers* in Sternal FamFG § 50 Rn. 7.
7 StRspr BGH Beschl. v. 16.12.2019 – XIII ZB 136/19 – NVwZ-RR 2020, 1092 – juris-Rn. 5; Beschl. v. 29.5.2019 – V ZB 72/19 – juris-Rn. 1; Beschl. v. 21.1.2010 – V ZB 14/10 – FGPrax 2010, 97 – Rn. 3.

II. Postulationsfähigkeit

6 Anders als vor dem Amts- und Landgericht sind die Beteiligten vor dem BGH nur bzgl. *Verfahrenskostenhilfe* sowie der Ausschließung und Ablehnung von Richtern selbst postulationsfähig. Nach § 10 Abs. 4 S. 1 FamFG müssen sie sich im Übrigen durch einen **beim BGH zugelassenen Rechtsanwalt** vertreten lassen. Soweit es sich um Behörden handelt, gilt dies zwar nicht; die Vertretung durch eigene Beschäftigte oder solche anderer Behörden muss aber durch Personal erfolgen, das die **Befähigung zum Richteramt** hat (§ 10 Abs. 4 S. 2 FamFG).

7 Diese Einschränkung ist für verfahrensleitende **Schriftsätze** und eingereichte *Nachträge* wie auch *Vermerke* zu beachten; sie müssen von entsprechend qualifizierten Vertretern unterzeichnet sein und sind sonst unbeachtlich.[8] Fehlt es an einer solchen Unterschrift unter den Rechtsmittelschriftsatz, droht die Verwerfung der Rechtsbeschwerde als unzulässig.[9]

III. Zulässigkeitsprüfung

8 Im Rahmen der Zulässigkeitsprüfung ist festzustellen, ob die Rechtsbeschwerde *statthaft* ist, die *Rechtsbeschwerdeberechtigung* besteht und das Rechtsmittel *form- und fristgerecht* eingelegt wurde. Mangelt es hieran, erfolgt **Zurückweisung** als unzulässig (§ 74 Abs. 1 S. 2 FamFG). Selbst eine an sich zulässige Rechtsbeschwerde kann aber mit einstimmigem Beschluss zurückgewiesen werden, wenn sie keine Erfolgsaussicht hat und die Zulassung zu Unrecht erfolgt ist (§ 74a Abs. 1 S. 1 FamFG).

1. Statthaftigkeit der Rechtsbeschwerde

9 Die **Rechtsbeschwerde** ist statthaft, wenn sie **zulassungsfrei** gegeben ist oder **zugelassen** wurde. Ist sie *zugelassen* (→ Kap. 14 Rn. 99), ist der BGH vorbehaltlich eines Vorgehens nach § 74a FamFG hieran gebunden (§ 70 Abs. 2 S. 2 FamFG), auch wenn die Zulassung zu Unrecht erfolgt ist.[10] *Ohne Zulassung* wird geprüft, ob ein Fall des § 70 Abs. 3 S. 1 Nr. 3, S. 2 und 3 FamFG vorliegt;[11] mangelt es hieran, erfolgt die Verwerfung als unzulässig (§ 74 Abs. 1 S. 2 FamFG[12]).

10 Eine **Sprungrechtsbeschwerde** ist gem. § 75 FamFG statthaft, soweit die Entscheidung des Amtsgerichtes (mit Ausnahme einstweiliger Anordnungen[13]) **beschwerdefähig** ist, die Beteiligten auf die Beschwerdeinstanz *verzichten* und der BGH die Rechtsbeschwerde zulässt. Der **Verzicht** der Beteiligten ist als Prozesshandlung *unwiderruflich* und *bedingungsfeindlich*.[14]

11 Die **Zulassung** muss beantragt und durch einen am BGH zugelassenen **Rechtsanwalt** bzw. entsprechend qualifizierten **Behördenvertreter** unterzeichnet (→ Rn. 6 f.) sein. Sie ist binnen **Monatsfrist** nach Bekanntgabe bzw. Zustellung der erstinstanzlichen

8 BGH Beschl. v. 7.10.2013 – V ZB 24/13 – EzAR-NF 57 Nr. 31 – juris-Rn. 16.
9 BGH Beschl. v. 27.2.2013 – XII ZB 6/13 – NJW 2013, 1308 – juris-Rn. 4.
10 BGH Beschl. v. 29.9.2011 – V ZB 241/10 – juris-Rn. 8.
11 *Haußleiter* in Haußleiter FamFG § 74 Rn. 4.
12 Vgl. zB BGH Beschl. v. 29.6.2017 – V ZB 64/17 – juris-Rn. 4.
13 *Göbel* in Sternal FamFG § 75 Rn. 3.
14 BGH Beschl. v. 5.7.1984 – I ZR 102/83 – BGHZ 92, 76 – juris-Rn. 3.

Entscheidung (§ 75 Abs. 2 S. 1 FamFG) beim **BGH einzureichen** (§ 75 Abs. 2 S. 2 FamFG iVm § 556 Abs. 2 ZPO). Der Antrag muss ua die Zulassungsvoraussetzungen darlegen, insbesondere also die Gründe des § 75 Abs. 2 S. 2 FamFG iVm § 556 Abs. 2 S. 3, Abs. 4 ZPO.[15]

12 Anschließend prüft der BGH, ob diese Voraussetzungen eingehalten sind, und entscheidet über die Zulassung durch **unanfechtbaren**[16] **Beschluss**, der den Beteiligten *zuzustellen* ist (§ 75 Abs. 2 S. 2 FamFG iVm § 566 Abs. 5 ZPO). Bei **Ablehnung** wird die Entscheidung des Amtsgerichtes *rechtskräftig* (§ 566 Abs. 6 ZPO), weswegen die Einlegung der Sprungrechtsbeschwerde durch die wegfallende Beschwerdeinstanz riskant ist. Nur bei einer **Stattgabe** wird das Verfahren *als Sprungrechtsbeschwerde fortgesetzt* (§ 566 Abs. 7 S. 1 ZPO).

13 Die **Beschlussformel** kann beispielsweise wie folgt lauten:

- **Stattgabe:** „Die Sprungsrechtsbeschwerde des … gegen den Beschluss des Amtsgerichts … vom … (Az. …) wird zugelassen."
- **Ablehnung:** „Der Antrag auf Zulassung der Sprungrechtsbeschwerde gegen den Beschluss des Amtsgerichts … vom … (Az. …) wird auf Kosten des … zurückgewiesen."

2. Zulässigkeitsvoraussetzungen

14 Die Rechtsbeschwerde muss **fristgemäß**, dh *binnen eines Monats* nach Bekanntgabe der *schriftlichen* Entscheidung des Beschwerdegerichtes (§ 71 Abs. 1 S. 1 FamFG) **beim BGH eingelegt** (*iudex ad quem*)[17] sein. Im Falle der Einlegung beim Landgericht kommt es auf den Zugang beim BGH nach Weiterleitung im ordentlichen Geschäftsgang an.

15 Der entsprechende **Schriftsatz** muss durch einen *qualifizierten Absender* (→ Rn. 6 f.) *unterzeichnet* (§ 71 Abs. 1 S. 3 FamFG) sein und soll gem. § 71 Abs. 1 S. 4 FamFG (Ordnungsvorschrift, deren Verletzung nicht zur Unzulässigkeit führt[18]) eine Ausfertigung oder beglaubigte Abschrift des *angefochtenen Beschlusses* als Anlage enthalten.

16 Die Rechtsbeschwerde bedarf der **Begründung**, die grds. in der *Einlegungsfrist* zu erfolgen hat (§ 71 Abs. 2 FamFG); die Frist kann jedoch durch den Vorsitzenden auf Antrag *verlängert* werden (§ 75 Abs. 2 S. 2 FamFG iVm § 551 Abs. 2 S. 5 und 6 ZPO).[19] Die Begründung muss einen **bestimmten Rechtsbeschwerdeantrag** (§ 71 Abs. 3 Nr. 1 FamFG) enthalten, der die *Prüfungskompetenz* des BGH festlegt (→ Rn. 2); er kann sich ggf. durch *Auslegung* ergeben.[20] Soweit die **Gründe** für die *Zulassung darzulegen* sind (§ 71 Abs. 3 Nr. 2 FamFG), sind die Anforderungen bei gesetzlicher (§ 70 Abs. 3 FamFG) bzw. bindend erfolgter (§ 70 Abs. 2 S. 2 FamFG) Zulassung entsprechend geringer.[21]

17 Es muss zudem eine **Rechtsbeschwerdeberechtigung** vorliegen. Ist diese nicht aufgrund einer Antragsablehnung gegeben (*formelle Beschwer*, § 59 Abs. 2 FamFG), muss

15 ZG *Göbel* in Sternal FamFG § 75 Rn. 7 f.; zu Modifikationen des Maßstabs ggü. § 70 Abs. 2 FamFG vgl. *Schmidt-Räntsch* in BeckOK KostR GNotKG § 129 Rn. 72.
16 *Göbel* in Sternal FamFG § 75 Rn. 16.
17 *A. Fischer* in MüKoFamFG § 71 Rn. 4.
18 *Göbel* in Sternal FamFG § 71 Rn. 31.
19 ZG *Göbel* in Sternal FamFG § 71 Rn. 33 ff.
20 BGH Beschl. v. 16.11.2017 – V ZB 124/17 – MDR 2018, 630 – juris-Rn. 7.
21 *A. Fischer* in MüKoFamFG § 71 Rn. 14; zG *Göbel* in Sternal FamFG § 71 Rn. 43 ff. und 53.

sie *materiell* vorliegen.[22] Insofern wird auf die obigen Darlegungen Bezug genommen (→ Rn. 9 ff.). Verfahrensverstöße prüft der BGH nur, soweit sie vAw zu berücksichtigen sind (dh die Zulässigkeit der Beschwerde oder einen Mangel der Beschwerdeentscheidung betreffen)[23] oder **gerügt** werden; eine Rüge kann (zB bei Verletzung verzichtbarer Vorschriften in der Beschwerdeinstanz) gem. § 72 Abs. 3 FamFG iVm §§ 556, 295 ZPO präkludiert sein.[24] Die Sache darf sich auch, vorbehaltlich der *Feststellungsverfahren* nach § 62 FamFG (→ Kap. 13 Rn. 222 ff.), **nicht erledigt** haben.[25]

IV. Entscheidung des Gerichtes

Nach *Zustellung* (wg. Fristauslösung für die Anschlussrechtsbeschwerde, § 73 FamFG) der Rechtsbeschwerde an die übrigen Beteiligten (§ 71 Abs. 4 FamFG) haben diese Gelegenheit zur Stellungnahme. Im Anschluss an die Durchführung des **Verfahrens**, auf das im Übrigen weitgehend die Vorschriften über den *ersten Rechtszug* entsprechend anwendbar sind (§ 74 Abs. 4 FamFG), entscheidet der BGH durch **Beschluss**. 18

Der **Maßstab** der Entscheidung ist die Rechtmäßigkeit des Verfahrensgegenstandes (→ Rn. 2 ff.) unter Berücksichtigung etwaig **erfolgter Heilungen**. Die dem Landgericht offenstehende Möglichkeit nachträglicher Korrekturen sind jedoch beim BGH eingeschränkt; denn mangels Berücksichtigungsfähigkeit neuer Tatsachen (→ Rn. 2) können zB nachträgliche Darlegungen vormals unzureichende **Prognosen** nicht korrigieren. Allerdings können derartige Fehler *unbeachtlich* sein (§ 74 Abs. 2 FamFG), wenn die Abschiebung fristgemäß erfolgt ist.[26] Auch können **Haftgründe ausgetauscht** (→ Kap. 12 Rn. 45) werden, soweit dies durch den feststehenden Sachverhalt getragen wird.[27] Wie schon bei der *Beschwerde* (→ Kap. 14 Rn. 5), so ist auch in der Rechtsbeschwerde eine Unzuständigkeit der ersten Instanz nur bei *willkürlicher* Annahme der Zuständigkeit relevant (§ 72 Abs. 2 FamFG).[28] 19

In der Sache erfolgt entweder **Zurückweisung** der Beschwerde oder **Aufhebung** des angefochtenen Beschlusses (§ 74 Abs. 2 und 5 FamFG). In letzterem Falle entscheidet das Gericht bei *Entscheidungsreife* selbst (§ 74 Abs. 6 S. 1 FamFG) und *verweist* die Sache andernfalls an das Land- oder (ausnahmsweise) Amtsgericht zur erneuten Entscheidung zurück (§ 74 Abs. 6 S. 2 ff. FamFG), das dann an die rechtliche Beurteilung des BGH gebunden ist (§ 74 Abs. 6 S. 4 FamFG). 20

Die **Beschlussformel** kann beispielsweise wie folgt lauten: 21

- **Stattgabe (eigene Entscheidung):** „Auf die Rechtsbeschwerde hin wird der Beschluss des … vom … aufgehoben. Es wird festgestellt, dass der Beschluss des … vom … den Betroffenen in seinen Rechten verletzt hat."

---

22 BGH Beschl. v. 14.10.2015 – XII ZB 695/14 – NJW 2016, 250 – juris-Rn. 9.
23 BGH Beschl. v. 20.7.2021 – XIII ZB 94/19 – juris-Rn. 17; Beschl. v. 4.6.2015 – XII ZB 98/15 – NJW 2015, 2727 – juris-Rn. 12 f.
24 BGH Beschl. v. 20.7.2021 – XIII ZB 98/19 – juris-Rn. 11.
25 *Göbel* in Sternal FamFG § 74 Rn. 6 ff., bes. 9.
26 BGH Beschl. v. 3.5.2012 – V ZB 244/11 – InfAuslR 2012, 419 – juris-Rn. 23; Beschl. v. 22.7.2010 – V ZB 29/10 – InfAuslR 2011, 27 – juris-Rn. 24.
27 BGH Beschl. v. 9.11.2017 – V ZB 15/17 – juris-Rn. 5 ff.
28 BGH Beschl. v. 24.6.2020 – XIII ZB 44/19 – InfAuslR 2020, 444 – juris-Rn. 14.

- **Stattgabe (Zurückverweisung):** „Auf die Rechtsbeschwerde wird der Beschluss des … vom … aufgehoben. Die Sache wird zur erneuten Entscheidung, auch über die Kosten des Rechtsbeschwerdeverfahrens, an das Beschwerdegericht zurückverwiesen."
- **Zurückweisung:** „Die Rechtsbeschwerde gegen den Beschluss des … vom … wird auf Kosten des … zurückgewiesen."

22 Neben der Sache selbst entscheidet der BGH auch über die **Verfahrenskosten** nach den og Maßstäben (→ Kap. 13 Rn. 128 ff.). Er trifft insofern eine *einheitliche Kostenentscheidung* über alle bisherigen Instanzen.[29] Schließlich wird auch über den **Gegenstandswert** des Rechtsbeschwerdeverfahrens (→ Kap. 13 Rn. 149 ff.) entschieden.

23 Die **Begründung** des Beschlusses muss nicht umfassend sein. Gem. § 74 Abs. 3 S. 4 FamFG iVm § 564 S. 1 ZPO braucht zu nicht durchgreifenden *Verfahrensrügen* keine Stellung genommen zu werden. Im Übrigen kann, was regelmäßig geschieht, gem. § 74 Abs. 7 FamFG von einer Begründung ganz oder teilweise abgesehen werden, soweit sie nichts zur Klärung von *Rechtsfragen grundsätzlicher Bedeutung*, zur *Rechtsfortbildung* oder zur *Sicherung einer einheitlichen Rechtsprechung* beiträgt.

24 Eine **Rechtsmittelbelehrung** ist nicht erforderlich, denn gegen die Entscheidung des BGH sind keine Rechtsmittel gegeben.

29 BGH Beschl. v. 22.6.2021 – XIII ZB 88/20 – juris-Rn. 18.

Kapitel 16 Haftentschädigung

Die Leistung einer Entschädigung für **rechtswidrige Haft** ist ein Grundsatz, der im Strafrecht dank Geltung des StrEG zur rechtsstaatlichen Selbstverständlichkeit gehört. Im Bereich der Abschiebungshaft ist er, trotz hoher Quote *erfolgreicher Rechtsmittelverfahren* gegen die Haftanordnungen vor dem BGH (→ Kap. 12 Rn. 22), von praktisch untergeordneter Bedeutung. 1

I. StrEG und Amtshaftung

Als Anspruchsgrundlagen scheidet das **StrEG** aus, da es tatbestandlich Entschädigung nur für Folgen strafrechtlicher Urteile oder sonstige **Strafverfolgungsmaßnahmen** (§§ 1 f. StrEG) erfasst. Abschiebungshaft ist in allen Varianten aber keine Strafverfolgung, sondern behördliche *Vollstreckungshaft*, so dass die Vorschriften nicht (auch nicht analog) anwendbar sind.[1] 2

Ein **Amtshaftungsanspruch** aus § 839 BGB iVm Art. 34 GG ist in drei Varianten denkbar und in diesen jeweils nur *eingeschränkt erfolgversprechend*: 3

- bzgl. einer **rechtswidrigen Haftgerichtsentscheidung** (dh *falsche Haftanordnung*) ist der Haftungsmaßstab sehr eng. Zwar greift das **Spruchrichterprivileg** wohl nicht, da mangels materieller Rechtskraft weder *einstweilige* noch *Hauptsache-Haftanordnungen* „Urteile" iSd § 839 Abs. 2 S. 1 BGB sind;[2] allerdings ist eine Haftung bei gerichtlichen Entscheidungen auch außerhalb des Spruchrichterprivilegs (abseits historischer Fragen iÜ[3]) ungeachtet ihrer *sachlichen Richtigkeit* bereits auf Tatbestandsebene ausgeschlossen, soweit sie nicht (gänzlich) **unvertretbar** sind, dh „bei voller Würdigung auch der Belange einer funktionstüchtigen Rechtspflege (…) nicht mehr verständlich."[4]
- bzgl. der **behördlichen Haftveranlassung** (*Antragstellung* sowie anschließender *Haftvollzug*) wird die Kausalität durch die gem. Art. 104 Abs. 2 S. 1 GG *gerichtliche Verantwortung* unterbrochen. Es fehlt damit bzgl. des behördlichen Handelns an der **Zurechenbarkeit** des Schadens.[5]
- bzgl. der **behördlichen Festnahme** bis zur Haftgerichtsentscheidung ist der Zeitraum regelmäßig kurz, so dass ein Ersatzanspruch gering wäre. Soweit der Zeitraum nicht durch spezifische Fehler (zB fehlende *unverzügliche Gerichtsvorführung*[6]) belastet ist, fehlt das nötige **Verschulden** (*Vorsatz* oder *Fahrlässigkeit*, § 839 Abs. 1 S. 1 BGB), soweit eine Antragstellung nach sorgfältiger rechtlicher und tatsächlicher Prüfung

---

1 OLG Hamm Beschl. v. 18.5.2001 – 19 W 16/01 – NVwZ 2001, Beilage Nr I 7, 96 – juris-Rn. 8; *Hailbronner* AuslR AufenthG § 62 Rn. 66; *Keßler* in NK-AuslR AufenthG § 62 Rn. 118 aE.

2 Vgl. BGH Urt. v. 3.7.2003 – III ZR 326/02 – BGHZ 155, 306 – juris-Rn. 2.

3 OLG Schleswig-Holstein Beschl. v. 26.11.2001 – 11 W 23/01 – InfAuslR 2002, 302 – juris-Rn. 4 mit Blick auf die inzwischen aber in allen Bundesländern abgeschaffte Regelung des § 7 PrStHG.

4 BGH Urt. v. 18.4.2019 – III ZR 67/18 – InfAuslR 2019, 295 – juris-Rn. 21.

5 OLG München Urt. v. 15.3.2018 – 1 U 3473/17 – BeckRS 2018, 42941 – Rn. 101; gebilligt von BGH Urt. v. 18.4.2019 – III ZR 67/18 – InfAuslR 2019, 295 – juris-Rn. 12 und 14; OLG Koblenz Beschl. v. 1.8.2006 – 1 U 724/06 – OLGR Koblenz 2006, 1068 – juris-Rn. 3.

6 Vgl. zB HansOLG Urt. v. 18.10.2006 – 1 U 34/06 – OLGR Bremen 2006, 819 – juris-Rn. 13, juris; gebilligt von BGH Beschl. v. 1.8.2007 – III ZR 284/06 – juris-Rn. 2.

vertretbar war.[7] Insbesondere bei nachfolgender Haftanordnung (erst recht bei Bestätigung durch das Landgericht als *Kollegialgericht*[8] iRd Beschwerde[9]) wird dies regelmäßig so sein. Da Maßstab der Festnahme und Gerichtsvorführung der *objektive dringende Verdacht* der Haftvoraussetzungen ist (→ Kap. 11 Rn. 16 ff.), ist Verschulden auch nicht im Falle der Ablehnung wg. unzureichender Darlegungen indiziert.

II. Art. 5 Abs. 5 EMRK

4 Allerdings begründet **Art. 5 Abs. 5 EMRK** eine **verschuldensunabhängige**[10] und unmittelbar anwendbare[11] **Anspruchsgrundlage** für Haftentschädigung. Danach hat jede Person, die von einer staatlichen Festnahme oder Freiheitsentziehung unter Verletzung von Art. 5 EMRK betroffen ist, Anspruch auf Schadensersatz. Eben diese greift ua für (rechtswidrige) *Abschiebungshaft* (Art. 5 Abs. 1 S. 2 lit. f EMRK).[12]

5 Der Anspruch besteht dem Grunde nach, soweit **Abschiebungshaft** betroffen ist. Die im Wortlaut scheinbar enge Formulierung in Art. 5 Abs. 1 S. 2 lit. f EMRK („Verhinderung der unerlaubten Einreise sowie [… wenn …] ein Ausweisungs[…]verfahren im Gange ist") meint mit „Ausweisungsverfahren" jede verwaltungsmäßige Abschiebung nach nationalem Recht[13] und erfasst damit **alle Formen** von *Abschiebungshaft* und *-gewahrsam*. Nach dem Schutzzweck ist ein solches Verfahren auch bei der (*Ergänzenden*) *Vorbereitungs-*, *Mitwirkungshaft* oder *-gewahrsam* „im Gange" iSd Norm.[14]

1. Anspruchsberechtigter

6 Anspruchsberechtigt ist der von Abschiebungshaft **Betroffene**. Der Anspruch ist nicht höchstpersönlich und daher *abtretbar*.[15]

2. Anspruchsverpflichteter

7 Der Anspruch richtet sich gem. Art. 34 GG gegen den **Hoheitsträger** (*Bund*, *Land* oder *sonstige Gebietskörperschaft*), dessen Hoheitsgewalt bei der rechtswidrigen Festnahme oder Freiheitsentziehung ausgeübt wurde.[16]

---

7 Vgl. BGH Urt. v. 8.10.1992 – III ZR 220/90 – BGHZ 119, 365 – juris-Rn. 17; Urt. v. 31.1.1991 – III ZR 184/89 – NVwZ 1992, 298 – juris-Rn. 18.

8 Sog. „Kollegialgerichts-Richtlinie", stRspr BGH Urt. v. 11.3.2021 – III ZR 27/20 – NVwZ-RR 2021, 671 – juris-Rn. 20; Urt. v. 2.8.2018 – III ZR 466/16 – VersR 2019, 28 – juris-Rn. 24; Urt. v. 9.7.2020 – III ZR 245/18 – VersR 2020, 1185 – juris-Rn. 17; jew. mwN.

9 OLG Köln Beschl. v. 8. 7.1996 – 7 W 29/96 – NVwZ 1997, 518 (518).

10 BGH Urt. v. 18.4.2019 – III ZR 67/18 – InfAuslR 2019, 295 – juris-Rn. 10; Urt. v. 18.5.2006 – III ZR 183/05 – NVwZ 2006, 960 – juris-Rn. 12.

11 *Harrendorf/König/Voigt* in Meyer-Ladewig/Nettesheim/von Raumer EMRK Art. 5 Rn. 109.

12 BGH Urt. v. 18.4.2019 – III ZR 67/18 – InfAuslR 2019, 295; Urt. v. 18.5.2006 – III ZR 183/05 – NVwZ 2006, 960.

13 EGMR Urt. v. 15.10.2015 – 40081/14, 40088/14, 40127/14 (L. M. ua ./. Russland) – NVwZ 2016, 1779 (1783) – Rn. 145.

14 Vgl. EGMR Urt. v. 19.2.2009 – 3455/05 (A. ua ./. Vereinigtes Königreich) – NJOZ 2010, 1903 (1908) – Rn. 168 aE zur Einschlägigkeit von Art. 5 Abs. 1 S. 2 lit. f EMRK, während noch Ermittlungen zB zur Staatsangehörigkeit laufen.

15 BGH Beschl. v. 18.6.2020 – IX ZB 11/19 – NJW-RR 2020, 995 – juris-Rn. 14; Urt. v. 12.11.2015 – III ZR 204/15 – BGHZ 207, 365 – juris-Rn. 24.

16 BGH Urt. v. 18.4.2019 – III ZR 67/18 – InfAuslR 2019, 295 – juris-Rn. 11; Urt. v. 19.9.2013 – III ZR 405/12 – NJW 2014, 67 – juris-Rn. 24.

a) Gerichtliche Haftanordnung

Soweit es sich um eine **gerichtliche Haftanordnung** handelt, ist das Handeln der Amts- und Landgerichte dem jeweiligen **Bundesland** zuzurechnen.[17] Entscheidungen des BGH als Rechtsbeschwerdegericht sind dem *Bund* zuzurechnen; allerdings ergeht das Gros der BGH-Beschlüsse iWd Feststellungsverfahren *nach Beendigung* der Haft, so dass eine Kausalität zur *Anordnung* und *Aufrechterhaltung* der Haft regelmäßig ausscheidet. 8

b) Behördliche Haftanordnung

Soweit es sich um eine **behördliche Haftanordnung** handelt (welche zB zur unverzüglichen Gerichtsvorführung zulässig sein kann s. Kap. 11), unterfällt auch diese Art. 5 Abs. 1 S. 2 lit. f, Abs. 5 EMRK: Das ergibt sich aus dem weiten Wortlaut der lit. f („Festnahme *oder* Freiheitsentziehung“[18]) und dem Umstand, dass Art. 5 Abs. 1 EMRK nach der Rspr. des EGMR auch auf rein behördliche Festnahmen anwendbar ist.[19] Anspruchsverpflichtet ist insofern der **Bund**, das **Land** oder die sonstige **Gebietskörperschaft**, der das Handeln der Behörde als **Rechtsträger** organisationsrechtlich zuzurechnen ist.[20] 9

Soweit aber nicht schon **Festnahme am Vortag** der gerichtlichen Entscheidung erfolgt ist (§ 428 Abs. 1 S. 2 FamFG) und Entschädigung auch für den Vortag beantragt ist,[21] hat der Anspruch gegen den behördlichen Rechtsträger grds. *keine eigenständige Bedeutung*. Denn wie beim Amtshaftungsanspruch aus § 839 BGB iVm Art. 34 GG unterbricht eine *gerichtliche Haftanordnung* die **Zurechnung** der Haft (→ Rn. 3) zur Behörde: Ab dem Tag gerichtlicher Entscheidung basiert die Haft nur hierauf,[22] soweit die gerichtliche Entscheidung nicht durch *rechtliches Fehlverhalten* der Behörde veranlasst wurde, zB durch falschen Sachvortrag, Weglassen entscheidungserheblicher Aspekte oder Ignorieren wesentlicher Sachlagenänderung während der Haftzeit.[23] 10

3. Rechtswidrigkeit der Haft

Die Abschiebungshaft muss **rechtswidrig** gewesen sein. Die in der Konvention gemeinte Rechtswidrigkeit ist **objektiv** zu bestimmen,[24] wobei die og Beschränkung aus dem *Amtshaftungsrecht* (→ Rn. 3) nicht greift. Es kommt nicht auf eine *Vertretbar-* oder *Verständlichkeit* der Entscheidung an, sondern auf deren (fehlende) Verfahrens- und materielle Rechtmäßigkeit.[25] 11

17 BGH Urt. v. 18.4.2019 – III ZR 67/18 – InfAuslR 2019, 295 – juris-Rn. 12.
18 Hervorhebung von Verf.
19 EGMR Urt. v. 27.11.1997 – 144–1996–763–964 – (K-F ./. Deutschland) – NJW 1999, 775 (777) – Rn. 59 ff.
20 BGH Urt. v. 18.4.2019 – III ZR 67/18 – InfAuslR 2019, 295 – juris-Rn. 17.
21 Anders zB im dem Fall BGH Urt. v. 18.4.2019 – III ZR 67/18 – InfAuslR 2019, 295 zugrunde liegenden Ausgangsfall, vgl. LG München I Urt. v. 20.9.2017 – 15 O 21372/16 – BeckRS 2017, 156310 – Rn. 2 iVm 8.
22 BGH Urt. v. 18.4.2019 – III ZR 67/18 – InfAuslR 2019, 295 – juris-Rn. 11.
23 OLG München Urt. v. 15.3.2018 – 1 U 3473/17 – BeckRS 2018, 42941 – Rn. 107; OLG Koblenz Beschl. v. 1.8.2006 – 1 U 724/06 – OLGR Koblenz 2006, 1068 – juris-Rn. 3.
24 Auf einen subj. TB kommt es nicht an, *Harrendorf/König/Voigt* in Meyer-Ladewig/Nettesheim/von Raumer EMRK Art. 5 Rn. 108 mwN.
25 BGH Urt. v. 18.4.2019 – III ZR 67/18 – InfAuslR 2019, 295 – juris-Rn. 23 ff.

12 Außer Acht bleiben dabei allerdings nationalrechtliche **Verfahrensverstöße**, die auf das *Ergebnis ohne Einfluss* sind.[26] Auch, soweit **Prognose-** oder **Wertungsspielraum** besteht (zB zur Frage, ob **Fluchtgefahr** iSd § 62 Abs. 3a AufenthG *widerlegt* oder iSd § 62 Abs. 3 AufenthG *iWd Gesamtwürdigung* angenommen oder durch *weniger beeinträchtigende Mittel* als den Haftvollzug beseitigt werden kann), darf das Staatshaftungsgericht seine Wertung nicht an die Stelle derjenigen des Haftgerichtes setzen. Es muss *nachvollziehbare* und *tragfähige Würdigungen* des Haftgerichtes als iSd EMRK rechtmäßig zugrunde legen.[27]

13 Soweit die **Rechtswidrigkeit** bereits in einem **Feststellungsverfahren** (analog oder) gem. § 62 FamFG (→ Kap. 13 Rn. 222 ff.) durch das Amts-, Beschwerde- oder Rechtsbeschwerdegericht festgestellt wurde, bindet dies das Staatshaftungsgericht. Diese Bindung ergibt sich aus der **Rechtskraftwirkung** dieser Entscheidung,[28] entsprechend zB verwaltungsgerichtlichen Urteilen nach §§ 43, 113 Abs. 1 S. 4 VwGO in einem nachfolgenden Amtshaftungsstreit.[29]

14 Die Rechtskraftwirkung ist einerseits **sachlich** insofern eingeschränkt, als festgestellte Rechtswidrigkeitsgründe iSd → Rn. 12 als unbeachtlich ausscheiden.[30] Andererseits wirkt sie **persönlich** nicht universell; die Bindungswirkung der Rechtskraft besteht nur *inter partes* für die Verfahrensbeteiligten (§ 418 Abs. 1 FamFG). Soweit die Rechtswidrigkeitsfeststellung für einen *gerichtlich angeordneten Haftzeitraum* iRd Beschwerde bzw. eines Haftaufhebungsverfahrens (und nicht in einem gesonderten Verfahren gem. §§ 428 Abs. 2, 62 FamFG nur für einen *behördlichen Festnahmezeitraum*[31]) ergangen ist, wird dies wie folgt relevant:

- hat die **Bundespolizei** (§ 71 Abs. 3 Nr. 1e AufenthG) einen Haftantrag gestellt, ist der **Bund** als Rechtsträger beteiligt und von der Rechtskraft einer Feststellungsentscheidung erfasst. Richtet sich der Haftungsanspruch anschließend gegen das *Bundesland* (dessen *Amtsgericht* Haft angeordnet hat), liegt bzgl. dessen keine bindende Entscheidung vor.[32]
- hat die **Landespolizei** (§ 71 Abs. 5 AufenthG) einen Haftantrag gestellt, ist das **Bundesland** als Rechtsträger derselben beteiligt; in einem Haftungsprozess gegen das *Bundesland* besteht also persönlich Bindungswirkung.
- hat die **Ausländerbehörde** (§ 71 Abs. 1 AufenthG) einen Haftantrag gestellt, ist das **Bundesland** als Rechtsträger beteiligt, soweit die Ausländerbehörde gem. § 71 Abs. 1 S. 2 AufenthG *Landesbehörde* ist; es gilt dann dasselbe wie beim vorigen Punkt. Ist die Ausländerbehörde auf Ebene *kommunaler Körperschaften* angesiedelt, ist die jeweilige **Gebietskörperschaft** beteiligt;[33] dann fehlt es an der Bindungswirkung in einem Haftungsprozess gegen das *Bundesland.*

---

26 BGH Urt. v. 19.9.2013 – III ZR 405/12 – NJW 2014, 67 – juris-Rn. 9.
27 BGH Urt. v. 18.4.2019 – III ZR 67/18 – InfAuslR 2019, 295 – juris-Rn. 26.
28 BGH Urt. v. 18.4.2019 – III ZR 67/18 – InfAuslR 2019, 295 – juris-Rn. 17; Urt. v. 18.5.2006 – III ZR 183/05 – NVwZ 2006, 960 – juris-Rn. 7.
29 BGH Urt. v. 17.3.1994 – III ZR 15/93 – NJW 1994, 1950 – juris-Rn. 12.
30 Vgl. zur Übersetzung nationalrechtlicher in konventionsrechtliche Rechtswidrigkeit BGH Urt. v. 19.9.2013 – III ZR 405/12 – NJW 2014, 67 – juris-Rn. 7 f.
31 BGH Beschl. v. 30.4.2020 – StB 37/18 – juris-Rn. 32; Beschl. v. 12.7.2013 – V ZB 224/12 – juris-Rn. 13.
32 BGH Urt. v. 18.4.2019 – III ZR 67/18 – InfAuslR 2019, 295 – juris-Rn. 18.
33 Vgl. *Fehrenbacher* in HTK-AuslR, § 71 AufenthG, zu Abs. 1, Rn. 2.

4. Kausaler Schaden

Der nach Art. 5 Abs. 5 EMRK ersatzfähige Schaden muss kausal **auf der Haftanordnung** bzw. Festnahme basieren. Daran fehlt es, soweit Haft **nicht vollzogen** wird: Befindet sich der Betroffene also zB während der angeordneten Haftdauer noch in *Untersuchungs-* oder *Strafhaft*, ist mithin Abschiebungshaft nur *Überhaft*, fehlt es für den entsprechenden Zeitraum an der Kausalität.[34] Soweit der Betroffene während Zeiten einer *Haftverschonung* aber Auflagen und dem drohenden Druck der Vollstreckung ausgesetzt war, besteht wg. des Rechtsgedankens des § 2 Abs. 2 Nr. 3 StrEG ein ersatzfähiger Schaden. 15

Als Schaden iSd Art. 5 Abs. 5 EMRK kommt allein **die Tatsache des Haftvollzuges** in Betracht. **Haftbedingungen** sind grds. unbeachtlich:[35] Insbesondere scheidet Ersatz für einen Verstoß des Haftvollzuges gegen Art. 16 Rückführungsrichtlinie aus und müsste gesondert im Amtshaftungsverfahren gem. § 839 BGB iVm Art. 34 GG geltend gemacht werden.[36] Nur, soweit der Vollzug zu einer (nicht abgewendeten, zB im Vollzugskrankenhaus oder regulären Krankenhaus mit Bewachung) *schwerwiegenden Gesundheits-* oder *Lebensgefahr* unter Beseitigung der *Vollzugstauglichkeit* geführt hat, schlägt dies ausnahmsweise auf die Rechtmäßigkeit der Freiheitsentziehung gem. Art. 5 Abs. 1 S. 2 lit. f EMRK durch.[37] 16

Ersatzfähig ist sowohl **materieller** (zB Haftkosten[38]) als auch **immateriellen Schaden** (für die Freiheitsentziehung). Letzterer bemisst sich in der Höhe nach § 253 Abs. 2 BGB,[39] also nach dem, was eine *billige Entschädigung* ist. Deren Höhe ist in der Rspr. umstritten.[40] So wird zT angenommen, ein Rückgriff auf § 7 Abs. 3 StrEG (75 Euro pro Hafttag) sei auch iWd Analogie unzulässig, da schon die Interessenlage (Strafverfolgung vs. Vollstreckungshaft) nicht vergleichbar[41] und in Anlehnung an EGMR-Entscheidungen[42] eine Größenordnung von 500 Euro pro Monat angemessen sei.[43] 17

Daran ist jedenfalls so viel richtig, als eine Analogie zum StrEG ausscheidet (→ Rn. 2). Gleichwohl sollten **75 Euro** als (pauschalierte) **Orientierung für Billigkeit** dienen,[44] da der Bundesgesetzgeber mit § 7 Abs. 3 StrEG zum Ausdruck gebracht hat, was ein Hafttag grds. wert ist.[45] Im Einzelfall wurden Entschädigungen auch schon in Orien- 18

34 Für den umgekehrten Fall vgl. LG Flensburg Urt. v. 29.1.2002 – 2 O 4/02 – juris-Rn. 2.

35 BGH Urt. v. 18.4.2019 – III ZR 67/18 – InfAuslR 2019, 295 – juris-Rn. 34; Urt. v. 4.7.2013 – III ZR 342/12 – BGHZ 198, 1 – juris-Rn. 30; Urt. v. 29.4.1993 – III ZR 3/92 – BGHZ 122, 268 – juris-Rn. 17.

36 BGH Urt. v. 18.4.2019 – III ZR 67/18 – InfAuslR 2019, 295 – juris-Rn. 33 ff.

37 BGH Urt. v. 18.4.2019 – III ZR 67/18 – InfAuslR 2019, 295 – juris-Rn. 34; Urt. v. 29.4.1993 – III ZR 3/92 – BGHZ 122, 268 – juris-Rn. 24.

38 EGMR Urt. v. 19.4.2012 – 61272/09 (B. ./. Deutschland) – EuGRZ 2012, 383 – Rn. 101.

39 BGH Urt. v. 12.11.2015 – III ZR 204/15 – BGHZ 207, 365 – juris-Rn. 24; Urt. v. 24.3.2011 – IX ZR 180/10 – BGHZ 189, 65 – juris-Rn. 34; Urt. v. 18.5.2006 – III ZR 183/05 – NVwZ 2006, 960 – juris-Rn. 13.

40 Vgl. die Übersicht bei *Harrendorf/König/Voigt* in Meyer-Ladewig/Nettesheim/von Raumer EMRK Art. 5 Rn. 114; KG Berlin Beschl. v. 21.12.2012 – 9 W 51/11 – juris-Rn. 49.

41 Vgl. zB OLG Hamm Urt. v. 6.3.März 2015 – I-11 U 95/14 – juris-Rn. 41.

42 Zuletzt zB EGMR Urt. v. 19.1.2012 – 21906/09 (K. ./. Deutschland) – NJW 2013, 1793 – Rn. 106 ff.

43 Vgl. zB OLG Hamm Urt. v. 6.3.März 2015 – I-11 U 95/14 – juris-Rn. 38; OLG Bamberg Beschl. v. 14.1.2014 – 4 U 112/13 – juris-Rn. 45.

44 OLG Brandenburg Beschl. v. 12.9.2013 – 2 W 2/13 – juris-Rn. 16; OLG Naumburg Beschl. v. 27.12.2011 – 10 W 14/11 – NVwZ-RR 2012, 366 – juris-Rn. 29; OLG Schleswig-Holstein Beschl. v. 26.11.2001 – 11 W 23/01 – InfAuslR 2002, 302 – juris-Rn. 10.

45 Dies hat der BGH für die Summe von 11 Euro pro Hafttag gem. der für den Streitzeitraum geltenden Fassung des § 7 Abs. 3 StrEG für „revisionsrechtlich nicht zu beanstanden“ gehalten, BGH Urt. v. 18.5.2006 – III ZR

tierung daran höher festgesetzt, da § 7 Abs. 3 StrEG rechtmäßige Haft erfasse, die Entschädigung gem. Art. 5 Abs. 5 EMRK aber für rechtswidrige Haft gewährt werde;[46] das überzeugt so nicht, da die StrEG-Entschädigung nur an die *Einstellung* bzw. den *Freispruch* anknüpft (§ 2 Abs. 1 StrEG) und damit *keine rechtliche Bewertung* der Haft vornimmt.

5. Verjährung

19 Der Anspruch aus Art. 5 Abs. 5 EMRK unterliegt der **regelmäßigen Verjährung** der §§ 195, 199 BGB.[47]

III. Rechtsweg

20 Für Ansprüche aus Art. 5 Abs. 5 EMRK ist der Zivilrechtsweg eröffnet.[48] Zuständig ist gem. § 71 Abs. 2 Nr. 2 GVG in erster Instanz das **Landgericht** als *Staatshaftungsgericht*. Ob man die Norm insofern analog anwenden muss,[49] kann dahinstehen: Denn wg. § 17 Abs. 2 S. 1 GVG hat das Landgericht angesichts der parallel in Betracht kommenden Anspruchsgrundlage § 839 BGB iVm Art. 34 GG den *einheitlichen Streitgegenstand* ohnehin auch sub specie Art. 5 Abs. 5 EMRK zu würdigen.[50]

183/05 – NVwZ 2006, 960 – juris-Rn. 13; wohlfeile dogmatische Glasperlenspiele R-Besoldeter, um den Wert des § 7 Abs. 3 StrEG kleiner zu rechnen, sollten sich mE von selbst verbieten.

46 OLG München Urt. v. 22.8.2013 – 1 U 1488/13 – juris-Rn. 62 (30 Euro); HansOLG Urt. v. 18.10.2006 – 1 U 34/06 – juris-Rn. 1, 21, 28 (30 Euro für 18,5 Stunden).

47 OLG Düsseldorf Urt. v. 16.3.2011 – I-18 U 111/10 – juris-Rn. 94; EGMR Urt. v. 16.6.2005 – 61603/00 (S. ./. Deutschland) – NJW-RR 2006, 308 – Rn. 94 ff. unter grds. Billigung der Anwendung des § 852 BGB aF, welcher die aktuellen §§ 195, 199 BGB entsprechen; *Harrendorf/König/Voigt* in Meyer-Ladewig/Nettesheim/von Raumer EMRK Art. 5 Rn. 113.

48 OLG Zweibrücken Beschl. v. 11.12.2018 – 1 Ws 266/17 – juris-Rn. 26; OLG Hamm Beschl. v. 18.7.2017 – 4 Ws 305/16 – juris-Rn. 34; *Harrendorf/König/Voigt* in Meyer-Ladewig/Nettesheim/von Raumer EMRK Art. 5 Rn. 113.

49 OLG Schleswig-Holstein Beschl. v. 26.11.2001 – 11 W 23/01 – InfAuslR 2002, 302 – juris-Rn. 10.

50 So zutr. OLG Brandenburg Beschl. v. 12.9.2013 – 2 W 2/13 – juris-Rn. 12.

Kapitel 17 Protokoll- und Beschlussmuster

I. Download und Aktualisierungen

1 Die folgenden Muster sind **online verfügbar.** Sie können auf der zum Buch gehörenden Webseite *www.abschiebungshaft-buch.de* heruntergeladen werden: Dort sind sie als Word-Datei im Bereich „Downloads“ hinterlegt und können per Copy&Paste in das Schreibwerk im Gericht übernommen werden. Das für den Download benötigte **Passwort** lautet „*Skaro-359*“ (ohne Anführungszeichen). Soweit sich nach Drucklegung wesentliche Änderungen ergeben, werden aktualisierte Fassungen der Muster online hinterlegt. Auch die Muster der ersten Auflage sind dort zu finden.

II. Sitzungsprotokoll Amtsgericht

2 Nichtöffentliche Sitzung des Amtsgerichts ...

Geschäftsnummer:	Beginn:	... Uhr
... XIV .../ ... B	Ende:	... Uhr

<table>
<tr><td colspan="2">Freiheitsentziehungssache nach dem Aufenthaltsgesetz</td></tr>
<tr><td>gegenwärtig</td><td>betreffend</td></tr>
<tr><td>...
als Richter/in am Amtsgericht</td><td rowspan="5">...
geboren am ... in ...
wohnhaft ...
Staatsangehörigkeit ...

zurzeit in
☐ Strafhaft, Buch-Nr.: ...
☐ Polizeigewahrsam im Hause</td></tr>
<tr><td>...
als Urkundsbeamte/r der Geschäftsstelle</td></tr>
<tr><td>...
als Verfahrensbevollmächtigte/r
☐ mit Vollmacht zur Akte</td></tr>
<tr><td>...
als Dolmetscher/in für ...
☐ unter Berufung auf den allgemein geleisteten Dolmetschereid.
☐ unter Vereidigung (§ 189 GVG)</td></tr>
<tr><td>Antragsteller: ...
...
als Sitzungsvertreter/in des Antragstellers</td></tr>
</table>

D. Betr. wird vorab in der Gewahrsamszelle von d. Dolm. aufgesucht und ihm/ihr werden der Haftantrag vom ... – ☐ und der Nachtragsschriftsatz vom ... – unter vollständiger mündlicher Übersetzung übergeben.

Sodann wird d. Betr. vorgeführt.

D. Betr. wird über das Äußerungs- und Schweigerecht sowie das Recht, sich in jeder Lage des Verfahrens rechtsanwaltlicher Hilfe zu bedienen, belehrt und auf die Möglichkeit unentgeltlicher Hinzuziehung eines Dolmetschers und die Konsultationsmöglichkeit bzgl. der diplomatischen Vertretung nach dem WÜK hingewiesen.

☐ Die Ausländerakte liegt (☐ digital) vor und ist Gegenstand der Anhörung.

D. Betr. erklärt:

VARIANTE: Antrag Verfahrenskostenhilfe/Beiordnung

D. Betr. beantragt Verfahrenskostenhilfe unter Beiordnung von RA/in .... D. Betr. wird das Formular ZP40 („Erklärung über die persönlichen und wirtschaftlichen Verhältnisse") ausgehändigt und vom Betr. ausgefüllt zurückgereicht.

D. Betr. versichert nach Belehrung über die Strafbarkeit einer falschen Erklärung an Eides statt:

> Ich habe nur die in der Erklärung angegebenen Einkünfte und sonst kein Geld.
>
> vorgelesen, übersetzt und genehmigt

ENDE VARIANTE: Antrag Verfahrenskostenhilfe/Beiordnung

VARIANTE 1: Rücknahme Antrag

Der Antragsteller nimmt den Antrag nach Verhandlung zurück und stellt keinen Antrag mehr.

> vorgelesen und genehmigt

VARIANTE 2: Haftablehnung

Nach Verhandlung über den Antrag und Gelegenheit zur Stellungnahme <u>b.u.v.:</u>

> **Es ergeht der anliegende Ablehnungsbeschluss**, dessen Tenor verlesen und übersetzt wird.

D. Beteiligten erhalten mündlich Eröffnung der wesentlichen Entscheidungsgründe, Rechtsmittelbelehrung sowie d. Betr. eine Beschlussausfertigung ausgehändigt.

VARIANTE 3: Inhaftierung

Nach Verhandlung über den Antrag und Gelegenheit zur Stellungnahme <u>b.u.v.:</u>

> **Es ergeht der anliegende Haftbeschluss**, dessen Tenor verlesen und übersetzt wird.

D. Betr. erhält mündlich Eröffnung der wesentlichen Entscheidungsgründe, Rechtsmittelbelehrung sowie eine Beschlussausfertigung ausgehändigt.

D. Betr. wird über das Recht, die schriftliche Benachrichtigung einer externen Person und ggf. der diplomatischen Vertretung verlangen zu können, belehrt. D. Betr. wünscht

> ☐ keine Benachrichtigungen
> ☐ Benachrichtigung von ...

☐ Benachrichtigung der dipl. Vertr. bzw. diese ist vorgeschrieben
☐ Nachricht gef. und ab

Schriftliche Übersetzung wird

☐ wunschgemäß in die ... Sprache veranlasst. ☐ D. anwesende – ☐ ein abwesender, per Fax – Dolm. erhält eine Ausfertigung der Entscheidung nebst Übersetzungsauftrag binnen 48 Stunden ausgehändigt.
☐ nicht veranlasst, da d. Betr. der deutschen Sprache hinreichend mächtig ist.
☐ nicht veranlasst, da d. Betr. darauf verzichtet.

ENDE VARIANTEN

Ausfertigung des Beschlusses ferner an:

☐ Antragsteller nebst Protokollabschrift ☐ per Fax ☐ zur Zustellung
☐ Verfahrensbevollmächtigte/n nebst Protokollabschrift ☐ per Fax ☐ zur Zustellung
☐ Abschiebungshafteinrichtung ... über den Polizeigewahrsam im Hause

als Richter/in	als Urkundsbeamte/r der Geschäftsstelle

III. Ablehnungsbeschluss (unzulässiger Haftantrag)

In pp. 3

hat das Amtsgericht ..., Abt. ..., durch ... beschlossen:

1. **Der Haftantrag wird (☐ im einstweiligen Anordnungsverfahren und in der Hauptsache) als unzulässig zurückgewiesen.** (→ Kap. 13 Rn. 125)
2. **Der Betroffene ist in dieser Sache sofort zu entlassen.** (→ Kap. 13 Rn. 126)
3. **Die Gerichtskosten und die notwendigen außergerichtlichen Kosten des Betroffenen trägt der Landkreis bzw. die Stadt ...** (→ Kap. 13 Rn. 137 ff.)
4. **Der Wert des Verfahrens wird auf ... Euro festgesetzt.** (→ Kap. 13 Rn. 149 ff.)

Gründe

Die beantragte Haft war (☐ sowohl in der Hauptsache als auch im Verfahren auf Erlass einer einstweiligen Anordnung) abzulehnen, weil der Haftantrag unzulässig ist.

Das Vorliegen eines zulässigen Haftantrags ist eine in jeder Lage des Verfahrens von Amts wegen zu prüfende Verfahrensvoraussetzung. Zulässig ist ein Haftantrag nur, wenn er den Vorgaben des § 417 Abs. 2 FamFG entspricht. Darzulegen sind danach die zweifelsfreie Ausreisepflicht, die Abschiebungsvoraussetzungen, die Erforderlichkeit der Haft, der Durchführbarkeit der Abschiebung und die notwendige Haftdauer (§ 417 Abs. 2 S. 2 Nr. 3 bis 5 FamFG). Die Darlegungen dürfen zwar knapp gehalten sein, müssen aber alle für die richterliche Prüfung wesentlichen Punkte ansprechen (stRspr BGH Beschl. v. 20.12.2022 – XIII ZB 40/20 – juris-Rn. 7; Beschl. v. 4.7.2020 – XIII ZB 74/19 – juris-Rn. 7; Beschl. v. 15.9.2011 – V ZB 123/11 – InfAuslR 2012, 25 – juris-Rn. 8). Dazu müssen die Darlegungen auf den konkreten Fall bezogen sein und dürfen sich nicht in Leerformeln erschöpfen (stRspr BGH Beschl. v. 20.12.2022 – XIII ZB 40/20 –

juris-Rn. 7; Beschl. v. 20.4.2021 – XIII ZB 36/20 – juris-Rn. 6 mwN; Beschl. v. 27.10.2011 – V ZB 311/10 – FGPrax 2012, 82 – juris-Rn. 13). Fehlt es daran, darf die beantragte Freiheitsentziehung nicht angeordnet werden (stRspr BGH Beschl. v. 20.4.2021 – XIII ZB 36/20 – juris-Rn. 6; Beschl. v. 7.4.2020 – XIII ZB 53/19 – juris-Rn. 7 mwN).

Diesen Vorgaben genügt der Haftantrag nicht.

1. **Ausreisepflicht** (→ Kap. 12 Rn. 32 ff.)

☐ Es fehlt an einer hinreichenden Darlegung der Ausreisepflicht. Erforderlich sind nachvollziehbare Angaben zu den Voraussetzungen einer gesetzlichen Ausreisepflicht oder einer entsprechenden Bescheidlage. Insofern können die Bescheide vollständig referiert (BGH Beschl. v. 22.6.2017 – V ZB 127/16 – InfAuslR 2017, 345 – juris-Rn. 7) oder es kann auf Anlagen Bezug genommen werden (BGH Beschl. v. 11.1.2018 – V ZB 28/17 – juris-Rn. 5). Anlagen ohne Inbezugnahme sind unbeachtlich (BVerfG Beschl. v. 9.2.2012 – 2 BvR 1064/10 – InfAuslR 2012, 186 – juris-Rn. 24; BGH Beschl. v. 22.7.2010 – V ZB 28/10 – NVwZ 2010, 1511 – juris-Rn. 12). Soweit Bescheide ergangen sind, ist auch darzulegen, aufgrund welcher Tatsachen von einer wirksamen Zustellung oder Zustellungsfiktion auszugehen ist (BGH Beschl. v. 23.6.2020 – XIII ZB 87/19 – juris-Rn. 10).

Nach diesem Maßstab ist nicht ersichtlich, wie der Bescheid vom ... ergangen ist und zugestellt wurde. Die dem Gericht die für die eigenständige Prüfung einer wirksamen Zustellung erforderlichen Tatsachen werden nicht mitgeteilt.

2. **Vollstreckungsvoraussetzung, insbes. Rückkehrentscheidung** (→ Kap. 12 Rn. 37 ff.)

☐ Es fehlt an einer hinreichenden Darlegung der Vollstreckungsvoraussetzungen. Erforderlich sind Angaben dazu, dass eine Androhung bzw. Anordnung der Abschiebung ergangen oder entbehrlich ist (BGH Beschl. v. 2.8.2022 – XIII ZB 134/19 – juris-Rn. 8; Beschl. v. 19.10.2020 – XIII ZB 43/19 – juris-Rn. 14). In letzterem Fall muss auch dargetan werden, worin sonst die notwendige Rückkehrentscheidung liegt bzw. warum diese ggf. nicht erforderlich sein soll (BGH Beschl. v. 2.8.2022 – XIII ZB 134/19 – juris-Rn. 8; Beschl. v. 11.1.2018 – V ZB 62/17 – Asylmagazin 2018, 182 – juris-Rn. 11). Dabei ist auch die Zustellung der Rückkehrentscheidung darzulegen und insofern, aufgrund welcher Tatsachen von einer wirksamen Zustellung oder Zustellungsfiktion auszugehen ist (vgl. BGH Beschl. v. 23.6.2020 – XIII ZB 87/19 – juris-Rn. 10).

Nach diesem Maßstab ...

3. **Haftgründe** (→ Kap. 12 Rn. 41 ff.)

☐ Die darin enthaltenen Darlegungen genügen nicht, um den Haftgrund ... gem. ... zu begründen. Insofern müssen die inhaltlichen Voraussetzungen dargelegt werden und der Antragsteller muss sich mit diesen auseinandersetzen (BGH Beschl. v. 15.9.2011 – V ZB 123/11 – InfAuslR 2012, 25 – juris-Rn. 11).

Nach diesem Maßstab ...

4. **Haftdauer** (→ Kap. 12 Rn. 46 ff.)

☐ Es fehlt an einer hinreichenden Darlegung der Durchführbarkeit der Abschiebung in der beantragten Haftzeit. Dafür muss zielstaatsbezogen ausgeführt werden, welche konkreten Schritte innerhalb welcher Zeiträume erforderlich sind (BGH Beschl. v.

15.11.2018 – V ZB 251/17 – juris-Rn. 7; Beschl. v. 15.10.2015 – V ZB 82/14 – juris-Rn. 7), in welchem Zeitraum Abschiebungen üblicherweise möglich sind, wovon das abhängt und wie dies im konkreten Fall zu beurteilen ist (stRspr BGH Beschl. v. 12.11.2019 – XIII ZB 5/19 – juris-Rn. 10; Beschl. v. 4.7.2019 – V ZB 173/18 – juris-Rn. 7).

a) **Nicht hinreichend konkret** (→ Kap. 12 Rn. 50 ff.)

☐ Daran gemessen sind die zeitlichen Angaben im Haftantrag nicht hinreichend konkret. Sie müssen faktenbasiert sein und nicht lediglich pauschal darauf verweisen, dass zB der „frühest mögliche Flug" gebucht werde (BGH Beschl. v. 12.4.2018 – V ZB 208/17 – juris-Rn. 6). Auch die Angabe einer Höchstdauer bis zur Abschiebung von zB „bis zu sechs Wochen" genügt nicht, soweit nicht klargestellt wird, ob es sich um den Regel- oder Ausnahmefall handelt und wovon das abhängt (stRspr BGH Beschl. v. 23.3.2021 – XIII ZB 137/19 – juris-Rn. 13; Beschl. v. 4.7.2019 – V ZB 190/18 – juris-Rn. 7 f.).

Nach diesem Maßstab ...

b) **Rücknahmeabkommen** (→ Kap. 12 Rn. 58 ff.)

☐ Daran gemessen sind die zeitlichen Angaben im Haftantrag mit Blick auf das anwendbare Rücknahmeregime unzureichend. Bestehen bilaterale oder multilaterale Rücknahmeabkommen, müssen diese die im konkreten Fall nach dem Abkommen entscheidenden Schritte dargelegt werden (stRspr BGH Beschl. v. 12.2.2020 – XIII ZB 38/19 – juris-Rn. 10; Beschl. v. 27.9.2017 – V ZB 29/17 – juris-Rn. 6). Soll von ihnen kein Gebrauch gemacht oder (teilweise) abgewichen werden, muss auch dies begründet werden (BGH Beschl. v. 12.2.2020 – XIII ZB 38/19 – juris-Rn. 10). Besteht eine Verwaltungspraxis des Zielstaates, ist diese darzulegen; insbesondere, soweit sie (zB mit Blick auf Anhörungserfordernisse oder sonstigen Zeitverzug) vom Inhalt des Abkommens abweicht (BGH Beschl. v. 31.8.2021 – XIII ZB 35/20 – NVwZ-RR 2022, 117 – juris-Rn. 14).

Nach diesem Maßstab ...

c) **Angaben zur Dokumentenbeschaffung** (→ Kap. 12 Rn. 61 ff.)

☐ Daran gemessen sind die zeitlichen Angaben über die Beschaffung der Ersatzdokumente nicht hinreichend. Es bedarf Darlegungen, wann und aufgrund welcher Verfahrensschritte mit einer Ausstellung durch wen zu rechnen ist (vgl. BGH Beschl. v. 25.1.2018 – V ZB 201/17 – juris-Rn. 6) und auch, ob über die Ausstellung hinaus noch weitere Formalitäten erforderlich sind (BGH Beschl. v. 19.1.2012 – V ZB 70/11 – juris-Rn. 7). Dies kann mithilfe von Referenzfällen geschehen (zB Zentrales Ausländerinformationsportal, BGH Beschl. v. 11.1.2018 – V ZB 178/16 – InfAuslR 2018, 287 – juris-Rn. 10), die aber nur ein Hilfsmittel sind, oder konkreten Auskünften der Zielstaatsbehörden (BGH Beschl. v. 31.8.2021 – XIII ZB 35/20 – NVwZ-RR 2022, 117 – juris-Rn. 14). Auch ist darzulegen, mit welchen Schritten die Abschiebung nach der Passersatzbeschaffung fortgesetzt werden soll (BGH Beschl. v. 23.2.2021 – XIII ZB 63/19 – juris-Rn. 11).

Nach diesem Maßstab ...

d) **Auskünfte anderer Behörden** (→ Kap. 12 Rn. 64 ff.)

☐ Daran gemessen sind die zeitlichen Angaben nicht aufgrund der referenzierten Auskünfte hinreichend. Angaben anderer Behörden dürfen nicht ungefiltert übernommen werden (BGH Beschl. v. 17.5.2018 – V ZB 92/16 – juris-Rn. 6), denn sie betreffen regelmäßig nur die durchschnittliche Dauer, nicht aber den Einzelfall. Erforderlich sind daher auch bei Auskünften des LKA oder der Zentralen Auskunftsstelle Erläuterungen, welche Verfahrensschritte im konkreten Fall noch durchzuführen sind und warum frühere Flüge nicht in Betracht kommen (BGH Beschl. v. 25.10.2018 – V ZB 83/18 – juris-Rn. 7; Beschl. v. 17.5.2018 – V ZB 92/16 – juris-Rn. 6).

Nach diesem Maßstab ...

e) **Sonderfall: Sicherheitsbegleitung** (→ Kap. 12 Rn. 67 ff.)

☐ Daran gemessen sind die zeitlichen Angaben auch nicht aufgrund einer etwaigen Sicherheitsbegleitung hinreichend. Zwar sind die Darlegungsanforderungen geringer, wenn die Abschiebung mit Sicherheitspersonal im Flugzeug durchgeführt werden muss. Dann ist ein Haftzeitraum von sechs Wochen zur Bewältigung des damit verbundenen Organisationsaufwandes stets angemessen und muss nicht unter Darlegung der bis dahin durchzuführenden Einzelschritte begründet werden (stRspr BGH Beschl. v. 25.10.2022 – XIII ZB 44/20 – juris-Rn. 11; Beschl. v. 12.10.2021 – XIII ZB 110/19 – juris-Rn. 9; Beschl. v. 24.6.2020 – XIII ZB 39/19 – juris-Rn. 9).

☐ Hier hält sich die beantragte Haftdauer aber nicht in dem vorgenannten Rahmen von sechs Wochen. Vielmehr wird eine Dauer von ... beantragt, für welche daher ua Angaben über die Art des Fluges, der Buchungslage der in Betracht kommenden Fluggesellschaften, die Anzahl der Begleitpersonen und die Personalsituation erforderlich gewesen wären (BGH Beschl. v. 14.7.2020 – XIII ZB 74/19 – juris-Rn. 7; Beschl. v. 12.11.2019 – XIII ZB 5/19 – juris-Rn. 12).

☐ Hier hat aber weder die Bundespolizei im Rahmen ihrer Zuständigkeit (VGH München Beschl. v. 14.2.2012 – 10 C 11.2591 – juris-Rn. 14) die Erforderlichkeit einer Sicherheitsbegleitung entschieden, noch hat der Antragsteller dargelegt, warum eine solche erforderlich sein soll. Sie liegt auch nicht etwa durch im Haftantrag vorhandene Verweise auf Gewaltdelikte, Suizidgefahr etc. auf der Hand (vgl. BGH Beschl. v. 21.3.2019 – V ZB 91/18 – juris-Rn. 8). Zwar überprüft das Haftgericht die Entscheidung des Antragstellers für eine Durchführung der Abschiebung mit Sicherheitsbegleitung nicht inhaltlich; allerdings dauern solche Abschiebungen regelmäßig länger, so dass ohne jedwede Begründung die Einhaltung des Beschleunigungsgebotes nicht überprüft werden (BGH Beschl. v. 22.6.2021 – XIII ZB 59/20 – NJW 2021, 3402 – juris-Rn. 16; Beschl. v. 23.03.2021 – XIII ZB 3/20 – juris-Rn. 14

5. **Einvernehmen der Staatsanwaltschaft** (→ Kap. 12 Rn. 77 ff.)

☐ Es fehlt an einer hinreichenden Darlegung des Einvernehmens gem. § 72 Abs. 4 AufenthG. Soweit sich Ermittlungsverfahren aus dem Haftantrag selbst oder seinen Anlagen ergeben, muss mitgeteilt werden, für welches Verfahren das (ggf. auch generell erteilte) Einvernehmen welcher Staatsanwaltschaft erteilt wurde oder warum es entbehrlich ist; andernfalls ist der Haftantrag unzulässig (stRspr BGH Beschl. v. 22.3.2022 – XIII ZB 17/20 – juris-Rn. 11; Beschl. v. 12.2.2020 – XIII ZB 15/19 – BGHZ 224, 344 – juris-Rn. 9, 19). Insofern kann eine Darlegung im Text selbst oder in beigefügten, referenzierten Anlagen erfolgen (BGH Beschl. v. 9.5.2019 – V ZB 188/17 – juris-Rn. 8; Beschl. v. 9.2.2017 – V ZB 129/16 – juris-Rn. 5).

Nach dieser Maßgabe ergibt sich aus ..., dass gegen den Betroffenen durch die Staatsanwaltschaft ... ein Ermittlungsverfahren wegen ... (... Js ...) geführt wird. Inwieweit die benannte Staatsanwaltschaft beteiligt wurde oder dies entbehrlich ist, wird jedoch nicht angegeben.

6. Haftvollzug (→ Kap. 12 Rn. 76)

☐ Es fehlt an einer hinreichenden Darlegung eines den Vorgaben des Art. 16 Richtlinie 2008/115/EG und § 62a AufenthG genügenden Haftplatzes. Ist dieser nicht ersichtlich, muss Haft abgelehnt werden (BGH Beschl. v. 23.2.2021 – XIII ZB 50/20 – InfAuslR 2021, 339 – juris-Rn. 14). Insbes. kommt der temporäre Vollzug in Polizeigewahrsam nur in engen Grenzen in Betracht, soweit ein Transport zu einer geeigneten Haftanstalt am späten Abend nicht mehr möglich oder wegen langer Überführungszeit für d. Betr. belastender ist (LG Köln Beschl. v. 18.8.2017 – 39 T 142/17 – juris-Rn. 50).

Nach diesem Maßstab ...

7. Haftverlängerung (→ Kap. 12 Rn. 25)

☐ Dabei gelten die vorgenannten Anforderungen gem. § 425 Abs. 3 FamFG auch für Verlängerungsanträge (BGH Beschl. v. 21.12.2017 – V ZB 249/17 – InfAuslR 2018, 99 – juris-Rn. 10). Hier kann zwar auf den ersten Antrag Bezug genommen werden (BGH Beschl. v. 14.7.2011 – V ZB 50/11 – juris-Rn. 9); anzugeben ist aber, warum die Verlängerung erforderlich ist und wann mit der Behebung des bisherigen Hindernisses gerechnet werden kann (BGH Beschl. v. 15.11.2011 – V ZB 302/10 – juris-Rn. 16).

Nach diesem Maßstab ...

8. Ablehnung auch der (zusätzlich beantragten) einstweiligen Haft

☐ Die beantragte Haft war auch im Verfahren auf Erlass einer einstweiligen Anordnung abzulehnen. Denn dringende Gründe gem. § 427 Abs. 1 FamFG für die Annahme, dass die Voraussetzungen für die Anordnung einer Freiheitsentziehung gegeben sind, lagen schon mangels zulässigen Haftantrages in der Hauptsache nicht vor. Anhaltspunkte dafür, dass die Mängel durch etwaige Auflagenerteilung an den Antragsteller behebbar waren, lagen nicht vor.

Nebenentscheidungen (→ Kap. 13 Rn. 128 ff., 149 ff.)

Die Kostenentscheidung ergibt sich aus §§ 81, 430 FamFG und entsprechend Art. 5 Abs. 5 EMRK. Sie folgt im Rahmen des Ermessens für die Gerichtskosten der Entscheidung in der Sache und berücksichtigt für die außergerichtlichen Kosten, dass kein hinreichender Anlass

☐ Die Festsetzung des **Gegenstandswertes** von **5.000 Euro** folgt aus § 36 Abs. 3 GNotKG.

☐ Die Festsetzung des **Gegenstandswertes** folgt aus § 36 Abs. 2 GNotKG, wobei das Gericht im Rahmen des Ermessens **pro Tag angeordneter Haft** von einem Wert von **75 Euro** (vgl. § 7 Abs. 3 StrEG) ausgegangen ist.

IV. Haftbeschluss (Sicherungshaft)

4 In pp.

hat das Amtsgericht ..., Abt. ..., durch ... beschlossen:

1. **Gegen d. Betr. wird (☐ im Wege der einstweiligen Anordnung** → Kap. 13 Rn. 103 ff.) **Haft zur Sicherung der Abschiebung bis zum Ablauf des ... angeordnet.**
2. **Der Beschluss ist sofort wirksam.** (→ Kap. 13 Rn. 121 f.)
3. ☐ **Dem Antragsteller wird aufgegeben,** (→ Kap. 13 Rn. 124)

   ☐ **dem Gericht eine vollziehbare Rückkehrentscheidung nebst Zustellungsnachweis vorzulegen.**

   ☐ ...

   ☐ **Zur Erfüllung der Auflage(n) wird eine Frist bis zum ... gesetzt.**
4. **Die Gerichtskosten und die notwendigen außergerichtlichen Kosten des Antragstellers trägt d. Betr.** (→ Kap. 13 Rn. 136)
   (☐ **Dolmetscherkosten werden nicht erhoben.** → Kap. 13 Rn. 143 f.)
5. **Der Wert des Verfahrens wird auf ... Euro festgesetzt.** (→ Kap. 13 Rn. 149 ff.)

Gründe

I.

Für die tatsächlichen Feststellungen wird auf den Haftantrag, Bl. ... bis ... d.A., sowie die Sitzungsniederschrift vom heutigen Tage Bezug genommen. (→ Kap. 13 Rn. 160)

II.

Die tenorierte Haft war gegen d. Betr. anzuordnen, denn der Haftantrag erfüllt die Zulässigkeitsvoraussetzungen des § 417 FamFG und ist auch begründet.

Obersatz-Variante: Hauptsache

☐ Nach § 62 Abs. 3 AufenthG ist ein Ausländer zur Sicherung der Abschiebung in Haft zu nehmen, wenn er vollziehbar ausreisepflichtig ist (dazu 1.), die Vollstreckungsvoraussetzungen gegeben sind (dazu 2.), ein Haftgrund vorliegt (dazu 3.) und der Abschiebung und Haft keine Gründe entgegenstehen (dazu 4.).

Obersatz-Variante: einstweilige Anordnung

☐ Nach § 427 Abs. 1 FamFG ist eine einstweilige Freiheitsentziehung anzuordnen, wenn dringende Gründe für die Annahme vorhanden sind, dass in der Hauptsache Sicherungshaft anzuordnen sein wird und ein dringendes Bedürfnis für ein sofortiges Tätigwerden besteht. Dabei ist gem. § 62 Abs. 3 AufenthG ein Ausländer zur Sicherung der Abschiebung in Haft zu nehmen, wenn er vollziehbar ausreisepflichtig ist (dazu 1.), die Vollstreckungsvoraussetzungen gegeben sind (dazu 2.), ein Haftgrund vorliegt (dazu 3.) und der Abschiebung und Haft keine Gründe entgegenstehen (dazu 4.). Eine Entscheidung in der Hauptsache ist auch (noch) nicht möglich (dazu 5.).

Diese Voraussetzungen liegen vor.

1.

D. Betr. ist **vollziehbar ausreisepflichtig**. Dies ist gem. §§ 50 Abs. 1, 58 Abs. 2 AufenthG der Fall, da d. Betr. einen erforderlichen Aufenthaltstitel nicht oder nicht mehr besitzt und ein Aufenthaltsrecht nach dem Assoziationsabkommen EWG/Türkei nicht oder nicht mehr besteht.

a) **Asylantrag** (→ Kap. 2 Rn. 9 ff.)

☐ Zugunsten d. Betr. besteht auch **keine Aufenthaltsgestattung** gem. § 55 AsylG. Zwar ist danach einem Ausländer, der um Asyl nachsucht, zur Durchführung des Asylverfahrens der Aufenthalt im Bundesgebiet gestattet.

☐ Der Asylantrag d. Betr. wurde jedoch **bestandskräftig abgelehnt**, weswegen die Aufenthaltsgestattung gem. § 67 Abs. 1 Nr. 6 AsylG erloschen ist. Die Zustellung des Ablehnungsbescheides vom ... ist durch ... nachgewiesen. Damit ist die Ausreisepflicht auch vollziehbar, § 58 Abs. 2 S. 2 AufenthG. (→ Kap. 2 Rn. 19 f.)

☐ Da es sich jedoch um einen **Asylfolgeantrag** handelt, steht dieser gem. § 71 Abs. 8 AsylG der Anordnung von Abschiebungshaft nur entgegen, wenn ein weiteres Asylverfahren durchgeführt wird. Hierzu bedürfte es einer Entscheidung des Bundesamts für Migration und Flüchtlinge, ob die Voraussetzungen des § 51 Abs. 1 bis 3 VwVfG vorliegen. Solange eine solche Entscheidung nicht vorliegt, ist d. Betr. der Aufenthalt nicht nach § 55 Abs. 1 S. 1 AsylG gestattet. (→ Kap. 2 Rn. 13)

☐ Da es sich jedoch um einen **Asylzweitantrag** handelt, steht dieser gem. §§ 71a Abs. 2 S. 3, 71 Abs. 8 AsylG der Anordnung von Abschiebungshaft nur entgegen, wenn ein weiteres Asylverfahren durchgeführt wird. Hierzu bedürfte es einer Entscheidung des Bundesamts für Migration und Flüchtlinge, ob die Voraussetzungen des § 51 Abs. 1 bis 3 VwVfG vorliegen. Solange eine solche Entscheidung nicht vorliegt, ist d. Betr. der Aufenthalt nicht nach § 55 Abs. 1 S. 1 AsylG gestattet. (→ Kap. 2 Rn. 13)

☐ Der durch d. Betr. allein auf das Vorliegen zielstaatsbezogener Abschiebungshindernisse gerichtete Antrag auf teilweises Wiederaufgreifen des Verfahrens (**isoliertes Folgeschutzgesuch**) hindert jedoch die Abschiebung nicht (auch nicht analog § 71 Abs. 5 S. 2 AsylG; OVG Lüneburg Beschl. v. 26.2.2018 – 13 ME 438/17 – AuAS 2018, 77 – juris-Rn. 19). Eine Entscheidung des Bundesamtes für Migration und Flüchtlinge, das Verfahren wiederaufzunehmen, ist nicht ergangen. (→ Kap. 2 Rn. 13)

☐ Soweit d. Betr. in der **haftgerichtlichen Anhörung** bzw. im Polizeigewahrsam einen Asylwunsch geäußert hat, hätte die Entstehung einer Aufenthaltsgestattung den Eingang des schriftlichen Asylantrages beim Bundesamt für Migration und Flüchtlinge in Nürnberg erfordert, §§ 55 Abs. 1 S. 3, 14 Abs. 2 Nr. 2 AsylG. Daran fehlt es. (→ Kap. 2 Rn. 14 ff.)

☐ Dies steht jedoch gem. § 14 Abs. 3 S. 1 Nr. ..., S. 3 AsylG bei einem **aus ...haft gestellten Antrag** der Haftanordnung nicht entgegen, (→ Kap. 2 Rn. 13)

☐ solange der Antrag **unbeschieden** ist und seit seinem Eingang beim Bundesamt für Migration und Flüchtlinge noch keine vier Wochen vergangen sind. Das ist bei dem am ... aus der Haft heraus gestellten Asylantrag der Fall, über den bis zum heutigen Tage noch nicht entschieden wurde.

☐ weil der Antrag mit Bescheid vom ... als unzulässig gem. § 29 Abs. 1 Nr. 4 AsylG oder als offensichtlich unbegründet **abgelehnt wurde**. Der Bescheid wurde auch innerhalb der vier-Wochen-Frist zugestellt.

☐ weil nach Mitteilung des Bundesamtes für Migration und Flüchtlinge unter dem ... ein **(Wieder-)Aufnahmeersuchen** an den Zielstaat ... gerichtet wurde.

☐ Die Aufenthaltsgestattung ist jedoch gem. § 67 Abs. 1 Nr. 2 AsylG erloschen. D. Betr. hat nämlich nicht innerhalb von **zwei Wochen** nach Ausstellung des **Ankunftsnachweises** einen Asylantrag gestellt. Die zwischenzeitlich erloschene Aufenthaltsgestattung ist auch nicht wieder in Kraft getreten. Denn über eine Wiederaufnahme des Verfahrens hat das Bundesamt für Migration und Flüchtlinge bislang nicht entschieden, § 67 Abs. 2 AsylG. (→ Kap. 2 Rn. 13)

☐ Mit Bescheid vom ... wurde gegen d. Betr. als **Gefährder** eine **Abschiebungsanordnung** gem. § 58a AufenthG erlassen, so dass die Aufenthaltsgestattet gem. § 67 Abs. 1 Nr. 5a AsylG erloschen ist. Dieser Bescheid wurde ggü. d. Betr. ausweislich ... durch Bekanntgabe wirksam und ist gem. § 58a Abs. 1 S. 2 AufenthG sofort vollziehbar. (→ Kap. 2 Rn. 40)

b) **Aufenthaltstitel** (→ Kap. 2 Rn. 6 ff., 40 f.)

☐ Für d. Betr. besteht **kein Aufenthaltstitel** (mehr).

☐ D. Betr. wurde seines **Freizügigkeitsrechtes** mit Bescheid vom ... für **verlustig** erklärt, so dass er gem. § 7 Abs. 1 FreizügG/EU ausreisepflichtig ist und gem. § 11 Abs. 14 S. 2 FreizügG/EU den Regelungen des AufenthG unterfällt. Der Bescheid wurde ggü. d. Betr. ausweislich ... durch Bekanntgabe wirksam. Damit ist die Ausreisepflicht auch vollziehbar, § 58 Abs. 2 S. 2 AufenthG. (→ Kap. 2 Rn. 7, 40)

☐ Die beantragte **Erteilung** eine **Aufenthaltstitels** wurde mit Bescheid vom ... abgelehnt. Dieser Bescheid wurde ggü. d. Betr. ausweislich ... durch Bekanntgabe wirksam. Damit ist die Ausreisepflicht auch vollziehbar, § 58 Abs. 2 S. 2 AufenthG. (→ Kap. 2 Rn. 40)

☐ Der vormalige Aufenthaltstitel d. Betr. zur ... ist mit Wirkung vom ... **abgelaufen** und damit gem. § 51 Abs. 1 Nr. 1 AufenthG erloschen.

☐ D. Betr. hat auch **nicht** rechtzeitig eine **Verlängerung** beantragt, so dass keine Verlängerungsfiktion gem. § 81 Abs. 4 AufenthG greift. Damit ist die Ausreisepflicht auch vollziehbar, § 58 Abs. 2 S. 1 Nr. 2 AufenthG. (→ Kap. 2 Rn. 40)

☐ Die beantragte **Verlängerung** des Aufenthaltstitels zur ... wurde mit Bescheid vom ... **abgelehnt**, so dass die Verlängerungsfiktion gem. § 81 Abs. 4

AufenthG nicht mehr greift. Damit ist die Ausreisepflicht auch vollziehbar, § 58 Abs. 2 S. 2 AufenthG. (→ Kap. 2 Rn. 40)

☐ Zwar bestand für d. Betr. für Kurzaufenthalte von bis zu **90 Tagen** eine **Visumsfreiheit**. Diese ist jedoch am ... abgelaufen, da der Zeitrahmen aufgrund der Einreise am ... zu diesem Zeitpunkt überschritten war. Daher war im Anschluss ein Aufenthaltstitel erforderlich, welcher aber nicht vorliegt. Damit ist die Ausreisepflicht auch vollziehbar, § 58 Abs. 2 S. 1 Nr. 2 AufenthG. (→ Kap. 2 Rn. 40)

☐ Mit Bescheid vom ... wurde d. Betr. aus dem Bundesgebiet **ausgewiesen**, so dass gem. § 51 Abs. 1 Nr. 5 AufenthG ein etwaiges früheres Aufenthaltsrecht erloschen ist. Dieser Bescheid wurde ggü. d. Betr. ausweislich ... durch Bekanntgabe wirksam und ist nunmehr (☐ nach Abschluss des Rechtsmittelverfahrens durch Urteil des ... vom ..., Az. ...) bestandskräftig. Damit ist die Ausreisepflicht auch vollziehbar, § 58 Abs. 2 S. 2 AufenthG. (→ Kap. 2 Rn. 40)

☐ Mit Bescheid vom ... wurde gegen d. Betr. als **Gefährder** eine **Abschiebungsanordnung** gem. § 58a AufenthG erlassen, so dass gem. § 51 Abs. 1 Nr. 5a AufenthG ein etwaiges früheres Aufenthaltsrecht erloschen ist. Dieser Bescheid wurde ggü. d. Betr. ausweislich ... durch Bekanntgabe wirksam und ist gem. § 58a Abs. 1 S. 2 AufenthG sofort vollziehbar. (→ Kap. 2 Rn. 40)

c) **Unerlaubte Einreise** (→ Kap. 2 Rn. 25 ff., 40)

☐ D. Betr. gem. § 58 Abs. 2 S. 1 Nr. 1 AufenthG vollziehbar ausreisepflichtig, weil eine **Einreise** unter **Verstoß gegen § 14 AufenthG** vorliegt. Nach dieser Norm ist die Einreise verboten, weil d. Betr.

☐ nicht den gem. §§ 14 Abs. 1 Nr. 1, 3 AufenthG erforderlichen **Reisepass** besitzt und auch keine Befreiung von der Passpflicht besteht. (→ Kap. 2 Rn. 27 ff.)

☐ nicht den gem. §§ 14 Abs. 1 Nr. 2, 4 AufenthG **erforderlichen Aufenthaltstitel** besitzt. (→ Kap. 2 Rn. 30)

☐ gem. §§ 14 Abs. 1 Nr. 2a, 4 AufenthG zwar mit einem **Visum** eingereist ist, dieses aber durch Drohung, Bestechung oder Kollusion erwirkt oder durch unrichtige oder unvollständige Angaben erschlichen wurde und deshalb mit Wirkung für den Zeitpunkt der Einreise **zurückgenommen** oder **annulliert** wird. Dies ist hier der Fall: ... (→ Kap. 2 Rn. 31)

☐ gem. §§ 14 Abs. 1 Nr. 3, 11 AufenthG sich entgegen § 11 Abs. 1 S. 2 AufenthG im Bundesgebiet aufhält und nicht im Besitz einer Betretenserlaubnis gem. § 11 Abs. 8 AufenthG ist. D. Betr. wurde mit Bescheid vom ... mit einem **Einreise- und Aufenthaltsverbot** bis (mindestens) zum ... belegt. Dieser Bescheid ist wirksam geworden, nämlich durch ... Entgegen diesem Verbot ist er gleichwohl (spätestens) am ... eingereist, ohne zuvor eine gem. § 11 Abs. 8 AufenthG mögliche Betretenserlaubnis erlangt zu haben. (→ Kap. 2 Rn. 32 ff.)

2.

Die Ausreisepflicht ist auch **vollstreckbar** (§ 59 AufenthG). (→ Kap. 2 Rn. 42 ff., 49 f.)

a) **Regelfall: Abschiebungsandrohung** (→ Kap. 2 Rn. 43 ff.)

☐ Gegenüber d. Betr. wurde gem. § 59 Abs. 1 AufenthG die Abschiebung mit Bescheid vom ... mit hinreichender **Frist angedroht** und d. Betr. zur freiwilligen Ausreise aufgefordert. Darin liegt auch die erforderliche Rückkehrentscheidung. (→ Kap. 2 Rn. 43)

☐ Gegenüber d. Betr. wurde gem. § 59 Abs. 1 AufenthG die Abschiebung mit Bescheid vom ... **angedroht**. Eine Fristsetzung war gem. §§ 59 Abs. 5, 58 Abs. 3 Nr. 1 AufenthG wegen **Inhaftierung** d. Betr. nicht erforderlich. In der Androhung liegt auch die erforderliche Rückkehrentscheidung. (→ Kap. 2 Rn. 44)

☐ Zwar wurde die Abschiebung gegenüber d. Betr. **nicht** gem. § 59 Abs. 1 S. 1 und 2 AufenthG **angedroht**. Eine Androhung war jedoch ausnahmsweise entbehrlich, weil

☐ die Voraussetzungen des § 59 Abs. 1 S. 3 AufenthG vorlagen. Danach kann eine **Androhung unterbleiben**, soweit der Aufenthaltstitel nach § 51 Abs. 1 Nr. 3 bis 5 AufenthG erloschen ist oder der Ausländer bereits unter Wahrung der Erfordernisse des § 77 AufenthG auf das Bestehen seiner Ausreisepflicht hingewiesen worden ist. Dies ist hier der Fall ... (→ Kap. 2 Rn. 44)

Die erforderliche Rückkehrentscheidung liegt daher im vorigen Bescheid vom ... (→ Kap. 2 Rn. 49 f.)

☐ gem. § 58a Abs. 1 S. 2 letzter Hs. AufenthG eine solche wg. der **Abschiebungsanordnung** gegen d. Betr. als **Gefährder** nicht notwendig war. (→ Kap. 2 Rn. 44)

In der Anordnung liegt die erforderliche Rückkehrentscheidung. (→ Kap. 2 Rn. 49 f.)

b) **Sonderfall: Abschiebungsanordnung Asylrecht** (→ Kap. 2 Rn. 47 ff.)

☐ Gegenüber d. Betr. wurde gem. § 34a Abs. 1 AsylG die Abschiebung mit Bescheid vom ... **angeordnet**. Darin liegt auch die erforderliche Rückkehrentscheidung. (→ Kap. 2 Rn. 48)

3.

Es besteht (☐ nach summarischer Prüfung) ein Haftgrund.

a) **Haftgrund: Fluchtgefahr** (→ Kap. 2 Rn. 52 ff.)

☐ Dieser ergibt sich aus § 62 Abs. 3 S. 1 Nr. 1 AufenthG, da Fluchtgefahr besteht.

aa) **Fluchtgefahr: Vermutung** (→ Kap. 2 Rn. 53 ff.)

☐ Sie wird widerleglich vermutet, ohne dass d. Betr. dieser Vermutung glaubhaft entgegengetreten wäre.

(1) **Vermutung: Identitätstäuschung (aktuell)** (→ Kap. 2 Rn. 54 ff.)

☐ Die Fluchtgefahr wird gem. § 62 Abs. 3a Nr. 1 AufenthG vermutet, wenn ein Ausländer gegenüber den mit der Ausführung dieses Gesetzes betrauten Behörden abschiebungsrelevant über seine Identität getäuscht hat und die Angabe nicht selbst berichtigt hat; insbesondere, wenn Dokumente vernichtet bzw. eine falsche Identität vorgegeben wurde. Dabei muss die Täuschungshandlung aktuell sein (BGH Beschl. v. 19.7.2018 – V ZB 223/17 – InfAuslR 2018, 413 – juris-Rn. 18), wobei die Anforderungen an die Aktualität umso geringer sind, je gewichtiger die Täuschungshandlung war (BT-Drs. 19/10047 S. 41). Eine Täuschung kann zB durch Stellung von Asyl(folge)anträgen unter falschen Personalien vorliegen (BGH Beschl. v. 20.9.2018 – V ZB 102/16 – juris-Rn. 18).

Dies ist hier der Fall: ...

(2) Vermutung: Nichterscheinen bei Anhörung/Untersuchung (→ Kap. 2 Rn. 58 ff.)

☐ Die Fluchtgefahr wird gem. § 62 Abs. 3a Nr. 2 AufenthG vermutet, wenn der Ausländer unentschuldigt einer Anhörung oder ärztlichen Untersuchung (§ 82 Abs. 4 S. 1 AufenthG) ferngeblieben ist, sofern bei Terminsankündigung in einer dem Ausländer verständlichen Sprache (vgl. BGH Beschl. v. 14.1.2016 – V ZB 178/14 – InfAuslR 2016, 234 – juris-Rn. 9) auf die Möglichkeit der Inhaftnahme im Falle des Nichtantreffens hingewiesen wurde.

Dies ist hier der Fall: D. Betr. ist dem Termin am ... ferngeblieben. Dies geschah auch unentschuldigt, denn Entschuldigungsgründe, die vom Gewicht her einem Unfall, kurzfristiger (schwerer) Erkrankung oder plötzlich eintretenden familiären Problemen gleichstehen (BT-Drs. 19/10047, S. 41), sind nicht ersichtlich. Die Belehrung ist auch durch ... in einer für d. Betr. verständlichen Sprache erfolgt.

(3) Vermutung: Wohnortwechsel ohne Anzeige (→ Kap. 2 Rn. 61 ff.)

☐ Die Fluchtgefahr wird gem. § 62 Abs. 3a Nr. 3 AufenthG vermutet, wenn die Ausreisefrist abgelaufen ist und der Ausländer seinen Aufenthaltsort trotz Hinweises auf die Anzeigepflicht gewechselt hat, ohne der zuständigen Behörde eine Anschrift anzugeben, unter der er erreichbar ist. Dabei muss der Aufenthaltswechsel nach Entstehen der Ausreisepflicht und Ablauf der Ausreisefrist erfolgt (BGH Beschl. v. 29.9.2011 – V ZB 307/10 – InfAuslR 2012, 98 – juris-Rn. 7) und zuvor ein Hinweis auf die mögliche Haftfolge in einer für den Ausländer verständlichen Sprache erteilt worden sein (stRspr BGH Beschl. v. 24.8.2020 – XIII ZB 75/19 – juris-Rn. 13; Beschl. v. 14.1.2020 – XIII ZB 19/19 – juris-Rn. 6).

Dies ist hier der Fall: Die Ausreisefrist ist am ... abgelaufen und durch ... ist die erforderliche Belehrung erfolgt. Sodann ist am ... durch Verzug nach Unbekannt bzw. ... ein Wohnortwechsel für mehr als drei Tage (vgl. § 50 Abs. 4 AufenthG; OLG München Beschl. v. 22.11.2006 – 34 Wx 121/06 – OLGR 2007, 144 – juris-Rn. 12) erfolgt, wobei eine neue Adresse nicht mitgeteilt wurde. Es ist auch nicht ersichtlich, dass dies auf bloßer Nachlässigkeit beruhte, was gegen die Vermutungswirkung der Norm sprechen könnte (vgl. OLG Karlsruhe Beschl. v. 11.2.1993 – 4 W 20/93 – NVwZ 1993, 813 – juris-Rn. 12).

(4) **Vermutung: Aufenthalt trotz Einreise-/Aufenthaltsverbots** (→ Kap. 2 Rn. 65 ff.)

☐ Die Fluchtgefahr wird gem. § 62 Abs. 3a Nr. 4 AufenthG vermutet, wenn der Ausländer sich entgegen § 11 Abs. 1 S. 2 AufenthG im Bundesgebiet aufhält und nicht im Besitz einer Betretenserlaubnis nach § 11 Abs. 8 AufenthG ist.

Dies ist hier der Fall: D. Betr. wurde mit Bescheid vom ... mit einem Einreise- und Aufenthaltsverbot bis (mindestens) zum ... belegt. Dieser Bescheid ist wirksam geworden, nämlich durch ... Entgegen diesem Verbot ist er gleichwohl (spätestens) am ... eingereist, ohne zuvor eine gem. § 11 Abs. 8 AufenthG mögliche Betretenserlaubnis erlangt zu haben.

(5) **Vermutung: Entzug in der Vergangenheit** (→ Kap. 2 Rn. 72 ff.)

☐ Die Fluchtgefahr wird gem. § 62 Abs. 3a Nr. 5 AufenthG vermutet, wenn der Ausländer sich bereits in der Vergangenheit einer konkreten Maßnahme der Abschiebung (BGH Beschl. v. 22.6.2017 – V ZB 21/17 – InfAuslR 2017, 345 – juris-Rn. 6) entzogen hat. Dies kann zB durch aktiven Widerstand beim Flug (LG Münster Beschl. v. 22.2.2016 – 05 T 62/16 – ZAR 2016, 153 – juris-Rn. 12) oder Falschangaben gegenüber den Behörden des Zielstaates (OLG Bayern Beschl. v. 13.3.1998 – 3Z BR 65/98 – InfAuslR 1998, 455 – juris-Rn. 11) geschehen.

Dies ist hier der Fall: ...

(6) **Vermutung: Erklärung der Entziehung** (→ Kap. 2 Rn. 76 ff.)

☐ Die Fluchtgefahr wird gem. § 62 Abs. 3a Nr. 6 AufenthG vermutet, wenn der Ausländer ausdrücklich erklärt hat, dass er sich der Abschiebung entziehen will. Dies liegt vor, wenn klar zum Ausdruck gebracht wird, dass der Ausländer nicht freiwillig ausreisen und sich auch nicht für eine behördliche Durchsetzung seiner Rückführung zur Verfügung halten würde (stRspr BGH Beschl. v. 31.8.2021 – XIII ZB 76/19 – juris-Rn. 11; Beschl. v. 23.1.2018 – V ZB 53/17 – InfAuslR 2018, 187 – juris-Rn. 10). Gleichgestellt sind Fälle, in denen der Ausländer dies konkludent, aber unmissverständlich durch Gewaltanwendung (BGH Beschl. v. 20.7.2017 – V ZB 5/17 – InfAuslR 2017, 449 – juris-Rn. 6) oder Suizidandrohung (BGH Beschl. v. 20.10.2016 – V ZB 13/16 – juris-Rn. 5) zum Ausdruck bringt.

Dies ist hier der Fall: ...

bb) **Fluchtgefahr: Anhaltspunkte** (→ Kap. 2 Rn. 79 ff.)

☐ Fluchtgefahr ergibt sich (☐ auch) aus folgenden konkreten Anhaltspunkten, die das Gericht in eine Gesamtabwägung aller Umstände (vgl. BT-Drs. 19/10047 S. 41) einbezogen hat:

(1) **Anhaltspunkte: Identitätstäuschung (länger her)** (→ Kap. 2 Rn. 81 f.)

☐ Für Fluchtgefahr spricht gem. § 62 Abs. 3b Nr. 1 AufenthG, wenn ein Ausländer gegenüber den mit der Ausführung dieses Gesetzes betrauten Behörden abschiebungsrelevant über seine Identität getäuscht hat und die Angabe nicht selbst berichtigt hat; insbesondere, wenn Dokumente vernichtet bzw. eine falsche Identität vorgegeben wurde. Dies muss, anders als bei Abs. 3a Nr. 1, nicht in engem zeitlichem Zusammenhang mit aktuellen Maßnahmen des Antragstellers stehen (BT-Drs. 19/10047 S. 41).

Dies ist hier der Fall: ...

(2) Anhaltspunkte: Schleuserkosten (→ Kap. 2 Rn. 83 ff.)

☐ Für Fluchtgefahr spricht gem. § 62 Abs. 3b Nr. 2 AufenthG, wenn ein Ausländer zu seiner unerlaubten Einreise derart erhebliche Geldbeträge aufgewandt hat, dass daraus geschlossen werden kann, dass er die Abschiebung verhindern wird, um diese nicht fruchtlos werden zu lassen. Irrelevant ist, ob Zahlungen für einzelne Reiseabschnitte oder insgesamt geleistet wurden, solange sie in Summe erheblich sind (BGH Beschl. v. 16.2.2017 – V ZB 115/16 – NVwZ 2017, 816 – juris-Rn. 5); lediglich Kleinbeträge sind ausgeschlossen (BGH Beschl. v. 25.2.2016 – V ZB 157/15 – NVwZ 2016, 1111 – juris-Rn. 12).

Dies ist hier der Fall: ...

(3) Anhaltspunkte: Gefährlicher Ausländer (→ Kap. 2 Rn. 86 ff.)

☐ Für Fluchtgefahr spricht gem. § 62 Abs. 3b Nr. 3 AufenthG, wenn von dem Ausländer eine erhebliche Gefahr für Leib und Leben Dritter oder bedeutende Rechtsgüter der inneren Sicherheit ausgeht. Dabei sind Leib und Leben Dritter durch Gewalttaten oder ähnlich schwere Delikte (AG Tiergarten Beschl. v. 19.4.2018 – 382 XIV 39/18 B – juris-Rn. 26) und die innere Sicherheit durch zB Gefahren durch Anschläge (BVerwG Beschl. v. 16.1.2018 – 1 VR 12/17 – InfAuslR 2018, 124 – juris-Rn. 19) und bereits die Anwesenheit ausländischer Terrorhelfer beeinträchtig (BVerwG Urt. v. 15.3.2005 – 1 C 26/03 – BVerwGE 123, 114 – juris-Rn. 17).

Dies ist hier der Fall: ...

(4) Anhaltspunkte: Wiederholte Verurteilung zu Freiheitsstrafe (→ Kap. 2 Rn. 90 ff.)

☐ Für Fluchtgefahr spricht gem. § 62 Abs. 3b Nr. 4 AufenthG, wenn der Ausländer wiederholt wegen vorsätzlicher Straftaten rechtskräftig zu mindestens einer Freiheitsstrafe verurteilt worden ist. Dabei genügt nicht schon jede Vorsatztat (vgl. BGH Beschl. v. 14.7.2011 – V ZB 50/11 – juris-Rn. 12), sondern die beiden konkreten Verfahren müssen den Schluss zulassen, dass der Ausländer der deutschen Rechtsordnung ablehnend oder gleichgültig gegenüberstehe, weswegen eine freiwillige Erfüllung der Ausreisepflicht nicht zu erwarten sei (BGH Beschl. v. 18.5.2021 – XIII ZB 2/20 – juris-Rn. 10).

Dies ist hier der Fall: ...

(5) Anhaltspunkte: Fehlende Mitwirkung (→ Kap. 2 Rn. 93 ff.)

☐ Für Fluchtgefahr spricht gem. § 62 Abs. 3b Nr. 5 AufenthG, wenn der Ausländer die Passbeschaffungspflicht nach § 60b Abs. 3 S. 1 Nr. 1, 2 und 6 AufenthG nicht erfüllt oder andere als in Abs. 3a Nr. 2 genannte gesetzliche Mitwirkungshandlungen zur Feststellung der Identität (insbes. § 48 Abs. 3 S. 1 AufenthG) verweigert oder unterlassen hat und vorher in einer ihm verständlichen Sprache (vgl. BGH Beschl. v. 14.1.2016 – V ZB 178/14 – InfAuslR 2016, 234 – juris-Rn. 9) auf die Möglichkeit der Inhaftierung im Falle der Nichterfüllung hingewiesen wurde.

Dies ist hier der Fall: ...

(6) Anhaltspunkte: Verstoß gegen Beschränkung, Auflage (→ Kap. 2 Rn. 96 ff.)

☐ Für Fluchtgefahr spricht gem. § 62 Abs. 3b Nr. 6 AufenthG, wenn der Ausländer nach Ablauf der Ausreisefrist wiederholt gegen eine Pflicht nach § 61 Abs. 1 S. 1, Abs. 1a, 1c S. 1 Nr. 3 oder S. 2 verstoßen oder eine zur Sicherung und Durchsetzung der Ausreisepflicht verhängte Auflage nach § 61 Abs. 1e nicht erfüllt hat. Dabei muss ein wiederholter, nicht nur einmaliger Verstoß (BT-Drs. 19/10047, S. 43) nach Ablauf der Ausreisepflicht vorliegen und zuvor eine Belehrung des Ausländers in einer ihm verständlichen Sprache erfolgt sein (vgl. BGH Beschl. v. 14.1.2016 – V ZB 178/14 – InfAuslR 2016, 234 – juris-Rn. 9).

Dies ist hier der Fall: ...

(7) Anhaltspunkte: Overstayer (→ Kap. 2 Rn. 100 ff.)

☐ Für Fluchtgefahr spricht gem. § 62 Abs. 3b Nr. 7 AufenthG, wenn der Ausländer, der erlaubt eingereist und vollziehbar ausreisepflichtig geworden ist, dem behördlichen Zugriff entzogen ist, weil er keinen Aufenthaltsort hat, an dem er sich überwiegend aufhält. Dies betrifft Fälle, in denen legal Eingereiste nunmehr vollziehbar ausreisepflichtig sind, zB nach Ablauf von 90 Tagen Visumsfreiheit (sog. „Overstayer", BT-Drs. 19/10047, S. 43).

Dies ist hier der Fall: ...

(8) Anhaltspunkte: Gesamtwürdigung (→ Kap. 2 Rn. 79 f.)

Auch in der nötigen Gesamtwürdigung ist aufgrund des Vorgenannten Fluchtgefahr gegeben. Die für d. Betr. sprechenden positiven Aspekte sind in der Gesamtschau nicht so erheblich, dass sie das Gewicht des Vorgenannten kompensieren könnten. Insofern ...

b) **Haftgrund: Unerlaubte Einreise** (→ Kap. 2 Rn. 104 ff.)

☐ Dieser ergibt sich aus § 62 Abs. 3 S. 1 Nr. 2 AufenthG. Nach dieser Norm ist ein Haftgrund gegeben, wenn der Ausländer aufgrund einer unerlaubten Einreise vollziehbar ausreisepflichtig ist. Dies ist hier, wie oben dargestellt, der Fall.

Die vollziehbare Ausreisepflicht beruht auch auf der unerlaubten Einreise, weil sie bis zur Anordnung der Haft ununterbrochen fortwirkt (BGH Beschl. v. 28.10.2010

– V ZB 210/10 – InfAuslR 2011, 71 – juris-Rn. 19). Dabei lässt zwar eine zwischenzeitliche Aufenthaltsgestattung die Ursächlichkeit entfallen (stRspr BGH Beschl. v. 21.9.2021 – XIII ZB 140/19 – juris-Rn. 19; Beschl. v. 10.1.2019 – V ZB 159/17 – juris-Rn. 19), nicht jedoch eine zwischenzeitliche Duldung (BGH Beschl. v. 12.5.2011 – V ZB 309/10 – juris-Rn. 13). Insbesondere ist hier nicht durch Asylantragstellung gem. § 55 AsylG eine zwischenzeitliche Aufenthaltsgestattung, die den Haftgrund entfallen lassen könnte, entstanden.

Der Betroffene hat auch nicht glaubhaft gemacht, sich der Abschiebung nicht entziehen zu wollen (§ 62 Abs. 3 S. 2 AufenthG).

c) **Haftgrund: Abschiebungsanordnung gem. § 58a (Gefährder)** (→ Kap. 2 Rn. 109 ff.)

☐ Dieser ergibt sich aus § 62 Abs. 3 S. 1 Nr. 3 AufenthG. Nach dieser Norm ist ein Haftgrund gegeben, wenn eine Abschiebungsanordnung nach § 58a AufenthG ergangen ist, diese aber nicht unmittelbar vollzogen werden kann. Dabei ist die Anordnung selbst und die ihr zugrunde liegende Gefahrenprognose nicht durch das Haftgericht, sondern allein durch das Bundesverwaltungsgericht zu prüfen (BGH Beschl. v. 21.12.2017 – V ZB 249/17 – InfAuslR 2018, 99 – juris-Rn. 11).

Dies ist hier der Fall. Mit Bescheid vom ... wurde eine Abschiebungsanordnung gem. § 58a AufenthG erlassen. Sie ist auch wirksam, denn sie wurde durch ... bekannt gegeben. Die Abschiebungsanordnung kann auch nicht unmittelbar vollzogen werden, weil ... Einer darüber hinausgehenden gesonderten Feststellung von Fluchtgefahr durch das Haftgericht bedarf es nicht (BGH Beschl. v. 6.10.2020 – XIII ZB 13/20 – juris-Rn. 10), denn die Regelung ist unionsrechtlich ein typisierter Fall von Fluchtgefahr (BGH Beschl. v. 15.12.2020 – XIII ZB 133/19 – juris-Rn. 12; Beschl. v. 6.10.2020 – XIII ZB 13/20 – juris-Rn. 10).

d) **Keine Wiederlegung des Haftgrundes** (→ Kap. 2 Rn. 108)

☐ Auch hat d. Betr. den Haftgrund nicht zu entkräften vermocht. Zwar kann d. Betr. gem. § 62 Abs. 3 S. 2 AufenthG **glaubhaft** machen, sich der Abschiebung nicht entziehen zu wollen, was auch bei Fluchtgefahr i.R.d. Wiederlegung der Vermutung (§ 62 Abs. 3a AufenthG) bzw. Gesamtwürdigung (§ 62 Abs. 3b AufenthG) zu beachten wäre. Daran fehlt es hier jedoch.

☐ Insbesondere genügt nicht der Vortrag, dass d. Betr. sich nun um eine **Rechtmäßigkeit seiner Aufenthaltsverhältnisse** bemühen wolle. Dies begründet gerade nicht die Erwartung, dass d. Betr. sich insofern auch und gerade für eine Abschiebung zur Verfügung halten werde, sondern zeigt vielmehr auf sein Bleibeinteresse.

☐ Soweit d. Betr. in der haftgerichtlichen Anhörung **freiwillige Ausreisebereitschaft** vorgetragen hat, ist dies nach Würdigung des Gerichtes nicht glaubhaft. Insbesondere hat er in der Vergangenheit, wie dargelegt, ein erhebliches Entziehungsverhalten an den Tag gelegt. Auch sind keine konkreten Ausreisevorbereitungen dargetan und auch nicht ersichtlich, wie d. Betr. ohne finanzielle Mittel bzw. Pass(ersatz)papiere freiwillig würde ausreisen können. Insofern ...

☐ ...

4.

Der **Haftanordnung** stehen auch **keine Gründe entgegen**. Die angeordnete Haftdauer ist erforderlich, um die rechtlich mögliche Abschiebung d. Betr. organisatorisch vorzubereiten. Die Haft selbst ist auch rechtmäßig, verletzt insbesondere nicht das Übermaßverbot und die Vorgaben für den Haftvollzug.

a) Rechtliche Möglichkeit der Abschiebung (→ Kap. 2 Rn. 123 ff.)

☐ Zunächst sind keine **Abschiebungsverbote** ersichtlich, welche die Abschiebung hindern würden. Dabei bezieht sich die haftgerichtliche Prüfung auf alle ernsthaft in Betracht kommenden Hindernisse, die der Abschiebung entgegenstehen oder sie verzögern können (BGH Beschl. v. 10.5.2012 – V ZB 246/11 – InfAuslR 2012, 328 – juris-Rn. 12).

aa) Duldung (→ Kap. 2 Rn. 23 f., 127 ff.)

☐ Insofern steht die **Duldung** vom ... als (lediglich temporärer) Vollstreckungsverzicht der Abschiebung nicht entgegen, weil sie

☐ bis zum geplanten Abschiebungstermin **abgelaufen** sein wird.

☐ unter der **auflösenden Bedingung** der Mitteilung des Abschiebungstermins erteilt wurde und daher ihre Wirksamkeit verloren hat.

☐ **aufgehoben** wurde und daher ihre Wirksamkeit verloren hat.

☐ wegen der zwischenzeitlichen **Ausreise** nach ... ihre Wirksamkeit verloren hat (§ 60a Abs. 5 S. 1 AufenthG).

bb) Einvernehmen der Staatsanwaltschaft (→ Kap. 2 Rn. 132 ff.)

☐ Der Haftanordnung steht nicht § 72 Abs. 4 AufenthG entgegen. Zwar darf danach ein Ausländer, gegen den **Ermittlungsverfahren** laufen, grds. nur im Einvernehmen mit der zuständigen Staatsanwaltschaft abgeschoben werden. Hier laufen zwar Ermittlungsverfahren gegen d. Betr., wobei für die Auflistung auf S. ... des Haftantrages Bezug genommen wird.

☐ Auf d. dort aufgeführte(n) bestehende(n) **Einverständnis(se)** wird verwiesen.

☐ Das Einverständnis bzgl. d. Verf. ... ist gem. § 72 Abs. 4 S. 3 ff. nicht erforderlich, da nur ein **geringes Strafverfolgungsinteresse** besteht. Gegenständlich ist nämlich ein Vorwurf des § ..., welcher in dem entsprechenden Katalog des § 72 Abs. 4 S. 4 f. AufenthG genannt ist. Dabei ist die Norm auch nicht mehrfach verletzt worden (Tatmehrheit, § 53 StGB) und es wurde kein Strafantrag gestellt.

☐ Das Einverständnis bzgl. d. Verf. ... ist durch die **Generalstaatsanwaltschaft** ... mit Verfügung vom ... **generell erteilt** worden.

☐ Mit der noch ausstehenden Erteilungen des Einvernehmens ist nach den Darlegungen des Antragstellers, denen sich das Gericht aufgrund deren Schlüssigkeit und eigener Sachkunde aus früheren Verfahren anschließt, **innerhalb der Haftzeit zu rechnen**. Anders als nach früherer Rspr. ist hindert eine solche (positive) Prognose auch keine Entscheidung in der Hauptsache (BGH Beschl. v. 12.2.2020 – XIII ZB 15/19 – juris-Rn. 10 ff., 19 f.).

b) Dauer des Abschiebungsverfahrens (→ Kap. 2 Rn. 114 ff.)

Die **Haft** ist auf den **kürzestmöglichen Zeitraum** beschränkt (BGH Beschl. v. 20.09.2018 – V ZB 102/16 – juris-Rn. 22), der zur organisatorischen Vorbereitung die Abschiebung erforderlich ist. Dies hat das Gericht anhand der im Wege eigener Amtsermittlung (§ 26 FamFG) nachvollzogenen **Prognose** des Antragstellers ermittelt.

☐ Bzgl. der **Beschaffung von Reisedokumenten** hat der Antragsteller konkret dargelegt, inwiefern wann aufgrund welcher Schritte mit einer Ausstellung durch wen zu rechnen ist (vgl. BGH Beschl. v. 25.1.2018 – V ZB 201/17 – juris-Rn. 6). Das Gericht schließt sich in seiner Würdigung den aufgrund der benannten Referenzfälle bzw. erteilten Auskünfte schlüssigen Darlegung an. (→ Kap. 12 Rn. 61 ff.)

☐ Der Antragsteller hat schlüssig in Form eines sog. Abschiebeplanes die **einzelnen Verfahrensschritte** bis zur Abschiebung konkret und bezogen auf das Zielland **dargelegt** (vgl. BGH Beschl. v. 15.11.2018 – V ZB 251/17 – juris-Rn. 7). Er hat dargetan, wie lange sie üblicherweise in Anspruch nehmen, wovon sie abhängen und wie dies im hiesigen Fall zu beurteilen ist (vgl. BGH Beschl. v. 4.7.2019 – V ZB 173/18 – juris-Rn. 7). Die vom Antragsteller vorgelegten Unterlagen bzw. referenzierten Beispielsfälle stützen diese Angaben und es sind keine Anhaltspunkte ersichtlich, die Zweifel an der Zeitdauer oder einzelnen Verfahrensschritten bzw. die Erwartung einer früher möglichen Abschiebung begründen würden. (→ Kap. 12 Rn. 50 ff.)

aa) Anordnung unter drei Monate (→ Kap. 2 Rn. 116 ff.)

☐ Insofern steht § 62 Abs. 3 S. 3 AufenthG der Abschiebungshaft nicht entgegen, denn es steht nicht fest, dass die Abschiebung innerhalb der nächsten drei Monate aus **Gründen**, die d. Betr. nicht zu vertreten hat, **nicht durchgeführt werden** kann.

☐ Eine genauere Darlegung der einzelnen Verfahrensschritte bis zur Abschiebung war entbehrlich, weil die Abschiebung mit **Sicherheitsbegleitung** erfolgen soll. In diesen Fällen ist ein Haftzeitraum von, wie hier, bis zu **sechs Wochen** zur Bewältigung des damit verbundenen organisatorischen Aufwandes stets angemessen, so dass dafür konkrete Darlegungen nicht erforderlich sind (stRspr BGH Beschl. v. 25.10.2022 – XIII ZB 44/20 – juris-Rn. 11; Beschl. v. 12.10.2021 – XIII ZB 110/19 – juris-Rn. 9). Dabei steht das Erfordernis der Sicherheitsbegleitung (→ Kap. 12 Rn. 67 ff.)

☐ aufgrund der **Auskunft der Bundespolizei** fest, die hierüber in eigener Zuständigkeit entscheidet, was durch das Haftgericht inhaltlich nicht kontrollierbar ist (BGH Beschl. v. 23.5.2019 – V ZB 236/17 – juris-Rn. 9).

☐ aufgrund der **Darlegungen des Antragstellers** fest, welchen sich das Gericht anschließt. (Insbes. aktuelle) Verurteilungen wegen Gewaltdelikten (BGH Beschl. v. 21.3.2019 – V ZB 91/18 – juris-Rn. 8), sonstigen Straftaten (BGH Beschl. v. 7.3.2019 – V ZB 176/18 – juris-Rn. 6) und Suizidgefahr (BGH Beschl. v. 14.4.2016 – V ZB 112/15 – juris-Rn. 18) sind hierfür hinreichend; ob Sicherheitsbegleitung in der Sache notwendig ist, ist haftgerichtlich nicht zu prüfen (BGH Beschl. v. 22.6.2021 – XIII ZB 59/20 – NJW 2021, 3402 – juris-Rn. 16 mwN).

bb) Anordnung über drei Monate hinaus (→ Kap. 2 Rn. 117 f.)

☐ Insofern konnte die Haft für bis zu sechs Monate (§ 64 Abs. 4 S. 1 AufenthG) angeordnet werden. Dies war ausnahmsweise (BGH Beschl. v. 17.5.2018 – V ZB 54/17 – InfAuslR 2018, 339 – juris-Rn. 7) möglich, da

☐ **Verzögerungsgründe** vorliegen, welche d. Betr. **zu vertreten** hat (vgl. BGH Beschl. v. 2.6.2016 – V ZB 26/16 – juris-Rn. 9). Das betrifft Umstände, die entweder zu einem temporären Hindernis geführt haben oder seiner Behebung entgegenstehen (BGH Beschl. v. 19.1.2017 – V ZB 99/16 – NVwZ 2017, 737 – juris-Rn. 6) und durch eine vom Willen d. Betr. abhängige pflichtwidrige Handlung verursacht wurden (vgl. BGH Beschl. v. 25.2.2010 – V ZA 2/10 – juris-Rn. 13). (→ Kap. 2 Rn. 117 f.)

Dies ist hier der Fall: ...

☐ bei d. Betr. ein **Fall des § 54 Abs. 1 Nr. 1 bis 1b oder Abs. 2 Nr. 1 oder 3 AufenthG** vorliegt und nicht Jugendstrafrecht angewendet wurde oder anzuwenden wäre.

Dies ist hier der Fall: ...

☐ von d. Betr. eine **erhebliche Gefahr** für Leib und Leben Dritter oder bedeutende Rechtsgüter der inneren Sicherheit ausgeht (§ 62 Abs. 3 S. 4 AufenthG).

Dies ist hier der Fall: ...

cc) Puffer für „allfällige Verzögerungen" (→ Kap. 12 Rn. 74)

☐ Die darüber hinausgehende Haftdauer begründet sich als **Puffer für allfällige Verzögerungen**. Ein solcher ist über den avisierten Abschiebungstermin hinaus bis zu sechs Tage zulässig, um Vorkehrung für Flug- oder sonstige Verzögerungen zu schaffen (BGH Beschl. v. 20.7.2021 – XIII ZB 98/19 – juris-Rn. 16).

c) Keine Unverhältnismäßigkeit

Die angeordnete Haft verstößt auch nicht gegen das aus Art. 2 Abs. 2 S. 2 GG folgende **Übermaßverbot**, da keine weniger rechtsbeeinträchtigenden Mittel als der Haftvollzug zur Sicherung der Ausreisepflicht ersichtlich sind.

☐ Insbesondere ist die Haft grundrechtlich angemessen, weil der Antragsteller die Abschiebung ernstlich und mit größtmöglicher **Beschleunigung** betreibt (vgl. BGH Beschl. v. 17.10.2013 – V ZB 172/12 – InfAuslR 2014, 52 – juris-Rn. 13). (→ Kap. 2 Rn. 144 ff.)

Soweit d. Betr. rügt, der Antragsteller hätte früher ... greift dies nicht durch, weil ...

☐ Insbesondere erfordert auch das Grundrecht des Art. 6 GG nicht, von der Haft abzusehen. **Ehe, Familie** bzw. gelebte **Eltern-Kind-Beziehung** begründen zuvörderst Abschiebungshindernisse und sind im Rahmen verwaltungsgerichtlichen Eilrechtsschutzes geltend zu machen (BGH Beschl. v. 6.12.2012 – V ZB 218/11 – InfAuslR 2013, 154 – juris-Rn. 10). Sie sind haftgerichtlich nur beachtlich, soweit sie spezifisch durch den Haftvollzug, also über die durch eine Abschiebung ohnehin erfolgende Trennung hinaus beeinträchtigt werden. (→ Kap. 2 Rn. 153 ff.)

Daran fehlt es hier, weil ...

☐ Insbesondere hindert die **Minderjährigkeit** d. Betr. die Haft nicht. Dabei hat das Gericht berücksichtigt, dass Haft gegen Minderjährige gem. § 62 Abs. 1 S. 3 AufenthG nur ausnahmsweise (BGH Beschl. v. 29.9.2010 – V ZB 233/10 – NVwZ 2011, 320 – juris-Rn. 9) und für den kürzestmöglichen Zeitraum (BGH Beschl. v. 12.2.2015 – V ZB 185/14 – NVwZ 2015, 840 – juris-Rn. 5) anzuordnen ist. (→ Kap. 2 Rn. 158 ff.)

Die tenorierte Haftdauer ist aber unter Berücksichtigung des Kindeswohls angemessen, da ... Der Sicherungszweck kann auch nicht durch zB Meldepflichten oder räumliche Beschränkungen (BGH Beschl. v. 29.9.2010 – V ZB 233/10 – NVwZ 2011, 320 – juris-Rn. 9) erreicht werden, weil ...

☐ Insbesondere sind keine **weniger rechtsbeeinträchtigenden Mittel** als der Haftvollzug zur Sicherung der Ausreisepflicht gleich erfolgversprechend und daher aus Sicht des Übermaßverbots sowie gem. § 61 Abs. 1 S. 1 AufenthG vorrangig zu wählen. Denn ...

d) **Einwendungen d. Betr. gegen die Abschiebung** (→ Kap. 2 Rn. 124)

☐ Die von d. Betr. erhobenen **Einwendungen** betreffen nicht die Haftanordnung als solche, sondern die Durchführung der Abschiebung. Sie sind damit haftgerichtlich nicht zu prüfen, sondern von d. Betr. ggf. im Wege verwaltungsgerichtlicher einstweiliger Rechtsschutzanträge geltend zu machen. Dies betrifft insbesondere

☐ den Vortrag, d. Betr. drohe im **Zielstaat** eine **menschenunwürdige Behandlung** (BGH Beschl. v. 29.4.2010 – V ZB 202/09 – juris-Rn. 11). (→ Kap. 2 Rn. 124)

☐ den Vortrag **fehlender Reisefähigkeit**. Das Bestehen von Reisefähigkeit ist gem. § 60c Abs. 2c S. 1 AufenthG zu vermuten. Das Gegenteil ist haftgerichtlich grds. nicht zu prüfen (BGH Beschl. v. 1.6.2017 – V ZB 163/15 – InfAuslR 2017, 380 – juris-Rn. 8). Anhaltspunkte dafür, dass etwaige Probleme nicht durch ärztliche Begleitung lösbar wären und damit die Durchführung hindern würden, bestehen nicht (vgl. zB zur Methadon-Substitution, LG Paderborn Beschl. v. 31.1.2018 – 5 T 29/18 – juris-Rn. 33; Sicherheitsbegleitung und ärztlicher Aufsicht wg. Suizidversuchs, BGH Beschl. v. 14.4.2016 – V ZB 112/15 – juris-Rn. 18). (→ Kap. 2 Rn. 124)

☐ die **Ankündigung** von **Suizid** bzw. **Selbstverletzung**. Dass sie durch die Haft bedingt wäre, ist nicht ersichtlich (☐ da d. Betr. sie schon durch seine Wortwahl auf die Rückkehr in den Zielstaat bezogen hat: ...). Als potenzielles Abschiebungshindernis ist sie allein durch die Verwaltungsgerichte zu beurteilen (BGH Beschl. v. 14.4.2016 – V ZB 112/15 – juris-Rn. 16). (→ Kap. 2 Rn. 124)

☐ die Rüge, die **Zielstaatsauswahl** sei **fehlerhaft**, da vorrangig ... als Zielstaat auszuwählen sei. Dies betrifft die inhaltliche Richtigkeit der Abschiebung und ist daher vor dem Verwaltungsgericht geltend zu machen (BGH Beschl. v. 31.8.2021 – XIII ZB 81/20 – NVwZ-RR 2022, 237 – juris-Rn. 8).

e) **Haftvollzug** (→ Kap. 2 Rn. 164 ff.)

Schließlich genügt der vom Antragsteller vorgesehene Haftvollzug auch den Voraussetzungen des **Trennungsgebotes** nach Art. 16 Abs. 1 Richtlinie 2008/115/EG. Gem. § 62a Abs. 1 S. 1 AufenthG findet die Unterbringung d. Betr. in ... und damit getrennt von Strafgefangenen statt.

☐ Insofern ist nicht die Unterbringung in einer speziellen Haftanstalt erforderlich. Denn soweit von einem Ausländer eine **erhebliche Gefahr** für Leib und Leben Dritter oder bedeutende Rechtsgüter der inneren Sicherheit ausgeht, kann die Unterbringung auch in einer **JVA**, getrennt von Strafgefangenen, vollzogen werden (§ 62a Abs. 1 S. 2 HS 2 AufenthG). Die Unionsrechtskonformität dieser Ausnahme ist geklärt (EuGH Urt. v. 2.7.2020 – C-18/19 – NVwZ 2020, 1821 – juris-Rn. 40). (→ Kap. 2 Rn. 171 ff.).

Hier geht von d. Betr. eine entsprechende Gefahr aus: ...

☐ Insbesondere genügt die Haftanstalt auch den aufgrund der **Minderjährigkeit** d. Betr. gesteigerten Anforderungen des § 62a Abs. 3 AufenthG. Insofern sind Gelegenheiten zu Freizeitbeschäftigungen einschließlich altersgerechter Spiel- und Erholungsmöglichkeiten und, nach je Aufenthaltsdauer, Zugang zur Bildung gegeben (Art. 17 Abs. 3 Richtlinie 2008/115/EG), bzw. für unbegleitete Minderjährige eine personell und materiell besondere Ausstattung (Art. 17 Abs. 4 Richtlinie 2008/115/EG). (→ Kap. 2 Rn. 175 f.)

Dies ist hier der Fall: ...

5.

a) **Nebenentscheidung: Einstweilige Anordnung** (→ Kap. 13 Rn. 103 ff.)

☐ Es besteht ein dringendes Bedürfnis für ein sofortiges Tätigwerden (§ 427 Abs. 1 S. 1 FamFG), da ohne die einstweilige Haftanordnung eine Flucht bzw. ein Untertauchen d. Betr. und damit die Unmöglichkeit der Sicherung einer Hauptsacheentscheidung zu erwarten ist. Über den Haftantrag kann auch noch nicht endgültig entschieden werden:

☐ Es fehlt noch die nach der Richtlinie 2008/115/EG notwendige **Rückkehrentscheidung**. (→ Kap. 13 Rn. 106)

☐ Es besteht nur eine **Notzuständigkeit** des Antragstellers gem. § ... VwVfG-Land iVm § 3 Abs. 4 VwVfG-Bund, so dass die Stellung des Hauptsache-Antrages der eigentlich zuständigen Behörde vorbehalten ist. (→ Kap. 13 Rn. 106)

☐ Die vom Betr. als **Verfahrensbevollmächtigte/r** bestellte Person konnte zum Termin nicht rechtzeitig erscheinen, weswegen eine nur vorläufige Entscheidung zur Wahrung der Verteidigungsrechte d. Betr. geboten ist. (→ Kap. 13 Rn. 112)

☐ Es sind für eine Hauptsache-Entscheidung noch **Zeugen** bzw. Beteiligte zu **hören**, was im Rahmen der gebotenen schnellen Entscheidung über die Haft noch nicht möglich war. (→ Kap. 13 Rn. 112)

☐ Es muss noch der Ausgang des beim **Verwaltungsgericht** ... anhängigen Verf. ... abgewartet werden. (→ Kap. 13 Rn. 112)

☐ Dem Antragsteller war daher aufzugeben, fehlende Aspekte zu beseitigen und Nachweise innerhalb der tenorierten Frist zur Akte zu reichen.

b) **Nebenentscheidung: Sofortige Wirksamkeit** (→ Kap. 13 Rn. 121 f.)

Die Anordnung der sofortigen Wirksamkeit beruht auf § 422 Abs. 2 S. 1 FamFG. Sie ist geboten, um den Zweck der Sicherungshaft sicherzustellen und den Beschluss vollziehen zu können. Würde der Beschluss erst mit Rechtskraft wirksam, wäre die Abschiebung ggf. in Frage gestellt.

c) Nebenentscheidung: Kosten (→ Kap. 13 Rn. 136)

Die Kostenentscheidung ergibt sich aus § 81 Abs. 1 FamFG und folgt im Rahmen des gerichtlichen Ermessens der Entscheidung in der Sache.

☐ Von der Auferlegung von **Dolmetscherkosten** ist gem. § 81 Abs. 1 S. 2 FamFG wegen Art. 6 Abs. 3 lit. e EMRK abgesehen worden (vgl. BGH Beschl. v. 25.1.2018 – V ZB 191/17 – NJW 2018, 219 – juris-Rn. 15). (→ Kap. 13 Rn. 143 f.)

d) Nebenentscheidung: Gegenstandswert-Festsetzung (→ Kap. 13 Rn. 149 ff.)

☐ Die Festsetzung des **Gegenstandswertes** von **5.000 Euro** folgt aus § 36 Abs. 3 GNotKG.

☐ Die Festsetzung des **Gegenstandswertes** folgt aus § 36 Abs. 2 GNotKG, wobei das Gericht im Rahmen des Ermessens **pro Tag angeordneter Haft** von einem Wert von **75 Euro** (vgl. § 7 Abs. 3 StrEG) ausgegangen ist.

V. Haftbeschluss (Ausreisegewahrsam)

In pp. 5

hat das Amtsgericht ..., Abt. ..., durch ... beschlossen:

1. **Gegen d. Betr. wird (☐ im Wege der einstweiligen Anordnung** → Kap. 13 Rn. 103 ff.) **Ausreisegewahrsam bis zum Ablauf des ... angeordnet.**
2. **Der Beschluss ist sofort wirksam.** (→ Kap. 13 Rn. 121 f.)
3. ☐ **Dem Antragsteller wird aufgegeben, ...** (→ Kap. 13 Rn. 124)

   ☐ **Zur Erfüllung der Auflage(n) wird eine Frist bis zum ... gesetzt.**
4. **Die Gerichtskosten und die notwendigen außergerichtlichen Kosten des Antragstellers trägt d. Betr.** (→ Kap. 13 Rn. 136)
   (☐ Dolmetscherkosten werden nicht erhoben. → Kap. 13 Rn. 143 f.**)**
5. **Der Wert des Verfahrens wird auf ... Euro festgesetzt.** (→ Kap. 13 Rn. 149 ff.)

Gründe

I.

Für die tatsächlichen Feststellungen wird auf den Gewahrsamsantrag, Bl. ... bis ... d.A., sowie die Sitzungsniederschrift vom heutigen Tage Bezug genommen. (→ Kap. 13 Rn. 160)

II.

Der tenorierte Gewahrsam war gegen d. Betr. anzuordnen, denn der Gewahrsamsantrag erfüllt die Zulässigkeitsvoraussetzungen des § 417 FamFG und ist auch begründet.

Obersatz-Variante: Hauptsache

☐ Gem. § 62b Abs. 1 AufenthG kann ein Ausländer zur Sicherung der Durchführbarkeit der Abschiebung bis zu zehn Tage in Gewahrsam genommen werden. Das setzt voraus, dass er ausreisepflichtig ist (§ 50 AufenthG, dazu 1.), die Vollstreckungsvoraussetzungen gegeben sind (dazu 2.) und die Anforderungen des § 62b AufenthG erfüllt sind (dazu 3.).

Obersatz-Variante: einstweilige Anordnung

☐ Nach § 427 Abs. 1 FamFG ist eine einstweilige Freiheitsentziehung anzuordnen, wenn dringende Gründe für die Annahme vorhanden sind, dass in der Hauptsache Ausreisegewahrsam anzuordnen sein wird und ein dringendes Bedürfnis für ein sofortiges Tätigwerden besteht. Gem. § 62b Abs. 1 AufenthG kann ein Ausländer zur Sicherung der Durchführbarkeit der Abschiebung bis zu zehn Tage in Gewahrsam genommen werden. Das setzt voraus, dass er ausreisepflichtig ist (§ 50 AufenthG, dazu 1.), die Vollstreckungsvoraussetzungen gegeben sind (dazu 2.) und die Anforderungen des § 62b AufenthG erfüllt sind (dazu 3.). Eine Entscheidung in der Hauptsache ist auch (noch) nicht möglich (dazu 4.).

Diese Voraussetzungen liegen vor.

1.

D. Betr. ist **vollziehbar ausreisepflichtig.**

Vgl. Beschluss Sicherungshaft (→ Rn. 4)

2.

Die Ausreisepflicht ist auch **vollstreckbar.**

Vgl. Beschluss Sicherungshaft (→ Rn. 4)

3.

Die Voraussetzungen für die Anordnung von Ausreisegewahrsam liegen (☐ nach summarischer Prüfung) vor.

a) Ablauf der Ausreisepflicht (→ Kap. 3 Rn. 5)

Dafür ist es nach § 62b Abs. 1 S. 1 Nr. 1 AufenthG erforderlich, dass die **Ausreisefrist abgelaufen** ist, es sei denn, der Ausländer ist unverschuldet an der Ausreise gehindert oder die Überschreitung der Ausreisefrist ist nicht erheblich. Hier wurde d. Betr. eine Ausreisefrist bis zum ... gesetzt, die nunmehr abgelaufen ist. Die Fristüberschreitung ist mit ... auch erheblich. Dies ist ab einer Überschreitung von etwa einem Drittel der gesetzten Frist bzw. ab zehn Tagen anzunehmen (*Kaniess* Abschiebungshaft-HdB, 2. Aufl. 2024, Kap. 3 Rn. 5 mwN). Gründe für eine unentschuldigte Fristversäumung, wie beispielsweise eine die Ausreise hindernde Erkrankung, sind nicht ersichtlich.

b) Durchführbarkeit der Abschiebung

aa) Dauer des Abschiebungsverfahrens (→ Kap. 3 Rn. 6, 16)

Darüber hinaus steht gem. § 62b Abs. 1 S. 1 Nr. 2 AufenthG fest, dass die Abschiebung innerhalb der tenorierten Frist durchgeführt werden kann. Dies schließt das Gericht aus den schlüssigen Darlegungen des Antragstellers, die es anhand der im Wege eigener Amtsermittlung (§ 26 FamFG) nachvollzogenen **Prognose** nachvollzogen hat. Insofern hat der Antragsteller hinreichend detailliert zu den einzelnen Verfahrensschritten, Transportmitteln und dem Zeitrahmen des Organisationsaufwandes vorgetragen. Die vom Antragsteller vorgelegten Unterlagen bzw. referenzierten Beispielsfälle fügen sich in das Gesamtbild ein und es sind keine Anhaltspunkte ersichtlich, die Zweifel an der Zeitdauer oder einzelnen Verfahrensschritten bzw. die Erwartung einer früher möglichen Abschiebung begründen würden.

bb) **Einvernehmen der Staatsanwaltschaft** (→ Kap. 3 Rn. 16)

☐ Der Durchführbarkeit der Abschiebung steht auch nicht § 72 Abs. 4 AufenthG entgegen. Zwar darf danach ein Ausländer, gegen den **Ermittlungsverfahren** laufen, grds. nur im Einvernehmen mit der zuständigen Staatsanwaltschaft abgeschoben werden. Hier laufen zwar Ermittlungsverfahren gegen d. Betr., wobei für die Auflistung auf S. ... des Haftantrages Bezug genommen wird.

☐ Auf d. dort aufgeführte(n) bestehende(n) **Einverständnis(se)** wird verwiesen.

☐ Das Einverständnis bzgl. d. Verf. ... ist gem. § 72 Abs. 4 S. 3 ff. nicht erforderlich, da nur ein **geringes Strafverfolgungsinteresse** besteht. Gegenständlich ist nämlich ein Vorwurf des § ..., welcher in dem entsprechenden Katalog des § 72 Abs. 4 S. 4 f. AufenthG genannt ist. Dabei ist die Norm auch nicht mehrfach verletzt worden (Tatmehrheit, § 53 StGB) und es wurde kein Strafantrag gestellt.

☐ Das Einverständnis bzgl. d. Verf. ... ist durch die **Generalstaatsanwaltschaft** ... mit Verfügung vom ... **generell erteilt** worden.

☐ Mit der noch ausstehenden Erteilungen des Einvernehmens ist nach den Darlegungen des Antragstellers, denen sich das Gericht aufgrund deren Schlüssigkeit und eigener Sachkunde aus früheren Verfahren anschließt, **innerhalb der Gewahrsamszeit zu rechnen**. Anders als nach früherer Rspr. ist hindert eine solche (positive) Prognose auch keine Entscheidung in der Hauptsache (BGH Beschl. v. 12.2.2020 – XIII ZB 15/19 – juris-Rn. 10 ff., 19 f.).

c) **Gewahrsamsgrund** (→ Kap. 3 Rn. 7 ff.)

Schließlich hat d. Betr. nach § 62b Abs. 1 S. 1 Nr. 3 AufenthG auch ein Verhalten gezeigt, das erwarten lässt, dass die Abschiebung dadurch erschwert oder vereitelt wird. Dies ist hier zu vermuten, denn

aa) **Mitwirkungspflichten verletzt** (→ Kap. 3 Rn. 10)

☐ nach lit. a der Norm hat d. Betr. die gesetzlichen Mitwirkungspflichten verletzt. Dabei umfasst die Norm insbesondere die aus §§ 49, 82 AufenthG folgenden Pflichten zur Mitwirkung bei der Pass(ersatz)beschaffung und Erscheinen zu Abschiebungsterminen (BGH Beschl. v. 20.4.2018 – V ZB 226/17 – NVwZ-RR 2018, 746 – juris-Rn. 9). Erforderlich ist eine schuldhafte (BGH Beschl. v. 20.4.2018 – V ZB 226/17 – NVwZ-RR 2018, 746 – juris-Rn. 10), aber nicht notwendig wiederholte Verletzung (BT-Drs. 19/10047, S. 45). Wegen des aus dem Übermaßverbot folgenden Vorrangs der Verwaltungsvollstreckung sind Verzögerungen, welche die konkrete Maßnahme nicht in Frage stellen, unerheblich.

Die Voraussetzungen liegen vor: D. Betr. hat entgegen ... nicht ... Dies war auch schuldhaft, weil ... Auch durch Vollstreckungsmaßnahmen ließe sich diese Pflichtverletzung nicht hinreichend kompensieren, da sie insbesondere wegen der Unsicherheit des Erfolges die Durchführung der konkreten Abschiebung nicht nur verzögern, sondern prognostisch verhindern könnte.

bb) **Täuschung über Identität, Staatsangehörigkeit** (→ Kap. 3 Rn. 11)

☐ nach lit. b der Norm hat d. Betr. über seine Identität oder Staatsangehörigkeit getäuscht. Die Täuschung war auch aktuell genug, um der Norm zu unterfallen, da sie mindestens eine Erschwerung der derzeitigen Abschiebung befürchten lässt (*Kaniess* Abschiebungshaft-HdB, 2. Aufl. 2024, Kap. 3 Rn. 11).

Die Angabe d. Betr., ..., trifft nach den durchgeführten Ermittlungen nicht zu. Diese für das ausländerrechtliche Verfahren wegen ... erhebliche Falschangabe indiziert prognostisch, dass d. Betr. nicht an einer wahrheitsgemäßen Verfahrensabwicklung interessiert ist, sondern sich ein Aufenthaltsrecht erschleichen und die Abschiebung vereiteln will.

cc) **Verurteilung Vorsatztat** (→ Kap. 3 Rn. 12)

☐ nach lit. c der Norm ist d. Betr. wegen einer im Bundesgebiet begangenen vorsätzlichen Straftat zu einer Geldstrafe von mehr als 50 Tagessätzen verurteilt worden, nämlich durch Urteil des ... (Az. ...) wegen ... zu ...

Die Norm ist richtlinienkonform gem. Art. 15 Abs. 1 lit. b Richtlinie 2008/115/EG und im systematischen Kontext dahin gehend auszulegen, dass nicht jede Verurteilung genügt; vielmehr muss die konkret abgeurteilte Tat, ggf. auch durch die Mehrzahl von Taten, nahe legen, dass der d. Betr. den Anforderungen der Rechtsordnung und damit auch des ausländerrechtlichen Verfahrens mindestens gleichgültig gegenübersteht und daher prognostisch nicht zu erwarten ist, er werde sich für die Abschiebung verfügbar halten.

Dies ist hier der Fall: ...

dd) **Fristüberschreitung um mehr als 30 Tage** (→ Kap. 3 Rn. 13)

☐ nach lit. d der Norm hat d. Betr. die Ausreisefrist um mehr als 30 Tage überschritten.

d) **Fehlende Entziehungsabsicht** (→ Kap. 3 Rn. 7)

Von der Gewahrsamsanordnung ist auch nicht gem. § 62b Abs. 1 S. 2 AufenthG abzusehen, denn es ist weder glaubhaft gemacht, noch offensichtlich, dass sich d. Betr. der **Abschiebung nicht entziehen** will.

e) **Gerichtliches Ermessen** (→ Kap. 3 Rn. 14 f.)

Die Anordnung ist auch **ermessensgerecht**. Dabei hat das Gericht das aus Art. 2 Abs. 2 S. 2 GG folgende Übermaßverbot beachtet. Insofern sind weniger rechtsbeeinträchtigende Maßnahmen für eine vergleichbar effektive Sicherung der Abschiebung nicht ersichtlich. Auch im Einzelfall überwiegt das Interesse am Vollzug der zügigen Umsetzung der Ausreisepflicht die Interessen d. Betr. Dabei hat das Gericht in seine Abwägung ua einbezogen, dass ...

☐ **Minderjährige** und Familien mit Minderjährigen gem. §§ 62b Abs. 4, 62 Abs. 1 S. 3 AufenthG nur in besonderen Ausnahmefällen und nur so lange in Gewahrsam genommen werden dürfen, wie es unter Berücksichtigung des Kindeswohls angemessen ist.

Dies ist hier der Fall: ...

f) **Hinreichender Vollzug des Gewahrsams** (→ Kap. 3 Rn. 17 ff.)

Der Vollzug des Gewahrsams genügt den Voraussetzungen des § 62b Abs. 2 AufenthG. Es ist sichergestellt, dass dieser im **Transitbereich** eines Flughafens oder in einer **Unterkunft** vollzogen wird, von der aus die jederzeitige freiwillige Ausreise d. Betr. (BGH Beschl. v. 23.2.2021 – XIII ZB 50/20 – InfAuslR 2021, 339 – juris-Rn. 17) ohne Zurücklegen einer größeren Entfernung möglich ist. Dem unterfällt der Nahbereich von Flughäfen bzw. Grenzübergangsstellen mit einer Fahrzeit von bis zu einer Stunde (BGH Beschl. v. 10.11.2020 – XIII ZB 25/20 – juris-Rn. 19), also auch die hier vorgesehene Gewahrsamsstelle ...

4.

a) **Nebenentscheidung: Einstweilige Anordnung** (→ Kap. 13 Rn. 103 ff.)

☐ Es besteht ein dringendes Bedürfnis für ein sofortiges Tätigwerden (§ 427 Abs. 1 S. 1 FamFG), da ohne die einstweilige Gewahrsamsanordnung eine Flucht bzw. ein Untertauchen d. Betr. und damit die Unmöglichkeit der Sicherung einer Hauptsacheentscheidung zu erwarten ist. Über den Gewahrsam kann auch noch nicht endgültig entschieden werden:

☐ Es fehlt noch die nach der Richtlinie 2008/115/EG notwendige **Rückkehrentscheidung**. (→ Kap. 13 Rn. 106)

☐ Es besteht nur eine **Notzuständigkeit** des Antragstellers gem. § ... VwVfG-Land iVm § 3 Abs. 4 VwVfG-Bund, so dass die Stellung des Hauptsache-Antrages der eigentlich zuständigen Behörde vorbehalten ist. (→ Kap. 13 Rn. 106)

☐ Die vom Betr. als **Verfahrensbevollmächtigte/r** bestellte Person konnte zum Termin nicht rechtzeitig erscheinen, weswegen eine nur vorläufige Entscheidung zur Wahrung der Verteidigungsrechte d. Betr. geboten ist. (→ Kap. 13 Rn. 112)

☐ Es sind für eine Hauptsache-Entscheidung noch **Zeugen** bzw. Beteiligte zu **hören**, was im Rahmen der gebotenen schnellen Entscheidung über die Haft noch nicht möglich war. (→ Kap. 13 Rn. 112)

☐ Es muss noch der Ausgang des beim **Verwaltungsgericht** ... anhängigen Verf. ... abgewartet werden. (→ Kap. 13 Rn. 112)

☐ Dem Antragsteller war daher aufzugeben, fehlende Aspekte zu beseitigen und Nachweise innerhalb der tenorierten Frist zur Akte zu reichen.

b) **Nebenentscheidung: Sofortige Wirksamkeit** (→ Kap. 13 Rn. 121 f.)

Die Anordnung der sofortigen Wirksamkeit beruht auf § 422 Abs. 2 S. 1 FamFG. Sie ist geboten, um den Zweck des Gewahrsams sicherzustellen und den Beschluss vollziehen zu können. Würde der Beschluss erst mit Rechtskraft wirksam werden, wäre die Abschiebung ggf. in Frage gestellt.

c) Nebenentscheidung: Kosten (→ Kap. 13 Rn. 136)

Die Kostenentscheidung ergibt sich aus § 81 Abs. 1 FamFG und folgt im Rahmen des gerichtlichen Ermessens der Entscheidung in der Sache.

☐ Von der Auferlegung von **Dolmetscherkosten** ist gem. § 81 Abs. 1 S. 2 FamFG wegen Art. 6 Abs. 3 lit. e EMRK abgesehen worden (vgl. BGH Beschl. v. 25.1.2018 – V ZB 191/17 – NJW 2018, 219 – juris-Rn. 15). (→ Kap. 13 Rn. 143 f.)

d) Nebenentscheidung: Gegenstandswert-Festsetzung (→ Kap. 13 Rn. 149 ff.)

☐ Die Festsetzung des **Gegenstandswertes** von **5.000 Euro** folgt aus § 36 Abs. 3 GNotKG.

☐ Die Festsetzung des **Gegenstandswertes** folgt aus § 36 Abs. 2 GNotKG, wobei das Gericht im Rahmen des Ermessens **pro Tag angeordneter Haft** von einem Wert von **75 Euro** (vgl. § 7 Abs. 3 StrEG) ausgegangen ist.

VI. Haftbeschluss (Vorbereitungshaft)

6 In pp.

hat das Amtsgericht ..., Abt. ..., durch ... beschlossen:

1. **Gegen d. Betr. wird (☐ im Wege der einstweiligen Anordnung** → Kap. 13 Rn. 103 ff.)
   Haft zur Vorbereitung der
   ☐ Ausweisung
   ☐ Abschiebungsanordnung
   bis zum Ablauf des ... angeordnet.
2. **Der Beschluss ist sofort wirksam.** (→ Kap. 13 Rn. 121 f.)
3. **Die Gerichtskosten und die notwendigen außergerichtlichen Kosten des Antragstellers trägt d. Betr.** (→ Kap. 13 Rn. 136)
   (☐ Dolmetscherkosten werden nicht erhoben. → Kap. 13 Rn. 143 f.)
4. **Der Wert des Verfahrens wird auf ... Euro festgesetzt.** (→ Kap. 13 Rn. 149 ff.)

Gründe

I.

Für die tatsächlichen Feststellungen wird auf den Haftantrag, Bl. ... bis ... d.A., sowie die Sitzungsniederschrift vom heutigen Tage Bezug genommen. (→ Kap. 13 Rn. 160)

II.

Die tenorierte Haft war gegen d. Betr. anzuordnen, denn der Haftantrag erfüllt die Zulässigkeitsvoraussetzungen des § 417 FamFG und ist auch begründet.

Obersatz-Variante: Hauptsache

☐ Nach § 62 Abs. 2 S. 1 AufenthG ist ein Ausländer zur Vorbereitung der Ausweisung oder der Abschiebungsanordnung nach § 58a AufenthG in Haft zu nehmen, wenn über deren Erlass nicht sofort entschieden werden kann (dazu 1.), die Abschiebung ohne die Inhaftnahme wesentlich erschwert oder vereitelt würde (dazu 2.) und der Haft keine Gründe entgegenstehen (dazu 3.).

Obersatz-Variante: einstweilige Anordnung

☐ Nach § 427 Abs. 1 FamFG ist eine einstweilige Freiheitsentziehung anzuordnen, wenn dringende Gründe für die Annahme vorhanden sind, dass in der Hauptsache Vorbereitungshaft anzuordnen sein wird und ein dringendes Bedürfnis für ein sofortiges Tätigwerden besteht. Nach § 62 Abs. 2 S. 1 AufenthG ist ein Ausländer zur Vorbereitung der Ausweisung oder der Abschiebungsanordnung nach § 58a AufenthG in Haft zu nehmen, wenn über deren Erlass nicht sofort entschieden werden kann (dazu 1.), die Abschiebung ohne die Inhaftnahme wesentlich erschwert oder vereitelt würde (dazu 2.) und der Haft keine Gründe entgegenstehen (dazu 3.). Eine Entscheidung in der Hauptsache ist auch (noch) nicht möglich (dazu 4.).

Diese Voraussetzungen liegen vor.

1.

Der Erlass einer Ausweisung oder Abschiebungsanordnung gem. § 58a AufenthG ist rechtlich möglich, kann aber derzeit noch nicht verfügt werden

a) **Rechtliche Möglichkeit** (→ Kap. 4 Rn. 3 ff.)

Dabei ist haftgerichtlich entscheidend, ob nach Aktenlage dem Erlass eines solchen Bescheides (offensichtliche) Rechtsfehler entgegenstünden. Das ist nicht der Fall.

aa) **Ausweisung** (→ Kap. 4 Rn. 5 f.)

☐ Die Voraussetzungen für eine Ausweisung gem. §§ 53 ff. AufenthG sind nach den **Darlegungen im Haftantrag**, die das Gericht im Wege der Amtsermittlung (§ 26 FamFG) nach eigener Prüfung nachvollzogen hat, voraussichtlich gegeben.

Der **Anwendungsbereich** der Normen ist eröffnet.

Es besteht **kein Ausweisungsschutz** nach § 53 Abs. 3 ff. AufenthG.

Die **Ausweisungsinteressen** können gem. § 54 AufenthG anhand der Kataloge des Abs. 1 und 2 ermittelt und gewichtet werden. Vorliegend ...

Es besteht eine **Gefahr für die öffentliche Sicherheit oder Ordnung**, die freiheitlich demokratische Grundordnung oder sonst erhebliche Interessen der Bundesrepublik Deutschland, § 53 Abs. 1 AufenthG. Vorliegend ...

Die **Bleibeinteressen** können gem. § 55 AufenthG anhand der Kataloge des Abs. 1 und 2 ermittelt und gewichtet werden. Vorliegend ...

Der **Interessenabwägung** zulasten d. Betr. unter Berücksichtigung aller Umstände des Einzelfalles (§ 53 Abs. 1 und 2 AufenthG) stehen nach den im Haftantrag enthaltenen Darlegungen keine durchgreifenden Bedenken entgegen. Insbesondere sind die in Abs. 2 benannten Abwägungspunkte beachtet, ebenso die Kriterien des EGMR (Urteile vom 2.8.2001 – 54273/00 [Boultif] – InfAuslR 2001, 476 und vom 5.7.2005 – 46410/99 [Üner] – InfAuslR 2005, 450) und das Übermaßverbot (BVerwG Urt. v. 22.2.2017 – 1 C 3/16 – BVerwGE 157, 325 – juris-Rn. 21).

bb) **Abschiebungsanordnung § 58a AufenthG** (→ Kap. 4 Rn. 7 f.)

☐ Die Voraussetzungen für eine Abschiebungsanordnung gem. § 58a AufenthG sind nach den **Darlegungen im Haftantrag**, die das Gericht im Wege der Amtsermittlung (§ 26 FamFG) nach eigener Prüfung nachvollzogen hat, voraussichtlich gegeben.

Der **Anwendungsbereich** der Norm ist eröffnet.

☐ Die **Sicherheit der Bundesrepublik Deutschland** ist betroffen. Diese umfasst die innere wie äußere Sicherheit, also den Bestand und die Funktionstüchtigkeit des Staates und seiner Einrichtungen. Das Schutzgut wird durch Gewalteinwirkungen und Gewaltdrohungen auf staatliche Funktionen und Gewaltanschläge gegen Unbeteiligte zum Zwecke der Verbreitung allgemeiner Unsicherheit berührt (BVerwG Beschl. v. 25.6.2019 – 1 VR 1/19 – juris-Rn. 9; Urt. v. 22.8.2017 – 1 A 3/17 – BVerwGE 159, 296 – juris-Rn. 21).

Für das Schutzgut besteht eine auf Tatsachen gestützte **besondere Gefahr**, also eine Sachlage, die bei ungehinderter Fortentwicklung typischerweise zu gewichtigen Tathandlungen und erheblichen Schäden führen wird. Dabei müssen Anhaltspunkte für ein beachtliches **Risiko** in der **Person** d. Betr. vorliegen, das jederzeit in eine konkrete Gefahr umschlagen kann, wenn nicht eingeschritten wird (vgl. BVerwG Urt. v. 22.8.2017 – 1 A 3/17 – BVerwGE 159 – juris-Rn. 25).

Dies ist hier der Fall, weil ...

☐ Es liegt eine **terroristische Gefahr** vor. Eine solche ist gegeben, wenn politische oder ideologische Ziele unter Einsatz gemeingefährlicher Waffen oder durch Angriffe auf das Leben Unbeteiligter verfolgt werden (BVerwG Beschl. v. 25.6.2019 – 1 VR 1/19 – juris-Rn. 11; Urt. v. 25.10.2011 – 1 C 13/10 – BVerwGE 141, 100 – juris-Rn. 19 mwN). Dabei genügt bereits die Anwesenheit von Terroristen im Bundesgebiet, weil dies die Sicherheitsinteressen der Staatengemeinschaft insgesamt, beeinträchtigt (BVerwG Urt. v. 6.2.2019 – 1 A 3/18 – NVwZ-RR 2019, 738 – juris-Rn. 31).

Dabei müssen Anhaltspunkte für ein beachtliches **Risiko** in der **Person** d. Betr. vorliegen, das jederzeit in eine konkrete Gefahr umschlagen kann, wenn nicht eingeschritten wird (vgl. BVerwG Urt. v. 22.8.2017 – 1 A 3/17 – BVerwGE 159 – juris-Rn. 25). Ein solches Risiko ist gegeben, wenn sich d. Betr. in hohem Maße mit einer **militanten, gewaltbereiten Auslegung des Islam** identifiziert, den Einsatz von Gewalt zur Durchsetzung dieser radikal-islamischen Auffassung für gerechtfertigt und die Teilnahme am sog. Jihad als verpflichtend ansieht (vgl. BVerwG Beschl. v. 25.6.2019 – 1 VR 1/19 – juris-Rn. 12 f.; Beschl. v. 19.9.2017 – 1 VR 8/17 – juris-Rn. 18).

Dies ist hier der Fall: ...

Der Erlass einer Abschiebungsanordnung wäre auch **nicht** offensichtlich **ermessensfehlerhaft** (§ 114 VwGO). Da der Schutz der Allgemeinheit vor Anschlägen zu den wichtigsten öffentlichen Aufgaben zählt, rechtfertigt er regelmäßig auch sehr weitreichende Eingriffe in die Rechte Einzelner (BVerwG Urt. v. 21.8.2018 – 1 A 16/17 – juris-Rn. 83), so dass Fehler hier nicht ersichtlich sind.

☐ Die von d. Betr. erhobenen Bedenken gegen die **Verfassungsmäßigkeit** der Norm teilt das Gericht nicht, denn die Verfassungskonformität ist höchstrichterlich geklärt (BVerwG Beschl. v. 21.3.2017 – 1 VR 2/17 – BVerwGE 158, 249 – juris-Rn. 7 ff.; BVerfG Beschl. v. 24.7.2017 – 2 BvR 1487/17 – NVwZ 2017, 1526 – juris-Rn. 20).

b) **Zu erwartender Erlass** (→ Kap. 4 Rn. 9 ff.)

Die behördliche Entscheidung ist **nicht sofort möglich**, weil (→ Kap. 4 Rn. 9)

☐ noch Zeit zum Abfassen der Entscheidung benötigt wird.

☐ noch folgende Ermittlungen nötig sind: ...

☐ ...

Der Erlass ist aber **mit hoher Wahrscheinlichkeit zu erwarten**, weil (→ Kap. 4 Rn. 10)

☐ der Antragsteller als **zuständige Behörde** detailliert dargelegt hat, inwiefern er selbst das Verwaltungsverfahren (§ 9 VwVfG) zum Bescheiderlass bereits eingeleitet hat, in welchem Verfahrensstadium es sich befindet und wie weit der Entscheidungsprozess mit welchem aktuell zu erwartenden Ergebnis fortgeschritten ist.

☐ der Antragsteller die **Verwaltungspraxis** der für den Bescheiderlass zuständigen weiteren Behörde detailliert dargelegt und damit schlüssig ausgeführt hat, welche Wahrscheinlichkeit für eine entsprechende Verfügung besteht. Danach ...

☐ ...

2.

Die Abschiebung würde ohne die Inhaftnahme wesentlich erschwert oder vereitelt. Anhand **konkreter Verdachtsmomente** (vgl. OLG Zweibrücken Beschl. v. 9.12.2003 – 3 W 247/03 – FGPrax 2004, 95 – juris-Rn. 9) ist ersichtlich, dass d. Betr. versucht, die **Abschiebung zu verhindern** (vgl. AG Hannover Beschl. v. 16.12.2005 – 44 XIV 301/05 – NdsRpfl 2006, 93 – juris-Rn. 9).

a) **Indizwirkung der Sicherungshaft** (→ Kap. 4 Rn. 12)

☐ Dies ergibt sich bereits daraus, dass d. Betr. die Voraussetzungen der **Fluchtgefahr** gem. § 62 Abs. 3 S. 1 Nr. 1 AufenthG erfüllt. Die dort benannten Fälle haben Indizwirkung für die hier gegenständliche Vorbereitungshaft (OLG Bayern Beschl. v. 1.6.2001 – 3Z BR 110/01 – InfAuslR 2001, 445 – juris-Rn. 15).

Danach ... *vgl. Beschluss Sicherungshaft* (→ Rn. 4)

b) **Indizwirkung Überwachungsbedürftigkeit** (→ Kap. 4 Rn. 13)

☐ Konkrete Verdachtsmomente bestehen gem. § 58 Abs. 3 AufenthG. Soweit eine **Überwachungsbedürftigkeit** der Abschiebung besteht, ist regelmäßig die Gefahr einer Vereitelung der Abschiebung gegeben (*Kaniess* Abschiebungshaft-HdB, 2. Aufl. 2024, Kap. 4 Rn. 13). Insofern ist

☐ d. Betr. aufgrund richterlicher Anordnung in Haft oder sonstigem öffentlichen Gewahrsam aufhältlich (§ 58 Abs. 3 Nr. 1 AufenthG).

☐ aufgrund eines besonders schwerwiegenden Ausweisungsinteresses nach §§ 54 Abs. 1, 53 AufenthG mit einer Ausweisung d. Betr. zu rechnen (§ 58 Abs. 3 Nr. 3 AufenthG).

☐ d. Betr. mittellos (§ 58 Abs. 3 Nr. 4 AufenthG).

☐ d. Betr. nicht in Besitz eines Passes oder Passersatzes (§ 58 Abs. 3 Nr. 5 AufenthG).

☐ d. Betr. gegenüber der Ausländerbehörde durch unrichtige Angaben zum Zweck der Täuschung oder die Verweigerung von Angaben in Erscheinung getreten (§ 58 Abs. 3 Nr. 6 AufenthG).

☐ d. Betr. erkennbar durch sein Verhalten zur freiwilligen Erfüllung der Ausreisepflicht nicht bereit (§ 58 Abs. 3 Nr. 7 AufenthG).

c) **Gesamtabwägung** (→ Kap. 4 Rn. 12)

Im Rahmen der nötigen **Gesamtabwägung** ergibt sich damit eine Vereitelungs- bzw. Fluchtprognose. Es ist überwiegend wahrscheinlich, dass sich d. Betr. durch Flucht, Untertauchen oder sonstige Maßnahmen der Abschiebung entziehen wird. Insbesondere ...

3.

a) **Nebenentscheidung: Einstweilige Anordnung** (→ Kap. 13 Rn. 103 ff.)

☐ Es besteht ein dringendes Bedürfnis für ein sofortiges Tätigwerden (§ 427 Abs. 1 S. 1 FamFG), da ohne die einstweilige Haftanordnung eine Flucht bzw. ein Untertauchen d. Betr. und damit die Unmöglichkeit der Sicherung einer Hauptsacheentscheidung zu erwarten ist. Über den Haftantrag kann auch noch nicht endgültig entschieden werden:

☐ Es besteht nur eine **Notzuständigkeit** des Antragstellers gem. § ... VwVfG-Land iVm § 3 Abs. 4 VwVfG-Bund, so dass die Stellung des Hauptsache-Antrages der eigentlich zuständigen Behörde vorbehalten ist. (→ Kap. 13 Rn. 106)

☐ Die vom Betr. als **Verfahrensbevollmächtigte/r** bestellte Person konnte zum Termin nicht rechtzeitig erscheinen, weswegen eine nur vorläufige Entscheidung zur Wahrung der Verteidigungsrechte d. Betr. geboten ist. (→ Kap. 13 Rn. 112)

☐ Es sind für eine Hauptsache-Entscheidung noch **Zeugen** bzw. Beteiligte zu **hören**, was im Rahmen der gebotenen schnellen Entscheidung über die Haft noch nicht möglich war. (→ Kap. 13 Rn. 112)

☐ Es muss noch der Ausgang des beim **Verwaltungsgericht** ... anhängigen Verf. ... abgewartet werden. (→ Kap. 13 Rn. 112)

b) **Haftzeitraum** (→ Kap. 4 Rn. 15 ff.)

Die angeordnete Haftdauer ist auf den **kürzestmöglichen Zeitraum** (BGH Beschl. v. 9.2.2012 – V ZB 305/10 – juris-Rn. 14) beschränkt. Dabei stellt eine Dauer von sechs Wochen gem. § 62 Abs. 2 S. 2 AufenthG denjenigen Zeitraum dar, binnen dessen grds. mit dem Erlass des og Bescheides zu rechnen sein muss (BGH Beschl. v. 9.2.2012 – V ZB 305/10 – juris-Rn. 14; Beschl. v. 12.7.2013 – V ZB 92/12 – InfAuslR 2013, 279 – juris-Rn. 8). Der Zeitraum kann in atypischen Fällen auch (jedenfalls geringfügig) überschritten werden (OLG Bayern Beschl. v. 25.11.1993 – 3Z BR 262/93 – NVwZ 1994, 726 – juris-Rn. 7, direkt zitiert von BGH Beschl. v. 9.2.2012 – V ZB 305/10 – juris-Rn. 14).

Nach diesem Maßstab ist daher in der tenorierten Haftzeit mit dem Erlass des Bescheides zu rechnen. Der Antragsteller hat schlüssig und hinreichend detailliert dargelegt, welche **Verfahrensschritte** bis zum Erlass erforderlich sind und welche Zeit diese voraussichtlich in Anspruch nehmen werden. Die Haftzeit ist daher erforderlich, um den Bescheiderlass organisatorisch vorzubereiten, wie das Gericht anhand der im Wege eigener Amtsermittlung (§ 26 FamFG) nachvollzogenen **Prognose** des Antragstellers ermittelt hat.

c) **Haftausschließungsgründe**

Die angeordnete Haft verstößt auch nicht gegen das aus Art. 2 Abs. 2 S. 2 GG folgende **Übermaßverbot**, da keine weniger rechtsbeeinträchtigenden Mittel als der Haftvollzug zur Sicherung des Bescheiderlasses und Vorbereitung der Abschiebung ersichtlich sind.

d) **Nebenentscheidung: Sofortige Wirksamkeit** (→ Kap. 13 Rn. 121 f.)

Die Anordnung der sofortigen Wirksamkeit beruht auf § 422 Abs. 2 S. 1 FamFG. Sie ist geboten, um den Zweck der Vorbereitungshaft sicherzustellen und den Beschluss vollziehen zu können. Würde der Beschluss erst mit Rechtskraft wirksam werden, wäre die Vorbereitung der Abschiebung ggf. in Frage gestellt.

e) **Nebenentscheidung: Kosten** (→ Kap. 13 Rn. 136)

Die Kostenentscheidung ergibt sich aus § 81 Abs. 1 FamFG und folgt im Rahmen des gerichtlichen Ermessens der Entscheidung in der Sache.

☐ Von der Auferlegung von **Dolmetscherkosten** ist gem. § 81 Abs. 1 S. 2 FamFG wegen Art. 6 Abs. 3 lit. e EMRK abgesehen worden (vgl. BGH Beschl. v. 25.1.2018 – V ZB 191/17 – NJW 2018, 219 – juris-Rn. 15). (→ Kap. 13 Rn. 143 f.)

f) **Nebenentscheidung: Gegenstandswert-Festsetzung** (→ Kap. 13 Rn. 149 ff.)

☐ Die Festsetzung des **Gegenstandswertes** von **5.000 Euro** folgt aus § 36 Abs. 3 GNotKG.

☐ Die Festsetzung des **Gegenstandswertes** folgt aus § 36 Abs. 2 GNotKG, wobei das Gericht im Rahmen des Ermessens **pro Tag angeordneter Haft** von einem Wert von **75 Euro** (vgl. § 7 Abs. 3 StrEG) ausgegangen ist.

VII. Haftbeschluss ([Ergänzende] Vorbereitungshaft)

In pp. 7

hat das Amtsgericht ..., Abt. ..., durch ... beschlossen:

1. **Gegen d. Betr. wird (☐ im Wege der einstweiligen Anordnung** → Kap. 13 Rn. 103 ff.) **Haft zur Vorbereitung der Abschiebungsandrohung bis zum Ablauf des ... angeordnet.**
2. **Der Beschluss ist sofort wirksam.** (→ Kap. 13 Rn. 121 f.)
3. ☐ **Dem Antragsteller wird aufgegeben, ...** (→ Kap. 13 Rn. 124)

   ☐ **Zur Erfüllung der Auflage(n) wird eine Frist bis zum ... gesetzt.**

4. **Die Gerichtskosten und die notwendigen außergerichtlichen Kosten des Antragstellers trägt d. Betr.** (→ Kap. 13 Rn. 136)
(☐ **Dolmetscherkosten werden nicht erhoben.** → Kap. 13 Rn. 143 f.)

5. **Der Wert des Verfahrens wird auf ... Euro festgesetzt.** (→ Kap. 13 Rn. 149 ff.)

Gründe

I.

Für die tatsächlichen Feststellungen wird auf den Haftantrag, Bl. ... bis ... d.A., sowie die Sitzungsniederschrift vom heutigen Tage Bezug genommen. (→ Kap. 13 Rn. 160)

II.

Die tenorierte Haft war gegen d. Betr. anzuordnen, denn der Haftantrag erfüllt die Zulässigkeitsvoraussetzungen des § 417 FamFG und ist auch begründet.

Obersatz-Variante: Hauptsache

☐ Nach § 62c Abs. 1 AufenthG ist ein Ausländer in Haft zu nehmen, wenn er sich entgegen einem bestehenden Einreise- und Aufenthaltsverbot ohne Betretenserlaubnis im Bundesgebiet aufhält (dazu 1.), die Haft zur Vorbereitung einer Abschiebungsandrohung nach § 34 AsylG erforderlich ist (dazu 2.) und von ihm entweder eine erhebliche Gefahr ausgeht oder er auf Grund eines besonders schwerwiegenden Ausweisungsinteresses ausgewiesen worden ist (dazu 3.). Schließlich dürfen der Haft keine Gründe entgegenstehen (dazu 4.).

Obersatz-Variante: einstweilige Anordnung

☐ Nach § 427 Abs. 1 FamFG ist eine einstweilige Freiheitsentziehung anzuordnen, wenn dringende Gründe für die Annahme vorhanden sind, dass in der Hauptsache Ergänzende Vorbereitungshaft anzuordnen sein wird und ein dringendes Bedürfnis für ein sofortiges Tätigwerden besteht. Nach § 62c Abs. 1 AufenthG ist ein Ausländer in Haft zu nehmen, wenn er sich entgegen einem bestehenden Einreise- und Aufenthaltsverbot ohne Betretenserlaubnis im Bundesgebiet aufhält (dazu 1.), die Haft zur Vorbereitung einer Abschiebungsandrohung nach § 34 AsylG erforderlich ist (dazu 2.) und von ihm entweder eine erhebliche Gefahr ausgeht oder er auf Grund eines besonders schwerwiegenden Ausweisungsinteresses ausgewiesen worden ist (dazu 3.). Schließlich dürfen der Haft keine Gründe entgegenstehen (dazu 4.). Eine Entscheidung in der Hauptsache ist auch (noch) nicht möglich (dazu 5.).

Diese Voraussetzungen liegen vor.

1.

D. Betr. hält sich entgegen einem bestehenden **Einreise- und Aufenthaltsverbot** nach § 11 Abs. 1 S. 2 AufenthG im Bundesgebiet auf und verfügt nicht über keine Betretenserlaubnis nach § 11 Abs. 8 AufenthG. (→ Kap. 5 Rn. 5 f.)

D. Betr. wurde mit Bescheid vom ... mit einem Einreise- und Aufenthaltsverbot bis (mindestens) zum ... belegt. Dieser Bescheid ist wirksam geworden, nämlich durch ... Entgegen diesem Verbot ist er gleichwohl (spätestens) am ... eingereist, ohne zuvor Betretenserlaubnis erlangt zu haben.

2.

Die Haft ist zur **Vorbereitung** einer **Abschiebungsandrohung** nach § 34 AsylG erforderlich. (→ Kap. 5 Rn. 7 ff.)

D. Betr. hat am ... einen **Asylantrag** gestellt.

Wegen der doppelten Verneinung in § 62c Abs. 1 S. 2 AufenthG wird die Erforderlichkeit der Haft zur Vorbereitung einer Abschiebungsanordnung **gesetzlich vermutet** (*Kaniess* Abschiebungshaft-HdB, 2. Aufl. 2024, Kap. 5 Rn. 9 mwN). Diese Vermutung ist auch nicht widerlegt, weil weder eine 50 Prozent übersteigende Wahrscheinlichkeit für die Gewährung von Asyl, Flüchtlingseigenschaft oder subsidiärem Schutz oder die Annahme von Abschiebungsverboten gem. § 60 Abs. 5 oder 7 AsylG besteht, noch eine Dublin-III-Konstellation vorliegt.

☐ Hiervon hat sich das Gericht durch eine **Auskunft** des **Bundesamtes für Migration und Flüchtlinge** vergewissert, so dass abschließend in der Hauptsache entschieden werden konnte.

3.

Es liegt auch der notwendige **Gefahrentatbestand** vor.

a) Erhebliche Gefahr (→ Kap. 5 Rn. 12 f.)

☐ Von d. Betr. geht eine **erhebliche Gefahr** für Leib und Leben Dritter oder bedeutende Rechtsgüter der inneren Sicherheit aus. Dabei sind Leib und Leben Dritter durch Gewalttaten oder ähnlich schwere Delikte (vgl. AG Tiergarten Beschl. v. 19.4.2018 – 382 XIV 39/18 B – juris-Rn. 26) und die innere Sicherheit durch zB Gefahren durch Anschläge (BVerwG Beschl. v. 16.1.2018 – 1 VR 12/17 – InfAuslR 2018, 124 – juris-Rn. 19) und bereits die Anwesenheit ausländischer Terrorhelfer beeinträchtig (BVerwG Urt. v. 15.3.2005 – 1 C 26/03 – BVerwGE 123, 114 – juris-Rn. 17).

Dies ist hier der Fall: ...

b) Ausweisungsinteresse iSd § 54 Abs. 1 AufenthG (→ Kap. 5 Rn. 14)

☐ D. Betr. wurde auf Grund eines **besonders schwerwiegenden Ausweisungsinteresses** nach § 54 Abs. 1 AufenthG ausgewiesen. Mit Bescheid vom ... wurde d. Betr. mindestens auch auf Grundlage von § 54 Abs. 1 AufenthG ausgewiesen. Dabei hat das Haftgericht den wirksamen Bescheid zugrunde zu legen, eine inhaltliche Prüfung von dessen Rechtmäßigkeit ist ihm verwehrt (*Kaniess* Abschiebungshaft-HdB, 2. Aufl. 2024, Kap. 3 Rn. 14).

4.

Schließlich stehen der Haft **keine Gründe entgegen**.

a) Haftdauer (→ Kap. 5 Rn. 16 ff.)

Die angeordnete **Haftdauer** entspricht den Vorgaben des § 62c Abs. 2 AufenthG. Sie ist gerichtlich auf vier Wochen nach dem Eingang des Asylantrages d. Betr. beim Bundesamt für Migration und Flüchtlinge begrenzt. Zwar ist Haft aufgrund des Übermaßverbotes so kurz wie möglich zu halten (§§ 62c Abs. 3 S. 3 iVm 62 Abs. 1 S. 2 AufenthG). Allerdings ist diese Frist der Regelfall und Anhaltspunkte für das Bedürfnis, hiervon abzuweichen, bestanden nicht.

b) **Haftvollzug** (→ Kap. 5 Rn. 20 f.)

Schließlich genügt der vom Antragsteller vorgesehene Haftvollzug auch den Voraussetzungen des **Trennungsgebotes** nach Art. 10 f. Richtlinie 2013/33/EU. Gem. § 62c Abs. 3 S. 1 AufenthG findet die Unterbringung d. Betr. in ... und damit getrennt von Strafgefangenen statt.

☐ Insofern ist nicht die Unterbringung in einer speziellen Haftanstalt erforderlich. Denn soweit von einem Ausländer eine **erhebliche Gefahr** für Leib und Leben Dritter oder bedeutende Rechtsgüter der inneren Sicherheit ausgeht, kann die Unterbringung auch in einer JVA, getrennt von Strafgefangenen, vollzogen werden (§ 62c Abs. 3 S. 2 AufenthG). Die Unionsrechtskonformität einer solchen Ausnahme ist geklärt (vgl. EuGH Urt. v. 2.7.2020 – C-18/19 – NVwZ 2020, 1821 – juris-Rn. 40). (→ Kap. 2 Rn. 171 ff.)

☐ Hier geht, wie **oben dargelegt**, von d. Betr. eine erhebliche Gefahr aus.

☐ Hier geht von d. **ausgewiesenen** Betr. eine entsprechende Gefahr aus: ...

5.

a) **Nebenentscheidung: Einstweilige Anordnung** (→ Kap. 13 Rn. 103 ff.)

☐ Es besteht ein dringendes Bedürfnis für ein sofortiges Tätigwerden (§ 427 Abs. 1 S. 1 FamFG), da ohne die einstweilige Gewahrsamsanordnung eine Flucht bzw. ein Untertauchen d. Betr. und damit die Unmöglichkeit der Sicherung einer Hauptsacheentscheidung zu erwarten ist. Über die Haft kann auch noch nicht endgültig entschieden werden:

☐ Es kann noch **keine abschließende Prognose** über die Behandlung des **Asylantrages** d. Betr. und insofern das Ergehen einer Ablehnung und einer Abschiebungsandrohung (§ 34 AsylG) getroffen werden, da noch keine Auskunft des Bundesamtes für Migration und Flüchtlinge vorliegt. (→ Kap. 5 Rn. 11)

☐ Es besteht nur eine **Notzuständigkeit** des Antragstellers gem. § ... VwVfG-Land iVm § 3 Abs. 4 VwVfG-Bund, so dass die Stellung des Hauptsache-Antrages der eigentlich zuständigen Behörde vorbehalten ist. (→ Kap. 13 Rn. 106)

☐ Die vom Betr. als **Verfahrensbevollmächtigte/r** bestellte Person konnte zum Termin nicht rechtzeitig erscheinen, weswegen eine nur vorläufige Entscheidung zur Wahrung der Verteidigungsrechte d. Betr. geboten ist. (→ Kap. 13 Rn. 112)

☐ Es muss für eine Hauptsache-Entscheidung noch eine **Auskunft des Bundesamtes für Migration und Flüchtlinge** über die Erfolgsaussicht des Antrages d. Betr. eingeholt werden. (→ Kap. 5 Rn. 11)

☐ Es sind für eine Hauptsache-Entscheidung noch **Zeugen** bzw. Beteiligte zu hören, was im Rahmen der gebotenen schnellen Entscheidung über die Haft noch nicht möglich war. (→ Kap. 13 Rn. 112)

☐ Dem Antragsteller war daher aufzugeben, fehlende Aspekte zu beseitigen und Nachweise innerhalb der tenorierten Frist zur Akte zu reichen.

b) Nebenentscheidung: Sofortige Wirksamkeit (→ Kap. 13 Rn. 121 f.)

Die Anordnung der sofortigen Wirksamkeit beruht auf § 422 Abs. 2 S. 1 FamFG. Sie ist geboten, um den Zweck des Gewahrsams sicherzustellen und den Beschluss vollziehen zu können. Würde der Beschluss erst mit Rechtskraft wirksam werden, wäre die Vorbereitung der Abschiebungsanordnung ggf. in Frage gestellt.

c) Nebenentscheidung: Kosten (→ Kap. 13 Rn. 136)

Die Kostenentscheidung ergibt sich aus § 81 Abs. 1 FamFG und folgt im Rahmen des gerichtlichen Ermessens der Entscheidung in der Sache.

☐ Von der Auferlegung von **Dolmetscherkosten** ist gem. § 81 Abs. 1 S. 2 FamFG wegen Art. 6 Abs. 3 lit. e EMRK abgesehen worden (vgl. BGH Beschl. v. 25.1.2018 – V ZB 191/17 – NJW 2018, 219 – juris-Rn. 15). (→ Kap. 13 Rn. 143 f.)

d) Nebenentscheidung: Gegenstandswert-Festsetzung (→ Kap. 13 Rn. 149 ff.)

☐ Die Festsetzung des **Gegenstandswertes** von **5.000 Euro** folgt aus § 36 Abs. 3 GNotKG.

☐ Die Festsetzung des **Gegenstandswertes** folgt aus § 36 Abs. 2 GNotKG, wobei das Gericht im Rahmen des Ermessens **pro Tag angeordneter Haft** von einem Wert von **75** Euro (vgl. § 7 Abs. 3 StrEG) ausgegangen ist.

VIII. Haftbeschluss (Überstellungshaft)

In pp. 8

hat das Amtsgericht ..., Abt. ..., durch ... beschlossen:

1. **Gegen d. Betr. wird (☐ im Wege der einstweiligen Anordnung → Kap. 13 Rn. 103 ff.) Haft zur Sicherung der Überstellung bis zum Ablauf des ... angeordnet.**
2. **Der Beschluss ist sofort wirksam. (→ Kap. 13 Rn. 121 f.)**
3. **☐ Dem Antragsteller wird aufgegeben, (→ Kap. 13 Rn. 124)**

   ☐ dem Gericht eine vollziehbare Rückkehrentscheidung nebst Zustellungsnachweis vorzulegen.

   ☐ ...

   ☐ Zur Erfüllung der Auflage(n) wird eine Frist bis zum ... gesetzt.
4. **Die Gerichtskosten und die notwendigen außergerichtlichen Kosten des Antragstellers trägt d. Betr. (→ Kap. 13 Rn. 136)**
   (☐ Dolmetscherkosten werden nicht erhoben. → Kap. 13 Rn. 143 f.)
5. **Der Wert des Verfahrens wird auf ... Euro festgesetzt. (→ Kap. 13 Rn. 149 ff.)**

Gründe

I.

Für die tatsächlichen Feststellungen wird auf den Haftantrag, Bl. ... bis ... d.A., sowie die Sitzungsniederschrift vom heutigen Tage Bezug genommen. (→ Kap. 13 Rn. 160)

II.

Die tenorierte Haft war gegen d. Betr. anzuordnen, denn der Haftantrag erfüllt die Zulässigkeitsvoraussetzungen des § 417 FamFG und ist auch begründet.

Obersatz-Variante: Hauptsache

☐ Nach Art. 28 Abs. 2 Verordnung (EU) Nr. 604/2013 des Europäischen Parlaments und des Rates vom 26.6.2013 (Dublin-III-Verordnung) kann Haft zur Sicherung der Überstellung eines Ausländers in einen anderen Mitgliedsstaat der Europäischen Union angeordnet werden, wenn ein Überstellungsverfahren eingeleitet wurde und der Ausländer vollziehbar ausreisepflichtig ist (dazu 1.), erhebliche Fluchtgefahr besteht (dazu 2.) und der Haft keine Gründe entgegenstehen (dazu 3.).

Obersatz-Variante: einstweilige Anordnung

☐ Nach § 427 Abs. 1 FamFG ist eine einstweilige Freiheitsentziehung anzuordnen, wenn dringende Gründe für die Annahme vorhanden sind, dass in der Hauptsache Überstellungshaft anzuordnen sein wird und ein dringendes Bedürfnis für ein sofortiges Tätigwerden besteht. Nach Art. 28 Abs. 2 Verordnung (EU) Nr. 604/2013 des Europäischen Parlaments und des Rates vom 26.6.2013 (Dublin-III-Verordnung) kann Haft zur Sicherung der Überstellung eines Ausländers in einen anderen Mitgliedsstaat der Europäischen Union angeordnet werden, wenn ein Überstellungsverfahren eingeleitet wurde und der Ausländer vollziehbar ausreisepflichtig ist (dazu 1.), erhebliche Fluchtgefahr besteht (dazu 2.) und der Haft keine Gründe entgegenstehen (dazu 3.). Eine Entscheidung in der Hauptsache ist auch (noch) nicht möglich (dazu 4.).

Diese Voraussetzungen liegen vor.

1.

a) Sicherungsfähiges Überstellungsverfahren (→ Kap. 6 Rn. 15)

Es besteht ein durch Haft gem. Art. 28 Abs. 2 Dublin-III-Verordnung zu sicherndes Überstellungsverfahren, weil der Antragsteller schlüssig vorgetragen hat, die Überstellung d. Betr. in den Dublin-Zielstaat vornehmen zu wollen. Eine weitergehende „Prüfung, ob eine Aufnahme- oder Wiederaufnahmeverpflichtung des Zielstaates (...) entstanden und nicht wieder entfallen ist", obliegt den Verwaltungsgerichten, so dass derartige Fragen vorbehaltlich verwaltungsgerichtlicher Eilrechtsschutzverfahren haftrechtlich unbeachtlich sind (BGH Beschl. v. 24.6.2020 – XIII ZB 39/19 – juris-Rn. 29).

b) Vollziehbarkeit der Ausreisepflicht

D. Betr. ist auch **vollziehbar ausreisepflichtig**. Dies ist gem. §§ 50 Abs. 1, 58 Abs. 2 AufenthG der Fall, da d. Betr. einen erforderlichen Aufenthaltstitel nicht oder nicht mehr besitzt und ein Aufenthaltsrecht nach dem Assoziationsabkommen EWG/Türkei nicht oder nicht mehr besteht.

aa) Regelfall: Asylantrag in Deutschland (→ Kap. 2 Rn. 9 ff.)

☐ Zugunsten d. Betr. besteht **keine Aufenthaltsgestattung** gem. § 55 AsylG. Zwar ist danach einem Ausländer, der um Asyl nachsucht, zur Durchführung des Asylverfahrens der Aufenthalt im Bundesgebiet gestattet.

☐ Der Asylantrag d. Betr. wurde jedoch **bestandskräftig abgelehnt**, weswegen die Aufenthaltsgestattung gem. § 67 Abs. 1 Nr. 6 AsylG erloschen ist. Die Zustellung des Ablehnungsbescheides vom ... ist durch ... nachgewiesen. Damit ist die Ausreisepflicht auch vollziehbar, § 58 Abs. 2 S. 2 AufenthG. (→ Kap. 2 Rn. 19 f.)

☐ Da es sich jedoch um einen **Asylfolgeantrag** handelt, steht dieser gem. § 71 Abs. 8 AsylG der Anordnung von Abschiebungshaft nur entgegen, wenn ein weiteres Asylverfahren durchgeführt wird. Hierzu bedürfte es einer Entscheidung des Bundesamts für Migration und Flüchtlinge, ob die Voraussetzungen des § 51 Abs. 1 bis 3 VwVfG vorliegen. Solange eine solche Entscheidung nicht vorliegt, ist d. Betr. der Aufenthalt nicht nach § 55 Abs. 1 S. 1 AsylG gestattet. (→ Kap. 2 Rn. 13)

☐ Da es sich jedoch um einen **Asylzweitantrag** handelt, steht dieser gem. §§ 71a Abs. 2 S. 3, 71 Abs. 8 AsylG der Anordnung von Abschiebungshaft nur entgegen, wenn ein weiteres Asylverfahren durchgeführt wird. Hierzu bedürfte es einer Entscheidung des Bundesamts für Migration und Flüchtlinge, ob die Voraussetzungen des § 51 Abs. 1 bis 3 VwVfG vorliegen. Solange eine solche Entscheidung nicht vorliegt, ist d. Betr. der Aufenthalt nicht nach § 55 Abs. 1 S. 1 AsylG gestattet. (→ Kap. 2 Rn. 13)

☐ Der durch d. Betr. allein auf das Vorliegen zielstaatsbezogener Abschiebungshindernisse gerichtete Antrag auf teilweises Wiederaufgreifen des Verfahrens (**isoliertes Folgeschutzgesuch**) hindert jedoch die Abschiebung nicht (auch nicht analog § 71 Abs. 5 S. 2 AsylG; OVG Lüneburg Beschl. v. 26.2.2018 – 13 ME 438/17 – AuAS 2018, 77 – juris-Rn. 19). Eine Entscheidung des Bundesamtes für Migration und Flüchtlinge, das Verfahren wiederaufzunehmen, ist nicht ergangen. (→ Kap. 2 Rn. 13)

☐ Soweit d. Betr. in der **haftgerichtlichen Anhörung** bzw. im Polizeigewahrsam einen Asylwunsch geäußert hat, hätte die Entstehung einer Aufenthaltsgestattung den Eingang des schriftlichen Asylantrages beim Bundesamt für Migration und Flüchtlinge in Nürnberg erfordert, §§ 55 Abs. 1 S. 3, 14 Abs. 2 Nr. 2 AsylG. Daran fehlt es. (→ Kap. 2 Rn. 14 ff.)

☐ Dies steht jedoch gem. § 14 Abs. 3 S. 1 Nr. ..., S. 3 AsylG bei einem **aus ...haft gestellten Antrag** der Haftanordnung nicht entgegen, (→ Kap. 2 Rn. 13)

> ☐ solange der Antrag **unbeschieden** ist und seit seinem Eingang beim Bundesamt für Migration und Flüchtlinge noch keine vier Wochen vergangen sind. Das ist bei dem am ... aus der Haft heraus gestellten Asylantrag der Fall, über den bis zum heutigen Tage noch nicht entschieden wurde.
>
> ☐ weil der Antrag mit Bescheid vom ... als unzulässig gem. § 29 Abs. 1 Nr. 4 AsylG oder als offensichtlich unbegründet **abgelehnt wurde**. Der Bescheid wurde auch innerhalb der vier-Wochen-Frist zugestellt.
>
> ☐ weil nach Mitteilung des Bundesamtes für Migration und Flüchtlinge unter dem ... ein **(Wieder-)Aufnahmeersuchen** an den Zielstaat ... gerichtet wurde.

☐ Die Aufenthaltsgestattung ist jedoch gem. § 67 Abs. 1 Nr. 2 AsylG erloschen. D. Betr. hat nämlich nicht innerhalb von **zwei Wochen** nach Ausstellung des **Ankunftsnachweises** einen Asylantrag gestellt. Die zwischenzeitlich erloschene Aufenthaltsgestattung ist auch nicht wieder in Kraft getreten. Denn über eine Wiederaufnahme des Verfahrens hat das Bundesamt für Migration und Flüchtlinge bislang nicht entschieden, § 67 Abs. 2 AsylG. (→ Kap. 2 Rn. 13)

bb) Ausnahmefall: Kein Asylantrag in Deutschland („Aufgrifffall") (→ Kap. 6 Rn. 13)

☐ D. Betr., der in Deutschland keinen Antrag auf internationalen Schutz gestellt hat, ist wegen unerlaubter Einreise gem. § 58 Abs. 2 S. 1 Nr. 1 AufenthG vollziehbar ausreisepflichtig. Die Einreise ist unerlaubt, weil sie unter **Verstoß gegen § 14 AufenthG** erfolgt ist. Nach dieser Norm ist die Einreise verboten, weil d. Betr.

☐ nicht den gem. §§ 14 Abs. 1 Nr. 1, 3 AufenthG erforderlichen **Reisepass** besitzt und auch keine Befreiung von der Passpflicht besteht. (→ Kap. 2 Rn. 27 ff.)

☐ nicht den gem. §§ 14 Abs. 1 Nr. 2, 4 AufenthG **erforderlichen Aufenthaltstitel** besitzt. (→ Kap. 2 Rn. 30)

☐ gem. §§ 14 Abs. 1 Nr. 2a, 4 AufenthG zwar mit einem **Visum** eingereist ist, dieses aber durch Drohung, Bestechung oder Kollusion erwirkt oder durch unrichtige oder unvollständige Angaben erschlichen wurde und deshalb mit Wirkung für den Zeitpunkt der Einreise **zurückgenommen** oder **annulliert** wird. Dies ist hier der Fall: ... (→ Kap. 2 Rn. 31)

☐ gem. §§ 14 Abs. 1 Nr. 3, 11 AufenthG sich entgegen § 11 Abs. 1 S. 2 AufenthG im Bundesgebiet aufhält und nicht im Besitz einer Betretenserlaubnis gem. § 11 Abs. 8 AufenthG ist. D. Betr. wurde mit Bescheid vom ... mit einem **Einreise- und Aufenthaltsverbot** bis (mindestens) zum ... belegt. Dieser Bescheid ist wirksam geworden, nämlich durch ... Entgegen diesem Verbot ist er gleichwohl (spätestens) am ... eingereist, ohne zuvor eine gem. § 11 Abs. 8 AufenthG mögliche Betretenserlaubnis erlangt zu haben. (→ Kap. 2 Rn. 32 ff.)

c) Vollstreckbarkeit der Ausreisepflicht

Die Ausreisepflicht ist auch vollstreckbar. (→ Kap. 2 Rn. 42 ff., 49 f.)

☐ Gegenüber d. Betr. wurde mit dem vorgenannten Bescheid des Bundesamtes für Migration und Flüchtlinge eine **Abschiebungsanordnung** (§ 34a AsylG) erlassen. Darin liegt auch die erforderliche Rückkehrentscheidung. (→ Kap. 2 Rn. 48, → Kap. 6 Rn. 10 f.)

☐ Zwar wurde gegenüber d. Betr. noch **keine Abschiebungsanordnung** (§ 34a AsylG) bekannt gegeben. Es genügt aber, wenn ihr Erlass innerhalb der angeordneten Haftfrist zu erwarten ist (BGH Beschl. v. 21.8.2019 – V ZB 60/17 – juris-Rn. 9 ff.), weil d. Betr. bereits bei Haftanordnung vollziehbar ausreisepflichtig ist und es nicht erst bei Erlass der Abschiebungsanordnung würde (vgl. BGH Beschl. v. 31.8.2021 – XIII ZB 97/19 – juris-Rn. 11). Dies ist nach den insofern schlüssigen Angaben des Antragstellers, denen sich das Gericht nach eigener Prüfung anschließt, der Fall. In dieser zu erlassenden Anordnung liegt auch die erforderliche Rückkehrentscheidung (BGH Beschl. v. 21.8.2019 – V ZB 60/17 – juris-Rn. 13). (→ Kap. 2 Rn. 48, → Kap. 6 Rn. 10 f.)

☐ Gegenüber d. Betr. wurde mit dem vorgenannten Bescheid des Bundesamtes für Migration und Flüchtlinge eine **Abschiebungsandrohung** (§§ 34a Abs. 1 S. 4, 34 AsylG) mit **Fristsetzung** zur freiwilligen Ausreise erlassen (§ 38 Abs. 1 S. 1 AsylG). Darin liegt auch die erforderliche Rückkehrentscheidung. (→ Kap. 2 Rn. 47, → Kap. 6 Rn. 12)

☐ Die erforderliche **Rückkehrentscheidung** liegt in ... (→ Kap. 2 Rn. 49 f.)

2.

Es liegt (☐ nach summarischer Prüfung) erhebliche Fluchtgefahr als Haftgrund für die Überstellungshaft vor. Nach Art. 2 lit. n, 28 Abs. 2 Dublin-III-Verordnung bestehen Gründe im Einzelfall, die auf objektiven gesetzlich festgelegten Kriterien beruhen und zu der Annahme Anlass geben, dass sich d. Betr. dem Überstellungsverfahren möglicherweise durch Flucht entziehen könnte. Die entsprechenden Gründe sind in §§ 2 Abs. 14 S. 1 iVm 62 Abs. 3a, Abs. 3b Nr. 1 bis 5 und 2 Abs. 14 S. 2 AufenthG niedergelegt.

a) **Erhebliche Fluchtgefahr: Vermutung** (→ Kap. 6 Rn. 19 ff.)

☐ Die erhebliche Fluchtgefahr wird hier widerleglich vermutet, ohne dass d. Betr. dieser Vermutung glaubhaft entgegengetreten wäre.

aa) **Vermutung: Identitätstäuschung (aktuell)**
(→ Kap. 2 Rn. 54 ff., → Kap. 6 Rn. 20)

☐ Die erhebliche Fluchtgefahr wird gem. § 62 Abs. 3a Nr. 1 AufenthG vermutet, wenn ein Ausländer gegenüber den mit der Ausführung dieses Gesetzes betrauten Behörden abschiebungsrelevant über seine Identität getäuscht hat und die Angabe nicht selbst berichtigt hat; insbesondere, wenn Dokumente vernichtet bzw. eine falsche Identität vorgegeben wurde. Dabei muss die Täuschungshandlung aktuell sein (BGH Beschl. v. 19.7.2018 – V ZB 223/17 – InfAuslR 2018, 413 – juris-Rn. 18), wobei die Anforderungen an die Aktualität umso geringer sind, je gewichtiger die Täuschungshandlung war (BT-Drs. 19/10047 S. 41). Eine Täuschung kann zB durch Stellung von Asyl(folge)anträgen unter falschen Personalien vorliegen (BGH Beschl. v. 20.9.2018 – V ZB 102/16 – juris-Rn. 18).

Dies ist hier der Fall: ...

bb) **Vermutung: Nichterscheinen bei Anhörung/Untersuchung**
(→ Kap. 2 Rn. 58 ff., → Kap. 6 Rn. 20)

☐ Die erhebliche Fluchtgefahr wird gem. § 62 Abs. 3a Nr. 2 AufenthG vermutet, wenn der Ausländer unentschuldigt einer Anhörung oder ärztlichen Untersuchung (§ 82 Abs. 4 S. 1 AufenthG) ferngeblieben ist, sofern bei Terminsankündigung in einer dem Ausländer verständlichen Sprache (vgl. BGH Beschl. v. 14.1.2016 – V ZB 178/14 – InfAuslR 2016, 234 – juris-Rn. 9) auf die Möglichkeit der Inhaftnahme im Falle des Nichtantreffens hingewiesen wurde.

Dies ist hier der Fall: D. Betr. ist dem Termin am ... ferngeblieben. Dies geschah auch unentschuldigt, denn Entschuldigungsgründe, die vom Gewicht her einem Unfall, kurzfristiger (schwerer) Erkrankung oder plötzlich eintretenden familiären Problemen gleichstehen (BT-Drs. 19/10047, S. 41), sind nicht ersichtlich. Die Belehrung ist auch durch ... in einer für d. Betr. verständlichen Sprache erfolgt.

cc) **Vermutung: Wohnortwechsel ohne Anzeige**
(→ Kap. 2 Rn. 61 ff., → Kap. 6 Rn. 20)

☐ Die erhebliche Fluchtgefahr wird gem. § 62 Abs. 3a Nr. 3 AufenthG vermutet, wenn die Ausreisefrist abgelaufen ist und der Ausländer seinen Aufenthaltsort trotz Hinweises auf die Anzeigepflicht gewechselt hat, ohne der zuständigen Behörde eine Anschrift an-zugeben, unter der er erreichbar ist. Dabei muss der Aufenthaltswechsel nach Entstehen der Ausreisepflicht und Ablauf der Ausreisefrist erfolgt (BGH Beschl. v. 29.9.2011 – V ZB 307/10 – InfAuslR 2012, 98 – juris-Rn. 7) und zuvor ein Hinweis auf die mögliche Haftfolge in einer für den Ausländer verständlichen Sprache erteilt worden sein (stRspr BGH Beschl. v. 24.8.2020 – XIII ZB 75/19 – juris-Rn. 13; Beschl. v. 14.1.2020 – XIII ZB 19/19 – juris-Rn. 6).

Dies ist hier der Fall: Die Ausreisefrist ist am ... abgelaufen und durch ... ist die erforderliche Belehrung erfolgt. Sodann ist am ... durch Verzug nach Unbekannt bzw. ... ein Wohnortwechsel für mehr als drei Tage (vgl. § 50 Abs. 4 AufenthG; OLG München Beschl. v. 22.11.2006 – 34 Wx 121/06 – OLGR 2007, 144 – juris-Rn. 12) erfolgt, wobei eine neue Adresse nicht mitgeteilt wurde. Es ist auch nicht ersichtlich, dass dies auf bloßer Nachlässigkeit beruhte, was gegen die Vermutungswirkung der Norm sprechen könnte (vgl. OLG Karlsruhe Beschl. v. 11.2.1993 – 4 W 20/93 – NVwZ 1993, 813 – juris-Rn. 12).

dd) **Vermutung: Aufenthalt trotz Einreise-/Aufenthaltsverbots**
(→ Kap. 2 Rn. 65 ff., → Kap. 6 Rn. 20)

☐ Die erhebliche Fluchtgefahr wird gem. § 62 Abs. 3a Nr. 4 AufenthG vermutet, wenn der Ausländer sich entgegen § 11 Abs. 1 S. 2 AufenthG im Bundesgebiet aufhält und nicht im Besitz einer Betretenserlaubnis nach § 11 Abs. 8 AufenthG ist.

Dies ist hier der Fall: D. Betr. wurde mit Bescheid vom ... mit einem Einreise- und Aufenthaltsverbot bis (mindestens) zum ... belegt. Dieser Bescheid ist wirksam geworden, nämlich durch ... Entgegen diesem Verbot ist er gleichwohl (spätestens) am ... eingereist, ohne zuvor eine gem. § 11 Abs. 8 AufenthG mögliche Betretenserlaubnis erlangt zu haben.

ee) **Vermutung: Entzug in der Vergangenheit**

Unionsrechtlich nicht anwendbar (→ Kap. 6 Rn. 20)

ff) **Vermutung: Erklärung der Entziehung** (→ Kap. 2 Rn. 76 ff., → Kap. 6 Rn. 20)

☐ Die erhebliche Fluchtgefahr wird gem. § 62 Abs. 3a Nr. 6 AufenthG vermutet, wenn der Ausländer ausdrücklich erklärt hat, dass er sich der Abschiebung entziehen will. Dies liegt vor, wenn klar zum Ausdruck gebracht wird, dass der Ausländer nicht freiwillig ausreisen und sich auch nicht für eine behördliche Durchsetzung seiner Rückführung zur Verfügung halten würde (stRspr BGH Beschl. v. 31.8.2021 – XIII ZB 76/19 – juris-Rn. 11; Beschl. v. 23.1.2018 – V ZB 53/17 – InfAuslR 2018, 187 – juris-Rn. 10). Gleichgestellt sind Fälle, in denen der Ausländer dies konkludent, aber unmissverständlich durch Gewaltanwendung (BGH Beschl. v. 20.7.2017 – V ZB 5/17 – InfAuslR 2017, 449 – juris-Rn. 6) oder Suizidandrohung (BGH Beschl. v. 20.10.2016 – V ZB 13/16 – juris-Rn. 5) zum Ausdruck bringt.

Dies ist hier der Fall: ...

b) **Erhebliche Fluchtgefahr: Anhaltspunkte** (→ Kap. 6 Rn. 21)

☐ Erhebliche Fluchtgefahr ergibt sich (☐ auch) aus folgenden konkreten Anhaltspunkten, die das Gericht in eine Gesamtabwägung aller Umstände (vgl. BT-Drs. 19/10047, S. 41) einbezogen hat:

aa) **Anhaltspunkte: Identitätstäuschung (länger her)**
(→ Kap. 2 Rn. 81 f., → Kap. 6 Rn. 21)

☐ Für erhebliche Fluchtgefahr spricht gem. § 62 Abs. 3b Nr. 1 AufenthG, wenn ein Ausländer gegenüber den mit der Ausführung dieses Gesetzes betrauten Behörden abschiebungsrelevant über seine Identität getäuscht hat und die Angabe nicht selbst berichtigt hat; insbesondere, wenn Dokumente vernichtet bzw. eine falsche Identität vorgegeben wurde. Dies muss, anders als bei Abs. 3a Nr. 1, nicht in engen zeitlichem Zusammenhang mit aktuellen Maßnahmen des Antragstellers stehen (BT-Drs. 19/10047, S. 41).

Dies ist hier der Fall: ...

bb) **Anhaltspunkte: Schleuserkosten** (→ Kap. 2 Rn. 83 ff., → Kap. 6 Rn. 21)

☐ Für erhebliche Fluchtgefahr spricht gem. § 62 Abs. 3b Nr. 2 AufenthG, wenn ein Ausländer zu seiner unerlaubten Einreise derart erhebliche Geldbeträge aufgewandt hat, dass daraus geschlossen werden kann, dass er die Abschiebung verhindern wird, um diese nicht fruchtlos werden zu lassen. Irrelevant ist, ob Zahlungen für einzelne Reiseabschnitte oder insgesamt geleistet wurden, solange sie in Summe erheblich sind (BGH Beschl. v. 16.2.2017 – V ZB 115/16 – NVwZ 2017, 816 – juris-Rn. 5); lediglich Kleinbeträge sind ausgeschlossen (BGH Beschl. v. 25.2.2016 – V ZB 157/15 – NVwZ 2016, 1111 – juris-Rn. 12). Dabei muss es dem Ausländer gerade auf die Einreise in einen bestimmten Mitgliedsstaat ankommen (BGH Beschl. v. 16.2.2017 – V ZB 115/16 – NVwZ 2017, 816 – juris-Rn. 5 ff.).

Dies ist hier der Fall: ...

cc) **Anhaltspunkte: Gefährlicher Ausländer**

Unionsrechtlich nicht anwendbar (→ Kap. 6 Rn. 21)

dd) **Anhaltspunkte: Wiederholte Verurteilung zu Freiheitsstrafe**
(→ Kap. 2 Rn. 90 ff., → Kap. 6 Rn. 21)

☐ Für erhebliche Fluchtgefahr spricht gem. § 62 Abs. 3b Nr. 4 AufenthG, wenn der Ausländer wiederholt wegen vorsätzlicher Straftaten rechtskräftig zu mindestens einer Freiheitsstrafe verurteilt worden ist. Dabei genügt nicht schon jede Vorsatztat (vgl. BGH Beschl. v. 14.7.2011 – V ZB 50/11 – juris-Rn. 12), sondern die beiden konkreten Verfahren müssen den Schluss zulassen, dass der Ausländer der deutschen Rechtsordnung ablehnend oder gleichgültig gegenüberstehe, weswegen eine freiwillige Erfüllung der Ausreisepflicht nicht zu erwarten sei (BGH Beschl. v. 18.5.2021 – XIII ZB 2/20 – juris-Rn. 10).

Dies ist hier der Fall: ...

ee) **Anhaltspunkte: Fehlende Mitwirkung** (→ Kap. 2 Rn. 93 ff., → Kap. 6 Rn. 21)

☐ Für erhebliche Fluchtgefahr spricht gem. § 62 Abs. 3b Nr. 5 AufenthG, wenn der Ausländer die Passbeschaffungspflicht nach § 60b Abs. 3 S. 1 Nr. 1, 2 und 6 AufenthG nicht erfüllt oder andere als in Abs. 3a Nr. 2 genannte gesetzliche Mitwirkungshandlungen zur Feststellung der Identität (insbes. § 48 Abs. 3 S. 1 AufenthG) verweigert oder unterlassen hat und vorher in einer ihm verständlichen Sprache (vgl. BGH Beschl. v. 14.1.2016 – V ZB 178/14 – InfAuslR 2016, 234 – juris-Rn. 9) auf die Möglichkeit der Inhaftierung im Falle der Nichterfüllung hingewiesen wurde.

Dies ist hier der Fall: ...

ff) **Anhaltspunkte: Nicht nur vorübergehender Staatenwechsel** (→ Kap. 6 Rn. 23 ff.)

☐ Für erhebliche Fluchtgefahr spricht gem. § 2 Abs. 14 S. 2 Nr. 1 AufenthG, wenn ein Ausländer einen Mitgliedstaat vor Abschluss eines dort laufenden Verfahrens zur Zuständigkeitsbestimmung nach der Dublin-III-Verordnung oder Prüfung eines Antrags auf internationalen Schutz verlassen hat und die Umstände der Feststellung im Bundesgebiet konkret darauf hindeuten, dass er den zuständigen Mitgliedstaat in absehbarer Zeit nicht aufsuchen will. Dabei ist eine vorige Belehrung nicht erforderlich (BGH Beschl. v. 11.1.2018 – V ZB 28/17 – InfAuslR 2018, 372 – juris-Rn. 16).

Dies ist hier der Fall: ...

gg) **Anhaltspunkte: Asyl-Hopping** (→ Kap. 6 Rn. 27 f.)

☐ Für erhebliche Fluchtgefahr spricht gem. § 2 Abs. 14 S. 2 Nr. 2 AufenthG, wenn ein Ausländer zuvor mehrfach einen Asylantrag in anderen Mitgliedstaaten gestellt und den jeweiligen anderen Mitgliedstaat der Asylantragstellung wieder verlassen hat, ohne den Ausgang des dort laufenden Verfahrens zur Zuständigkeitsbestimmung nach der Dublin-III-Verordnung oder zur Prüfung seines Antrags abzuwarten.

Dies ist hier der Fall: ...

hh) **Anhaltspunkte: Gesamtwürdigung** (→ Kap. 6 Rn. 20)

Auch in der nötigen Gesamtwürdigung ist aufgrund des Vorgenannten Flucht-gefahr gegeben. Die für d. Betr. sprechenden positiven Aspekte sind in der Gesamtschau nicht so erheblich, dass sie das Gewicht des Vorgenannten kompensieren könnten. Insofern ...

3.

Der **Haftanordnung** stehen auch **keine Gründe entgegen**. Die angeordnete Haftdauer ist erforderlich, um die rechtlich mögliche Überstellung d. Betr. organisatorisch vorzubereiten. Die Haft selbst ist auch rechtmäßig, verletzt insbesondere im Ermessen nicht das Übermaßverbot und die Vorgaben für den Haftvollzug.

a) **Einvernehmen der Staatsanwaltschaft** (→ Kap. 2 Rn. 132 ff., → Kap. 6 Rn. 36)

☐ Zunächst sind keine **Abschiebungsverbote** ersichtlich, welche die Überstellung hindern würden. Dabei bezieht sich die haftgerichtliche Prüfung auf alle ernsthaft in Betracht kommenden Hindernisse, die der Überstellung entgegenstehen oder sie verzögern können (vgl. BGH Beschl. v. 10.5.2012 – V ZB 246/11 – InfAuslR 2012, 328 – juris-Rn. 12). Der Haftanordnung steht insofern nicht § 72 Abs. 4 AufenthG entgegen. Zwar darf danach ein Ausländer, gegen den **Ermittlungsverfahren** laufen, grds. nur im Einvernehmen mit der zuständigen Staatsanwaltschaft abgeschoben werden. Hier laufen zwar Ermittlungsverfahren gegen d. Betr., wobei für die Auflistung auf S. ... des Haftantrages Bezug genommen wird.

☐ Auf d. dort aufgeführte(n) bestehende(n) **Einverständnis(se)** wird verwiesen.

☐ Das Einverständnis bzgl. d. Verf. ... ist gem. § 72 Abs. 4 S. 3 ff. nicht erforderlich, da nur ein **geringes Strafverfolgungsinteresse** besteht. Gegenständlich ist nämlich ein Vorwurf des § ..., welcher in dem entsprechenden Katalog des § 72 Abs. 4 S. 4 f. AufenthG genannt ist. Dabei ist die Norm auch nicht mehrfach verletzt worden (Tatmehrheit, § 53 StGB) und es wurde kein Strafantrag gestellt.

☐ Das Einverständnis bzgl. d. Verf. ... ist durch die **Generalstaatsanwaltschaft** ... mit Verfügung vom ... **generell erteilt** worden.

☐ Mit der noch ausstehenden Erteilungen des Einvernehmens ist nach den Darlegungen des Antragstellers, denen sich das Gericht aufgrund deren Schlüssigkeit und eigener Sachkunde aus früheren Verfahren anschließt, **innerhalb der Haftzeit zu rechnen**. Anders als nach früherer Rspr. ist hindert eine solche (positive) Prognose auch keine Entscheidung in der Hauptsache (BGH Beschl. v. 12.2.2020 – XIII ZB 15/19 – juris-Rn. 10 ff., 19 f.).

b) **Dauer des Überstellungsverfahrens** (→ Kap. 6 Rn. 29 ff.)

Die angeordnete Haftdauer ist auch gem. Art. 28 Abs. 3 UAbs. 1 Dublin-III-Verordnung auf den **kürzestmöglichen Zeitraum** (BGH Beschl. v. 20.9.2018 – V ZB 102/16 – juris-Rn. 22) beschränkt. Sie ist erforderlich, um die Überstellung organisatorisch vorzubereiten, wie das Gericht anhand der im Wege eigener Amtsermittlung (§ 26 FamFG) nachvollzogenen **Prognose** des Antragstellers ermittelt hat.

☐ Der Antragsteller hat schlüssig die **einzelnen Verfahrensschritte** bis zur Überstellung konkret und bezogen auf das Zielland **dargelegt** (vgl. BGH Beschl. v. 15.11.2018 – V ZB 251/17 – juris-Rn. 7). Dabei greifen im Bereich der Überstellungshaft dieselben Anforderungen wie bei der Sicherungshaft (vgl. nur BGH Beschl. v. 23.2.2021 – XIII ZB 52/20 – juris-Rn. 16). Der Antragsteller hat dargetan, wie lange sie üblicherweise in Anspruch nehmen, wovon sie abhängen und wie dies im hiesigen Fall zu beurteilen ist (vgl. BGH Beschl. v. 4.7.2019 – V ZB 173/18 – juris-Rn. 7). Die vom Antragsteller vorgelegten Unterlagen bzw. referenzierten Beispielsfälle stützen diese Angaben und es sind keine Anhaltspunkte ersichtlich, die Zweifel an der Zeitdauer oder einzelnen Verfahrensschritten bzw. die Erwartung einer früher möglichen Überstellung begründen würden. (→ Kap. 12 Rn. 58, 61 ff.)

☐ Eine genauere Darlegung der einzelnen Verfahrensschritte bis zur Überstellung war entbehrlich, weil die Überstellung mit **Sicherheitsbegleitung** erfolgen soll. In diesen Fällen ist ein Haftzeitraum von, wie hier, bis zu **sechs Wochen** zur Bewältigung des damit verbundenen organisatorischen Aufwandes stets angemessen, so dass dafür konkrete Darlegungen nicht erforderlich sind (stRspr BGH Beschl. v. 25.10.2022 – XIII ZB 44/20 – juris-Rn. 11; Beschl. v. 12.10.2021 – XIII ZB 110/19 – juris-Rn. 9). Dabei steht das Erfordernis der Sicherheitsbegleitung (→ Kap. 12 Rn. 67 ff.)

☐ aufgrund der **Auskunft der Bundespolizei** fest, die hierüber in eigener Zuständigkeit entscheidet, was durch das Haftgericht inhaltlich nicht kontrollierbar ist (BGH Beschl. v. 23.5.2019 – V ZB 236/17 – juris-Rn. 9).

☐ aufgrund der **Darlegungen des Antragstellers** fest, welchen sich das Gericht anschließt. (Insbes. aktuelle) Verurteilungen wegen Gewaltdelikten (BGH Beschl. v. 21.3.2019 – V ZB 91/18 – juris-Rn. 8), sonstigen Straftaten (BGH Beschl. v. 7.3.2019 – V ZB 176/18 – juris-Rn. 6) und Suizidgefahr (BGH Beschl. v. 14.4.2016 – V ZB 112/15 – juris-Rn. 18) sind hierfür hinreichend; ob Sicherheitsbegleitung in der Sache notwendig ist, ist haftgerichtlich nicht zu prüfen (BGH Beschl. v. 22.6.2021 – XIII ZB 59/20 – NJW 2021, 3402 – juris-Rn. 16 mwN).

☐ Die darüber hinausgehende Haftdauer begründet sich als **Puffer für allfällige Verzögerungen.** Ein solcher ist über den avisierten Abschiebungstermin hinaus bis zu sechs Tage zulässig, um Vorkehrung für Flug- oder sonstige Verzögerungen zu schaffen (BGH Beschl. v. 20.7.2021 – XIII ZB 98/19 – juris-Rn. 16).

c) Keine Unverhältnismäßigkeit

Die angeordnete Haft verstößt auch nicht gegen das aus Art. 2 Abs. 2 S. 2 GG folgende **Übermaßverbot**, da keine weniger rechtsbeeinträchtigenden Mittel als der Haftvollzug zur Sicherung der Ausreisepflicht ersichtlich sind.

☐ Insbesondere ist die Haft grundrechtlich angemessen, weil der Antragsteller die Abschiebung ernstlich und mit größtmöglicher **Beschleunigung** betreibt (vgl. BGH Beschl. v. 17.10.2013 – V ZB 172/12 – InfAuslR 2014, 52 – juris-Rn. 13). (→ Kap. 2 Rn. 144 ff., → Kap. 6 Rn. 36)

Soweit d. Betr. rügt, der Antragsteller hätte früher ... greift dies nicht durch, weil ...

☐ Insbesondere erfordert auch das Grundrecht des Art. 6 GG nicht, von der Haft abzusehen. **Ehe, Familie** bzw. gelebte **Eltern-Kind-Beziehung** begründen zuvörderst Abschiebungshindernisse und sind im Rahmen verwaltungsgerichtlichen Eilrechtsschutzes geltend zu machen (BGH Beschl. v. 6.12.2012 – V ZB 218/11 – InfAuslR 2013, 154 – juris-Rn. 10). Sie sind haftgerichtlich nur beachtlich, soweit sie spezifisch durch den Haftvollzug, also über die durch eine Abschiebung ohnehin erfolgende Trennung hinaus beeinträchtigt werden. (→ Kap. 2 Rn. 153 ff., → Kap. 6 Rn. 36)

Daran fehlt es hier, weil ...

☐ Insbesondere hindert die **Minderjährigkeit** d. Betr. die Haft nicht. Dabei hat das Gericht berücksichtigt, dass Haft gegen Minderjährige gem. § 62 Abs. 1 S. 3 AufenthG nur ausnahmsweise (BGH Beschl. v. 29.9.2010 – V ZB 233/10 – NVwZ 2011, 320 – juris-Rn. 9) und für den kürzestmöglichen Zeitraum (BGH Beschl. v. 12.2.2015 – V ZB 185/14 – NVwZ 2015, 840 – juris-Rn. 5) anzuordnen ist. (→ Kap. 2 Rn. 158 ff., → Kap. 6 Rn. 36)

Die tenorierte Haftdauer ist aber unter Berücksichtigung des Kindeswohls angemessen, da ... Der Sicherungszweck kann auch nicht durch zB Meldepflichten oder räumliche Beschränkungen (BGH Beschl. v. 29.9.2010 – V ZB 233/10 – NVwZ 2011, 320 – juris-Rn. 9) erreicht werden, weil ...

☐ Insbesondere sind keine **weniger rechtsbeeinträchtigenden Mittel** als der Haftvollzug zur Sicherung der Ausreisepflicht gleich erfolgversprechend und daher aus Sicht des Übermaßverbots vorrangig zu wählen. Denn ...

d) Einwendungen d. Betr. gegen die Überstellung (→ Kap. 2 Rn. 124, → Kap. 6 Rn. 36)

☐ Die von d. Betr. erhobenen **Einwendungen** betreffen nicht die Haftanordnung als solche, sondern die Durchführung der Überstellung. Sie sind damit haftgerichtlich nicht zu prüfen, sondern von d. Betr. ggf. im Wege verwaltungsgerichtlicher einstweiliger Rechtsschutzanträge geltend zu machen. Dies betrifft insbesondere

☐ den Vortrag, d. Betr. drohe im **Zielstaat** eine **menschenunwürdige Behandlung** (BGH Beschl. v. 29.4.2010 – V ZB 202/09 – juris-Rn. 11). (→ Kap. 2 Rn. 124, 130, → Kap. 6 Rn. 36)

☐ den Vortrag **fehlender Reisefähigkeit**. Das Bestehen von Reisefähigkeit ist gem. § 60c Abs. 2c S. 1 AufenthG zu vermuten. Das Gegenteil ist haftgerichtlich grds. nicht zu prüfen (BGH Beschl. v. 1.6.2017 – V ZB 163/15 – InfAuslR 2017, 380 – juris-Rn. 8). Anhaltspunkte dafür, dass etwaige Probleme nicht durch ärztliche Begleitung lösbar wären und damit die Durchführung hindern würden, bestehen nicht (vgl. zB zur Methadon-Substitution, LG Paderborn Beschl. v. 31.1.2018 – 5 T 29/18 – juris-Rn. 33; Sicherheitsbegleitung und ärztlicher Aufsicht wg. Suizidversuchs, BGH Beschl. v. 14.4.2016 – V ZB 112/15 – juris-Rn. 18). (→ Kap. 2 Rn. 124, → Kap. 6 Rn. 36)

☐ die **Ankündigung** von **Suizid** bzw. **Selbstverletzung**. Dass sie durch die Haft bedingt wäre, ist nicht ersichtlich (☐ da d. Betr. sie schon durch seine Wortwahl auf die Rückkehr in den Zielstaat bezogen hat: ...). Als potenzielles Abschiebungshindernis ist sie allein durch die Verwaltungsgerichte zu beurteilen (BGH Beschl. v. 14.4.2016 – V ZB 112/15 – juris-Rn. 16). (→ Kap. 2 Rn. 124, → Kap. 6 Rn. 36)

☐ die Rüge, die **Zielstaatsauswahl** sei **fehlerhaft**, da vorrangig ... als Zielstaat auszuwählen sei. Dies betrifft die inhaltliche Richtigkeit der Abschiebung und ist daher vor dem Verwaltungsgericht geltend zu machen (BGH Beschl. v. 31.8.2021 – XIII ZB 81/20 – NVwZ-RR 2022, 237 – juris-Rn. 8).

e) Haftvollzug (→ Kap. 2 Rn. 164 ff., → Kap. 6 Rn. 36)

Schließlich genügt der vom Antragsteller vorgesehene Haftvollzug auch den Voraussetzungen des **Trennungsgebotes** nach Art. 16 Abs. 1 Richtlinie 2008/115/EG. Gem.

§ 62a Abs. 1 S. 1 AufenthG findet die Unterbringung d. Betr. in ... und damit getrennt von Strafgefangenen statt.

☐ Insofern ist nicht die Unterbringung in einer speziellen Haftanstalt erforderlich. Denn soweit von einem Ausländer eine **erhebliche Gefahr** für Leib und Leben Dritter oder bedeutende Rechtsgüter der inneren Sicherheit ausgeht, kann die Unterbringung auch in einer JVA, getrennt von Strafgefangenen, vollzogen werden (§ 62a Abs. 1 S. 2 HS 2 AufenthG). Die Unionsrechtskonformität dieser Ausnahme ist geklärt (EuGH Urt. v. 2.7.2020 – C-18/19 – NVwZ 2020, 1821 – juris-Rn. 40). (→ Kap. 2 Rn. 171 ff., → Kap. 6 Rn. 36)

Hier geht von d. Betr. einen entsprechende Gefahr aus: ...

☐ Insbesondere genügt die Haftanstalt auch den aufgrund der **Minderjährigkeit** d. Betr. gesteigerten Anforderungen des § 62a Abs. 3 AufenthG. Insofern sind Gelegenheiten zu Freizeitbeschäftigungen einschließlich altersgerechter Spiel- und Erholungsmöglichkeiten und, nach je Aufenthaltsdauer, Zugang zur Bildung gegeben (Art. 17 Abs. 3 Richtlinie 2008/115/EG), bzw. für unbegleitete Minderjährige eine personell und materiell besondere Ausstattung (Art. 17 Abs. 4 Richtlinie 2008/115/EG). (→ Kap. 2 Rn. 175 f., → Kap. 6 Rn. 36)

Dies ist hier der Fall: ...

4.

Auf das Verfahren auf Anordnung von Haft zur Sicherung der Überstellung finden die Vorschriften des FamFG entsprechend Anwendung, § 2 Abs. 14 S. 5 AufenthG.

a) **Nebenentscheidung: Einstweilige Anordnung** (→ Kap. 13 Rn. 103 ff.)

☐ Es besteht ein dringendes Bedürfnis für ein sofortiges Tätigwerden (§ 427 Abs. 1 S. 1 FamFG), da ohne die einstweilige Haftanordnung eine Flucht bzw. ein Untertauchen d. Betr. und damit die Unmöglichkeit der Sicherung einer Hauptsacheentscheidung zu erwarten ist. Über den Haftantrag kann auch noch nicht endgültig entschieden werden:

☐ Es besteht nur eine **Notzuständigkeit** des Antragstellers gem. § ... VwVfG-Land iVm § 3 Abs. 4 VwVfG-Bund, so dass die Stellung des Hauptsache-Antrages der eigentlich zuständigen Behörde vorbehalten ist. (→ Kap. 13 Rn. 106)

☐ Die vom Betr. als **Verfahrensbevollmächtigte/r** bestellte Person konnte zum Termin nicht rechtzeitig erscheinen, weswegen eine nur vorläufige Entscheidung zur Wahrung der Verteidigungsrechte d. Betr. geboten ist. (→ Kap. 13 Rn. 112)

☐ Es sind für eine Hauptsache-Entscheidung noch **Zeugen** bzw. Beteiligte zu hören, was im Rahmen der gebotenen schnellen Entscheidung über die Haft noch nicht möglich war. (→ Kap. 13 Rn. 112)

☐ Es muss noch der Ausgang des beim **Verwaltungsgericht** ... anhängigen Verf. ... abgewartet werden. (→ Kap. 13 Rn. 112)

☐ Dem Antragsteller war daher aufzugeben, fehlende Aspekte zu beseitigen und Nachweise innerhalb der tenorierten Frist zur Akte zu reichen.

b) Nebenentscheidung: Sofortige Wirksamkeit (→ Kap. 13 Rn. 121 f.)

Die Anordnung der sofortigen Wirksamkeit beruht auf § 422 Abs. 2 S. 1 FamFG. Sie ist geboten, um den Zweck der Sicherungshaft sicherzustellen und den Beschluss vollziehen zu können. Würde der Beschluss erst mit Rechtskraft wirksam, wäre die Überstellung ggf. in Frage gestellt.

c) Nebenentscheidung: Kosten (→ Kap. 13 Rn. 136)

Die Kostenentscheidung ergibt sich aus § 81 Abs. 1 FamFG und folgt im Rahmen des gerichtlichen Ermessens der Entscheidung in der Sache.

☐ Von der Auferlegung von **Dolmetscherkosten** ist gem. § 81 Abs. 1 S. 2 FamFG wegen Art. 6 Abs. 3 lit. e EMRK abgesehen worden (vgl. BGH Beschl. v. 25.1.2018 – V ZB 191/17 – NJW 2018, 219 – juris-Rn. 15). (→ Kap. 13 Rn. 143 f.)

d) Nebenentscheidung: Gegenstandswert-Festsetzung (→ Kap. 13 Rn. 149 ff.)

☐ Die Festsetzung des **Gegenstandswertes** von **5.000 Euro** folgt aus § 36 Abs. 3 GNotKG.

☐ Die Festsetzung des **Gegenstandswertes** folgt aus § 36 Abs. 2 GNotKG, wobei das Gericht im Rahmen des Ermessens **pro Tag angeordneter Haft** von einem Wert von **75** Euro (vgl. § 7 Abs. 3 StrEG) ausgegangen ist.

IX. Haftbeschluss (Zurückschiebungshaft)

In pp. 9

hat das Amtsgericht ..., Abt. ..., durch ... beschlossen:

1. **Gegen d. Betr. wird (☐ im Wege der einstweiligen Anordnung → Kap. 13 Rn. 103 ff.) Haft zur Sicherung der Zurückschiebung bis zum Ablauf des ... angeordnet.**
2. **Der Beschluss ist sofort wirksam.** (→ Kap. 13 Rn. 121 f.)
3. ☐ **Dem Antragsteller wird aufgegeben, ...** (→ Kap. 13 Rn. 124)

   ☐ **Zur Erfüllung der Auflage wird eine Frist bis zum ... gesetzt.**
4. **Die Gerichtskosten und die notwendigen außergerichtlichen Kosten des Antragstellers trägt d. Betr.** (→ Kap. 13 Rn. 136)
   (☐ **Dolmetscherkosten werden nicht erhoben.** → Kap. 13 Rn. 143 f.)
5. **Der Wert des Verfahrens wird auf ... Euro festgesetzt.** (→ Kap. 13 Rn. 149 ff.)

Gründe

I.

Für die tatsächlichen Feststellungen wird auf den Haftantrag, Bl. ... bis ... d.A., sowie die Sitzungsniederschrift vom heutigen Tage Bezug genommen. (→ Kap. 13 Rn. 160)

II.

Die tenorierte Haft war gegen d. Betr. anzuordnen, denn der Haftantrag erfüllt die Zulässigkeitsvoraussetzungen des § 417 FamFG und ist auch begründet.

Obersatz-Variante: Hauptsache

☐ Nach §§ 57 Abs. 3, 62 Abs. 3 AufenthG

☐ iVm Art. 28 Abs. 2 Dublin-III-Verordnung (→ Kap. 7 Rn. 8 f.)

kann ein Ausländer im unmittelbaren räumlichen und zeitlichen Zusammenhang mit dem Grenzübertritt zur Sicherung der Zurückschiebung in Haft genommen werden. Das setzt voraus, dass er vollziehbar ausreisepflichtig ist (dazu 1.), ein Haftgrund vorliegt (dazu 2.) und der Zurückschiebung keine Gründe entgegenstehen (dazu 3.).

Obersatz-Variante: einstweilige Anordnung

☐ Nach § 427 Abs. 1 FamFG ist eine einstweilige Freiheitsentziehung anzuordnen, wenn dringende Gründe für die Annahme vorhanden sind, dass in der Hauptsache Zurückschiebungshaft anzuordnen sein wird und ein dringendes Bedürfnis für ein sofortiges Tätigwerden besteht. Gem. §§ 57 Abs. 3, 62 Abs. 3 AufenthG

☐ iVm Art. 28 Abs. 2 Dublin-III-Verordnung (→ Kap. 7 Rn. 8 f.)

kann ein Ausländer im unmittelbaren räumlichen und zeitlichen Zusammenhang mit dem Grenzübertritt zur Sicherung der Zurückschiebung in Haft genommen werden. Das setzt voraus, dass er vollziehbar ausreisepflichtig ist (dazu 1.), ein Haftgrund vorliegt (dazu 2.) und der Zurückschiebung keine Gründe entgegenstehen (dazu 3.). Eine Entscheidung in der Hauptsache ist auch (noch) nicht möglich (dazu 3.).

Diese Voraussetzungen liegen vor.

1.

Der Anwendungsbereich der Zurückschiebungshaft ist eröffnet, weil d. Betr. in enger räumlicher und zeitlicher Nähe zum Grenzübertritt nach einer **unerlaubten Einreise** aufgegriffen wurde. Die Einreise war unerlaubt, weil sie unter Verstoß gegen § 14 AufenthG erfolgt ist. Nach dieser Norm war die Einreise verboten, weil d. Betr.

☐ nicht den gem. §§ 14 Abs. 1 Nr. 1, 3 AufenthG erforderlichen **Reisepass** besitzt und auch keine Befreiung von der Passpflicht besteht. (→ Kap. 2 Rn. 27 ff.)

☐ nicht den gem. §§ 14 Abs. 1 Nr. 2, 4 AufenthG **erforderlichen Aufenthaltstitel** besitzt. (→ Kap. 2 Rn. 30)

☐ gem. §§ 14 Abs. 1 Nr. 2a, 4 AufenthG zwar mit einem **Visum** eingereist ist, dieses aber durch Drohung, Bestechung oder Kollusion erwirkt oder durch unrichtige oder unvollständige Angaben erschlichen wurde und deshalb mit Wirkung für den Zeitpunkt der Einreise **zurückgenommen** oder **annulliert** wird. Dies ist hier der Fall: ... (→ Kap. 2 Rn. 31)

☐ gem. §§ 14 Abs. 1 Nr. 3, 11 AufenthG sich entgegen § 11 Abs. 1 S. 2 AufenthG im Bundesgebiet aufhält und nicht im Besitz einer Betretenserlaubnis gem. § 11 Abs. 8 AufenthG ist. D. Betr. wurde mit Bescheid vom ... mit einem **Einreise- und Aufenthaltsverbot** bis (mindestens) zum ... belegt. Dieser Bescheid ist wirksam geworden, nämlich durch ... Entgegen diesem Verbot ist er gleichwohl (spätestens) am ... eingereist, ohne zuvor eine gem. § 11 Abs. 8 AufenthG mögliche Betretenserlaubnis erlangt zu haben. (→ Kap. 2 Rn. 32 ff.)

Damit ist d. Betr. auch gem. §§ 50 Abs. 1, Abs. 2 S. 1 Nr. 1 AufenthG wegen der unerlaubten Einreise **vollziehbar ausreisepflichtig.** (→ Kap. 2 Rn. 25 ff., 40, → Kap. 7 Rn. 11)

2.

Es besteht (☐ nach summarischer Prüfung) auch ein **Haftgrund.**

☐ Dieser ergibt sich aus §§ 57 Abs. 3, 62 Abs. 3 AufenthG. (→ Kap. 7 Rn. 17 f.)

Vgl. Beschluss Sicherungshaft (→ Rn. 4)

☐ Dieser ergibt sich aus Art. 28 Abs. 2 Dublin-III-Verordnung iVm § 2 Abs. 14 AufenthG, weil **erhebliche Fluchtgefahr** besteht und ein Fall der Überstellung nach der Dublin-III-Verordnung vorliegt. (→ Kap. 7 Rn. 18)

Vgl. Beschluss Überstellungshaft (→ Rn. 8)

3.

Auch die sonstigen Voraussetzungen für die Anordnung von Zurückschiebungshaft sind (☐ nach summarischer Prüfung) gegeben.

a) **Dauer des Zurückschiebungsverfahrens**

Vgl. Beschluss Sicherungshaft (→ Rn. 4)

b) **Einvernehmen der Staatsanwaltschaft**

Vgl. Beschluss Sicherungshaft (→ Rn. 4)

c) **Keine Unverhältnismäßigkeit** (→ Rn. 19)

Die angeordnete Haft verstößt auch nicht gegen das aus Art. 2 Abs. 2 S. 2 GG folgende **Übermaßverbot**, da keine weniger rechtsbeeinträchtigenden Mittel als der Haftvollzug zur Sicherung der Ausreisepflicht ersichtlich sind. Insbesondere hat d. Betr. nicht gem. § 62 Abs. 3 S. 2 AufenthG (bzw. im Rahmen der Gesamtwürdigung) das Gericht von seiner **Aus-** oder reinen **Durchreiseabsicht** zu überzeugen vermocht. Auch kann die Zurückschiebung nicht durch vorrangig anzuwendenden unmittelbaren Zwang gesichert werden, weil ...

4.

a) **Nebenentscheidung: Einstweilige Anordnung** (→ Kap. 13 Rn. 103 ff.)

☐ Es besteht ein dringendes Bedürfnis für ein sofortiges Tätigwerden (§ 427 Abs. 1 S. 1 FamFG), da ohne die einstweilige Haftanordnung eine Flucht bzw. ein Untertauchen d. Betr. und damit die Unmöglichkeit der Sicherung einer Hauptsacheentscheidung zu erwarten ist. Über den Haftantrag kann auch noch nicht endgültig entschieden werden:

☐ Es besteht nur eine **Notzuständigkeit** des Antragstellers gem. § ... VwVfG-Land iVm § 3 Abs. 4 VwVfG-Bund, so dass die Stellung des Hauptsache-Antrages der eigentlich zuständigen Behörde vorbehalten ist. (→ Kap. 13 Rn. 106)

☐ Die vom Betr. als **Verfahrensbevollmächtigte/r** bestellte Person konnte zum Termin nicht rechtzeitig erscheinen, weswegen eine nur vorläufige Entscheidung zur Wahrung der Verteidigungsrechte d. Betr. geboten ist. (→ Kap. 13 Rn. 112)

☐ Es sind für eine Hauptsache-Entscheidung noch **Zeugen** bzw. Beteiligte zu **hören**, was im Rahmen der gebotenen schnellen Entscheidung über die Haft noch nicht möglich war. (→ Kap. 13 Rn. 112)

☐ Es muss noch der Ausgang des beim **Verwaltungsgericht** ... anhängigen Verf. ... abgewartet werden. (→ Kap. 13 Rn. 112)

☐ Dem Antragsteller war daher aufzugeben, fehlende Aspekte zu beseitigen und Nachweise innerhalb der tenorierten Frist zur Akte zu reichen.

b) Nebenentscheidung: Sofortige Wirksamkeit (→ Kap. 13 Rn. 121 f.)

Die Anordnung der sofortigen Wirksamkeit beruht auf § 422 Abs. 2 S. 1 FamFG. Sie ist geboten, um den Zweck der Zurückschiebungshaft sicherzustellen und den Beschluss vollziehen zu können. Würde der Beschluss erst mit Rechtskraft wirksam werden, wäre die Zurückschiebung ggf. in Frage gestellt.

c) Nebenentscheidung: Kosten (→ Kap. 13 Rn. 136)

Die Kostenentscheidung ergibt sich aus § 81 Abs. 1 FamFG und folgt im Rahmen des gerichtlichen Ermessens der Entscheidung in der Sache.

☐ Von der Auferlegung von **Dolmetscherkosten** ist gem. § 81 Abs. 1 S. 2 FamFG wegen Art. 6 Abs. 3 lit. e EMRK abgesehen worden (vgl. BGH Beschl. v. 25.1.2018 – V ZB 191/17 – NJW 2018, 219 – juris-Rn. 15). (→ Kap. 13 Rn. 143 f.)

d) Nebenentscheidung: Gegenstandswert-Festsetzung (→ Kap. 13 Rn. 149 ff.)

☐ Die Festsetzung des **Gegenstandswertes** von **5.000 Euro** folgt aus § 36 Abs. 3 GNotKG.

☐ Die Festsetzung des **Gegenstandswertes** folgt aus § 36 Abs. 2 GNotKG, wobei das Gericht im Rahmen des Ermessens **pro Tag angeordneter Haft** von einem Wert von **75 Euro** (vgl. § 7 Abs. 3 StrEG) ausgegangen ist.

X. Haftbeschluss (Zurückweisungshaft, Transitgewahrsam)

10 In pp.

hat das Amtsgericht ..., Abt. ..., durch ... beschlossen:

1. **Gegen d. Betr. wird (☐ im Wege der einstweiligen Anordnung** → Kap. 13 Rn. 103 ff.)

   ☐ Haft zur Zurückweisung

   ☐ Transitgewahrsam

   bis zum Ablauf des ... angeordnet.
2. **Der Beschluss ist sofort wirksam.** (→ Kap. 13 Rn. 121 f.)
3. **Die Gerichtskosten und die notwendigen außergerichtlichen Kosten des Antragstellers trägt d. Betr.** (→ Kap. 13 Rn. 136)
   (**☐ Dolmetscherkosten werden nicht erhoben.** → Kap. 13 Rn. 143 f.)
4. **Der Wert des Verfahrens wird auf ... Euro festgesetzt.** (→ Kap. 13 Rn. 149 ff.)

Gründe

I.

Für die tatsächlichen Feststellungen wird auf den Haft- bzw. Gewahrsamsantrag, Bl. ... bis ... d.A., sowie die Sitzungsniederschrift vom heutigen Tage Bezug genommen. (→ Kap. 13 Rn. 160)

II.

D. □ tenorierte Haft / □ tenorierte Gewahrsam war gegen d. Betr. anzuordnen, denn der behördliche Antrag erfüllt die Zulässigkeitsvoraussetzungen des § 417 FamFG und ist auch begründet.

Obersatz-Variante: Hauptsache

□ Nach § 15 Abs. 5 S. 1 AufenthG soll ein Ausländer zur Sicherung der Zurückweisung in **Haft** genommen werden, wenn eine Zurückweisung bzw. Einreiseverweigerung verfügt wurde (dazu 1.), die nicht unmittelbar vollzogen werden kann

> □ , und ein Haftgrund vorliegt (nur bei „unechter" Zurückweisungshaft → Kap. 8 Rn. 3 ff., 9)

(dazu 2.). Auch sonstige Gründe stehen der Haft nicht entgegen (dazu 3.).

□ Nach § 15 Abs. 6 S. 2 bis 5 iVm Abs. 5 S. 1 AufenthG soll ein Ausländer zur Sicherung der Zurückweisung in **Gewahrsam** genommen werden, wenn er auf dem Luftweg in das Bundesgebiet gelangt ist und eine Zurückweisung bzw. Einreiseverweigerung verfügt wurde (dazu 1.), die nicht unmittelbar vollzogen werden kann

> □ , sowie ein Haftgrund vorliegt (nur bei „unechtem" Transitgewahrsam → Kap. 8 Rn. 3 ff., 9)

(dazu 2.). Auch sonstige Gründe stehen dem Gewahrsam nicht entgegen (dazu 3.).

Obersatz-Variante: einstweilige Anordnung

□ Nach § 427 Abs. 1 FamFG ist eine einstweilige Freiheitsentziehung anzuordnen, wenn dringende Gründe für die Annahme vorhanden sind, dass in der Hauptsache Freiheitsentziehung anzuordnen sein wird und ein dringendes Bedürfnis für ein sofortiges Tätigwerden besteht.

> □ Nach § 15 Abs. 5 S. 1 AufenthG soll ein Ausländer zur Sicherung der Zurückweisung in **Haft** genommen werden, wenn eine Zurückweisung bzw. Einreiseverweigerung verfügt wurde (dazu 1.), die nicht unmittelbar vollzogen werden kann
>
> > □ , und ein Haftgrund vorliegt (nur bei „unechter" Zurückweisungshaft → Kap. 8 Rn. 3 ff., 9)
>
> (dazu 2.). Auch sonstige Gründe stehen der Haft nicht entgegen (dazu 3.). Eine Entscheidung in der Hauptsache ist auch (noch) nicht möglich (dazu 4.).
>
> □ Nach § 15 Abs. 6 S. 2 bis 5 iVm Abs. 5 S. 1 AufenthG soll ein Ausländer zur Sicherung der Zurückweisung in **Gewahrsam** genommen werden, wenn er auf dem Luftweg in das Bundesgebiet gelangt ist und eine Zurückweisung bzw. Einreiseverweigerung verfügt wurde (dazu 1.), die nicht unmittelbar vollzogen werden kann
>
> > □ , sowie ein Haftgrund vorliegt (nur „unechtem" Transitgewahrsam → Kap. 8 Rn. 3 ff., 9)
>
> (dazu 2.). Auch sonstige Gründe stehen dem Gewahrsam nicht entgegen (dazu 3.). Eine Entscheidung in der Hauptsache ist auch (noch) nicht möglich (dazu 4.).

Diese Voraussetzungen liegen vor.

1.

Gegen d. Betr. ist eine Zurückweisung bzw. Einreiseverweigerung verfügt worden. (→ Kap. 8 Rn. 6 ff.)

☐ Nach Ablehnung des am ... gestellten **Asylantrages** durch Bescheid des Bundesamtes für Migration und Flüchtlinge vom ... erfolgte die **Einreiseverweigerung** in das Bundesgebiet gem. § 18a Abs. 3 AsylG. Die Zustellung an d. Betr. erfolgte gem. § 18a Abs. 3 S. 2 AsylG durch ... am ... (☐ Das verwaltungsgerichtlichen Eilrechtsschutzverfahren endete mit Ablehnung durch das VG ... mit Beschl. v. ..., Az. ...) An die behördliche Entscheidung ist das Haftgericht gebunden (BGH Beschl. v. 20.9.2017 – V ZB 118/17 – NVwZ 2018, 349 – juris-Rn. 18).

☐ Bei der Grenzkontrolle erfolgte die **Einreiseverweigerung** in das Bundesgebiet gem. § 18 Abs. 2 Nr. ... AsylG.

☐ Bei der Grenzkontrolle erfolgte die **Zurückweisungsverfügung** aus dem Bundesgebiet gem. § 15 Abs. 1 und 2 AufenthG (☐ iVm Art. 14 Verordnung [EU] 2016/399 [Schengener Grenzcodex]).

Eine darüber hinaus gehende **Vollstreckungsandrohung** oder eine Fristsetzung zur freiwilligen Abreise war nicht erforderlich (BGH Beschl. v. 22.6.2017 – V ZB 127/16 – InfAuslR 2017, 345 – juris-Rn. 8). (→ Kap. 8 Rn. 7)

2.

a) Kein unmittelbarer Vollzug möglich (→ Kap. 8 Rn. 10)

Die benannte Zurückweisungs- bzw. Einreiseverweigerungsentscheidung kann **nicht unmittelbar vollzogen** werden, weil

☐ d. Betr. nicht in Besitz eines **gültigen Pass(ersatz)dokumentes** ist.

☐ für den Vollzug noch **Organisationsaufwand** erforderlich ist, nämlich ...

☐ noch eine **Rückmeldung** durch die Behörden im Aufnahmestaat aussteht, ...

☐ ...

b) „echte Zurückweisungshaft“ (→ Kap. 8 Rn. 9)

☐ Für die Anordnung ist darüber hinaus **kein Haft- bzw. Gewahrsamsgrund** erforderlich. Die Regelung des § 15 Abs. 5 und 6 AufenthG verweist gem. § 15 Abs. 5 S. 2 AufenthG nur auf § 62 Abs. 4 AufenthG, also gerade nicht auf die in § 62 Abs. 3 bis 3b AufenthG genannten Haftgründe (BGH Beschl. v. 20.9.2017 – V ZB 118/17 – NVwZ 2018, 349 – juris-Rn. 12; Beschl. v. 10.3.2016 – V ZB 188/14 – NVwZ-RR 2016, 295 – juris-Rn. 5, 9 f.). Dies ist nur bei Schengen-Binnengrenzen anders (EuGH Urt. v. 19.3.2019 – C-444/17 – NVwZ 2019, 947 – Arib – Rn. 62; BGH Beschl. v. 14.7.2020 – XIII ZB 81/19 – NVwZ 2021, 262 – juris-Rn. 9), die hier nicht einschlägig sind. (→ Kap. 8 Rn. 3)

c) „unechte Zurückweisungshaft“ (→ Kap. 8 Rn. 9)

☐ Es besteht (☐ nach summarischer Prüfung) auch ein **Haft- bzw. Gewahrsamsgrund**.

☐ Dieser ergibt sich aus § 62 Abs. 3 S. 1 Nr. 1 AufenthG (**Fluchtgefahr**) oder § 62 Abs. 3 S. 1 Nr. 3 (**Abschiebungsanordnung** gem. § 58a) AufenthG (vgl. zu diesem Erfordernis BGH Beschl. v. 15.12.2020 – XIII ZB 133/19 – NVwZ 2021, 822 – juris-Rn. 12 f.).

Vgl. Beschluss Sicherungshaft (→ Rn. 4)

☐ Dieser ergibt sich aus Art. 28 Abs. 2 Dublin-III-Verordnung iVm § 2 Abs. 14 AufenthG, weil **erhebliche Fluchtgefahr** besteht.

Vgl. Beschluss Überstellungshaft (→ Rn. 8)

3.

Der Anordnung von Haft bzw. Gewahrsam stehen auch keine sonstigen Gründe entgegen.

a) Asylantrag (→ Kap. 8 Rn. 6)

☐ Ob, wie d. Betr. meint, eine **Aufenthaltsgestattung** nach § 55 AsylG besteht, ist haftgerichtlich nicht zu prüfen. Dies betrifft die Frage der Rechtmäßigkeit der Verweigerung einer Einreise bzw. Zurückweisung, so dass die Prüfung den Verwaltungsgerichten, nicht aber dem Amtsgericht obliegt (BGH Beschl. v. 12.4.2018 – V ZB 164/16 – NVwZ 2018, 1583 – juris-Rn. 8 ff.; Beschl. v. 30.6.2011 – V ZB 274/10 – NVwZ-RR 2011, 875 – juris-Rn. 21).

b) Gerichtliches Ermessen und Übermaßverbot (→ Kap. 8 Rn. 14 ff.)

Die Anordnung ist auch **ermessensgerecht**. Dabei hat das Gericht das aus Art. 2 Abs. 2 S. 2 GG folgende Übermaßverbot beachtet. Insofern sind weniger rechtsbeeinträchtigende Maßnahmen für eine vergleichbar effektive Verhinderung der Einreise nicht ersichtlich. Die getroffene Anordnung ist der gesetzliche **Regelfall** (BGH Beschl. v. 12.4.2018 – V ZB 162/17 – NVwZ 2018, 1583 – juris-Rn. 18; Beschl. v. 20.9.2017 – V ZB 118/17 – NVwZ 2018, 349 – juris-Rn. 12). Gründe, hiervon abzuweisen, sind auch im Einzelfall d. Betr. nicht ersichtlich.

☐ Insbesondere bestehen keine Zweifel, dass die Anordnung erforderlich ist. D. Betr. hat nicht **glaubhaft gemacht**, sich der behördlichen Maßnahme **nicht entziehen** zu wollen: ... (→ Kap. 8 Rn. 16)

☐ Der Antragsteller betreibt die behördliche Maßnahme ernstlich und mit größtmöglicher **Beschleunigung**. (→ Kap. 2 Rn. 144 ff.)

☐ Auch hat das Gericht beachtet, dass **Minderjährige** und Familien mit Minderjährigen nur in besonderen Ausnahmefällen und nur so lange in Gewahrsam genommen werden dürfen, wie es unter Berücksichtigung des Kindeswohls angemessen und eine altersgerechte Unterbringung gesichert ist. (→ Kap. 2 Rn. 158 ff., → Kap. 8 Rn. 17)

Dies ist hier der Fall: ...

c) Haft- bzw. Gewahrsamsdauer (→ Kap. 8 Rn. 11 ff.)

Die angeordnete Haftdauer hält sich im gesetzlichen Rahmen von bis zu sechs Monaten (§§ 15 Abs. 5 S. 2, 62 Abs. 4 S. 1 AufenthG) und ist auf den **kürzestmöglichen Zeitraum** (BGH Beschl. v. 22.6.2017 – V ZB 8/17 – Asylmagazin 2018, 58 – juris-Rn. 8; Beschl. v. 11.1.2018 – V ZB 178/16 – juris-Rn. 8) beschränkt. Sie ist erforderlich, um die

Überstellung organisatorisch vorzubereiten, wie das Gericht anhand der im Wege eigener Amtsermittlung (§ 26 FamFG) nachvollzogenen **Prognose** des Antragstellers ermittelt hat.

Vgl. Beschluss Sicherungshaft (→ Rn. 4)

4.

a) Nebenentscheidung: Einstweilige Anordnung (→ Kap. 13 Rn. 103 ff.)

☐ Es besteht ein dringendes Bedürfnis für ein sofortiges Tätigwerden (§ 427 Abs. 1 S. 1 FamFG), da ohne die einstweilige Haftanordnung eine Flucht bzw. ein Untertauchen d. Betr. und damit die Unmöglichkeit der Sicherung einer Hauptsacheentscheidung zu erwarten ist. Über den Haft- bzw. Gewahrsamsantrag kann auch noch nicht endgültig entschieden werden:

☐ Die vom Betr. als **Verfahrensbevollmächtigte/r** bestellte Person konnte zum Termin nicht rechtzeitig erscheinen, weswegen eine nur vorläufige Entscheidung zur Wahrung der Verteidigungsrechte d. Betr. geboten ist. (→ Kap. 13 Rn. 112)

☐ Es sind für eine Hauptsache-Entscheidung noch **Zeugen** bzw. Beteiligte zu **hören**, was im Rahmen der gebotenen schnellen Entscheidung über die Haft noch nicht möglich war. (→ Kap. 13 Rn. 112)

☐ Es muss noch der Ausgang des beim **Verwaltungsgericht** ... anhängigen Verf. ... abgewartet werden. (→ Kap. 13 Rn. 112)

b) Nebenentscheidung: Sofortige Wirksamkeit (→ Kap. 13 Rn. 121 f.)

Die Anordnung der sofortigen Wirksamkeit beruht auf § 422 Abs. 2 S. 1 FamFG. Sie ist geboten, um den Zweck der Haft bzw. des Gewahrsams sicherzustellen und den Beschluss vollziehen zu können. Würde der Beschluss erst mit Rechtskraft wirksam werden, wäre die Einreiseverweigerung bzw. Zurückweisung ggf. in Frage gestellt.

c) Nebenentscheidung: Kosten (→ Kap. 13 Rn. 136)

Die Kostenentscheidung ergibt sich aus § 81 Abs. 1 FamFG und folgt im Rahmen des gerichtlichen Ermessens der Entscheidung in der Sache.

☐ Von der Auferlegung von **Dolmetscherkosten** ist gem. § 81 Abs. 1 S. 2 FamFG wegen Art. 6 Abs. 3 lit. e EMRK abgesehen worden (vgl. BGH Beschl. v. 25.1.2018 – V ZB 191/17 – NJW 2018, 219 – juris-Rn. 15). (→ Kap. 13 Rn. 143 f.)

d) Nebenentscheidung: Gegenstandswert-Festsetzung (→ Kap. 13 Rn. 149 ff.)

☐ Die Festsetzung des **Gegenstandswertes** von **5.000 Euro** folgt aus § 36 Abs. 3 GNotKG.

☐ Die Festsetzung des **Gegenstandswertes** folgt aus § 36 Abs. 2 GNotKG, wobei das Gericht im Rahmen des Ermessens **pro Tag angeordneter Haft** bzw. **Gewahrsams** von einem Wert von **75 Euro** (vgl. § 7 Abs. 3 StrEG) ausgegangen ist.

XI. Haftbeschluss (Mitwirkungshaft, Mitwirkungsgewahrsam)

In pp. 11

hat das Amtsgericht ..., Abt. ..., durch ... beschlossen:

1. Gegen d. Betr. wird (☐ im Wege der einstweiligen Anordnung → Kap. 13 Rn. 103 ff.)

   ☐ Mitwirkungshaft

   ☐ Mitwirkungsgewahrsam

   bis zum Ablauf des ... angeordnet.
2. Der Beschluss ist sofort wirksam. (→ Kap. 13 Rn. 121 f.)
3. Die Gerichtskosten und die notwendigen außergerichtlichen Kosten des Antragstellers trägt d. Betr. (→ Kap. 13 Rn. 136)
   (☐ Dolmetscherkosten werden nicht erhoben. → Kap. 13 Rn. 143 f.)
4. Der Wert des Verfahrens wird auf ... Euro festgesetzt. (→ Kap. 13 Rn. 149 ff.)

Gründe

I.

Für die tatsächlichen Feststellungen wird auf den Haft- bzw. Gewahrsamsantrag, Bl. ... bis ... d.A., sowie die Sitzungsniederschrift vom heutigen Tage Bezug genommen. (→ Kap. 13 Rn. 160)

II.

D. ☐ tenorierte Haft / ☐ tenorierte Gewahrsam war gegen d. Betr. anzuordnen, denn der behördliche Antrag erfüllt die Zulässigkeitsvoraussetzungen des § 417 FamFG und ist auch begründet.

Obersatz-Variante: Hauptsache

☐ Nach § 62 Abs. 6 S. 1 AufenthG kann ein Ausländer in **Mitwirkungshaft** genommen werden, wenn das zum Zwecke der Abschiebung für die Durchführung einer behördlichen Anordnung (dazu 1.) erforderlich (dazu 2.) und das Übermaßverbot gewahrt ist (dazu 3.). Schließlich dürfen der Haft keine Gründe entgegenstehen (dazu 4.).

☐ Nach § 82 Abs. 4 S. 3 AufenthG iVm §§ 40 Abs. 1 und 2, 41, 42 Abs. 1 S. 1 und 3 BPolG kann ein Ausländer in **Mitwirkungsgewahrsam** genommen werden, wenn das für die Durchführung einer behördlichen Anordnung (dazu 1.) erforderlich (dazu 2.) und das Übermaßverbot gewahrt ist (dazu 3.). Schließlich dürfen dem Gewahrsam keine Gründe entgegenstehen (dazu 4.).

Obersatz-Variante: einstweilige Anordnung

☐ Nach § 427 Abs. 1 FamFG ist eine einstweilige Freiheitsentziehung anzuordnen, wenn dringende Gründe für die Annahme vorhanden sind, dass in der Hauptsache Freiheitsentziehung anzuordnen sein wird und ein dringendes Bedürfnis für ein sofortiges Tätigwerden besteht.

☐ Nach § 62 Abs. 6 S. 1 AufenthG kann ein Ausländer in **Mitwirkungshaft** genommen werden, wenn das zum Zwecke der Abschiebung für die Durchführung einer behördlichen Anordnung (dazu 1.) erforderlich (dazu 2.) und das Übermaßverbot gewahrt ist (dazu 3.). Schließlich dürfen der Haft keine Gründe entgegenstehen (dazu 4.). Eine Entscheidung in der Hauptsache ist auch (noch) nicht möglich (dazu 5.).

☐ Nach § 82 Abs. 4 S. 3 AufenthG iVm §§ 40 Abs. 1 und 2, 41, 42 Abs. 1 S. 1 und 3 BPolG kann ein Ausländer in **Mitwirkungsgewahrsam** genommen werden, wenn das für die Durchführung einer behördlichen Anordnung (dazu 1.) erforderlich (dazu 2.) und das Übermaßverbot gewahrt ist (dazu 3.). Schließlich dürfen dem Gewahrsam keine Gründe entgegenstehen (dazu 4.). Eine Entscheidung in der Hauptsache ist auch (noch) nicht möglich (dazu 5.).

Diese Voraussetzungen liegen vor.

1.

a) **Mitwirkungshaft** (→ Kap. 9 Rn. 6 f., 10)

☐ Die Haft dient (☐ nach summarischer Prüfung) zum Zwecke der Abschiebung der Durchführung einer behördlichen Anordnung nach § 82 Abs. 4 S. 1 AufenthG, bei den Vertretungen oder ermächtigten Bediensteten des Staates, dessen Staatsangehörigkeit er vermutlich besitzt, persönlich zu erscheinen, oder eine ärztliche Untersuchung zur Feststellung seiner Reisefähigkeit durchführen zu lassen. Hier geht es nach den iWd Amtsermittlung (§ 26 FamFG) nachvollzogenen Darlegungen des Antragstellers um eine Anordnung zur **Durchführung eines Termines**

☐ vor der Vertretung bzw. ermächtigten Bediensteten des Staates, dessen **Staatsangehörigkeit** d. Betr. vermutlich besitzt.

☐ einer **ärztlichen Untersuchung** zur Feststellung, ob d. Betr. reisefähig ist.

Die Abschiebung d. Betr. soll auch mit dieser Anordnung gefördert werden. Sie ist

☐ mit **Bescheid vom** ... ergangen und ggü. d. Betr. durch ... wirksam bekannt gegeben worden.

☐ zwar **noch nicht ergangen**. Wortlaut und Zweck der Haftnorm ermöglichen aber bereits eine Inhaftnahme zu Vorbereitung, Erlass und Vollstreckung des Bescheides (*Kaniess* Abschiebungshaft-HdB, 2. Aufl. 2024, Kap. 9 Rn. 10). Dass dies behördlicherseits hinreichend gewiss beabsichtigt ist, hat der Antragsteller dargelegt. Erlass und Vollstreckung eines solchen Bescheides stehen auch keine offensichtlichen Rechtsfehler entgegen, die im Haftverfahren beachtlich wären.

b) **Mitwirkungsgewahrsam** (→ Kap. 9 Rn. 6 f., 8 f.)

☐ Der Gewahrsam dient (☐ nach summarischer Prüfung) der Vollstreckung einer behördlichen Anordnung nach § 82 Abs. 4 S. 1 AufenthG zu den dort genannten Zwecken. Diese muss zur Vollstreckung bestandskräftig oder für sie muss die sofortige Vollziehung angeordnet sein (§ 80 Abs. 1 S. 1 Nr. 4 VwGO) und das Zwangsmittel des unmittelbaren Zwanges muss, soweit nach landesrechtlichen VwVGen erforderlich, angedroht sein. Dies ist hier der Fall, da der entsprechende Bescheid vom ... ggü. d. Betr. durch ... wirksam bekannt gegeben

☐ und das **Zwangsmittel** nach § ... **angedroht**

wurde und

☐ er **bestandskräftig** ist.

☐ die **sofortige Vollziehung** angeordnet ist.

2.

a) **Mitwirkungshaft** (→ Kap. 9 Rn. 15 f.)

☐ Die Haft ist (☐ nach summarischer Prüfung) erforderlich, wenn d. Betr. einer **früheren Anordnung** der vorgenannten Art (§ 62 Abs. 6 S. 1 Nr. 1 AufenthG) oder einer **früheren Ladung** zu einem Vorsprachetermin (§ 62 Abs. 6 S. 1 Nr. 2 AufenthG) unentschuldigt nicht nachgekommen ist; zudem muss d. Betr. spätestens vor dem letzten Termin schriftlich in einer ihm/ihr verständlichen Sprache auf die Gefahr der Inhaftierung bei Nichtbefolgung hingewiesen worden sein.

Dies ist hier der Fall. D. Betr. wurde mit Anordnung vom ... aufgefordert, ... Die Anordnung hat er ausweislich ... erhalten. Die erforderliche Belehrung ist durch ... belegt. Gleichwohl ist er der Anordnung nicht nachgekommen, wobei Entschuldigungsgründe nicht ersichtlich sind.

b) **Mitwirkungsgewahrsam** (→ Kap. 9 Rn. 13 f.)

☐ Der Gewahrsam ist (☐ nach summarischer Prüfung) erforderlich, weil d. Betr. der Anordnung **nicht freiwillig nachkommt**, wie sich aus folgenden tatsächlichen Umständen ergibt:

☐ D. Betr. hat die Befolgung durch ... tatsächlich oder konkludent **verweigert**.

☐ D. Betr. hat die Befolgung durch ... bereits **Entzugsverhalten** gezeigt.

☐ D. Betr. hat die Vollstreckung bereits in früheren Verwaltungszwangsverfahren **vereitelt**.

☐ ...

Die Anwendung unmittelbaren Zwanges samt seiner hier aus vorgenannten Gründen erforderlichen Freiheitsentziehung ist für d. Betr. notwendig. Insbesondere besteht bei längerfristig unkooperativen, mittellosen oder im Leistungsbezug stehenden Betroffenen mangels Erfolgsaussicht kein Vorrang eines Zwangsgeldverfahrens (OVG Berlin-Brandenburg Beschl. v. 27.5.2014 – OVG 11 S 32.14 – juris-Rn. 7; VGH München Beschl. v. 12.3.2007 – 24 CS 06.3176 – juris-Rn. 12).

3.

Die Anordnung ist (☐ nach summarischer Prüfung) auch **ermessensgerecht**. Dabei hat das Gericht das aus Art. 2 Abs. 2 S. 2 GG folgende Übermaßverbot beachtet.

a) **Mitwirkungshaft** (→ Kap. 9 Rn. 17 ff.)

☐ Das Interesse an der zügigen Vorbereitung der Abschiebung darf der Antragsteller verfolgen. Zur Förderung dieses Zweckes ist die Maßnahme geeignet ist, da sie nach den durch Amtsermittlung (§ 26 FamFG) nachvollzogenen Darlegungen des Antragstellers die Abschiebung fördern kann und Abschiebungen in den vrsl. Zielstaat auch tatsächlich möglich sind. Sie ist auch erforderlich, weil angesichts des Entzugsverhaltens in der Vergangenheit und keiner nunmehr glaubhaften Kooperationsbereitschaft kein weniger beeinträchtigendes Mittel Erfolg verspricht. Schließlich ist sie auch **angemessen**, da

☐ die **Haftdauer** mit ... Tagen **kurz** ist.

☐ ...

b) **Mitwirkungshaft** (→ Kap. 9 Rn. 17 ff.)

☐ Das Interesse an der Vollstreckung der Anordnung darf der Antragsteller verfolgen, weil damit ... bewirkt werden soll. Zur Förderung dieses Zweckes ist die Maßnahme geeignet, da sie die körperliche Anwesenheit d. Betr. bei deren Durchführung erzwingt. Für eine Eignung muss insbesondere im Vorfeld derselben die Durchführbarkeit einer Abschiebung noch nicht feststehen (OVG Berlin-Brandenburg Urt. v. 2.11.2017 – OVG 11 B 8.16 – juris-Rn. 17). Sie ist auch erforderlich, weil aus og Gründen und keiner nunmehr glaubhaften Kooperationsbereitschaft kein weniger beeinträchtigendes Mittel Erfolg verspricht. Schließlich ist sie auch **angemessen**, da

☐ die **Gewahrsamsdauer** mit ... Tagen **kurz** ist.

☐ ...

4.

a) **Gewahrsamsdauer** (→ Kap. 9 Rn. 20)

Die Haft bzw. der Gewahrsam wahrt mit ... Tagen bis zum vrsl. Vollzugsende die gesetzlich vorgegebene Maximaldauer von

☐ vierzehn Tagen (**Haftzeitraum** gem. § 62 Abs. 6 S. 1 AufenthG)

☐ vier Tagen (**Gewahrsamszeitraum** gem. § 82 Abs. 4 S. 3 AufenthG iVm § 42 Abs. 1 S. 3 BPolG)

und ist auch im konkreten Fall so kurz wie möglich gehalten. Dies hat das Gericht anhand der im Wege eigener Amtsermittlung (§ 26 FamFG) nachvollzogenen Prognose des Antragstellers ermittelt.

b) **Vollzugsort** (→ Kap. 9 Rn. 24)

Die Haft bzw. der Gewahrsam wird in ... vollzogen, was

☐ den für **Mitwirkungshaft** geltenden Vorgaben des § 62a AufenthG (Trennungsgebot, Art. 16 Abs. 1 Richtlinie 2008/115/EG) genügt.

☐ für **Mitwirkungsgewahrsam** genügt; insbesondere unterfällt dieser Vollzug im Vorfeld der von Art. 15 Abs. 1 lit. b Richtlinie 2008/115/EG erfassten Vorbereitung von Rückkehr oder Abschiebung nicht den Vorgaben über den das unionsrechtliche Trennungsgebot (*Kaniess* Abschiebungshaft-HdB, 2. Aufl. 2024, Kap. 9 Rn. 24).

5.

a) **Nebenentscheidung: Einstweilige Anordnung** (→ Kap. 13 Rn. 103 ff.)

☐ Es besteht ein dringendes Bedürfnis für ein sofortiges Tätigwerden (§ 427 Abs. 1 S. 1 FamFG), da ohne die einstweilige Haftanordnung eine Flucht bzw. ein Untertauchen d. Betr. und damit die Unmöglichkeit der Sicherung einer Hauptsacheentscheidung zu erwarten ist. Über den Haft- bzw. Gewahrsamsantrag kann auch noch nicht endgültig entschieden werden:

☐ Die vom Betr. als **Verfahrensbevollmächtigte/r** bestellte Person konnte zum Termin nicht rechtzeitig erscheinen, weswegen eine nur vorläufige Entscheidung zur Wahrung der Verteidigungsrechte d. Betr. geboten ist. (→ Kap. 13 Rn. 112)

☐ Es sind für eine Hauptsache-Entscheidung noch **Zeugen** bzw. Beteiligte zu **hören**, was im Rahmen der gebotenen schnellen Entscheidung über die Haft noch nicht möglich war. (→ Kap. 13 Rn. 112)

☐ Es muss noch der Ausgang des beim **Verwaltungsgericht** ... anhängigen Verf. ... abgewartet werden. (→ Kap. 13 Rn. 112)

b) Nebenentscheidung: Sofortige Wirksamkeit (→ Kap. 13 Rn. 121 f.)

Die Anordnung der sofortigen Wirksamkeit beruht auf § 422 Abs. 2 S. 1 FamFG. Sie ist geboten, um den Zweck der Haft bzw. des Gewahrsams sicherzustellen und den Beschluss vollziehen zu können. Würde der Beschluss erst mit Rechtskraft wirksam werden, wäre die Einreiseverweigerung bzw. Zurückweisung ggf. in Frage gestellt.

c) Nebenentscheidung: Kosten (→ Kap. 13 Rn. 136)

Die Kostenentscheidung ergibt sich aus § 81 Abs. 1 FamFG und folgt im Rahmen des gerichtlichen Ermessens der Entscheidung in der Sache.

☐ Von der Auferlegung von **Dolmetscherkosten** ist gem. § 81 Abs. 1 S. 2 FamFG wegen Art. 6 Abs. 3 lit. e EMRK abgesehen worden (vgl. BGH Beschl. v. 25.1.2018 – V ZB 191/17 – NJW 2018, 219 – juris-Rn. 15). (→ Kap. 13 Rn. 143 f.)

d) Nebenentscheidung: Gegenstandswert-Festsetzung (→ Kap. 13 Rn. 149 ff.)

☐ Die Festsetzung des **Gegenstandswertes** von **5.000 Euro** folgt aus § 36 Abs. 3 GNotKG.

☐ Die Festsetzung des **Gegenstandswertes** folgt aus § 36 Abs. 2 GNotKG, wobei das Gericht im Rahmen des Ermessens **pro Tag angeordneter Haft** bzw. **Gewahrsams** von einem Wert von **75 Euro** (vgl. § 7 Abs. 3 StrEG) ausgegangen ist.

Stichwortverzeichnis

Die **fetten** Zahlen verweisen auf die Kapitel, die mageren auf die Randnummer.